譯註 思政殿訓義 資治通鑑綱目 18

宋 孝武帝 孝建 3년~齊 明帝 建武 3년

編著 朱熹
책임번역 李忠九
공동번역 金奎璇 金裕鳳
黃鳳德 李承容

전통문화연구회

思政殿訓義 資治通鑑綱目을 발간하며

본회가 東洋古典의 飜譯과 教育, 情報化 등 古典現代化 사업을 시작한 지 어느덧 25년이 지났다. 그간 많은 어려움이 있었으나 1988년 본회가 발족한 뒤 동양고전 번역사업에 착수하여 四書三經을 註까지 懸吐完譯함으로써 東洋學과 韓國學 전공자들의 필독서가 되어 教育界와 文化界까지 많은 영향을 주었다.

본회에서는 四書三經, 十三經 등 儒家의 핵심 경전을 번역하는 동시에 동양고전의 한 축인 歷史 고전에도 눈을 돌려 ≪通鑑節要≫, ≪國語≫, ≪戰國策≫뿐만 아니라, 동양 역사 철학의 진수가 담긴 ≪春秋左氏傳≫을 완역함으로써 東洋學과 韓國學 연구에 礎石과 架橋를 마련하였다. 이러한 성과를 바탕으로 經史一體의 모범인 ≪資治通鑑綱目≫ 완역을 기획하여 번역에 착수하였다.

'經史一體'란 經典과 歷史가 하나라는 동양의 독특한 관념인데, 이는 기록을 통해 인물과 사건을 도덕적으로 평가하는 풍토를 낳았다. 이러한 기록문화의 중시는 다른 문화권에서는 엄두도 못 낼 막대한 역사 기록을 남기게 하는 배경이 되었다. 굳이 중국 역사서를 언급할 것 없이 ≪朝鮮王朝實錄≫, ≪承政院日記≫, ≪日省錄≫ 같은 방대한 우리의 역사문헌은 이를 잘 보여준다. 이러한 우리 선조들의 역사 서술에 큰 영향을 미친 책이 바로 朱熹의 ≪資治通鑑綱目≫이다.

≪資治通鑑綱目≫은 조선시대 經筵에서 가장 많이 읽은 역사서이자 우리나라 역사 서술에 가장 큰 영향을 미쳤다는 점에서 현재 韓國學 研究에 필수적인 동양 역사 고전이라 할 수 있다. 비록 중국의 역사서이지만, 우리 先學들이 중국의 性理學을 독자적으로 계승 발전시킨 것처럼 ≪資治通鑑綱目≫ 역시 우리의 입장에서 보다 정밀하고 종합적으로 읽고자 하였다. 그 결실이 바로 世宗朝 때 간행된 思政殿訓義本 ≪資治通鑑綱目≫이다.

동양의 대표적 역사서는 紀傳體의 ≪史記≫, 編年體의 ≪資治通鑑≫, 綱目體의 ≪資治通鑑綱目≫으로 대변된다. 北宋 때의 司馬光은 帝王이 여가에 친람하여 정치에 도움이 되게 할 목적으로 ≪資治通鑑≫을 편찬하였고, 朱熹는 ≪資治通鑑≫을 바탕으로 이를 압축적으로 정리하여 보다 읽기 쉽게 하면서 유교적 褒貶을 엄정히 내렸다는 점에서, 이 책들은 제왕의 정치교과서 역할을 하였다. 이런 ≪資治通鑑≫과 ≪資治通鑑綱目≫에 대해 조선조 문화군주였던 세종의 주도하에 연구가 진행되었으며, 그 결과물이 바로 思政殿訓義本 ≪資治通鑑≫과 ≪資治通鑑綱目≫이다.

思政殿은 景福宮의 便殿으로, 세종이 이곳에서 당대 뛰어난 문신들을 참여시켜 ≪資治通鑑≫과 ≪資治通鑑綱目≫에 대한 訓義의 편찬을 주도하였다. 訓義는 의미를 해석한다는 뜻으로, 思政殿訓義는 기존 중국에서 이루어진 ≪資治通鑑≫과 ≪資治通鑑綱目≫의 주석을 集大成하고 군주와 신하들이 읽기 쉽도록 우리만의 주석서를 만든 것이다. 중국 이외 나라에서 ≪資治通鑑≫과 ≪資治通鑑綱目≫ 전체에 주석을 단 것은 조선이 처음일 것이다.

현재까지도 ≪資治通鑑≫과 ≪資治通鑑綱目≫을 원전으로 읽기 위해서는 중국의 연구 성과에 의지하여야 했다. 비록 ≪資治通鑑≫은 중국, 일본, 한국에서 번역되었으나 주석까지 완역되지 못하였고, ≪資治通鑑綱目≫도 중국에서 본문만 번역된 상황이다. 이번 우리나라의 독자적인 주석서인 思政殿訓義本 ≪資治通鑑綱目≫의 완역을 통해 기존에 잊혔던 세종 시기의 ≪資治通鑑綱目≫에 대한 연구 성과를 알리는 동시에, 이를 동양학과 한국학 연구에 활용할 수 있는 기반을 마련하고자 한다. 아울러 이를 통해 古典現代化의 水準을 높이고 融合的이고 自生的인 학문연구가 이루어질 수 있기를 바라는 바이다.

끝으로 이번 思政殿訓義本 ≪資治通鑑綱目≫의 번역에 참여하여 헌신하시는 모든 분들께 무한한 감사를 드린다. 또한 고전현대화에 대한 政府의 지대한 關心과 支援에 감사를 드리며, 그간 직간접으로 지도편달하여 주신 학계와 교육계 및 문화계 인사 여러분께 심심한 謝意를 표하며, 앞으로도 따뜻한 관심과 엄정한 叱正을 부탁드리며 내내 평강과 행복을 기원한다.

社團法人 傳統文化硏究會 會長 李啓晃

凡例

1. 본서는 南宋 때 朱熹가 編著하고, 朝鮮 世宗 때 思政殿에서 訓義한 ≪資治通鑑綱目≫을 번역한 것으로 ≪譯註 思政殿訓義 資治通鑑綱目≫ 제18책이다.
2. 본서의 底本은 서울대학교 규장각 소장본(奎7500, 藍書 口訣)이며, 규장각(奎7512, 朱書 口訣)과 국립중앙도서관(한古朝50-5, 墨書 口訣) 소장본을 참조하였다. 이들은 모두 木版本으로, 大字(綱)는 晉陽大君(世祖)이 써서 鑄造한 丙辰字, 中小字(目, 訓義 등)는 甲寅字로 되어 있다.

   이 밖에도 嚴文儒와 顧宏義가 校點한 ≪資治通鑑綱目≫(≪朱子全書≫ 8~11, 上海古籍出版社·安徽教育出版社, 2002), 文淵閣四庫全書 ≪御批資治通鑑綱目≫, 朝鮮 世宗 때 간행된 思政殿訓義 ≪資治通鑑≫(국립중앙도서관 일산古221-43), 標點資治通鑑小組에서 標點한 ≪資治通鑑≫(中華書局, 1992(제5판)) 등을 참고하였다.
3. 綱과 目의 원문에는 규장각(奎7500, 奎7512)과 국립중앙도서관(한古朝50-5)의 口訣本을 참조하여 懸吐하였고, 訓義는 한국에서 재래로 사용해오던 표점방식을 보완하여 文理의 이해를 돕는 수준에서 간략히 標點하였다.
4. '綱'과 '目'을 구분하기 위해 각각 번역문 앞에 【綱】과 【目】을 표기하였다. 目은 내용이 길 경우 의미 단락별로 分節하였다. 訓義는 저본의 해당 위치에 ①, ②, ③ 등으로 표기하고 綱이나 目 아래에 번역문과 원문을 배치하였다.

예	
【綱】 여름 윤5월에 宋主 劉駿이 殂하니…… 夏閏五月에 宋主駿殂①하니……	綱
① 향년이 35세였다. 壽, 三十五.	訓義
【目】 蔡興宗이 都座에서 개연히 顔師伯에게 말하기를 蔡興宗於都座에 慨然謂顔師伯曰①	目
① 여기의 都座는 尙書 八座가 會坐하는 장소를 말한다. 此都座, 謂尙書八座會坐之所.	訓義

5. 번역문은 한글과 한자를 혼용하였으며, 맞춤법과 띄어쓰기는 한글 맞춤법과 표준어 규정을 따랐다.
6. 원문이나 번역문의 한자 중에 僻字나 讀音이 특수한 글자는 한글로 音을 달아주었다.
7. 譯註는 校勘, 人物, 制度, 官職, 역사적 사건, 인용문의 出典, 異說, 故事, 전문용어, 難解語 등에 관한 사항을 밝혔다.
8. 校勘은 원문의 誤字, 脫字, 衍文, 倒文 등을 대상으로 하였다.
9. 附錄에 실린 年表는 綱을 중심으로 ① 君王의 즉위와 사망, 年號, 改元 ② 정치, 경제, 사회, 문화의 주요 사건 ③ 주요 인물의 행적과 사망 등을 서술하되, 東洋史 학술 연표들을 참고하였다(參考書目 年表 관련 자료 참조).
10. 본서의 校勘에 사용된 符號는 다음과 같다.

( )〔 〕: (저본의 誤字)〔교감한 正字〕
〔 〕: 저본의 脫字 보충
( ) : 저본의 衍字 표시

11. 본서에 사용한 주요 부호는 다음과 같다.

" " : 인용
' ' : " " 안의 재인용
「 」: ' ' 안의 재인용
『 』: 「 」 안의 재인용
( ) : 원문의 讀音 및 번역문의 間註
〔 〕: 번역문에서 뜻은 같으나 音이 다른 漢字, 원문의 漢字나 句節 표기
譯註에서 인용한 원문표기
≪ ≫ : 書名
〈 〉: 篇章名, 作品名, 補充譯
【 】: 綱과 目의 표시
◑, ○ : 저본에 사용된 부호 遵用

12. 본서 訓義에 사용한 標點은 다음과 같다.

. : 문장의 종결
, : 한 문장 안에서 句나 節의 구분이 필요한 곳
· : 대등한 명사나 구절의 병렬
" " : 인용
' ' : " " 안의 재인용
「 」: ' ' 안의 재인용

參考書目

◇ 底本

- ≪資治通鑑綱目≫, 朱熹(宋) 撰, 思政殿 訓義, 규장각 소장본.(奎7500)

◇ 底本 관련자료

- ≪資治通鑑綱目≫, 朱熹(宋) 撰, 思政殿 訓義, 규장각 소장본.(奎7512)
- ≪資治通鑑綱目≫, 朱熹(宋) 撰, 思政殿 訓義, 국립중앙도서관 소장본.(한古朝50-5)
- ≪資治通鑑綱目≫(≪朱子全書≫ 8~11), 朱熹(宋) 撰, 嚴文儒・顧宏義 校點, 上海古籍出版社・安徽教育出版社, 2002.
- ≪御批資治通鑑綱目≫, 朱熹(宋) 撰, 聖祖(淸) 批, 文淵閣四庫全書 제689~692책 史部447~450, 臺灣商務印書館, 1983~1986.
- ≪資治通鑑≫, 司馬光(北宋) 撰, 思政殿 訓義, 국립중앙도서관 소장본.(일산古221-43)
- ≪資治通鑑≫, 司馬光(北宋) 撰, 胡三省(元) 音註, 中華書局, 1992.(제5판)

◇ 經部

- ≪論語集註大全≫, 朱熹(宋) 集註, 胡廣(明) 等 編, 朝鮮 內閣本, 影印本, 學民文化社.
- ≪大學章句大全≫, 朱熹(宋) 集註, 胡廣(明) 等 編, 朝鮮 內閣本, 影印本, 學民文化社.
- ≪書傳大全≫, 蔡沈(宋) 集傳, 胡廣(明) 等 編, 朝鮮 內閣本, 影印本, 學民文化社.
- ≪釋名≫, 劉熙(後漢) 撰, 文淵閣四庫全書 제221책 經部215, 臺灣商務印書館, 1983~1986.
- ≪說文解字≫, 許愼(後漢) 撰, 文淵閣四庫全書 제223책 經部217, 臺灣商務印書館, 1983~1986.
- ≪詩傳大全≫, 朱熹(宋) 集傳, 胡廣(明) 等 編, 朝鮮 內閣本, 影印本, 學民文化社.
- ≪禮記集說大全≫, 陳澔(元) 集說, 胡廣(明) 等 編, 朝鮮 內閣本, 影印本, 學民文化社.

- ≪周禮注疏≫, 鄭玄(漢) 注, 賈公彦(唐) 疏, 北京大學出版社, 2000.
- ≪周易傳義大全≫, 程頤(宋) 傳, 朱熹(宋) 本義, 胡廣(明) 等 編, 朝鮮 內閣本, 影印本, 學民文化社.
- ≪春秋經傳集解≫, 左丘明(周) 傳, 杜預(晉) 註, 林堯叟(宋)・朱申(宋・元) 附註, 朝鮮 金屬活字本(戊申字), 影印本, 保景文化社.
- ≪春秋公羊傳注疏≫, 何休(後漢) 註, 徐彦(唐) 疏, 北京大學出版社, 2000.

◇ 史部

- ≪綱目訂誤≫, 陳景雲(淸) 撰, 文淵閣四庫全書 제323책 史部81, 臺灣商務印書館, 1983~1986.
- ≪景定建康志≫, 周應合(宋) 撰, 文淵閣四庫全書 제488책 史部246, 臺灣商務印書館, 1983~1986.
- ≪舊唐書≫, 劉昫(後晉) 等 撰, 中華書局, 1996.
- ≪國語≫, 左丘明(周) 撰, 文淵閣四庫全書 제406책 史部164, 臺灣商務印書館, 1983~1986.
- ≪南史≫, 李延壽(唐) 撰, 中華書局, 1975.
- ≪南齊書≫, 蕭子顯(梁) 撰, 中華書局, 1987.
- ≪北史≫, 李延壽(唐) 撰, 中華書局, 1996.
- ≪史記≫, 司馬遷(漢) 撰, 中華書局, 1974.
- ≪史記索隱≫, 司馬貞(唐) 編, 文淵閣四庫全書 제246책 史部4, 臺灣商務印書館, 1983~1986.
- ≪史記正義≫, 張守節(唐) 編, 文淵閣四庫全書 제247~248책 史部5~6, 臺灣商務印書館, 1983~1986.
- ≪史記集解≫, 裴駰(南朝 宋) 編, 文淵閣四庫全書 제245~246책 史部3~4, 臺灣商務印書館, 1983~1986.
- ≪宋書≫, 沈約(南朝 梁) 撰, 中華書局, 1997.
- ≪水經注≫, 酈道元(北魏) 撰, 文淵閣四庫全書 제573책 史部331, 臺灣商務印書館, 1983~1986.
- ≪新唐書≫, 歐陽脩(北宋)・宋祁(北宋) 等 撰, 中華書局, 1975.
- ≪魏書≫, 魏收(北齊) 撰, 中華書局, 1974.
- ≪資治通鑑釋文≫, 史炤(宋) 撰, 臺灣商務印書館, 1980.
- ≪晉書≫, 房玄齡(唐) 等 撰, 中華書局, 1997.

• ≪通鑑釋文辯誤≫, 胡三省(元) 撰, 文淵閣四庫全書 제312책 史部70, 臺灣商務印書館, 1983~1986.
• ≪通鑑五十卷詳節要解≫, 九淵禪師(朝鮮) 著, 국립중앙도서관 소장본.(한古朝50-61-55)
• ≪通鑑地理通釋≫, 王應麟(宋) 撰, 文淵閣四庫全書 제312책 史部70, 臺灣商務印書館, 1983~1986.
• ≪通典≫, 杜佑(唐) 撰, 文淵閣四庫全書 제603~605책 史部361~363, 臺灣商務印書館, 1983~1986.
• ≪漢書≫, 班固(後漢) 撰, 中華書局, 2002.
• ≪漢書補註≫, 王先謙(淸) 補注, 王雲五 主編, 臺灣商務印書館, 1968.
• ≪後漢書≫, 范曄(南朝 宋) 撰, 中華書局, 1996.
• ≪後漢書集解≫, 王先謙(淸) 集解, 臺灣商務印書館, 1968.

◇ 子部

• ≪孔子家語≫, 王肅(魏) 注, 文淵閣四庫全書 제695책 子部1, 臺灣商務印書館, 1983~1986.
• ≪老子道德經≫, 河上公(漢) 撰, 文淵閣四庫全書 제1055책 子部361, 臺灣商務印書館, 1983~1986.
• ≪晏子春秋≫, 晏嬰(周) 撰, 文淵閣四庫全書 제275책 子部30, 臺灣商務印書館, 1983~1986.
• ≪莊子≫, 莊周(周) 撰, 文淵閣四庫全書 제1058책 子部362, 臺灣商務印書館, 1983~1986.

◇ 硏究論著 및 飜譯書

• 加藤繁・公田連太 共譯, ≪國譯 資治通鑑≫, 景仁文化社, 1996.
• 權重達 譯, ≪資治通鑑≫ 1~32, 삼화, 2007~2010.
• 宮崎市定, ≪九品官人法の硏究≫, 岩波書店, 1956.
• 김유철・하원수 主編, ≪南齊書・梁書・南史 外國傳 譯註≫, 東北亞歷史財團, 2010.
• ――――――――――, ≪北史 外國傳 譯註≫ 上・下, 東北亞歷史財團, 2010.
• ――――――――――, ≪宋書 外國傳 譯註≫, 東北亞歷史財團, 2010.
• ――――――――――, ≪魏書 外國傳 譯註≫, 東北亞歷史財團, 2010.
• 馬建石 主編, ≪文白對照 資治通鑑輯覽≫ 1~36, 國際文化出版公司, 2002.

- 柏楊 編譯, ≪柏楊白話版 資治通鑑≫, 北岳文藝出版社, 2006.
- 成百曉 譯註, ≪譯註 通鑑節要≫ 1~9, 傳統文化硏究會, 2005~2011.
- 孫通海・李巨泰 主編, ≪文白對照 資治通鑑綱目≫ 1~5, 長征出版社, 1996.
- 李國祥 等 共譯, ≪資治通鑑全譯≫, 貴州人民出版社, 1994.
- 李宗侗・夏德儀 等 校註, ≪資治通鑑今註≫ 1~15, 臺灣商務印書館, 1985.
- 資治通鑑新注編纂委員會 編, ≪資治通鑑新注≫ 1~10, 陝西人民出版社, 1998.
- 張宏儒・沈志華 主編, ≪文白對照全譯 資治通鑑≫ 1~3, 改革出版社, 1991.
- 池松旭 注解, ≪詳密註釋 通鑑諺解≫, 學民文化社, 1992.
- 許嘉璐 主編, ≪南史全譯≫(二十四史全譯) 1~2, 漢語大詞典出版社, 2004.
- ──────, ≪南齊書全譯≫(二十四史全譯), 漢語大詞典出版社, 2004.
- ──────, ≪晉書全譯≫(二十四史全譯) 1~4, 漢語大詞典出版社, 2004.
- ──────, ≪宋書全譯≫(二十四史全譯) 1~3, 漢語大詞典出版社, 2004.
- ──────, ≪魏書全譯≫(二十四史全譯) 1~4, 漢語大詞典出版社, 2004.
- 黃惠賢, ≪中國政治制度通史4 魏晉南北朝≫, 人民出版社, 1996.

◇ 사전 및 공구서

- 戴逸 主編, ≪二十六史大辭典≫, 吉林人民出版社, 1993.
- 山腰敏寬, ≪中國歷史公文書讀解辭典≫, 汲古書院, 2004.
- 施丁・沈志華 共譯, ≪資治通鑑大辭典≫ 上・下, 吉林人民出版社, 1994.
- 呂宗力 主編, ≪中國歷代官制大辭典≫, 北京出版社, 1994.
- 永瑢 等 撰, ≪四庫全書總目提要≫, 臺灣商務印書館, 1983.
- 日中民族科學硏究所 編, ≪中國歷代職官辭典≫, 國書刊行會, 1980.
- 中國大百科全書總編輯委員會 編, ≪中國大百科全書≫, 中國大百科全書出版社, 2009.
- 中國歷史大辭典編纂委員會 編, ≪中國歷史大辭典≫, 上海辭書出版社, 2000.
- 陳振江, ≪二十六史典故辭典≫ 上・下, 天津人民出版社, 1994.
- 倉修良 主編, ≪史記辭典≫, 山東教育出版社, 1991.
- ──────, ≪漢書辭典≫, 山東教育出版社, 1996.
- 貝塚茂樹 等 編, ≪アジア歷史事典≫, 平凡社, 1952~1962.

◇ 데이터베이스(DB) 자료

- 한국고전종합DB(http://db.itkc.or.kr)
- 동양고전종합DB(http://db.cyberseodang.or.kr)
- 상우천고(http://www.s-sangwoo.kr)
- 電子版 文淵閣四庫全書, 上海古籍出版社.

◇ 年表 관련 자료

- 柏楊, ≪中國歷史年表 上·下≫, 南海出版社, 2006.
- 松丸道雄 等 編, ≪中國史 2≫, 山川出版社, 1996.
- 沈起煒, ≪中國歷史大事年表≫, 上海辭書出版社, 2001.
- 川本芳昭, ≪中國の歷史 中華の崩壞と擴大(魏晉南北朝)≫, 講談社, 2005.

目 次

思政殿訓義 資治通鑑綱目을 발간하며
凡 例
參考書目

思政殿訓義 資治通鑑綱目 제26권 하
宋 孝武帝 孝建 3년(456)~宋主 劉子業 景和 원년(465) / 13

思政殿訓義 資治通鑑綱目 제27권 상
宋 明帝 泰始 2년(466)~宋主 劉昱 元徽 원년(473) / 97

思政殿訓義 資治通鑑綱目 제27권 하
宋主 劉昱 元徽 2년(474)~齊 武帝 永明 원년(483) / 180

思政殿訓義 資治通鑑綱目 제28권 상
齊 武帝 永明 2년(484)~齊 武帝 永明 10년(492) / 266

思政殿訓義 資治通鑑綱目 제28권 하
齊 武帝 永明 11년(493)~齊 明帝 建武 3년(496) / 349

附 錄

1. 思政殿訓義 資治通鑑綱目 18 年表 / 438
2. 思政殿訓義 資治通鑑綱目 18 地圖 / 452
3. 宋나라 世系表 / 461
4. 齊나라 世系表 / 462
5. 北魏 世系表 / 463
6. 思政殿訓義 資治通鑑綱目 18 圖版目錄 / 464
7. 思政殿訓義 資治通鑑綱目 總目次 / 465
8. 思政殿訓義 資治通鑑綱目 解題 / 465

思政殿訓義 資治通鑑綱目 제26권 하

-宋 孝武帝 孝建 3년(456)~宋主 劉子業 景和 원년(465)-

丙申年(456)

宋나라 世祖 孝武帝 劉駿 孝建 3년이고, 北魏 高宗 文成帝 拓跋濬 太安 2년이다.

宋孝建三年이요 魏太安二年[1]이라

【綱】 봄 정월에 北魏가 貴人 馮氏를 세워서 황후로 삼았다.

春正月에 魏立貴人馮氏爲后하다

【目】 황후는 遼西公 馮朗의 딸이다. 풍랑이 사건에 연루되어 주살되자 황후는 籍沒되어 궁중에 들어왔다.

后는 遼西公朗之女也라 朗이 坐事誅하니 后沒入宮하다

【綱】 2월에 魏主(文成帝)가 아들 拓跋弘을 세워 太子로 삼았다.

二月에 魏主立其子弘爲太子[2]하다

---

1) 宋孝建三年 魏太安二年 : 421년에서 588년까지는 無統이다. 朱熹의 凡例를 보면 正統인 경우 歲年(干支) 다음에 國號, 諡號, 姓名, 年號, 年度 등을 大字로 쓰는 데 반해, 無統일 경우 위처럼 小字로 쓴다. 본서의 내용은 無統에 해당하므로 이 부분을 모두 小字로 표기하였다. 隋나라 文帝가 천하를 통일한 589년 이후로는 隋나라를 정통으로 삼아서 大字로 표시하였다.

2) 魏主立其子弘爲太子 : "'立太子(太子를 세웠다.)'라고 기록한 것이 많은데 여기서 '魏主'라고 지척하여 기록한 것은 어째서인가. 나무란 것이다. 이때에 拓跋弘은 태어난 지 겨우 3세였는데 그 어머니를 시켜서 부탁할 일을 조목별로 기록하게 한 뒤에 이전의 관례에 따라 죽음을 내렸으니 이는 또한 조금 늦출 수 없는 것인가. 잔인하구나, 文成帝가 임금 노릇 한 것이여! 그러므로 지척하여 '主'라고 기록한 것이다. ≪資治通鑑綱目≫이 끝날 때까지 太子를 세우는 경우에 지척하여 '主'라고 기록한 것은 4번이니, 成漢에서 형의 아들 李班을 세운 것(晉 明帝 太寧 2년(324)), 北魏에서 아들 拓跋弘을 세운 것(이해(456)), 아들 拓跋恂을 세운 것(癸酉年(493))이, 梁나라에서 아들 蕭綱을 세운 것(辛亥年(531))이니, 모두 나무란 것이다.〔書立太子多矣 此其斥書魏主 何 譏也 於是弘生甫三歲 使其母條記所託

【目】 魏主(文成帝)가 아들 拓跋弘을 세워 皇太子로 삼으니 태어난 지 3년이었다. 먼저 그 어머니 李貴人을 시켜서 형제들에게 부탁할 일을 조목별로 기록하게 한 뒤에 예전의 관례에 따라 죽음을 내렸다.

魏主立子弘爲皇太子하니 生三年矣라 先使其母李貴人으로 條記所付託兄弟然後에 依故事賜死하다

【綱】 宋나라가 宗慤(종각)을 豫州刺史로 삼았다.

宋以宗慤爲豫州刺史하다

【目】 예전의 관례에 府州의 內部에서 일을 논의할 적에는 모두 쪽지 위에 논의할 일을 바로 쓰게 하였는데 典籤[3]을 두어서 이를 주관하게 하였다. 宋나라 皇子들로서 方鎭을 다스리는 이들은 대부분 어렸으므로 이때의 황제들은 모두 친근한 측근으로 典籤을 임명하였다. 이때에 와서 비록 장성한 제후왕(황자)이 藩鎭을 다스리거나 寒族 출신 인물이 藩鎭으로 나와 刺史가 되더라도 모두 전첨이 教命을 출납하니 刺史가 자기 직책을 전담할 수 없었다.

宗慤이 豫州刺史가 되었을 적에 吳喜가 典籤으로 있으면서 매번 명령을 어기고 자기

依故事賜死 是亦不可少緩乎 忍哉 其爲君也 故斥書主 終綱目 立太子斥書主者四 成立兄子班(晉明帝太寧二年) 魏立子弘(是年) 立子恂(癸酉年) 梁立子綱(辛亥年) 皆譏也]" ≪書法≫

書法은 '筆法'이란 말과 같다. 朱子는 ≪자치통감강목≫을 편찬할 적에 孔子의 ≪春秋≫ 筆法을 따라 綱과 目으로 나누었는바, 綱은 ≪春秋≫의 經文을, 目은 ≪春秋左氏傳≫의 傳文을 따랐다. ≪자치통감강목≫의 筆法을 밝힌 것으로는 劉友益(宋)의 ≪綱目書法≫, 尹起莘(宋)의 ≪綱目發明≫이 그 대표작이라 할 수 있는데, 이 두 책은 현재 淸나라 聖祖(康熙帝)가 엮은 ≪御批資治通鑑綱目≫에 모두 수록되어 있다. 이 필법은 綱에 주안점이 맞춰져 있는데, 우리나라 학자들이 특별히 이 ≪자치통감강목≫을 愛讀한 이유는 바로 이 필법에 있다. ≪어비자치통감강목≫에는 이외에도 汪克寬(元)의 ≪綱目凡例考異≫ 등 많은 내용이 수록되어 있으나, 본서에서 다 소개하지 못하고 ≪강목서법≫과 ≪강목발명≫의 중요한 것만을 발췌하여 수록하였다. 또한 陳濟(明)의 ≪資治通鑑綱目集覽正誤≫를 인용하여 오류를 바로잡기도 하였다. 본고에서는 각각 ≪書法≫, ≪發明≫, ≪正誤≫로 요약하여 표기하였다.

3) 典籤 : ≪南史≫ 〈恩倖 呂文顯傳〉에서 "故事에, 府州의 부서 내에서 일을 논할 때에는 늘 쪽지〔籤〕의 앞쪽에다 논하는 일을 순서대로 써놓았는데, 훗날 이를 謹籤이라 하고 날짜 아래에 아무개 관리의 아무개 쪽지라고 표시를 했다. 그리하여 府州에서는 典籤을 두어 그 일을 맡겼는데, 본래는 五品의 관리였다가 宋代 초에 七職으로 바뀌었는데, 宋朝가 들어서자 나이 어린 皇子를 藩鎭으로 내보내면서 당시 군주들이 다들 가까운 측근을 전첨으로 임명함에 따라 그 권한이 점차 커지게 되었다."라고 하였다.(趙曦明) ≪唐六典≫ 29에 "親王의 官府에 전첨이 있는데, 宣傳과 教令의 일을 관장한다."라고 하였다.(王利器)

마음대로 하는 경우가 많았다. 종각이 크게 노하기를 "내 나이 60살이 다 되어 나라를 위하여 목숨을 바쳤는데, 겨우 말〔斗〕 크기만 한 작은 州를 얻었으니, 다시 전첨과 함께 다스릴 수 없다."라고 하자, 오희가 이마를 조아려 피를 흘리자 종각의 노여움이 그쳤다.

故事府州部內論事에 皆籤前直敍所論之事하여 置典籤以主之하니 宋諸皇子爲方鎭者가 多幼라 時主皆以親近左右로 領典籤이러니 至是하여 雖長王臨藩하고 素族出鎭이나 皆以典籤出納敎命하니 刺史不得專其職①이러라 及慤爲豫州에 吳喜爲典籤하여 每多違執이어늘 慤大怒曰 宗慤年將六十에 爲國竭命하여 正得一州如斗大하니 不能復與典籤으로 共臨之②로다 喜稽顙流血하니 乃止하다

① "素族"은 異姓이고 公族이 아니다.
素族, 異姓非公族.

② 爲(위하다)는 去聲이다. 正은 一本에는 止로 되어 있다.
爲, 去聲. 正, 一作止.

【綱】 가을 7월에 宋나라가 西陽王 劉子尙을 揚州刺史로 삼았다.

秋七月에 宋以西陽王子尙으로 爲揚州刺史하다

【目】 太傅 劉義恭은 宋主(孝武帝)의 아들 劉子尙이 황제의 총애를 받고 있다 하여 그를 피하고자 揚州刺史에서 물러났는데 宋主가 유자상을 양주자사로 삼았다. 이때 熒惑星이 南斗星에 머물러 있자, 宋主는 西州 옛 관청을 폐기하고 유자상을 시켜서 東城으로 치소를 옮겨 재앙을 물리치게 하였다. 別駕 沈懷文이 말하기를 "하늘이 변고를 보이시니 마땅히 善德으로 대응해야 합니다. 비록 西州를 다 비워 이주시켜도 아마 유익함이 없을 것입니다."라고 하였으나 宋主는 따르지 않았다.

太傅義恭이 以宋主之子子尙有寵이라하여 將避之하여 乃辭揚州한대 而宋主以子尙爲刺史하다 時熒惑守南斗어늘 宋主廢西州舊館하고 使子尙移治東城以厭(염)之①하니 別駕沈懷文曰 天道示變하니 宜應之以德이라 雖空西州나 恐無益也리이다 不從하다

① 南斗星은 揚州 分野이므로 재앙을 물리치게 하였다.
斗, 揚州分, 故厭(염)之.

【綱】 8월에 北魏가 伊吾를 공격하여 함락시켰다.

八月에 魏擊伊吾하여 克之[①]하다

① 李寶가 伊吾·敦煌 지역을 가지고 北魏에 항복하였는데, 이보가 入朝하고 나서 이오가 다시 반란하였으므로 공격한 것이다.
李寶以伊吾·敦煌降魏. 寶既入朝, 伊吾復反, 故擊之.

【綱】 겨울 10월에 宋나라가 江夏王 劉義恭을 太宰로 삼았다.

◑冬十月에 宋以江夏王義恭爲太宰하다

【綱】 11월에 北魏가 源賀를 冀州刺史로 삼았다.

◑十一月에 魏以源賀爲冀州刺史하다

【目】 源賀가 다음과 같이 글을 올렸다.

"지금 북방 오랑캐(柔然)가 떠돌아다니며 소요를 일으키고 남쪽 도적(宋나라)이 험준한 지형을 의지하여 위세를 부리니, 변경 지역에 여전히 防戍하는 군사가 있어야 합니다. 역적이나 고의로 사람을 쳐서 죽인 자가 아니면 도둑질에 걸리거나 과오를 저질러 사형을 받아야 할 자들을 모두 용서하여 변경으로 流配하여 변방을 지키게 해야 합니다. 그렇게 되면 이미 잘렸을 몸이 다시 사는 은혜를 받게 되고 徭役을 담당하던 집들이 휴식하는 은혜를 입게 될 것입니다."

魏主(文成帝)는 그 말을 따랐다. 얼마 뒤에 여러 신하들에게 말하기를 "내가 원하의 말을 써서 1년 동안에 살아난 자가 적지 않고 병력을 증강한 것도 많았다. 卿들도 각기 원하처럼 한다면 朕이 무슨 걱정을 하겠는가."라고 하였다. 마침 어느 사람이 원하가 모반했다고 고발하자, 魏主가 말하기를 "원하는 정성을 다해 국가를 섬기니 朕이 〈그의 무고함을〉 卿들에게 보증하겠다."라고 하였다. 심문해보니 과연 誣告한 것이었다. 이에 고발자를 주살하고 이어서 측근들에게 말하기를 "원하의 충성으로도 오히려 무고와 비방을 벗어나지 못했으니, 원하에게 못 미치는 이들은 조심하지 않을 수 있겠는가."라고 하였다.

賀上言호되 今北虜遊魂하고 南寇負險하니 疆埸(역)之間에 猶須防戍[①]라 自非大逆赤手殺人이면 其坐贓盜及過誤應入死者를 皆可原宥하여 謫使守邊이니 則已斷之體受更生之恩하고 徭役之家

蒙休息之惠니이다 魏主從之하다 久之요 謂群臣曰 吾用賀言하여 一歲所活不少요 增兵亦多하니 卿等人人如賀면 朕何憂哉리오 會人告賀謀反이어늘 魏主曰 賀竭誠事國하니 朕爲卿等保之하리라 訊驗果誣라 乃誅告者하고 因謂左右曰 以賀忠誠으로 猶不免誣謗하니 不及賀者는 可無愼哉아

① "遊魂"은 정한 곳이 없음을 비유한 것이다.
遊魂, 喩無定所也.

【綱】 12월에 宋나라가 青州·冀州의 治所를 옮겨 합쳐서 歷城에 鎭을 두었다.

十二月에 宋移青冀幷鎭歷城하다

【目】 宋主(孝武帝)가 青州·冀州의 治所를 옮겨 歷城에 합하여 鎭을 두려고 하였는데, 刺史 垣護之가 말하기를 "青州는 북으로 黃河·濟水가 있고 또 호수가 많습니다. 북쪽 오랑캐(北魏)가 늘 침략해올 적마다 반드시 역성을 경유하니 2州의 鎭을 합하면 이는 국가를 장구하게 경영할 수 있는 계책입니다. 북쪽으로는 또 황하와 가까워서 歸順하는 자들도 편의합니다. 가까이로는 백성의 걱정을 그치게 하고 멀리로는 제왕의 위엄을 펼 수 있으니, 변경을 안전하게 하는 上策입니다."라고 하니 이로 말미암아 마침내 이를 결정하였다.

宋主欲移青冀二州幷鎭歷城한대 刺史垣護之曰① 青州北有河濟하고 又多陂澤하니 北虜每來寇掠에 必由歷城하니 二州並鎭이면 此經遠之略也라 北又近河하여 歸順者易하니 近息民患하고 遠申王威하니 安邊之上計也니이다 由是遂定②하다

① 〈垣護之가 맡은〉 刺史는 青州·冀州刺史이다.
刺史, 青·冀二州刺史也.

② 青州의 본래 東陽에 치소를 두었고 冀州의 본래 歷城에 치소를 두었는데 지금 합하여 하나의 鎭으로 한 것이다.
青州本治東陽, 冀州治歷城, 今幷爲一鎭.

【綱】 北魏 定州刺史 許宗之가 죄가 있어 주살되었다.

魏定州刺史許宗之有罪誅하다

【目】 許宗之는 백성을 착취하는 데에 절제가 없었는데, 定州 백성 馬超가 자기를 비방하

였다고 하여 때려죽이고 그 가족들이 고소장을 올릴까 두려워하여 글을 올려 마초가 조정 정사를 비방했다고 하였다.

魏主(文成帝)가 말하기를 "이는 반드시 거짓이다. 朕이 천하의 임금이 되어 마초에게 미움을 받을 것이 무에 있어서 이런 비방하는 말이 있겠는가. 반드시 허종지가 죄를 겁내어 마초를 무고한 것이다."라고 하였는데, 조사해 증험해보자 과연 그러하였으므로 마침내 허종지를 참수하였다.

宗之求取不節하여 以州民馬超謗己라하여 毆殺之하고 恐其家人告狀하여 上超訕朝政한대 魏主曰 此必妄也라 朕爲天下主하여 何惡(오)於超而有此言이리오 必宗之懼罪誣超로다 案驗果然이라 遂斬之①하다

① 惡(미워하다)는 烏路의 切이다.
惡, 烏路切.[4]

【綱】 宋나라 金紫光祿大夫 顔延之가 卒하였다.

宋金紫光祿大夫顔延之卒[5]하다

【目】 顔延之의 아들 顔竣이 지위가 높고 직임이 중하여 그가 보내오는 물건들을 안연지는 일절 받지 않았고, 예전과 같이 조촐하게 삼베옷을 입고 초가집에서 살았다. 그리고 늘 여윈 소가 끄는 허름한 수레를 탔는데 안준의 鹵簿(의장대)를 만날 때에는 즉시 길옆으로 숨었다.

늘 안준에게 말하기를 "내가 평생 권력자를 만나기를 좋아하지 않았는데 이제 불행하게도 너를 만났구나."라고 하였다. 안준이 집을 짓자 말하기를 "잘 행동해서 후세 사람들이 너의 졸렬함을 비웃게 하지 말라."라고 하였다.

안연지가 아침 일찍 안준에게 간 적이 있었는데 빈객들이 문안에 가득한데도 안준이 아직 일어나지 않은 것을 보고 안연지가 노하여 말하기를 "네가 낮은 신분에서 나와 높은 지위에 올라서서는 갑자기 오만하기가 이와 같으니 오래갈 수 있겠느냐."라고 하였다.

4) 切 : 反切音을 표시한 것이다. '反(번)'은 뒤집는다(되치다)는 뜻으로 번역을 의미하고, '切'은 자른다는 의미이다. 앞 글자의 初聲을 따고 뒷글자의 中聲과 終聲을 따서 읽는다.

5) 宋金紫光祿大夫顔延之卒 : "顔延之에게는 官爵을 기록하고 卒이라고 기록하여 이처럼 칭찬한 것은 그의 淸儉한 德과 아들을 아는 밝음을 드러내기 위해서이다.〔延之書爵 書卒 褒美如此 所以著其淸儉之德 知子之明也〕" ≪發明≫

안준이 부친의 상을 당한 지 한 달이 지나서 그를 右將軍으로 기용하고 예전과 같이 丹楊尹으로 삼았다. 그러자 안준이 굳이 사퇴하고자 表文을 열 번이나 올렸는데도 허락하지 않았다. 中書舍人을 보내서 안준을 부축하여 수레에 올라서 그를 싣고 郡의 관청으로 가게 하였고, 채색한 풀솜을 채운 布衣(베로 만든 옷) 한 벌을 내리고서 主衣를 보내서 그의 몸에 입히게 하였다.

延之子竣貴重하여 凡所資供을 一無所受하고 布衣茅屋이 蕭然如故하고 常乘羸牛笨車하여 逢竣鹵(노)簿에 卽屛住道側[①]이러라 常語竣曰 吾平生不喜見要人이러니 今不幸見汝[②]로다 竣起宅이어늘 延之謂曰 善爲之하여 無令後人笑汝拙也하라 延之嘗早詣竣이러니 見賓客盈門하되 竣尙未起하고 延之怒曰 汝出糞土之中하여 升雲霞之上하여는 遽驕傲如此하니 其能久乎아 竣丁憂踰月에 起爲右將軍하고 丹楊尹如故한대 竣固辭하여 表十上에 不許라 遣中書舍人하여 拖竣登車하여 載之郡舍하고 賜以布衣一襲호되 絮以綵綸하여 遣主衣就衣諸體[③]하다

① 笨은 部本의 切이니, 대나무 속껍질이다. 일설에는 "정밀하지 않은 것이다."라 한다. 행차에 따르는 안내자와 수행원을 鹵簿라고 한다.
笨, 部本切, 竹裏也. 一曰 "不精也." 導從之次第曰鹵簿.

② "要人"은 권력이 있고 지위가 높은 자를 이른다.
要人, 謂權貴.

③ 之는 간다는 뜻이다. "郡舍"는 丹楊尹의 官舍이다. 綸(풀솜)은 솜과 비슷하면서 가늘다. "絮以綵綸"은 彩色한 綸을 하사한 布衣 안에 넣음을 말한다. 主衣는 官名이니, 尙衣라는 말과 같다. 就衣의 衣(입다)는 於旣의 切이다.
之, 往也. 郡舍, 丹楊尹廨也. 綸似絮而細. 絮以綵綸, 謂以彩色之綸內之於所賜布衣中也. 主衣, 官名, 猶言尙衣. 就衣之衣, 於旣切.

丁酉年(457)

宋나라 世祖 孝武帝 劉駿 大明 원년이고, 北魏 高宗 文成帝 拓跋濬 太安 3년이다.

宋大明元年이요 魏太安三年이라

【綱】 봄 정월에 北魏가 尉眷(울권)을 太尉 錄尙書事로 삼았다.

春正月에 魏以尉眷爲太尉錄尙書事하다

【綱】 北魏가 宋나라를 침략하여 兗州에 진입하였다.

◑魏侵宋하여 入兗州하다

【目】 北魏 사람들이 宋나라를 침략하여 東平太守 劉胡를 무찔렀다. 宋主(孝武帝)는 薛安都・沈法系를 파견하여 방어하게 하고, 모두 徐州刺史 申坦의 지휘를 받도록 하였다. 도착할 즈음에 북위 병사들이 이미 떠나갔다.

이보다 앞서 여러 도적들이 任城의 가시나무 숲속에 모여서 몇 대 동안 걱정거리가 되었는데 이를 任榛이라고 불렀다. 신탄이 청하여 군사를 돌려 토벌하였는데 임진이 도망해 흩어져서 공로가 없이 돌아왔다.

설안도・심법계는 연좌되어 白衣의 신분으로 직무를 담당하였고 신탄은 사형에 처하게 되었다. 여러 신하들이 신탄을 위해 청원하였으나 윤허를 받지 못하였다. 沈慶之가 刑場에서 신탄을 끌어안고 통곡하면서 말하기를 "네가 죄 없이 죽게 되었으니 내가 장차 너에게로 갈 것이다."라고 하였다. 有司가 이를 보고하자 마침내 그를 사면하였다.

魏人侵宋하여 敗東平太守劉胡하니 宋主遣薛安都沈法系禦之하여 竝受徐州刺史申坦節度러니 比至에 魏兵已去라 先是에 群盜聚任城荊榛中하여 累世爲患하니 謂之任榛①이라 坦請回軍討之한대 任榛逃散하여 無功而還하다 安都法系坐白衣領職하고 坦當誅라 群臣爲請이나 莫能得하니 沈慶之抱坦哭於市曰 汝無罪而死하니 我行當就汝矣리라 有司以聞한대 乃免之하다

① 任城縣은 前漢 때에는 東平郡에 속하였고, 後漢 때에는 나뉘어 任城國이 되었다가 뒤에 마침내 郡이 되었다. 宋나라 때에는 郡을 없애고 任城縣으로 삼아서 高平郡에 소속시켰다. 任城縣, 前漢屬東平郡, 後漢分爲任城國, 後遂爲郡. 宋省郡爲任城縣, 屬高平郡.

【綱】 여름 6월에 宋나라가 顔竣을 東揚州刺史로 삼았다.

夏六月에 宋以顔竣爲東揚州刺史하다

【目】 宋主(孝武帝)가 脫喪한 이후로 사치하고 음탕한 짓을 자행하고 토목공사를 일으킨 것이 많았다. 顔竣은 藩朝의 舊臣으로 자주 간절하게 간언하였는데 宋主가 점차 좋아하지 않았다. 안준은 宋主가 자신을 멀리하려고 한다고 의심하고서 외직을 요구하여 그의 의향을 알아보고자 하였다. 宋主가 안준의 요구를 따라주자 안준은 비로소 크게 두려워

하였다.

宋主自卽吉之後로 奢淫自恣하고 多所興造하니 顔竣以藩朝舊臣으로 數(삭)懇切諫爭한대 宋主浸不悅[①]이러라 竣疑宋主欲疎之하여 乃求出外以占其意어늘 宋主從之하니 竣始大懼하다

① 晉・宋의 무렵에는 郡을 郡朝라 하고, 府를 府朝라 하고, 藩王을 藩朝라 하였다. 宋主가 藩王일 때에 顔竣이 보좌였으니, 藩朝의 舊臣인 것이다.
晉宋之間, 郡曰郡朝, 府曰府朝, 藩王曰藩朝. 宋主爲藩王時, 竣爲僚佐, 是藩朝舊臣也.

【綱】가을 7월에 宋나라가 雍州의 여러 郡縣을 합병하여 하나의 郡을 만들었다.

秋七月에 宋幷雍州爲一郡하다

【目】雍州의 관할에는 僑置郡縣이 많았다. 이에 刺史 王玄謨가 말하기를 "교치군현은 境界가 없어서 새롭게 설치된 교치군현과 본래 있던 군현이 뒤섞여서 租課(부세)를 제때에 거두지 못하니 교치군현에 모두 土斷法[6)]을 시행하기를 청합니다."라고 하니, 마침내 조령을 내려서 雍州의 3郡 16縣을 합병하여 한 개 郡으로 만들었다. 郡縣의 유랑민들은 屬籍을 원하지 않아서 왕현모가 반란을 하려 한다고 유언비어를 퍼뜨렸다.

이때 柳元景의 종족이 강성하여 여러 종형제들이 대부분 雍部의 二千石 관원이 되었다. 이에 소문을 틈타서 왕현모를 토벌하려고 하였는데, 왕현모는 雍州城 안팎의 사람들에게 명령을 내려 안정시키고 여러 사람들의 의혹을 해소시켰다. 그리고 사신을 급히 보내 上(孝武帝)에게 아뢰어 자초지종을 자세히 진술하게 하였다. 宋主는 主書 吳喜를 보내어 왕현모를 위로하고 또 회답하기를 "70살 老公이 반란하여 무엇을 구하려 하겠는가. 임금과 신하 사이에 서로 보증할 수 있으니, 우선 다시 한번 웃고서 卿의 눈살을 펴시오."라고 하였다. 왕현모는 성격이 엄격하여 공연히 웃은 적이 없으므로 宋主가 이것으로 농담한 것이다.

6) 土斷法 : 晉나라와 南朝에서 시행한 제도이다. 西晉時代에 잦은 戰亂으로 인해 사람들의 이주가 많아지면서 本籍으로 호적을 파악하기 어려워졌다. 이에 현거주지에 따라 호적을 정하는 정책이 실시되는데, 이것이 土斷法이다. 이후 전란이 심화되어 華北 지역을 五胡에게 상실하고 강남에 東晉이 형성되는데, 이때 중원 지역의 豪族들이 江南 지방으로 많이 이주하였다. 이들은 원래 있던 중원 지역의 郡縣의 戶籍을 그대로 갖고 있어 임시로 寓居하는 군현을 형성하였는데, 이를 僑置郡縣이라 하였다. 그러다가 東晉 哀帝 때에 桓溫이 土斷法을 확대 시행하여 교치군현을 합병하여 호적을 정돈하니, 이것을 '庚戌土斷'이라 칭하였다. 그 후 南朝의 각 왕조에서도 이 토단법을 확대 시행하여 왕권통치를 강화하고 豪族들의 노동력을 빼앗아 부역과 병력의 자원을 확대하는 수단으로 사용하였다.

雍州所統多僑郡縣이라 刺史王玄謨言호되 僑郡縣無有境土하여 新舊錯亂하여 租課不時하니 請皆土斷하노이다 乃詔幷雍州三郡十六縣爲一郡하니 郡縣流民이 不願屬籍하여 訛言玄謨欲反①이라하다 時柳元景宗彊하여 群從多爲雍部二千石이라 乘釁皆欲討玄謨②하니 玄謨令內外晏然하여 以解衆惑하고 馳使啓上하여 具陳本末한대 宋主遣主書吳喜하여 撫慰之③하고 且報曰 七十老公이 反欲何求리오 君臣之際에 足以相保니 聊復(부)爲笑하여 伸卿眉頭耳로다 玄謨性嚴하여 未嘗妄笑라 故宋主以此戲之하다

① "屬籍"은 土著民의 호적에 부치는 것이다.
屬籍, 謂屬土著之籍也.
② 柳元景은 河東 解 사람이니, 남쪽으로 이주하여 雍部에 임시로 우거하였다. "群從"은 從祖兄弟(육촌형제)와 從父兄弟(사촌형제)이다.
元景, 河東解人, 南徙, 僑居于雍部. 群從, 從祖從父兄弟也.
③ 主書는 後漢의 尙書令史의 직책이다. 漢나라 尙書曹에는 主書令史 21인이 있었고, 江左(東晉) 이래로 中書省에 主書가 있었다.
主書, 後漢尙書令史之職. 漢尙書曹有主書令史二十一人, 江左以來, 中書省有主書.

【綱】8월에 宋나라가 竟陵王 劉誕을 南兗州刺史로 삼고 劉延孫을 南徐州刺史로 삼았다.

八月에 宋以竟陵王誕爲南兗州刺史하고 劉延孫爲南徐州刺史하다

【目】예전에 宋 高祖(劉裕)가 遺詔를 내리기를 "京口는 要衝地이므로 皇室의 가까운 친족이 아니면 머물게 해서는 안 된다." 하였다. 劉延孫의 선조가 비록 고조와 근원이 같으나 종래에 昭穆의 차례에 배열하지 않았다.[7] 宋主(孝武帝)가 이미 유연손에게 명하여 경구에 鎭守하게 하고 이어 詔令을 내려서 그들과 종족을 합하였다.

宋主는 閨門 안에 예절이 없어서 친소와 존비를 가리지 않으니 민간에 소문이 퍼져 이르지 않은 데가 없었다. 劉誕은 관대하면서 예절이 있고 劉劭와 劉義宣을 주살하는 데에 모두 큰 공로가 있었으므로 인심이 은연중에 유탄을 향하였다. 유탄이 재주와 능력이 있는 인사들을 많이 모으고 날랜 병사들을 길렀으므로 宋主가 두려워하여 유탄을 중앙에 두려 하지 아니하여 그를 내보내서 京口를 수비하게 하였는데 여전히 그가 가깝

7) 劉延孫의……않았다 : ≪資治通鑑≫에는 宋 高祖는 彭城縣의 劉氏이고 劉延孫은 莒縣의 劉氏이다 하였고, 그 註에 팽성현과 거현은 모두 彭城郡에 속하고 현만 다르다고 하였다.

다고 꺼려서 다시 廣陵으로 옮기고, 劉延孫을 심복의 신하로 여겼으므로 그를 경구에 鎭守하게 하여 유탄을 방비하게 하였다.

初에 高祖遺詔호되 以京口要地라 非宗室近親이면 不得居之러니 延孫之先이 雖與高祖同源이나 而從來不序昭穆이라 宋主旣命延孫하여 鎭京口하고 仍詔與合族하다 宋主閨門無禮하고 不擇親疏尊卑하니 流聞民間이 無所不至하다 誕寬而有禮하고 誅劭及義宣에 皆有大功이라 人心竊向之하니 誕多聚才力之士하고 蓄精甲利兵이라 宋主畏忌之하여 不欲誕居中하여 使出鎭京口러니 猶嫌其逼하여 更徙之廣陵①하고 以延孫腹心之臣이라 故使鎭京口以防之하다

① 南兗州는 이때 廣陵에 治所를 두었다.
南兗州時治廣陵.

戊戌年(458)

宋나라 世祖 孝武帝 劉駿 大明 2년이고, 北魏 高宗 文成帝 拓跋濬 太安 4년이다.

宋大明二年이요 魏太安四年이라

【綱】 봄 정월에 北魏가 禁酒令을 시행하고 候官(사찰관)을 설치하였다.

春正月에 魏設酒禁하고 置候官[8)]하다

【目】 魏主(文成帝)는 士民들이 술로 인하여 싸우거나 국정의 잘잘못을 논의하는 일이 많다고 여겼기 때문에 금주령을 시행하여 술을 빚거나 팔거나 마시는 자들을 모두 참수하고, 慶事나 喪事가 있을 때에 기한을 두고 금주령을 해제하는 것을 허락하였다. 그리고 중앙과 지방에 候官의 인원을 증치하여 여러 曹와 州鎭을 사찰하고 혹은 〈후관에게〉 官府와 官寺 사이에 미복 차림으로 여러 관원과 섞여 생활하면서 百官들의 과실을 찾아내서 有司가 끝까지 취조하여 신문하고 고문해서 자복하게 하였는데, 百官 중에 뇌물을 받은 것이 비단 2丈의 가치에 해당하면 모두 참수하였다. 또 刑律 79章을 증설하였다.

8) 魏設酒禁 置候官 : "≪資治通鑑綱目≫이 끝날 때까지 '酒禁(금주령)'을 기록한 것이 4번이다(漢 景帝 中 3년(B.C. 147)에 자세하다.). 이를 제외하고는 禁令을 시행한 것을 기록한 것이 없다.〔終綱目 書酒禁四(詳漢景帝中三年) 舍是無書設禁者矣〕" ≪書法≫

魏主以士民多因酒致鬪及議國政이라 故設酒禁하여 釀酤飮者를 皆斬[①]하고 吉凶之會에 聽開禁有程日이라 增置內外候官하여 伺察諸曹及州鎭[②]하고 或微服雜亂於府寺間하여 以求百官過失하여 有司窮治하여 訊掠取服하니 百官贓滿二丈에 皆斬이라 又增律七十九章하다

① 술을 빚는 자나 술을 파는 자가 술을 마시는 자 모두 참한 것이다.
釀者・酤者・飮者皆斬.

② 北魏는 道武帝 이래로 候官을 두었는데 이제 그 인원을 늘린 것이다.
魏自道武帝以來有候公, 今增其員.

【綱】 2월에 北魏가 高允을 中書令으로 삼았다.

二月에 魏以高允爲中書令하다

【目】 北魏가 太華殿을 지으려고 하자 中書侍郞 高允이 다음과 같이 간언하였다.

"太祖께서 처음 도읍을 세우실 적에 궁실을 건립하는 것을 반드시 農閑期를 이용하셨습니다. 지금 나라를 세운지 이미 오래되어 朝會하고 쉬고 경치를 바라볼 곳이 모두 이미 다 갖추어졌으니 비록 증수할 곳이 있다 해도 또한 점차적으로 해야 할 것이고 갑자기 해서는 안 됩니다. 지금 부역을 담당할 인원(丁男)을 헤아려보면 모두 2만 명이고, 부역을 나간 사람에게 음식을 제공할 노약자의 숫자는 또한 그 배에 해당할 것이고, 공사를 마치는 데 반년의 기간이 필요합니다. 농부 한 사람이 경작하지 않게 될 적에 어떤 이가 굶주림을 받게 되는데 하물며 4만 명의 인력과 비용을 이루 다 말할 수 있겠습니까."

魏主(文成帝)가 이를 받아들였다.

魏起太華殿이어늘 中書侍郞高允諫曰 太祖始建都邑에 其所營立을 必因農隙이러니 今建國已久에 朝會宴息臨望之所가 皆已悉備하니 縱有修廣이나 亦宜馴致요 不可倉卒이라 今計所當役하면 凡二萬人이요 老弱供餉이 又當倍之요 期半年可畢이라 一夫不耕에 或受之飢어늘 況四萬人之勞費를 可勝道乎아 魏主納之하다

【目】 高允은 절실하게 간언하기를 좋아하였다. 그리하여 온당하지 못한 일이 있을 적마다 고윤이 뵙기를 청하면 魏主(文成帝)가 사람을 물리치고서 끝까지 논의하여 혹은 아침부터 저녁까지 하기도 하고 혹은 며칠을 나오지 않기도 하였다. 고윤의 말이 혹 통절

하여 魏主가 차마 듣지 못할 지경이 되면 측근에게 명하여 부축해 내보내기도 하였으나 끝내 잘 대우하였다.

이때에 어떤 일을 上書하여 격렬하게 임금의 과실을 들추어낸 자가 있었는데, 魏主가 여러 신하들에게 말하기를 "임금과 아버지는 동일하다. 아버지가 과실이 있을 적에 자식이 여러 사람 속에서 글을 써서 간언하지 않고 집안의 은밀한 곳에서 간언하는 것은 어째서인가. 아마도 제 아버지의 악행이 밖에 드러나기를 바라지 않는 것이 아니겠는가. 임금을 섬기는 데에서도 어찌 그렇지 않겠는가. 임금에게 잘잘못이 있을 적에 면전에서 말하지 못하고 표문을 올려 드러내어 간언해서 임금의 단점을 드러내고 자기의 곧음을 드러내려고 하니 이것이 어찌 忠臣이 할 짓인가. 고윤과 같은 이는 진정한 충신이다. 朕에게 과실이 있을 적에 면전에서 말하지 않은 적이 없어 朕이 과실을 듣고 천하 사람들이 알지 못하니 충신이라고 말하지 않을 수 있겠는가."라고 하였다.

允好切諫하여 事有不便에 允輒求見하면 屛人極論하여 或自朝至暮하고 或連日不出한대 語或痛切하여 魏主不忍聞하면 命左右扶出이나 然終善遇之러라 時有上事爲激訐者어늘 魏主謂群臣曰 君父一也니 父有過에 子何不作書於衆中諫之而於私室屛處諫者는 豈非不欲其父之惡彰於外邪①아 至於事君에 何獨不然이리오 君有得失에 不能面陳하고 而上表顯諫하여 欲以彰君之短하고 明己之直하니 此豈忠臣所爲乎아 如高允者는 乃眞忠臣也라 朕有過에 未嘗不面言하여 朕聞其過하고 而天下不知하니 可不謂忠乎아

① 屛은 가린다는 뜻이니, "屛處"는 숨기고 가린 곳이다.
屛, 蔽也. 屛處, 隱蔽之處.

【目】高允과 함께 동시에 徵召된 游雅 등이 모두 높은 관직에 이르고 諸侯에 봉해졌으나 고윤은 郎官이 된 지 27년 동안 승진하지 않았다. 魏主(文成帝)가 여러 신하들에게 말하기를 "너희들이 비록 활과 칼을 잡아 朕의 측근에 있으나 바로잡는 말을 한마디도 한 적이 없고 오직 朕의 기뻐하는 것만 엿보아 관작을 구걸하여 현재 모두 공로가 없는데도 王公에 이르렀다. 고윤은 붓을 잡아 국가(황제)를 도운 지 수십 년 동안에 유익함이 적지 않은데 그 지위가 낭관에 불과하니 너희들은 자신이 부끄럽지도 않느냐."라고 하고, 마침내 고윤을 中書令에 임명하였다.

이때 北魏의 백관들은 봉록이 없었으므로 고윤은 늘 여러 아들들에게 땔나무를 하여 자급자족하게 하였다. 司徒 陸麗가 말하기를 "고윤은 비록 임금의 총애와 대우를 받고

있으나 집이 가난하여 妻子들이 생계를 유지하지 못하고 있습니다."라고 하였다. 魏主가 그날로 고윤의 집에 가보니 오직 초가집 몇 칸에 베로 만든 이불을 덮고 緼袍를 입으며 부엌에는 소금에 간한 나물만 있을 뿐이었다. 魏主는 탄식하고 비단과 곡식을 내리고 고윤의 아들 高悅을 太守로 임명하였는데 고윤은 굳이 사양하였지만 황제가 허락하지 않았다. 문성제는 고윤을 중시하여 늘 令公이라 부르고 이름을 부르지 않았다.

允所與同徵者游雅等이 皆至大官封侯로되 而允爲郎二十七年에 不徙官이러니 魏主謂群臣曰 汝等雖執弓刀하여 在朕左右하되 未嘗有一言規正이요 唯伺朕喜悅하여 祈官乞爵하여 今皆無功而至王公이라 允執筆佐國家數十年에 爲益不少로되 不過爲郎하니 汝等不自愧乎아 乃拜允中書令하다 時魏百官無祿이라 允常使諸子樵採自給이러니 司徒陸麗曰 高允雖蒙寵待나 而家貧하여 妻子不立①하니이다 魏主卽日至其第하니 惟草屋數間이요 布被緼袍요 廚中鹽菜而已②러라 魏主歎息하고 賜以帛粟하고 拜其子悅爲太守한대 允이 固辭不許하다 帝重允하여 常呼爲令公而不名이러라

① 立은 이루고, 놓으며, 세운다는 뜻이다. 〈"不立"은〉 家業(생계)을 세우지 못함을 말한다. 立, 成也, 置也, 建也, 謂不能建置家業也.
② 緼은 삼으로 만든 솜이니, 〈"緼袍"는〉 삼으로 만든 솜을 섞어 도포에 속을 넣은 것을 말한다. 緼, 枲著(저)也. 謂雜用枲麻以著(저)袍.

【目】 游雅가 늘 다음과 같이 말하였다.

"이전 역사에서 卓子康과 劉文饒의 사람됨을 칭찬하였는데 편협한 마음을 가진 사람들이 이를 믿지 않으나, 나는 高子(高允)와 교유한 지 40년에 그가 기뻐하거나 노하는 기색을 본 적이 없으니 옛사람의 말이 거짓이 아님을 알겠다.

高子는 마음이 밝으면서 밖으로 유순하고, 그 목소리가 낮고 느려서 입으로 말을 할 수 없을 듯하였다. 예전에 司徒 崔浩[9]가 일찍이 말하기를 '高生(고윤)이 재주가 많고 학식이 넓어 한 시대에 훌륭한 선비이지만 부족한 것은 굳센 것과 風調와 節操일 뿐이다.'라고

卓茂

9) 崔浩 : 北魏 太武帝 때 사람으로 字는 伯淵이다. 학문을 좋아하고 지모가 뛰어났으며, 벼슬은 司徒까지 이르렀다. 뒤에 ≪國書≫를 저술하고 비석의 글을 쓰면서 直筆했다는 것으로 伏誅되었다.(≪北史≫ 권21 〈崔浩列傳〉)

하였는데, 나 역시 그렇다고 생각했었다. 사도(최호)가 죄를 받을 적에 詔令을 내려 친히 신문하니 〈신문을 받는 사람들이〉 목소리가 쉬고 다리가 떨려서 거의 말을 할 수 없었다. 그러나 고자만이 일의 이치를 설명하면서 말의 뜻이 분명하여 임금이 이 때문에 〈감동하여〉 낯빛을 바꾸니 이것이 이른바 굳센 것이 아니겠는가.

宗愛가 권력을 휘두를 때에 위엄이 천하에 떨치니 王公 이하가 뜰로 종종걸음 쳐서 우러러보며 절하였으나 고자만 홀로 계단에 올라가 길게 揖을 하였으니 이것이 이른바 風調와 節操가 아니겠는가. 사람은 진실로 알기가 쉽지 않다. 나는 마음속으로 그를 잘못 이해하였고 게다가 최호는 이를 밖에 누설하였으니, 이는 바로 管仲이 鮑叔의 죽음에 지극히 통곡했던 이유이다."

游雅常曰 前史에 稱卓子康劉文饒之爲人한대 褊心者或不之信①이나 余與高子游處四十年에 未嘗見其喜慍之色하니 乃知古人爲不誣耳로다 高子內文明而外柔順하고 其言吶吶不能出口②하니 昔崔司徒嘗謂호되 高生이 豐才博學하여 一代佳士로되 所乏者는 矯矯風節耳라하여늘 余亦以爲然③이러니 及司徒得罪에 詔指臨責하니 聲嘶股栗하여 殆不能言④호되 高子獨敷陳事理하여 辭義淸(辨)〔辯〕[10]하여 人主爲之動容하니 此非所謂矯矯者乎아 宗愛用事에 威振四海하니 王公以下 趨庭望拜호되 高子獨升階長揖하니 此非所謂風節者乎아 夫人固未易知라 吾旣失之於心하고 崔又漏之於外⑤하니 此乃管仲所以致慟於鮑叔也⑥니라

① 卓茂는 字가 子康인데, 관대하고 인자하며 공경하고 자애하며, 마음이 담박하고 평탄하며 道를 즐겼으며, 어릴 적부터 늙을 때까지 남과 경쟁을 한 적이 없었다. 고향 친구들은 비록 행실과 재능이 탁무와 같지 않았지만 모두 사모하며 좋아하였다. 일찍이 외출하였을 때 어느 사람이 그의 말〔馬〕을 〈자신의 말로〉 알아보았다. 탁무는 거짓인 줄 알았지만 묵묵히 말을 풀어 그에게 주었다. 뒤에 말 주인이 잃은 말을 찾아서 말을 보내주고는 탁무에게 와서 사과하였다.

劉寬은 字가 文饒인데, 세 고을을 차례로 맡아 다스렸는데, 온화하고 인자하여 용서함이 많았다. 관리와 백성들이 잘못이 있으면 다만 부들 채찍을 사용하여 벌을 주어서 욕을 보일 뿐이었다. 비록 창졸간의 상황에 있더라도 말을 빨리 하거나 얼굴색을 갑자기 바꾼 적이 없었다. 부인이 유관을 시험하여 성내게 하고자 하여 조회하는 날에 유관이 치장을 이미 마친 것을 엿보고는 여종에게 고깃국을 올리다가 엎어 朝服을 더럽히게 하였다. 여종이 급히 고깃국을 거두었는데, 유관이 정신과 안색이 변하지 않고 천천히 말하기를 "국에 네 손을 데었느냐?" 하였다. 일찍이 외출하였을 적에 소를 잃어버린 이가 있었는데 유관의 수레로 와서 그 소를 알아보자 유관은 말하지 않고 〈주었다.〉 얼마 뒤에 소를 알아본 사람이

10) (辨)〔辯〕: 저본에는 '辨'으로 되어 있으나, ≪資治通鑑≫에 의하여 '辯'으로 바로잡았다.

자신의 소를 찾게 되자 마침내 와서 사죄하였다. 유관이 말하기를 "사물에는 서로 비슷한 것이 있고 일에는 착오도 있으니, 어찌 사과하는가." 하였다. 褊(좁다)은 卑勉의 切이니, 褊心은 좁은 마음이다.

卓茂, 字子康, 寬仁恭愛, 恬蕩樂道. 自束髮至白首, 與人未嘗有爭競. 鄉黨故舊, 雖行能與茂不同, 而皆愛慕欣欣焉. 嘗出, 有人認其馬. 茂知其謬, 嘿解與之. 後馬主得所亡馬, 乃送馬, 詣茂謝之. 劉寬, 字文饒, 歷典三郡, 溫仁多恕. 吏人有過, 但用蒲鞭罰之, 示辱而已. 雖在倉卒, 未嘗疾言遽色. 夫人欲試寬令恚, 伺當朝會, 裝嚴已訖, 使侍婢奉肉羹, 翻汚朝衣. 婢遽收之, 寬神色不異, 徐言曰 "羹爛汝手乎." 嘗出, 有失牛者, 就寬車中認之, 寬無所言. 有頃認者得牛, 乃來謝罪. 寬曰 "物有相類, 事容脫誤, 何爲謝之." 褊. 卑勉切. 褊心, 狹意也.

② 吶은 如悅과 奴劣의 두 가지 切이다. "吶吶"은 소리가 낮으면서 말이 느린 것을 이른다.
吶, 如悅・奴劣二切. 吶吶, 謂聲低而言緩也.

③ "矯矯"는 굳세면 바른 모양이다. "風節"은 風調와 節操이다.
矯矯, 勁正貌. 風節, 風調・節操也.

④ 嘶는 목소리가 쉬는 것이다.
嘶, 聲破也.

⑤ 말로 이를 발설하였으니, 이것이 밖에 누설한 것이다.
發之於言, 則是漏之於外.

⑥ ≪說苑≫에 "鮑叔이 죽자 管仲이 深衣의 앞섶을 걷어 띠를 꽂고 곡을 하여 그 눈물이 마치 비 오듯이 떨어졌다. 그의 從者가 묻기를 '임금도 아버지도 아들도 아닌데, 이렇게 하는 것이 또한 연유가 있습니까.' 하였다. 관중이 말하기를 '그대가 알 수 있는 것이 아니다. 내 일찍이 포숙과 함께 南陽에서 봇짐장사를 할 때, 내가 세 번이나 시장에서 모욕을 당하였지만 포숙은 나를 겁쟁이라 여기지 않았으니, 내가 밝히려고 하는 뜻이 있음을 알아주었기 때문이다. 포숙이 일찍이 나와 함께 세 차례 임금에게 유세를 하여 세 번 모두 따라주지 않았으나 포숙은 나를 못났다고 여기지 않았으니, 내가 명석한 군주를 만나지 못했음을 알아주었기 때문이다. 포숙이 일찍이 나와 함께 재물을 두고 몫을 나눌 때에 내가 많이 가져간 것이 세 차례였지만 포숙은 나를 탐욕하다고 여기지 않았으니, 내가 재물이 부족함을 알아주었기 때문이다. 나를 낳아준 이는 부모이지만 나를 알아준 이는 포숙이었다. 선비는 자기를 알아주는 이를 위해 목숨을 바친다고 하였는데, 하물며 그를 위해 애도해하는 일이겠느냐.' 하였다."라고 하였다.
說苑 "鮑叔死, 管仲擧上袵而哭之, 泣下如雨. 從者曰 '非君父子也, 此亦有說乎.' 管仲曰 '非夫子所知也. 吾嘗與鮑子負販于南陽, 吾三辱于市, 鮑子不以我爲怯, 知我之欲有所明也. 鮑子嘗與我有所說君者, 而三不見聽, 鮑子不以我爲不肖, 知我之不遇明君也. 鮑子嘗與我臨財分貨, 吾自取多者三, 鮑子不以我爲貪, 知我之不足於財也. 生我者父母, 知我者鮑子也. 士爲知己者死, 而況爲之哀乎.'"

【綱】 여름 6월에 宋나라가 謝莊과 顧覬之를 吏部尙書로 삼았다.

夏六月에 宋以謝莊顧覬之爲吏部尙書하다

孔顗

【目】 宋主(孝武帝)는 권력이 신하에게 있게 하려 하지 않아서 吏部尙書를 나누어 두 사람을 두고 謝莊과 顧覬之를 임명하였다. 예전에 晉나라 시대에는 散騎常侍가 선발과 명망에 있어 매우 중시되었는데 그 뒤에 산기상시에 등용된 인물의 비중이 점차 가벼워졌다. 宋主는 그 선발을 중시하려 하여 마침내 當代의 名士인 孔顗[11]와 王彧을 등용하여 산기상시로 삼았다. 侍中 蔡興宗이 말하기를 "選曹(吏部)는 중요하고, 산기상시의 직책은 한산합니다. 명분으로써 상기상시의 지위를 높이고자 하나 실권이 없으면 비록 임금께서 이부상서를 가볍게 하고 산기상시를 무겁게 하려 해도 人心이 어찌 변할 수 있겠습니까."라고 하였는데, 뒤에 결국 그 말대로 되었다. 채흥종은 蔡廓의 아들이다.

宋主不欲權在臣下하여 分吏部尙書置二人하고 以謝莊顧覬之爲之하다 初에 晉世에 散騎常侍選望甚重이러니 其後用人漸輕①이라 宋主欲重其選하여 乃用當世名士孔顗王彧爲之②하다 侍中蔡興宗曰 選曹要重하고 常侍閑淡하니 改之以名而不以實하면 雖爲輕重이나 人心豈可變邪아 後竟如其言하다 興宗은 廓之子也라

① 上(황제)이 선발하는 것이 選이고, 당시 사람들이 우러러보는 것이 望이다.
上之所遴簡爲選, 時之所瞻屬爲望.

② 顗는 ≪資治通鑑≫에 覬로 되어 있다. 王彧은 王謐의 형의 손자이다.
顗, 通鑑作覬. 彧, 謐之兄孫也.

【目】 裴子野가 다음과 같이 평하였다.

11) 孔顗 : 孔顗는 아래 訓義 ②처럼 孔覬라는 설이 있으며, 史書마다 다르게 표기되었다. 본서에서는 中華書局 標點校勘本 ≪宋書≫에 의거하여 孔顗로 통일하였다. 또한 저본 내에도 孔顗와 孔覬가 섞여 있다. 이에 원문도 孔顗로 통일하였다.

"사람을 관직에 임용하는 어려움은 오래되었다. ≪周禮≫에는 〈인재의 선발이〉 學校에서 시작하여 州里에서 인물을 논의하고 六事에 고한 뒤에 王庭에 천거하였다. 漢나라 때에는 州郡에서 그 공로와 능력을 쌓아서 五府에서 천거하여 掾屬(하급 보좌 관리)으로 삼고, 三公이 그 잘잘못을 살펴보고, 尙書가 天子에게 아뢰었다. 한 사람의 몸에 검열하는 바가 많았으므로 능히 관직에 알맞은 인재를 얻어서 실패하는 일이 적었다. 魏·晉時代에는 이 제도를 바꾸어 잘못된 것이 많았다. 후덕한 모습과 깊은 마음을 가진 사람이 골짜기처럼 음험하니 그의 언행을 살펴보더라도 오히려 그를 주도면밀하게 다 살피지 못하였을까 염려되는데, 하물며 지금 천차만별한 사람들을 잠시 한 번 본 것으로 결단하고 百官의 임용을 오로지 한 관청에서 판단하는 것이겠는가. 이에 진급을 구하며 벼슬을 얻기를 힘써서 다시는 염치의 기풍과 근후한 절조가 없어져서 관리가 사악하고 국가가 쇠퇴하여 기강을 잡을 수가 없었다. 가령 龍을 納言으로 삼고 舜이 군왕의 자리에 있게 하여 나라를 잘 다스리게 하고자 하여도 장담할 수 없는데 하물며 후대의 사람들이겠는가. 孝武帝가 비록 選曹(吏部)를 나누어 두 명의 尙書를 두었으나 周·漢의 제도를 회복하지 못하였으니, 朝三暮四의 방법이 어찌 더 낫겠는가."

裴子野曰 官人之難이 尙矣①라 周禮에 始於學校하여 論之州里하고 告諸六事하고 而後貢于王庭②하고 漢家에 州郡積其功能하여 五府擧爲掾屬[12]하고 三公參其得失하고 尙書奏之天子하니 一人之身이 所閱者衆③이라 故能官得其才하여 鮮有敗事러니 魏晉易是하여 所失弘多라 夫厚貌深衷이 險如谿壑하니 擇言觀行이라도 猶懼弗周어늘 況今萬品千群을 俄折乎一面하고 庶僚百位를 專斷於一司④하니 於是干進務得하여 無復廉恥之風과 謹厚之操하여 官邪國敗하여 不可紀綱⑤하니 假使龍作納言⑥[13]하고 舜居南面而欲治致平章이라도 不可必也어늘 況後之人哉아 孝武雖分曹爲兩이나 不能反之於周漢하니 朝三暮四 其庸愈乎⑦아

① 尙은 오래되었다는 뜻이다.
尙, 久遠也.

② 六事는 周나라의 六卿이다.
六事, 周之六卿也.

③ 閱은 거침이다.
閱, 更歷也.

---

12) 五府 : 漢나라 때 五府는 설명하는 것마다 차이가 있는데, 丞相, 御史, 車騎將軍, 左將軍, 右將軍의 府, 또는 丞相, 御史, 車騎將軍, 前將軍, 後將軍의 府, 또는 太傅, 太尉, 司徒, 司空, 大將軍의 府를 말한다.

13) 龍 : 舜帝의 신하로 納言의 관직을 맡았다.(≪書經≫ 〈虞書 舜典〉)

④ 折은 결단함이다. "一面"은 잠깐 한 번 보는 것이다. "一司"는 選部를 말한다.
折, 斷也. 一面, 一覿面之頃也. 一司, 謂選部.

⑤ ≪春秋左氏傳≫ 桓公 2년 조에 말하기를 "國家의 패망은 관리의 사악함에서 말미암는다." 하였다.
左傳曰 "國家之敗, 由官邪也."

⑥ 尙書는 옛적의 納言이다.
尙書, 古之納言也.

⑦ "分曹爲兩"은 吏部에 尙書 두 명을 둔 것을 말한다. ≪莊子≫ 〈齊物論〉에 말하기를 "狙公이 원숭이들에게 도토리를 주면서 말하기를 '아침에 세 개 저녁에 네 개를 주겠다.'라고 하자 원숭이들이 모두 성을 내었다. 다시 말하기를 '그러면 아침에 네 개 저녁에 세 개를 주겠다.'라고 하자 여러 원숭이들이 모두 기뻐하였다. 명분이나 실상은 훼손됨이 없는데도 기뻐하고 성내는 작용을 하였다."라고 하였다. 狙는 七徐의 切이다. 狙公은 원숭이를 기르는 사람이다. 芧는 音이 序이니, 도토리이고, 일명 橡子이다.
分曹爲兩, 謂吏部置兩尙書. 莊子曰 "狙公賦芧, 曰 '朝三而暮四.' 衆狙皆怒. 曰 '然則朝四而暮三.' 衆狙皆喜. 名實未虧而喜怒爲用." 狙, 七徐切. 狙公, 養猿狙者. 芧音序, 山栗也, 一名橡子.

【綱】 宋나라 沙門(스님) 曇標가 謀反하였다가 伏誅되었다.

宋沙門曇標 謀反伏誅[14]하다

【目】 南彭城의 백성 高闍와 沙門 曇標가 요망한 말로 민심을 선동하였다. 이들이 殿中將軍 苗允 등과 난을 일으켜서 고도를 황제로 세울 것을 모의하였다가 사건이 발각되어 伏誅되었다. 이에 詔令을 내려 沙門들을 정리하고, 여러 가지 금지 조항을 설정하고, 그들을 주벌하고 연좌하는 것을 엄격히 하였다. 그리하여 계율을 지키고 각고의 수행을

---

14) 宋沙門曇標謀反伏誅 : "이때에 백성 高闍와 沙門 曇標가 殿中將軍 苗允 등과 난을 일으킬 것을 모의하여 고도를 황제로 세울 것을 모의하였다. 묘윤을 기록하지 않고 사문을 기록한 것은 어째서인가. 경계를 내린 것이다. 사문을 기록하면 사문을 경계로 삼을 수 있으니, 사문이 반란을 꾀하였다면 무슨 짓인들 하지 않겠는가. 임금 중에 이단을 높여 믿는 자가 또한 다소 깨달을 수 있을 것이다. ≪資治通鑑綱目≫이 끝날 때까지 사문에 반란을 기록한 것이 3번이다(이해(458), 齊나라 辛酉年(481)에 北魏 沙門 法秀가 난을 일으켰고, 梁나라 乙未年(515)에 北魏 冀州의 沙門이 난을 일으켰다.). ○ 丘濬이 말하기를 '승려의 반란을 기록한 것은 여기에서 시작되었다.'라고 하였다.〔於是民高闍及曇標 與殿中將軍苗允等 謀作亂 立闍爲帝闍 允不書 書沙門 何 垂戒也 書沙門 則可以爲垂戒沙門而謀反則何不爲矣 人主之尊信異端者 亦可以少悟哉 終綱目 沙門書反亂者三(是年 齊辛酉年 魏沙門法秀作亂 梁乙未年 魏冀州沙門作亂) ○ 丘濬曰 書僧反 始此〕" ≪書法≫

하는 자가 아니면 모두 환속하게 하였으나 여러 비구니들이 궁중에 출입하여 결국 시행되지 못하였다.

南彭城民高闍와 沙門曇標가 以妖妄相扇하여 與殿中將軍苗允等으로 謀作亂하여 立闍爲帝라가 事覺伏誅①하다 於是詔沙汰沙門하고 設諸條禁하고 嚴其誅坐하여 非戒行精苦면 竝使還俗이나 而諸尼出入宮掖하여 竟不得行②하다

① 晉나라가 남쪽으로 長江을 건너와서 南彭城郡을 晉陵 지역에 僑置하였다. 闍는 都와 蛇 두 가지 음이 있다.
晉氏南渡, 僑立南彭城郡於晉陵界. 闍, 都・蛇二音.
② 汰는 音이 太이니, 선택함이다. "沙汰"는 선택한 것 중에 버림이 있음을 말한다. 坐는 서로 연좌됨이다.
汰, 音太, 擇揀也. 沙汰, 言選擇之有所棄斥也. 坐, 相連坐也.

【綱】 가을 8월에 宋나라가 中書令 王僧達을 죽였다.

秋八月에 宋殺其中書令王僧達[15]하다

【目】 王僧達은 어려서부터 총명하고 기민하며 글을 잘 짓고 방탕하여 구속받지 않았다. 宋主(孝武帝)가 처음 즉위하였을 적에 발탁하여 僕射로 삼았다. 왕승달은 자신의 재주와 문벌을 자부하여 1, 2년 사이에 곧 재상의 자리에 오를 것을 바라였는데, 이윽고 좌천되고 두 번이나 탄핵을 받아 벼슬이 깎였다. 왕승달은 부끄럽고 원망하여 올린 상소의 글에 〈임금을〉 폄하하고 또 당시 정치를 비난하기를 좋아하니, 宋主는 몹시 분해하였다. 路太后의 형의 아들이 한번은 왕승달에게 가서 왕승달의 탑상에 올라갔는데 왕승달은 사람들을 시켜 탑상을 들어다 버리게 하였다. 太后가 크게 노하여 宋主에게 왕승달을 반드시 죽여야 한다고 굳게 요구하였다. 마침 高闍가 반란하자 宋主는 이를 이용하여 왕승달이 고도와 모반을 공모했다고 誣告하여 죽음을 내렸다.

僧達은 幼聰警能文하고 而跌蕩不拘①라 宋主初立에 擢爲僕射(야)하니 自負才地하여 一二年間에

---

15) 宋殺其中書令王僧達 : "王僧達은 경박한 죄인인데 '殺'이라고 기록한 것은 어째서인가. 해당 죄로 죽이지 않은 것이다. ≪資治通鑑綱目≫의 筆法은 비록 죄가 있더라도 해당 죄로 죽이지 않으면 한결같이 죄가 없는 말로 기록하였으므로 왕승달에게 관직을 갖추어 쓰고 '殺'이라고 기록한 것이다.〔僧達輕躁罪人也 其書殺 何 殺之不以其罪也 綱目之法 雖有罪 而殺之不以其罪 一以無罪之辭書之 故僧達具官書殺〕" ≪書法≫

卽望宰相이러니 旣而下遷하고 再被彈削하니 僧達耻怨하여 所上表奏이 辭旨抑揚하고 又好非議時政하니 宋主已積憤이라 路太后兄子嘗詣僧達하여 升其榻한대 僧達令舁棄之②하니 太后大怒하여 固邀宋主令必殺僧達이러니 會高闍反이어늘 宋主因誣僧達與闍通謀라하여 賜死하다

① "跌蕩"은 放蕩함이다. "不拘"는 일상의 검속에 구애받지 않음을 말한다.
跌蕩, 放蕩也. 不拘, 言其不拘常檢也.

② 路太后의 형 路慶之는 일찍이 王氏 門下의 말을 모는 사람이었으므로, 王僧達이 그 아들을 물리친 것이다. 舁는 마주 들음이다.
路太后兄慶之嘗爲王氏門下騶, 故僧達麾其子. 舁, 對擧也.

【目】沈約이 다음과 같이 평하였다.

"君子와 小人은 인물을 분류하는 통칭이니 道를 행하면 군자가 되고 도를 어기면 소인이 된다. 그러므로 太公이 소를 잡으며 낚시질을 하던 중이서 기용되어 周나라 太師가 되었고, 傅說이 담틀을 다지다가 떠나와 殷나라 宰相이 되었고, 胡廣[16]의 집안은 대대로 농부였지만 지위가 公·相에 이르렀고, 黃憲[17]은 牛醫(소를 고치는 의원)의 아들로 명망이 서울에 가득하였으니 後代에 두 가지로 나뉜 것[18]과는 같지 않다. 魏나라는 九品中正制[19]를 세웠는데 人才의 優劣을 따졌지 世族의 높낮이를 말하는 것이 아니었다. 그런데 사람들이 문벌에 의지하여 상대를 능가하려고 하자 州都의 中正官과 세속 선비들이 시세에 따라 품평의 기준을 바꾸었는데, 이를 답습하여 마침내 고정된 법이 되었다. 周나라와 漢나라에서 인재를 등용하는 방도는 지혜로운 자로써 우매한 자를 부리는

16) 胡廣 : 後漢 사람으로 자가 伯始이다. 安帝 때에 孝廉으로 천거되어 여섯 임금을 섬기면서 太傅에 올랐다. 임기응변에 능하고 직언을 하지 않아 당시에 "어떤 일이든지 잘 안 되면 백시에게 물어보라. 천하의 중용은 호공에게 있느니라.〔萬事不理 問伯始 天下中庸有胡公〕"라고 평하였다.(≪後漢書≫ 권44 〈胡廣列傳〉)

17) 黃憲 : 後漢 사람으로 자는 叔度이다. 어릴 때부터 뛰어난 자질을 가지고 있었으므로 郭泰가 칭찬하기를 "숙도는 질펀히 드넓어 마치 천 이랑 물결의 저수지와 같아서 맑게 한다고 해서 맑아지지 않고 흐리게 한다고 해서 흐려지지 않으니, 헤아릴 수 없다.〔叔度汪汪如千頃陂 澄之不清 淆之不濁 不可量也〕"라고 하였다.(≪後漢書≫ 권53 〈黃憲列傳〉)

18) 두……것 : 士族과 寒族(庶族)의 두 가지로 나뉜 것을 말한다.(≪資治通鑑新注≫, 陝西人民出版社, 1998)

19) 九品中正制 : 魏晉時代의 관리 임용제도로 九品官人法이라고도 한다. 郡마다 中正官을 두고 이들이 郡 안의 인재를 조사하여 재능과 덕행에 따라 1품에서 9품으로 나누었는데 이를 鄕品이라 한다. 초임관을 起家官이라 하는데, 기가관은 향품보다 4등급을 낮추어 그에 해당하는 관품의 관직을 받았다. 魏나라 말기 司馬懿의 건의에 따라 州에 中正을 두게 되어 향품의 결정권이 점차 중앙으로 집중되었다.(宮崎市定, ≪九品官人法の研究≫, 岩波書店)

것이었는데 魏·晉 이래로는 귀한 자로써 천한 자를 부리게 하였으니, 士族과 庶族의 등급이 명백히 구별이 있게 되었다."

沈約曰 夫君子小人은 類物之通稱이니 蹈道則爲君子요 違之則爲小人이라 是以太公起屠釣爲周師하고 傅說(열)去板築爲殷相①하고 胡廣累世農夫로 致位公相하고 黃憲牛醫之子로 名重京師하니 非若晩代分爲二途也라 魏立九品에 蓋論人才優劣이요 非謂世族高卑라 而都正俗士 隨時俯仰하여 憑藉世資 用相陵駕[20]하여 因此相沿 遂爲成法②하니 周漢之道는 以智役愚러니 魏晉以來에 以貴役賤하니 士庶之科가 較(각)然有辨矣③라

① 太公은 朝歌에서 소를 잡았으며, 渭水 가에서 낚시질을 하였는데, 周 文王이 맞이하여 太師로 삼았다. 傅說은 傅巖의 들에서 담을 쌓았는데, 殷 高宗이 찾아내어 재상으로 삼았다.
太公屠牛於朝歌, 釣於渭濱, 周文王迎以爲師. 傅說築於傅巖之野, 殷高宗求以爲相.

② "都正"은 여러 州의 中正을 말한다.
都正, 謂諸州中正也.

③ 較은 音이 角이니, 분명하다는 뜻이다.
較, 音角, 明也.

【目】 裴子野가 다음과 같이 평하였다.

"옛날에는 도덕과 의리가 높일 만한 사람이면 짐을 지는 이나 장사하는 이를 가리지 않고 등용하였으니, 만일 알맞은 사람이 아니면 어찌 世族을 취하겠는가. 晉나라가 있은 이래로 그러한 풍조가 조금 바뀌었지만 초야의 출중한 선비들이 여전히 현달한 벼슬에 드러났다. 晉나라 말기에 와서는 오로지 清要職을 문벌로 제한하니, 謝靈運과 王僧達의 화려한 文才와 경박한 행실을 가지고 가령 한미한 가문에서 태어났더라도 엎어지고 꺾였을 것인데 더구나 문벌에 의지하였으니 재앙을 부른 것이 마땅하구나."

裴子野曰 古者에 德義可尊이면 無擇負販하니 苟非其人이면 何取世族①이리오 有晉以來로 其流稍改호되 草澤奇士 猶顯清塗러니 降及季年에 專限閥閱하니 以謝靈運王僧達之才華輕躁로 使生自寒宗이라도 猶將覆折이온 重以怙其庇廕하니 召禍宜哉②인저

① 짐 지는 사람은 힘쓰는 것을 일삼고, 물건을 파는 사람은 이익을 일삼는다.
負者, 事於力. 販者, 事於利.

② 重(거듭)은 直用의 切이다. 廕(문음)은 蔭과 통해 쓴다.

20) 隨時俯仰……用相陵駕 : ≪宋書≫ 〈恩倖傳〉에는 "徒以馮藉世資 用相陵駕 都正俗士 斟酌時宜 品目少多 隨事俯仰"으로 되어 있다. 본서에서는 이를 참작하여 번역하였다.

重, 直用切. 廕, 通作蔭.

【綱】 가을 10월에 魏主(文成帝)가 柔然을 정벌하여 공로를 비석에 새겨 기록하고 돌아왔다.

冬十月에 **魏主伐柔然**하여 **刻石紀功而還**하다

【目】 魏主(文成帝)가 陰山에 이르렀는데 마침 눈이 내렸으므로 돌아가려고 하였다. 尉眷이 말하기를 "지금 대군을 출동하여 北敵(柔然)에게 위엄을 떨치고자 하는데, 도성을 떠나 얼마 가지 않고 車駕가 갑자기 돌아가면 오랑캐들이 반드시 우리에게 내란이 있다고 의심할 것입니다. 장군과 사졸들이 비록 추위에 떨어도 전진하지 않아서는 안 됩니다."라고 하니, 魏主가 그 말을 따랐다. 北魏 군대가 大漠(고비사막)을 건너가니 깃발이 천리에 이어졌다. 유연의 處羅可汗이 멀리 도망가고, 그 別部 수천 帳落[21]이 北魏에 항복하자, 魏主가 공로를 비석에 새겨 기록하고 돌아왔다.

魏主至陰山하니 會雨雪이라 欲還하니 尉眷曰 今動大衆하여 以威北敵이어늘 去都不遠而車駕遽還이면 虜必疑我有內難이니 將士雖寒이나 不可不進이니이다 魏主從之하여 度大漠하니 旌旗千里라 柔然處羅可汗遠遁하고 其別部數千落이 降于魏어늘 魏主刻石紀功而還하다

【綱】 北魏가 宋나라의 淸口를 침략하자 宋나라 靑冀刺史 顔師伯이 연이어 싸워 北魏를 격파하였다.

魏侵宋淸口어늘 **宋靑冀刺史顔師伯連戰破之**하다

【目】 積射將軍 殷孝祖가 두 개의 성을 淸水 동쪽에 쌓자, 北魏에서는 鎭西將軍 封勑文이 이곳을 공격하니 淸口 戍主(鎭將) 振威將軍 傅乾愛가 막아 봉칙문을 격파하였다. 宋主(孝武帝)는 虎賁主 龐孟虯를 파견하여 청구를 구원하게 하고, 顔師伯이 中兵參軍 苟思達을 돕도록 하여 北魏 병사들을 沙溝에서 패배시켰다. 宋主는 또 司空參軍 卜天生을 파견하여 傅乾愛와 中兵參軍 江方興을 만나서 北魏 병사를 함께 공격하게 하여 누차 격파

21) 帳落 : 史書에서는 帳 또는 落으로 기록하는데, 유목민의 거주 단위인 天幕을 의미하는 것으로 戶의 단위로 사용되었다. 유목민은 대개 核家族을 이루었으므로 1落에 5명 정도였다.(≪北史 外國傳 譯註≫, 동북아역사재단, 2009)

하고 北魏의 장군 몇 명을 참수하였다. 北魏 征西將軍 皮豹子가 병사를 거느리고 봉칙문을 도와서 青州를 노략질하니, 안사백이 표피자와 싸워서 거의 사로잡을 뻔하였다.

積射將軍殷孝祖가 築兩城於淸水之東①이어늘 魏鎭西將軍封勅文攻之하니 淸口戍主振威將軍傅乾愛拒破之하다 宋主遣虎賁主龐孟虯救淸口하고 顏師伯遣中兵參軍苟思達助之하여 敗魏兵於沙溝②하다 宋主又遣司空參軍卜天生하여 會傅乾愛及中兵參軍江方興하여 共擊魏兵하여 屢破之하고 斬魏將數人하다 魏征西將軍皮豹子 將兵助封勅文寇青州어늘 師伯與戰幾獲之하다

① 宋 文帝 元嘉 9년(432)에 積射將軍·彊弩將軍 등을 두었다. 沈約이 말하기를 "晉나라 太康 10년(289)에 두었다." 하였다. 殷孝祖는 殷羨의 曾孫이다.
宋文帝元嘉九年置積射·彊弩等將軍. 沈約曰 "晉太康十年置." 孝祖, 羨之曾孫也.

② 虎賁主는 虎賁 군사를 담당한다. 顏師伯은 顏峻의 族兄이다. 살펴보건대 여기의 淸口는 淸水가 淮水로 들어가는 어귀가 아니고, 바로 濟水가 汶水와 합하는 어귀이다. ≪水經≫에 "濟水는 동북쪽으로 가서 壽張縣을 지나 서쪽으로 가서 安民亭 남쪽으로 흘러가는데 汶水가 동북쪽에서 흘러와서 합류한다."고 하였는데 그 註에 "戴延之가 말한 淸口이다." 하였다. ≪수경≫에 "濟水가 또 북쪽으로 가서 須昌穀城 臨邑盧縣을 지나고, 또 동북쪽으로 가서 中川水와 합한다."고 하였는데, 그 註에 "中川水가 賓溪水와 합하여 북쪽으로 흘러가서 盧縣의 故城 동쪽을 지나고 또 북쪽으로 흘러 濟水로 들어가는데 세속에서는 이를 沙溝水라 한다." 하였다.
虎賁主, 主虎賁士. 師伯, 峻之族兄也. 按此淸口非淸水入淮之口, 乃濟水與汶水合之口. 水經 "濟水東北過壽張縣西安民亭南, 汶水從東北來注之." 注云 "戴延之所謂淸口也." "濟水又北過須昌穀城臨邑盧縣, 又東北與中川水合." 注云 "中川水與賓溪水合而北流, 逕盧縣故城東, 又北流入濟, 俗謂之沙溝水."

【綱】 宋나라가 戴法興·戴明寶·巢尙之를 中書舍人으로 삼았다.

宋以戴法興戴明寶巢尙之爲中書舍人하다

【目】 예전에 宋主(孝武帝)가 江州에 있을 적에 戴法興·戴明寶·蔡閑이 典籤이 되었는데, 宋主가 즉위하자 모두 南臺侍御史로 삼고 中書通事舍人[22]을 겸하게 하였고, 처음

22) 中書通事舍人 : 보통 中書舍人이라고 한다. 원래는 通事와 舍人이 별개로 존재하였으며, 中書省의 속관으로 章奏의 수납하여 황제에게 올리는 일을 담당하였다. 三國時代 魏나라 때에는 오직 通事만 있었고 西晉 때 舍人을 두었다. 東晉 때 합하여 '通事舍人' 하나의 관직이 되었으며 뒤에 '通事' 두 글자가 생략되었다. 南朝 宋나라 때에 中書通事舍人으로 회복되었는데, '通事舍人', '中書舍人', '舍人'으로 약칭되었다. 南朝 시대에 寒士와 寒人이 충원되어 禁中에서 숙직하면서 문서의 출납을 담당하고

병사를 일으켰을 적에 密謀에 참여한 일로 이해에 아울러 이들에게 縣男의 작위를 하사하였다. 이때 宋主가 조정 정무를 친히 처리하여 大臣에게 맡기지 않으니 心服과 耳目의 역할을 하는 신하에게 맡기지 않을 수 없었다.

대법흥은 고금의 일을 상당히 알아서 宋主에게 평소 신임과 은총을 받았다. 巢尙之는 한미한 人士로 文史를 섭렵하여 역시 중서통사사인이 되었다. 무릇 관직의 선발과 수여, 승진과 강등, 주벌과 포상의 큰 처분을 宋主는 모두 대법흥·소상지와 함께 결정하였으며, 內外의 여러 일들은 대부분 대명보에게 맡겼다. 세 사람은 권력이 당시에 커서 대법흥·대명보는 크게 뇌물을 받아서 그 집안에 오는 사람이 문전성시를 이루어 집안에 천금을 쌓아두었다.

顧覬之는 홀로 이들에게 뜻을 굽히지 않았다. 蔡興宗이 고기지와 잘 지냈는데 고개지의 기풍과 절개가 너무 높은 것을 꺼리자 고기지가 말하기를 "辛毗 말 중에 '孫資·劉放은 나에게 三公이 되지 못하게 하는 데에 불과할 뿐이다.'라는 것이 있다.'라고 하였다. 고기지는 항상 말하기를 "사람이 목숨을 받고서 정해진 분수가 있으니 지혜와 힘으로 바꿀 수 있는 것이 아니다. 오직 자신의 언행을 삼가고 도리를 지켜야 하는데 아둔한 자는 알지 못하여 허망한 생각으로 요행을 바라니 공연히 바른 도리만 훼손할 뿐이고 화복의 득실에는 상관이 없는 것이다."라고 하고, 마침내 〈定命論〉을 지어서 이러한 도리를 설명하였다.

初에 宋主在江州에 戴法興戴明寶蔡閑爲典籤이러니 及卽位에 皆以爲南臺侍御史兼中書通事舍人①하고 是歲에 竝以初擧兵預密謀로 賜爵縣男하다 時宋主親覽朝政하여 不任大臣하니 而腹心耳目을 不得無所委寄라 法興은 頗知古今하여 素見親待하고 巢尙之는 人士之末로 涉獵文史라 亦爲中書通事舍人하니 凡選授遷徙誅賞大處分을 宋主皆與法興尙之參懷하고 內外雜事는 多委明寶②하니 三人權重當時하여 而法興明寶大納貨賄하여 門外成市하여 家累千金이러라 顧覬之獨不降意하더니 蔡興宗與覬之善이라 嫌其風節太峻이어늘 覬之曰 辛毗有言孫劉不過使吾不爲三公耳③라하더라 覬之常以爲호되 人稟命有定分하니 非智力所移라 唯應恭己守道나 而闇者不達하여 妄意僥倖하니 徒虧雅道요 無關得喪이라하고 乃著定命論以釋之하다

① 御史臺를 南臺라고 한다. 晉나라 초기에 中書省에 舍人과 通事를 각 1명씩 두었고, 江左(東晉) 때에는 舍人과 通事를 합하여 通事舍人이라고 하고, 奏案을 올리는 것을 관장하고 또

中書侍郎의 詔書를 起草하는 권한을 대신 담당하게 되었다. 중서사인은 명칭상으로는 중서성에 예속되어 있지만 실제로는 황제에게 명을 직접 들어서 품계는 낮지만 권한은 막중하였다.

詔命의 작성을 관장하였다.
御史臺, 謂之南臺. 晉初置中書舍人・通事各一人, 江左(令)〔合〕[23]舍人・通事, 謂之通事舍人, 掌呈奏案, 又掌詔命.

② 宋나라와 齊나라 무렵에는 機務에 참여하여 결정하는 것을 모두 "參懷"라고 하였다.
宋齊之間, 凡參決機務, 率皆謂之參懷.

③ 魏 明帝 때에 劉放・孫資가 당시의 정무를 專斷하자 大臣들 중에 그와 우호하지 않는 자가 없었으나 辛毗는 그들과 왕래하지 않았다. 신비의 아들 辛敞이 간언하기를, "劉放과 孫資가 권력을 행사하여 대중들이 모두 그림자가 따르듯이 하고 있으니 大人께서는 마땅히 뜻을 조금 굽혀야 합니다. 그렇지 않으면 반드시 비방하는 말이 있게 됩니다." 하니 신비가 얼굴빛을 바로잡으며 말하기를 "나의 처신에 본래 본말의 순서가 있으니, 가령 손자・유방과 화평하지 않더라도 내가 三公이 되지 못하는 데에 불과할 뿐이다. 大丈夫가 公正함을 행하고자 하는데 그 고상한 절개를 훼손할 수 있겠느냐." 하였다.
魏明帝時, 劉放・孫資制斷時政, 大臣莫不交好, 而辛毗不與往來. 毗子敞諫曰 "劉・孫用事, 衆皆影附, 大人宜少降意, 不然, 必有謗言." 毗正色曰 "吾之立身, 自有本末. 就與孫・劉不平, 不過不爲三公. 大丈夫欲爲公而毀其高節邪."

己亥年(459)

宋나라 世祖 孝武帝 劉駿 大明 3년이고, 北魏 高宗 文成帝 拓跋濬 太安 5년이다.

宋大明三年이요 魏太安五年이라

【綱】 여름 4월 宋나라 竟陵王 劉誕이 廣陵에서 반란을 일으키자, 宋主(孝武帝)가 군대를 보내어 토벌하였다.

夏四月에 **宋竟陵王誕**이 **反廣陵**이어늘 **宋主 遣兵討之**하다

【目】 竟陵王 劉誕은 宋主(孝武帝)가 자신을 꺼리고 있다는 것을 눈치채고서 또한 몰래 대비를 하였는데 北魏 사람들이 침입한 것을 이용하여 성벽을 수리하고 해자를 준설하고 양식을 모으고 병장기를 수선하였다. 參軍 江智淵이 유탄이 반란할 뜻이 있음을 알고서 휴가를 청하여 미리 建康으로 돌아오니 宋主가 강지연을 中書侍郎으로 삼았다. 강

23) (令)〔合〕: 저본에는 '令'으로 되어 있으나, ≪晉書≫ 〈百官志〉(中華書局, 1997)에 의거하여 '合'으로 바로잡았다.

지연은 젊어서 품행이 있으니 沈懷文이 늘 칭찬하기를 "사람으로 갖추어야 할 것을 모두 가지고 있고, 사람으로 없어야 할 것을 모두 없는 이는 오직 강지연일 뿐이다."라고 하였다.

얼마 뒤에 〈劉誕의〉 사건이 발각되자, 宋主가 有司들에게 명하여 〈유탄의 죄를〉 아뢰어서 그를 붙잡아서 廷尉에게 회부할 것을 하도록 명하였다. 〈얼마 후〉 조서를 내려서 유탄의 작위를 侯로 강등하고 封國으로 가게 하고,[24] 兗州刺史 垣閬으로 하여금 戴明寶와 연합하여 유탄을 습격하게 하였다. 대명보가 밤에 유탄의 典籤인 蔣成에게 알려서 내응을 하도록 하였는데, 유탄이 그 사실을 듣고는 장성을 참수하고 원랑을 공격하여 죽였다.

대명보가 도망쳐 돌아오자 沈慶之에게 조서를 내려서 군대를 이끌고 유탄을 토벌하게 하였다. 심경지가 歐陽에 도착하자, 유탄은 사람에게 편지를 지니고 가서 심경지를 설득하게 하고 玉環刀를 선물로 보냈다. 그러자 심경지는 그를 돌려보내고 나서 유탄의 죄악을 열거하여 꾸짖었다. 유탄은 성문을 닫고 스스로 지키고 편지와 격문을 나누어 보내 원근의 사람들과 결탁하였다.

竟陵王이 誕知宋主意忌之하고 亦潛爲之備러니 因魏人入寇하여 修城浚隍하고 聚糧治仗하니 參軍江智淵이 知誕有異志하고 請假先還建康하니 宋主以爲中書侍郞①하다 智淵少有操行②하니 沈懷文每稱之曰 人所應有 盡有요 人所應無 盡無者는 其唯江智淵乎인저 俄而事覺하니 宋主令有司로 奏請收付廷尉하고 詔貶爵爲侯하여 遣之國하고 使兗州刺史垣閬으로 與戴明寶襲之③하니 明寶夜報誕典籤蔣成하여 使爲內應한대 誕聞之에 斬成하고 擊閬殺之하니 明寶逃還이어늘 詔沈慶之하여 將兵討誕하다 慶之至歐陽④하니 誕遣人齎書하여 說(세)慶之하고 餉以玉環刀어늘 慶之遣還하고 數以罪惡하니 誕閉門自守하고 分遣書檄하여 邀結遠近하다

① 江智淵은 江夷의 아우의 아들이다. 강이는 江湛의 아버지이다. 假는 휴가이다.
智淵, 夷之弟子也. 夷, 湛之父. 假, 休假也.

② 操(절조)는 七到의 切이다. 行(행실)은 去聲이다.
操, 七到切. 行, 去聲.

③ 垣閬은 垣護之의 伯父 垣遵의 아들이다.
閬, 護之伯父遵之子也.

24) 宋主가……하고 : 이 부분은 ≪資治通鑑≫에는 "上乃令有司奏誕罪惡 請收付廷尉治罪 乙卯詔貶誕爵爲侯 遣之國(상이 이에 유사들에게 劉誕의 죄악을 아뢰어서 그를 붙잡아 廷尉에게 회부하여 治罪할 것을 청하도록 명하였다. 乙卯日에 조서를 내려 유탄의 작위를 강등하고 그를 封國으로 가게 하였다.)"으로 되어 있다. 이를 참조하여 번역하였다.

④ ≪水經註≫에 "吳나라가 邗(한)에 성을 쌓고 水路를 뚫어 江水와 淮水에 통하게 하였다. 永和(345~356) 무렵부터 江都에 물길이 끊겼다. 그 물길은 위로 歐陽埭(제방의 이름)에 이어지므로 강수를 歐陽埭에 끌어들이는데, 여기서부터 60리를 가면 廣陵城에 이른다." 하였다.
水經註 "吳城(刊)〔邗〕, 溝通江・淮.[25] 自永和中, 江都水斷. 其水上承歐陽〔埭〕,[26] 引江入埭, 六十里至廣陵城."

【目】이때에 山陽內史 梁曠이 집이 廣陵에 있었다. 유탄이 양광의 妻子를 잡고 사자를 보내 양광을 불렀는데 양광이 그 사자를 참수하였다. 유탄은 마침내 양광의 가족을 멸족하고 황제에 올리는 표문을 받들어 성 밖으로 던져 보냈는데, 그 표문에 宋主의 죄악을 열거하고 이르기를 "궁중에서 벌어지는 폐하의 추잡한 행위가 알려지는 것을 어찌 세 겹으로 사람의 입을 막는다고 되겠습니까."라고 하였다. 宋主(孝武帝)는 크게 노하여 建康에 있는 유탄의 측근과 심복, 同籍과 期年服에 해당하는 친족을 모두 죽였는데 이들이 천으로 헤아렸다.

宋主는 유탄이 北魏로 도주할까 우려하여 沈慶之를 보내 도주할 길을 막게 하고 豫州刺史 宗慤과 徐州刺史 劉道隆에게 모두 군대를 이끌고 가서 심경지와 회합하게 하였다.

時에 山陽內史梁曠이 家在廣陵이라 誕執其妻子하고 遣使邀曠한대 曠斬其使하니 誕遂滅曠家하고 奉表投城外하여 數宋主罪惡하고 曰 陛下宮帷之醜를 豈可三緘①이리오 宋主大怒하여 凡誕左右腹心과 同籍期親으로 在建康者를 誅死以千數②라 慮誕奔魏하여 使慶之로 斷其走路하고 豫州刺史宗慤徐州刺史劉道隆이 竝帥衆來會하다

① 위의 孝建 원년(454)에, "황제(孝武帝)가 劉義宣의 여러 딸들을 간음했다." 하였다. 또 大明 원년(457)에, "宋主는 閨門 안에 예절이 없어서 친소와 존비를 가리지 않으니 민간에 소문이 퍼져 이르지 않은 데가 없었다." 하였다. ≪孔子家語≫ 〈觀周〉에 "孔子가 周나라에 관광을 갔다가 后稷의 사당에 들어가보니 金人이 있었는데, 금인의 입이 세 겹으로 봉해져 있었고 그 등에는 '옛날에 말을 삼간 사람이다.'라고 새겨져 있었다." 하였다.
上孝建元年云 "帝淫義宣諸女." 又大明元年云 "宋主閨門無禮, 不擇親疎尊卑, 流聞民間, 無所不至." 家語 "孔子觀周, 入后稷之廟, 有金人, 三緘其口, 而銘其背曰 '古之愼言人也.'"
② "同籍"은 同宗으로 호적에 속한 사람이고, "期親"은 期年服을 입는 친속이다.
同籍, 諸同宗屬之籍者. 期親, 謂期喪之親也.

---

25) 吳城(刊)〔邗〕 溝通江淮 : ≪春秋左氏傳≫ 哀公 9년에 보인다. 저본에는 '刊'으로 되어 있으나, ≪춘추좌씨전≫에 의거하여 '邗'으로 바로잡았다.
26) 〔埭〕 : 저본에는 '埭'가 없으나, ≪水經注≫에 의거하여 보충하였다.

【目】 이보다 앞서서 劉誕은 그의 군사들을 속여서 말하기를 "宗慤이 우리를 도울 것이다."라고 하였는데, 종각이 이르러서는 성을 에워싸고 말을 달리며 외치기를 "내가 종각이라."라고 하였다.

유탄은 여러 군대가 크게 모여 있는 것을 보고는 성을 버리고 북쪽으로 도주하자, 심경지가 군대를 보내 유탄을 추격하니 유탄의 무리들은 성을 떠나려고 하지 않았다. 이에 유탄이 다시 성으로 돌아와서 단을 쌓고 歃血하여 대중들과 맹세를 하고 劉琨之를 參軍으로 삼았으니, 유곤지는 劉遵考의 아들이다. 그가 사양하기를 "忠과 孝를 둘 다 온전히 갖출 수 없습니다. 저 유곤지는 늙은 아버지가 계시니 명령을 감히 받지 못하겠습니다."라고 하였다. 유탄이 유곤지를 감금한 지 10여 일이 되어도 유곤지가 끝내 받아들이지 않으니 마침내 그를 죽였다.

심경지가 군영으로 가서 廣陵城을 핍박하자 유탄은 성 위에서 表文을 넣은 궤짝을 던져서 심경지에게 이를 보내주기를 청하였는데, 심경지가 말하기를 "나는 조서를 받아 역적을 토벌하고 있으니, 너를 위하여 표문을 보내줄 수 없다. 네가 반드시 조정으로 돌아가서 죽으려고 한다면 직접 문을 열고 사자를 보내야 하니, 그렇게 하면 내가 너를 위하여 護送해주겠다."라고 하였다.

先是에 誕誑其衆하여 云 宗慤助我라한대 慤至하여 繞城躍馬呼曰 我宗慤也라하니 誕見衆軍大集하고 棄城北走어늘 慶之遣兵追之하니 誕衆이 皆不欲去라 誕乃復還하여 築壇歃血以誓衆하고 以劉琨之爲參軍하니 琨之는 遵考之子也라 辭曰 忠孝不得竝이라 琨之老父在하니 不敢承命이로이다 誕囚之十餘日에 終不受하니 乃殺之하다 慶之進營하여 逼廣陵城하니 誕於城上(授)〔投〕[27]函表하여 請慶之爲送①한대 慶之曰 我(授)〔受〕[28]詔討賊하니 不得爲汝送表②라 汝必欲歸死朝廷인댄 自應開門遣使니 吾爲汝護送하리라

① 授는 ≪南史≫에 投로 되어 있으니, 이를 따라야 한다. "函表"는 궤짝에 表文을 담은 것이다.
授, 南史作投, 當從之. 函表, 以匱盛表.

② 授, ≪資治通鑑≫에 受로 되어 있다.
授, 通鑑作受.

【綱】 5월에 宋나라가 東揚州刺史 顔竣을 죽였다.

27) (授)〔投〕: 저본에는 '授'로 되어 있으나, 아래 訓義 ①에 의거하여 '投'로 바로잡았다.
28) (授)〔受〕: 저본에는 '授'로 되어 있으나, 아래 訓義 ②에 의거하여 '受'로 바로잡았다.

五月에 宋殺其東揚州刺史顔竣하다

【目】顔竣이 모친상을 당해 靈柩를 모시고 서울로 돌아오자 宋主(孝武帝)의 은총과 대우가 여전히 후하였다. 마침 王僧達이 죄를 얻었는데 안준이 자기를 참소한 것이라 의심하여 안준이 전후로 조정을 원망하며 비방한 말을 진술하니, 안준이 죄에 걸려 파면되었다. 안준은 두려워서 글을 올려 목숨을 살려줄 것을 청하니 宋主가 더욱 노하였다. 劉誕이 반란을 일으키자 宋主가 마침내 안준이 유탄과 함께 모반을 공모했다고 誣告하고 그를 체포하여 廷尉에게 회부시켜 다리를 자르고 죽음을 내렸다. 그리고 妻子들은 交州로 이주시키고 다시 안준의 남자 가족들을 江水에 빠뜨려 죽였다.

竣遭母憂하여 送喪還都하니 宋主恩待猶厚러니 會王僧達得罪한대 疑竣譖之하여 陳竣前後怨望誹謗之語하니 竣坐免官하다 竣懼하여 上啓請命하니 宋主益怒①러니 及誕反에 遂誣竣與通謀라하여 收付廷尉하여 折足賜死하고 妻子徙交州하고 復沈其男口於江하다

① "請命"은 목숨을 살려줄 것을 청한 것이다.
請命, 請生命也.

【綱】가을 7월에 宋나라가 廣陵을 함락시키니 劉誕이 伏誅되었다.

秋七月에 宋克廣陵하니 劉誕伏誅하다

【目】沈慶之는 오랫동안 비를 만나서 성을 공격하지 못하였다. 宋主(孝武帝)는 有司를 시켜서 심경지의 관직을 파면할 것을 상주하게 하고는 조서를 내려 불문에 부치게 하여 심경지를 면려시켰다.

劉誕이 애초 성문을 닫을 적에 參軍 賀弼이 굳게 간언하였는데 유탄이 노하여 칼을 뽑아 하필에게 겨누었다. 유탄의 군사가 누차 패배하자 그의 장군들과 보좌관들이 대부분 성벽을 넘어서 나아가 항복하였다. 어느 사람이 하필에게 일찍 나가 항복할 것을 권하였는데 하필이 말하기를 "公(유탄)께서 군사를 일으켜 조정에 대항하니 이 일은 따를 수 없었던 것이고, 공의 두터운 은혜를 입었으니 또 의리상 배반하지 못하겠다. 오직 죽음으로써 내 결백한 마음을 밝힐 뿐이다."라고 하고는 독약을 마시고 자살하였다.

參軍 何康之 등이 성문을 열고 官軍을 받아들일 것을 꾀하다가 실행하지 못하고서 성문을 부수고 나가 항복하였다. 유탄은 높은 누각을 만들어 하강지의 어머니를 그 위에 두고 밖에 드러내어 비바람을 맞게 하면서 음식을 주지 않으니 그 어머니는 며칠 동안 하강지를 부르다가 죽었다. 范義가 유탄의 左司馬였는데 어떤 이가 도주하기를 권하자 범의가 말하기를 "아들로서 어머니를 버릴 수 없고 관리로서 군주를 배반할 수 없다. 반드시 유강지처럼 사는 것은 내 하지 못하겠다."라고 하였다.

심경지가 군사를 이끌고서 광릉성을 공격하여 함락시켰는데 유탄이 도주하자 심경지가 추격하여 그를 참수하니 그의 어머니와 아내가 모두 자살하였다.

沈慶之 値久雨하여 不得攻城하니 宋主 令有司로 奏免慶之官하고 詔勿問하여 以激之하다 誕이 初閉城에 參軍賀弼이 固諫한대 誕이 怒抽刀向之러니 及誕兵屢敗에 將佐多踰城出降하니 或勸弼宜早出한대 弼曰 公擧兵向朝廷하니 此事를 既不可從이요 荷公厚恩하니 又義無違背라 唯當以死明心耳라하고 乃飮藥自殺하다 參軍何康之等이 謀開門納官軍이라가 不果하여 斬關出降하니 誕爲高樓하여 置康之母於其上하고 暴露之不與食하니 母呼康之數日而死하다 范義爲誕左司馬러니 或勸其行한대 義曰 子不可以棄母요 吏不可以叛君이라 必若康之而活은 吾弗爲也라 沈慶之帥衆하여 攻城克之하니 誕走어늘 追及斬之하니 母妻皆自殺하다

【目】宋主(孝武帝)가 廣陵이 평정되었다는 소식을 듣고 宣陽門으로 나가서 측근들에게 명하여 모두 萬歲를 부르게 하였다. 侍中 蔡興宗이 어가를 모셨는데 宋主가 돌아보며 말하기를 "卿은 어찌하여 홀로 만세를 부르지 않는가."라고 하니 채흥종이 안색을 바로잡으며 말하기를 "陛下께서 금일에 마땅히 울면서 죄인을 주벌하셔야 하는데, 어찌 만세를 부를 수 있겠습니까."라고 하니 宋主가 기뻐하지 않았다.

조서를 내려서 劉誕의 성씨를 留氏로 폄하하고, 廣陵城 안의 士民들은 나이에 관계없이 모두 죽이라고 명하였다. 심경지는 키가 5자 이하인 아이들을 살려주고 女子들을 군사들에게 상으로 줄 것을 청하였는데도 3천여 명이나 죽였다. 梁曠을 발탁하여 後將軍으로 삼고 劉琨之에게 給事黃門侍郎을 추증하였다.

채흥종이 조서를 받들어 廣陵의 사람들을 위로하였는데, 채흥종은 范義와 평소 친하였으므로 범의의 시신을 거두어 豫章으로 보내주었다. 宋主가 말하기를 "卿은 어찌하여 감히 고의로 제왕의 법을 저촉하였는가?"라고 하니, 대답하기를 "陛下께서 직접 역적을 죽이시고 臣이 직접 옛 친구를 장사 지냈습니다. 어찌 안 될 것이 있겠습니까."라고 하

니 宋主가 부끄러운 기색을 띠었다.

宋主聞廣陵平하고 出宣陽門하여 勅左右皆呼萬歲하니 侍中蔡興宗陪輦이러니 宋主顧曰 卿何獨不呼오 興宗正色曰 陛下今日에 正應涕泣行誅라 豈得皆稱萬歲리오하니 宋主不悅하더라 詔貶誕姓留氏하고 廣陵城中士民을 無大小히 悉命殺之하니 慶之請自五尺以下全之하고 女子爲軍賞호되 猶殺三千餘口①러라 擢梁曠爲後將軍하고 贈劉琨之給事黃門侍郎하다 蔡興宗奉旨하고 慰勞廣陵하니 興宗與范義素善이라 收斂其尸하여 送歸豫章②하니 宋主謂曰 卿何敢故觸王憲가 對曰 陛下自殺賊하시고 臣自葬故交라 何不可之有리잇고 宋主有慙色③이러라

① 五尺은 童子이다.
五尺, 童子也.
② 范義는 濮陽 사람인데, 豫章으로 寓居하였다.
義, 濮陽人, 蓋寓居豫章也.
③ 兄弟와 朋友는 모두 天倫이다. 蔡興宗은 옛 친구를 잊지 않았는데 宋主는 同氣間을 도륙하였으므로 부끄러워한 것이다.
兄弟・朋友, 皆天倫也. 興宗能不忘故交, 而宋主忍誅屠同氣, 故慙.

【綱】 宋나라가 沈慶之를 司空으로 삼았다.

宋以沈慶之爲司空[29)]하다

【綱】 9월에 宋나라가 上林苑을 축조하였다.

◑九月에 宋築上林苑하다

【綱】 宋나라가 郊壇(郊祭 祭壇)을 옮기고 五路[30)]를 만들었다.

---

29) 宋以沈慶之爲司空 : "何尙之가 致仕하였을 때에 '復起(다시 기용하였다)'라고 기록하였다. 沈慶之 역시 致仕한 사람이었으나 '復起'라고 기록하지 않은 것은 어째서인가. 심경지가 출사한 것은 국난 때문이었으니 하상지와 다르다. 그러므로 ≪資治通鑑綱目≫에서 '復起'라 기록하지 않고 거듭 '罷就第(파면하여 집으로 돌아가게 하였다.)'라고 기록하였으니 심경지가 권력을 멀리함을 아름답게 여긴 것이다. 뒤에 비록 太尉에 임명된 것을 기록하지 않았으나 죽음을 당한 뒤에 기록하였으니 ≪자치통감강목≫에서 심경지에게는 나무란 것이 없다.〔尙之致仕 書復起 慶之亦致仕者 其不書復起 何 慶之之出 爲國難也 與尙之異矣 故綱目不書復起 而再書罷就第 嘉遠權也 後雖爲太尉不書 見殺而後書 綱目於慶之無譏焉〕" ≪書法≫

30) 五路 : 천자가 타는 다섯 가지 수레로 五輅라고도 한다. 玉路, 金路, 象路, 革路, 木路이다. ≪周禮≫ 〈春官 巾車〉에 옥로는 當盧를 하고 樊纓을 열두 겹으로 하고 열두 가닥의 술을 단 太常旗를 세

◑ 宋徙郊壇하고 造五路하다

【目】 예전에 晉나라 사람들이 南郊壇을 巳位(5시 방향 위치)에 축조했었는데 이때에 와서 尙書右丞 徐爰이 이는 예가 아니라고 하니, 宋나라(孝武帝)는 조서를 내려서 牛頭山 서쪽으로 옮겨 宮城의 午位(6시 방향인 정남쪽)에 해당하게 하였다. 또 五路를 만들었는데 金根車[31]에 의거하고 羽葆蓋[32]를 더하였다. 廢帝가 즉위하게 되어서는 郊壇의 옛터가 길하다고 하여 다시 이전 장소로 옮겼다.

初에 晉人築南郊壇於巳位러니 至是하여 尙書右丞徐爰이 以爲非禮라하니 詔徙於牛頭山西하여 直(치)宮城之午位①하다 又造五路하여 依金根車加羽葆蓋②러니 及廢帝卽位에 以郊壇舊地爲吉하여 復還故處③하다

① 胡三省이 말하기를 "牛頭山은 지금 建康府 上元縣 남쪽 40리에 있다." 하였다. 直은 당함이다.
胡三省曰 "牛頭山在今建康府上元縣南四十里." 直, 當也.

② 路는 輅(수레)와 동자이다. 蓋는 華蓋(日傘)이다. 五路의 제도는 金根車와 다른데 羽葆蓋를 더하였으니 더욱 古法이 아니다.
路, 與輅同. 蓋, 華蓋也. 五路之制與金根車不同, 加羽葆蓋, 愈非古矣.

③ 廢帝는 宋主의 太子(劉子業)이다.
廢帝, 宋主之太子也.

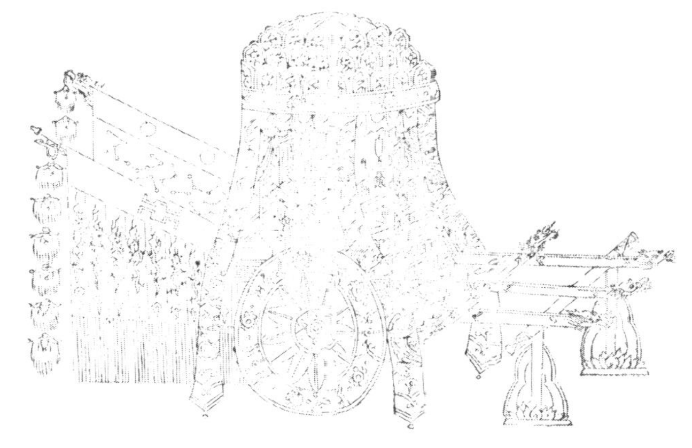
五輅圖

위서 제사 지내는 데에 쓰며, 금로는 鉤를 하고 반영을 아홉 겹으르 하고 대기를 세워서 빈객의 회동에 쓰고 동성의 제후를 봉하는 데에 쓰며, 상로는 붉은색을 칠한 굴레를 씌우고 반영을 일곱 겹으로 하고 大旂旗를 세워서 조정에서 정무를 보는 데에 쓰고 이성의 제후를 봉하는 데에 쓰며, 혁로는 용무늬 굴레를 씌우고 잡색의 絲帶로 꾸민 반영을 다섯 겹으로 하고 太白旗를 세워서 군대에 사용하고 四衛를 봉하는 데에 쓰며, 목로는 옅은 흑색의 반과 흰색 영을 하고 太麾旗를 세워서 사냥에 쓰고 蕃國을 봉하는 데에 쓴다 하였다. 또한 옥로, 금로, 상로는 각각 옥과 금과 상아를 가지고 수레의 모든 끝부분을 장식한 수레이다. 혁로는 가죽으로 덮은 수레이고 목로는 다른 장식이 없이 옻칠만 한 수레이다.

31) 金根車 : 황금으로 치장한 제왕의 수레로 五路의 金路와는 다르다.
32) 羽葆蓋 : 제왕이 사용하는 의장의 하나로, 새의 깃을 죽 이어 장식한 일산이다.

庚子年(460)

宋나라 世祖 孝武帝 劉駿 大明 4년이고, 北魏 高宗 文成帝 拓跋濬 和平 원년이다.

宋大明四年이요 魏和平元年이라

【綱】 봄 정월에 宋主(孝武帝)가 籍田을 가는 예를 행하고, 3월에 皇后가 西郊에서 친히 養蠶하는 예를 행하고, 太后가 禮를 살펴보았다.

春正月에 宋主耕籍田하고 三月에 后親蠶西郊하고 太后觀禮[33]하다

【綱】 여름 6월에 北魏가 吐谷渾을 정벌하였다.

◑夏六月에 魏伐吐谷渾하다

【目】 吐谷渾王 慕容拾寅이 宋나라와 北魏 양쪽에서 준 爵命을 받고는 행동거지와 출입(警蹕)하는 것이 帝王에 견주었다. 그러자 北魏 사람들이 분노하여 陽平王 拓跋新成 등을 보내어 여러 군대를 감독하여 공격하게 하니, 포로와 노획물이 매우 많았다.

吐谷渾王拾寅이 兩受宋魏爵命하고 居止出入이 擬於王者라 魏人忿之하여 遣陽平王新成等하여 督諸軍以擊之하니 虜獲甚衆①이러라

① 拓跋新成은 魏主(文成帝)의 아우이다.
新成, 魏主之弟.

---

33) 春正月……太后觀禮 : "'親耕(황제가 친히 밭을 갈았다.)'이라고 기록한 것은 많으나 '親蠶(황후가 친히 양잠하다.)'이라고 기록한 것은 없었는데, '親蠶'이라고 기록한 것은 어째서인가. 근본을 중시함을 아름답게 여긴 것이다. 漢 文帝 때에 '詔具親耕桑禮儀(조서를 내려서 친히 밭을 갈며 양잠하는 예의를 갖추게 하였다.)'라고 기록한 데서부터 이때에 비로소 '親蠶'을 기록하였으니 아름답게 여긴 것이다. ≪資治通鑑綱目≫은 근본(농사와 양잠)을 중시하였으므로 '具親耕桑禮儀'라고 기록하고(漢 文帝 12년), '親蠶'이라고 기록하고(이해(460)), '皇后帥命婦親蠶(皇后가 命婦들을 데리고서 친히 양잠하였다.)'이라고 기록하고(唐 太宗 貞觀 원년(627)), '祀先蠶(養蠶의 神에 제사하였다.)'이라고 기록하고(唐 高宗 上元 2년(675)), '賜近臣絲(近臣에게 명주실〔絲〕을 내려주었다.)'라고 기록하였다(唐 玄宗 開元 15년(727)). 〔書親耕多矣 未有書親蠶者 書親蠶何 嘉重本也 自漢文帝書詔具親耕桑禮儀 於是始書親蠶 嘉之也 綱目重本 故具親耕桑禮儀書(漢文帝十二年) 親蠶書(是年) 皇后帥命婦親蠶書(唐太宗貞觀元年) 祀先蠶書(唐高宗上元二年) 賜近臣絲書(唐玄宗開元十五年)〕" ≪書法≫

【綱】 北魏가 다시 史官을 두었다.

魏復置史官[34)]하다

【目】 崔浩가 주륙되고 나서 史官이 마침내 폐기되었는데 이때에 와서 다시 두었다.

崔浩之誅에 史官遂廢러니 至是復置하다

【綱】 겨울 10월에 宋나라가 廬陵內史 周朗을 죽였다.

冬十月에 宋殺其廬陵內史周朗하다

【目】 周朗이 일을 말할 적에 간절하며 솔직하니 宋主(孝武帝)는 앙심을 품고서 有司에게 주랑이 모친의 상중에 예법대로 하지 않는다고 아뢰게 하고 파발마로 寧州에 압송하여 도중에 주랑을 죽였다. 주랑이 출발할 적에 侍中 蔡興宗이 마침 당직이어서 주랑과 이별하기를 청하였는데 이것에 연루되어 白衣[35)]로 직책을 담당하였다.

朗이 言事切直하니 宋主銜之하여 使有司로 奏朗居母喪不如禮라하고 傳送寧州하여 於道殺之[①]하다 朗之行也에 侍中蔡興宗이 方在直하여 請與朗別하니 坐白衣領職하다

① 傳(파발마)은 知戀의 切이다.
傳, 知戀切.

【綱】 宋나라가 顔師伯을 侍中으로 삼았다.

宋以顔師伯爲侍中하다

【目】 顔師伯이 아첨으로 宋主(孝武帝)의 친애와 신임을 받아 여러 신하들이 미치지 못하였다. 뇌물을 많이 받으니 집안에 천금을 쌓아두었다. 宋主가 일찍이 안사백과 樗蒲[36)]

34) 魏復置史官 : "'復置'라고 기록한 것은 어째서인가. 오랫동안 폐기했기 때문이다. 崔浩가 죽고 나서 이때에 13년이 되었으므로 '復(다시)'라고 기록하여 나무란 것이다.〔書復置何 久廢也 自崔浩之死 於是十三年矣 故書復譏之〕" ≪書法≫

35) 白衣 : 벼슬이 없이 직책을 수행하는 것을 말한다.

36) 樗蒲 : 놀이나 노름의 하나로 이에 대해서는 여러 가지 설이 있다. 주사위나 윷놀이와 비슷하거나 쌍륙놀이를 가리키기도 한다. 또는 나무로 만든 다섯 개의 投子로 하는 놀이를 말하는데, 다섯 개의 투자마다 兩面의 한쪽에는 黑色을 칠하고 송아지를 그렸으며, 다른 쪽에는 白色을 칠하고 꿩을

놀이를 하였을 때에 宋主가 五木을 던져서 雉를 얻고는 스스로 반드시 이길 것이라 생각하였다. 안사백이 다음에 던져서 盧를 얻으니 宋主가 失色하자, 안사백은 갑자기 五木〔子〕을 거두면서 말하기를 "거의 盧가 나올 뻔하였습니다."라고 하고, 이날 모두 1백만 錢을 잃었다.

師伯이 **以諂佞被親任**하여 **群臣莫及**이라 **多納貨賄**하니 **家累千金**이러라 **宋主 嘗與之樗蒲**할새 **宋主 擲得雉**하고 **自謂必勝**이러니 **師伯**이 **次擲得盧**하니 **宋主失色**이어늘 **師伯**이 **遽斂子曰 幾作盧**라하고 **是日**에 **一輸百萬**①하다

① 擲은 던짐이다. 子는 五木(나무로 만든 다섯 개 패나 주사위)이다. ≪樗蒲譜≫에 "〈五木을 던졌을 때에〉 撬은 2이고 撅은 3이고 黑은 4이고, 撘은 5이고 退는 6이고, 白은 8이고 進은 9이고 犢은 10이고 塞은 11이고 開는 12이고 野는 14이고 盧는 16이다." 또 말하기를, "〈五木을 던져〉 2犢 3黑이 나온 것을 盧라 하고, 2雉 3白이 나온 것을 白이라 하고, 2犢 3白이 나온 것을 犢이라 하고, 2雉 3黑이 나온 것을 雉라 하니 이상을 貴采라고 한다. 1犢 1雉 1白 2黑이 나온 것을 撬이라 하고, 1雉 1犢 1黑 2白이 나온 것을 撅이라 하고, 2犢 2黑 1白이 나온 것을 禿이라 하고, 2雉 2白 1黑이 나온 것을 撘이라 하고, 2雉 2黑 1白이 나온 것을 進이라 하고, 2犢 2白 1黑이 나온 것을 退라 하고, 1雉 1犢 3白이 나온 것을 開라 하고, 1雉 1犢 3黑이 나온 것을 塞라 한다. 禿은 또 里라고도 한다." 하였다. 撬는 音이 犍이다. 撘은 都盍의 切이다.
擲, 投也. 子, 五木也. 樗蒲譜云 "撬二, 撅三, 黑四, 撘五, 退六, 白八, 進九, 犢十, 塞十一, 開十二, 野十四, 盧十六." 又云 "兩犢三黑曰盧, 兩雉三白曰白, 兩犢三白曰犢, 兩雉三黑曰雉, 已上謂之貴采. 一犢一雉一白二黑曰撬, 一雉一犢一黑二白曰撅, 二犢二黑一白曰禿, 二雉二白一黑曰撘, 二雉二黑一白曰進, 二犢二白一黑曰退, 一雉一犢三白曰開, 一雉一犢三黑曰塞. 禿又爲里也." 撬, 音犍. 撘, 都盍切.

【綱】 柔然이 高昌을 공격하여 沮渠安周를 죽였다.

柔然攻高昌하여 **殺沮渠安周**하다

【目】 柔然이 高昌을 공격하여 沮渠安周를 죽이고, 沮渠氏를 멸망시키고, 闞伯周를 高昌王으로 삼았다. 고창이 王을 일컬은 것이 여기에서 시작되었다.

柔然이 **攻高昌**하여 **殺沮渠安周**하고 **滅沮渠氏**하고 **以闞伯周**로 **爲高昌王**하니 **高昌稱王**이 **自此**

그렸는데, 이 다섯 투자를 던져서 모두 흑색을 얻으면 '盧'라고 외쳤다. 아래 訓義의 내용은 정확한 내용을 알 수 없다.

始러라

辛丑年(461)

宋나라 世祖 孝武帝 劉駿 大明 5년이고, 北魏 高宗 文成帝 拓跋濬 和平 2년이다.

宋大明五年이요 魏和平二年이라

【綱】 봄 정월에 눈이 내렸다.

春正月에 雪[37)]하다

【目】 宋나라가 정월 초하루에 朝賀의 의식을 거행할 눈이 太宰 劉義恭의 옷에 떨어져서 육각형 꽃잎처럼 쌓였다. 유의공이 아뢰어 길조라고 하니 宋主(孝武帝)가 기뻐하였다. 유의공은 宋主가 시기하며 포악했기 때문에 자신이 포용되지 못할까 두려워하여 늘 말을 겸손히 하고 안색을 공손히 하여 뜻을 굽혀 공경히 받들었다. 이로 말미암아 宋主의 시대 동안에 재앙에서 벗어날 수 있었다.

宋以正旦朝賀할새 雪落太宰義恭衣하여 有六出이라 義恭奏以爲瑞하니 宋主悅이러라 義恭以宋主猜暴로 懼不自容하여 每卑辭遜色하고 曲意祗奉하니 由是로 終宋主之世토록 得免於禍하다

【綱】 여름에 宋나라가 明堂을 세웠다.

夏에 宋立明堂하다

【目】 明堂을 짓기 시작하여 곧바로 大殿을 丙巳(남쪽 중앙)의 터에 지었다. 규모가 太廟와 같았는데 오직 12칸으로 한 것이 달랐다.

---

37) 春正月雪 : "무릇 '雪(눈)'을 기록한 것은 제때에 맞지 않음을 기록한 것이다. '正月雪'을 기록한 적이 없었는데 여기에 기록한 것은 어째서인가. 아첨함을 나무란 것이다. 이때에 눈이 유의공의 옷에 쌓여 육각형 꽃잎처럼 되고 유의공이 아뢰어 길조라고 하자 宋主(孝武帝)가 기뻐하였으므로 기록한 것이다. ≪資治通鑑綱目≫을 마칠 때까지 '正月雪'을 기록한 것은 1번뿐이다.〔凡書雪 書不時也 未有書正月雪者 此其書 何 譏好諛也 於是雪集義恭衣爲六出 奏以爲瑞 宋主悅之 故書 終綱目書正月雪一而已〕" ≪書法≫

經始明堂하여 直作大殿於丙己之地하니 制如太廟호되 唯十有二間爲異하다

【綱】宋나라 雍州刺史 海陵王 劉休茂가 襄陽에서 반란했다가 그 부하에게 죽임을 당하였다.

宋雍州刺史海陵王休茂가 反襄陽이라가 爲其下所殺하다

【目】雍州刺史 海陵王 劉休茂는 나이가 17세였으므로 司馬 庾深之가 海陵王府의 일을 대행하였다. 유휴무가 독단으로 처결하려 하였으나 유심지와 主帥가 늘 금지시켰고, 측근 張伯超는 총애를 받았으나 악행이 많아서 主帥가 누차 질책하였다. 장백초는 유휴무를 설득하여 行事(유심지)와 主帥를 죽이고 군사를 일으키자고 하였는데 유휴무가 그 말을 따랐다. 그리하여 典籤 楊慶을 죽이고 군사들을 징집하여 牙旗(대장기)를 세우고 檄文을 급히 돌리자 博士 荀詵이 간언하였는데 그를 죽였다. 유휴무가 성을 나가서 군영을 순행하자 參軍 沈暢之 등이 군사를 이끌어 성문을 막고 대항하였다. 유휴무는 말을 달려 돌아와 성을 공격하여 함락하였다. 參軍 尹玄慶이 다시 군사를 일으켜서 유휴무를 공격하여 생포하고 참수하였다. 유휴무의 모친과 아내는 모두 자살하고 그의 당여들은 주살되었다.

雍州刺史海陵王休茂 年十七①이라 司馬庾深之行府事러니 休茂欲專處決이어늘 深之及主帥(수)每禁之②하고 左右張伯超有寵多罪惡이라 主帥屢責之하니 伯超說(세)休茂하여 殺行事及主帥而擧兵③한대 休茂從之하여 殺典籤楊慶하고 徵集兵衆하여 建牙馳檄이어늘 博士荀詵諫한대 殺之하고 休茂出城行營④이어늘 參軍沈暢之等이 帥衆하여 閉門拒之하니 休茂馳還攻城克之하다 參軍尹玄慶이 復起兵攻休茂하여 生擒斬之하니 母妻皆自殺하고 同黨伏誅하다

① 劉休茂는 宋主(孝武帝)의 아우이다.
休茂, 宋主之弟.

② 主帥는 典籤이고, 또 齋 안에도 主帥가 있는데, 齋帥[38]라고 한다.
主帥, 典籤也. 又齋內亦有主帥, 謂之齋帥.

③ 行事는 庾深之를 말하니 江左(南朝)에서는 대부분 長史·司馬로서 府·州의 일을 대행하는 이를 行事라고 하였다.
行事, 謂庾深之, 江左率謂長史司馬行府州事者爲行事.

38) 齋帥 : 齋仗의 우두머리로 齋仗은 齋宮을 지키는 근위병이다.

④ 行은 순찰함이다.
行, 按行也.

【目】 宋主(孝武帝)는 卽位한 이래로 여러 아우들을 내쫓았다. 廣陵에서 승리하고 나서 더욱 그 조항을 엄격하게 하려 하였다. 沈懷文이 말하기를 "漢 明帝는 자기 아들을 아버지 光武帝의 아들에 견주지 못하게 하였으니,[39] 과거의 역사에서 미담으로 여겼습니다. 陛下께서는 이미 管叔과 蔡叔을 주벌한 일[40]은 이미 밝게 행하셨으니 叔虞를 唐에 봉하고 康叔을 衛에 봉한 일[41]을 높이 행하시기를 바랍니다."라고 하였다.

襄陽이 평정되자 太宰 劉義恭은 宋主의 뜻에 영합하여 다시 여러 왕들을 제재하여 변방의 州를 맡지 못하게 하고 무기와 갑옷을 모두 서울로 수송하게 하고 빈객들의 교유를 금지하도록 청하였는데, 심회문이 굳게 간언하여 마침내 중지되었다.

宋主는 사냥과 유람을 하는 데 절도가 없었다. 일찍이 성을 나갔다가 밤에 돌아와서 성문을 열라고 명하자 성에 남아서 지키고 있던 侍中 謝莊이 棨信(나무 부절)이 혹은 거짓일까 여겨서 고집하여 명을 받들지 않고 宋主가 쓴 칙서가 오기를 기다렸다가 문을 열었다. 宋主가 말하기를 "卿은 郅君章을 본받으려 하는 것인가?"라고 하니, 사장이 대답하기를 "臣은 들으니 '王者는 祭祀하고 사냥하고 유람할 적에 出入에 절도가 있다.'라고 합니다. 지금 陛下께서는 새벽에 나가셨다가 밤에 돌아오시니 신은 못된 무리들이 망령되게 명령을 속일까 두렵습니다. 이 때문에 폐하의 친필을 기다려 보고서야 감히 문을 열었을 뿐입니다."라고 하였다.

宋主自卽位以來로 抑黜諸弟러니 旣克廣陵에 欲更峻其科어늘 沈懷文曰 漢明이 不使其子로 比

39) 漢 明帝는……하였으니 : 思政殿訓義 ≪資治通鑑綱目≫ 제9권 하 後漢 明帝 永平 13년(70) 조에 明帝가 여러 皇子들을 봉하였는데, 그 封地가 光武帝의 아들인 楚王 劉英과 淮陽王 劉延의 봉지의 절반 정도에 불과하였다. 馬后가 이를 묻자 명제가 내 아들을 어찌 先帝(光武帝)의 아드님들과 똑같이 할 수 있겠는가. 해마다 2천만 錢을 주면 충분하다." 하였다.

40) 管叔과……일 : 周 武王이 죽고 아들 成王이 즉위하였으나, 성왕이 어리므로 周公이 그를 도와 攝政을 하자, 주공의 아우인 管叔·蔡叔이 紂의 아들 武庚과 함께 모반을 하고 또 나라에 유언비어를 퍼뜨려 "周公이 成王에게 불리할 것이다."라고 하므로, 周公이 그들을 정벌하러 동쪽으로 나가 2년 동안 있으면서 그들을 모두 베어 죽이고 인심을 진정시킨 사실을 말한다.(≪史記≫ 〈魯周公世家〉)

41) 叔虞를……일 : 周 成王이 어릴 때 아우 叔虞와 놀다가, 오동나무 잎을 잘라 珪의 모양을 만들어 숙우에게 주면서 "너를 封한다."라고 했는데 이를 전해들은 周公이 王에게는 戱言이 있을 수 없다며 실제로 숙우를 堯임금의 옛터인 唐 지역에 봉하였으므로 唐叔虞라고 하고 康叔은 周 武王의 아우로서 이름은 封이다. 처음 康에 봉하였으므로 康叔이라고 한다. 周公이 武庚을 베고 나서 殷나라의 遺民을 강숙에게 맡겨서 衛君으로 삼으니, 강숙이 능히 그 백성을 화합시켰다.(≪史記≫ 〈晉世家〉·〈衛康叔世家〉)

光武之子하니 前史以爲美談이라 陛下旣明管蔡之誅하시니 願崇唐衛之寄①하소서 及襄陽平에 太宰義恭이 希旨하여 復請裁抑諸王하여 不使任邊州하고 及悉輸器甲하고 禁絶賓客한대 懷文固諫乃止하다 宋主畋遊無度하니 嘗出夜還하여 敕開門이어늘 侍中謝莊居守하여 以棨信或虛로 執不奉旨하고 須墨敕乃開②하니 宋主曰 卿欲效郅君章邪③아 對曰 臣聞王者는 祭祀畋遊에 出入有節이라하니 今陛下晨往宵歸하시니 臣恐不逞之徒 妄生矯詐라 是以伏須神筆하여 乃敢開門耳라하더라

① 周 成王이 管叔을 주살하고 蔡叔을 가둔 뒤에 叔虞를 唐에 봉하고, 康叔을 衛에 봉하여 周 王室의 울타리로 삼았다.
周成王旣誅管叔囚蔡叔, 封叔虞於唐, 封康叔於衛, 以藩屛周室.
② 棨는 음이 啓이니, 전한다는 뜻이니, 나무를 깎아 부절을 만든 것이다. "墨敕"은 손수 쓴 칙서이다.
棨, 音啓, 傳也, 刻木爲合符. 墨敕, 手敕也.
③ 君章은 郅惲[42]의 字이다.
君章, 郅惲字.

【綱】 가을 9월 초하루에 일식이 있었다.

秋九月朔에 日食하다

【綱】 宋나라 司空 沈慶之가 벼슬을 그만두고 집으로 돌아갔다.

◑宋司空沈慶之罷就第하다

【目】 沈慶之는 글자를 알지 못하고 집이 평소 부유하여 가지고 있는 재산이 萬金이었다. 어느 날 저녁에 婁湖로 이사하여 살던 집을 관청에 헌납하였다. 朝賀를 하는 경우가 아니면 문을 나가지 않았고 수레와 말도 간소하여 따르는 사람은 불과 3, 5명이었다. 그리하여 심경지를 만나는 사람들이 그가 三公인지를 알아보지 못하였다.

慶之는 目不知書하고 家素富하여 產業累萬金이러니 一夕에 徙居婁湖하여 以宅輸官①하고 非朝賀면 不出門하고 車馬率素하여 從者不過三五人이라 遇之者 不知其三公也러라

---

42) 郅惲 : 後漢 光武帝가 사냥을 나갔다가 밤이 되어서야 성문에 도착했는데, 上東門監으로 있던 질운이 문을 닫고 열어주지 않자 광무제는 마침내 돌아서 中東門으로 들어왔다. 다음 날 질운이 글을 올려 간언하자, 광무제가 그의 말을 가상하게 여겨 받아들이고 상으로 布 100필을 하사하였다.(≪後漢書≫ 권29 〈郅惲列傳〉)

① 婁湖는 新林과 東府 사이에 있을 것이다.
婁湖, 當在新林・東府間也.

【綱】 겨울 10월에 宋나라가 新安王 劉子鸞을 南徐州刺史로 삼았다.

冬十月에 宋以新安王子鸞爲南徐州刺史하다

【目】 劉子鸞의 모친인 殷淑儀의 총애가 後宮에 진동하니, 유자란의 총애도 여러 아들 중에서 으뜸이었다. 무릇 上(孝武帝)의 눈에 든 물건 중에 유자란의 관부에 들어가지 않는 것이 없었다.

예전에 巴陵王 劉休若이 北徐州刺史가 되어 張岱를 參軍을 삼아 王府와 州・國의 일을 代理하게 하였다. 뒤에 장대가 두루 臨海王, 豫章王, 晉安王의 3府의 〈行事의 직책을〉 역임하면서 왕들의 典籤・主帥와 일을 함께하니 일이 거행되면서도 서로의 감정이 상하지 않았다. 어떤 이가 그 까닭을 묻자 장대가 대답하기를 "옛사람의 말에 '한 마음으로 백 명 임금도 섬길 수 있다.'[43]라고 하였다. 내가 정치를 하는 데에 바르고 공평하며 남을 대하기를 예법으로 하니 후회하거나 애석할 일이 나에게 미칠 길이 없다. 개인의 총명과 어리석음, 장점과 단점은 또한 재능의 다소에 불과하다."라고 하였다. 이때에 와서 유자란은 다시 장대를 別駕로 삼아서 일을 대리하도록 하였다.

子鸞母殷淑儀 寵傾後宮하니 子鸞이 愛冠諸子라 凡爲上所眄遇者 莫不入其府①러라 初에 巴陵王休若이 爲北徐州하여 以張岱爲參軍하여 行府州國事②러니 後에 歷臨海豫章晉安三府하여 與典籤主帥共事하니 事擧而情不相失③이라 或問其故한대 對曰 古人言一心이 可事百君이라하니 我爲政端平하고 待物以禮하니 悔吝之事 無由而及이라 明闇短長은 更是才用之多少耳라 及是하여 子鸞이 復以岱爲別駕行事하다

① 淑儀는 後宮의 女宮이다.
淑儀, 後宮女官.
② 劉休若은 宋主(孝武帝)의 아우이고, 張岱는 張永의 아우이다. 여러 어린 왕들이 州에 가서

43) 한 마음으로……있다 : ≪晏子春秋≫ 권4 〈問下〉에 "梁邱據가 晏子에게 묻기를, '그대는 세 임금을 섬겼는데 임금이 뜻이 똑같지 않은데도 그대는 모두 따랐습니다. 어진 사람이기 때문에 여러 임금을 섬겼습니까?' 하니, '한 마음으로는 백 명의 임금을 섬길 수 있으나, 백 가지 마음으로는 한 임금도 섬길 수 없습니다.'라고 대답하였다.〔梁邱據問晏子曰 子事三君 君不同心而子俱從焉 仁人故多君乎 對曰 一心可以事百君 百心不可事一君〕"라고 하였다.

대부분 府와 州의 일을 대행하는 行事를 두었는데, 여기서 〈行府州國事에서 國은〉 장대에게 명하여 巴陵國의 일을 아울러 행하게 한 것이다.

休若, 宋主之弟. 岱, 永之弟也. 諸幼王臨州, 率置行府州事, 此命岱幷巴陵國事行之.

③ ≪資治通鑑≫에는 "뒤에 臨海王 劉子頊을 廣州刺史, 豫章王 劉子尙을 揚州刺史, 晉安王 劉子勛을 南兗州刺史로 삼았는데, 張岱는 3府(廣州府, 揚州府, 南兗州府)의 諮議參軍[44]과 3王의 行事를 역임하면서 典籤·主帥와 일을 함께하니 일이 거행되면서도 서로의 감정을 상하지 않았다."라고 하였다. 3王은 모두 宋主의 아들이다.

通鑑 "後臨海王子頊爲廣州, 豫章王子尙爲揚州, 晉安王子勛爲南兗州, 岱歷爲三府諮議三王行事, 與典籤·主帥共事, 事擧而情不相失." 三王, 皆宋主之子也.

【綱】 12월에 宋나라가 백성에게 制命을 내려 해마다 1戶당 布 4匹을 납부하게 하였다.

十二月에 宋制民歲輸布戶四匹[45]하다

【綱】 宋나라는 士族들이 雜戶와 혼인하는 것을 금지하였다.

◑ 宋禁士族雜婚하다

【目】 詔令을 내려 士族 중에 雜戶와 혼인한 자를 모두 武官으로 임명하니 사족들이 대부분 부역을 피해 도망하였다. 마침내 엄격하게 규정을 만들어서 체포해 즉시 참수하도록 하니 이따금 도망쳐서 호수나 산에 숨어서 盜賊이 되었다. 沈懷文이 간언하였으나 따르지 않았다.

詔士族雜婚者를 皆補將吏①하니 士族多避役逃亡이라 乃嚴爲之制하여 捕得卽斬之하니 往往奔竄湖山하여 爲盜賊이라 沈懷文諫不聽②하다

① "雜婚"은 工人·商人의 雜戶와 혼인함을 말한다.

雜婚, 謂與工商雜戶爲婚也.

---

44) 諮議參軍 : 諮議參軍事라고도 한다. 西晉 公府에 모두 두었으며, 軍事의 모의와 자문을 담당하였으며, 지위는 參軍의 위에 있었다. 南朝와 北魏, 北齊에도 설치되었다.

45) 宋制民歲輸布戶四匹 : "重斂(무겁게 징수함)을 나무란 것이다. 晉나라에는 '民稅米口五石(백성에게 戶口마다 쌀 5石을 조세로 내게 하였다.)'이라고 기록하였고(晉 孝武帝 太元 8년(272)에 자세하다.) 宋나라에서는 '民輸布戶四匹'라고 기록하였으니(이해(461)) 모두 나무란 것이다.〔譏重斂也 晉書民稅米口五石(詳晉孝武帝太元八年) 宋書民輸布戶四匹(是年) 皆譏之也〕" ≪書法≫

② 물가의 사람들은 호수로 들어가고 육지의 사람들은 산에 의지하니, 모두 험준함에 의지하여 盜賊이 된 것이다.
水則入湖, 陸則阻山, 皆依險而爲盜賊.

壬寅年(462)

宋나라 世祖 孝武帝 劉駿 大明 6년이고, 北魏 高宗 文成帝 拓跋濬 和平 3년이다.

宋大明六年이요 魏和平三年이라

【綱】 봄 정월에 宋나라가 처음으로 明堂에서 五帝를 제사 지냈다.

春正月에 宋始祀五帝於明堂[46]하다

【綱】 宋나라가 中堂에서 孝廉과 秀才에게 策問하였다.

◑宋策孝秀于中堂①하다

① "孝秀"는 孝廉과 秀才이다.
孝·秀, 孝廉·秀才也.

【目】 揚州의 秀才 顧法이 對策하기를 "샘이 맑으면 흐르는 물이 맑고 정신이 왕성하면 몸이 건전해집니다. 성상께서 자신을 바꾸는 것이 위에서 바람이 불 듯이 백성에게 교화를 베푸는 것보다 쉽고 몸소 모범을 보이는 것이 풀이 바람에 눕는 것보다 교화가 빠를 것입니다."라고 하였으나, 上(孝武帝)은 그의 진실함을 싫어하여 대책문을 땅에 던져 버렸다.

揚州秀才顧法이 對策曰 源淸則流潔이요 神聖則形全하나니 躬化易(이)於上風하고 體訓速於草

46) 春正月宋始祀五帝於明堂 : "'始(처음)'라고 기록한 것은 어째서인가 늦었다는 말이다. 宋나라가 국가를 세운 지 40여 년인데 明堂의 제사를 이때에 처음 거행하였으니 宋나라가 郊 제사와 廟 제사에 나태한 것을 이루 다 죄줄 수 있는가. 그러므로 郊 제사와 廟 제사에 음악이 갖추어지면 '始'라고 기록하고(文帝 元嘉 22년(445)) 음악이 設備되었으면 '初(처음)'라고 기록하고(孝武帝 孝建 3년(456)) 五帝에게 제사 지냈으면 '始'라고 기록하였으니(이해(460)) 모두 나무란 것이다."〔書始 何 緩辭也 宋氏有國四十餘年矣 明堂之祀 於是始擧 宋之慢於郊廟 可勝罪哉 故郊廟備樂則書始(文帝元嘉二十二年) 設備樂則書初(孝武帝孝建三年) 祀五帝則又書始(是年) 皆譏之也〕" ≪書法≫

偃하나이다 上惡其諒하여 投策於地②하다

① 聖은 王(왕성하다)으로 써야 하니 于況의 切이다.
聖, 當作王, 于況切.
② 宋主(孝武帝)는 閨門에 예절이 없어서, 顧法이 근본을 바로잡으려 하였으므로 미워한 것이다.
宋主閨門無禮, 而法欲其端本, 故惡之.

【綱】 2월에 宋나라가 百官의 녹봉을 회복시켰다.[47] 宋나라가 廣陵太守 沈懷文을 죽였다.

二月에 宋復百官祿하다 宋殺其廣陵太守沈懷文[48]하다

【目】 侍中 沈懷文은 평소 顔竣·周朗과 잘 지냈고 자주 바른 간언으로 宋主(孝武帝)의 뜻을 어겼다. 宋主가 말하기를 "안준이 만약 내가 그를 죽일 줄을 알았더라면 또한 감이 이처럼 방자하지는 못했을 것이다."라고 하였다.

宋主가 일찍이 밖에 나가 꿩을 쏘아 잡을 적에 비바람이 몰아쳤다. 심회문이 王彧·江智淵과 약속하여 서로 함께 간언을 올리기로 하였다. 심회문이 말하기를 "비바람이 이와 같으니 성상께서 몸소 무릅쓸 것이 아닙니다."라고 하니, 왕욱이 말하기를 "심회문이 아뢴 것을 마땅히 따라야 합니다."라고 하였다. 강지연이 미처 말하기 전에 宋主가 쇠뇌를 주시하면서 안색이 변하며 말하기를 "卿은 안준을 본받으려 하는가."라고 하였다.

宋主는 늘 연회를 열 적에 자리에 있은 이들을 모두 실컷 취하게 하고 조롱하는 데 절도가 없었다. 심회문은 평소 술을 마시지 않고 또 조롱하는 것을 좋아하지 않았다. 宋主가 일부러 자신과 의견을 달리하려 한다고 여겨서 외방으로 보내 廣陵太守로 삼았다.

이때에 元旦의 조회에 나아갔다가 일을 마치고 돌아가게 되었을 적에 딸이 병든 것으로 거듭 돌아갈 기일을 연기할 것을 청하였다가 有司에게 탄핵을 받아 관직이 파면되고 禁錮 10년에 처해졌다. 심회문이 집을 팔고 동쪽으로 돌아가려고 하자 宋主가 매우 노하여 죽음을 내렸다. 세 아들인 沈澹·沈淵·沈冲이 곡을 하며 목숨을 살려달라고 청하

47) 宋나라가……회복시켰다 : 宋 文帝 元嘉 27년(450) 3월에 北魏의 침략으로 백관의 녹봉을 1/3씩 감소시켰다가 12년 만에 정상으로 회복시킨 것이다.

48) 宋殺其廣陵太守沈懷文 : "앞에서 '殺東揚州刺史顔竣(東揚州刺史 顔竣을 죽였다.)'을 기록하고, 또 '殺廬陵內史周朗(廬陵內史 周朗을 죽였다.)'을 기록하고, 여기에 또 '殺廣陵太守沈懷文'을 기록하였으니, 宋主(孝武帝)는 모두 세 번 신하를 죽인 것이다.〔前書殺東揚州刺史顔竣矣 又書殺廬陵內史周朗矣 於是又書殺廣陵太守沈懷文 宋主凡三殺臣矣〕" ≪書法≫

자 柳元景이 심회문을 위해 말하기를 "심회문의 세 아들들이 곤경에 처한 것을 볼 수가 없습니다. 원컨대 陛下께서는 속히 심회문의 죄를 판정하소서."라고 하니 宋主는 마침내 심회문을 죽였다.

侍中沈懷文素與顔竣周朗善하고 數以直諫忤旨하니 宋主謂曰 竣若知我殺之런들 亦當不敢如此러라 嘗出射(석)雉할새 風雨驟至라 懷文與王彧江智淵으로 約相與諫이러니 懷文曰 風雨如此하니 非聖躬所宜冒니이다 彧曰 懷文所啓를 宜從이니이다 智淵未及言에 宋主注弩作色曰 卿欲效顔竣邪아 宋主每燕集에 在坐者를 皆令沈醉하고 嘲謔無度①하니 懷文素不飮하고 又不好戱嘲라 宋主謂故欲異己라하여 出爲廣陵太守러니 至是하여 朝正事畢當還에 以女病求申期②라가 爲有司所糾하여 免官禁錮十年이라 懷文賣宅欲還東③이어늘 上大怒賜死하니 三子澹淵沖이 行哭請命이어늘 柳元景이 爲之言曰 懷文三子塗炭을 不可見이니 願陛下速正其罪하소서하니 宋主竟殺之④하다

① 嘲는 서로 조롱함을 말한다. 謔은 희롱함이다.
嘲, 言相調也. 謔, 戱也.

② "朝正"은 元旦의 조회에 나아감을 말한다. 申은 거듭함이니, '申期'는 거듭 기일을 잡음을 말한다.
朝正, 謂赴元正朝會也. 申, 重也. 申期, 重爲之期也.

③ 沈懷文은 吳興 사람이고, 吳興은 建康 동쪽에 있다.
懷文, 吳興人, 吳興在建康東.

④ 그의 죄를 속히 결정하라고 말한 것은 완곡하게 인도하는 것이니, 만약 그의 죄를 판정하면 당연히 죽음에 이르지 않음을 말한 것이다.
言速正其罪者, 婉而導之, 謂若正其罪, 當不至於死也.

【綱】 여름 4월에 宋나라 淑儀 殷氏가 卒하였다.

夏四月에 宋淑儀殷氏卒[49]하다

49) 夏四月宋淑儀殷氏卒 : "妃妾을 '卒'이라고 기록한 것이 아직 없었는데 殷氏를 '卒'이라고 한 것은 어째서인가. 후하게 장례한 것을 나무란 것이다. 妃妾을 卒이라고 한 것은 여기에서 시작하였다. ≪資治通鑑綱目≫이 끝날 때까지 妃妾을 卒이라고 한 것은 4번이고(宋나라 孝武帝 殷氏, 唐나라 玄宗 武氏·肅宗 韋氏·代宗 獨孤氏) 오직 武惠妃(唐 玄宗의 妃)만은 '薨'이라고 기록하였다.〔妃妾未有書卒者 卒殷氏何 譏厚葬也 卒妃妾始此 終綱目 卒妃妾四(宋武帝殷氏 唐玄宗武氏 肅宗韋氏 代宗獨孤氏) 惟武惠妃書薨〕" ≪書法≫
"淑儀는 품계가 낮은데 어째서 '卒'이라고 기록하였는가. 미혹된 잘못과 매장의 성대함을 드러낸 것이다.〔淑儀品卑 何以書卒 著其惑溺之失 葬埋之盛也〕" ≪發明≫

【目】宋主(孝武帝)가 殷氏가 卒한 것으로 애통해하기가 그지없어서 정신이 오락가락하여 자못 정사를 돌보지 않았다. 龍山에 장사 지냈는데 백성들이 부역을 감당하지 못하여 사망자가 매우 많았는데, 晉나라 江南으로 내려온 이래로 매장의 성대함이 이와 같은 적이 없었다. 또 은씨를 위하여 별도 사당을 세웠다.

宋主 以殷氏卒로 痛悼不已하여 精神罔罔하여 頗廢政事①하다 葬於龍山에 民不堪役하여 死亡甚衆하니 自江南葬埋之盛이 未之有也②러라 又爲之別立廟③하다

① "罔罔"은 정신을 잃음이니, 오락가락함이다.
罔罔, 失志也, 若有若無也.
② ≪九域志≫[50]에 "江寧府에 龍山이 있는데, 산 모양이 龍과 비슷하다." 하였다. 江寧府는 바로 建康이다. 亡은 逃亡함이다.
九域志 "江寧府有龍山, 山形似龍." 江寧府卽建康. 亡, 逃亡也.
③ 옛날에 宗廟의 제도는 妾을 妾祖姑에게 祔하였다.[51] 漢나라 이래로 薄太后가 文帝를 낳았고, 鉤弋夫人이 昭帝를 낳았는데, 모두 園에다가 寢廟를 두었지 별도로 廟를 세운 적이 없었다. 이는 史家가 "황제가 총애하는 여자에 빠져 욕정을 멋대로 하여 예를 무너뜨렸다."라고 말한 것이다.
古者, 宗廟之制, 妾祔於妾祖姑. 漢氏以來, 薄太后生文帝, 鉤弋夫人生昭帝, 皆就園置寢廟, 未嘗別立廟也. 史言帝溺於女寵, 縱情敗禮.

【綱】가을 9월에 宋나라가 制命을 내려 沙門들이 임금에게 공경을 표하도록 하였다.

秋九月에 宋制沙門致敬人主[52]하다

---

50) 九域志 : 王存이 지은 ≪元豐九域志≫를 말한다. 宋나라 神宗의 명에 따라 元豐 3년(1080)에 편찬하여 8년에 반포된 지리서이다. 편찬 작업은 王存의 주관하에 曾鞏·李德 등이 참여하였다. 당시의 행정 구획에 따라 4京·23路·省廢州郡·化外州·羈縻州의 순서로 엮었으며, 내용의 편집은 舊志에 따라 府州의 沿革·戶口·土貢 등의 순서로 수록하였는데 구지의 氏族 항목은 삭제하였다. 전체적으로 서술이 簡明하며 당시의 상황은 상세하고 옛것은 간략하게 기술하였다.(≪四庫全書總目提要≫ 권68 史部24 地理類1)

51) 옛날에……祔하였다 : 思政殿訓義 ≪資治通鑑綱目≫ 제12권 상 漢 靈帝 熹平 원년(172) 조 訓義에 "祔는 새로 죽은 사람의 신주를 먼저 죽은 자의 사당에 모셔 제사함을 이르니, 부인은 남편에 祔하고, 祔해야 할 妃妾은 妾祖姑에 祔한다.〔祔 謂新死之主 祔於先死者之廟 婦祔於其夫 所祔之妃妾 祔於妾祖姑也〕"라 하였다. 妃妾은 신분이 미천하여 夫君의 사당에 祔할 수가 없으므로 죽은 妾祖姑(첩인 시할머니)에게 祔하고 없으면 다시 한 대를 건너 뛰어 妾高祖姑에게 祔한다. 祔廟한 神位는 제사 때에 配食한다.

52) 宋制沙門致敬人主 : "어째서 이를 기록하였는가. 나무란 것이다. 曇標가 반란하고 나서 일찍이 沙門

【目】 예전에 東晉 사람 庾氷이 건의하여 沙門에게 제왕을 공경하도록 하였는데 끝내 시행하지 못하였다. 이때에 와서 有司가 아뢰기를 "浮圖(부처)의 가르침이 〈유교의〉 경전에 위배되고 道義를 가려서 四輩에게 무릎 꿇고 절하면서 부모에게 예의를 소홀히 하고, 耆臘에게 머리를 조아리면서 천자에게 몸을 곧추세우니 신 등이 서로 의논하건대 사문이 천자를 알현할 적에는 모두 경건함을 다해야 한다고 여깁니다."라고 하니, 宋主(孝武帝)가 이를 따랐는데, 廢帝(劉子業)가 즉위해서는 옛 것을 회복하였다.

初에 晉庾氷이 議使沙門敬王者어늘 不果行이러니 至是하여 有司奏曰 浮圖爲教 (十)〔反〕[53]經蔽道하여 屈膝四輩而簡禮二親하고 稽顙耆臘而直體萬乘①하니 臣等參議호되 以爲沙門接見에 比當盡虔하노이다 從之②러니 及廢帝卽位에 復舊하다

① 釋氏가 西天竺에서 온 것은 經이고, 中國 沙門이 번역하여 그 뜻을 부연한 것은 傳이다. 四輩는 釋書(佛書)에서 말하는 四部大衆이니, 比丘, 比丘尼, 優婆塞(남자 佛信徒), 優婆夷(여자 불신도)를 말한다. 일설에 "釋氏가 말하는 戒外四聖이 있는데, 佛이 첫째이고, 菩薩이 둘째이고, 圓覺(큰 깨우침)이 셋째이고, 聲聞〔羅漢〕이 넷째이니, 또한 四輩라고도 한다." 하였다. "二親"은 父母를 말한다. 耆는 늙는다는 뜻이고, 臘은 나이라는 뜻이니, 耆臘은 나이 높은 스님을 말한다. 佛家에서는 나이로 서열을 따지지 않고 臘으로 서열을 따져서 속세를 버리고 스님이 된 나이를 시작을 삼는다. 禪林(寺院) 結制(夏安居)는 12월을 坐臘(하안거를 거친 횟수)으로 하는데 "僧臘若干"이라는 말과 같으니, 스님이 된지 몇 년이라는 말이다. "直體"는 몸을 굽히지 않음을 말한다.
釋氏以自西天竺來者爲經, 中國沙門譯而演其義者爲傳. 四輩, 釋書所謂四部大衆也, 謂比丘, 比丘尼, 優婆塞, 優婆夷. 一說"釋氏有所謂戒外四聖. 佛, 一也. 菩薩, 二也. 圓覺, 三也. 聲聞, 四也. 亦謂之四輩." 二親, 謂父・母也. 耆, 老. 臘, 年也. 耆臘, 謂高年之僧. 僧家不序齒而序臘, 以捨俗爲僧之年爲始. 禪林結制, 有以十二月爲坐臘, 如云僧臘若干, 謂爲僧若干年也. 直體, 謂不屈身也.

② 比는 아울러이며, 모두이다.
比, 竝也, 總也.

을 정리하고 또 엄히 제도를 만들려고 하였으나 임금이 근신들에게 이끌려서 끝내 시행하지 못하였다. 이에 유독 구차하게 사문에게 공경을 표할 것을 요구하였으니, 삼년상도 제대로 못하면서 緦麻(3개월복)・小功(5개월복)을 따진다는 것이 이를 말하는 것이다. 宋나라에서 '制沙門致敬人主'라고 기록하고(이해(462)) 唐나라에서 '詔僧道致拜父母(조령을 내려서 僧侶와 道士에게 부모께 절을 올리도록 하였다.)'를 기록한 것은(唐 太宗 貞觀 5년(631)) 모두 나무란 것이다.〔何以書 譏也 曇標之反 嘗欲沙汰沙門 且嚴爲之制矣 牽於近習 竟不能行 乃獨區區責其致敬 不能三年之喪 而緦小功之察 此之謂矣 宋書制沙門致敬人主(是年) 唐書詔僧道致拜父母(太宗貞觀五年) 皆譏之也〕"《書法》 曇標는 沙門으로서 宋 大明 2년(458)에 반란을 일으켰다가 복주된 인물이다. 자세한 내용은 본서 31쪽에 보인다.

53) (十)〔反〕: 저본에는 '十'으로 되어 있으나, 《資治通鑑》에 의거하여 '反'으로 바로잡았다.

【綱】 宋나라 祖沖之가 새 책력을 만들 것을 청하였는데 회답하지 않았다.

宋祖沖之請更(경)造新曆한대 不報하다

【目】 南徐州從事史 祖沖之가 말을 올려서 何承天의 元嘉曆[54]이 엉성하고 잘못된 것이 여전히 많으니 새로운 책력을 다시 만들자고 상언하였는데, 그 글에 이르기를 "舊法에 冬至는 태양의 度數가 고정되니, 1백 년이 되지 않아 바로 2度의 차이가 납니다. 지금 새 책력은 冬至 때 태양 도수로 하여금 해마다 조금 차이 나게 한다면 장래에 오랫동안 사용하면서 번잡하게 자주 고칠 것이 없을 것입니다. 또 子는 12辰의 첫 번째 자리가 되어 위치가 正北方에 있고 虛宿는 北方 列宿의 가운데에 있습니다.[55] 지금 새 책력에는 上元甲子日의 태양 도수가 虛宿 第1星부터 시작하고, 日辰의 호칭에 甲子가 제일이 됩니다. 지금 새 책력의 上元이 歲次가 甲子年에 있습니다. 또 하승천의 역법은 日·月·五星이 각기 본래의 曆元(역법에서 曆日을 계산한 최초의 시각)을 갖고 있으나 지금 새 역법에는 해와 달이 만나는 것과 달의 운행이 늦고 빠른 것을 모두 上元의 歲首로 시작을 삼았습니다."라고 하였다. 宋主(孝武帝)는 역법을 잘 다루는 이를 시켜서 힐난하게 하였으나 굴복시킬 수 없었다. 마침 宋主가 죽어서 시행하지 못하였다.

南徐州從事史祖沖之上言①何承天元嘉曆이 疏舛猶多하니 更造新曆하여 以爲舊法에 冬至日有定處하니 未盈百載에 輒差二度라 今令冬至日度로 歲歲微差면 將來久用하여 無煩屢改요 又子爲辰首하여 位在正北하고 虛爲北方列宿之中하니 今曆에 上元日度 發自虛一하고 日辰之號 甲子爲先하니 今曆上元이 歲在甲子하고 又承天法日月五星이 各自有元이나 今法에 交會遲疾을 悉以上元歲首爲始②라한대 宋主令善曆者難之하니 不能屈이러니 會宋主晏駕하여 不果施行하다

① 漢나라 이래로 여러 州에는 모두 從事史·假佐가 있다.
自漢以來, 諸州皆有從事史·假佐.

② 말한 "今曆"·"今法"은 모두 祖沖之가 다시 만든 것이다. 曆家에서는 上元甲子, 中元甲子, 下元甲子로 나누는데, 각각 60년이어서 모두 180년에 下元甲子가 끝나고 上元甲子로 되돌아간다.
所謂今曆今法, 皆祖沖之更造者也. 曆家分上元·中元·下元甲子, 各六十年, 凡一百八十

54) 何承天의 元嘉曆 : 何承天(370~447)은 南朝 宋나라의 대신으로, 저명한 천문학자이다. 그가 당시 사용하던 乾象曆을 고쳐 만든 원가력을 만들었는데 그 이후로 梁나라 天監(502~519) 중엽까지 통행되었다.

55) 虛宿는……있습니다 : 虛宿는 28宿 중 북방 玄武 7宿의 4宿로 가운데에 자리하고 있다.

年, 而下元甲子終矣, 復於上元甲子.

癸卯年(463)

宋나라 世祖 孝武帝 劉駿 大明 7년이고, 北魏 高宗 文成帝 拓跋濬 和平 4년이다.

宋大明七年이요 魏和平四年이라

【綱】 봄 정월에 宋나라 吏部郞 江智淵이 卒하였다.

春正月에 宋吏部郞江智淵卒하다

【目】 宋主(孝武帝)는 늘 연회를 통하여 여러 신하들로 하여금 서로 조롱하고 잘못을 들추어내게 하는 것을 좋아하였는데, 江智淵은 평소 담박하며 고상하므로 점차 宋主의 뜻에 맞지 않게 되었다. 宋主가 한번은 강지연을 시켜서 王僧朗으로써 왕승랑의 아들 王彧을 희롱하게 하였는데, 강지연이 안색을 바로잡으며 말하기를 "이러한 희롱을 해서는 안 될 듯합니다."라고 하였다. 宋主가 노하여 말하기를 "江僧安은 어리석은 사람이로다. 어리석은 사람끼리 아끼는구나."라고 하였다. 강승안은 강지연의 아버지이다. 강지연이 자리에 엎드려 눈물을 흘리니, 이로 말미암아 은총이 크게 줄었다.

강지연이 또 殷淑儀의 시호를 '懷'라고 할 것을 의논하니, 宋主가 지극히 아름답지 못하다고 여겨서 강지연에게 앙심을 품었다. 뒷날 은숙의의 능묘에 이르러서 石柱를 가리키고 강지연에게 말하기를 "이 石柱 위에 懷字가 있는 것을 용납할 수 없다."라고 하였다. 강지연은 더욱 두려워하여 마침내 근심하다가 卒하였다.

宋主每因宴集하여 好使群臣自相嘲訐[①]하니 智淵이 素恬雅라 漸不會旨[②]러니 嘗使智淵으로 以王僧朗戱其子彧[③]한대 智淵이 正色曰 恐不宜有此戱로소이다 宋主怒曰 江僧安癡人이라 癡人自相惜이로다 僧安은 智淵之父也라 智淵伏席流涕하니 由此恩寵大衰하고 又議殷淑儀諡曰懷라하니 宋主以爲不盡美라하여 銜之러니 他日에 至妃墓하여 指石柱하고 謂智淵曰 此上에 不容有懷字[④]로다 智淵益懼하여 竟以憂卒하다

① 남을 희롱하여 그 과실을 이룸을 嘲라고 하고, 남의 은밀한 개인적 일을 들추어내는 것을 訐이라고 한다.

謔人以成其過, 謂之嘲, 發人之陰私, 謂之訐.

② 會는 맞음이다.
會, 合也.

③ 江智淵으로 하여금 王僧朗의 일을 부연하여 王彧을 조롱하게 한 것이다.
蓋使智淵敷衍僧朗事以調彧也.

④ 石柱는 墓表이다.
石柱, 墓表也.

【綱】 여름에 宋나라가 制命을 내려서 전쟁에 임한 경우가 아니면 멋대로 사람을 죽일 수 없고 천자가 직접 쓴 조서가 아니면 군대를 일으킬 수 없게 하였다.

夏에 **宋制非臨軍毋得專殺**하고 **非手詔毋得興軍**하다

【目】 다음과 같이 詔書를 내렸다.

"전쟁에 임한 경우가 아니면 멋대로 사람을 죽일 수 없고 죄가 重辟(死刑)에 해당하면 먼저 罪狀을 올리고 회답을 기다려서 행하라. 이를 위반한 자는 살인죄로 論處하라. 刺史와 守宰들이 백성을 동원하거나 군대를 일으킬 적에 모두 천자가 직접 쓴 조서를 기다려서 시행하라. 오직 외적의 침입과 내부의 반란, 갑작스런 변고가 일어날 경우는 이 규례를 따르지 않는다."

詔自非臨軍이면 **不得專殺**하고 **罪應重辟**이면 **先上須報**하여 **違者**는 **以殺人論**[①]하고 **刺史守宰動民興軍**에 **皆須手詔施行**하고 **唯外警內姦 變起倉猝者**는 **不從此例**라하다

① 上(올리다)은 時掌의 切이다. 먼저 그 罪狀을 올리고, 회보를 기다려서 형벌을 행하니 이는 漢나라의 법이다.
上, 時掌切. 先上其罪狀, 待報乃行刑, 此漢法也.

【綱】 宋나라가 蔡興宗과 袁粲을 吏部尙書로 삼았다.

宋以蔡興宗袁粲爲吏部尙書하다

【目】 袁粲은 袁淑의 형의 아들이다. 宋主(孝武帝)가 여러 신하들을 업신여기는 것을 좋아하여 太宰 劉義恭 이하의 신하들이 모욕을 당하는 것을 면치 못하였다. 늘 金紫光祿

大夫 王玄謨를 老傖(늙은 중원 사람)이라고 부르고, 僕射 劉秀之를 老慳(늙은 깍쟁이)이라고 부르고, 顔師伯을 齴(뻐드렁이)이라고 부르고, 그 나머지 키가 작거나 크거나 몸이 살쪘거나 마른 자들에게 모두 부르는 호칭이 있었다. 또 한 명의 崑崙奴를 총애하여 그에게 몽둥이를 가지고 여러 신하들을 때리게 하였는데, 오직 蔡興宗의 방정하고 엄격함을 꺼려서 감히 犯接하여 모욕을 주지 못하였다.

議曹郎 王耽之가 말하기를 "蔡豫章(蔡廓)이 옛적에 相府에 계실 적에 방정하고 엄격하고 친압함이 없어서 武帝(劉裕)께서 사사로이 노시는 날에는 부른 적이 없었습니다. 蔡尙書(蔡興宗)는 오늘날 아버지를 계승했다[56]고 말할 수 있습니다."라고 하였다.

粲은 淑之兄子也라 宋主好狎侮群臣하여 自太宰義恭以下로 不免穢辱하니 常呼金紫光祿大夫王玄謨爲老傖하고 僕射劉秀之爲老慳하고 顔師伯爲齴①하고 其餘短長肥瘦 皆有稱目하고 又寵一崑崙奴하여 令以杖擊群臣②호되 惟憚蔡興宗方嚴하여 不敢侵媟하니 議曹郎王耽之曰③ 蔡豫章昔在相府에 亦以方嚴不狎으로 武帝宴私之日에 未嘗相召④러니 蔡尙書今日에 可謂能負荷矣로다

① 江南 사람들이 中州(中原) 사람들을 傖이라고 불렀다. 王玄謨는 太原 사람이므로 老傖이라고 부른 것이다. 慳, 丘閑의 切이니, 아낀다는 뜻이다. 齴은 魚蹇의 切이니, 이가 드러난 모습이다.
江南人呼中州人爲傖. 玄謨, 太原人也, 故呼之爲老傖. 慳, 丘閑切, 悋也. 齴, 魚蹇切, 露齒貌.

② 崑崙奴는 그 모습이 崑崙國 사람과 비슷함을 말한다. 崑崙國은 林邑 남쪽에 있다. ≪舊唐書≫ 〈南蠻 林邑傳〉에 "林邑 이남에는 모두 곱슬머리에 검은 피부인데 이들을 통칭하여 崑崙이라고 한다." 하였다.
崑崙奴者, 言其狀似崑崙國人也. 崑崙國在林邑南. 舊唐南蠻林邑傳 "林邑已南, 皆拳髮黑身, 通號爲崑崙."

③ 議曹는 ≪資治通鑑≫에 儀曹로 쓰여 있다.
議曹, 通鑑作儀曹.

④ 蔡豫章은 蔡興宗의 아버지 蔡廓인데, 일찍이 豫章太守를 지냈으므로 그렇게 일컬은 것이다. 相府는 宋 武帝가 東晉의 재상일 때에 蔡廓이 司徒左長史를 지냈음을 말한다.
蔡豫章, 興宗父廓也, 嘗爲豫章太守, 故稱之. 相府, 謂武帝相晉時, 廓爲司徒左長史也.

【綱】 6월에 宋나라가 劉德願을 豫州刺史로 삼았다.

---

56) 아버지를 계승했다 : 負荷는 짐을 등에 진다는 말로, 先業을 계승하는 것을 비유하는 말이다. ≪春秋左氏傳≫ 昭公 7년의 "아비가 장작을 쪼개놓았는데, 아들이 등에 지지 못한다.〔其父析薪 其子弗克負荷〕"라는 말에서 유래한 것이다.

六月에 宋以劉德願爲豫州刺史하다

【目】 宋主(孝武帝)는 자주 여러 신하들과 殷貴妃의 능묘를 찾아가서 劉德願에게 말하기를 "卿이 貴妃에게 곡하는 것을 비통하게 한다면 응당 후한 상을 내리겠다."라고 하였다. 유덕원이 가슴을 치고 발을 구르며 부르짖고 통곡하여 눈물과 콧물을 번갈아 흘렸다. 宋主가 매우 기뻐하였으므로 이러한 命이 있었다.

宋主數與群臣至殷貴妃墓하여 謂德願曰 卿哭貴妃悲者면 當厚賞하리라한대 德願擗踊號慟하여 涕泗交流하니 宋主甚悅이라 故有是命하다

【綱】 宋나라가 宮室을 크게 수축하였다.

宋大修宮室[57]하다

【目】 宋主(孝武帝)는 사람됨이 기민하고 과감하게 결단하며 학문이 넓으며 문장이 화려하고 민첩하며, 또 말타기와 활쏘기를 잘하면서 사치스런 욕심에 절도가 없었다. 晉나라가 長江을 건너온 이래로 宮室을 간소하게 짓고서 晉 孝武帝가 비로소 淸暑殿을 지었고, 宋나라가 일어나고서 증축하거나 개축한 것이 없었다.

이때에 비로소 宮室을 크게 수축하여 흙담장과 나무기둥에 비단으로 장식하고 상을 주는 것이 국고를 고갈시킬 지경이었다. 高祖(劉裕)가 거처하였던 陰室(제왕이 살던 방)을 헐고 그곳에 玉燭殿을 지으려 할 적에 여러 신하들과 함께 그곳을 살펴보니, 침상

57) 宋大修宮室 : "'大修'라고 기록한 것은 어째서인가. 나무란 것이다. 이때에 高祖(劉裕)가 거처하던 陰室을 헐고 그곳에 玉燭殿을 지었는데 1년도 못 되어 宋主(孝武帝)가 옥촉전에서 殂하였으니 어찌 우연이겠는가. ≪資治通鑑綱目≫에서 宮을 수축한 것에 '大'라고 기록한 것은 5번이니(漢 明帝 永平 3년(60)에 자세하다.) 모두 나무란 것이다.〔書大修 何 譏也 於是廢高祖陰室 以起玉燭殿 不期年而宋主殂於玉燭 豈偶然哉 綱目修宮書大者五(詳漢明帝永平三年) 皆譏也〕" ≪書法≫

"宋나라는 孝武帝가 王統을 이어받고 밖으로는 누차 반역이 드러나고 안으로는 누차 살육이 있었으니 그 부도덕함은 절로 말하지 않아도 알 수 있다. 이때에 宮室을 크게 수축하였는데, ≪資治通鑑綱目≫에서 특별히 책(綱)에 기록하고 分注(目)에 사치스런 욕심의 실상을 아래에 갖추어 기록하였다. 그런 뒤에 宋主(효무제)의 잘못이 눈앞에 분명히 드러나게 되었다. 宋主의 이와 같은 행적으로 그 나라를 오래 소유하기를 구하려 한들 오히려 될 수 있겠는가. 자신이 죽고 얼마 안 되어 嗣子가 섬멸된 것이 마땅하다.〔宋自孝武承統 外則屢形反叛 內則屢有殺戮 其不德蓋自不言可知 至是大修宮室 綱目特書于冊 而以分注備載其奢慾之實于下 然後宋主之失 曉然在目 夫以宋主所積如此 求欲久有其國 尙可得耶 身歿未幾 嗣子殲滅 宜矣〕" ≪發明≫

머리에는 土障이 있고 벽에는 葛燈籠과 麻蠅拂이 걸려 있었다. 侍中 袁顗가 그것으로 인하여 高祖의 검소한 德을 크게 칭송하자, 宋主가 말하기를 "시골의 늙은이가 이것을 얻은 것만 해도 이미 과분하다."라고 하였다. 원의는 袁淑의 형의 아들이다.

宋主爲人이 機警勇決하고 記問博洽하고 文章華敏하고 又善騎射而奢欲無度라 自晉氏渡江以來로 宮室草創하여 孝武始作淸暑殿하고 宋興無所增改러니 至是하여 始大修宮室하여 土木被錦繡하고 賞賜傾府藏이러라 壞高祖所居陰室하고 於其處起玉燭殿할새 與群臣觀之하니 牀頭有土障하고 壁上掛葛燈籠麻蠅拂①이라 侍中袁顗因盛稱高祖儉素之德한대 宋主曰 田舍公得此 已爲過矣라하다 顗는 淑之兄子也라

① 江左(南朝)에서는 여러 황제들이 崩하면 그 거처했던 전각을 陰室로 삼고 御服을 보관하였다. 土障은 枕屛(머리맡에 치는 병풍)과 같으니, 바람을 막기 위한 것으로 흙을 쌓아 만든다. 籠은 등불을 가리는 기구이니, 〈葛燈籠은〉 葛巾으로 씌운 것이다. 拂은 파리를 쫓는 기구이니, 〈麻蠅拂은〉 麻(삼)를 꼬아서 만든 것이다.
江左諸帝旣崩, 以其所居殿爲陰室, 藏諸御服. 土障, 猶枕屛也, 所以障風者, 壘土爲之. 籠, 罩燈之具, 蒙以葛巾. 拂, 揮蠅之具, 以麻結爲之.

笑祖儉德(宋 高祖의 검소한 덕을 비웃다)

【綱】 겨울 10월에 宋主(孝武帝)가 姑孰에서 校獵[58]을 하였다. 北魏가 散騎常侍 游明根을 宋나라에 보냈다.

冬十月에 **宋主校獵姑孰**하다 **魏遣散騎常侍游明根**하여 **如宋**하다

【目】 游明根이 使命을 받들어 세 번 왕복하였는데, 宋主가 유명근이 長者이므로 더욱 예우하였다.

明根이 奉使三返에 宋主 以其長者로 禮之有加①러라

① 游明根은 游雅의 從祖弟(6촌 아우)이다.
明根, 雅之從祖弟也.

【綱】 11월에 宋主(孝武帝)가 水軍을 梁山에서 훈련시켰다.

十一月에 **宋主習水軍于梁山**하다

甲辰年(464)

宋나라 世祖 孝武帝 劉駿 大明 8년이고, 北魏 高宗 文成帝 拓跋濬 和平 5년이다.

宋大明八年이요 魏和平五年이라

【綱】 여름 윤5월에 宋主 劉駿이 殂하니,[59] 太子 劉子業이 즉위하였다.

夏閏五月에 **宋主駿**殂①하니 **太子子業立**[60]하다

58) 校獵 : 나무를 꿰어 울타리를 만들어 짐승의 도주로를 차단하고 사냥하는 것을 말한다.
59) 殂하니 : 〈資治通鑑綱目凡例〉에 의하면 천하를 통일한 황제의 죽음을 '崩'이라 하고, 황제를 칭하였으나 천하를 통일하지 못해 정통으로 인정하지 않는 경우에는 '殂'라고 하였다. 이 경우 '殂'라고 쓴 것은 宋나라가 천하를 통일하지 못하고 華北 지역은 北魏가 있기 때문이다.
60) 宋主駿殂 太子子業立 : "孝武帝가 賊을 토벌한 초기에 ≪資治通鑑綱目≫에 '宋人立駿(宋나라 사람들이 劉駿을 임금으로 세웠다.)'이라고 하였으니, 유준이 즉위함이 마땅하다. 이윽고 '殺其弟(그 아우를 죽였다.)'를 두 번 기록하였고, 죄 없는 이를 죽인 것을 네 번 기록하였고, '築上林苑(上林苑을 건설하였다.)'을 기록하였고, '大修宮室(宮室을 크게 수축하였다.)'을 기록하였고, '校獵姑孰(姑孰에서 校獵하였다.)'을 기록하였으니, 거의 기록할 만한 선행이 없었다. 비록 廟樂을 갖추고, 五路를 제작하고, 籍田을 갈고, 明堂을 세우고, 五帝를 제사 지냈다고 하였지만 이른바 '禮와 樂을 어떻게 할 수 있겠는가.'라는 것일 뿐이다.〔孝武討賊之初 綱目書曰 宋人立駿 駿宜立也 旣而再書殺其弟 四書殺無罪 書築上林

① 향년이 35세였다.
壽, 三十五.

【目】 宋主(孝武帝)의 말년에 더욱 財利를 탐내어 刺史와 二千石(郡守)의 관원이 임기가 만료되어 돌아올 적에 반드시 일정한 한도를 두어 바치게 하였고, 또 樗蒲 놀이를 하여 재물을 다 빼앗아야 그쳤고, 종일 술에 취하여 늘 안석에 기대어 혼수 상태였다가 혹은 밖에서 일을 아뢰는 자가 있을 적에는 바로 엄숙하게 정연한 용모를 정제하여 술에 취한 모습이 없었다. 이로 말미암아 안팎에서 두려워하여 감히 解弛하게 하는 자가 없었다.

이때에 宋主가 玉燭殿에서 殂하니, 遺詔를 내려서 太宰 劉義恭에게 中書監을 더해주고, 柳元景을 尙書令을 겸하게 하여 크고 작은 일을 모두 두 公에게 처결하게 하고, 국가 大事의 경우는 始興公 沈慶之와 함께 결정하게 하고, 만약 군사의 일이 있으면 모두 심경지에게 맡기고, 尙書省 안의 일은 僕射 顔師伯에게 맡기고, 外監의 관할은 領軍 王玄謨에게 맡기게 하였다.[61)]

太子가 卽位하니 나이가 16세였다. 蔡興宗이 璽綬를 바치니 태자가 받을 적에 오만하면서 슬퍼하는 모습이 없었다. 채흥종이 나와서 사람들에게 말하기를 "국가의 재앙이 이 사람에게 있을 것이다."라고 하였다.

宋主末年에 尤貪財利하여 刺史二千石이 罷還에 必限使獻奉하고 又以蒲戲取之하여 罄盡乃止하고 終日酣飮하여 嘗憑几昏睡라가 或外有奏事에 卽肅然整容하여 無復酒態①하니 由是로 內外畏之하여 莫敢弛惰러라 至是하여 殂於玉燭殿하니 遺詔太宰義恭加中書監하고 柳元景領尙書令하여 事無巨細히 悉關二公호되 大事는 與始興公沈慶之參決하고 若有軍旅면 悉委慶之하고 尙書中事는 委僕射顔師伯하고 外監所統은 委領軍王玄謨②하다 太子卽位하니 年十六이라 蔡興宗이 奉璽綬하니 太子受之에 傲惰無戚容이라 興宗이 出告人曰 家國之禍 其在此乎인저

① 嘗은 ≪資治通鑑≫에 常으로 되어 있다.
嘗, 通鑑作常.

苑 書大修宮室 書校獵姑孰 殆無可紀之善焉 雖曰備廟樂 造五路 耕籍田 立明堂 祀五帝 所謂如禮樂何者已矣]" ≪書法≫

61) 外監의……하였다 : 外監은 制局監을 말하는 것으로 병기와 의장, 兵役을 관장하였다. 품계는 낮지만 군사를 징발하고 동원하는 것을 관장하여 실제 권력은 領軍將軍의 위에 있었다. 대체로 寒人 중에 황제의 측근이 담당하였다. 領軍은 領軍將軍을 말한다. 영군장군의 관아를 領軍省이라 하는데, 바로 禁軍이다. 영군장군은 後漢 말기에 曹조가 설치하였으며, 曹魏 때 금군의 장관이 되었다. 南朝 宋나라 때 금군과 京師의 여러 군대를 맡았다.

② 舊制에 外監은 領軍에 예속되지 않았으므로 마땅히 서로 統攝할 경우에는 따로 조서를 내렸다. 宋 文帝 元嘉 18년(441)에 趙伯符로 領軍將軍을 삼아서 처음으로 外監을 統領하게 하였다.
舊制, 外監不隸領軍, 宜相統攝者, 自有別詔. 文帝元嘉十八年, 以趙伯符爲領軍將軍, 始統領外監.

【綱】 가을 7월에 柔然의 處羅可汗이 죽으니 아들 受羅部眞可汗 郁久閭予成이 즉위하였다.

秋七月에 **柔然處羅可汗死**하니 **子受羅部眞可汗予成**[①]이 **立**하다

① 受羅部眞은 北魏의 말에 은혜라는 뜻이다.
受羅部眞, 魏言惠也.

【目】〈柔然이〉 연호를 永康으로 바꾸었다.

改元永康하다

【綱】 宋나라가 蔡興宗을 新昌太守로 삼고, 王玄謨를 南徐州刺史로 삼았다.

宋以蔡興宗爲新昌太守하고 **王玄謨爲南徐州刺史**하다

【目】 宋나라는 孝建(454~456, 宋 孝武帝 연호) 이래로 고친 제도를 폐기하고 元嘉(424~453, 宋 文帝 연호) 시대의 제도로 환원하였다. 蔡興宗이 都座에서 개연히 顔師伯에게 말하기를 "先帝(효무제)께서는 비록 盛德의 군주는 아니었으나 시종일관 도리로써 다스리고자 하였다. 3년 동안 부친이 해오던 방도를 고치지 않은 것[62]은 옛 경전에서 존숭한 것이다. 지금 殯宮(殯所)을 막 철거하였고 山陵으로 옮긴 지 얼마 안 되었는데, 여러 제도의 시비를 따지지 않고 일률적으로 모두 제거하니, 비록 다시 他姓이 皇位를 선양받더라도 이 지경에 이르지는 않을 것이다. 천하에 견식이 있는 자들이 응당 이것을 가지고 정치를 담당하는 사람들의 시비를 살펴볼 것이다."라고 하였으나, 안사백이 이 말을 따르지

62) 3년……것 : ≪論語≫ 〈學而〉의 "아버지가 살아 계실 때에는 자식의 뜻을 관찰하고 아버지가 돌아가셨을 때에는 자식의 행동을 관찰하는 것이니, 3년 동안 아버지의 도를 고치지 말아야 효라고 이를 수 있다.〔父在 觀其志 父沒 觀其行 三年無改於父之道 可謂孝矣〕"라고 한 데서 나온 말이다.

못하였다.

太宰 劉義恭은 평소 戴法興과 巢尙之 등을 두려워하였으므로 비록 遺詔를 받아 정사를 보필하였으나 자신의 몸을 빼어 정사를 회피하니, 이로 말미암아 정사가 近習에게 돌아갔다. 대법흥 등이 조정의 권력을 전횡하여 詔勅이 모두 그의 손에서 나왔다.

채흥종은 자신이 직책상 銓衡(관리 선발)을 관장하므로 조정에 나갈 때마다 유의공에게 현인을 등용하며 선비를 천거하는 뜻을 진술하고 또 임금과 신하의 잘잘못을 경계시키고 조정을 널리 논평하니, 유의공이 그것을 듣고 두려워하여 답변하지 않았다.

채흥종이 選曹의 일을 아뢸 때마다 대법흥과 소상지 등이 번번이 상주한 글을 고쳐서 바꾸었다. 채흥종이 朝堂에서 유의공과 안사백에게 말하기를 "主上께서 喪中에 있을 때에는 친히 정무를 보지 않으시는데, 選擧의 기밀 사무가 대부분 산삭되고 고쳐졌고 게다가 두 公의 필적이 아니니, 또한 무엇이 천자의 뜻인지 모르겠다."라고 하였다. 유의공과 대법흥은 모두 채흥종을 미워하여 新昌太守로 좌천시켰는데, 얼마 뒤에 그의 명망으로 인해 다시 建康에 머물게 하였다.

대법흥 등은 王玄謨의 강직하고 엄숙함을 싫어하여 南徐州 刺史로 삼았다.

宋罷孝建以來所改制度하여 還依元嘉하니 蔡興宗於都座에 慨然謂顏師伯曰① 先帝雖非盛德之主나 要以道始終하니 三年無改는 古典所貴라 今殯宮始撤하고 山陵未遠한대 而凡諸制度를 不論是非하고 一皆刊削하니 雖復禪代나 亦不至爾라 天下有識이 當以此窺人하리이다 師伯이 不從②하다 太宰義恭이 素畏戴法興巢尙之等이라 雖受遺輔政이나 而引身避事하니 由是로 政歸近習이라 法興等專制朝權하여 詔勅이 皆出其手러라 興宗이 自以職管銓衡으로 每至上朝에 輒爲義恭하여 陳登賢進士之意③하고 又箴規得失하고 博論朝政하니 義恭聞之하고 戰懼無答이러라 興宗每奏選事에 法興尙之等이 輒點定回換④하니 興宗이 於朝堂에 謂義恭師伯曰 主上이 諒闇에 不親萬機한대 而選擧密事 多被刪改하고 復非公筆이라 亦不知是何天子意오 義恭法興이 皆惡之하여 左遷新昌太守러니 既而요 以其人望으로 復留之建康⑤하고 法興等이 惡(오)王玄謨剛嚴하여 以爲南徐州刺史하다

① 여기의 都座는 尙書 八座[63]가 會坐하는 장소를 말한다.
此都座, 謂尙書八座會坐之所.

② "禪代"는 다른 성씨에게 〈禪讓하는 것을〉 이른다.

---

63) 尙書 八座 : 尙書省의 고위 관료를 合稱한 것으로 시대마다 다르다. 漢나라 成帝가 中書의 환관을 파하고 다섯 尙書를 두었는데, 이것이 점차 발전하여 後漢 때 6曹尙書와 尙書令과 尙書僕射이 되었고 이를 합쳐서 八座라 하였다. 이후 曹魏 때에 5曹尙書로 재편되었고 좌우의 尙書僕射와 尙書令을 합쳐서 八座라 하였다. 南朝에서도 5曹尙書, 尙書左·右僕射, 尙書令을 합쳐서 八座라 하였다.

禪代, 謂異姓也.

③ 上(올라가다)은 時掌의 切이다.
上, 時掌切.

④ "選事"는 選曹의 일이다.
選事, 選曹事也.

⑤ 吳나라 孫皓 建衡 3년(271)에 交趾를 나누어 新興郡을 세우고, 晉 武帝 太康 3년(282)에 이름을 新昌郡으로 바꾸고 交州에 소속시켰다.
吳孫皓建衡三年, 分交趾立新興郡, 晉武帝太康三年, 更名新昌郡, 屬交州.

【綱】 8월에 宋나라 太后 王氏가 殂하였다.

八月에 **宋太后王氏**殂[64)]하다

【目】 太后가 병이 깊어지자 사람을 시켜 宋主 劉子業을 불렀는데, 유자업이 말하기를 "병자의 근처에는 귀신이 많으니 어찌 갈 수 있는가."라고 하였다. 태후가 노하여 시중드는 사람에게 말하기를 "칼을 가져 와서 내 배를 갈라라. 어떻게 이런 자식을 낳았단 말인가."라고 하였다.

太后疾篤에 **使呼宋主子業**한대 **子業曰 病人間**에 **多鬼**하니 **那可往**이리오 **太后怒**하여 **謂侍者**호되 **取刀來**하여 **剖我腹**하라 **那得生寧馨**[65)] **兒**오하더라

【綱】 겨울에 宋나라가 기근이 들었다.

冬에 **宋饑**하다

【目】 동쪽 지방의 여러 郡이 해마다 가뭄으로 기근이 들어 쌀 1되〔升〕에 몇 백 錢이었고 建康에도 1백여 전이나 되었으므로 굶어 죽은 사람이 10명 중에 6, 7명이나 되었다. 이해에 宋나라 境內에는 모두 22州, 274郡, 1,299縣, 94만여 家戶가 있었다.

東方諸郡이 **連歲旱饑**하여 **米一升**에 **錢數百**이요 **建康**에 **亦至百餘錢**이라 **饑死者 什六七**[①]이러라 **是歲**에 **宋境內**에 **凡有州二十二 郡二百七十四 縣千二百九十九 戶九十四萬有奇**[②]러라

---

64) 宋太后王氏殂 : "宋나라 이래로 后가 崩御한 것은 모두 기록하지는 않았는데 기록한 것은 어째서인가. 劉子業의 패악을 기록한 것이다.〔宋以來 后崩不悉書 其書 何 志子業之悖也〕" ≪書法≫
65) 寧馨 : 晉宋時代의 속어로 '如此'의 의미이다.

① "東方諸郡"은 三吳(吳興, 吳郡, 會稽)와 浙江 동쪽의 5郡을 말한다.
東方諸郡, 謂三吳及浙江東五郡.
② 무릇 숫자의 우수리를 전부 奇라고 한다.
凡數之零餘, 皆曰奇.

乙巳年(465)

宋主 劉子業 景和 원년이고, 太宗 明帝 劉彧 泰始 원년이고, 北魏 高宗 文成帝 拓跋濬 和平 6년이다.

宋主子業景和元年이요 太宗明帝彧泰始元年이요 魏和平六年이라

【綱】 봄에 宋나라가 二銖錢을 주조하였다.

春에 宋鑄二銖錢하다

【目】 孝建(454~456) 연간 이래로 민간에서 몰래 동전을 주조하여 열악한 동전이 넘쳐나니, 상업과 무역에 동전이 유통되지 못하였다. 이때 동전을 바꾸어 二銖錢을 주조하였는데 〈기존의 孝建四銖錢에 비해〉 동전의 형태가 다시 작아졌다. 이에 민간에서 이를 모방하여 주조하자 동전이 더욱 얇고 작아져서 輪郭이 없고 동전을 연마하지도 않으니 사람들이 이 동전을 耒子라고 일렀다.[66)]

自孝建以來로 民間盜鑄濫錢하니 商貨不行이라 更(경)鑄二銖錢하여 形式轉細①하니 民間效之하여 而更薄小하여 無輪郭하고 不磨鑢하니 謂之耒子②라하더라

① 更(고치다)은 工衡의 切이다.
更, 工衡切.
② 磨는 갈다는 뜻이다. 鑢는 갈다는 뜻이다. 耒(쟁기)는 盧對의 切이다.
磨, 礪也. 鑢, 錯也. 耒, 盧對切.

---

66) 孝建四銖錢에……일렀다 : 이 기사는 ≪宋書≫ 〈顔竣列傳〉에 보인다. ≪宋書≫에서는 四銖錢과 孝建四銖錢을 이야기하면서 특히 효건사수전이 사수전보다 형태가 작고 얇아져서 이 때문에 민간의 私鑄錢이 증대하자 관리들이 다시 二銖錢을 주조하자고 하였는데, 이에 顔竣이 반대하여 그만두었다. 바로 다음 내용에 본 기사가 이어진다. 사수전과 효건사수전의 내용은 思政殿訓義 ≪資治通鑑綱目≫ 제26권 상 宋 文帝 元嘉 30년(453)에 자세히 보인다.

【綱】 여름 5월에 魏主(文成帝) 拓跋濬이 殂하니, 太子 拓跋弘이 즉위하였다.

夏五月에 魏主濬殂①하니 太子弘立하다

① 향년이 26세였다.
壽, 二十六.

【目】 예전에 北魏 世祖(太武帝)가 사방에 전쟁을 벌여 국가의 재용이 소모되고 더욱이 국내 환난이 일어나서 조정과 재야가 괴로워하였는데, 高宗(文成帝)이 왕위를 계승하여 시세에 맞게 변화하여 고요함으로 나라를 진정시키고 나라의 안팎을 회유하여 편안케 하니 民心이 다시 안정되었다. 太子 拓跋弘이 즉위하니 이때 나이가 12세였다.

初에 世祖經營四方하여 國頗虛耗하고 重以內難하여 朝野楚楚①러니 高宗嗣之하여 與時消息하여 靜以鎭之하고 懷集中外하니 民心復安하다 太子弘이 卽位하니 時年十二라

① 重(거듭)은 直用의 切이다. "內難"은 宗愛가 世祖를 시해하고 나서 또 南安王 拓跋余를 시해한 것을 말한다. "楚楚"는 괴로워하고 편하지 않은 뜻이다.
重, 直用切. 內難, 謂宗愛旣弑世祖, 又弑南安王余. 楚楚, 苦楚不安之意.

【綱】 北魏 車騎大將軍 乙渾이 司徒 陸麗를 죽였다.

魏車騎大將軍乙渾이 殺司徒陸麗하다

【目】 北魏 車騎大將軍 乙渾이 권력을 독점하여 조서를 거짓으로 꾸며서 尙書 楊保年 등을 禁中에서 죽이고, 司衛監 穆多侯를 시켜서 代郡에 있는 平原王 陸麗를 부르게 하였다. 목다후가 육려에게 말하기를 "을혼이 임금을 무시하는 마음이 있었는데, 지금 황상께서 돌아가시고 평원왕의 덕망이 평소 크니 이는 간신이 싫어하는 바입니다. 마땅히 다소 시간을 끌면서 관망을 하시다가 朝廷이 安靜된 뒤에 들어가셔도 늦지 않습니다."라고 하였다. 육려가 말하기를 "어찌 君父의 喪을 듣고 자기가 환난을 당할 것을 근심하여 달려가지 않는 경우가 있겠는가."라고 하고, 즉시 平城으로 달려갔다. 을혼의 소행에 不法이 많자 육려가 자주 그와 다투니 을혼이 육려와 목다후를 죽이고 스스로 太尉 錄尙書事가 되었다.

魏車騎大將軍乙渾이 專權하여 矯詔殺尙書楊保年等于禁中하고 使司衛監穆多侯로 召平原王

陸麗於代郡①한대 多侯謂曰 渾有無君之心하니 今宮車晏駕하고 王德望素重하니 姦臣所忌라 宜少淹留以觀之하여 朝廷安靜然後에 入未晩也니라 麗曰 安有聞君父之喪하고 慮患而不赴者乎아 卽馳赴平城이러니 渾所爲 多不法이어늘 麗數(삭)爭之하니 渾殺麗及多侯하고 而自爲太尉錄尙書事하다

① 北魏의 관직에는 司衛監이 있는데 宿衛를 담당한다. 穆多侯는 穆壽의 아우이다. 이때 陸麗는 代郡의 溫泉에서 병을 치료하였다.
魏官有司衛監, 典宿衛. 多侯, 壽之弟也. 時麗治疾於代郡溫泉.

【綱】 6월에 北魏가 禁酒令을 해제하였다.

六月에 魏開酒禁67)하다

【綱】 가을 7월에 北魏 乙渾이 스스로 丞相이 되었다.

◑ 秋七月에 魏乙渾이 自爲丞相하다

【目】 北魏 乙渾이 丞相이 되어 지위가 여러 王들의 위에 있고 크고 작은 일이 모두 그에게서 결정되었다.

魏乙渾이 爲丞相하여 位居諸王上하고 事無大小히 皆取決焉하다

【綱】 8월에 宋主(劉子業)가 太宰 江夏王 劉義恭, 尙書令 柳元景, 僕射 顔師伯을 죽였다.

八月에 宋主殺其太宰江夏王義恭尙書令柳元景僕射顔師伯68)하다

---

67) 魏開酒禁 : "戊戌(458)에 처음 禁酒令을 내린 뒤로 이때에 7년여가 되었다.〔自戊戌始禁 於是七年餘矣〕" ≪書法≫

68) 宋主……僕射顔師伯 : "이때에 顔師伯·柳元景이 劉子業을 폐위하고 劉義恭을 세우려고 하였으니 반역이다. 이를 기록하지 않고 이들이 죄가 없는 것처럼 '殺'이라고 기록한 것은 어째서인가. 유자업을 미워한 것이다. 유자업이 無道하였으므로 ≪資治通鑑綱目≫에서는 유자업에 대해 이처럼 특별히 기록한 것이 많으니, 안사백·유원경이 임금을 폐위하기를 도모한 것은 기록하지 않고 유자업이 그들을 죽인 것〔殺〕만을 기록하였고, 義陽王 劉昶이 〈반란을 일으키고자〉 병력을 도으고 檄文을 돌린 것은 기록하지 않고 〈그가 北魏로〉 도주한 것〔奔〕만을 기록하였고, 何邁가 晉安王 劉子勛을 세울 것을 도모한 것은 기록하지 않고 유자업이 하매를 죽인 것〔殺〕만을 기록하였다. 이는 모두 특별히 기록한 것이니, 모두 음탕하며 포악한 것을 경계한 것이다.〔於是顔柳謀廢子業立義恭 則逆也 不書而以無罪書殺 何 惡子業也 子業無道 故綱目於子業多特筆 顔柳謀廢主不書 書殺 義陽王昶聚兵移檄不書 書奔 何邁謀立晉安不書 書殺 皆特筆也 皆所以戒淫虐也〕" ≪書法≫

【目】劉子業은 어려서 조급하고 난폭하였는데, 卽位하자 처음에 太后와 大臣, 戴法興 등을 어려워하여 감히 멋대로 굴지 못하였다. 태후가 殂한 뒤에 유자업이 하고 싶은 일을 하려고 하면 대법흥이 매번 억제하니, 마음이 평안하지 못하였다.

유자업이 총애하는 閹人(내시) 華願兒는 대법흥이 자신이 하사받을 물품을 줄인 것을 원망하여 유자업에게 말하기를 "길거리의 사람들이 모두 말하기를 '대법흥이 진짜 천자이고 官家(임금)는 거짓 천자이다.'라고 합니다. 또 官家는 깊은 궁중에 거처하여 외부의 사람들과 만나지 못하지만, 대법흥은 太宰 顔師伯·柳元景과 함께 한 몸이 되어서 조정 안팎이 두려워 복종하니, 이 천자의 자리가 다시 官家의 소유가 되지 않을까 매우 우려됩니다."라고 하니, 유자업은 마침내 대법흥에게 죽음을 내렸다.

예전에 世祖(孝武帝)가 猜忌함이 많자 大臣들이 두려워 발자국을 포개어 서고 숨을 죽였는데, 세조가 殂하자 유의공 등이 서로 경하하기를 "오늘에야 비로소 非命橫死를 면했구나."라고 하였다. 막 세조를 山陵에 葬事를 지내고 나서 모두 음악을 연주하며 술을 마시면서 밤낮을 가리지 않았는데, 대법흥이 죽고 나자 여러 大臣들은 비로소 다시 편안하지 못하였다.

子業이 幼而狷暴①라 及卽位에 始猶難太后大臣及戴法興等하여 未敢自恣러니 太后旣殂에 子業이 欲有所爲면 法興輒抑制之하니 不能平이라 所幸閹人華願兒 怨法興裁其賜與하여 言於子業曰 道路皆言法興爲眞天子요 官爲贋天子②라하고 且官居深宮하여 與人物不接호되 法興이 與太宰顔柳로 共爲一體하여 內外畏服하니 深恐此坐 非復官有일까하노이다 子業이 遂賜法興死하다 初에 世祖 多猜忌하니 大臣이 重足屛息이러니 世祖殂에 義恭等相賀曰 今日에 始免橫死矣③와라 甫過山陵에 皆聲樂酣飮하여 不捨晝夜러니 及法興死에 諸大臣이 始復不自安이라

① 狷은 급함이다.
   狷, 急也.
② 官은 官家(임금)라고 부르는 것과 같다. 贋은 音이 鴈이니, 가짜 물건이다.
   官, 猶呼官家. 贋, 音鴈, 僞物也.
③ 橫(억울하다)은 戶孟의 切이다.

"宋 孝武帝는 방종하고 탐욕스럽고 부도덕하였는데 요행히 천수를 마칠 수 있었다. 그러나 그 아들이 왕위를 계승하여 죄악이 대번에 드러났으니 또한 天道일 뿐이다. 大臣을 살육한 것은 진실로 꾸짖을 것이 못 된다. 그런데도 ≪資治通鑑綱目≫에서 이를 기록한 것은 우선 宋나라가 어지러이 망한 자취를 드러내어 후인으로 하여금 자신의 행적을 조심하게 한 것이니, 유자업에게 무슨 주벌할 것이 있겠는가.〔宋孝武縱慾不道 幸而沒身 其子嗣之 罪惡暴著 蓋亦天道云爾 殺戮大臣 固無足責 綱目書之 姑以著其亂亡之迹 使後人謹於所積爾 於子業乎何誅〕" ≪發明≫

橫, 戶孟切.

【目】 이에 柳元景과 顔師伯이 음밀히 劉子業을 폐위하고 劉義恭을 세울 것을 도모하여 밤낮으로 모여 모의하였으나 결정하지 못하였다. 유원경이 자신들의 모의한 것을 가지고 沈慶之에게 고하였는데 심경지가 유의공과 평소 잘 지내지 못하였다. 게다가 안사백이 조정의 일을 전적으로 결정하고 자기와 함께 상의하지 않은 것을 원망하여 마침내 모의한 일을 고발하였다.

유자업이 마침내 직접 羽林兵을 인솔하여 유의공을 죽이고 그의 네 아들도 함께 죽였다. 또 〈사자를 보내〉 유원경을 부르면서 병사를 딸려 보내니, 유원경이 재앙이 닥친 것을 알고 들어가 어머니에게 작별인사를 하고 朝服을 정돈해 입고 수레에 올라 소환에 응하였다. 유원경의 아우 柳叔仁이 측근을 인솔하여 소환 명령을 거부하려 하였으나, 유원경은 애써 그를 말렸다. 골목에서 나오자 軍士들이 크게 이르렀는데, 유원경이 수레에서 내려 죽음을 맞이하면서 얼굴빛이 태연하였다. 그리고 그의 子弟들과 여러 조카들도 함께 죽였다. 길에서 顔師伯을 잡아 죽이고 그의 여섯 아들도 함께 죽였다. 이로부터 公卿 이하 사람들이 모두 매를 맞고 끌려 다니는 것이 마치 노예와 같았다.

於是에 元景師伯이 密謀廢子業하고 立義恭하여 日夜聚謀而不能決이러니 元景이 以其謀告沈慶之한대 慶之 與義恭으로 素不厚라 又恨師伯專斷朝事하여 不與己參懷하여 乃發其事하니 子業이 遂自帥羽林兵하여 殺義恭幷其四子하고 召元景하여 以兵隨之[69]하니 元景이 知禍至하고 入辭其母하고 整朝服乘車應召하니 弟叔仁이 帥左右欲拒命이어늘 元景이 苦禁之하고 旣出巷에 軍士大至하니 元景下車受戮하여 容色恬然이러라 幷其子弟諸姪하고 獲顔師伯於道하여 殺之하고 幷其六子하니 自是公卿以下 皆被捶曳如奴隷矣라

【目】 예전에 劉子業이 東宮으로 있을 적에 過失이 많았는데, 世祖(孝武帝)가 그를 폐하여 新安王 劉子鸞을 세우려 하였다. 그러자 侍中 袁顗가 太子의 아름다움을 크게 칭찬하여 마침내 중지되었다. 유자업이 이로 말미암아 원의에게 은덕을 입었다 여겨서 여러 公들을 주살한 뒤에 그를 吏部尙書로 삼았다. 尙書左丞 徐爰이 비위를 잘 맞추고 사람을 잘 섬겼으며 글을 상당히 섭렵하였다. 元嘉(424~451, 文帝 연호) 초기부터 궁중에 들어와 황제를 좌우에서 모시면서 顧問(諮問)에 참여하였는데 부화뇌동을 잘하고 典故와 文辭

69) 召元景 以兵隨之 : ≪資治通鑑綱目≫에는 "別遣使者稱召柳元景 以兵隨之"로 되어 있다.

山陰公主

로 치장을 잘하였다. 大明(457~464, 孝武帝 연호) 시기에 그를 신임하는 것이 중하였다. 이때에 조정의 원로들이 대부분 주살되거나 쫓겨났는데 오직 서원만은 임금의 뜻에 영합하는 데에 뛰어나서 시종 임금의 뜻을 거스른 일이 없었다. 유자업이 외출할 때마다 沈慶之와 황제의 누이 山陰公主와 함께 輦을 탔는데, 서원 역시 그 가운데 끼었다.

산음공주는 매우 음탕하고 방자하였는데 유자업은 그녀를 위하여 잘생긴 남자 30명을 뽑아서 그녀의 좌우에 두었다. 吏部郎 褚淵의 모습이 아름다웠으므로 산음공주가 자신을 시중들게 할 것을 청하자 유자업이 허락하였다. 저연이 산음공주를 시중들은 지 열흘 동안에 온통 핍박을 받았으나 죽음으로 맹세하고서야 그녀의 손아귀에서 벗어날 수 있었다. 저연은 褚湛之의 아들이다.

유자업이 太廟에 별도로 祖考의 畫像을 그려두게 하고 태묘에 들어가 高祖(劉裕)의 화상을 가리키면서 말하기를 "이분은 위대한 英雄이시다. 몇 명의 천자를 사로잡으셨다."라고 하고, 太祖(文帝 劉義隆)의 화상을 가리키면서 말하기를 "이분은 역시 나쁘지는 않았으나 말년에 아들에게 머리가 쪼개지는 것을 면하지 못하였다."라고 하고, 世祖(孝武帝 劉駿)의 화상을 가리키면서 말하기를 "이분은 코에 큰 부스럼이 났는데 어째서 코 위 부스럼이 없는가."라고 하고, 즉시 畫工을 불러서 코 위 부스럼을 그려 넣게 하였다.

初에 子業在東宮에 多過失이러니 世祖欲廢之而立新安王子鸞이어늘 侍中袁顗盛稱太子之美하여 乃止라 子業이 由是德之하여 旣誅群公에 以爲吏部尙書하다 尙書左丞徐爰이 便辟善事人하고 頗涉書傳이라 自元嘉初로 入侍左右하여 豫參顧問하니 長於附會하고 飾以典文이라 大明之世에 委寄尤重이러니 時에 殿省舊人이 多見誅逐호되 唯爰이 巧於將迎하여 始終無迕라 子業每出에 常與沈慶之及姊山陰公主同輦할새 爰亦預焉이러니 主尤淫恣하니 子業爲置面首左右三十人[①]하다 吏部郎褚淵이 貌美라 公主 請以自侍어늘 子業許之하니 淵이 侍公主十日에 備見逼迫호되 以死自誓하여 乃得免하니 淵은 湛之之子也라 子業이 令太廟에 別畫(화)祖考之像[②]하고 入廟指高祖像曰 渠大(태)英雄이라 生擒數天子[③]라하고 指太祖像曰 渠亦不惡이로되 但末年에 不免兒斫去頭[④]라하고 指世祖像曰 渠大齇(사)鼻라 如何不齇아하고 立召畫工하여 令齇之[⑤]하다

① 爲(위하다)는 去聲이다. "面首左右"는 面首가 아름다운 사람을 뽑아서 左右로 삼는 것이다. 面은 얼굴이 아름다움을 취한 것이고, 首는 머리칼이 아름다움을 취한 것이다.
爲, 去聲. 面首左右, 選面首之美者爲左右也. 面, 取其貌美. 首, 取其髮美.
② 畫(그리다)는 畫로 읽는다.
畫, 讀曰畫.
③ 大(위대하다)는 太로 읽는다. "生擒數天子"는 桓玄·慕容超·姚弘을 사로잡은 것을 말한다.
大, 讀曰太. 生擒數天子, 謂擒桓玄·慕容超·姚弘也.
④ 元凶 劉劭(宋 文帝의 太子)에게 시해됨을 말한다.
謂爲元凶劭所弑也.
⑤ 齇는 壯加의 切이니, 코 위의 부스럼이다. 술을 마시기를 즐기면 코에 부스럼이 난다. 皰(부스럼)는 音이 礮이다.
齇, 壯加切, 鼻上皰也. 嗜酒鼻成齇. 皰, 音礮(포).

【綱】 9월에 宋主(劉子業)가 그의 아우 新安王 劉子鸞을 죽였다.

九月에 宋主殺其弟新安王子鸞하다

【目】 新安王 劉子鸞이 世祖(孝武帝)에게 총애를 받았는데, 이에 劉子業이 그를 미워하여 사신을 보내 죽음을 내리고 또 유자란의 同母弟 南海王 劉子師를 죽였으며 殷淑儀의 무덤을 파헤쳤다. 또 景寧陵을 파헤치려 하자, 太史가 유자업에게 불리할 것이라고 하여 마침내 중지하였다. 謝莊이 殷淑儀를 위하여 誄文을 짓기를 "堯母門을 본받았다."라고 하였는데, 유자업은 사장이 鉤弋夫人의 고사를 인용했다고 하여 죽이려 하였다.[70] 어떤

鉤弋夫人

70) 堯母門을……하였다 : '贊軌堯門'은 ≪文選≫ 〈宋孝武宣貴妃誄〉에 보인다. 이는 謝莊이 宋 孝武帝의 寵姬인 殷淑儀의 죽음을 애도하여 지은 誄文이다. 은숙의는 사후에 황후 다음의 서열인 貴妃로 추증되었으며 시호를 宣이라 하여 宣貴妃라 한다. '贊軌堯門'은 堯임금의 모친이 堯를 양육하였듯이 은숙의도 효무제의 자식들을 양육했음을 말한 것이다. '贊軌'의 贊은 佐(돕다)의 뜻이며 軌는 跡(자취)의 뜻인데, 인신되어 본받다는 뜻으로 쓰였다.

또한 堯母門은 漢나라 鉤弋宮의 문 이름이다. 漢 武帝의 鉤弋夫人 趙婕妤가 鉤弋宮에서 임신 14개월 만에 昭帝를 낳으니, 무제가 말하기를, "듣자니 옛날 堯임금은 14개월 만에 태어났다 하였는데

사람이 그를 위해 변호했다가 尙方[71]에서 노역형을 받았다.

新安王子鸞이 有寵於世祖하니 子業疾之하여 遣使賜死하고 又殺其母弟南海王子師하고 發殷淑儀墓하고 又欲掘景寧陵이어늘 太史以爲不利於子業이라하여 乃止①하다 謝莊爲殷淑儀誄曰 贊軌堯門②이라하니 子業以莊用鉤弋夫人事라하여 欲殺之러니 或爲之言하여 得繫尙方하다

① 景寧陵은 世祖의 陵인데, 丹陽 秣陵縣 巖山에 있다. ≪帝紀≫(≪南史≫ 〈宋本紀〉)를 살펴보면 廢帝는 자신이 과거 東宮으로 있을 적에 孝武帝(世祖)에게 사랑을 받지 못했다고 생각하여 卽位하자 景寧陵을 파헤치고자 하였으며, 孝武帝를 욕하여 齇奴(코 위의 부스럼 난 노예)라 하였다.
景寧陵, 世祖陵也, 在丹陽秣陵縣巖山. 案帝紀, 廢帝自以昔在東宮, 不爲孝武所愛, 及卽位, 將掘景寧陵, 罵孝武爲齇奴.

② 誄(애도하다)는 魯水의 切이다. 남자의 誄文을 짓는 경우는 그 功德을 서술하고, 婦人의 誄文을 짓는 경우는 그 容德을 서술한다.
誄, 魯水切. 誄丈夫者, 述其功德. 誄婦人者, 述其容德也.

【綱】 宋나라 義陽王 劉昶이 北魏로 망명하였다.

宋義陽王昶出奔魏하다

【目】 劉昶이 徐州刺史가 되었다. 유창이 평소 世祖(孝武帝)에게 미움을 받아서 民間에서는 늘 유창이 반란할 것이라는 유언비어가 돌았는데, 이해에 더욱 심하였다. 劉子業이 측근에게 말하기를 "내가 황제에 즉위하여 戒嚴을 한 적이 없었는데, 사람을 울적하게 하는도다."라고 하였다. 마침 유창이 사신을 보내 表文을 올려 入朝하기를 청하니, 유자업은 반란의 情狀이 있다고 꾸짖었는데 사신이 두려워하여 도주해 돌아갔다.

유자업은 이를 이용하여 詔令을 내려 유창을 토벌하게 하고 안팎에 戒嚴을 내렸다. 그리고 스스로 군사를 거느리고 長江을 건너서, 沈慶之에게 명하여 모든 군대를 지휘하게 하였다. 유창이 병사를 모으고 격문을 돌렸으나 管內 지역들이 모두 명을 받지 않았다. 유창은 일이 성공하지 못할 것을 알아차리고 모친과 아내를 버리고 愛妾을 데리고

오늘날 우리 皇子도 14개월 만에 태어났다."라고 하고, 구익궁의 문을 堯母門이라 명명하였다.(≪漢書≫ 〈外戚傳〉) 이에 劉子業이 '贊軌堯門'에 대해 사장이 은숙의의 덕을 漢나라를 중흥시킨 소제의 모친인 구익부인의 비견한 것이라 여긴 것이다.

71) 尙方 : 帝王의 기물을 만드는 관아이다. 상방의 노역이 심하여 죄인들에게 노역형을 시키기도 하였다.

서 北魏로 도주하였다. 유창은 자못 학문을 익히고 글을 잘 지었으므로, 北魏 사람들이 그를 존중하여 公主와 혼인시키고 丹楊王의 작위를 내렸다.

昶爲徐州刺史[①]하니 素爲世祖所惡(오)하여 而民間每訛言昶反이러니 是歲에 尤甚이라 子業이 謂左右曰 我卽大位하여 未嘗戒嚴하니 使人邑邑[②]이라하다 會昶遣使하여 上表求朝어늘 詰以反狀한대 使懼逃歸하다 子業이 因下詔討昶하여 內外戒嚴하고 自將兵渡江하여 命沈慶之統諸軍이러니 昶聚兵移檄하되 統內皆不受命이라 昶이 知事不成하고 棄母妻하고 攜愛妾하여 奔魏하니 昶이 頗涉學하고 能屬文이라 魏人이 重之하여 使尙公主하고 賜爵丹楊王하다

① 劉昶은 文帝의 아들이다.
昶, 文帝子.
② "邑邑"은 뜻을 얻지 못함이다.
邑邑, 不得志也.

【綱】 宋나라가 袁顗를 雍州刺史로 삼고, 蔡興宗을 吏部尙書로 삼았다.

宋以袁顗爲雍州刺史하고 蔡興宗爲吏部尙書하다

【目】 袁顗가 처음에 劉子業에게 총애와 신임을 받았었는데 얼마 뒤에 유자업의 뜻에 부합치 못하여 待遇가 갑자기 줄었다. 원의는 두려워하여 외직으로 나가기를 청하자 유자업이 雍州刺史로 삼았다. 원의의 외삼촌 蔡興宗이 말하기를 "〈雍州의 治所인〉 襄陽은 星象의 징조가 불길한데 어찌 갈 수 있겠는가?"라고 하니, 원의가 말하기를 "흰 칼날이 앞에서 교차하면 날아오는 화살을 피할 겨를이 없습니다. 지금은 오직 호랑이 입에서 살아나기를 바랄 뿐입니다. 天道는 邃遠하니 어찌 꼭 모두 응험이 있겠습니까."라고 하였다.

이때 臨海王 劉子頊을 荊州刺史로 삼았다. 朝廷에서는 채흥종을 유자욱의 長史로 삼아 府·州의 일을 대행하게 하였는데 채흥종은 사양하고 가지 않았다. 원의가 말하기를 "朝廷의 형세는 사람들이 다 아는 바입니다. 중앙에 있는 大臣들도 언제 무슨 일이 있을지 보장하지 못하니, 외삼촌께서 지금 외직으로 나와 8州의 行事(府·州의 일을 대행하는 직책)가 되고, 제가 襄陽과 沔水에 있으면 지리가 유리하고 병력이 강성하니, 齊 桓公과 晉 文公의 업적을 함께 세울 수 있을 것입니다. 어찌 폭군에게 압제를 받으면서 예측할 수 없는 재앙이 닥치는 것과 비할 수 있겠습니까. 지금의 기회를 얻고서 떠나지 않으면 뒤에 다시 외직으로 나가기를 구한들 어찌 얻을 수 있겠습니까."라고 하였다.

채흥종이 말하기를 "나는 한미한 집안에서 순서대로 승진하여 主上과는 매우 소원하니 재난을 받을 것이 없다. 宮省 안팎의 사람들이 스스로 보전하지 못하니 당연히 변란이 있을 것이다. 가령 중앙의 혼란은 그칠 수 있지만 외방의 혼란은 반드시 헤아릴 수 있는 것이 아니다. 너는 외방에서 온존함을 구하려 하고 나는 중앙에서 재앙을 면하려고 하니 각자의 뜻대로 행하는 것이 또한 좋지 않겠는가."라고 하였다.

鄧琬이 晉安王 劉子勛의 長史였는데, 원의가 그와 허물없이 지냄이 정상을 넘었다. 원의는 등완과 人品·門地가 본래 달랐기 때문에 이를 본 사람들이 그들이 逆心을 품고 있는 것을 눈치 챘다. 채흥종은 얼마 후 다시 吏部尙書가 되었다.

顗始爲子業所寵任이러니 俄而失指하여 待遇頓衰라 顗懼求出하여 以爲雍州刺史하니 其舅蔡興宗謂曰 襄陽星惡하니 何可往①이리오 顗曰 白刃交前에 不救流矢②라 今唯願生出虎口耳라 天道遼遠하니 何必皆驗이리오 時臨海王子頊爲荊州刺史③라 朝廷以興宗爲子頊長史하여 行府州事한대 興宗辭不行이어늘 顗曰 朝廷形勢는 人所共見이라 在內大臣이 朝不保夕하니 舅 今出爲八州行事하고 顗在襄沔하면 地勝兵彊하니 可以共立桓文之勳이라 豈比受制兇狂臨不測之禍乎아 今得間不去하면 後復求出인들 豈可得邪④아 興宗曰 吾素門平進하여 與主上甚疏하니 未容有患⑤이요 宮省內外에 人不自保라 會應有變하리니 若內亂은 得弭어니와 外釁은 未必可量이니 汝欲在外求全하고 我欲居中免禍하노니 各行其志 不亦善乎아 鄧琬爲晉安王子勛長史라 顗與之款狎過常하니 顗與琬으로 人地本殊라 見者知其有異志⑥러라 興宗尋復爲吏部尙書하다

① 〈"襄陽星惡"은〉 天道(하늘의 징조)로 말한 것이다.
蓋以天道言之.

② 〈"白刃交前 不救流矢"는〉 흰 칼날이 앞에서 교차하면 날아오는 화살이 닥치는 것을 피할 겨를이 없음을 말한 것이다. 재앙이 가깝고 급하므로 외직으로 나가기를 꾀하여 죽음을 늦추려 한 것이요, 후환은 따질 바가 아닌 것이다.
言白刃交乎前, 則流矢之來不暇救. 禍近而急, 故圖出外以求賖死, 後患非所計也.

③ 頊은 許王의 切이다.
頊, 許王切.

④ 間은 틈이다.
間, 隙也.

⑤ 蔡興宗은 蔡廓의 아들이고, 蔡謨의 玄孫인데, 方正하고 嚴肅함으로 自處하였다. 〈채흥종이〉 관직이 순서대로 승진하였으니, 平進이라 한 것은 옳지만 素門(한미한 가문)이라고 한 것은 옳겠는가. 江左(南朝)에서는 王氏·謝氏로 높은 집안을 삼고, 그 나머지 중에 재주와 명망이 있는 이는 혹은 姻戚으로 박탈하거나 혹은 舊恩으로 등용하였다. 蔡興宗의 이 말은 또

한 그 甥姪(袁顗)에게 간절하게 감화하려 한 것이니, 世祖(孝武帝)의 시대에 〈효무제가 태자인 劉子業을 폐하고자 하자〉 원의가 어리석고 광포한 자(유자업)를 도호하여서 이를 계제로 〈유자업이 황제가 된 뒤에〉 유자업의 총애와 신임을 받았는데, 〈얼마 후〉 총애가 쇠하자 외직으로 나가 재앙을 피하려고 하니, 원의의 進退에 모두 의거할 바가 없음을 지적한 것이다.

蔡興宗, 蔡廓之子, 蔡謨之玄孫, 以方嚴自處. 官以序遷, 謂之平進, 可也, 謂之素門, 可乎. 蓋江左以王謝爲高門, 其餘有才望者, 或以姻戚擢用, 或以舊恩. 興宗此言, 蓋亦感切其甥, 指其在世祖之世, 調護昏狂, 階此以見寵任, 寵衰則求出以避禍, 進退皆無所據也.

⑥ 袁顗는 淸望이 있는데다 또 名門이었다. 鄧琬은 성품이 탐욕스럽고 비루한데다 또 寒族이었으므로 人品과 門地가 본래 다르다고 한 것이다.

顗有淸望, 又名門也. 琬性貪鄙, 又寒族也, 故云人地本殊.

【綱】 宋나라가 백성들이 사사로이 동전을 鑄造하는 것을 허락하였다.

宋聽民私鑄錢하다

【目】 **沈慶之**가 다시 아뢰어 백성들이 사사로이 동전을 鑄造하는 것을 허락하니, 이로 말미암아 錢貨가 혼란하여 동전 1천 錢을 꿴 길이가 3寸이 되지 못했으므로 이를 鵝眼錢[72]이라고 불렀고, 이보다 열악한 것을 綖環錢이라고 불렀다. 〈동전이 얇아서 동전들을〉 실로 꿰어 물에 넣어도 가라앉지 않고 손을 대면 부서졌다. 〈동전의 가치가〉 쌀 1斗에 1만 錢으로 떨어져서 상업과 무역에 동전이 유통되지 못하였다.

沈慶之復啓聽民私鑄錢하니 **由是錢貨亂敗**하여 **千錢長不盈三寸**이라 **謂之鵝眼錢**이라하고 **劣於此者**는 **謂之綖**(선)**環錢**①이라하고 **貫之以縷**하여 **入水不沈**하고 **隨手破碎**하니 **斗米一萬**이라 **商貨不行**하더라

① 綖(실)은 線과 같으니, 私箭의 切이다. 〈동전이 얇아서〉 실로 꿰맬 수 있고 그 모양이 고리처럼 가늘기 때문에 綖環이라고 한 것이다.

綖, 與線同, 私箭切. 貫之以綖, 其狀如環, 故曰綖環.

【綱】 겨울 10월에 宋主(劉子業)가 會稽太守 孔靈符를 죽였다.

冬十月에 **宋主殺其會稽太守孔靈符**하다

72) 鵝眼錢 : 거위의 눈처럼 작고 열악한 동전을 말한다.

【目】孔靈符가 부임한 곳마다 治積이 있었다. 근신들이 공영부가 자신들의 뜻을 거스르고 저축한 것으로 참소하였는데, 劉子業이 사신을 보내 공영부를 채찍으로 쳐서 죽이고 그의 두 아들도 함께 죽였다.

靈符所至有政績이러니 以忤犯近臣으로 近臣譖之한대 子業遣使鞭殺하고 竝其二子하다

【綱】11월에 宋主(劉子業)가 寧朔將軍 何邁를 죽였다.

十一月에 宋主殺其寧朔將軍何邁하다

【目】何邁는 劉子業의 고모 新蔡長公主에게 장가들었는데, 유자업이 신채장공주를 後宮으로 들이고 謝貴嬪이라 하였다. 그리고 거짓으로 공주가 薨하였다 말하고 宮婢를 죽여서 하매의 집으로 보내 殯葬을 하게 하였다. 하매가 평소 호협하고 죽음을 각오한 용사들을 많이 양성하였는데, 이에 유자업을 폐위하고 晉安王 劉子勛을 세우려고 도모했다가 일이 누설되어 죽임을 당했다.

邁尙子業姑新蔡長公主①러니 子業納公主於後宮하여 謂之謝貴嬪이라하고 詐言主薨이라하고 殺宮婢하여 送邁第殯葬하니 邁素豪俠하고 多養死士러니 謀廢子業하고 立晉安王子勛이라가 事泄見殺하다

① 公主는 宋 文帝의 딸이다.
主, 文帝女也.

【綱】宋主(劉子業)가 太尉 沈慶之를 죽였다.

宋主殺其太尉沈慶之[73]하다

73) 宋主殺其太尉沈慶之 : "劉子業은 사람을 죽인 것이 많았는데 '宋主'라고 지척하여 기록하지 않음이 없는 것은 형벌을 남용한 것을 미워해서다. ≪資治通鑑綱目≫에서는 형벌을 남용한 것을 미워하여 사람을 죽인 데에 반드시 '主'라고 지척하여 기록한 것은 다섯 임금(宋나라 劉子業, 齊나라 蕭寶卷, 北齊 高洋·高緯, 陳나라 陳叔寶)이니 모두 음학한 군주이다.〔子業殺人多矣 無不斥書宋主者 惡淫刑也 綱目惡淫刑 所殺必斥書主者五君焉(宋子業 齊寶卷 北齊高洋 高緯 陳叔寶) 皆淫虐之主也〕" ≪書法≫

"顔師伯과 柳元景이 죽은 것은 沈慶之의 역할 때문이었다. 심경지가 남을 죽을 곳에 빠뜨리고서 자신은 어리석고 광포한 임금에게 아첨하였다. 이미 임금을 가까이하고서 다시 간언을 하였다가 얼마 후 죽음을 면치 못했으니, 비록 죽을 때까지 절개를 지킬 수 있었으나 채택할 만한 것은 없다. 그러나 ≪資治通鑑綱目≫에서 관직을 기록하고 '殺'이라고 기록한 것은 다만 혼우한 임금의 죄를 드러낸 것이고 이것으로 심경지를 허여한 것은 아니니, 보는 이들은 스스로 살펴야 할 것이다.〔顔柳之

【目】 예전에 沈慶之가 顔師伯과 柳元景의 모반을 고발하고 나서 마침내 스스로 劉子業을 가까이하면서 할 말을 다하여 規諫하니 유자업이 점점 좋아하지 않았다. 이에 심경지가 화가 미칠까 두려워하여 문을 닫고 賓客을 만나지 않았다. 한번은 심경지가 측근인 范羨을 보내어 蔡興宗의 처소에 가게 하였는데, 채흥종이 범선을 통하여 심경지에게 말을 전하기를 "公께서 문을 닫아걸고 빈객을 사절하는 것은 수많은 請託者들을 피하는 것일 뿐입니다. 저는 公에게 요구할 것이 없는데 어찌 만나 뵙지 못하는 것입니까."라고 하니, 심경지는 범선을 보내서 채흥종을 맞이하게 하자, 채흥종이 가서 심경지를 다음과 같이 설득하였다.

"主上께서 근래에 하는 짓으로 人倫의 道가 다 없어졌으니 德을 따르고 행실을 고치는 것은 다시 기대할 수 없습니다. 지금 주상이 꺼리는 바가 오직 公에게 달려 있고 백성들이 우러러 바라보고 의지할 바가 역시 公 한 사람에게 달려 있을 뿐입니다.

公은 威名이 평소 드러나서 천하 사람들이 감복한 바입니다. 이제 온 조정은 어찌할 줄 모르고 사람들은 두려운 마음을 품고 있으니, 公께서 지휘하는 날에 누군들 호응하지 않겠습니까. 만일 머뭇거리며 결단하지 않고 앉아서 성공할지 실패할지를 관망한다면 어찌 朝夕間에 화를 당할 뿐이겠습니까. 四海의 무거운 문책이 장차 公에게 돌아갈 것입니다. 제가 공에게 특별한 은혜를 받았으므로 감히 다 말씀드립니다. 공께서는 그 계책을 자세히 생각하시기 바랍니다."

그러자 심경지가 말하였다.

"내가 진실로 근심스럽고 위태한 상황에서 다시 자신을 보전할 수 없음을 안다. 그러나 충성을 다하고 국가(皇帝)를 받드는 것을 시종일관하여 天命을 기다릴 뿐이다. 게다가 늙어 관직에서 물러나 집에 머물고 있어 兵力이 모자라니, 비록 이를 하려고 해도 역시 成事시키지 못할 것이다."

初에 沈慶之 旣發顔柳之謀에 遂自昵於子業하여 數盡言規諫하니 子業浸不悅이라 慶之懼禍하여 杜門不接賓客이러니 嘗遣左右范羨하여 至蔡興宗所하니 興宗使謂曰 公閉門絶客은 避悠悠請託者耳라 興宗이 非有求於公者也니 何爲見拒리오 慶之使羨邀興宗한대 興宗往說之曰 主上比者所行이 人倫道盡하니 率德改行을 無可復望①이라 今所忌憚이 唯在於公하고 百姓喁喁所瞻賴者 亦在公一人而已니 公威名이 素著하여 天下所服이라 今擧朝遑遑하여 人懷危怖하니 指麾之日에 誰不

死 沈慶之之力也 慶之陷人死地 以自媚於昏狂之君 旣昵之 又諫之 未幾 亦不免於死 雖能終身守節 要無足取 然綱目書官書殺者 特以著狡童之罪 而非以是予慶之也 觀者自當察之〕" ≪發明≫

響應[②]이리오 如猶豫不斷하여 欲坐觀成敗하면 豈惟旦暮及禍리오 四海重責이 將有所歸[③]리라 僕蒙眷異常이라 故敢盡言하니 願公詳思其計하라 慶之曰 僕이 誠知憂危不復自保나 但盡忠奉國을 始終以之하여 以俟天命耳라 加以老退私門하여 兵力頓闕하니 雖欲爲之나 事亦無成[④]이리라

① "人倫道盡"은 內亂을 말한다.
人倫道盡, 言內亂也.
② "遑遑"은 급함이다.
遑遑, 急也.
③ 沈慶之가 스스로 廢帝(劉子業)를 가까이하고서 이제 폐제의 뜻을 거슬렀으니, 장차 재앙에 미칠 뿐만이 아니라 만일 다른 사람이 擧事하면 반드시 심경지가 혼우한 군주를 따랐다고 할 것이니 심경지가 어찌 그 책임을 피하겠느냐고 말한 것이다.
言慶之自昵於廢帝, 今忤帝意, 不惟行且及禍, 若他人擧事, 必謂慶之從君於昏, 慶之何所逃其責.
④ 頓(결핍되다)은 鈍(둔)으로 읽고, 또 본음대로 읽는다. 缺은 모자람이다.
頓, 讀曰鈍, 又讀如字.[74] 闕, 乏也.

【目】蔡興宗이 다음과 같이 말하였다.

"지금 반란을 모의하고 떨쳐 일어날 것을 생각하는 사람들은 바로 朝夕間의 죽음에서 벗어나려 할 뿐입니다. 궁중의 장수들은 오직 외방의 소식을 기다릴 뿐이니 만약 한 사람이 唱義하면 삽시간에 평정될 것입니다. 더구나 公께서는 累朝에 걸쳐 군대를 통솔하여 옛적의 部曲들이 宮省에 깔려 있고 沈攸之의 무리들은 모두 公의 집안 자제들입니다. 그리고 공의 門徒들과 義附(貴族이나 豪族에게 의탁한 자)는 모두 三吳 지역의 용사들입니다. 또 殿中將軍[75] 陸攸之는 公의 同鄕 사람인데 지금 동쪽으로 가서 도적을 토벌하려 하여 무기를 많이 보유하고 있습니다. 아직 青溪에서 출발하지 않았으니, 公께서 그의 무기를 취하여 휘하에 분배하고 육유지에게 이들을 통솔하여 선봉을 서게 하면 제가 尙書省 안에서 직접 百官을 거느리고 前代의 故事를 살펴서 다시 賢明한 군주를 가려서 社稷을 받들 것이니, 천하의 일이 바로 안정될 것입니다.

또 지금 朝廷에서 시행하는 여러 정사들에 대해 民間에서는 公께서 여기에 모두 참여하였다고 떠듭니다. 公께서 지금 결단하지 않으면 公보다 먼저 擧事를 일으키는 사람이

74) 如字 : 한 글자에 여러 독음이 있는 경우 本音대로 읽으라는 것이다.
75) 殿中將軍 : 殿中將軍은 二衛에 속하였으니, 晉나라 초기에 설치하였는데 조회하고 연향할 때에는 戎服을 입고 좌우에서 모시고 밤에 여러 城門을 열면 白虎旗를 잡고서 감시하였다.

있을 것이니, 그렇게 되면 公은 또한 황제를 따른 죄에서 벗어나지 못할 것입니다. 듣건대 車駕(황제)가 자주 權貴의 집안에 가서 술에 취해 머문다고 하고, 또 듣건대 좌우를 물리치고 홀로 閤內로 들어간다고 합니다. 이는 萬世에 한 번 있는 기회이니 잃어서는 안 됩니다."

沈慶之가 말하기를 "그대의 지극한 말에 감동하였으나, 이러한 큰일은 내가 할 수 있는 것이 아니다. 이런 상황에 이르면 당연히 충절을 품고 죽을 뿐이다."라고 하였다.

興宗曰 當今懷謀思奮者 正求脫朝夕之死耳라 殿中將帥 唯聽外間消息하니 若一人唱首하면 則俯仰可定이요 況公統戎累朝하여 舊日部曲이 布在宮省하고 沈攸之輩는 皆公家子弟[①]라 門徒義附 竝三吳勇士요 殿中將軍陸攸之는 公之鄕人[②]이니 今入東討賊에 大有鎧仗하여 在靑溪未發하니 公取以配衣麾下하여 使攸之帥以前驅[③]하면 僕在尙書中하여 自當帥百僚하고 案前世故事하여 更簡賢明以奉社稷이니 天下之事 立定矣라 又朝廷諸所施爲를 民間傳言公悉豫之하니 公今不決이면 當有先公起事者니 公亦不免附從之禍리라 聞車駕屢幸貴第하여 酣醉淹留[④]하고 又聞屛左右하고 獨入閤內라하니 此萬世一時니 不可失也니라 慶之曰 感君至言이나 然此大事非僕所能行이라 事至면 固當抱忠以沒耳[⑤]라

① 沈攸之는 沈慶之의 從父兄子(5촌 從姪)이다.
攸之, 慶之從父兄子也.
② 陸攸之는 또한 吳興 사람이다.
陸攸之, 蓋亦吳興人.
③ 衣(입다)는 於旣의 切이다. 攸之는 ≪資治通鑑≫에 陸攸之로 되어 있다.
衣, 於旣切. 攸之, 通鑑作陸攸之.
④ "貴第"는 당시 權貴의 저택을 말한다.
貴第, 謂時貴之宅第也.
⑤ "事至"는 만일 일이 과연 蔡興宗이 말한 것과 같은 지경에 이른다면 충절을 품고 죽을 것이라고 말한 것과 같다.
事至, 猶言若事果至如興宗所言, 當抱忠以死也.

【目】 靑州刺史 沈文秀는 沈慶之의 아우의 아들이다. 장차 鎭으로 갈 적에 部曲을 인솔하여 白下에 주둔하고서 또한 심경지를 설득하기를 "이 군사들의 힘을 바탕으로 도모하십시오."라고 하고, 재삼 말하면서 눈물까지 흘렸으나 심경지는 끝내 따르지 않았다. 劉子業이 何邁를 주살할 적에 심경지가 반드시 궁중으로 들어와서 간언할 것을 예상하고 미

리 青溪의 여러 다리를 폐쇄하고 끊어놓았다. 심경지가 과연 궁중으로 가다가 나아갈 수 없어 돌아오니, 유자업이 沈攸之를 보내어 死藥을 내렸는데, 심경지가 마시려 하지 않자 심유지가 이불로 덮어 죽이니, 이때 나이가 80세였다. 유자업은 거짓으로 〈심경지가〉 병으로 薨하였다 하고 그를 贈職하고 그 가족을 위로한 것이 매우 융숭하였다.

王玄謨가 자주 눈물을 흘리면서 유자업에게 형벌로 사람을 죽이는 일이 과도하다고 간언하였는데 유자업이 크게 노하였다. 왕현모는 宿將으로 威名이 있었기 때문에 거리에 訛言이 나돌아 "왕현모가 이미 주살을 당하였다."라고 하였다. 蔡興宗이 왕현모의 典籤 包瀍榮(포법영)에게 말하기를 "領軍將軍(王玄謨)께서 매우 근심하고 두려워할 것이다."라고 하니, 包法榮이 말하기를 "영군장군께서는 근래 거의 음식을 잡수시지 못합니다."라고 하였다. 채흥종이 말하기를 "영군장군께서 근심하며 두려워하신다면 방책을 세워야 할 것이니 어찌 앉아서 재앙이 오기를 기다릴 수 있겠는가."라고 하고, 이어서 포법영으로 하여금 왕현모에게 거사를 일으킬 것을 권하게 하였는데, 왕현모가 사람을 보내어 사양하기를 "이것은 또한 쉽게 행할 수 있는 것이 아니다. 기필코 그대의 말을 누설하지 않겠다."라고 하였다.

將軍 劉道隆이 禁兵을 專擔하고 있었는데, 채흥종이 일찍이 그와 함께 유자업을 모시고 밤에 외출하면서 말하기를 "劉君이여, 근래 한번 한가할 적에 회포를 풀까 생각하고 있소."라고 하니, 유도륭이 그 뜻을 알아차리고서 채흥종의 손을 찌르면서 말하기를 "蔡公께서는 많은 말을 하지 마시오."라고 하였다.

青州刺史沈文秀는 慶之弟子也라 將之鎭할새 帥部曲屯白下[①]하여 亦說慶之호되 因此衆力圖之라하고 再三言之하여 至於流涕호되 慶之終不從이러니 及子業이 誅何邁에 量慶之必入諫하고 先閉青溪諸橋以絶之러니 慶之果往하여 不得進而還하니 子業이 乃使沈攸之賜藥한대 慶之不肯飮이어늘 攸之 以被掩殺之하니 時年八十이라 詐言病薨하고 贈恤甚厚[②]하다 王玄謨 數(삭)流涕하여 諫子業以刑殺過差한대 子業이 大怒하니 玄謨는 宿將有威名이라 道路訛言호대 云已見誅라하니 蔡興宗이 謂其典籤包瀍榮曰 領軍殊當憂懼[③]리라 法榮曰 領軍比日에 殆不復食이라 興宗曰 領軍憂懼인댄 當爲方略이니 那得坐待禍至리오 因使法榮하여 勸玄謨擧事한대 玄謨使謝曰 此亦未易可行이라 期當不泄君言耳라하더라 將軍劉道隆이 專典禁兵이러니 興宗嘗與俱從夜出[④]하여 謂曰 劉君아 比日에 思一閑寫하노라 道隆이 解其意하여 掐(겹)興宗手曰 蔡公은 勿多言[⑤]하라하더라

① 晉나라와 宋나라는 建康에 도읍하였다. 新亭과 白下는 모두 長江 나루터의 要地이다. 신정은 서쪽에 있고, 백하는 동쪽에 있다.

晉·宋都建康. 新亭·白下皆江津要地. 新亭在西, 白下在東.

② 沈攸之는 沈慶之를 따라서 隨王 劉誕을 토벌하여 공이 있었는데, 심경지가 그 상을 낮추어 이로 말미암아 앙심을 품었으므로 죽이기를 과감하게 한 것이다.
攸之隨慶之討隨王誕有功, 慶之抑其賞, 由是恨之, 故果於殺.

③ 包瀵榮은 王玄謨의 典籤이다. 이때 왕현모는 領軍將軍이었다.
法榮, 玄謨典籤. 時玄謨爲領軍將軍.

④ 〈"俱從夜出"이〉 ≪資治通鑑≫에는 "함께 황제를 모시고 밤에 나갔다."라고 하였다.
通鑑"俱從帝夜出."

⑤ "閑寫"는 한가할 적에 회포를 풀기를 바란다는 것이다. 掐은 苦洽의 切이니, 손톱으로 찌르는 것을 掐이라 한다.
閑寫者, 欲淸閑輸寫所懷也. 掐, 苦洽切, 爪按曰掐.

【綱】 宋主(劉子業)가 諸父(伯叔父) 湘東王 劉彧 등을 殿內에 감금하였다.

宋主幽其諸父湘東王彧等於殿內하다

【目】 劉子業은 諸父을 꺼리고 두려워하여 그들이 외방에 있으면서 우환이 될까 염려하여 모두 궁중에 가두고서 매질하며 모욕하고 끌고 다녀서 다시 사람의 情理가 없었다. 湘東王 劉彧과 建安王 劉休仁과 山陽王 劉休祐는 나이가 많았으므로 유자업은 그들을 더욱 미워하였다. 유욱이 특히 살찐 것으로 해서 猪王(돼지 왕)이라 부르고, 유휴인을 殺王(살륙 왕)이라 부르고, 유휴우를 賊王(도적 왕)이라 부르고, 東海王 劉禕는 성품이 용렬한 것으로 해서 驢王(노새 왕)이라고 하였다. 그리하여 나무로 된 말구유에다 음식을 담아놓고 유욱을 벌거벗기고서 흙탕물 속에 넣어 말구유의 음식을 가서 먹게 하였다. 유자업이 前後로 그들을 죽이려고 한 것이 십여 차례였는데, 유휴인은 지모와 술수가 많아 늘 담소와 아첨으로 유자업을 기쁘게 하였으므로 이를 늦추게 할 수 있었다.

少府 劉曚의 妾이 잉태하여 해산달이 되었을 때 後宮으로 맞아들여 아들 낳기를 기다려 太子를 삼으려 하였다. 유욱이 일찍이 유자업의 뜻을 거슬렀는데 유자업은 유욱을 발가벗기고 그 손발을 묶어서 太官(황제의 음식 담당 관청)으로 메어 보내게 하고 말하기를 "오늘 돼지를 잡아라."라고 하니, 유휴인이 웃으면서 말하기를 "皇太子가 태어나기를 기다려 돼지를 잡아 간과 허파를 잘라내야 합니다."라고 하자, 유자업은 마침내 유욱을 석방하였다. 유몽의 첩이 아들을 낳자 皇子라고 명명하고 이를 위해 大赦免을 내렸다.

子業畏忌諸父하여 恐其在外爲患하여 皆拘於殿內하고 毆捶陵曳하여 無復人理하니 湘東王彧과 建安王休仁과 山陽王休祐 年長이라 尤惡之하니 以彧尤肥로 謂之猪王이라하고 謂休仁爲殺王하고 休祐爲賊王하고 東海王禕 性凡劣이라 謂之驢王이라하여 以木槽盛食하고 裸彧內(납)泥水中하여 使就槽食①하다 前後欲殺 以十數라 休仁 多智數하여 每以談笑佞諛로 說(열)之라 故得推遷②이러라 少府劉曚妾이 孕臨月에 迎入後宮하여 俟生男以爲太子③러니 彧嘗忤旨하니 子業裸之하고 縛其手足하여 檐(담)付太官曰 今日屠猪④하라하니 休仁笑曰 不若待皇太子生하여 殺取肝肺라한대 子業이 乃釋之러니 及曚妾이 生子에 名曰皇子라하고 爲之大赦하다

① 槽는 才勞의 切이니, 가축의 食器이다. 內는 納(납)으로 읽는다.
   槽, 才勞切, 畜獸之食器. 內, 讀曰納.
② 說(기쁘다)은 悅로 읽는다. 推는 옮김이고, 遷은 돌림이니, 談笑와 아첨으로 황제(劉子業)의 뜻을 바꿈을 말한다. 혹자가 말하기를 "'推遷'은 늦추는 뜻이다."라고 하였다.
   說, 讀曰悅. 推, 移也, 遷, 轉也, 言以談笑佞諛轉移帝意也. 或曰 推遷, 延緩之意.
③ 曚은 音이 蒙이다. 출산할 달을 "臨月"이라고 한다.
   曚, 音蒙. 將産之月曰臨月.
④ 檐은 都暗과 都甘의 두 가지 切이니, 멘다는 뜻이고, 擔과 통용한다.
   檐, 都暗·都甘二切, 負也, 通作擔.

【綱】宋나라 江州刺史 晉安王 劉子勛이 尋陽에서 군사를 일으켰다.

宋江州刺史晉安王子勛擧兵尋陽[76)]하다

【目】宋主 劉子業은 太祖·世祖가 兄弟 중에 서열이 모두 세 번째였는데 江州刺史 晉安王 劉子勛도 세 번째였으므로 그를 미워하였다. 何邁의 모반을 이용하여 측근 朱景雲을 시켜서 死藥을 보내 유자훈에게 죽음을 내리게 하였는데, 주경운이 湓口에 이르러 멈추

---

76) 宋江州刺史晉安王子勛擧兵尋陽 : "이때에 劉子勛에게 죽음을 내렸는데 鄧琬이 마침내 劉子勛의 명령을 칭하고 戒嚴을 내렸으니 반란이다. 그런데 다만 '擧兵'이라고만 기록한 것은 어째서인가. 劉子業을 미워한 것이다. 유자업의 시대에는 이처럼 특별히 기록한 것이 많으니 세상 임금 된 자를 경계함이 깊은 것이다.〔於是賜子勛死 鄧琬遂稱子勛令戒嚴 則反耳 其止書擧兵 何 惡子業也 故子業之世多特筆 其爲世主之戒深矣〕" ≪書法≫
"劉子勛을 어찌하여 반란이라고 기록하지 않았는가. 劉子業이 無道하고 또 사람을 보내서 유자훈을 죽이려 했기 때문에 ≪資治通鑑綱目≫에서는 특별히 '擧兵'으로 기록하였으니 이른바 그 실정을 추구하여 그 죄를 용서한다는 것이다.〔子勛 何以不書反 子業無道 且又遣人欲殺子勛 故綱目特以擧兵書之 所謂原其情而恕其罪也〕" ≪發明≫

고 나아가지 않았다. 유자훈의 典籤 謝道邁가 그 소식을 듣고 長史 鄧琬에게 달려가 고하였다.

등완이 말하기를 "이 몸은 남쪽 지방의 한미한 선비로서 先帝의 특별한 은총을 입어 사랑하시는 아들을 부탁받았으니 어찌 우리 집안 백 명의 목숨을 아까워하겠는가. 기필코 죽음으로 보답해야 한다. 어린 군주가 혼우하고 포악하여 社稷이 위태로우니 비록 天子라고 하지만 실은 獨夫[77]와 같다. 지금 문관과 무관을 통솔하여 곧바로 京邑(建康)에 이르러 여러 公·卿·士들과 함께 暗君을 폐하고 明君을 세울 뿐이다."라고 하고, 마침내 유자훈의 教命을 칭하여 부하들에게 戒嚴을 하달하였다.

유자훈은 군복 차림으로 나와서 정사를 다스리고 속관과 보좌를 소집하고 主帥 潘欣之를 시켜서 자신의 뜻을 알려서 유시하게 하니, 사방에 앉아 있는 자들이 대답하기 전에 參軍 陶亮이 앞장서 목숨을 바쳐 선봉이 될 것을 청하자 두리들이 모두 뜻을 받들었다. 마침내 도량을 諮議參軍 兼 中兵參軍으로 삼아서 군대의 일을 통솔하게 하였다. 유자업은 荊州에 명하여 長史 張悅을 체포해 보내도록 하여 湓口에 이르렀는데 등완이 유자훈의 명을 칭하여 그의 형틀을 풀어주고 자신이 타던 수레로 맞이하여 司馬로 삼아 함께 안팎의 여러 일을 관장하였다. 열흘 만에 군사 5천 명을 얻게 되었으므로 출동하여 大雷에 주둔하고 원근에 격문을 돌렸다.

宋主子業이 以太祖世祖在兄弟數皆第三이러니 江州刺史晉安王子勛이 亦第三이라 故惡(오)之러니 因何邁之謀하여 使左右朱景雲으로 送藥賜子勛死하니 景雲至湓口하여 停不進이러니 子勛典籤謝道邁聞之하고 馳告長史鄧琬한대 琬曰 身은 南土寒士①로 蒙先帝殊恩하여 以愛子見託하니 豈得惜門戶百口리오 期當以死報效라 幼主昏暴하여 社稷危殆하니 雖曰天子나 事猶獨夫②라 今便指帥文武하여 直造京邑하여 與群公卿士로 廢昏立明耳라하고 遂稱子勛教하여 令所部戒嚴하니 子勛이 戎服出聽事하여 集僚佐하고 使主帥潘(반)欣之로 宣旨諭之하니 四座未對에 參軍陶亮이 首請效死前驅한대 衆皆奉旨하니 乃以亮爲諮議中兵[78]하여 總統軍事하다 子業이 使荊州로 錄送長史張悅하여 至湓口③어늘 琬이 稱子勛命하여 釋其桎梏하고 迎以所乘車하여 以爲司馬하여 共掌內外衆事하니 旬日에 得五千人이라 出頓大雷하고 移檄遠近하다

---

77) 獨夫 : 殘暴無道하여 측근들이 모두 떠나 홀로된 統治者를 말한다.

78) 諮議中兵 : 諮議는 諮議參軍事를 가리킨 것이다. 西晉 公府에 모두 두었으며, 軍事의 모의와 자문을 담당하였으며, 지위는 參軍의 위에 있었다. 南朝와 北魏, 北齊에도 설치되었다. 中兵은 中兵參軍을 가리킨다. 중병참군은 西晉 말에 설치되었는데, 丞相府 中兵曹의 장관이다. 東晉 때 公과 主要 將軍府에 설치되었다. 南朝 宋나라에서는 諸公의 府에 설치되었으며, 齊·梁·陳에 다시 설치되었다.

① 鄧琬은 南昌 사람인데, 한미한 가문에서 일어났다.
琬, 南昌人, 起於寒素.
② 猶는 같음이며, 비슷함이다.
猶, 若也, 似也.
③ 錄은 체포함을 말한다. 張悅은 張暢의 아우이다.
錄, 謂收捕也. 悅, 暢之弟也.

【綱】 宋主(劉子業)는 南平王 劉敬猷와 廬陵王 劉敬先과 安南侯 劉敬淵을 죽였다.

宋主殺其南平王敬猷와 廬陵王敬先과 安南侯敬淵하다

【目】 劉子業이 여러 妃와 公主들을 불러서 앞에 늘어세우고 측근들에게 강요하여 그들을 욕보이게 하였다. 南平王 劉鑠의 妃 江氏가 따르지 않자 유자업은 노하여 妃에게 채찍 1백 대를 때리게 하고 그의 세 아들을 죽였다.

子業이 召諸妃主하여 列於前하고 彊左右使辱之①하니 南平王鑠妃江氏不從②이라 子業이 怒하여 鞭妃一百而殺其三子하다

① 彊(강요하다)은 其兩의 切이다.
彊, 其兩切.
② 妃는 바로 江湛의 여동생이다.
妃卽江湛之妹.

【綱】 宋나라가 그 임금 劉子業을 시해하고 湘東王 劉彧을 임금으로 세웠다.

宋弑其君子業하고 而立湘東王彧①79)하다

---

79) 宋弑其君子業而立湘東王彧 : "나라가 시해했다고 일컬은 것은 임금이 無道해서다. 그렇다면 劉彧의 즉위는 누가 즉위시킨 것인가. 宋나라가 즉위시킨 것이다. 劉子業을 시해한 것도 宋나라이고 湘東王을 즉위시킨 것도 역시 宋나라이다. 이는 인심에 함께한 것이기 때문에 '宋'이라고 기록한 것이다. ≪資治通鑑綱目≫이 끝날 때까지 시해에 나라를 일컬은 것이 8번이다(周나라 安王(기원전 396) 6년에 자세하다.).〔稱國以弑 君無道也 然則彧之立 孰立之 宋立之也 弑子業者 宋也 立湘東者 亦宋也 以是爲人心之所同 故書宋 終綱目弑稱國者八(詳周安王六年)〕" ≪書法≫
"옛적에 晉나라 欒書가 厲公을 시해하자 ≪春秋≫에서 특별히 "晉弑其君州蒲(晉나라가 그 임금 州蒲를 시해했다.)"라고 기록하였는데, 穀梁이 傳을 쓰기를 "나라가 그 임금을 시해했다고 일컬은 것은 임금의 악행이 심한 것이다."라고 하였다. 지금 宋나라 劉子業의 죽음을 ≪資治通鑑綱目≫에서 역시 나라로써 기록한 것은 ≪春秋≫의 취지에 근본하여 그 淫虐하고 不道德하여 온 나라 사람들이 모두 그를 賊으로 여기려 했을 뿐임을 밝힌 것이다. 그렇다면 인정해준 것인가. 湯王이 있은 뒤에야 桀王

① 劉子業은 향년이 17세였다.
子業, 壽十七.

【目】 이보다 앞서 民間의 訛言에 "湘中에서 天子가 나온다."라고 하니, 劉子業이 남쪽으로 荊州·湘州를 순행하여 그것을 억누르려고 하였다. 그러나 먼저 湘東王 劉彧을 주살하고 난 다음에 출발하려고 하였다.

예전에 유자업이 여러 公들을 주살하고 나서 아랫사람들이 자신을 도모할까 두려워하여 直閤將軍 宗越, 沈攸之 등이 勇力이 있다고 하여 그들을 불러와서 爪牙(심복)로 삼고 포상이 가득하니 宗越 등이 유자업을 위해 진력을 다하였다. 유자업은 이들을 믿고 더욱 꺼리는 바가 없어서 함부로 부도덕한 짓을 하니, 안팎이 시끄럽고 宿衛하는 군사들이 모두 逆心을 품었으나 종월 등을 두려워하여 감히 드러내지 못하였다.

이때에 세 王(劉彧·劉休仁·劉休祐)이 오래 구금되어 어찌할 바를 몰랐는데, 상동왕 유욱의 主衣(옷 담당 관리) 阮佃夫와 유자업의 측근인 壽寂之·王敬則 등이 유자업을 시해할 것을 음밀히 모의하였다.

이보다 앞서 유자업은 華林園 竹林堂에서 놀면서 宮人들에게 벌거벗고 서로 쫓게 하였는데, 한 사람이 명을 따르지 않자 그를 참수하였다. 밤중의 꿈속에 죽림당에 있게 되었는데 어느 女子가 꾸짖기를 "패악하고 부도덕하니 명년 보리가 익을 때까지 못 가리라."라고 하였다. 유자업은 宮中에서 꿈속에서 본 사람과 비슷한 한 사람을 잡아 참수하였다. 다시 꿈속에서 죽임을 당한 사람이 나타나 꾸짖기를 "내가 이미 上帝에게 호소하였다."라고 하였다. 이에 무당들이 죽림당에 귀신이 있다고 하였다. 유자업이 화림원에 나갈 때 유휴인·유휴우가 모두 따라가고 유욱만 홀로 祕書省에 남아 있어 부름을 받지 못하니 더욱 근심하고 두려워하였다.

을 내칠 수 있고, 武王이 있은 뒤에야 紂王을 정벌할 수 있다. 유자업의 악행 중에는 桀王·紂王도 하지 않은 것이 있는데, 당시 湯王·武王과 같은 임금이 없으므로 아랫사람들이 그 포악함을 감당하지 못하고 인하여 유자업을 죽였을 뿐이다. 나라를 기록한 것은 유자업의 악행을 드러내기 위한 것이고, 시해했다고 기록한 것은 그 명분을 바르게 하기 위한 것이니 어찌 온 나라 사람들이 모두 그를 賊으로 삼으려 하는데, 오히려 남의 위에 높이 거처하게 하겠는가. ≪書經≫〈商書 湯誓〉에 "이 해가 언제나 없어질 것인가. 내가 너와 함께 망해 버리겠다."라고 하였으니, 이를 안다면 ≪資治通鑑綱目≫의 書法의 의미를 알 수 있다.〔昔晉欒書弑厲公 春秋特書晉弑其君州蒲 穀梁傳之曰 稱國以弑其君 君惡甚矣 今宋子業之殞 綱目亦以國書之者 蓋本春秋之旨 明其淫虐不道 擧國之人 皆欲賊之爾 然則予之乎 曰有湯而後能放桀 有武而後能伐紂 子業之惡 有桀紂之所不爲者 時無湯武之君 故群下不任其暴 因而斃之爾 書國 所以著其惡 書弑 所以正其名 烏有一國之人皆欲賊之 尙可尊居人上者哉 書曰 時日曷喪 予及汝偕亡 知乎此 則知綱目書法之意矣〕" ≪發明≫

이때 남쪽으로 순행하는 것으로 宗越 등이 모두 허락을 받고 궁중 밖으로 나가 旅裝을 꾸렸다. 유자업은 侍衛들을 모두 물리치고 무당과 綵女들과 함께 竹林堂에서 귀신에게 활로 쏘고 있을 적에 수적지 등이 칼을 뽑고 앞으로 나아가 유자업을 시해하고 宿衛에게 명령을 알리기를 "湘東王이 太皇太后의 명령을 받아 미치광이 군주를 제거하여 지금 이미 평정되었다."라고 하였다.

先是에 民間訛言湘中에 出天子라하니 子業이 將南巡荊湘以厭(압)之호되 欲先誅湘東王彧하고 然後發하다 初에 子業旣殺諸公에 恐群下謀已하여 以直閤將軍宗越沈攸之等有勇力이라하여 引爲爪牙하고 賞賜充牣①하니 越等皆爲盡力②이라 子業恃之하여 益無所憚하여 恣爲不道하니 中外騷然하고 宿衛之士 皆有異志나 而畏越等不敢發이러라 時에 三王久幽하여 不知所爲하니 湘東王彧主衣阮佃夫及子業左右壽寂之王敬則等이 陰謀弑子業③이러라 先是에 子業遊華林園竹林堂하여 使宮人倮相逐하니 一人이 不從命이어늘 斬之④러니 夜夢在竹林堂에 有女子罵曰 悖虐不道하니 明年不及熟矣⑤리라 子業이 於宮中에 求得一人似所夢者하여 斬之하니 又夢所殺者 罵曰 我已訴上帝矣라 於是에 巫覡이 言竹林堂에 有鬼라하더라 子業이 出華林園할새 休仁休祐竝從하고 彧獨在祕書省하여 不被召하니 益憂懼⑥러니 時에 以南巡으로 宗越等이 竝聽出外裝束하니 子業이 悉屛侍衛하고 與群巫綵女로 射鬼於竹林堂⑦할새 壽寂之等이 抽刀前弑之하고 宣令宿衛曰 湘東王이 受太皇太后令하여 除狂主하여 今已平定이라하다

① 江左(南朝)에서는 直閤將軍으로 宮門을 출입하면서 宿衛를 통솔하게 하였다.
江左以直閤將軍出入省閤, 總領宿衛.

② 爲(위하다)는 去聲이다.
爲, 去聲.

③ 壽는 姓이다.
壽, 姓也.

④ 竹林堂은 華林園의 後堂이다.
竹林堂, 華林園後堂也.

⑤ 〈"不及熟"은〉 보리가 익을 때에 이르기 전에 죽는다고 말한 것이다.
謂不至麥熟時死也.

⑥ 祕書省은 圖書를 보관하는 곳이니, 禁中에 있다.
祕書省, 藏圖書之所, 在禁中.

⑦ 綵女는 後漢의 采女[80]의 제도를 모방한 것이다.

---

80) 采女 : 원래 漢代 六宮의 일종의 稱號였다. 民家에서 선발하였기 때문에 采女라고 하였다. 뒤에는 宮女의 通稱이 되었다.

綵女, 倣後漢采女之制.

【目】劉休仁이 祕書省으로 가서 劉彧을 만나고는 즉시 臣이라 일컫고 유욱을 인도하여 御座로 오르게 하였다. 大臣들을 불러 알현케 하였는데 유욱은 여전히 烏帽를 쓰고 있었다. 劉休仁이 主衣를 불러서 白帽로 대신하게 하였다. 모든 일을 다 令書[81]를 칭하여 시행하고 太皇太后의 명령을 선포하여 劉子業의 罪惡을 열거하여 꾸짖고 湘東王에게 명하여 황제의 지위를 계승하게 하였다. 유자업의 同母弟 豫章王 劉子尙은 패악하기가 형의 풍조를 지녔으므로 會稽公主와 함께 모두 죽음을 내렸다. 劉休仁 등은 비로소 궁 밖으로 나가서 외부의 私邸에서 거처할 수 있었고, 수감되어 있던 謝莊을 풀어주었다.

유자업의 시체가 아직도 太醫院의 閤門 입구에 버려져 있었다. 蔡興宗이 僕射 王彧에게 말하기를 "이 사람이 비록 흉악하였으나 아무튼 天下의 주인이었으니 그런대로 갖추어서 상례를 치러야 한다. 단지 이대로 두면 四海의 사람 중에 반드시 이를 이용하여 반기를 들을 사람이 있을 것이다."라고 하고, 이에 유자업을 秣陵에 장사 지냈다.

論功行賞을 하여 壽寂之 등 14명에게 작위를 차등 있게 봉해주고, 東海王 劉禕를 中書監 太尉로 삼고, 晉安王 劉子勛을 車騎將軍 開府儀同三司로 삼고, 建安王 劉休仁을 司徒 尙書令 揚州刺史로 삼고 유욱이 卽位하여 大赦免令을 내렸다. 유자업 때의 혼란한 제도와 잘못된 봉작은 모두 제거하였다. 世祖(孝武帝)의 모친 路太后를 높여 崇憲太后로 삼고, 妃 王氏를 세워 皇后로 삼으니 왕욱의 여동생이다. 劉道隆을 中護軍으로 삼았는데, 유도륭은 劉子業과 친하여 일찍이 建安太妃에게 무례하게 대하였다. 이에 이르러 建安王 劉休仁이 해직을 청하자 宋主(유욱)는 유도륭에게 죽음을 내렸다. 宗越 등이 마음에 스스로 불안해하자 沈攸之가 이를 보고하였는데 모두 伏誅시키고, 심유지가 다시 들어와 直閤將軍이 되었다. 왕욱은 宋主의 이름을 피하고 字를 사용하였다.

休仁이 就祕書省하여 見彧卽稱臣하고 引升御座하고 召見諸大臣하니 猶著烏帽라 休仁이 呼主衣하여 以白帽代之①하고 凡事를 悉稱令書施行하고 宣太皇太后令하여 數子業罪惡하고 命湘東王하여 纂承皇極하고 子業母弟豫章王子尙이 頑悖有兄風이라 及會稽公主로 皆賜死②하다 休仁等이 始得出居外舍하고 釋謝莊之囚하다 子業이 猶橫尸太醫閤口러라 蔡興宗이 謂僕射王彧曰 此雖凶悖나 要是天下之主니 宜使喪禮粗足이라 若直如此면 四海必將乘人이리라하고 乃葬之秣陵③하다

81) 令書 : 황제의 경우 制書나 詔書를 칭하는데, 湘東王이 劉彧이 아직 황제로 즉위하지 않아서 太子 이하의 서면상 命令을 가리키는 令書를 쓴 것이다.

論功行賞하여 壽寂之等十四人封爵有差하고 以東海王禕爲中書監太尉하고 晉安王子勛爲車騎將軍開府儀同三司하고 建安王休仁爲司徒尙書令(楊)〔揚〕[82]州刺史하고 彧卽位大赦하다 子業時昏制謬封을 竝皆刊削하고 尊世祖之母路太后爲崇憲太后하고 立妃王氏爲皇后하니 彧之妹也④라 以劉道隆爲中護軍하니 道隆이 暱於子業하여 嘗無禮於建安太妃⑤러니 至是하여 建安王休仁이 求解職⑥한대 宋主 乃賜道隆死하다 宗越等이 內不自安이어늘 沈攸之以聞한대 皆伏誅하고 攸之復入直閤하다 王彧避主諱하여 以字行⑦하더라

① 江南에서는 天子가 宴居할 적에 白紗帽를 썼다.
江南, 天子宴居著白紗帽.
② 會稽公主는 바로 山陰公主이다.
會稽公主, 卽山陰公主.
③ "乘人"은 이를 이용하여 명을 받들어 죄를 지은 자를 토벌함을 말한다. 王彧은 湘東王 妃의 형이므로 蔡興宗이 그와 함께 말을 하였다.
乘人, 言乘此以奉辭伐罪. 王彧, 湘東王妃兄也, 故興宗與之言.
④ 예전에 湘東王의 어머니 沈婕妤가 일찍 죽어 路太后가 양육하였다.
初, 湘東王母沈婕妤早卒, 路太后養之.
⑤ 이것은 劉子業이 측근을 시켜 妃와 公主들을 욕보인 때의 일이다.
此子業使左右辱妃主時事.
⑥ ≪南史≫ 〈劉休仁傳〉에 劉休仁이 解職을 청하며 말하기를 "臣은 이 사람과 조정에 같이 있을 수 없습니다."라고 하였다.
南史休仁傳, 休仁求解職曰 "臣不得與此人同朝."
⑦ 王彧은 字가 景文이다.
彧字景文.

【綱】 宋나라가 二銖錢을 폐기하고 鵝眼錢과 綖環錢의 유통을 금지하였다.

宋罷二銖錢하고 禁鵝眼綖環錢하다

【綱】 宋나라 雍州·郢州·荊州·會稽郡이 모두 군사를 일으켜 尋陽(劉子勛)에 호응하였다.

◑ 宋雍郢荊州會稽郡皆擧兵應尋陽하다

82) (楊)〔揚〕: 저본에는 '楊'으로 되어 있으나, ≪資治通鑑≫에 의거하여 '揚'으로 바로잡았다.

【目】江州의 보좌관들이 宋主(劉彧)가 내린 令書를 보고 모두 기뻐하여 함께 鄧琬에게 가서 말하기를 "난폭한 군주(劉子業)가 이미 제거되고 殿下(劉子勛)께서 또 黃閤을 여시니 실로 큰 경사입니다."라고 하였다. 등완은 令書를 빼앗아 땅에 던지면서 말하기를 "전하는 당연히 端門을 열어야 하니 黃閤을 여는 것은 우리들의 일일 뿐이다."라고 하니 무리들이 모두 경악하였다. 등완은 마침내 陶亮 등과 병기와 갑옷을 정비하고 병사를 사방에서 모집하였다.

袁顗는 襄陽에 이르고 나서 즉시 參軍 劉胡와 병기와 기계를 정비하고 士卒들을 뽑아 모았다. 그리고 太皇太后의 명령을 詐稱하고서 表文을 올려 유자훈에게 황제에 즉위하도록 권하였다. 등완은 유자훈에게 桑尾에서 牙旗를 세우도록 하고 격문을 建康으로 전하고 일컫기를 "孤(유자훈)의 뜻이 이전의 典禮를 준수하여 暗君을 폐위하고 明君을 즉위시키는 것이었는데, 湘東王 劉彧이 거짓으로 밝고 덕스러운 宗親(劉子尙)을 해치고 황제의 자리를 찬탈하였다. 어린 孤의 형제들이 여전히 13명이나 있는데, 聖靈(孝武帝의 신령)께서는 무슨 죄가 있으시기에 제사를 단절해야 하는가."라고 하였다.

郢州刺史 安陸王 劉子綏는 유자훈의 처음 격문을 받고서 유자업을 함께 공격하려고 하다가 유자업이 이미 죽었다는 소식을 듣고 즉시 무장을 해산하게 하고 기치를 내렸다. 이윽고 江州와 雍州에서 여전히 병사를 훈련하고 있다는 소식을 들으니 行事 荀卞之는 크게 두려워하여 즉시 參軍 鄭景玄을 보내어 군사를 이끌고 내려가게 하고 아울러 군량을 보냈다. 荊州行事 孔道存은 刺史 臨海王 劉子頊을 받들고, 都水使者 孔璪는 會稽行事 孔顗를 설득하여 太守 尋陽王 劉子房을 받들어 모두 군사를 일으켜 유자훈에게 호응하였다.

江州佐吏 得宋主所下令書하고 皆喜하여 共造鄧琬曰 暴亂旣除하고 殿下又開黃閤하니 實爲大慶[①]이로다 琬取令書投地曰 殿下當開端門이니 黃閤是吾徒事耳라하니 衆皆駭愕[②]이러라 琬乃與陶亮等繕治器甲하고 徵兵四方하다 袁顗旣至襄陽에 卽與參軍劉胡로 繕修兵械하고 簡集士卒하고 矯太皇太后令起兵하여 奉表勸子勛卽大位하니 琬이 令子勛建牙於桑尾[③]하고 傳檄建康하고 稱孤志遵前典하여 廢幽陟明이러니 而湘東王彧矯害明茂하여 簒竊天寶[④]하니 藐孤同氣 猶有十三이라 聖靈何辜로 而當乏饗[⑤]고 郢州刺史安陸王子綏承子勛初檄하여 欲共攻子業이라가 聞其已隕하고 卽解甲下標[⑥]러니 旣而요 聞江雍猶治兵하니 行事荀卞之 大懼하여 卽遣參軍鄭景玄師軍馳下하고 幷送軍糧[⑦]하다 荊州行事孔道存 奉刺史臨海王子頊하고 都水使者孔璪 說會稽行事孔顗하여 奉太守尋陽王子房하여 皆擧兵以應子勛[⑧]하다

① 이때 劉子勛에게 開府儀同三司를 더해주었으므로, 黃閤을 열었다고 말한 것이다.
時加子勛開府儀同三司, 故云開黃閤.

② 天子는 端門을 연다. 宮門의 正南門을 端門이라고 한다.
天子開端門. 宮門正南門曰端門.

③ 桑尾는 바로 桑落洲의 말미이다.
桑尾, 卽桑落洲尾.

④ 劉子勛이 自稱을 孤라고 하였다. "廢幽陟明"은 바로 暗君을 폐위하고 明君을 즉위시키는 것이다. 茂는 아름다움이다. 明茂는 밝고 덕 있는 宗親을 말하니, "矯害明茂"는 太皇太后의 令을 위조하여 豫章王 劉子尙에게 죽음을 내린 것을 말한다. "天寶"는 황제 자리를 말한다.
子勛自稱曰孤. 廢幽陟明, 卽廢昏立明也. 茂, 美也. 明茂, 謂明德茂親, 矯害明茂, 謂矯太皇太后令賜豫章王子尙死也. 天寶, 謂帝位也.

⑤ 藐는 妙小와 亡角의 두 가지 切이니, 작다는 뜻이다. "同氣"는 兄弟이다. 世祖(孝武帝)의 28명 아들 중에 이때 생존한 이는 劉子勛・劉子綏・劉子房・劉子頊・劉子仁・劉子眞・劉子元・劉子輿・劉子孟・劉子嗣・劉子趨・劉子期・劉子悅로 모두 13人이다. "聖靈"은 世祖의 신령을 말한다. "乏饗"은 제사 지내지 않음이다.
藐, 妙小・亡角二切, 小也. 同氣, 兄弟也. 世祖二十八子, 時存者子勛・子綏・子房・子頊・子仁・子眞・子元・子輿・子孟・子嗣・子趨・子期・子悅凡十三人. 聖靈, 謂世祖之靈也. 乏饗, 不祀也.

⑥ "初檄"이라고 말한 것은 지금 建康에 전한 격문과 구별한 것이다. 摽는 마땅히 幖로 써야 하니, 牙旗의 부류이다. 무릇 行軍할 적에 牙旗를 軍門에 세우는데 여기에서 "下幖"라고 말한 것은 군대는 실제 가지 않아서 牙旗를 내린 것을 말한다.
言初檄者, 以別今此傳建康之檄. 摽當作幖, 牙旗屬也. 凡軍行, 則建立牙于軍門, 此云下幖, 謂軍不果行而解下牙也.

⑦ 江州는 鄧琬을 말하고, 雍州는 袁顗를 말한다. 郢州는 江州와 雍州의 사이에 있는데, 夾攻을 당할까 두려워하여 군대를 해산한 이유를 따진 것이다.
江, 謂鄧琬, 雍, 謂袁顗. 郢州居江・雍之間, 懼其夾攻, 以問罷兵之由.

⑧ 璪는 子皓의 切이다.
璪, 子皓切.

思政殿訓義 資治通鑑綱目 제27권 상

-宋 明帝 泰始 2년(466)~宋主 劉昱 元徽 원년(473)-

≪資治通鑑綱目≫ 제27권은 丙午年(466) 宋나라 明帝 泰始 2년과 北魏 獻文帝 天安 원년부터 癸亥年(483) 齊나라 武帝 永明 원년과 北魏 孝文帝 泰和 7년까지이니, 모두 18년이다.

起丙午宋明帝泰始二年과 魏獻文帝天安元年과 盡癸亥齊武帝永明元年과 魏孝文帝 泰和七年이니 凡十八年이라

丙午年(466)

宋나라 太宗 明帝 劉彧 泰始 2년이고, 北魏 顯祖 獻文帝 拓跋弘 天安 원년이다.

宋泰始二年이요 魏顯祖獻文帝弘天安元年이라

【綱】 봄 정월에 宋나라가 建安王 劉休仁을 보내어 江州를 토벌하게 하였는데, 晉安王 劉子勛이 마침내 황제를 칭하니 徐州・南徐州・司州・豫州・靑州・冀州・湘州・廣州・梁州・益州가 모두 호응하였다.

春正月에 宋遣建安王休仁討江州러니 晉安王子勛遂稱帝하니 二徐司豫靑冀湘廣梁益州皆應之[1)]하다

1) 春正月……皆應之 : "尋陽(劉子勛)에 대해 앞에서는 '擧兵(군대를 출동했다.)'이라고 기록했는데 여기서는 '討(토벌했다)'라고 기록한 것은 어째서인가. 劉子業이 혼우하고 포악하여 이미 제거되어 社稷은 받드는 이가 있는데 다시 전쟁을 하게 되었으니 이는 다툰 것이다. 난리가 언제 그칠 것인가. 그러므로 이보다 앞서 稱帝한 경우 '遂'라고 쓴 적이 없었는데, 여기서는 특별히 '遂'라고 기록하였으니, '暗君에게 擧兵한 것은 옳지만 마침내〔遂〕 帝를 칭한 것은 옳지 않다.'라고 말한 것과 같다. 무릇 '遂'를 기록한 것은 갑작스러운 말이니, 이 때문에 劉子勛이 帝를 일컬었을 적에 '遂'를 기록하였고, 陳霸先이 皇帝를 일컬었을 적에 '遂'를 기록하였고, 唐 武宗 卽位했을 때 '遂'를 기록하였던 것이다.〔尋陽前書擧兵矣 此其書討何 子業昏虐 旣已除矣 社稷有奉 而復尋干戈 是爭也 亂何時而已乎 故稱帝前乎此未有書

【目】宋나라가 안팎으로 戒嚴을 하고 建安王 劉休仁을 都督征討諸軍事로 삼고, 江州刺史 王玄謨를 副都督으로 삼고, 沈攸之를 尋陽太守로 삼아 병사를 거느리고 虎檻에 주둔하게 하였다. 왕현모의 선봉 부대 10軍이 계속 도착하여 밤마다 각 軍이 姓號(暗口號)를 달리 사용하여 서로 연계되지 못하였다. 심유지가 諸將들에게 말하기를 "이제 여러 軍의 姓號가 다르니, 만일 어떤 농부나 어부가 밤에 서로 소리치면 바로 軍中이 놀라 어지러워질 것이니 이는 패배를 자초하는 길이다. 청컨대 한 軍의 姓號를 취하여 통일하였으면 한다."라고 하니 모든 군대가 따랐다.

鄧琬이 路太后의 璽書를 받았다고 詐稱하고서 장군과 보좌관들을 거느리고 劉子勛에게 황제의 존호를 올렸는데, 유자훈이 마침내 卽位하고 義嘉로 改元하였다. 그리고 鄧琬과 袁顗를 僕射로 삼고 張悅을 尙書로 삼으니, 徐州刺史 薛安都・冀州刺史 崔道固・青州刺史 沈文秀・義陽內史 龐孟虯・吳郡太守 顧琛・吳興太守 王曇生・義興太守 劉延熙・晉陵太守 袁標가 모두 병사를 일으켜 호응하였다.

宋主(劉彧)가 庾業으로 劉延熙를 대신하게 하였는데, 유업이 도착하여 도리어 유연희와 연합하였고, 宋主가 孔璪를 보내 會稽 지역을 위로하게 하였는데 공조는 도착하여 도리어 회계 사람들을 설득하여 尋陽(유자훈)의 정권을 따르도록 하였다. 그리고 益州

遂者 此特書遂 若曰 擧兵於昏虐可也 而遂稱帝不可也 凡書遂 遽辭也 是故子勛稱帝書遂 陳霸先稱皇帝書遂 唐武宗卽位書遂〕" ≪書法≫

"劉子勛에 대해 앞에서 '擧兵'이라고 기록한 것은 劉子業이 無道했기 때문이다. 그러므로 유자훈을 '反'이라고 기록하지 않은 것이다. 그런데 여러 州에서 擧兵하여 호응하였을 적에 또한 '反'이라고 기록하지 않은 것은 어째서인가. 유자훈은 바로 世祖(孝武帝)의 아들로 여러 州에서 진실로 받들어 임금으로 삼고자 한 것이니, 이는 또한 本朝를 잊지 않은 뜻일 뿐이다. 그렇다면 이미 '反'이라고 기록하지 않고 또다시 어찌하여 '討江州'라고 기록하였는가. 나라의 임금이 전혀 없어서는 안 되지만 두 명이 있어서도 안 된다. 湘東王(劉彧)이 이미 大統을 이었다면 이는 社稷에 이미 받드는 자가 있는 것이고 백성들에게 이미 임금이 있는 것이다. 유자훈이 전일에 擧兵한 것은 진실로 '狂暴한 임금(劉子業)에게 핍박을 받았다.'고 말할 수 있지만, 이제 이미 그가 의탁할 대상을 얻었다면 바로 깃발을 돌려 자신의 州로 돌아가서 여러 郡에 국가에 이미 임금이 계시다는 뜻으로 諭示했어야 한다. 이와 같이 하였다면 宗廟가 안정되고 境內에 근심이 없을 것이니, 어찌 아름답지 않겠는가. 이를 생각하지 않고 마침내 황제를 칭하였으니, 이 뜻은 황제의 지위를 다투는 데에 있는 것이고 다시 이보다 앞서 재앙을 피하려고 했던 뜻이 아니다. ≪資治通鑑綱目≫에서 정리를 살펴 죄를 定하여 곧바로 '討'라고 기록하였다. 그런 뒤에 宋나라 군사(官軍)가 일어날 수 있으니 명분과 의리가 바르다. 그러므로 이 이하로는 모두 臺軍(官軍)으로써 구별하여 기록하였으니, 어찌 지나친 것이겠는가.〔子勛前書擧兵者 子業無道 故子勛不以反書也 至諸州擧兵應之 亦不書反何耶 子勛旣世祖之子 諸州苟欲奉而君之 是亦不忘本朝之意爾 然旣不書反 又胡爲以討江州書之乎 夫國君不可無一 亦不可有二 湘東旣繼大統 則是社稷已有奉 人民已有主矣 子勛前日擧兵 固曰迫於狂暴 今旣得其所託 便當返旆還州 告諭諸郡以國已有君之意 如是 則宗廟重安 境內無虞 豈不休哉 不是之思 遂乃正號稱尊 則是志在爭帝 非復前此避禍之意也 綱目原情定罪 直書曰討 然後宋師可擧 名義正矣 故自此以下 皆以臺軍別異而書之 夫豈過哉〕" ≪發明≫

刺史 蕭惠開도 장군과 보좌관들에게 말하기를 "湘東王(유욱)은 太祖(文帝 劉義隆)의 昭(손자)이고 晉安王은 世祖(孝武帝 劉駿)의 穆(형)이다. 當璧(황제 자격)에 있어서 안 될 것이 없지만 다만 景和(劉子業)는 본래 世祖의 아들로 社稷을 감당하지 못했으나 그의 형제들이 여전히 많다. 내가 世祖의 은혜를 받았으니 당연히 九江(유자훈)을 받들 것이다."라고 하고, 이에 巴郡太守 費欣壽를 보내어 5천 명을 지휘하여 동쪽으로 내려가게 하였다. 이때에 湘州行事 何慧文·廣州刺史 袁曇遠·梁州刺史 柳元怙·山陽太守 程天祚가 모두 유자훈에게 붙었다.

宋이 中外戒嚴하고 以建安王休仁都督征討諸軍事하고 江州刺史王玄謨副之하고 以沈攸之爲尋陽太守하여 將兵屯虎檻①하니 玄謨前鋒十軍繼至하여 每夜에 各立姓號하여 不相稟受어늘 攸之謂諸將曰 今衆軍姓號不同하니 若有耕夫漁父 夜相呵叱이면 便致駭亂이니 取敗之道也라 請就一軍取號라한대 衆咸從之하다 鄧琬이 詐稱受路太后璽書하고 帥將佐하여 上尊號於子勛한대 子勛이 遂卽位하고 改元義嘉라하고 以琬及袁顗爲僕射하고 張悅爲尙書하니 徐州刺史薛安都와 冀州刺史崔道固와 青州刺史沈文秀와 義陽內史龐孟虯와 吳郡太守顧琛과 吳興太守王曇生과 義興太守劉延熙와 晉陵太守袁標 皆擧兵應之②하니 宋主以庾業代延熙한대 業이 至하여 反與之合하고 使孔璪慰勞會稽한대 璪 至하여 反說使附尋陽③하고 益州刺史蕭惠開 亦謂將佐曰 湘東은 太祖之昭요 晉安은 世祖之穆이니 其於當璧에 竝無不可④로되 但景和는 本世祖之嗣로 不任社稷이나 其次猶多라 吾荷世祖之眷하니 當奉九江⑤이라하고 乃遣巴郡太守費欣壽하여 將五千人東下하니 於是에 湘州行事何慧文과 廣州刺史袁曇遠과 梁州刺史柳元怙와 山陽太守程天祚 皆附於子勛⑥하다

① 虎檻은 洲 이름이고, 赭圻 동북쪽 長江 안에 있으니, 蕪湖의 서남이다.
虎檻, 洲名, 在赭圻東北江中, 蕪湖之西南也.

② 司州를 義陽에 설치하고, 義陽內史 龐孟虯를 司州刺史로 삼았다.
置司州於義陽, 以義陽內史龐孟虯爲司州刺史.

③ 宋主(劉彧)가 尋陽王長史 行會稽郡事 孔覬를 불러 太子詹事로 삼고, 또 都水使者 孔璪를 보내어 동쪽으로 들어가서 慰勞하도록 하였다. 공조가 공기를 설득하기를 '建康이 허약하니 5郡을 포섭하여 袁顗와 鄧琬에게 호응하는 것이 낫습니다."라고 하니, 공의는 마침내 병사를 출동하여 격문을 보내 尋陽을 받들었다.
宋主召尋陽王長史行會稽郡事孔覬爲太子詹事, 又遣都水使者孔璪入東慰勞. 璪說覬以"建康虛弱, 不如擁五郡以應袁·鄧." 覬遂發兵, 馳檄奉尋陽.

④ ≪春秋左氏傳≫ 昭公 13년에 "楚共王에게 適子가 없고, 寵愛하는 庶子가 다섯이 있었으나, 태자로 적합한 자가 없었다. 이에 群望(명망 있는 산천)에게 성대하게 祭祀를 지내면서 祈願하기를 '神께서는 이 다섯 사람 중에서 하나를 選擇하여 社稷을 主管하게 하소서.'라고 하

고, 곧 玉璧을 群望에 두루 보이고서 말하기를 '玉璧을 묻은 곳에 가서 절하는 자가 바로 神께서 태자로 세우는 자입니다.'라고 하였다. 마침내 巴姬와 함께 太室(宗廟)의 뜰에 玉璧을 묻고서 다섯 사람에게 齋戒하고서 연장자 순서로 들어와 절을 하게 하였다. 康王은 〈그 이마가〉 玉璧 상단을 지나갔고, 靈王은 팔꿈치가 玉璧에 닿았고, 子干과 子晳은 모두 玉璧과 거리가 멀었다. 平王은 어려서 안고 들어와서 再拜하였는데 두 번 모두 그 이마가 玉璧의 紐(끈을 매는 꼭지)에 닿으니, 그 뒤에 마침내 楚國을 소유하였다."고 하였다. 厭(누르다)은 於甲의 切이다.

左傳昭十三年 "楚共王無冢適, 有寵子五人, 無適立焉. 乃大有事于群望而祈曰 '請神擇於五人者, 使主社稷.' 乃徧以璧見(현)於群望曰 '當璧而拜者, 神所立也.' 乃與巴姬密埋璧於太室之庭, 使五人齋, 而長入拜, 康王跨之, 靈王肘加焉, 子干·子晳皆遠之, 平王弱, 抱而入, 再拜, 皆厭(組)〔紐〕,[2] 其後卒有楚國." 厭, 於甲切.

⑤ 劉子業은 연호를 景和로 바꾸었다. 宋나라 이래로 대부분 江州를 九江이라고 불렀다. 劉子勛은 예전에 江州刺史를 지냈으므로, 九江이라고 일컬은 것이다.

子業改元景和. 自宋(漢)〔以〕[3]來, 率謂江州爲九江. 子勛先爲江州刺史, 故稱九江.

⑥ 柳元怙는 柳元景의 從兄이다.

元怙, 元景之從兄也.

【目】 사방의 공물과 회계 장부가 모두 尋陽으로 송부되니 朝廷이 보존한 곳은 오직 丹楊·淮南의 몇 郡이고, 동쪽의 반군이 또한 이미 永世에 이르니 〈建康의〉 宮省의 사람들이 위태로워하고 두려워하였다. 이에 宋主(劉彧)가 신하들과 상의하였는데, 蔡興宗이 말하기를 "지금 온 천하가 함께 반란하여 사람마다 다른 마음이 있으니 마땅히 그들을 고요함으로써 진정시키고 지극한 믿음으로 그들을 대하여야 합니다. 배반자의 친척들이 宮省에 널려 있으니 만약 그들을 법으로 다스린다면 땅이 무너질 형세가 바로 닥칠 것입니다. 마땅히 반역의 죄가 그들에게 미치지 않는다는 뜻을 밝혀야 합니다. 민심이 안정되면 사람들이 싸울 마음이 있게 될 것이고, 六軍이 정예롭고 무기와 갑옷이 견고하고 예리하니 훈련되지 않은 叛軍을 상대하면 그 형세는 만 배나 차이가 날 것입니다. 원컨대 폐하께서는 근심하지 마소서."라고 하였다.

建武司馬 劉順이 豫州刺史 殷琰을 설득하여 尋陽의 정권에 호응하게 하였는데, 은염은 당초에 가족이 建康에 있었기 때문에 허락하지 않다가 뒤에 어쩔 수 없이 따랐다.

---

2) (組)〔紐〕: 저본에는 '組'로 되어 있으나, ≪資治通鑑≫ 註와 ≪春秋左氏傳≫에 의거하여 '紐'로 바로잡았다.

3) (漢)〔以〕: 저본에는 '漢'으로 되어 있으나, ≪資治通鑑≫ 註에 의거하여 '以'로 바로잡았다.

宋主가 다시 채흥종에게 말하기를 "여러 지역이 평정되기도 전에 은염이 이미 다시 역적들과 함께하니 어떻게 해야 하는가?"라고 하였다. 채흥종이 말하기를 "반역과 순종은 臣이 변별할 수 없습니다. 그러나 이제 상인이 단절되어 쌀이 매우 많이 남아 가격이 떨어지고 사방에서 사람들이 구름처럼 모여들어 人情이 다시 편안해졌으니, 이것으로 헤아린다면 반역의 무리를 깨끗이 없앨 수 있는 것을 장담할 수 있습니다. 다만 臣이 걱정하는 것은 다시 일이 끝난 뒤에 羊祜의 말과 같을 뿐입니다."라고 하였다.

宋主는 은염이 심양의 정부를 따른 것이 본심이 아닌 것을 알고 그의 가족들을 후하게 어루만져 그를 불러들이고, 垣榮祖를 보내서 薛安都를 설득하게 하였는데, 설안도가 말하기를 "나는 孝武帝를 저버리고 싶지 않소."라고 하니, 원영조가 말하기를 "효무제의 행적은 남은 재앙을 부르기에 충분하다. 지금 비록 천하가 부화뇌동하고 있으나 이렇게 하면 바로 죽음을 재촉할 뿐이다."라고 하였다. 설안도는 따르지 않고 이어서 원영조를 억류하여 자신의 장수가 되게 하였다.

四方貢計皆歸尋陽하니 朝廷所保는 唯丹楊淮南數郡이요 而東兵이 又已至永世하니 宮省危懼[①]라 宋主 謀於群臣한대 蔡興宗曰 今普天同叛하여 人有異志하니 宜鎭之以靜하고 至信待人이라 叛者親戚 布在宮省하니 若繩之以法하면 則土崩立至니 宜明罪不相及之義[②]라 物情이 既定이면 人有戰心이요 六軍精勇하고 器甲犀利하니 以待不習之兵이면 其勢相萬矣라 願陛下勿憂[③]하소서 建武司馬劉順이 說豫州刺史殷琰하여 使應尋陽하니 琰이 初以家在建康으로 未許러니 後不得已而從之하니 宋主 復謂興宗曰 諸處未平에 殷琰已復同逆하니 爲之奈何오 興宗曰 逆之與順은 臣無以辨이나 然今商旅斷絶而米甚豐賤하고 四方雲合而人情更安하니 以此卜之면 淸蕩을 可必[④]이라 但臣之所憂는 更在事後에 猶羊公之言耳[⑤]라 宋主知琰附尋陽非本意하고 乃厚撫其家以招之하고 使垣榮祖로 說薛安都[⑥]한대 安都曰 我不欲負孝武로라 榮祖曰 孝武之行이 足致餘殃[⑦]이라 今雖天下雷同이나 正速死耳[⑧]니라 安都不從하고 因留榮祖使爲將하다

① 貢은 토산물을 바치는 것을 말한다. 計는 上計(지방관이 매년 戶口, 賦稅, 獄訟 등의 항목을 적은 장부를 중앙에 보고하는 것)하는 장부이다. 吳나라 때에는 溧陽을 나누어 永平縣을 만들고, 晉 武帝 太康 원년(280)에 지명을 永世縣으로 바꾸고, 丹楊郡에 소속시켰다.
貢, 謂貢方物. 計, 謂上計帳. 吳分(栗)〔溧〕[4]陽爲永平縣, 晉武帝太康元年更名永世縣, 屬丹楊郡.

② 父子와 兄弟 간에 죄가 서로 미치지 않는 것은 옛날의 도리이다.
父子兄弟, 罪不相及, 古義也.

---

4) (栗)〔溧〕: 저본에는 '栗'로 되어 있으나, ≪資治通鑑≫ 註에 의거하여 '溧'로 바로잡았다.

③ 犀는 견고함이다.
犀, 堅也.

④ 湘東王(劉彧)이 황위를 찬탈한 것은 그의 本心이 아니고, 尋陽(劉子勛)에서 병사를 일으킨 것은 명분이 바르며 말이 순하므로, "반역과 순종은 臣이 변별할 수 없습니다." 하였다. 상인이 단절되어 쌀이 매우 많이 남아 가격이 떨어진 것은 이전 조정의 업적이고, 사방에서 사람들이 구름처럼 모여들어 人情이 다시 편안해진 것은 狂暴한 임금에게 오랫동안 고통을 당하다가 관대한 정치에 갑자기 즐거워한 것이다.
湘東簒位, 非其本心, 尋陽起兵, 名正言順, 故曰"逆之與順, 臣無以辨." 商旅斷絶米甚豐賤者, 前朝之積也, 四方雲合人情更安者, 積苦於狂暴而驟樂寬政也.

⑤ 晉나라가 吳나라를 정벌하는데 이때 羊祜는 병이 깊었다. 晉 武帝는 양호를 시켜 諸將들을 누워서 지휘하게 하려 하자 양호가 말하기를 "吳나라를 빼앗는 것은 臣이 직접 갈 필요가 없고, 다만 吳나라를 평정한 이후에 聖上의 노고를 위로해야 할 뿐입니다." 하였다.
晉伐吳, 時羊祜寢疾. 晉武欲使祜臥護諸將, 祜曰"取吳不必須臣自行, 但既平吳後, 當勞聖慮耳."

⑥ 여러 垣氏들은 略陽에서 남쪽으로 와서 대물려 靑州·徐州에 살면서 공을 세워 土人들에게 신망을 얻었으므로, 그를 시켜 돌아가 薛安都를 설득하게 한 것이다. 桓榮祖는 桓護之의 從子(조카)이다.
諸垣自略陽歸南, 世在靑·徐立效, 爲土人所信重, 故使還說安都. 榮祖, 護之之從子也.

⑦ 선행이 쌓이지 않으면 반드시 남는 재앙이 있다. 孝武帝는 탐욕스럽고 음탕하고 사치와 학대를 이루어 人倫의 도리가 다 없어졌으므로 桓榮祖가 그렇게 말한 것이다.
不善之積, 必有餘殃. 孝武貪淫, 濟以奢虐, 人倫道盡, 故榮祖云然.

⑧ 우레가 소리를 내면 사물이 그때를 따라 응하지 않는 것이 없으므로 響應을 雷同이라고 한다.
雷之發聲, 物無不隨時而應者, 故以響應爲雷同.

【綱】 宋나라 兗州刺史 殷孝祖가 군대를 이끌고 建康으로 달려갔다.

宋兗州刺史殷孝祖 帥兵赴建康[5)]하다

【目】 宋主(劉彧)가 兗州刺史 殷孝祖의 사위 葛僧韶를 보내어 은효조를 入朝하도록 설득하게 하였는데, 은효조가 妻子를 瑕丘에 맡겨두고 문관과 무관 2천 명을 인솔하여 그날로 建康으로 갔다. 이때 조정 안팎의 사람들이 근심하고 위태로워하여 모두 도망해 흩

5) 宋兗州刺史殷孝祖帥兵赴建康 : "建康으로 달려갔다고 한 것은 무엇인가. 바름을 따름을 인정한 것이다.〔書赴建康 何 予從正也〕" ≪書法≫

어지려 하였는데, 은효조가 갑자기 이르니 거느린 사람들이 모두 中原과 荊州의 장사들이었으므로 인심이 크게 안정되었다. 마침내 은효조에게 符節을 주어 선봉을 감독하게 하여 虎檻으로 가게 하였다.

예전에 宋主가 畢衆敬을 보내어 兗州에 가서 사람들을 모집하라고 하였는데, 이때에 薛安都가 필중경을 兗州行事를 삼고 필중경을 시켜 은효조의 여러 아들들을 죽이게 하였다. 연주 경내 사람들이 모두 필중경을 따랐으나 오직 東平太守 申纂만은 無鹽을 점거하고 따르지 않았다.

宋主遣兗州刺史殷孝祖之甥葛僧韶하여 說孝祖入朝한대 孝祖委妻子於瑕丘하고 帥文武二千人하여 卽日還建康①하니 時에 內外憂危하여 咸欲奔散이러니 孝祖忽至하니 所領皆傖楚壯士라 人情大安②하니 乃假孝祖節하여 督前鋒하여 遣向虎檻하다 初에 宋主遣畢衆敬하여 詣兗州募人이러니 至是하여 薛安都以衆敬行兗州事하여 使殺孝祖諸子하니 州境皆附之호되 唯東平太守申纂據無鹽不從③하다

① 瑕丘縣은 옛적의 魯瑕邑이니, 漢나라 때에는 山陽郡에 속하고 魏·晉 때에는 없앴고, 宋나라때에는 兗州의 治所가 되었다.
瑕丘縣, 故魯瑕邑, 漢屬山陽郡, 魏晉省, 宋爲兗州治所.

② 江南에서는 中原 사람을 傖이라 하고, 荊州 사람을 楚라고 하였다.
江南謂中原人爲傖, 荊州人爲楚.

③ 申纂은 申鍾의 曾孫이다.
纂, 鍾之曾孫也.

【綱】 宋나라가 병사를 나누어 豫州와 會稽를 토벌하다.

宋分兵討豫州會稽하다

【目】 宋主(劉彧)가 친히 군사를 통솔하여 中堂에 나아가 머물렀고, 山陽王 劉休祐로 豫州刺史를 삼아 劉勔·呂安國 등의 군대를 감독하여 殷琰을 토벌하게 하고, 巴陵王 劉休若으로 沈懷明·張永·蕭道成 등의 군대를 감독하여 孔覬를 토벌하게 하였다.

이때에 將士들이 대부분 동쪽 지방 사람들이어서 父兄 子弟들이 대부분 孔覬를 따랐다. 宋主가 이로 말미암아 군대를 전송하면서 유시하기를 "朕이 막 덕에 힘쓰고 형벌을 줄여서 父子와 兄弟 간에 죄가 서로 미치지 않게 하겠다. 卿 등이 마땅히 이 뜻을 깊이

헤아려 친척 때문에 근심하지 말라."라고 하니 군사들이 이에 크게 기뻐하였다. 무릇 반역자의 親黨으로 建康에 있는 자들은 직책을 이전대로 두었다.

宋主親總兵하여 出頓中堂하고 以山陽王休祐로 爲豫州刺史하여 督劉勔呂安國等軍하여 討殷琰①하고 巴陵王休若으로 督沈懷明張永蕭道成等軍하여 討孔覬하니 時에 將士多東方人이라 父兄子弟 多已附覬하니 宋主因送軍諭之曰 朕이 方務德簡刑하여 使父子兄弟로 罪不相及하니 卿等이 當深達此懷하여 勿以親戚爲慮也하라 衆이 於是大悅이러니 凡叛人親黨在建康者 居職如故하다

① 勔은 彌兗의 切이다.
勔, 彌兗切.

【綱】 宋나라 太后 路氏가 殂하였다.

宋太后路氏殂[6]하다

【目】 太后가 宋主(劉彧)를 초청하여 술자리를 마련하고 독주를 올리니, 宋主가 그것을 알아차리고 즉시 그 술잔으로 祝壽를 올리니, 이날에 太后가 殂하였다.

太后延宋主하여 置酒進毒하니 宋主知之하고 卽以其巵上壽하니 是日에 太后殂하다

【綱】 2월에 宋나라 臺軍(官軍)이 義興에서 승리하였다.

二月에 宋臺軍克義興하다

【目】 孔覬가 그의 장수를 보내어 晉陵에 주둔하게 하였는데, 陣容이 매우 성대하니 沈懷明 등이 감히 전진하지 못하였다. 모두가 巴陵王 劉休若에게 물러나 破岡을 지킬 것을 권하였는데, 유휴약이 명령을 내리기를 "감히 후퇴를 말하는 자가 있으면 참수하겠다."라고 하니, 군사들이 마침내 조금 안정되었다.

殿中御史 吳喜가 宋主(劉彧)에게 청하여 정예병 3백 명을 얻어 동쪽에서 목숨을 바쳐

---

6) 宋太后路氏殂 : "이에 太后가 宋主를 초청하여 술 안에 독약을 넣었다. 황제가 그것을 알아차리고 그대로 그 술잔으로 祝壽를 올리니 마침내 태후가 殂하였다. 宋主는 孝武帝에게 이복동생이 되고 태후는 효무제의 모친인데, '弒(시해했다)'라고 기록하지 않은 것은 어째서인가. 죄가 宋主에게 있지 않기 때문에 일상적인 말을 따라 '殂'라고 기록한 것이다.〔於是 太后延宋主進毒酒中 帝知之 因以上壽遂殂 宋主於孝武爲異母弟 太后則孝武之母也 其不書弒 何 罪不在宋主也 故從恒辭書殂〕" ≪書法≫

싸울 것을 바라였는데, 宋主가 羽林軍의 勇士를 뽑아서 배속시켰다. 논의하는 이들은 오희가 문서를 담당하는 사람이여서 장수가 된 적이 없으니 보내서는 안 된다고 하였다. 中書舍人 巢尙之가 말하기를 "오희는 옛날에 沈慶之를 따라 여러 번 전쟁을 경험하여 용기 있게 결단하고 전투에 익숙하니 만약 그에게 맡길 수 있다면 반드시 공적을 이룰 것입니다."라고 하자, 마침내 그를 파견하였다.

오희는 성품이 寬厚하여서 누차 東吳 지역에 사신 갔을 적에 사람들이 모두 사모하였다. 이때 오희가 왔다는 소식을 듣고 모두 멀리서 그 모습만 보고도 항복하거나 흩어졌다. 國山에 이르러 東軍(동쪽 지역의 반군)과 조우하여 격파하여 그 장군을 참수하고 전진하여 義興을 압박하였다. 劉延熙가 木柵을 세우고 긴 다리를 끊고서 義興郡을 직접 지켰다. 그러자 오희가 성책을 쌓아 포위하고 유연희와 서로 대치하였다. 庾業이 長塘에 성을 쌓아 유연희와 서로 호응하려 하였는데, 마침 宋主가 다시 督護 任農夫를 파견하여 임농부가 여기에 이르러서 유업의 성이 완성되기 전에 공격하여 패주시키고 그들의 배와 병장기를 거두었다. 그러고 나서 의흥군을 향해 전진하여 오희를 도와서 의흥군을 공격하여 함락시켰다. 반군의 여러 보루들이 모두 무너지자 유연희는 물에 뛰어들어 죽었다.

孔顗遣其將하여 軍晉陵한대 部陳甚盛①하니 沈懷明等이 不敢進이라 咸勸巴陵三休若하여 退保破岡②한대 休若宣令호되 敢言退者면 斬호리라 衆乃小定하다 殿中御史吳喜 請於宋主하여 願得精兵三百하여 致死於東한대 宋主 簡羽林勇士配之하니 議者 以喜刀筆主者다 未嘗爲將하니 不可遣이라하다 中書舍人巢尙之曰 喜昔隨沈慶之하여 屢經軍旅하여 勇決習戰하니 若能任之면 必有成績하리라 乃遣之하니 喜性寬厚라 數使東吳에 人竝懷之③러니 及聞其來하고 皆望風降(항)散하니 至國山하여 遇東軍하여 擊破之하여 斬其將④하고 進逼義興하니 劉延熙柵斷長橋하고 保郡自守어늘 喜築圍與相持⑤하니 庾業이 於長塘에 築城하여 與延熙相應이러니 會宋主復遣督護任農夫至⑥하여 業城未合에 攻破走之하고 收其船仗하여 向義興助喜하여 攻郡克之하니 諸壘皆潰라 延熙赴水死하다

① 軍은 주둔하여 지킴을 말한다.
軍, 謂屯守也.
② 破岡은 曲阿 경내에 있는데, 秦 始皇帝가 뚫은 것이다.
破岡, 在曲阿界, 秦始皇所鑿也.
③ ≪資治通鑑≫에는 "이르는 곳마다 사람들이 모두 그를 사모하였다." 하였다.
通鑑 "所至人竝懷之."
④ 國山은 陽羨縣 경내에 있다. 晉나라 때에는 義興郡을 세우고, 陽羨縣을 나누어 國山縣을 두

고 의흥군에 소속시켰다.

國山在陽羨縣界. 晉立義興郡, 分陽羨置國山縣屬焉.

⑤ 胡三省이 말하기를 "義興은 지금 常州의 宜興이다. 우리 宋나라 太平興國 원년(976)에 太宗의 御名[7]을 피하여 宜興으로 바꾸었다. 여기의 긴 다리는 荊溪의 상류에 있는 것이다. 지금 宜興縣 남쪽 20步에 荊溪가 있는데, 위로 1백 개의 개울을 이어받고 겸하여 몇 郡의 물을 받아들인다. 劉延熙는 木柵을 세우고 荊溪의 다리를 끊어서 자신을 보전한 것이다. ≪輿地志≫에 말하기를 '지금 常州 宜興縣 남쪽 30步에 긴 다리가 있는데 바로 周處가 이무기를 벤[8] 곳이다." 하였다.

胡三省曰"義興, 今常州之宜興也. 我朝太平興國元年, 避太宗御名, 改爲宜興. 此長橋蓋在荊溪之上. 今宜興縣南二十步有荊溪, 上承百瀆, 兼受數郡之水. 劉延熙蓋柵斷荊溪之橋以自保. 輿地志曰'今常州宜興縣南三十步有長橋, 卽周處斬蛟之所.'"

⑤ 여기에서 句를 뗀다.

句.

【綱】北魏 丞相 太原王 乙渾이 반역을 도모하다 주벌되고 馮太后가 制를 稱하였다.

魏丞相太原王乙渾謀反伏誅하고 **太后稱制**하다

【目】乙渾은 정권을 독점하고 사람을 많이 죽이니 侍中 拓跋丕가 을혼이 반란을 도모했다고 고하였는데, 馮太后가 을혼을 체포하여 죽이고 마침내 조정에 임하여 制를 칭하고 中書令 高允과 侍郎 高閭와 將軍 賈秀를 끌어들여 중대한 정무에 함께 참여하게 하였다.

渾專權多殺하니 **侍中拓跋丕告其謀反**한대 **馮太后收渾誅之**①하고 **遂臨朝稱制**하고 **引中書令高允**과 **侍郎高閭**와 **將軍賈秀**하여 **共參大政**하다

① 拓跋丕는 拓跋翳槐(烈帝)의 玄孫이다.

丕, 翳槐之玄孫也.

---

7) 太宗의 御名 : 宋 太宗 趙光義를 말한다. 즉위한 뒤에 趙炅으로 이름을 바꾸었다.

8) 周處가……벤 : 晉나라 때 周處가 사는 향리에서 南山의 범, 물속의 이무기, 주처 자신을 세 가지 해악으로 꼽았는데, 나중에 주처가 개과천선하여 범을 사살하고 이무기를 베어 죽이고, 그 뒤에 주처가 분발하여 학문에 매진했다.(≪晉書≫ 권58 〈周處列傳〉)

【綱】 宋나라 臺軍(官軍)이 晉陵·吳興·吳郡을 함락하였다.

宋臺軍克晉陵吳興吳郡하다

【目】 沈懷明 등이 東軍(동쪽 지역의 반군)과 서로 대치하였는데 오래도록 결판이 나지 않았다. 마침 宋主(劉彧)가 將軍 江方興과 御史 王道隆을 보내어 이들이 晉陵에 도착하니 동쪽 지역의 반군은 5개 성이 서로 연대하였으나 성이 아직 견고하지는 못하였다. 王道隆이 諸將들에게 말하기를 "이 성이 아직 견고하지 못하니 그대들의 손을 빌려서 공격하여 위로는 聖上의 뜻에 부합하고 아래로는 군대의 사기를 높이고자 한다."라고 하고, 마침내 거느린 병사들을 지휘하여 급히 공격해 함락하고 그 장군을 참수하고 승세를 타서 진격하니 東軍이 패주하여 마침내 晉陵郡을 함락하였다.

孔璪는 이때 吳興郡 南亭에 주둔하고 있었는데 王曇生·顧琛과 함께 모두 郡을 버리고 會稽로 도주하였다. 宋主는 4개 郡이 평정되었다고 하여 마침내 吳喜를 남겨두어 諸將들을 통솔하게 하여 회계를 공격하게 하고, 장영을 불러서 彭城을 공격하게 하고, 江方興을 불러서 尋陽을 공격하게 하였다.

沈懷明等이 與東軍으로 相持에 久不決이러니 會宋主遣將軍江方興과 御史王道隆하여 至晉陵하니 東軍五城相連이나 城猶未固라 道隆이 謂諸將曰 此城未固하니 可以藉手하여 上副聖旨하고 下成衆氣라하고 乃帥所領하여 急攻拔之하여 斬其將하고 乘勝進擊하니 東軍敗走라 遂克晉陵하다 孔璪時屯吳興南亭이러니 與王曇生顧琛으로 皆棄郡奔會稽하니 宋主以四郡既平①이라하여 乃留喜使統諸將하여 擊會稽하고 召張永擊彭城하고 江方興擊尋陽하다

① 4郡은 晉陵郡·義興郡·吳興郡·吳郡이다.
四郡, 晉陵·義興·吳興·吳郡也.

【綱】 宋나라가 蔡興宗을 僕射로 삼고 褚淵을 吏部尙書로 삼았다.

宋以蔡興宗爲僕射하고 褚淵爲吏部尙書하다

【綱】 宋나라 臺軍(官軍)이 會稽를 함락하였다.

◑宋臺軍克會稽하다

【目】 吳喜와 任農夫 등이 병사를 이끌고 會稽로 향해 가서 그 군대를 격파하고 西陵을 빼앗아 庾業을 참수하였고, 上虞縣令 王晏이 병사를 출동하여 郡을 공격하니, 孔顗가 도주하였다. 車騎從事中郎 張綏가 창고를 봉하고 오희를 기다렸는데, 왕안이 성에 들어와서 장수를 죽이고 尋陽王 劉子房을 사로잡고 군사를 풀어 크게 노략질하여 孔璪와 孔顗를 잡아서 공조를 죽이고 공의에게 말하기를 "이 일은 공조가 한 짓이니 卿의 일과는 상관이 없다. 자수하는 글을 작성하라. 응당 경을 위해 上申하겠다."라고 하니, 공의가 말하기를 "江東에서 조처한 일이 나에게 연유하지 않은 것이 없었으니 죄를 떠넘기고 살길을 찾는 것은 그대 무리의 뜻일 뿐이다."라고 하자, 아울러 참수하였다. 顧琛 등이 오희에게 가서 죄를 받겠다고 하자 오희가 모두 용서하고, 尋陽王 劉子房을 建康에 압송하여 松滋侯로 강등시켰다.

吳喜任農夫等引兵向會稽하여 破其兵하고 取西陵하여 斬庾業하고 上虞令王晏이 起兵攻郡하니 孔顗出走어늘 車騎從事中郎張綏 封府庫以待喜①러니 晏入城하여 殺綏하고 執尋陽王子房하고 縱兵大掠하여 獲孔璪及顗하여 殺璪하고 謂顗曰 此事孔璪所爲니 無預卿事라 可作首辭니 當爲申上②하리라하니 顗曰 江東處分이 莫不由身하니 委罪求活은 便是君輩行(항)意耳라한대 乃竝斬之③하다 顧琛等이 詣喜歸罪어늘 喜皆宥之④하고 送子房建康하여 貶松滋侯하다

① 여기에서 句를 뗀다.
句.
② "首辭"는 죄를 시인하는 것이다. 爲(위하다)는 去聲이다. 上(올리다)은 時掌의 切이다.
首辭, 所以首罪. 爲, 去聲. 上, 時掌切.
③ 行(무리)는 胡郎의 切이다. "君輩行"은 王晏 등을 가리킨다.
行, 胡郎切. 君輩行, 指晏等也.
④ "歸罪"는 자신에게 돌려 죄를 청함이다.
歸罪, 自歸而請罪也.

【綱】 3월에 宋나라 臺軍(官軍)이 赭圻(자기)에서 패하여 殷孝祖가 죽으니, 沈攸之가 〈江方興에게〉 대신 군대를 거느리게 하여 尋陽의 군대를 공격하여 크게 격파하였다.

三月에 宋臺軍敗于赭圻하여 殷孝祖死하니 沈攸之代將하여 擊尋陽軍하여 大破之[9)]하다

9) 宋臺軍……大破之 : "江左에 나라를 세운지 오래되었는데, 아직 '臺軍'이라고 기록한 적이 없었는데 '臺軍'이라고 기록한 것은 어째서인가. 外兵(지방의 반군)과 구별한 것이다. 이때에 劉子勛도 宋나라

【目】 鄧琬은 비루하고 어리석으며 탐욕스럽고 인색하며 관작을 팔고 장사를 하며 술 마시고 노름하여 밤낮으로 쉬지 않으니, 여러 소인들이 횡포를 부려서 상과 벌을 다투어 행사하였다. 이에 士民들이 분개하며 원망하여 안팎으로 인심이 이반되었다. 등완은 孫沖之를 보내어 薛常寶 등 1만 명을 통솔하여 선봉이 되어 赭圻(자기)를 점거하게 하였다. 손충지가 劉子勛에게 아뢰기를 "함선은 이미 마련되었고 무기도 역시 정비되었으니 즉시 강물을 따라 곧바로 白下를 차지하려고 합니다. 원컨대 속히 여러 군대를 보내어 두 배 속도로 행군하여 서로 만나도록 하십시오."라고 하였다. 유자훈은 마침내 陶亮으로 5州의 병사 도합 2만 명을 통솔하여 함께 내려가게 하였다. 도량은 감히 전진하지 못하고 군대를 鵲洲에 주둔시켰다.

殷孝祖는 충성스런 절의를 자부하여 諸將들을 능멸하고 臺軍 중에 親屬이 南軍(尋陽의 반군)에 있는 자들을 모두 심문해 다스리려고 하니, 이로 말미암아 인심이 이반되었다. 沈攸之는 안으로 將士들을 어루만지고 밖으로 여러 장수들을 화합시키니 대중들이 모두 그를 의지하였다. 殷孝祖는 전투할 때마다 늘 북과 日傘을 가지고 자신을 따르게 하니, 軍中에서 서로 말하기를 "殷統軍은 죽은 장군이라고 말할 수 있다. 적과 칼날이 교차하는데 자신을 드러내기를 이와 같이 하니, 만일 열 사람이 겨누어 쏘면 죽지 않으려고 해도 가능하겠는가."라고 하였다. 자기를 공격할 적에 은효조가 과연 날아오는 화살에 맞아 죽었다. 사람들이 마음속으로 놀라고 두려워하면서 아울러 심유지가 당연히 대신 군대를 통솔하고 감독해야 한다고 여겼다.

鄧琬이 鄙闇貪吝하여 賣官鬻爵하고 販賣飲博하여 日夜不休하니 群小橫恣하여 競爲威福하니 於是에 士民忿怨하여 中外離心이러라 琬이 遣孫沖之하여 帥薛常寶等萬人爲前鋒하여 據赭圻하니 沖之啓子勛曰 舟楫已辦하고 器械亦整하니 便欲沿流하여 直取白下하노니 願速遣衆軍하여 兼行相接①하소서 子勛이 乃以陶亮으로 統五州兵合二萬人하여 俱下②하니 亮不敢進하여 屯軍鵲洲③러라 殷孝祖 負其誠節하여 陵轢諸將하고 臺軍有親屬在南者를 悉欲推治하니 由是로 人情乖離④라 沈攸

황제를 칭하였으니 '宋'이라고 기록하면 누구인지를 알지 못하므로 '臺軍'이라고 말한 것이다. 臺軍을 패배시킨 이는 孫沖之인데, 스스로 패한 것으로 글을 쓴 것은 어째서인가. 外兵을 臺軍의 위에 올려놓지 않은 것이다. 그렇다면 南兵(남쪽 지역의 반군)의 격파는 江方興의 힘인데, 어째서 沈攸之만 기록하였는가. 심유지가 사양하고 統軍이 되지 않았으니, 그런 뒤에 강방흥이 감격하여 힘써 싸웠으니 강방흥의 공은 심유지의 공이다. ≪資治通鑑綱目≫에서 공을 심유지에게 돌린 것은 국가를 생각하고 사사로움을 잊게 하는 권고가 지극하기 때문이다.〔江左建國久矣 未有書臺軍者 書臺軍 何 別外兵也 於是子勛亦稱宋帝 書宋 則不知其爲誰也 故曰臺軍 敗臺軍者 孫沖之也 以自敗爲文 何 不以外兵加臺軍也 然則南兵之破 方興力也 曷爲止書攸之 攸之讓不爲統 然後方興感激力戰 則方興之功 攸之之功也 綱目歸功攸之 其爲體國忘私之勸至矣〕" ≪書法≫

之 內撫將士하고 外諧群帥하니 衆竝賴之러라 孝祖每戰에 常以鼓蓋自隨하니 軍中相謂호되 殷統軍은 可謂死將矣로다 與賊交鋒而自標若此하니 若以十人射(석)之면 欲不斃라도 得乎⑤아 及攻赭圻에 孝祖 果中流矢而死하니 人情震駭하여 竝謂攸之當代爲統督이러라

① 白下는 江寧縣 경내 臨江津에 있다.
白下, 在江寧縣界臨江津.
② 5州는 郢州・荊州・湘州・梁州・雍州이다.
五州, 郢・荊・湘・梁・雍也.
③ 鵲頭는 宣城 경내에 있고, 鵲尾는 廬江 경내에 있는데, 鵲洲는 長江 안의 섬이다.
鵲頭, 在宣城界. 鵲尾, 在廬江界. 鵲洲則江中之洲也.
④ "誠節"은 鎭을 맡아 王事에 힘써서 妻子를 돌보지 않음을 말한다. 南은 南軍(남쪽에 있는 군대)이다. 南은 尋陽이 남쪽에 있어서 臺軍(官軍)이 長江을 따라 남쪽으로 거슬러 올라가서 공격하는 것을 이른다.
誠節, 謂委鎭勤王, 不顧妻子也. 南, 南軍也. 南, 謂尋陽在南, 臺軍泝江南上而攻之.
⑤ 標라는 말은 나타냄이며 기록함이다. ≪資治通鑑≫에는 "羽儀로 자신을 나타냈다." 하였다.
標之言, 表也, 記也. 通鑑 "以羽儀自標顯."

【目】 이때에 劉休仁이 江方興 등을 보내어 赭圻에 나아가게 하였다. 沈攸之는 殷孝祖가 이미 죽었으니 다음 날 공격하지 않으면 허약함을 보이는 것이고, 강방흥의 명예와 지위가 서로 버금가서 반드시 자신의 아래가 되지 않을 것이니 군대의 政令이 통일되지 않음은 패배를 초래하는 길이라 하고, 마침내 諸軍의 主將들을 이끌고서 강방흥에게 가서 다음과 같이 말하였다.

"일의 성공 여부는 오직 내일 아침 한 번의 전투에 달려 있으니 이기지 못하면 대세가 틀어질 것이다. 여러 사람들 중에 어떤 사람은 내가 마땅히 統軍이 되어야 한다고 말하지만 내 자신을 헤아려보면 재능이 적어 재간과 책략이 卿보다 못하다. 지금 바로 그대를 추대할 것이니 다만 서로 함께 힘을 다할 뿐이다."

강방흥은 매우 기뻐하여 허락하였는데, 諸軍의 주장들 중에 어떤 사람이 심유지를 책망하자 심유지가 말하였다.

"나는 본래 난리를 함께 구제하여 국가를 안정시키고 살리려고 하는 것이니 어찌 명예와 지위의 높낮이를 따져서 스스로 분란을 조성하겠는가."

다음 날에 강방흥이 여러 군대를 지휘하여 나아가 전투하여 南軍(尋陽의 반군)을 크게 격파하고 巢湖口와 白水口의 두 성을 빼앗았는데, 황제(劉彧)가 조서를 내려서 심유지

에게 선봉을 감독하게 하니, 陶亮이 크게 두려워하여 孫沖之를 불러서 鵲尾로 돌아오게 하고 薛常寶를 남겨서 赭圻를 지키게 하였다.

이때 전쟁이 크게 일어나 국가 재정이 부족하니, 백성을 모집하여 조정에 돈과 곡식을 바치게 하고 그들을 차등에 따라 관직에 보임하였는데도 근대에는 식량이 부족하였다. 建安王 劉休仁이 將士들을 위로하면서 양식의 분배를 고르게 하고, 죽은 이를 조문하고 다친 이를 문병하면서 몸소 긍휼히 여겼다. 이 때문에 10만 군사 중에 이반할 마음을 갖는 자가 없었다.

鄧琬이 劉胡를 보내어 군사 10여만 명을 통솔하여 작미에 주둔하게 하였다. 유호는 노숙한 장군이라, 용감하고 임기응변이 많아서 누차 戰功을 세우니 將士들이 경외하였다. 參軍 蔡那의 자제들이 襄陽에 있었다. 유호는 전투할 때마다 그들을 성 밖에 매달아 두었는데, 채나는 전진하여 싸우면서 돌아보지 않았다. 吳喜 역시 휘하의 5천 명을 통솔하고 아울러 군수품을 운반하여 자기에 도착하였다.

時에 休仁遣江方興等赴赭圻하니 攸之以爲孝祖旣死하니 明日不攻이면 則示之以弱이라 方興이 名位相亞하여 必不爲己下니 軍政不一 致敗之由也①라하고 乃帥諸軍主하여 詣方興曰 事之濟否 唯在明朝[10]一戰하니 不捷則大事去矣라 諸人이 或謂吾應爲統이나 自卜(儒)〔懦〕[11]薄하여 幹略이 不如卿이라 今輒相推하니 但當相與戮力耳라 方興甚悅하여 許諾하니 諸軍主或尤攸之한대 攸之曰 吾本欲共濟艱難하여 以安國活家니 豈計名位之升降而自措同異哉리오 明日에 方興이 帥諸軍進戰하여 大破南軍하고 拔湖白二城②한대 詔以攸之로 督前鋒하니 陶亮大懼하여 召沖之還鵲尾하고 留薛常寶守赭圻하다 時에 軍旅大起하여 國用不足하니 募民上錢穀하고 補官有差호되 軍中食少라 建安王休仁撫循將士하여 均其豐儉하고 弔死問傷하여 身親隱恤이라 故十萬之衆이 莫有離心③이러라 鄧琬이 遣劉胡帥衆十餘萬하여 屯鵲尾하니 胡는 宿將이라 勇健多權略하여 屢有戰功하니 將士畏之러라 參軍蔡那子弟在襄陽하니 胡每戰에 懸之城外호되 那 進戰不顧④하고 吳喜 亦帥所領五千人하고 竝運資實하여 至于赭圻하다

① 沈攸之와 江方興은 모두 寧朔將軍이었으므로, 명예와 지위가 서로 버금간다고 한 것이다. 亞는 버금이다.
攸之·方興皆寧朔將軍, 故言名位相亞. 亞, 次也.

② 孫沖之가 湖口·白口에 두 개 성을 쌓았다. 湖口와 白口는 巢湖口와 白水口를 말한다.

---

10) 朝 : 저본에는 '朝'로 되어 있으나, ≪資治通鑑≫에 '旦'으로 되어 있다. '旦'은 太祖 李成桂의 改諱이므로 朝鮮本에서 忌諱하여 '朝'로 대용한 것이다.

11) (儒)〔懦〕 : 저본에는 '儒'로 되어 있으나, ≪資治通鑑≫에 의거하여 '懦'로 바로잡았다.

沖之於湖・白口築二城. 湖・白口, 謂巢湖口及白水口也.

③ 隱은 헤아림이며 아파함이다. 恤은 근심함이며 가여워함이다.
隱, 度也, 痛也. 恤, 憂也, 愍也.

④ 劉胡는 襄陽에서 동쪽으로 내려갈 적에 蔡郴의 子弟를 구속하여 군대를 따르게 한 것이다.
胡自襄陽東下, 拘郴子弟以隨軍.

【綱】 宋나라가 새로운 동전의 유통을 금지하고 옛 동전만을 사용하게 하였다.

宋斷新錢하고 **專用古錢**①하다

① 元嘉四銖錢과 孝建四銖錢을 아울러 금지하고 사용하지 않은 것이다.
幷元嘉四銖・孝建四銖,[12] 皆斷不用也.

【綱】 여름 4월에 宋나라 臺軍(官軍)이 赭圻를 함락하였다.

◑ **夏四月**에 **宋臺軍拔**赭圻하다

【目】 沈攸之가 여러 군대를 거느리고서 赭圻를 포위하니 薛常寶 등이 군량이 다하여 劉胡에게 고하여 구원을 청하였다. 유호는 쌀자루를 뗏목과 배의 선창에 매달고 이를 뒤엎어서 바람을 따라 흘러 내려가게 하여 설상보에게 수송하였다. 심유지가 이상한 점을 의심하여 사람을 보내 그것을 가져오게 하여 쌀자루를 많이 얻었다. 유호가 또 육로로 쌀을 수송하자 심유지가 요격하여 유호가 상처를 입고 도주하였다. 이에 설상보가 두려워하여 도주해 돌아오자 심유지가 마침내 자기를 함락시키고 建安王 劉休仁이 진군하여 주둔하였다. 유호 등의 병력이 여전히 강성하여 宋主(劉彧)가 褚淵을 보내 虎檻에 이르게 하여 將士들을 선발하여 임용하게 하니, 이때에 軍功으로 관직을 제수한 자가 많아 전부 板을 줄 수 없어서 비로소 黃紙를 사용하였다.

沈攸之 帥諸軍하여 圍赭圻하니 薛常寶等이 糧盡하여 告劉胡求救한대 胡以囊米繫流査及船腹而覆之하여 順風流下하여 以餉常寶①하니 攸之疑有異하고 遣人取之하여 大得囊米하고 胡又陸運餉之어늘 攸之邀擊하여 胡被創走하니 常寶 惶懼走還이어늘 攸之 遂拔赭圻하고 建安王休仁 進屯之하다

12) 元嘉四銖 孝建四銖 : 元嘉四銖錢은 宋 文帝 元嘉 7년(430)에 鑄造한 四銖錢이고, 孝建四銖錢은 宋 武帝 孝建 원년(454)에 주조한 것으로 뒷면에 '孝建'이라고 표시하였다. 둘 다 동전의 크기와 두께가 이전의 동전보다 작고 형태도 조잡하여 백성들이 몰래 주조하는 경우가 많았다.

胡等兵猶盛이라 宋主遣褚淵至虎檻하여 選用將士②하니 時에 以軍功除官者衆이라 板不能供하여 始用黃紙③하다

① 查는 槎와 통하니 물에 뜨운 나무이다. 船腹은 배의 中心이다. 覆은 엎어짐이다.
査, 與槎通, 水中浮木也. 船腹, 船中心也. 覆, 傾覆也.

② 〈"選用將士"는〉 인심을 안정시키려 한 것이다.
欲綏慰人情.

③ 魏·晉에서 梁·陳까지 관직을 제수하는 데 板이 있었는데, 길이가 1尺 2寸, 두께가 1寸, 너비가 7寸이었다. 관직을 제수하는 말이 板 위에 있으니, 鵠頭書[13]라고 한다.
魏·晉至梁·陳, 授官有板, 長一尺二寸, 厚一寸, 闊七寸. 授官之辭, 在於板上, 爲鵠頭書.

【綱】 5월에 宋나라 臺軍(官軍)이 壽陽을 포위하였다.

五月에 宋臺軍圍壽陽하다

【目】 殷琰이 劉順을 보내서 諸將을 감독하여 宛唐에 웅거하게 하였는데 皇甫道烈은 토착 豪族이고 柳倫은 臺省(조정)의 사자이므로 지휘를 받지 않았다. 劉勔이 막 도착하여 참호와 보루가 완성되지 않았을 때에 유순이 공격하려 하였는데, 황보도열과 柳倫이 안 된다고 하니 유순이 홀로 전진할 수 없어 마침내 중지하였다. 유면의 진영이 완성되고 나서는 다시 공격할 수 없어서 그대로 서로 굳게 지켰다. 유순 등의 양식이 바닥나자 은염의 장수 杜叔寶가 쌀을 실어서 수송하였다.

呂安國이 말하기를 "유순은 정예병이 8천 명인데 우리 군대는 반도 되지 못하니, 의존할 것은 저들의 식량이 장차 고갈하는 것이요, 우리들의 식량이 넉넉한 것뿐입니다. 만일 쌀을 도착되게 하면 다시 도모하기가 어렵습니다. 지금 샛길로 가서 저들의 쌀 수레를 습격하여 저들이 생각지 못한 곳을 공격해야 하니, 만약 이를 제압할 수 있으면 장차 싸우지 않고도 패주시킬 수 있습니다." 하였다. 유면은 옳다고 여기고 피로하며 허약한 자들로 군영을 지키게 하고 정예병 1천 명을 뽑아서 여안국에게 배속시켜서 샛길을 따라가서 쌀 수레를 빼앗게 하였다. 여안국이 그 선두 대열 5백 명을 참수하자 두숙보가 쌀을 버리고 도주하였다.

5월에 유순의 부대가 붕괴되어 도주하자 이에 유면이 북을 치며 행군하여 壽陽으로

13) 鵠頭書 : 鵠頭 書體로 쓴 詔書이다. 인재를 辟召할 때 사용한 詔書 또는 詔板으로 鵠頭版, 鵠頭板, 鵠板, 鵠書라 하였다.

가서 諸軍과 함께 성 밖 여러 산에 군영을 나누어 설치하였다. 宋主(劉彧)가 사람을 보내어 詔書를 가지고 가서 은염의 죄를 사면하니 은염은 두숙보와 함께 항복하려 하였으나 軍心이 일치하지 않아서 다시 성곽을 둘러싸고 굳게 수비하였다.

殷琰이 使劉順으로 督諸將據宛唐한대 而以皇甫道烈은 土豪요 柳倫은 臺使로 不受節度①러니 劉勔始至하여 塹壘未立에 順이 欲擊之한대 道烈與倫不可라하니 順이 不能獨進하여 乃止하니 勔營既立에 不可復攻이라 因相持守러니 順等糧盡하니 琰將杜叔寶 載米餉之어늘 呂安國曰 順精甲八千이로되 而我衆不能居半하니 所賴者는 彼糧行竭②이요 我食有餘耳라 若使米至면 難可復圖니 今可間道襲其米車하여 出彼不意니 若能制之면 將不戰而走矣리라 勔이 以爲然하여 以疲弱守營하고 簡精兵千人配安國하여 使從間道抄之하여 斬其前行五百人한대 叔寶 棄米走하니 五月에 順이 衆潰走어늘 於是에 勔이 鼓行向壽陽하여 與諸軍分營城外諸山하니 宋主遣人齎詔하여 宥琰罪하니 琰與叔寶欲降이나 而衆心不一하여 復嬰城固守하다

① 宛唐은 살펴보건대 ≪水經註≫에 死雩로 되어 있다. ≪수경주≫에 이르기를 "肥水는 九江 成德縣을 지나 서북으로 가서 芍陂로 들어가고, 또 북쪽으로 가서 오른쪽으로 閻潤水와 합류하고, 물이 모여 陽湖가 되었다. 陽湖水는 제방에서 서북쪽으로 가서 死雩亭을 지나는데, 宋나라 泰始 초기에 劉順이 점거하여 劉勔에게 항거한 곳이다." 하였다. 杜佑의 ≪通典≫에는 死虎로 되어 있고, 말하기를 "死虎는 地名이니, 壽州 壽春縣 동쪽 40여 里에 있다." 하였다. ≪資治通鑑≫에는 "이때 殷琰이 보낸 諸軍이 모두 劉順의 지휘를 받았다. 그러나 皇甫道烈은 토착 豪族이고, 柳倫은 臺省(조정)에서 파견한 인물인데 유순은 본래 한미한 출신이므로 오직 두 군대만은 통솔하고 감독하지 못하게 하였다." 하였다.
宛唐, 按水經註作死雩. 云"肥水過九江成德縣西北, 入芍陂, 又北, 右合閻潤水, 水積爲陽湖. 陽湖水自塘西北, 逕死雩亭, 宋泰始初, 劉順據之以拒劉勔." 杜佑通典作死虎, 曰"死虎, 地名, 在壽州壽春縣東四十餘里." 通鑑"時琰所遣諸軍, 竝受順節度, 而以皇甫道烈土豪, 柳倫臺之所遣, 順本卑微, 唯不使統督二軍."

② 行(장차)은 將과 같다.
行, 猶將也.

【綱】가을 7월에 宋나라가 楊僧嗣를 武都王으로 삼았다.

秋七月에 宋以楊僧嗣爲武都王하다

【目】예전에 武都王 楊元和가 나라를 버리고 北魏로 도주하니 그의 從弟 楊僧嗣가 스스로 즉위하여 葭蘆에 주둔하였다. 費欣壽가 巴東에 이르니 巴東 사람들이 그를 참수하고

三峽을 막아 지켰다. 蕭惠開가 다시 병사를 보내어 梁州로 출동하니 楊僧嗣가 여러 氐族들을 통솔하여 그 길을 단절시키고 샛길로 사자를 보내어 고하자 宋主(劉彧)가 양승사를 武都王으로 삼았다.

初에 武都王楊元和棄國奔魏하니 其從弟僧嗣自立하여 屯葭蘆러니 費欣壽 至巴東하니 巴東人斬之하고 阻守三峽[①]이어늘 蕭惠開 復遣兵出梁州하니 僧嗣 帥群氐하여 斷其道하고 間使以聞이어늘 宋主 乃以僧嗣爲武都王하다

① 江水는 巴東에서 夷陵에 이르는데, 그 사이에 廣溪峽·巫峽·西陵峽이 있어 이를 三峽이라고 하였다. 일설에 "三峽은 西峽·歸峽·巫峽이다."라고 하였다. 7백 리 중 양쪽 강안에 산이 이어져 조금도 끊긴 곳이 없어 하늘과 해를 가려서 한낮이나 한밤중이 아니면 해나 달을 보지 못하였다.
江水自巴東至夷陵, 其間有廣溪峽·巫峽·西陵峽, 謂之三峽. 一曰"三峽, 西峽歸峽巫峽." 七百里中, 兩岸連山, 略無缺處, 隱天蔽日, 非日中夜分, 不見日月.

【綱】 8월에 宋나라 臺軍(官軍)이 江州를 함락하고 劉子勛을 죽였다.

八月에 宋臺軍克江州하고 殺子勛[14)]하다

【目】 鄧琬이 전쟁이 오래도록 결판이 나지 않으므로, 마침내 劉子勛의 명으로 袁顗를 襄陽으로 불러서 都督으로 삼았다. 원의의 성품이 유약하여 軍中에 있을 적에 군복을 입지 않고 의리를 논하고 시를 지으면서 諸將들을 위무하지 않았고, 劉胡가 남쪽에서 오는 군량이 아직 도착하지 않아서 원의에게 가서 쌀을 빌렸는데 원의가 또 허락하지 않으니, 이로 말미암아 인심을 크게 잃었다. 臺軍(官軍)과 서로 濃湖에서 오랫동안 대치하니, 將軍 張興世가 다음과 같이 말하였다.

"역적들이 상류를 점거하고서 병사도 강하고 지형도 유리하니, 우리가 비록 대치하는 데에 넉넉하지만 제어하기에는 부족합니다. 만약 奇兵 수천으로 몰래 그 배후로 나아가서 험준한 지형을 이용하여 성벽을 쌓고 이로운 때를 살펴 출동하여 저들의 선두와 후

14) 八月……殺子勛 : "江州에 '討(토벌했다)'라고 기록하고 '誅(주벌했다)'라고 기록하지 않은 것은 어째서인가. 劉子業과 劉子勛이 親屬이기 때문이다. ≪資治通鑑綱目≫에서는 이때에 權衡(척도)이 있으므로 군사를 일으켜 유자훈에게 호응한 자 중에 그들을 토벌하는 경우에 모두 이름을 쓰지 않고, 반드시 薛安都·常珍奇·畢衆敬과 같이 北魏에 항복한 뒤에 이름을 썼다.〔江州書討矣 其不書誅 何 子業子勛親也 綱目於是有權衡矣 故擧兵應子勛者 其討之也 皆不名 必若安都珍奇衆敬降魏而後名〕" ≪書法≫

미를 경황이 없게 만들고 군량의 수송을 어렵게 하면 이는 적을 제압하는 奇策입니다. 錢溪의 강안은 매우 좁은데다 大軍과 거리가 멀지 않고, 아래로 물이 소용돌이치는 곳에 이어져 〈올라오는〉 배가 반드시 강안에 정박해야 하고, 게다가 橫浦港이 있어서 배를 숨길 수 있습니다. 천 명이 험지를 지키면 만 명이 통과할 수 없으니 요충지 중에 이보다 나은 곳이 없습니다."

沈攸之는 옳다고 여기고 戰士 7천을 뽑아 쾌선 2백 척에 배속시켰다.

鄧琬이 以軍久不決이라 乃以子勛之命으로 徵袁顗于襄陽하여 以爲都督하니 顗性恇橈하여 在軍中에 不戎服하고 談義賦詩하여 不撫諸將하고 劉胡 以南運未至로 就顗借米한대 顗又不許하니 由此大失人心이러라 與臺軍相拒於濃湖久之①러니 將軍張興世曰 賊據上流하여 兵彊地勝하니 我雖持之有餘나 而制之不足이라 若以奇兵數千으로 潛出其上하여 因險而壁하고 見利而動하여 使其首尾周遑하고 糧運艱阻면 此制賊之奇也②라 錢溪江岸最狹에 去大軍不遠하고 下臨洄洑하여 船必泊岸이요 又有橫浦[15] 可以藏船이라 千人守險에 萬人不能過니 衝要之地는 莫出於此③라 沈攸之以爲然하여 乃選戰士七千하여 輕舸二百配之하니

① 濃湖는 鵲尾 아래에 있다.
濃湖, 在鵲尾下.

② 遑은 急함이다.
遑, 急也.

③ 胡三省이 말하기를 "≪新唐書≫ 〈地理志〉에 宣州 南陵縣에 梅根監錢官이 있으니, 지금의 梅根港이 그것이다. 鑄錢監이 있으므로 그것을 錢溪라고 한다." 하였다. 돌아 흐르는 것을 洄라 하고, 잠복하여 흐르는 것을 洑이라 한다.
胡三省曰 "新唐書地理志, 宣州南陵縣有梅根監錢官, 蓋今之梅根港是也, 以有鑄錢監, 故謂之錢溪." 旋流曰洄, 伏流曰洑.

【目】 張興世가 물을 거슬러 올라갔다가 다시 내려왔는데, 이와 같이 며칠을 하였다. 劉胡가 비웃으며 말하기를 "내가 아직도 감히 저들을 뛰어넘어 하류로 내려가 揚州를 빼앗지 못하고 있는데, 장흥세가 뭐하는 사람이기에 경솔히 우리의 배후를 점거하려 하는가."라고 하고는 이 때문에 대비하지 않았다. 어느 날 밤 4更(오전 2시)에 바람이 유리해지자 장흥세가 돛을 올려 곧장 전진하여 鵲尾를 통과하였다. 유호가 군대를 보내 추

15) 橫浦 : 배를 댈 수 있는 물가로 해석한 경우가 있고, 항구의 명칭으로 해석한 경우가 있는데, ≪宋書全譯≫(漢語大詞典出版社, 2004)에 의거하여 번역하였다.

격하자 장흥세는 그 장수 黃道標를 몰래 보내 쾌선 70척을 거느리고 곧바로 錢溪로 향하여 營寨를 세우게 하고 다음 날 군사를 인솔하여 전계를 점거하였다.

유호는 직접 水軍과 步軍 26軍을 거느리고 와서 공격하자 將士들이 유호의 군대를 맞아 공격하려 하였는데, 장흥세가 말하기를 "적들이 오려면 아직도 멀었고 적의 기세가 왕성하고 화살처럼 빠르다. 빠르면 힘이 다하기 쉽고 왕성하면 쇠하기 쉬우니 저들을 기다리는 것만 못하다."라고 하였다. 이윽고 유호의 군대가 와서 가까이 다가왔다. 유호의 배가 소용돌이치는 곳으로 들어오자 장흥세가 任農夫 등에게 명하여 壯士를 거느리고 공격하게 하고, 여러 군대를 계속 전진시키니 유호가 패하여 도주하였다.

建安王 劉休仁이 錢溪城이 아직 견고하지 못하기 때문에 沈攸之 등에게 명하여 濃湖를 공격하게 하여 유호의 병력을 분산시키게 하였다. 유호가 과연 다시 장흥세를 공격하려 하였는데, 유호의 군대가 전계성에 도착하기 전에 袁顗가 심유지 등의 군대를 급히 추격하니 전계성이 마침내 완성될 수 있었다.

유호가 사람을 보내어 "전계성이 이미 평정되었다."라고 크게 외치게 하니, 臺軍들이 두려워하였다. 심유지가 말하기를 "만일 그렇다면 만 명 중에 응당 한 사람이라도 살아 돌아왔을 것인데, 〈아직 돌아온 자가 없으니〉 이는 반드시 저들이 싸움에 불리하여 헛소리를 외쳐서 아군을 의혹시키려고 한 것일 뿐이다."라고 하고, 軍中을 申飭하여 輕擧妄動하지 못하게 하니, 얼마 후 승첩이 도착하였다. 심유지는 포획한 적병의 귀와 코를 농호에 보이자 원의가 크게 놀라 두려워하였다.

興世泝流하여 上而復下하여 如是累日하니 劉胡笑曰 我尙不敢越彼下取揚州어든 興世何物人이 欲輕據我上고하고 不爲之備[①]하다 一夕四更(경)風便에 興世擧帆直前하여 過鵲尾하니 胡乃遣兵追之어늘 興世潛遣其將黃道標하여 帥七十舸하여 徑趣錢溪하여 立營寨하고 明日引兵據之하니 胡自將水步二十六軍하여 來攻이어늘 將士欲迎擊之한대 興世曰 賊來尙遠하여 氣盛而矢驟하니 驟易(이)盡하고 盛易衰라 不如待之[②]니라 俄而요 胡來轉近하여 船入洄洑이어늘 興世命任農夫等하여 帥壯士擊之하고 衆軍繼進하니 胡敗走하다 建安王休仁이 以錢溪城未固로 命攸之等하여 攻濃湖하여 以分胡兵勢하니 胡果欲更攻興世하여 未至에 顗遽追之하니 城乃得立이라 胡遣人하여 傳唱錢溪已平이라하니 衆懼하니 攸之曰 若然이면 萬人中에 應有一人得還이니 此必彼戰失利하여 唱空聲以惑衆耳라하고 勒軍中不得妄動이러니 捷報尋至하니 攸之以所獲耳鼻로 示濃湖한대 顗大駭懼러라

① 揚州는 建康을 말한다.
揚州, 謂建康.

② "易盡"은 화살이 쉽게 다함을 말한다.
易盡, 言矢易盡.

【目】 8월에 濃湖의 군사들이 식량이 부족하니, 鄧琬이 물자와 식량을 대규모로 수송하는데 張興世를 두려워하여 감히 전진하지 못하였다. 劉胡가 다시 錢溪를 공격하려다가 이윽고 다음과 같이 말하였다.

"나는 젊어서 步戰에 익숙하고 水戰에 익숙하지 못하니, 가령 步戰은 〈그 승패가〉 늘 수만의 군사 중에 달려 있지만 水戰은 한 척의 배 위에 있는 군사에 달려 있다. 이 때문에 배마다 각기 전진하여 다시 서로 상관하지 않고 〈그 처지가〉 바로 〈배 위의 군사〉 30명 중에 달려 있게 되니, 전계를 공격하는 것은 萬全의 계책 이 아니다. 나는 그것을 하지 않겠다."

마침내 병을 핑계 대고 전진하지 않고, 〈別將 王起의〉 함선 100척을 보내어 장흥세를 공격하니, 장흥세가 격파해 패주시켰다.[16] 袁顗는 유호가 싸우지 않은 것에 분노하여 유호에게 말하기를 "군량의 운송이 막혔으니 이러한 경우에 어찌할 것인가."라고 하였다. 그러나 유호는 마침내 병사를 보내어 도보로 南陵으로 가게 하여 쌀 30만 斛과 돈·포목을 수십 척 배에 싣고 배 위에 목판을 세워서 성루를 만들어 전계를 돌파하여 지나갈 것을 꾀하다가 배들이 貴口에 이르러 감히 전진하지 못하자, 장흥세가 군대를 보내어 공격하게 하여 노획하였다. 〈장흥세의 군대가〉 전진하여 유호의 군영을 압박하니, 유호가 제압하지 못하여 마침내 도망가고 원의 역시 도주하자, 劉休仁이 군대를 정비하고 원의의 군영으로 들어가서 항복한 병사 10만 명을 받아들였다. 원의는 鵲頭에 이르러 어느 사람에게 죽임을 당하였다.

八月에 濃湖軍이 乏食하니 鄧琬이 大送資糧호되 畏興世不敢進하다 胡欲復攻錢溪라가 旣而曰 吾少習步戰하고 未閑水鬪하니 若步戰은 恒在數萬人中이나 水戰은 在一舸之上이라 舸舸各進하여 不復相關하고 正在三十人中하니 此非萬全之計니 吾不爲也라하고 乃託疾不進하고 遣百舸攻興世어늘 興世擊破走之하니 顗怒胡不戰하여 謂曰 糧運鯁塞(경색)하니 當如此何①오 胡乃遣兵步趣南陵하여 載米三十萬斛과 錢布數十舫하고 豎榜爲城하여 規欲突過라가 至貴口不敢進②이어늘 興世遣

16) 마침내……패주시켰다 : 본문의 내용은 ≪資治通鑑≫의 내용을 줄인 것이다. ≪자치통감≫에는 다음과 같은 내용이 있다. 劉胡가 병을 핑계로 움직이지 않고서 錢溪로 진격 중인 龍驤將軍 陳慶에게 싸우지 말도록 주의를 주자 진경의 함선 300척은 梅根에 주둔하고 전진하지 않았다. 또 유호의 別將 王起가 전선 100척을 거느리고 張興世를 공격하다가 패하였다.

兵擊而虜之하고 進逼胡營하니 胡不能制하여 遂遁去하고 顗亦走어늘 休仁勒兵入其營하여 納降卒十萬하다 顗至鵲頭하여 爲人所殺하니

① "鯁塞"은 물고기의 가시가 목구멍에 막힘과 같음을 말한다.
鯁塞, 言若魚骨之鯁塞咽喉然.

② 豎는 세움이고, 榜은 나무 조각이다. ≪水經註≫에 "江水가 石城에서 동쪽으로 들어가는 곳을 貴口라 한다." 하였다.
豎, 立也. 榜, 木片也. 水經註"江水自石城東入爲貴口."

【目】鄧琬이 근심하고 두려워하여 계책을 세우지 못하자, 張悅이 병을 핑계로 등완을 불러 일을 상의하자고 하면서 측근들을 시켜 장막 뒤에 甲士를 숨겨두고서 술을 내오는 것을 가지고 〈등완을 공격하는〉 信標로 삼았다. 등완이 도착하자 장열이 계책을 물으니, 등완이 말하기를 "바로 晉安王(劉子勛)을 참수하고 창고를 봉하여 謝罪할 뿐입니다."라고 하였다. 장열이 말하기를 "금일에 어찌 殿下(劉子勛)를 팔아서 살기를 구할 것인가."라고 하고 이어서 술을 내오라고 하자, 복병이 나와서 등완을 참수하였다. 〈장열이〉 한 척의 배를 타고서 등완의 수급을 가지고 劉休仁에게 가서 항복하였다.

蔡那의 아들이 尋陽의 作部에 갇혀 있었는데, 〈심양이 혼란해지자〉 형틀을 풀고 탈출하여 尋陽城에 들어가서 劉子勛을 가두자 沈攸之의 여러 군대가 도착하여 유자훈을 참수하고 그의 수급을 파발마로 建康에 보내니, 이때 유자훈의 나이가 11세였다. 劉子業의 시대에 관원들이 재앙을 두려워하여 모두 멀리 탈출하려 하였는데, 이때에 이르러 외방의 난리에 유리되어 100명 중에 1명도 생존하지 못하니, 사람들이 蔡興宗의 先見之明에 탄복하였다. 유휴인이 심양에 들어와서 吳喜 등을 보내어 荊州・郢州・雍州・湘州・豫章으로 가서 남은 叛軍을 평정하게 하고, 劉胡가 도주하여 石城에 이르자 그를 잡아 참수하였다.

鄧琬憂惶無計어늘 張悅稱疾呼琬計事하고 令左右伏甲帳後하여 以索酒爲約이러니 琬至에 悅問計하니 琬曰 正當斬晉安王하고 封府庫以謝罪耳라 悅曰 今日에 寧可賣殿下以求活邪아 因呼酒하여 伏發斬琬하고 單舸齎首하여 詣休仁降하다 蔡那之子繫尋陽作部러니 脫鎖入城하여 囚子勛이어늘 攸之諸軍至하여 斬之하여 傳首建康하니 時年十一[①]이러라 子業之世에 衣冠懼禍하여 咸欲遠出이러니 至是流離外難하여 百不一存하니 衆乃服蔡興宗之先見[②]이라 休仁入尋陽하여 遣吳喜等하여 向荊郢雍湘豫章하여 平餘寇하고 劉胡逃至石城이어늘 捕得斬之[③]하다

① 作部는 병기와 의장을 만드는 것을 주관하니 尋陽城 밖에 있다.
作部, 主作器仗, 在尋陽城外.

② 宋主 劉子業 景和 원년(465)에 袁顗가 雍州刺史로 나가기를 요구하였는데, 이때 그의 외삼촌 蔡興宗이 荊州長史가 되었으나 사양하고 가지 않았다. 원의가 말하기를 "朝廷의 형세는 사람들이 다 아는 바입니다. 중앙에 있는 大臣들도 언제 무슨 일이 있을지 보장하지 못합니다."라고 하니, 채흥종이 말하기를 "宮省 안팎의 사람들이 스스로 보전하지 못하니 당연히 변란이 있을 것이다. 가령 중앙의 혼란은 그칠 수 있지만 외방의 혼란은 반드시 헤아릴 수 있는 것이 아니다. 너는 외방에서 온전함을 구하려 하고 나는 중앙에서 재앙을 면하려고 하는 것이다." 하였다.
宋主子業景和元年, 袁顗求出爲雍州刺史, 時以其舅蔡興宗爲荊州長史, 辭不行. 顗曰 "朝廷形勢, 人所共見. 在內大臣, 朝不保夕." 興宗曰 "宮省內外, 人不自保, 會應有變, 若內難得弭, 外釁未必可量, 汝欲在外求全, 我欲居中免禍."

③ 여기의 石城은 竟陵의 石城이다.
此, 竟陵之石城.

【綱】 9월에 北魏가 郡學(郡國의 학교)을 세웠다.

九月魏立郡學하다

【目】 北魏가 처음으로 郡學을 세우고 博士·助教·生員을 두니 高允의 청을 따른 것이다.

魏初立郡學하고 **置博士助教生員**하니 **從高允之請也**라

【綱】 겨울 10월에 宋主(劉彧)가 그 형의 아들 安陸王 劉子綏 등 13명을 죽였다.

冬十月에 **宋主殺其兄之子安陸王子綏等十三人**[17]하다

---

17) 宋主殺……十三人 : "이때에 郢州刺史 劉子綏, 荊州刺史 劉子頊, 會稽太守 劉子房이 모두 劉子勛에게 호응한 자들이다. 모두 형의 아들로 '殺(죽였다)'이라고 기록하면서 宋主를 지척하였으니 ≪資治通鑑綱目≫에서 경중을 판단한 뜻이 은미하다. 아! 슬프다.〔於是(鄭子綏)〔郢子綏〕荊子頊會稽子房 皆應子勛者也 皆以兄之子書殺 而斥宋主 綱目權衡之意微矣 吁〕" ≪書法≫ 四庫全書本에 '鄭子綏'로 되어 있는데, '郢子綏'로 바로잡았다.
"宋 孝武帝는 부도덕하고 음란하고 함부로 욕심을 부려 다시 사람의 도리가 없었다. 그러므로 그의 아들들이 誅滅되어 한 명도 남은 자가 없었으니, 이는 하늘이 효무제의 행위를 추악하게 여긴 것일 뿐이다. 그러나 孝明帝(劉彧)로 말한다면 또한 지나친 것이다. 우선 자기가 형의 아들을 다 죽인 까닭은 자기의 자손을 편안히 하려고 해서이다. 그렇지만 뒷날 자기 자손들이 자기의 행위를 본받는다면 그 화가 미치는 바가 반드시 자기의 자손들일 것이다. 처음에 나의 자손을 편안히 하려 했다가 도리어 자신의 자손을 죽이는 데 이를 것이니 그 계책이 또한 잘못된 것이 아니겠는가. 세

【目】 宋主(劉彧)가 劉子勛을 죽이고 나서 또 安陸王 劉子綏, 臨海王 劉子頊, 邵陵王 劉子元을 죽였다. 建安王 劉休仁이 上에게 말하기를 "松滋侯(劉子房) 형제가 여전히 살아 있으니 社稷을 위한 계책이 아닙니다. 마땅히 서둘러 처치해야 합니다."라고 하였다. 이에 劉子房 등 10명을 모두 賜死하니, 世祖의 아들 28명이 이때에 이르러 전부 죽었다.

宋主旣誅子勛에 又殺安陸王子綏와 臨海王子頊과 邵陵王子元하니 建安王休仁言於上曰 松滋侯兄弟尙在하니 非社稷計라 宜早爲之所니이다 於是에 子房等十人皆賜死하니 世祖二十八子於此盡矣하다

【綱】 宋나라 徐州刺史 薛安都와 汝南太守 常珍奇가 배반하여 北魏에 투항하였다.

宋徐州刺史薛安都와 汝南太守常珍奇가 叛降于魏[18)]하다

【目】 宋나라 徐州刺史 薛安都, 益州刺史 蕭惠開, 梁州 柳元怙, 兗州 畢衆敬, 豫章太守 殷孚, 汝南太守 常珍奇가 모두 사신을 보내 建康에 항복할 것을 청하였다. 宋主(劉彧)는 남쪽 지역이 이미 평정된 것으로 淮北에 위엄을 보이고자 하여 張永·沈攸之에게 명하여 병사 5만을 거느리고 설안도를 맞이하게 하였다.

蔡興宗이 말하기를 "설안도가 귀순하는 것은 허위가 아니니 바로 한 명 사신만 필요할 뿐입니다. 지금 많은 병사로 그를 맞이하면 형세상 반드시 의심하고 두려워할 것입니다. 설안도는 외방에서 큰 진영을 차지하고 있고 변경에 가까우면서 땅이 험준하고 병력이 강성하니 더욱 그를 길들여야 합니다. 만일 그가 외방에서 반란하여 북쪽의 적군(北魏)을 불러 끌어들이면 장차 조정(황제)이 이에 골몰하여 밥을 제때 먹지 못하는 우환이 될 것입니다."라고 하였다.

태의 변화가 날로 나빠지고 하늘의 도리가 끊어져서 國運이 오래가지 못하고 禍亂이 번갈아 나오게 된 것이 어찌 유래가 없어서 그런 것이겠는가. '其兄之子十三人'이라고 기록하였으니 그 악행을 폄하하고 끊지 않더라도 저절로 드러난다.〔宋孝武不道 淫亂縱欲 無復人理 故其諸子誅滅 靡有子遺 蓋天醜其行云爾 然自孝明言之 則亦過矣 且吾之所以盡殺兄之子者 蓋欲安吾之子孫也 他日吾子孫效吾所爲 則所及者必吾之子孫矣 始欲安吾之子孫 而反至於殺吾之子孫 其爲計 不亦左乎 世變日下 天理絶滅 祚運之所以不長 禍亂之所以迭出 夫豈無自而然哉 書殺其兄之子十三人 其惡不待貶絶而自見矣〕"《發明》

18) 宋徐州刺史薛安都……叛降于魏 : "徐州는 예전에 劉子勛에게 호응했을 때 《資治通鑑綱目》에서는 으레 刺史의 이름을 기록하지 않았는데, 여기서 이름을 쓴 것은 어째서인가. 배탄하여 北魏에 투항했기 때문이다. 유자훈에게 호응한 것은 괜찮지만 土地를 가지고 원수를 섬긴 것은 잘못이므로 모두 '叛(배반했다)'이라고 기록한 것이다.〔徐州初應子勛 綱目例不名之 此其名之 何 叛降魏也 應子勛 可也 挈土地以事讐 則非矣 故皆書叛〕"《書法》

宋主가 따르지 않고 蕭道成에게 말하기를 “내가 지금 이를 이용하여 북쪽(설안도)을 토벌하고자 하니 卿은 어떻게 생각하는가.”라고 하니, 대답하기를 “설안도는 교활함이 많으니 병력으로 핍박하면 국가의 이익이 아닐 것입니다.”라고 하였으나, 宋主는 역시 따르지 않았다. 설안도는 과연 두려워하여 반란하고 常珍奇도 懸瓠를 가지고 北魏에 투항하여 모두 자신들을 구하고자 北魏에 군사를 청하였다.

宋徐州刺史薛安都와 益州刺史蕭惠開와 梁州柳元怙와 兗州畢衆敬과 豫章太守殷孚와 汝南太守常珍奇 竝遣使乞降于建康한대 宋主以南方已平으로 欲示威淮北하여 命張永沈攸之將兵五萬迎安都하니 蔡興宗曰 安都 歸順不虛라 正須單使니 今以重兵迎之면 勢必疑懼라 安都 外據大鎭하고 密邇邊陲하여 地險兵彊하니 尤宜馴養이라 如其外叛하여 招引北寇면 將爲朝廷旰食之憂리이다 宋主不從하고 謂蕭道成曰 吾今因此北討하노니 卿意以爲何如오 對曰 安都 狡猾有餘하니 以兵逼之면 非國之利리이다 亦不聽하다 安都 果懼而叛하고 常珍奇亦以懸瓠降魏하여 皆請兵自救하다

【綱】 宋나라가 皇子 劉昱을 세워서 太子로 삼았다.

宋立子昱爲太子하다

【目】 宋主(劉彧)는 아들이 없었다. 한번은 宮人 陳氏를 嬖人 李道兒에게 주었다가 얼마 후에 다시 맞아 돌아오게 하여 劉昱을 낳았다. 게다가 몰래 여러 왕들의 姬妾 중에 임신한 자를 취하여 궁중에 들여서 아들을 낳으면 그 모친을 죽이고 寵姬를 시켜서 어머니 노릇을 하게 하였다.

宋主無子하니 嘗以宮人陳氏賜嬖人李道兒라가 已復迎還하여 生昱①하고 又密取諸王姬有孕者하여 內(납)之宮中하여 生男則殺其母하고 而使寵姬母之②러라

① 已는 이윽고이니, 〈“已復迎還”은〉 얼마 후에 다시 맞이하여 돌아오게 함이다.
已, 旣也. 旣而復迎之還也.

② 內(들이다)은 納으로 읽는다.
內, 讀曰納.

【綱】 北魏 將軍 尉元(울원)이 彭城을 구원하고자 하여 懸瓠로 들어가니, 宋나라 兗州刺史 畢衆敬이 北魏 군대에 투항하였다.

魏將軍尉元이 救彭城하여 入懸瓠하니 宋兗州刺史畢衆敬降魏師[19]하다

【目】 北魏는 將軍 尉元(울원)・孔伯恭 등을 파견하여 彭城을 구원하게 하고 西河公 拓跋石에게 懸瓠城을 구원하게 하였다. 宋나라 兗州刺史 申纂이 無鹽을 수비하면서 거짓으로 울원에게 항복하니 울원이 이를 받아들였지만 은밀하게 대비하였다. 北魏의 군대가 도착하자 신찬이 과연 성문을 닫고 항거하였다. 畢衆敬은 아들이 建康에서 죽임을 당했다 하여 역시 北魏에 항복하니 울원이 장수를 보내서 그 성을 먼저 점거하고 마침내 기세를 몰아 나아갔다.

서하공 탁발석이 上蔡에 도착하니 常珍奇가 나와 맞이하였는데, 탁발석은 곧바로 懸瓠城에 들어가지 않았다. 博士 鄭羲가 말하기를 "상진기는 뜻을 헤아릴 수 없으므로, 곧바로 그 성으로 들어가 창고를 점거하고 그 중심을 제어하는 것이 낫습니다."라고 하였다. 탁발석은 마침내 말에 채찍질하여 서둘러 성에 들어가고 이어서 술자리를 마련하고 즐겁게 놀았다. 정희가 말하기를 "상진기의 안색을 보면 매우 불평스러우니 대비하지 않으면 안 됩니다."라고 하니, 탁발석은 병사를 엄중히 다스리고 대비하였다. 그날 저녁에 상진기가 사람을 시켜서 官府와 屋舍에 불을 질러 변란을 일으키려 하다가 탁발석이 대비함이 있어서 중지하였다.

淮西 7郡의 백성들은 대부분 北魏에 소속되는 것을 원하지 않아 진영을 연합하여 남쪽으로 도주하려고 하자, 北魏가 建安王 陸馛(육발)을 보내어 위로하였는데, 군대의 약탈을 받아 奴婢가 된 백성들을 육발이 모두 면제하니 새로 귀부한 백성들이 기뻐하였다.

魏遣將軍尉元孔伯恭等救彭城하고 西河公石救懸瓠①하니 宋兗州刺史申纂이 守無鹽하여 詐降於元하니 元이 受而陰爲之備러니 及師至에 纂이 果閉門拒之하다 畢衆敬이 以子爲建康所誅라하여 亦降於魏②하니 元이 遣將先據其城하고 遂長驅而進하다 西河公石이 至上蔡하니 常珍奇 出迎이어늘

19) 魏將軍尉元……降魏師 : "薛安都・常珍奇에게는 '叛(배반했다)'이라고 기록하였는데, 여기서는 어찌하여 기록하지 않았는가. 宋나라가 초래한 것이다. 그 아들을 죽였으니, 두려워하지 않을 수 있겠는가. 기록하기를 '降魏師'라고 하였으나, 北魏 군사가 도착하고 난 뒤에 투항하였으니, 北魏에 구원을 요청한 것과는 다르다. 그러므로 설안도・상진기에게는 '叛'이라고 기록하고, 畢衆敬에게는 '叛'이라고 기록하지 않은 것이다. 설안도・상진기에게는 '降于魏'라고 기록하였으나 필중경에게는 '降魏師'라고 기록하였으니, ≪資治通鑑綱目≫에서 그 마음을 잘 헤아린 것이다.〔安都珍奇書叛 此則曷爲不書 宋速之也 殺其子矣 能無懼乎 書曰降魏師 魏師適至 而後降之也 與請救於魏者異矣 是故安都珍奇書叛 而衆敬不書叛 安都珍奇書降于魏 而衆敬書降魏師 綱目有以亮其心矣〕" ≪書法≫

石이 未卽入城이러니 博士鄭義曰 珍奇意未可量이라 不如直入其城하여 據有府庫하고 制其腹心이라 石이 遂策馬入城하고 因置酒嬉戲하니 義曰 觀珍奇色甚不平하니 不可不備니라 石乃嚴兵設備러니 其夕에 珍奇使人燒府屋하여 欲爲變이라가 以石有備而止하다 淮西七郡民多不願屬魏하여 連營南奔[3]이어늘 魏遣建安王陸馛宣慰한대 民有陷軍爲奴婢者면 馛悉免之하니 新民乃悅이러라

① 拓跋石은 北魏의 宗室이다.
石, 魏之宗室.
② 畢衆敬의 아들 畢元賓이 建康에 있다가 앞서 다른 죄에 걸려 주살되었다.
衆敬子元賓在建康, 先坐他罪誅.
③ 淮西 7郡은 汝南郡·新蔡郡·汝陽郡·汝陰郡·陳郡·南頓郡·潁川郡이다.
淮西七郡, 汝南·新蔡·汝陽·汝陰·陳郡·南頓·潁川也.

【綱】 宋나라 豫州가 평정되었다.

宋豫州平하다

【目】 劉勔이 壽陽을 포위하여 전투에 승리하지 않은 일이 없고 寬厚함으로 민심을 얻었다. 壽陽이 평정되고 나서 宋主(劉彧)가 中書省에게 조서를 짓게 하여 殷琰에게 유시하려 하였는데, 蔡興宗이 말하기를 "반란이 이미 평정되었으니 바로 은염이 잘못을 반성할 때입니다. 마땅히 손수 쓰신 조서를 내려서 그를 위로하고 불러야 합니다. 지금 다만 중서성에서 조서를 지어 내리면 은염이 반드시 의심할 것이니 한 지방의 난리를 속히 해결할 수 있는 방법이 아닙니다."라고 하였으나 宋主는 따르지 않았다.

은염이 과연 유면의 속임수라고 의심하여 北魏에 항복하려 하자, 主簿 夏侯詳이 말하기를 "금일의 거사는 본래 나라에 忠節을 바치려는 것이었습니다. 만약 社稷을 받드는 임금이 있으면 바로 조정에 귀순해야 합니다. 어찌 北魏에게 北面(稱臣)하여 옷깃을 왼쪽으로 여미는 오랑캐가 될 수 있겠습니까. 또 지금 北魏 군대가 가까이 淮水 가에 있고, 官軍은 아직 우리의 의향을 헤아리지 못하니, 만약 조정에 사자를 보내 귀순할 성심을 보이면 반드시 후하게 위로하고 받아들일 것이니 어찌 죄를 면할 뿐이겠습니까." 라고 하였다.

은염이 하후상으로 하여금 성을 나가서 유면을 만나게 하고 이르기를 "성안의 병사와 백성들은 장군의 주벌을 겁내어 모두 스스로 北魏에 귀순하려고 합니다. 원컨대 장군께서 관대히 용서해주신다면 서로 이끌고 장군에게 투항하지 않을 자가 없을 것입니다."

라고 하니, 유면이 허락하였다. 은염이 성을 나와서 항복하자, 유면은 모두 위로하고 한 사람도 죽이지 않고 將士들을 엄히 단속하여 조금도 침해하지 않으니 壽陽 사람들이 크게 기뻐하였다. 北魏 군대가 도착할 쯤에 은염이 이미 조정에 항복했다는 소식을 듣고 義陽을 약탈하고서 떠났다.

劉勔이 圍壽陽하여 戰無不捷하고 以寬厚得衆心이러니 尋陽既平에 宋主使中書爲詔하여 諭殷琰한대 蔡興宗曰 叛亂既定하니 是琰思過之日이니 宜賜手詔以慰引之[①]라 今直中書爲詔면 彼必疑之니 非所以速淸方難也니이다 不從[②]하니 琰이 果疑勔之詐하여 欲降於魏어늘 主簿夏侯詳曰 今日之擧 本效忠節이니 若社稷有奉이면 便當歸身朝廷이라 何可北面左衽乎아 且今魏軍이 近在淮次하고 官軍이 未測吾之去就[③]하니 若遣使歸款이면 必厚相慰納이니 豈止免罪而已리오 琰이 乃使詳出見勔曰 城中士民이 畏將軍之誅하여 皆欲自歸於魏하니 願將軍은 緩而赦之면 則莫不相帥而至矣리라 勔이 許諾하다 琰이 乃出降이어늘 勔이 悉加撫慰하고 不戮一人하고 約勒將士하여 秋毫無犯하니 壽陽人이 大悅이러라 魏軍將至에 聞琰已降하고 乃掠義陽而去하다

① 慰는 그 마음을 편안하게 함이고, 引은 인도하여 귀순하게 함이다.
慰者, 安其心. 引者, 引使歸順.
② "方難"은 한 지방의 난리를 말한다.
方難, 謂一方之難.
③ 北魏의 군대는 西河公 拓跋石의 군대를 이른다. "淮次"는 淮水의 물가이다
魏軍, 謂西河公石之軍也. 淮次, 淮水之濱也.

【綱】 宋나라 益州가 평정되었다.

宋益州平하다

【目】 蕭惠開가 益州에 있으면서 마음대로 형벌하고 주벌하는 경우가 많으니 여러 郡들이 배반하고 병사를 연합하여 成都를 포위하였는데, 尋陽이 이미 평정되었다는 소식을 듣고 다투어 성을 도륙하려 하였다. 宋主(劉彧)가 소혜개의 아우 蕭惠基를 成都로 사신 보내어 소혜개를 사면하니, 소혜개가 항복하였고 성의 포위도 풀렸다. 소혜개를 建康으로 소환하여 宋主가 군대를 일으킨 상황을 물었는데, 대답하기를 "臣이 오직 반역하거나 귀순할 줄만 알고, 天命을 알지 못하였습니다."라고 하니 宋主는 그를 사면하였다.

蕭惠開在益州하여 多任刑誅하니 諸郡叛之하여 合兵圍成都러니 聞尋陽已平하고 爭欲屠城이어늘

宋主遣其弟惠基使成都하여 赦惠開하니 惠開乃降하고 城圍亦解라 召還建康하여 宋主問以擧兵狀한대 對曰 臣이 唯知逆順이요 不識天命이로다 宋主釋之하다

【綱】 宋나라가 兗州・徐州・靑州・冀州를 僑置[20]하였다.

宋僑立兗徐靑冀州①하다

① 兗州・徐州・靑州・冀州가 모두 北魏에 항복하였으므로, 僑州를 설치하였다.
兗・徐・靑・冀皆降於魏, 故立僑州.

【目】 兗州는 淮陰에 治所를 두고, 徐州는 鍾離에 치소를 두고, 靑州・冀州는 鬱洲에 치소를 두었다. 鬱洲는 바다 안에 있어서 주위가 수백 里였다. 돌을 쌓아 성을 만들어 높이가 8, 9尺이고 허명으로 郡과 縣을 설치하였으나 이주한 백성은 거의 없었다.

兗州는 治淮陰하고 徐州는 治鍾離하고 靑冀는 治鬱洲하니 洲在海中하여 周數百里라 累石爲城하여 高八九尺이요 虛置郡縣하니 荒民無幾러라

【綱】 北魏가 彭城을 차지하였다.

魏取彭城하다

【目】 宋나라 張永과 沈攸之가 병사를 진격시켜서 彭城을 압박하였다. 北魏의 尉元(울원)이 도착하자 薛安都가 나가 맞이하니 울원이 李璨을 보내어 설안도와 함께 먼저 성안에 들어가서 성문의 자물쇠를 거두게 하고, 별도로 孔伯恭을 보내어 정병 2천으로 성 안팎의 사람들을 어루만지게 한 뒤에 울원이 성으로 들어가니, 그날 밤에 장영이 성을 공격하였으나 함락시키지 못하였다. 울원이 설안도를 예우하지 않으니 설안도는 항복한 것을 후회하고 다시 北魏를 배반하려고 하였는데, 울원이 그것을 알아차렸으므로 끝내 실행하지 못하고 마침내 울원 등에게 많은 뇌물을 주었다. 울원은 이찬과 설안도를 시켜서 彭城을 수비하게 하고, 자신이 군사를 거느리고 장영을 공격하여 그 군량을 운반하는 길을 차단하였다.

---

20) 僑置 : 地名을 다른 곳에 그대로 옮겨서 설치한 것이다. 東晉과 南朝 시대에 북방 민족들이 침범하자 중원의 사람들이 전란을 피해 남방으로 왔는데, 남방의 지역을 택하여 중원의 지명을 그대로 써서 郡縣을 설치하고 그들을 안주시켰다.

宋張永沈攸之進兵逼彭城하니 魏尉元至에 薛安都出迎이어늘 元遣李璨하여 與安都先入城收管籥[①]하고 別遣孔伯恭하여 以精甲二千으로 安撫內外然後入하니 其夜에 張永이 攻之不克하다 元이 不禮於安都하니 安都悔降하여 復謀叛魏러니 元이 知之라 不果發하고 乃重賂元等하니 元이 使燦與安都로 守彭城하고 自將擊張永하여 絶其糧道하다

① 璨은 음이 粲이다.
璨, 音粲.

丁未年(467)

宋나라 太宗 明帝 劉彧 泰始 3년이고, 北魏 顯祖 獻文帝 拓跋弘 皇興 원년이다.

宋泰始三年이요 魏皇興元年이라

【綱】 봄 정월에 北魏가 宋나라 淮北의 4州 및 豫州의 淮西 지역을 빼앗았다.

春正月에 魏取宋淮北四州及豫州淮西地하다

【目】 宋나라 張永 등이 성(下磕城)을 버리고 밤에 도주하니 마침 하늘에서 크게 눈이 내려 士卒들이 얼어 죽은 자가 태반이나 되고 손발이 잘린 자가 열 명 중에 일고여덟이었다. 尉元(울원)은 그 선두를 요격하고 薛安都는 그 후미를 쳐서 呂梁 동쪽에서 장영 등을 크게 격파하니 죽은 자가 1만 명으로 추산되었다. 시체가 60여 리에 깔렸고 내버린 물자와 기계는 이루 다 헤아릴 수 없었다. 宋主(劉彧)는 蔡興宗을 불러서 패전을 알리는 글을 그에게 보여주며 말하기를 "내가 경에게 매우 부끄럽다."[21]라고 하였다. 張永과 沈攸之는 모두 죄에 걸려 폄직되고 淮陰으로 돌아가 주둔하였다. 宋나라가 이로부터 淮北의 4州와 豫州의 淮西 지역을 잃었다.

宋張永等이 棄城夜走하니 會天大雪하여 士卒凍死太半하고 手足斷者 什七八이라 尉元이 邀其

21) 내가……부끄럽다 : 宋 明帝 泰始 2년(466)에 明帝가 劉子勛을 평정하고 유자훈에게 호응하여 군사를 일으킨 淮北에 위엄을 보이고자 張永과 沈攸之에게 5만 군사를 거느리고 薛安都를 맞이하게 하였는데, 蔡興宗이 큰 병력을 보내면 설안도가 의심하여 배반하고 北魏를 끌어들여 후환이 될 것이라 하였다. 이때 宋나라 군대가 北魏의 군대와 설안도에게 크게 패하자 명제가 채흥종에게 부끄러워한 것이다.

前하고 薛安都 乘其後하여 大破永等於呂梁之東하니 死者以萬數라 枕屍六十餘里하고 委棄資械不可勝計①러라 宋主召蔡興宗하여 以敗書示之曰 我愧卿甚이로다 永及攸之皆坐貶하고 還屯淮陰하니 宋이 由是로 失淮北四州及豫州淮西之地②하다

① ≪水經註≫에 "泗水는 彭城에서 동남쪽으로 가서 呂縣 남쪽을 지난다. 泗水 가에 石梁(돌다리)이 있으므로, 呂梁이라고 한다." 하였다.
水經註 "泗水自彭城東南過呂縣南. 泗水之上有石梁焉, 故曰呂梁."

② 淮北 4州는 青州・冀州・徐州・兗州를 말한다. 豫州의 淮西 지역을 汝南郡・新蔡郡・譙郡・梁郡・陳郡・南頓郡・潁川郡・汝南郡・汝陰郡을 말한다.
淮北四州, 謂青・冀・徐・兗也. 豫州淮西, 謂汝南・新蔡・譙・梁・陳・南頓・潁川・汝南・汝陰諸郡也.

【目】裴子野가 다음과 같이 평하였다.

"太宗(劉彧) 초기에는 위엄과 명령이 미친 곳이 100리도 못 되었으나 정성스러운 마음을 열어서 반란을 平定할 수 있었다. 이윽고 남은 위엄을 드러내고자 하여 군사를 명분 없이 출동하여 淮河 이북이 대번에 오랑캐 지역이 되었다. 만일 이전의 허심탄회한 마음으로 교만하지 않고 자랑하지 않았다면 세 반란이 어찌 일어났겠는가."

裴子野曰 太宗之初에 威令所被 不滿百里나 而能開誠布款하여 以致平定이러니 既乃賈(고)其餘勇하여 師出無名하여 而長淮以北이 倏忽爲戎矣①라 若以向之虛懷로 不矜不伐이면 則三叛 奚爲而起哉②리오

① 賈는 音이 古니, 판다는 뜻이다.
賈, 音古, 賣也.

② "三叛"은 薛安都, 畢衆敬, 常珍奇를 말한다.
三叛, 謂薛安都・畢衆敬・常珍奇也.

【綱】北魏 東平王 拓跋道符가 長安에서 반란했다가 伏誅되었다.

魏東平王道符反長安이라가 伏誅①하다

① 拓跋道符는 拓跋翰의 아들이다.
道符, 翰之子也.

【綱】宋나라 青州・冀州가 평정되었다.

◑ 宋青冀州平하다

【目】 예전에 尋陽이 평정되고 나서 宋主(劉彧)는 沈文秀의 아우 沈文炳을 보내어 詔書를 가지고 심문수를 유시하고, 또 將軍 劉懷珍을 보내어 병사 3천을 거느리고 심문병과 함께 가게 하여 나아가 朐城을 점거하였다. 마침 심문수가 青州刺史 明僧暠를 공격하여 패주시키니, 유회진의 군사들이 마음속으로 두려워하여 郁洲를 지키기를 원하였다.

유회진이 말하기를 "심문수가 青州를 가지고서 索虜(北魏)에게 귀순하려 하니, 헤아려보면 齊 지역의 士民들이 어찌 마음에 달가워하여 옷깃을 왼쪽으로 여미는 오랑캐가 되려 하겠는가. 지금 무기를 들고 곧바로 전진하여 조정의 위엄과 은덕을 펼치면 여러 성에 글을 화살에 매어 쏘아 보내기만 해도 항복할 것이다. 어찌 전진하지 않고 이곳을 지키면서 스스로 저지하는가."라고 하였다. 마침내 전진하여 심문병을 보내 성에 들어가게 하였는데 심문수는 여전히 항복하지 않았다. 군사들이 말하기를 "우선 營壘를 견고히 지키고 틈을 엿보아야 한다."라고 하였는데, 유회진이 말하기를 "지금 군사는 적고 양식은 고갈되어 고립무원의 군대를 이끌고 깊이 들어왔으니, 바로 정예병을 가지고 신속히 전진하여 그들이 대비하지 않은 때에 습격해야 한다."라고 하고 기병 100을 보내 그 성을 습격하여 함락시켰다. 심문수는 항복을 청하고 冀州刺史 崔道固 역시 항복하니 宋主(劉彧)는 그 지위를 모두 회복시켜주었다.

初에 尋陽既平에 宋主遣沈文秀弟文炳하여 以詔書喻文秀하고 又遣將軍劉懷珍하여 將兵三千하여 與之偕行하여 進據朐城①이러니 會文秀攻青州刺史明僧暠하여 走之하니 衆心兇懼하여 欲保郁洲②어늘 懷珍曰 文秀 欲以青州歸索(삭)虜[22]하니 計齊之士民이 安肯甘心左衽耶③아 今揚兵直前하여 宣布威德이면 諸城을 可飛書而下리라 柰何守此不進하여 自爲沮撓乎아 遂進하여 送文炳入城호되 文秀猶不降이어늘 衆謂宜且堅壁伺隙이라한대 懷珍曰 今衆少糧竭하여 懸軍深入하니 正當以精兵速進하여 掩其不備耳라하고 乃遣百騎하여 襲其城拔之하니 文秀請降하고 冀州刺史崔道固亦降하니 宋主皆復其位하다

① 朐城은 漢나라 東海郡의 朐縣城이다.
朐城, 漢東海郡之朐縣城也.

---

22) 索(삭)虜 : 魏晉南北朝時代 때 南朝 사람들이 北朝 사람들을 천시해서 부르던 칭호이다. 索頭・索頭虜라고도 하는데, 북조 사람들이 辮髮한 것을 이르는 말이다. 북조에서는 남조를 島夷, 鱗介라고 칭하였다.

② 明은 姓이고, 僧暠는 그 이름이다. 지난해에 明僧暠가 군사를 일으켜서 沈文秀를 공격하여 建康에 호응하였다. ≪水經註≫에 "朐山 서쪽 가에 朐縣의 옛 성이 있다. 동북쪽 바다 가운데 큰 洲가 있으므로, 그곳을 郁洲라고 하였다." 하였다.
明, 姓也. 僧暠, 其名. 上年僧暠起兵攻文秀, 以應建康. 水經註"朐山西側, 有朐縣故城. 東北海中有大洲, 故謂之郁洲."

③ 計는 헤아린다는 뜻이다. 青州는 齊 지역에 있으므로, 齊라고 한 것이다.
計, 料也. 青州在齊地, 故曰齊.

【綱】北魏의 장군 慕容白曜가 宋나라 青州를 침입하여 4城을 빼앗았다.

魏將軍慕容白曜侵宋青州하여 **取四城**하다

【目】宋나라 沈攸之가 彭城에서 돌아올 적에 王玄載를 남겨서 下邳를 수비하게 하고, 沈韶는 宿豫를 지키게 하고, 睢陵(수릉)·淮陽에 모두 병사를 남겨 지키게 하였다. 이때 申纂은 無鹽을 수비하고, 劉休賓은 梁鄒를 수비하고, 房崇吉이 升城을 수비하고, 張讜이 團城을 수비하여 肥城·糜溝·垣苗의 군대와 함께 모두 北魏에 歸附하지 않았으니, 北魏에서는 將軍 長孫陵·慕容白曜 등을 보내어 군사를 거느리고 青州로 가게 하였다.

모용백요가 무염에 이르러 공격하려 하자, 장수와 보좌들이 모두 말하기를 "공성 기구가 아직 준비되지 않았으니 서둘러 진격해서는 안 됩니다."라고 하였는데, 司馬 酈範이 말하기를 "경무장 군대로 깊이 들어왔으니 어찌 지체해서야 되겠습니까. 또 신찬은 반드시 우리의 군대가 빨리 와서 포위하여 공격할 겨를이 없을 것이라 여겨서 대비하지 않을 것입니다. 지금 그들이 생각지 않았을 때에 출동하면 한 번 북소리로 함락시킬 수 있을 것입니다."라고 하였다.

모용백요가 그 말을 따라서 병력을 인솔하여 거짓으로 후퇴하고 밤에 진격하여 무염을 함락하고 신찬을 죽이고, 성안의 사람들을 전부 군사들에게 상으로 주려 하였는데, 역범이 말하기를 "齊 땅은 지세상 험요한 지역이니, 마땅히 원대한 經略을 세워야 합니다. 지금 人心이 아직 융화되지 않고 성들이 연합하여 서로 관망하면서 모두 항거하여 지킬 뜻이 있으니 은덕과 신뢰로 품어주지 않으면 쉽게 평정할 수 없을 것입니다."라고 하였다. 모용백요가 말하기를 "좋다."라고 하고 모두 사면해주었다.

장차 비성을 공격할 적에 역범이 말하기를 "비성이 비록 작으나 공격하는 데 오랜 시일이 걸릴 것이니 함락시키더라도 軍勢가 불리해질 것이고 함락하지 못하면 군대의 위세가 꺾일 것입니다. 저들은 무염이 격파된 것을 알고서 겁을 먹고 있을 것이니 만일 편지를 화살에 묶어 쏘아 보내어 타이른다면 항복하지 않으면 흩어질 것입니다."라고 하였다. 모용백요가 그 말을 따랐는데 비성이 과연 무너지니 곡식 30만 斛을 얻었다. 모용백요가 역범에게 말하기를 "이번 출동에서 卿을 얻었으니 三齊[23] 지역은 평정할 거리도 못 된다."라고 하고, 마침내 원묘·미구 두 戍堡를 빼앗고 10일 동안에 4개 城을 함락시키니 위엄이 齊 지역에 떨쳤다.

宋沈攸之 自彭城還也에 留王玄載守下邳하고 沈韶守宿豫하며 睢(수)陵淮陽에 皆留兵戍之①하니 時申纂은 守無鹽하고 劉休賓은 守梁鄒②하고 房崇吉은 守升城하고 張讜은 守團城③하여 與肥城糜溝垣苗로 皆不附魏④하니 魏遣將軍長孫陵慕容白曜等하여 將兵赴青州⑤하니 白曜至無鹽하여 欲攻之어늘 將佐 皆以爲攻具未備하니 不宜遽進이라한대 司馬酈範曰 輕軍深入하니 豈宜淹緩이리오 且申纂이 必謂我軍來速하니 不暇攻圍라하고 將不爲備하리니 今出其不意면 可一鼓而克이라 白曜從之하여 引兵僞退하고 夜進攻之하여 拔無鹽하고 殺申纂하고 欲盡以其人爲軍賞이어늘 範曰 齊는 形勝之地라 宜遠爲經略이니 今人心未洽하고 連城相望하여 皆有拒守之志하니 非以德信懷之면 未易平也니라 白曜曰 善타하고 皆免之하다 將攻肥城할새 範曰 肥城雖小나 攻之引日⑥이니 勝之라도 不益軍勢요 不勝이면 足挫軍威라 彼見無鹽之破하고 不敢不懼리니 若飛書喩之면 不降則散矣리라 白曜從之한대 肥城果潰하니 得粟三十萬斛하다 白曜謂範曰 此行得卿하니 三齊는 不足定也라하고 遂取垣苗糜溝二戍하고 一旬中에 拔四城하니 威震齊土하더라

① 王玄載는 王玄謨의 從弟이다. 睢는 音이 雖이다. 睢陵縣은 前漢 때에는 臨淮郡에 속하였고, 後漢 때에는 下邳郡에 속하였고, 宋 孝武帝 大明 원년(457)에 바뀌어 齊陰郡에 속하였다.
玄載, 玄謨之從弟也. 睢, 音雖. 睢陵縣, 前漢屬臨淮郡, 後漢屬下邳郡, 孝武大明元年度屬齊陰郡.

② 梁鄒縣은 漢나라 때에 濟南郡에 속하였다.
梁鄒縣, 漢屬濟南郡.

③ 魏收의 ≪魏書≫ 〈地形志〉에 "東太原郡의 太原縣은 升城을 治所로 삼았다.' 하였다. ≪水經註≫에 의거하면 東莞郡은 團城을 치소로 삼았으니, 단성은 春秋時代 鄆邑 서남쪽 40里에 있다.
魏收志 "東太原郡太原縣治升城." 據水經註, 東莞郡治團城, 城在春秋之鄆邑西南四十里.

④ 肥城縣은 前漢 때에는 泰山郡에 속하였고, 後漢 때에는 濟北郡에 속하였고, 晉나라 때에는 없앴고, 宋나라 때에 다시 濟北郡을 肥城에 설치하였다. ≪魏書≫ 〈地形志〉에 "糜溝·垣苗

23) 三齊 : 秦나라가 망한 뒤 項羽가 齊國의 옛 지역을 나누어 齊·膠東·濟北 3國으로 分封한 곳이다. 모두 지금의 山東 東部에 있는데, 이를 泛稱으로 三齊라 한다.

두 城 역시 東太原郡 太原縣 경계에 있다." 하였다.
肥城縣, 前漢屬泰山郡, 後漢屬濟北郡, 晉罷, 宋復置濟北郡於肥城. 魏收志"糜溝・垣苗二城亦在東太原郡太原縣界."

⑤ 慕容白曜는 燕王 慕容皝의 玄孫이다.
白曜, 燕王皝之玄孫也.

⑥ 引은 길다는 뜻이다.
引, 長也.

【綱】 宋나라가 蔡興宗을 郢州刺史로 삼았다.

宋以蔡興宗爲郢州刺史하다

【綱】 北魏가 升城을 빼앗았다.

◑魏取升城하다

【目】 宋나라 房崇吉이 升城을 수비하였는데 싸울 수 있는 병사가 700명에 불과하였다. 北魏 慕容白曜가 긴 포위망을 구축하여 공격하여 3개월 만에야 함락시켰다. 그들이 항복하지 않은 것에 분개하여 그들을 모두 파묻으려 하니, 參軍事 韓麒麟이 간언하기를 "이와 같이 하면 여기서부터 동쪽의 여러 성들이 모두 사람들마다 지켜서 공격할 수 없게 됩니다."라고 하자, 모용백요가 마침내 중지하니 방숭길이 몸을 빼어 도망갔다. 방숭길의 모친과 申纂의 아내는 北魏 濟州刺史 盧度世와는 외가 친족이었으나 이미 소원해졌다. 北魏에 포로로 잡혀서는 노도세가 받들어 모시기를 매우 공손하게 하고 물자도 넉넉하게 지급하였다. 노도세가 閨門의 안에서 온화하고 예절이 있었으니 온 친족이 화목하여 부유하고 곤궁함을 함께하였다.

宋房崇吉이 守升城하여 勝兵이 不過七百人이라 魏慕容白曜 築長圍攻之하여 三月乃克①하니 忿其不降하여 欲盡阬之어늘 參軍事韓麒麟이 諫曰 如此則自此以東으로 諸城皆人自爲守하여 不可攻矣리이다 白曜乃止하니 崇吉脫身走하다 其母及申纂妻與魏濟州刺史盧度世로 有中表親이로되 然已疎遠이러니 及爲魏所虜에 度世奉事甚恭하고 贍給優厚러라 度世閨門之內 和而有禮하니 百口怡怡하여 豐儉同之하더라

① 勝(감당하다)은 음이 升이다. "勝兵"은 5가지 병기를 잡고 싸울 수 있음을 말한다.

勝, 音升. 勝兵者, 謂能操五兵而戰也.

【目】 宋나라 崔道固가 성문을 닫고 北魏에 항거하였고, 沈文秀가 사자를 보내 北魏에게 병사를 청하고 영접하여 항복하고자 하니, 慕容白曜가 병사를 보내 구원하려 하였다. 酈範이 말하기를 "沈文秀의 가족과 묘소가 모두 江南에 있으며, 병사 수만 명을 보유한 데다 성이 굳건하며 갑주가 튼튼하니, 전황이 유리하면 항거할 것이고 불리하면 도망칠 것입니다. 그런데 지금 아침저녁에 닥칠 긴급함이 없으니 어찌 서둘러 구원을 청하겠습니까. 또 그 사자가 시선을 내리고 부끄러운 기색이 있고 말이 번잡하고 두려워하는 마음이 있으니, 이는 반드시 속임수를 써서 우리를 유혹하려는 것입니다. 따라서는 안 됩니다. 우선 歷城을 차지하고 盤陽을 쳐서 승리하고 梁鄒를 함락시키고 樂陵을 평정한 뒤에 군대를 머물렀다가 천천히 전진하면 심문수가 복종하지 않는 것을 걱정할 것이 없습니다."라고 하였다. 모용백요가 마침내 중지하니 심문수가 과연 항복하지 않았다.

◑ 宋崔道固 閉門拒魏하고 沈文秀 遣使迎降하여 請兵於魏하니 白曜 欲遣兵救之어늘 酈範曰 文秀室家墳墓皆在江南[①]하고 擁兵數萬하여 城固甲堅하니 彊則拒戰이요 屈則遁去어늘 今無朝夕之急하니 何遽求援이리오 且其使者視下色愧하고 語煩志怯하니 此必挾詐以誘我니 不可從也라 不若先取歷城하고 克盤陽하고 下梁鄒하고 平樂陵然後에 案兵徐進이면 不患其不服也[②]리라 白曜乃止하니 文秀果不降하다

① 沈文秀는 吳興 武康 사람이다.
文秀, 吳興武康人.

② 般陽縣은 漢나라 때에는 濟南郡에 속하였다. 晉 武帝가 平原을 나누어 樂陵郡을 설치하였고, 宋 文帝가 옛 千乘 지역에 樂陵郡을 설치하였다.
般陽縣, 漢屬濟南郡. 晉武帝分平原立樂陵郡, 宋文帝置樂陵郡於故千乘地.

【目】 北魏 尉元(울원)이 다음과 같이 表文을 올렸다.

"彭城은 宋나라의 중요한 울타리입니다. 많은 병력과 곡식이 있지 않으면 굳게 지킬 수가 없으니, 만약 팽성에 물자를 저축한 것이 이미 충분하다면 宋나라 사람들이 감히 淮北을 엿보지 못할 것입니다. 또 賊들이 팽성을 향해 올 적에는 반드시 淸水·泗水를 경유하여 宿豫를 지나고 下邳를 거치며, 青州에 나갈 적에도 下邳와 沂水를 경유하여 東安을 지나게 되니 이곳들이 모두 요충지입니다. 지금 먼저 이곳들을 평정하면 青州·冀州를 공격하지 않아도 함락시킬 수 있지만, 그렇지 않으면 청주·기주를 비록 함락시

킨다 해도 백성들이 고개를 돌려 宋나라를 바라보며 여전히 요행을 바라는 마음을 품게 될 것입니다.

臣은 생각건대 마땅히 청주·기주로 향하는 군사를 철수하고 먼저 동남쪽을 평정하여 劉彧(宋 明帝)이 북쪽을 넘보려는 뜻을 단념시키고 어리석은 백성들이 남쪽(宋나라)을 바라보는 마음을 단절시키면 淮北 지역이 스스로 귀순할 것이니, 잠시의 노고로 영원히 편안할 것입니다. 만일 하늘에서 비를 내려 강물이 불어난 뒤에 저들이 혹은 〈배를 통해〉 양식을 운반하고 병사를 보충하여 진격할 것을 꾀한다면 淮水 가의 백성들이 순식간에 생각을 바꿀 것이니 청주·기주를 쉽사리 함락할 수 없을 것입니다."

◑ **魏尉元**이 **表言**호되 **彭城**은 **宋之要藩**이라 **不有重兵積粟**이면 **則不可固守**니 **若資儲既廣**이면 **則宋人**이 **不敢窺淮北矣**라 **且賊向彭城**에 **必由清泗過宿豫**하고 **歷下邳**하고 **趨青州**에 **亦由下邳沂水經東安**이니 **此皆要地**[①]라 **今先平之**면 **則青冀諸州**를 **可不攻而克**이어니와 **不然則青冀雖拔**이라도 **百姓狼顧**하여 **猶懷僥倖之心**이니 **臣愚以爲宜釋青冀之師**하고 **先定東南**하여 **斷劉彧北顧之意**하고 **絶愚民南望之心**하면 **則淮北自擧**하여 **暫勞永逸矣**리이다 **若天雨既降**에 **彼或運糧益衆**하여 **規爲進取**면 **則近淮之民**이 **翻然改圖**하리니 **青冀二州**를 **未可猝拔也**리이다

① ≪漢書≫ 〈地理志〉에 "沂水는 泰山에서 발원하여 蓋縣 남쪽으로 가서 下邳에 이르러 泗水로 들어가는데 5개 郡을 지나 6백 里를 간다." 하였다. 胡三省이 말하기를 "東安縣은 前漢 때에는 城陽國에 속하고, 後漢 때에는 琅邪郡에 속하고, 晉나라 때에는 東莞郡에 속하였는데, 惠帝 元康 7년(297)에 東莞을 나누어 東安郡을 설치하였다." 하였다.
漢書地理志 "沂水出泰山, 蓋縣南至下邳入泗, 過郡五, 行六百里." 胡三省曰 "東安縣, 前漢屬城陽國, 後漢屬琅邪(야)郡, 晉屬東莞郡, 惠帝元康七年, 分東莞置東安郡."

【目】宋나라 沈攸之가 스스로 쌀을 운송하여 下邳에 이르자, 北魏 사람들이 간첩을 보내어 속여 말하기를 "薛安都가 항복하길 원하여 宋나라 군대를 청하여 영접하고자 한다." 라고 하였는데, 吳喜가 달려갈 것을 청하니, 심유지가 허락하지 않았다. 이윽고 와서 이렇게 말하는 자들이 더욱 많아지자, 심유지가 말하기를 "그대들이 이미 이쪽에 성심을 가지고 있으니, 만약 薛徐州(薛安都)의 子弟들과 함께 올 수 있는 사람이 있으면 즉시 모두 本鄕의 縣令으로 임명하여 마음에 원하는 바를 이루어줄 것이지만, 만일 그와 같이 하지 못한다면 공연히 왕래하지 말라."라고 하였다. 이로부터 다시 오지 않았다. 심유지는 軍主 陳顯達을 보내 1천 명을 거느리고 하비를 도와 지키게 하고 되돌아왔다.

◑ **宋沈攸之** **自送運米至下邳**어늘 **魏人遣間詐之曰** **薛安都欲降**하여 **求軍迎接**이라한대 **吳喜請**

赴之어늘 攸之不許러니 既而요 來者益多하니 攸之謂曰 諸人이 既有誠心하니 若能與薛徐州子弟로 俱來者면 卽皆假以鄕縣하여 唯意所欲이어니와 如其不爾면 無爲空往來也하라 自是로 不復至러라 攸之 乃使軍主陳顯達將千人하여 助戍下邳而還①하다

① 한 군대의 장수를 軍主라고 한다.
一軍之帥, 謂之軍主.

【綱】 宋나라가 袁粲을 僕射로 삼았다.

宋以袁粲爲僕射하다

【綱】 가을 8월에 宋나라가 中領軍 沈攸之를 보내어 彭城을 공격하게 하고, 將軍 蕭道成을 보내서 淮陰을 진무하게 하였다.

◑ 秋八月에 宋遣中領軍沈攸之擊彭城하고 將軍蕭道成鎭淮陰하다

【目】 宋主(劉彧)는 다시 沈攸之 등을 보내어 彭城을 공격하게 하였다. 심유지가 淸水·泗水가 한창 가물어서 〈배로〉 군량을 수송하는 것이 이어지지 않는다 하여 안 된다고 고집하였는데, 宋主가 노하여 강제로 보내고, 行徐州事 蕭道成을 보내어 淮陰에 진수하게 하였는데, 소도성이 호걸들을 거두어 양성하여 빈객이 비로소 성대하게 되었다.

北魏가 彭城으로 쳐들어갈 적에 垣崇祖가 部曲을 거느리고 도주하여 朐山에 웅거하니, 소도성이 그를 戍主(한 지역을 지키는 장수)로 삼았다. 구산은 바닷가의 외진 곳이어서 인심이 안정되지 못하니, 北魏 사람들이 원숭조의 배반한 장수를 얻어서 騎兵 2만을 보내어 습격하였다. 원숭조가 막 나가서 客을 전송하고 있었는데 성안의 사람들이 두려워하여 모두 배를 내려 떠나가려 하였다. 원숭조가 돌아와서 腹心들에게 말하기를 “오랑캐(北魏)가 오랫동안 준비한 것이 아니라 배반자의 말을 따라서 왔을 뿐이니 속이기가 쉽다. 지금 100여 명을 얻어서 성으로 돌아간다면 일이 반드시 이루어질 것이다. 卿들은 속히 여기를 떠나 2里 밖의 지역으로 갔다가 돌아오면서 ‘艾塘의 義人들이 이미 오랑캐를 격파하였으니 戍軍(구산을 지키는 군대)이 속히 출발하는 것을 기다려 오랑캐를 추격하라.’고 크게 외쳐라.”라고 하였다. 그렇게 하자 배 안에 있던 사람들이 과연 기뻐하여 다투어 해안으로 올라왔다. 원숭조가 그들을 이끌고 들어가 성을 점거하고 병약

자들을 보내어 섬으로 들여보내고 사람들에게 횃불 두 개를 가지고 산으로 올라가 북을 치며 함성을 지르게 하니, 北魏의 군대가 마침내 퇴각하였다.

垣榮祖 또한 팽성에서 구산으로 도주하여 마침내 회음에서 소도성에게 의탁하였고, 劉僧嗣가 部曲 2천 명을 거느리고서 섬에 머물렀는데, 소도성이 또한 불러서 위무하였다.

宋主復遣沈攸之等하여 擊彭城하니 攸之以淸泗方涸하여 糧運不繼라 固執以爲不可한대 宋主怒하여 彊遣之하고 而使行徐州事蕭道成으로 鎭淮陰하니 道成이 收養豪俊하여 賓客始盛하다 魏之入彭城也에 垣崇祖 將部曲하여 犇據朐山이어늘 道成이 以爲戍主①하니 朐山이 濱海孤絶하여 人情未安이러니 魏人得其叛將하여 遣騎二萬襲之하니 崇祖 方出送客이러니 城中人懼하여 皆下船欲去어늘 崇祖還하여 謂腹心曰 虜非有宿謀라 承叛者之言而來耳니 易誑也라 今得百餘人還이면 事必濟矣리니 卿等이 可亟去此二里外하여 大呼而來云호되 艾塘義人이 已破虜하니 須戍軍速往逐之②하라한대 舟中人이 果喜하여 爭上岸이어늘 崇祖 引入據城하고 遣羸弱入島하여 人持兩炬하여 登山鼓譟하니 魏軍乃退어늘 垣榮祖亦自彭城犇朐山하여 遂依蕭道成於淮陰하고 劉僧嗣 將部曲二千人하여 居海島어늘 道成이 亦召而撫之하다

① 垣崇祖는 垣護之의 從子이다.
崇祖, 護之之從子也.

② 艾塘은 地名이니, 東海郡 朐山縣 서북쪽 10里에 있다. 義人은 의병을 일으킨 사람이다. 宋나라 사람들은 淮北에서 군대를 일으켜 北魏에 항거한 이들을 義人이라 하였다.
艾塘, 地名, 在東海郡朐山縣西北十里. 義人, 謂擧義之人. 宋人謂淮北起兵拒魏者爲義人.

【綱】 北魏가 큰 佛像을 만들었다.

魏作大像[24]하다

【目】 높이가 43尺이었다. 銅 10만 근, 黃金 6백 근을 사용하였다.

高四十三尺이라 用銅十萬斤과 黃金六百斤하다

---

24) 魏作大像 : "'大像'이라고 기록한 것은 어째서인가. 부처에게 아첨한 것을 나무란 것이다. '作大像'이라고 기록한 것은 여기에서 시작되었다. ≪資治通鑑綱目≫이 끝날 때까지 '作大像'이라고 기록한 것은 3번이다(이해(467), 唐나라 則天武后 때 2번 기록하였다.).〔書大像 何 譏媚佛也 書作大像始此 終綱目書作大像者三(是年 唐武氏再書)〕" ≪書法≫

【綱】 北魏 사람들이 宋나라 군대를 막아서 공격하여 패주시키고 마침내 下邳를 점령하였다.

魏人拒擊宋師走之하고 遂取下邳하다

【目】 北魏 尉元(울원)이 병사를 보내 沈攸之를 막게 하고, 또 심유지가 예전에 패전하여 포로가 된 士卒 중에 凍傷으로 다리가 잘려 무릎으로 다니는 자들을 심유지에게 돌려보내어 宋나라 군대의 사기를 저해시켰다. 宋主(劉彧)가 얼마 후 심유지 등을 파견한 것을 후회하여 다시 불러 돌아오게 하였다. 사신이 이르기 전에 심유지가 睢清口에 도착하였는데, 北魏 병사들이 공격하자 宋나라 군대가 무너져서 도로 淮陰으로 드주하니 버린 물자와 기계가 萬으로 헤아렸다. 울원이 편지를 보내 宋나라 徐州刺史 王玄載를 타이르니 왕현재는 下邳를 버리고 도주하자, 北魏가 辛紹先을 太守로 삼았다. 신소선이 가혹하게 살펴서 다스리는 것을 숭상하지 않고 큰 강령만을 힘써 거행하여 백성을 교화하고 생업을 다스리고 도적을 막을 뿐이었다. 이로 말미암아 하비가 안정되었다.

宋나라 宿豫의 戍將과 淮陽太守가 모두 城을 버리고 도주하였다. 慕容白曜가 진군하여 瑕丘에 주둔하니 宋나라 將軍 房法壽가 盤陽을 습격하여 점거하고 모용백요에게 항복하니, 모용백요가 표문을 올려서 韓麒麟과 房法壽를 함께 冀州刺史로 삼게 하였다. 모용백요는 군사를 이끌고 歷城에서 崔道固를 공격하였으나 함락시키지 못하였고, 東陽에서 沈文秀를 공격하였는데, 심문수가 항복을 청하였다. 北魏 병사들이 城에 들어와서 노략질을 하니 심문수는 후회하고 분노하여 성문을 닫고 지키고서 北魏 병사를 격파하였다.

魏尉元이 遣兵拒沈攸之하고 又以攸之前敗所喪士卒瘃(촉)墮膝行者還之하여 以沮其氣[①]하니 宋主 尋悔遣攸之等하여 復召使還이러니 不及에 攸之至睢(수)清口어늘 魏兵擊之한대 衆潰하여 還走淮陰하니 委資械以萬計[②]러라 尉元이 以書로 喩宋徐州刺史王玄載하니 玄載棄下邳走[③]어늘 魏以辛紹先爲太守하니 紹先이 不尙苛察하고 務擧大綱하여 敎民治生禦寇而已라 由是로 下邳安之러라 宋宿豫戍將淮陽太守 皆棄城走하니 慕容白曜 進屯瑕丘하니 宋將軍房法壽 襲據盤陽以降[④]이어늘 白曜 表韓麒麟與法壽로 對爲冀州刺史하고 白曜引兵하여 攻崔道固於歷城不下하고 攻沈文秀於東陽하니 文秀請降이러니 魏兵 入城暴掠하니 文秀 悔怒拒守하고 擊魏兵破之하다

① 瘃은 陟玉의 切이니, 凍傷이다. 墮는 발 또는 발가락이 떨어져 나감이다.
瘃, 陟玉切, 寒瘡也. 墮, 足趾墮落也.

② 淸水가 泗水와 합류하므로, 泗水 역시 淸水의 이름을 얻었다. ≪水經註≫에 "泗水는 下邳縣 서쪽을 지나서 또 동남쪽으로 가서 睢水口에 도달한다. 泗水는 또 동남쪽으로 가서 淮水로 들어가므로, 睢淸口라고 한다." 하였다.
淸水合於泗水, 故泗水亦得淸水之名. 水經註 "泗水過下邳縣西, 又東南得睢水口. 泗水又東南入于淮水, 故謂之睢淸口."

③ 沈攸之는 王玄載를 남겨서 下邳를 수비하게 하고, 이어서 徐州刺史를 겸직하게 하였다.
沈攸之留王玄載戍下邳, 因領徐州刺史.

④ 房法壽는 房崇吉의 從兄이다.
法壽, 崇吉從兄也.

【綱】 魏主(拓跋弘)가 비로소 정사를 친히 다스렸다.

魏主始親政事[25]하다

【目】 魏主(拓跋弘)의 李夫人이 아들 拓跋宏을 낳았으니, 馮太后가 친히 탁발굉을 양육하였다. 그리하여 마침내 정사를 魏主에게 돌려주었는데, 魏主가 비로소 국사를 친히 다스려서 정사를 행하는 데 부지런하여 賞罰이 엄격하며 분명하고, 청렴하고 절개 있는 인물을 발탁하고 탐욕스럽고 더러운 인물을 축출하였다. 이에 北魏의 목민관들 중에 비로소 청렴결백함으로 드러나고 알려지는 자가 있게 되었다.

魏主李夫人生子宏하니 **馮太后 自撫養之**러니 **遂還政於魏主**한대 **魏主始親國事**하여 **勤於爲治**하여 **賞罰嚴明**하고 **拔淸節 黜貪汚**하니 **於是**에 **魏之牧守 始有以廉潔著聞者**러라

【綱】 겨울 10월에 宋나라가 黃金을 가지고 가서 北魏에서 義陽王 劉昶을 돌려받고자 하였다.

冬十月에 **宋以金贖義陽王昶于魏**[26]하다

25) 魏主始親政事 : "馮太后가 정사를 전담한 것이다.〔太后專也〕" ≪書法≫
26) 宋以金贖義陽王昶于魏 : "이때에 北魏 사람들이 허락하지 않았는데 그것을 기록한 것은 어째서인가. 宋나라의 의리를 인정해준 것이다. 비록 인정해주었으나 또한 애석해한 것이다. 황금을 가지고 가서 劉昶을 돌려받고자 한 것은 의리라고 말할 수 있으나, 유창이 臣을 칭하지 않은 것으로 끝내 회답하지 않은 것은 의리를 끝까지 하지 못한 것이다.〔於是魏人不許 則其書何 予宋義也 雖予之也 亦惜之也 以金贖昶 可謂義矣 而以不稱臣 故終以不答 則爲義不終矣〕" ≪書法≫

【目】 宋主(劉彧)가 사신을 보내 황금 1천 兩을 가지고 가서 義陽王 劉昶을 北魏에서 돌려받고자 하였는데 北魏 사람들이 허락하지 않고 유창을 시켜서 宋主에게 편지를 보내어 兄弟 간의 예의를 펴게 하였다. 宋主는 유창이 臣을 稱하지 않은 것을 꾸짖고 회답하지 않았다. 魏主(拓跋弘)는 다시 유창을 시켜 宋主에게 편지를 보내게 하였는데, 유창이 말하기를 "臣은 본래 유욱의 형입니다. 臣이 된 적이 없으니 만약 이전 편지를 고친다면 이는 두 나라 군주를 공경하는 것이 되고 만약 고치지 않는다면 그가 받아들이니 않을 것이니, 臣은 감히 조서를 받들지 못하겠습니다."라고 하니, 마침내 중지하였다. 北魏 사람들은 유창을 애지중지하여 세 번이나 공주와 혼인시켰다.

宋主遣使以金千兩으로 贖義陽王昶于魏한대 魏人不許하고 使昶與宋主書하여 爲兄弟之儀하니 宋主責其不稱臣하고 不答이어늘 魏主復使昶與宋主書한대 昶曰 臣本彧兄이라 未經爲臣하니 若改前書면 是爲二敬이요 苟或不改면 彼所不納이니 臣不敢奉詔니이다하니 乃止[①]하다 魏人愛重昶하여 凡三尙公主하다

① 이미 北魏에 신하를 칭하고 다시 宋나라에 신하를 칭하면 이는 양쪽을 공경하는 것이 된다. 陳濟[27]가 말하기를 "劉昶이 먼저 宋主에게 편지를 보내어 兄弟 간의 예의를 펴서 임금으로 예우하지 않았는데, 또 고쳐서 臣이라고 稱하면 그 공경을 양쪽으로 하는 것이다." 하였다.
既稱臣於魏, 復稱臣於宋, 是爲二敬也. 陳濟曰 "劉昶先與宋主書, 爲兄弟之儀而(不答若)〔不若君〕[28]又改而稱臣, 則是二其敬也."

【綱】 12월에 常珍奇가 北魏를 배반하고 宋나라에 귀순하였다.

十二月에 常珍奇叛魏歸宋[29]하다

---

27) 陳濟 : 1363~1424. 明나라 때 史學家로 字는 伯載이고 武進 사람이다. ≪資治通鑑綱目集覽正誤≫를 지었다.

28) (不答若)〔不若君〕: 저본에는 '不答若'으로 되어 있으나, ≪御批資治通鑑綱目≫에 의거하여 '不若君'으로 바로잡았다.

29) 常珍奇叛魏歸宋 : "'歸宋'은 바름으로 돌아온 것이다. 반드시 '叛魏'라고 기록한 것은 어째서인가. 반복한 것을 미워한 것이다. ≪資治通鑑綱目≫에서는 반복한 것을 미워하였으니, 常珍奇가 北魏에 항복했을 적에 '叛(배반했다)'이라고 기록했고, 그가 宋나라에 귀순할 적에도 '叛'이라고 기록하였다. 北魏에서 歷城을 함락했을 적에는 '奔(도주했다)'이라고 기록했으니, 孟達을 기록한 것과는 크게 다르다(蜀漢 後主 建興 5년(227)에 孟達에게는 '叛'이라고 기록하지 않고 '來歸(귀순해 왔다)'라고 기록한 것에 의거한 것이다.). 그러므로 상진기가 宋나라에 귀순한 것에 '叛魏'라고 기록하고(이해(467)), 陳伯이 梁나라에 귀순한 것에 '叛魏'라고 기록하고(丙戌年(506)), 趙匡贊과 侯益이 漢나라로 돌아왔을 적에 '叛蜀(蜀을 배반했다)'이라고 기록하였으니(戊申年(948)), 모두 그 배반을 미워한 것이다.〔歸宋 反

【目】常珍奇가 비록 北魏에 항복했으나 두 마음을 품고 있었는데, 劉勔이 다시 편지로 상진기를 불렀다. 마침 北魏 西河公 拓跋石이 汝陰을 공격하자 상진기가 빈틈을 이용하여 懸瓠를 불 지르고 약탈하고 上蔡·安成·平輿 3縣의 백성들을 위협하여 약탈하고서 灌水에 주둔하였다. 北魏 사람들이 공격하였는데 상진기는 壽陽으로 도주하였다.

常珍奇 雖降於魏나 實懷二心이러니 劉勔이 復以書招之하니라 會魏西河公石이 攻汝陰이어늘 珍奇乘虛하여 燒劫懸瓠하고 驅掠上蔡安成平輿三縣民하여 屯於灌水하니 魏人攻之한대 珍奇犇壽陽[①]하다

① ≪晉書≫〈地理志〉에는 上蔡·安成·平輿 3縣이 모두 豫州 汝南郡에 속해 있다. ≪水經註≫에 "灌水는 廬江 金蘭縣 서북쪽의 東陵鄕 大蘇山에서 발원하여 동북쪽으로 가서 蓼縣의 故城 서쪽을 지나 북쪽으로 決水로 흘러간다." 하였다.
晉志, 上蔡·安成·平輿三縣, 竝屬豫州汝南郡. 水經註"灌水導源廬江金蘭縣西北東陵鄕大蘇山, 東北逕蓼縣故城西, 而北注決水."

戊申年(468)

宋나라 太宗 明帝 劉彧 泰始 4년이고, 北魏 顯祖 獻文帝 拓跋弘 皇興 2년이다.

宋泰始四年이요 魏皇興二年이라

【綱】봄 정월에 北魏가 宋나라를 침공하였는데 宋나라 豫州刺史 劉勔이 격퇴시키고 北魏 장군 閼于拔을 참수하였다.

春正月에 魏侵宋이어늘 宋豫州刺史劉勔擊却之하고 斬其將閼(알)于拔하다

【目】北魏가 宋나라 武津을 침공하였는데 宋나라 劉勔이 격퇴시키고, 北魏 장군 于都公 閼于拔을 참수하였다. 淮西 백성 賈元友가 上書하여 北魏를 정벌하여 陳·蔡의 지역을 빼앗는 계책을 진술하니 宋主가 그 상서를 유면에게 보여주었다. 유면이 다음과 같이 上言하였다.

正也 必書叛魏 何 惡反覆也 綱目惡反覆 於其降魏也書叛 其歸宋也亦書叛 及魏拔歷城也 則書奔 與書孟達大異矣(據漢後主建興五年 蓋達不書叛 書來歸) 是故 珍奇歸宋書叛魏(是年) 陳伯之歸梁書叛魏(丙戌年) 趙匡贊侯益還漢書叛蜀(戊申年) 皆惡其反覆者也]"≪書法≫

"가원우가 '오랑캐의 임금이 유약하고 안팎으로 난리가 많으니 하늘이 망하게 할 날이 얼마 남지 않았다.'라고 합니다. 그러나 臣은 생각건대 오랑캐는 지난겨울부터 우리 영토를 짓밟고 올 봄에는 연이어 성을 포위해 압박하였지만 우리나라는 아직 국경을 회복하지 못하였으니 어느 겨를에 오랑캐를 멸망시키겠습니까. 가원우가 진술한 것은 대부분 과장되고 경망한 도모입니다. 말하기는 매우 쉽고 행하기는 매우 어려우니, 元嘉(宋 文帝 연호, 424~453) 이래로 傖荒(北人을 경시하는 말)한 원방 사람들이 대부분 오랑캐를 토벌하라고 권하였는데, 종래에 믿고 받아들였다가 모두 후회하는 데 이르렀습니다. 국경 지역의 사람들은 오직 강약을 살펴보므로 王師가 그곳에 이를 적에는 반드시 병에 음료수를 담아 길에서 기다리다가 군대가 물러난 것을 보자마자 바로 배후를 공격하여 차단하고 봉기합니다. 이것은 전후로 臣이 본 것 중에 명백한 증거가 하나가 아닙니다."

宋主(劉彧)가 마침내 중지하였다.

魏侵宋武津이어늘 宋劉勔擊却之하고 斬其將于都公閼于拔[①]하다 淮西民賈元友 上書하여 陳伐魏取陳蔡之策[②]하니 宋主以其書示勔한대 勔上言호되 元友稱虜主幼弱하고 內外多難하니 天亡有期라하나 臣以爲虜自去冬으로 蹈藉王土하고 今春에 連城圍逼호되 國家未能復境하니 何暇滅虜리오 元友所陳이 率多夸誕狂謀라 言之甚易하고 行之甚難하니 元嘉以來로 傖荒遠人이 多勸討虜라 從來信納에 皆貽後悔하니 境上之人은 唯視彊弱이라 王師至彼에 必壺漿候途라가 裁見軍退에 便抄截蠭起하니 此前後所見에 明驗非一也니이다하니 宋主乃止하다

① 沈約이 말하기를 "武津縣은 汝陽郡에 속하였다." 하였다. 閼은 烏葛의 切이다.
沈約曰 "武津縣屬汝陽郡." 閼, 烏葛切.
② 宋나라 豫州 淮西 지역은 春秋時代 陳·蔡의 지역이다.
宋豫州淮西之地, 春秋陳蔡之地也.

【綱】宋나라 東徐州·兗州가 北魏에 항복하니 北魏가 尉元(울원)을 徐州刺史로 삼았다.

宋東徐兗州降魏하니 魏以尉元爲徐州刺史하다

【目】北魏 尉元이 사신을 보내서 宋나라 東徐州刺史 張讜을 설득하니, 張讜이 團城을 가지고 北魏에 항복하였다. 그러자 北魏는 高閭와 張讜을 함께 東徐州刺史로 삼고, 울원

이 또 宋나라 兗州刺史 王整과 蘭陵太守 桓訢을 설득하여 北魏에 항복하게 하였다. 北魏가 울원을 開府儀同三司 徐州刺史로 삼아서 彭城에 진수하게 하고, 薛安都·畢衆敬을 불러서 入朝케 하여 客禮로 우대하고 諸侯로 봉하며 저택을 하사하고 물자를 매우 후하게 주었다.

魏尉元이 遣使하여 說(세)宋東徐州刺史張讜하니 讜以團城降魏어늘 魏以高閭與讜對爲刺史①하고 元이 又說宋兗州刺史王整蘭陵太守桓訢하여 降之②하니 魏以元爲開府儀同三司徐州刺史하여 鎭彭城하고 召薛安都畢衆敬入朝하여 以客禮待之하고 封侯賜第하고 資給甚厚하다

① 北魏가 이미 彭城을 얻고, 또 團城을 얻었으므로, 宋나라가 설치한 東徐州에 따라서 張讜을 명한 것이다.
魏已得彭城, 又得團城, 故因宋所置東徐州以令讜.

② 宋나라가 淮北을 잃고 兗州를 僑置하고 淮陰에 治所를 붙였다. 이때 蕭道成이 淮陰을 鎭守하였고, 王整이 徐州 경내에 주둔하고서 兗州刺史를 겸직하였을 뿐이다. 이때 宋나라와 北魏가 전쟁을 하여 국경의 관리 중에 스스로 지킬 수 있는 자는 즉시 州刺史로 임명하여 일정한 거처가 없었다. 沈約의 ≪宋書≫ 〈州郡志〉에 "蘭陵太守가 昌慮를 치소로 삼으니, 漢나라의 옛 縣이다." 하였다.
宋失淮北, 僑立兗州, 寄治淮陰. 時蕭道成鎭淮陰, 王整蓋屯徐州界, 領兗州刺史耳. 此時宋·魏交兵, 疆吏能自守者, 卽以州刺史命之, 無常處也. 沈約志"蘭陵太守治昌慮, 漢舊縣也."

【綱】 2월에 北魏가 宋나라 歷城을 빼앗았다.

二月에 魏拔宋歷城하다

【目】 崔道固가 성에서 나가 항복하였다.

崔道固出降하다

【綱】 常珍奇가 宋나라로 도주하였다.

常珍奇犇宋하다

【綱】 宋나라 車騎大將軍 王玄謨가 卒하였다.

◑宋車騎大將軍王玄謨卒하다

【綱】 여름 4월에 宋나라가 백성에게 田租의 반을 감면하였다.

◑ **夏四月**에 **宋減民田租之半**하다

【綱】 宋나라 劉勔이 北魏 병사를 許昌에서 패배시켰다.

◑ **宋劉勔敗魏兵於許昌**하다

【綱】 北魏가 李惠를 征南大將軍으로 삼고, 馮熙를 太傅로 삼았다.

◑ **魏以李惠爲征南大將軍**하고 **馮熙爲太傅**하다

【目】 李惠는 李夫人의 아버지이고, 馮熙는 馮太后의 형이다.

惠는 李夫人之父요 熙는 馮太后之兄也라

【綱】 가을 7월에 宋나라가 蕭道成을 南兗州刺史로 삼았다.

秋七月에 **宋以蕭道成爲南兗州刺史**[30]하다

【綱】 겨울 12월에 宋나라가 路太后를 改葬하였다.

冬十二月에 **宋改葬路太后**하다

【目】 義嘉의 난리에 路太后가 갑자기 殂하였다.[31] 장례를 치루고 나서 巫師가 다시 陵을 파내어 玄宮(제왕의 墓穴)을 파손하여 厭勝을 할 것을 청하였는데, 이때에 와서 改葬하였다.

義嘉之亂에 路太后暴殂하니 旣葬에 巫師復請發陵戮玄宮하여 爲厭勝[32]이러니 至是改葬之①하다

① 晉安王 劉子勛이 稱帝했을 때에 義嘉로 改元하였다.
晉安王子勛稱帝時, 改元義嘉.

---

30) 宋以蕭道成爲南兗州刺史 : "이해 10월 초하루에 日食이 있었으나 기록하지 않은 것은 아마 누락된 듯하다.〔是歲 十月朔日食不書 疑漏〕" ≪書法≫

31) 義嘉의……殂하였다 : 路太后가 죽은 것은 본서 104쪽에 보인다.

32) 厭勝 : 方術의 일종으로 사악한 氣를 꺾어 힘을 못 쓰게 만드는 것이다.

【綱】 宋나라가 阮佃夫를 游擊將軍으로 삼았다.

宋以阮佃夫爲游擊將軍하다

【目】 이보다 앞서 中書侍郎·中書舍人을 모두 名士로 임명했었다. 太祖(宋 文帝)가 처음으로 한미한 선비를 등용하고 世祖(宋 孝武帝)가 선비와 庶人을 섞어서 등용하니 巢尙之·戴法興이 마침내 권세를 부리게 되었다. 宋主(劉彧)에 이르러 左右의 小人들을 다 등용하니, 阮佃夫와 中書舍人 王道隆과 散騎侍郎 楊運長이 모두 政事에 참여하여 권세가 임금에 버금가서 소상지·대법흥이 따라가지 못하였다. 완전부가 더욱 방자하고 전횡하여 뇌물을 받고서 상과 벌을 멋대로 행사하였다. 조정 인사들 중에 귀천에 관계없이 스스로 결탁하지 않는 이가 없었고 하인들도 모두 차례를 뛰어넘어 관직에 임명되어 수레를 끄는 사람도 中郎將에 이르고, 馬夫도 員外郎에 이르렀다.

先是에 中書侍郎舍人을 皆用名流爲之러니 太祖始用寒士하고 世祖猶雜用士庶하니 而巢戴遂用事①러니 及宋主하여 盡用左右細人하니 佃夫及中書舍人王道隆과 散騎侍郎楊運長 竝參豫政事하여 權亞人主하여 巢戴所不及也②러라 佃夫尤恣横하여 納貨賂 作威福하니 朝士貴賤이 莫不自結하고 僕隷皆不次除官하여 捉車人至中郎將하고 馬士至員外郎③하다

① 士는 巢尙之를 말하고, 庶는 戴法興을 말한다.
士, 謂巢尙之, 庶, 謂戴法興.
② "細人"은 잔달은 小人을 말한다.
細人, 言纖微小人也.
③ "捉車人"은 수레를 끄는 사람이다. "馬士"는 말을 부리는 사람이다. "員外郎"은 員外散騎郎을 말한다.
捉車人, 持車者. 馬士, 控馬者. 員外郎, 謂員外散騎郎也.

己酉年(469)

宋나라 太宗 明帝 劉彧 泰始 5년이고, 北魏 顯祖 獻文帝 拓跋弘 皇興 3년이다.

宋泰始五年이요 魏皇興三年이라

【綱】 봄 정월에 北魏가 宋나라 青州를 함락하고 刺史 沈文秀를 사로잡았다.

春正月에 魏拔宋青州하고 執其刺史沈文秀[33)]하다

【目】沈文秀가 東陽[34)]을 지키고 있었는데, 北魏 사람들이 그곳을 포위한 지 3년이 지났는데도 외부에서 구원해줄 병력이 없었다. 사졸들이 밤낮으로 대항하여 전투를 치르느라 갑옷과 투구에 이가 생겨났는데도 떠나거나 배반하려는 마음이 없었다. 이때에 이르러 北魏 사람들이 東陽을 함락하자 심문수가 갑옷을 벗고는 의관을 바르게 하고서 符節을 지니고 齋室에 앉아 있었는데, 北魏 사람들이 그를 사로잡아서 결박하여 慕容白曜에게 보내어 절을 하게 하였다.

심문수가 말하기를 "각자 두 나라의 大臣인데 어찌 절을 할 수가 있겠는가?"라고 하니, 모용백요가 그의 의복을 돌려주고 음식을 차려주고는 쇠사슬을 채워서 平城[35)]으로 압송하였다.

魏主가 그를 풀어주고는 下客으로 대우하여 변변치 못한 옷과 거친 음식을 주었는데, 얼마 뒤에 굽히지 않는 그의 행동을 중하게 여겨 外都下大夫에 임명하였다. 이에 青州와 冀州의 땅이 모두 北魏 소속이 되었다.

沈文秀守東陽이러니 魏人圍之三年한대 外無救援이라 士卒晝夜拒戰하여 甲冑에 生蟣蝨호되 無離叛之志러라 至是하여 魏人拔東陽하니 文秀解戎服正衣冠하고 持節坐齋內어늘 魏人執之하여 縛送慕容白曜하여 使之拜①한대 文秀曰 各兩國大臣이니 何拜之有리오 白曜還其衣爲設饌하고 鎖送平城하니 魏主宥之하고 待爲下客하여 給惡衣疏食이러니 旣而重其不屈하여 拜外都下大夫하니 於是에 青冀之地 盡入於魏矣②러라

① ≪資治通鑑≫에는 "執之" 아래에 "去其衣(그의 옷을 벗기다.)" 세 글자가 더 있다.

---

33) 魏拔宋青州 執其刺史沈文秀 : "宋나라가 元嘉 末年(452)에 北魏를 침략한 뒤로부터 두 나라가 각각 스스로 지키기에 힘써서 다시 전쟁이 없었다. 薛安都 등이 반란을 일으켜 北魏에 항복하자 北魏 사람들이 이를 틈타 宋나라를 침략하여 淮北·淮西와 下邳郡 등의 지역을 차지하였다. 지금 또 青州를 함락시키고 그 刺史를 잡아가니 宋나라는 內難에 압박을 받아 외방을 경략할 겨를이 없었고 또 아랫사람들도 다시 함께 힘써 싸우지 않았다. 그러나 北魏는 宋나라에서 반란을 일으킨 신하를 받아들여서 宋나라의 토지를 빼앗고 宋나라의 성읍을 도륙하였다. 비록 한때에 뜻을 얻은 것 같지만 어찌 仁義의 일이겠는가. ≪資治通鑑綱目≫에는 일에 따라 기록을 하여 是非와 曲直이 명료하게 눈앞에 있으니 진실로 숨길 수가 없다.〔宋自元嘉末年侵魏之後 兩國各務自保 無復兵爭 至薛安都等叛降于魏 於是魏人乘釁侵宋 取淮北淮西及下邳諸郡之地 今又拔青州而執其刺史 宋恇迫於內難 未遑外略 亦不復與之力爭 然魏氏納其叛臣 奪其土地 屠其城邑 雖若得志一時 夫豈仁義之擧 綱目隨事書之 是非曲直 瞭然在目 固自不可得而掩也〕" ≪發明≫

34) 東陽 : 青州의 치소가 있던 곳이다.

35) 平城 : 北魏의 도읍이 있던 곳이다.

通鑑, 執之下有去其衣三字.

② 外都下大夫는 外都大官의 屬僚로, 拓跋氏가 설치한 것이다.
外都下大夫, 外都大官之屬僚也, 拓跋氏所置.

【綱】 2월에 北魏가 慕容白曜를 靑州刺史로 삼았다.

二月에 **魏以慕容白曜**로 **爲靑州刺史**하다

【目】 慕容白曜가 백성들을 위무하고 다스리는 데 방편이 있었기에 東人(靑州·徐州 등 淮北의 사람들)들이 편안히 여겼다.

白曜撫御有方하니 **東人安之**러라

【綱】 北魏가 세 등급의 輸租法을 만들고 雜調를 제거하였다.

魏立三等輸租法하고 **除其雜調**하다

【目】 北魏는 天安[36] 연간 이후로 해를 연이어 가뭄과 기근이 들고 靑州와 徐州에서 거듭 군사를 동원하여 山東의 백성이 세금과 부역에 지쳐 있었다. 魏主가 명을 내려 백성의 빈부 격차에 따라 세 등급으로 나누어 輸租法을 시행하고 등급마다 다시 세 단계를 만들어 上等의 3品은 조세를 平城으로 보내고, 中等은 조세를 다른 州로 보내고 下等은 조세를 해당 州로 보내게 하였다. 옛 제도에는 常賦 이외에 雜調가 15항목이 있었는데, 이때에 이르러 없애니, 백성들의 생활이 조금 넉넉해졌다.

魏自天安以來로 **比歲旱饑**하고 **重以靑徐用兵**하니 **山東之民**이 **疲於賦役**①이라 **魏主命因民貧富**하여 **分爲三等輸租之法**하여 **等爲三品**하여 **上三品**은 **輸平城**하고 **中輸它州**하고 **下輸本州**하고 **舊制常賦之外**에 **有雜調十五**러니 **至是罷之**하니 **民稍贍給**이러라

① 重(거듭하다)은 直用의 切이다.
重, 直用切.

【綱】 宋나라가 太尉 廬江王 劉褘를 南豫州刺史로 삼았다.

36) 天安 : 獻文帝 拓跋弘의 연호로 宋나라 明帝 泰始 2년(466) 한 해 동안만 사용하였다.

宋以太尉廬江王禕로 爲南豫州刺史[37]하다

【目】 宋나라 河東 사람 柳欣慰 등이 모반하여 太尉 廬江王 劉禕를 세우려고 하였다. 유의는 황제(劉彧)의 형이었으나 황제가 경시하여 孝武帝(劉駿)가 그를 驢王이라고 했다고 하여 옮겨서 廬江에 봉하니,[38] 유의가 원망을 품어 드디어 柳欣慰와 내통하여 모반을 꾀하려고 하다가 일이 발각되었다. 조서를 내려 유의를 車騎將軍으로 강등하고 京師에서 나가서 宣城에 鎭守하게 하고 심복인 楊運長을 보내어 군대를 거느리고 방어하도록 하였으며, 유흔위 등은 죽임을 당하였다.

宋河東柳欣慰等이 謀反하여 欲立太尉廬江王禕하니 禕는 帝兄而帝輕之하여 以孝武謂之驢王이라하여 徙封廬江①하니 禕銜之하여 遂與欣慰通謀러니 事覺하니 詔降禕車騎將軍하여 出鎭宣城하고 遣腹心楊運長하여 領兵防衛하고 欣慰等伏誅하다

① 孝武는 ≪資治通鑑≫에 廢帝(劉子業)로 되어 있다.
孝武, 通鑑作廢帝.

【綱】 여름 5월에 北魏가 僧祇戶와 佛圖戶를 설치하였다.

夏五月에 魏置僧祇佛圖戶하다

【目】 北魏가 青州와 齊州의 백성들을 平城의 桑乾으로 옮기고, 平齊郡을 세워 그들을 거주하도록 하였는데, 沙門統 曇曜가 평제군의 호구와 백성 중에서 해마다 60곡을 僧曹에 바칠 수 있는 사람이 있으면 바로 僧祇戶로 삼고, 곡식은 僧祇粟으로 삼아서 흉년을 만나면 굶주린 백성들을 구휼하라고 아뢰고, 또 백성들 중에서 중한 죄를 지은 사람과

37) 宋以太尉廬江王禕 爲南豫州刺史 : "이때에 柳欣慰가 謀反을 하고 劉禕가 그와 내통하여 일이 발각되자 그들을 내쳤는데 '謀反'이라고 기록하지 않은 것은 어째서인가. 宋主(劉彧)에게 죄를 돌린 것이다. 유의는 宋主의 형인데 경멸하며 추하게 헐뜯어 그 마음을 그르쳤다. ≪資治通鑑綱目≫에서는 그 마음을 깊이 추적하였으므로 유의의 謀反을 기록하지 않고, 유의가 죽었을 때 '宋主'라고 배척하여 기록했던 것이다.〔於是柳欣慰謀反 禕與之通 事覺出之 其不書謀反 何 罪宋主也 禕其兄也 而輕侮醜詆 以失其心 綱目深探其本 故禕之謀反不書 而其殺也斥書宋主〕" ≪書法≫

38) 劉禕는……봉하니 : 景和 원년(465) 廢帝 劉子業이 東海王 劉禕가 성품이 용렬하다고 하여 驢王(노새 왕)이라고 하고 말구유에서 음식을 먹게 하였다. 뒤에 劉彧이 황제가 되고서 그를 中書監·太尉로 삼았다. 그런데 이때에 유욱이 그를 廬江王으로 삼아 놀린 것이다. 자세한 내용은 본서 87쪽과 93쪽에 보인다. 여기서 孝武帝라고 한 것은 아래 訓義처럼 유자업으로 보아야 할 듯하다.

官奴를 佛圖戶로 삼아서 여러 사찰의 청소를 시키라고 청하니[39] 모두 허락하였다. 그래서 僧祇戶와 寺戶[40]가 州와 鎭에 두루 생기게 되었다.

魏徙靑齊民於平城桑乾하고 立平齊郡以居之하니 沙門統曇曜 奏平齊戶及諸民有能歲輸穀六十斛入僧曹者면 卽爲僧祇戶하고 粟爲僧祇粟하여 遇凶歲賑給飢民①하고 又請民犯重罪及官奴를 以爲佛圖戶하여 以供諸寺掃灑한대 竝許之②하니 於是에 僧祇寺戶徧於州鎭矣③러라

① 胡三省이 말하기를 "沙門統은 지금의 僧錄과 같다."라고 하였다. 素軒이 말하기를 "祇는 음이 神祇의 祇(기)와 같으니, 祇園이다. 佛書에 阿僧祇라는 말이 있다."라고 하였다.
胡三省曰 "沙門統, 猶今之僧錄." 素軒曰 "祇音神祇之祇, 祇園也. 佛書有阿僧祇."

② 佛圖는 바로 浮屠이다.
佛圖, 卽浮屠.

③ 北魏는 북방에서부터 중원까지 소유하였으나, 역시 魏晉時代의 제도에 따라 여러 州에 刺史를 두었으며, 서북쪽 변방에 오랑캐와 晉人(漢人)이 뒤섞여 거처하는 곳에는 鎭將을 두어서 鎭守하게 하였다.
魏自北方幷有諸夏, 亦依魏晉制, 置諸州刺史, 其西北被邊夷晉雜居之地, 則置鎭將以鎭之.

【綱】 6월에 北魏가 皇子인 拓跋宏을 太子로 삼았다.

六月에 魏立子宏爲太子하다

【綱】 宋主(劉彧)가 자신의 형인 廬江王 劉褘를 죽였다.

◑宋主殺其兄廬江王褘하다

【目】 宋主가 또 有司를 시켜 劉褘가 분노하여 원망하는 말을 하였다고 아뢰게 하여 조서를 내려 官爵을 면직시키고, 符節을 주어 사신을 보내 그를 핍박하여 스스로 목숨을 끊게 하였다.

宋主又令有司로 奏褘忿懟有怨言이라하여 詔免官爵하고 遣使持節하여 逼令自殺하다

---

39) 僧曹에……청하니 : 僧曹는 北魏 내의 寺院을 관리하던 국가 기구를 말하다. 僧祇戶는 사원에 속한 戶로 보이나 개별 寺院이 관할한 것이 아니라 僧曹에서 관할한 것으로 보인다. 佛圖戶는 사원에 소속된 戶로 승기호보다는 지위가 낮았다.(≪資治通鑑新注≫, 陝西人民出版社, 1998)

40) 寺戶 : 佛圖戶를 말한다.

【綱】 겨울 10월 초하루에 일식이 있었다.

冬十月朔에 日食하다

【綱】 11월에 北魏가 宋나라로 사신을 파견하여 우호를 맺었다.

◑ 十一月에 魏遣使如宋修好[41)]하다

【目】 이때부터 사신이 해마다 왕래하였다.

自是로 信使歲通이러라

【綱】 12월에 宋나라가 桂陽王 劉休範을 揚州刺史로 삼았다.

十二月에 宋以桂陽王休範으로 爲揚州刺史하다

【目】 宋나라 司徒 揚州刺史 建安王 劉休仁이 宋主(劉彧)와 평소에 우애가 있었는데, 景和 연간에 宋主가 그의 힘을 빌려 재앙에서 벗어났다.[42)] 泰始 초기에 사방에서 군대가 봉기했을 때에 유휴인이 친히 화살과 돌을 무릅쓰고 큰 공로를 세웠다.[43)] 정사를 총괄하는 임무를 맡아 宋主가 친근히 대하여 몹시 의지하니, 이로 말미암아 朝野의 마음이 그에게로 향하자 宋主가 기뻐하지 않았다. 유휴인이 그 뜻을 알아차리고 표문을 올려 揚州刺史를 그만두자, 宋主가 劉休範으로 그 자리를 대신하게 하였다.

宋司徒揚州刺史建安王休仁이 與宋主로 素相友愛러니 景和之世에 宋主賴其力以脫禍하고 及泰始初四方兵起에 休仁親當矢石하여 克成大功이라 任總百揆하여 親寄甚隆하니 由是로 朝野輻湊라 宋主不悅이어늘 休仁悟其旨하고 表解揚州한대 宋主以休範代之하다

---

41) 魏遣使如宋脩好 : "北魏가 이미 宋나라에 품은 뜻을 달성하고 지금 사신을 파견하여 우호를 맺자, 宋나라 역시 자신을 지키기에 겨를이 없어 옛 惡緣을 생각하지 않았다. ≪資治通鑑綱目≫에서는 일에 의거하여 기록하여 또한 전쟁이 그치게 된 것을 다행스럽게 여긴 것이다.〔魏旣得志於宋 今乃遣使修好 宋亦自守不暇 不念舊惡 綱目據事書之 亦幸其兵禍之息也〕" ≪發明≫

42) 景和……벗어났다 : 景和(465)는 前廢帝 劉子業이 사용한 연호로, 이때 유자업이 劉彧을 죽이려 하였는데 劉休仁의 재치로 살아남았다.

43) 泰始 ……세웠다 : 泰始는 明帝 劉彧이 사용한 연호로, 그 기간은 7년(465~471)이다. 이때의 일은 泰始 원년과 2년에 해당한다.

【綱】 宋나라가 三巴校尉를 두었다.

宋置三巴校尉하다

【目】 이보다 앞서 三峽[44]에 살고 있는 蠻族과 獠族이 노략질을 하고 포학한 짓을 하였기에 荊州와 益州의 4郡을 분할하여 白帝에 府를 세워 지켰다. 또 孫謙을 巴東과 建平의 太守로 임명하여 조서를 내려 천 명을 모집하여 데려가게 하니, 손겸이 말하기를 "오랑캐가 사신을 보내어 조공하지 않는 것은 그들에게 제대로 대우하지 못했기 때문입니다. 어찌 번거롭게 군대를 파견하여 국가의 경비를 낭비하겠습니까."라고 하였다. 드디어 받지 않고는 郡에 이르러 은혜와 신의를 보이자, 蠻族과 獠族이 모두 마음을 열고 다투어 금은보화를 바쳤는데, 손겸이 그들을 모두 위로하여 깨우치고 받지 않았다.

先是에 三峽蠻獠 歲爲抄暴라 故分荊益四郡하여 立府於白帝以鎭之①하고 又以孫謙爲巴東建平太守하여 勅募千人自隨하니 謙曰 蠻夷不賓이 蓋待之失節耳라 何煩兵役하여 以爲國費리오하고 遂不受하고 至郡하여 開布恩信하니 蠻獠翕然懷之하여 競餉金寶어늘 謙皆慰諭不受하다

① 荊州와 益州의 4郡은 荊州의 巴東과 建平, 益州의 巴西와 梓潼郡을 말한다. 府는 三巴校尉府를 말한다.
荊・益四郡, 謂荊州之巴東・建平, 益州之巴西・梓潼郡. 府, 謂三巴校尉府也.

【綱】 宋나라 臨海에서 도적이 일어났다.

宋臨海賊起하다

【目】 臨海의 田流가 지신을 東海王이라 칭하고 海鹽을 노략질하고 鄞縣의 현령을 죽이니, 동쪽 지역에 크게 소요가 일어났다.

臨海田流自稱東海王하고 剽掠海鹽하고 殺鄞令하니 東土大震①이러라

① 鄞(지명)은 음이 銀이다. 鄞縣은 漢나라 이후로 會稽郡에 소속되었다.
鄞, 音銀. 鄞縣, 自漢以來屬會稽郡.

---

44) 三峽 : 揚子江 상류의 험난하기로 유명한 세 협곡으로, 瞿塘峽, 巫峽, 西陵峽의 합칭이다.

庚戌年(470)

宋나라 太宗 明帝 劉彧 泰始 6년이고, 北魏 顯祖 獻文帝 拓跋弘 皇興 4년이다.

宋泰始六年이요 魏皇興四年이라

【綱】 봄 정월에 宋나라가 南郊와 明堂에 歲祀(해마다 일정한 시간에 지내는 제사)를 지내는 것을 정하였다.

春正月에 宋定南郊明堂歲祀하다

【目】 2년을 사이에 두고 한 번씩 南郊에 제사 지내도록 하고, 1년을 사이에 두고 한 번씩 明堂에 제사 지내도록 하였다.

間二年에 一祭南郊하고 間一年에 一祭明堂하다

【綱】 宋나라가 太子妃 江氏를 맞아들였다.

宋納太子妃江氏①[45]하다

① ≪提要≫에는 "宋나라 太子 劉昱이 태자비 江氏를 맞아들였는데, 江氏는 江智淵의 손녀이다."라고 되어 있다.
提要作宋太子昱納妃江氏, 江氏, 智淵孫女也.

【目】 宋나라가 태자비를 들이면서 백관들에게 모두 물품을 바치게 하였는데, 始興太守 孫奉伯이 겨우 거문고와 책을 바치니, 宋主(劉彧)가 크게 노하여 독약을 보내어 죽음을 내렸는데, 얼마 뒤에 용서해주었다.

宋納太子妃할새 令百官皆獻하니 始興太守孫奉伯이 止獻琴書한대 宋主大怒하여 封藥賜死러니

---

45) 宋納太子妃江氏 : "太子妃를 들인 것은 기록하지 않는데 여기서 기록한 것은 어째서인가. 뇌물에 마음을 두었기 때문이다. 이때에 〈태자비를 들인 것으로〉 百官들에게 모두 물품을 바치기를 요구하였으므로 기록하여 나무란 것이다. ≪資治通鑑綱目≫이 끝날 때까지 太子가 妃를 들인 것을 기록한 것이 3번인데(晉나라 司馬衷의 태자비 賈氏, 이해(470) 江氏, 北周 宇文贇의 태자비 楊氏) 모두 나무란 것이다.〔納太子妃不書 此其書 何 志賄也 於是責百官皆獻 故書譏之 終綱目太子書納妃三(晉衷賈氏 是年江氏 周贇楊氏) 皆譏也〕" ≪書法≫

既而原之하다

【綱】 北魏가 吐谷渾을 공격하여 패퇴시켰다.

魏擊吐谷渾敗之하다

【綱】 여름 6월에 宋나라가 王景文을 尙書左僕射 揚州刺史로 삼았다.

◑夏六月에 宋以王景文爲僕射揚州刺史하다

【目】 宋主(劉彧)가 궁중에서 큰 연회를 베풀어 궁녀들의 옷을 벗기고 보자, 황후가 부채로 얼굴을 가렸다. 上이 화를 내며 말하기를 "미천한 처가 식구들이 지금 함께 즐기고 있는데 어찌하여 혼자만 보지 않는 것이오?"라고 하니, 황후가 말하기를 "즐기는 일에는 여러 가지 방법이 있으니, 어찌 고모와 자매가 모여 있는데, 이런 일을 웃음거리로 삼는 것입니까? 친정에서 즐기는 일은 본래 이와는 다릅니다."라고 하였다. 上이 화가 나서 황후를 일으켜 내보냈는데, 황후의 오빠 王景文이 그 일을 듣고는 말하기를 "황후가 집에 있을 때는 나약했는데, 지금에는 드디어 이처럼 강직하고 올바르게 되었구나."라고 하였다.

宋主宮中大宴할새 裸婦人而觀之하니 王后以扇障面한대 上怒曰 外舍寒乞이 今共爲樂하니 何獨不視①오 后曰 爲樂之事 其方自多니 豈有姑姊妹集而以此爲笑乎아 外舍之樂이 雅異於此니이다 上大怒하여 遣后起하니 后兄景文聞之曰 后在家劣弱이러니 今段에 遂能剛正如此로다

① "外舍"는 王皇后의 친정을 말한다. "寒乞"은 한미하고 구걸하는 것을 말하니, 가난하고 미천하다는 뜻이다.
外舍, 謂皇后家也. 寒乞, 謂寒微乞丐, 言貧賤也.

【綱】 宋나라가 南兗州刺史 蕭道成을 黃門侍郎에 임명하였는데, 이윽고 본래 직임으로 복귀시켰다.

宋以南兗州刺史蕭道成爲黃門侍郎이러니 尋復本任[46]하다

---

46) 宋以南兗州刺史蕭道成爲黃門侍郎 尋復本任 : "이윽고 본래 직임으로 복귀시켰는데 어찌하여 기록하였는가. 속임을 당한 것을 나무란 것이다. 이때에 蕭道成은 내직으로 옮겨가기를 바라지 않아 기병을 보내 北魏를 침략하자 北魏는 과연 유격 기병을 보내 변방을 순시하였다. 소도성이 그것을 보고

【目】 蕭道成이 오랫동안 군대에 몸을 담고 있었고, 민간에서 소도성이 기이한 관상을 지니고 있다고 하니, 宋主가 의심하여 불러들여 黃門侍郞에 임명하였는데, 소도성이 두려워 조정으로 옮기고 싶지 않았지만 군대에 머물러 있을 계책이 없었다. 參軍 荀伯玉이 소도성에게 수십 명의 기병을 파견하여 北魏의 경계 지역으로 들여보내게 하자, 北魏에서 과연 유격 기병을 파견하여 경계 지역을 순찰하였다. 소도성이 보고를 하자 宋主가 본래 임무로 복귀시켰다.

道成이 在軍中久하고 民間或言其有異相①이라 宋主疑之하여 徵爲黃門侍郞하니 道成懼하여 不欲內遷이나 而無計得留러니 參軍荀伯玉이 教其遣數十騎入魏境하니 魏果遣遊騎行境上②이어늘 道成以聞한대 宋主乃使道成復本任하다

① ≪南齊書≫에 "蕭道成은 용모가 기이하여 용의 이마와 종소리 같은 목소리를 가졌으며, 온몸에 비늘 문양이 있다."라고 하였다.
齊書言 "道成姿表奇異, 龍顙鍾聲, 鱗文遍體."
② 行(순행하다)은 去聲이다.
行, 去聲.

【綱】 宋나라가 總明觀을 세웠다.

宋立總明觀하다

【目】 祭酒 1명과 儒學·玄學·文學·史學의 學士를 각각 10명씩 두었다.

置祭酒一人과 儒玄文史學士各十人①하다

① 宋 文帝 元嘉 15년(438)에 儒學·玄學·文學·史學의 四學을 설립하였는데, 지금 總明觀 祭酒를 두어 총괄하게 한 것이다.
文帝元嘉十五年, 立儒·玄·文·史四學, 今置總明觀祭酒以總之.

하자 마침내 본래 직임으로 복귀시켰으니 속임을 당한 것이 심하였으므로 나무란 것이다.〔尋復本任矣 何以書 譏受欺也 於是道成不欲內遷 遣騎略魏 魏果遣遊騎行邊 道成以聞 遂復本任 受欺甚矣 故書譏之〕" ≪書法≫

"宋主는 의심하여 蕭道成을 불렀는데 소도성이 계책을 써서 부르는 명을 취소시켰다. 君臣 간에 서로 속이는 것이 이와 같았으니 과연 무슨 이익이 있겠는가. 이윽고 본래 직임으로 복귀시켰으니 直筆로 그것을 기록하여 함께 나무란 것이다.〔宋主以疑而召道成 道成以計而寢召命 君臣相詐如此 果何益哉 尋復本任 直筆書之 交譏之爾〕" ≪發明≫

【綱】柔然이 北魏를 침략하자 魏主(拓跋弘)가 직접 군대를 이끌고 격퇴하였다.

柔然侵魏어늘 魏主自將擊敗之[47)]하다

【目】柔然이 北魏를 침략하자, 魏主(拓跋弘)가 여러 신하들을 이끌고 논의를 하였는데, 僕射 南平公 拓拔目辰이 말하기를 "황제께서 직접 정벌에 나서면 京師가 위태롭고 두려워할 것이니, 진중하게 견고히 지키는 것만 못합니다. 고립무원한 오랑캐의 군대가 깊숙이 들어와 군량을 계속 조달하지 못하여 오래지 않아 스스로 물러갈 것이니, 장수를 보내어 그들을 추격하면 반드시 격파할 것입니다."라고 하였다.

給事中 張白澤이 말하기를 "무지하고 거칠고 어리석은 자들이 왕의 영토를 가벼이 보고 침략하였으니, 만약 황제께서 친히 나서신다면 황제의 깃발만 바라보고도 무너질 것입니다. 어찌 가만히 앉아서 적들이 제멋대로 날뛰게 둘 수 있겠습니까. 萬乘의 존엄으로 성곽을 둘러싸고 방어만 하는 것은 사방의 오랑캐를 복종시키는 방법이 아닙니다."라고 하였다. 魏主가 그의 말을 따르자, 柔然이 대패하였다. 승세를 타고 북쪽으로 추격하였는데 수만 급을 참수하였고, 포획한 말과 무기를 헤아릴 수 없었다. 19일 동안 오고간 거리가 6천여 리였다.

당시에 北魏의 모든 관리들에게는 녹봉을 주지 않았는데, 청렴결백으로 스스로 생활을 영위할 수 있는 사람이 적었다. 魏主가 조서를 내려 "관리로서 담당하는 백성들로부터 양 1마리, 술 1곡 이상을 받은 자는 사형에 처하고 준 사람도 따라서 연좌시켜 판결하고, 尙書 이하의 죄상을 밝혀서 규명하여 보고한 경우에는 죄상이 드러난 관료의 직책으로써 고발한 자에게 주도록 한다."라고 하였다.

장백택이 간언하기를 "옛날에 周나라의 下士도 항상 경작을 하지 못하는 대신 봉록을 받았습니다. 지금 皇朝의 존귀한 신하가 열심히 복무를 하여도 대가가 없으니, 만약 예물을 받는 사람들로 하여금 그 몸에 형벌을 받게 하고, 그것을 밝히는 자에게 그 관직을 대신하게 한다면 신은 간사한 사람들이 기회를 엿보고 충신들은 절개를 느슨히 할까

---

47) 柔然侵魏 魏主自將擊敗之 : "柔然이 北魏에 대해 '寇(도적질했다)'라고 기록한 것이 오래되었는데, 여기서는 다만 '侵(침략했다)'이라고만 기록한 것은 어째서인가. 그 죄를 적게 준 것이다. 壬午年(442)에 유연이 宋나라에 사신을 보내자 北魏가 유연을 습격하여 이로부터 4번 정벌하였다. 지금 원망을 품은 것은 情理이므로 다만 '侵'이라고만 기록한 것이다. 孝文帝가 즉위한 이후로 2년 만에 3번 침략했으니 다시 용서할 수 없으므로 甲寅年(474)에 다시 '寇'라고 기록하였다.〔柔然於魏書寇久矣 此其止書侵 何 薄其罪也 蓋自壬午年遣使如宋 而魏襲之 自是又四伐焉 今而修怨 情也 故止書侵 孝文既立 二年三侵 則不可以復恕矣 故甲寅復書寇〕" ≪書法≫

두려우니, 일을 간단하게 하고 백성들이 편안하기를 바란들 어려울 것입니다. 청컨대 율령과 옛 법을 따라 이전과 같이 녹봉을 주어 청렴한 관리들에게 보급하소서."라고 하니, 魏主가 이에 그쳤다.

柔然侵魏어늘 魏主引群臣議之한대 僕射南平公目辰曰[①] 車駕親征이면 京師危懼니 不如持重固守라 虜懸軍深入하여 糧運無繼라 不久自退리니 遣將追擊이면 破之必矣리이다 給事中張白澤曰[②] 蠢爾荒愚 輕犯王略[③]하니 若鑾輿親行이면 必望塵崩散이라 豈可坐而縱敵이리오 以萬乘之尊으로 嬰城自守는 非所以威服四夷也니이다 魏主從之하니 柔然大敗라 乘勝逐北하여 降斬數萬이요 所獲馬仗을 不可勝計라 旬有九日에 往返六千里하다 時에 魏百官不給祿하니 少能以廉白自立者라 魏主詔吏受所監臨羊一口酒一斛者면 死하고 與者從坐하고 有能糾告尙書以下罪狀者면 以所糾官授之하니 白澤이 諫曰 昔周之下士 尙有代耕之祿이어늘 今皇朝貴臣이 服勤無報하니 若使受禮者刑身하고 糾之者代職[④]이면 臣恐姦人闚望하고 忠臣懈節하니 求簡而民安이라도 不可得也[⑤]라 請依律令舊法하여 仍班祿以酬廉吏하노이다 魏主乃止하다

① 拓跋目辰은 拓跋猗㐌(탁발의타)의 후예이다.
目辰, 猗㐌之後.
② 張白澤은 張袞의 손자이다.
白澤, 袞之孫也.
③ 略은 국경의 경계이다.
略, 封界也.
④ "受禮"는 양과 술의 예물을 받는 것이다. "刑身"은 몸에 형벌을 가하는 것이다.
受禮, 謂受羊酒之禮. 刑身, 謂刑加其身.
⑤ 闚(엿보다)는 窺와 같다.
闚, 與窺同.

【綱】 北魏가 青州刺史 慕容白曜를 죽였다.

魏殺其青州刺史慕容白曜하다

【目】 예전에 北魏의 乙渾이 정사를 천단할 적에 慕容白曜가 그에게 붙었었는데, 魏主(拓跋弘)가 뒤늦게 서운한 마음이 들어 그를 죽였다.

初에 魏乙渾專政에 白曜附之러니 魏主追以爲憾하여 誅之하다

【綱】 宋나라가 臨海의 도적을 토벌하여 평정하였다.

宋討臨海賊平之하다

辛亥年(471)

宋나라 太宗 明帝 劉彧 泰始 7년이고, 北魏 高祖 孝文帝 拓跋宏 延興 원년이다.

宋泰始七年이요 魏高祖孝文帝拓跋宏延興元年이라

【綱】 봄 2월에 宋主(劉彧)가 자신의 아우 晉平王 劉休祐를 죽이고, 巴陵王 劉休若을 南徐州刺史로 삼았다.

春二月에 宋主殺其弟晉平王休祐하고 以巴陵王休若으로 爲南徐州刺史하다

【目】 예전에 宋主(劉彧)가 諸王이었을 때에[48] 너그럽고 온화하며 훌륭한 명성이 있어 홀로 世祖(孝武帝)에게 칭찬을 받았다. 즉위 초기에는 義嘉의 당원[49]이 대부분 용서를 받아 재능에 따라 등용되어 옛 신하들과 같은 대우를 받았다. 그러나 만년에 이르러서는 다시 시기하고 잔학해져 귀신을 좋아하고 꺼리는 것이 많아져서 문서에 禍敗하고 凶喪하거나 혐의스런 말 중에 회피할 것이 수백 수천 가지가 되어 범하는 경우에는 반드시 죽임을 당하였으니, 좌우에서 뜻을 거슬러 이따금 도륙하거나 목을 베이기도 하였다. 淮水와 泗水에서 전쟁이 일어나 나라의 곳간이 텅 비게 되자, 모든 관원이 녹봉이 끊어졌으나 지나치게 사치하고 낭비를 하여 늘 기물을 만들 때 正御와 副御와 次副[50]를 각기 30매씩 만들었다.

이때에 이르러 병이 들어 눕게 되었는데, 太子가 유약하였기에 여러 아우들을 깊이 꺼렸다. 晉平王 劉休祐가 성품이 굳세고 사나워 자주 황제의 뜻을 거르자 宋主가 마음에 쌓아두어 편안하지 못했는데, 그가 꿩 사냥을 따라 나선 때를 이용하여 몰래 壽寂之 등을 보내 그를 때려죽이게 하고는 말에서 떨어졌다고 거짓말을 하였고, 예법에 맞게

48) 예전에……때에 : 劉彧이 湘東王이었을 때를 말한다.
49) 義嘉의 당여 : 晉安王 劉子勛이 明帝에 대항하여 황제에 올라 선포한 年號로, 그의 부하와 관원들을 통칭하여 '義嘉의 당원'이라고 한 것이다.
50) 正御와……次副 : 正御는 正用, 副御는 備用, 次副는 여분의 備用을 말한다.

추증하고 장사를 지냈다. 그 후에 또 수적지 등이 굳세고 용맹스러운 것을 꺼려하여 역시 죽였다.

建康의 민간에서 荊州에서 天子가 나온다는 유언비어가 나돌았는데, 刺史 巴陵王 劉休若이 귀한 관상이 있었다. 宋主가 불러서 南徐州刺史로 삼았는데, 유휴약이 근심하고 두려워하자, 장수와 보좌들이 모두 조정으로 돌아가면 재앙을 면하지 못할 것이라고 하였는데, 參軍 王敬先이 말하기를 "荊州에는 군사 10만이 있고, 땅은 사방으로 수천 리입니다. 위로는 천자를 바로잡고 간신을 제거할 수 있으며, 아래로는 영토를 보전하고 한 몸을 온전할 수 있으니, 칼을 저택으로 보내어 家臣과 처첩들에게 눈물을 삼키면서도 감히 장사를 지내지 못하는 경우와 비교하면 어떻습니까."라고 하였다. 그러나 유휴약이 宋主에게 발고하여 그를 죽였다.

初에 宋主爲諸王에 寬和有令譽하여 獨爲世祖所親이러라 卽位之初에 義嘉之黨이 多蒙寬宥하여 隨才引用하여 有如舊臣이러니 及晚年에 更猜虐하여 好鬼神多忌諱하니 文書에 有禍敗凶喪疑似之言應回避者가 數百千品이라 有犯必戮하니 左右忤意에 往往刳斮[①]이라 淮泗用兵하여 府藏空竭하니 百官絶祿이나 而奢費過度하여 每造器用에 必爲正御副御次副各三十枚[②]러라 至是寢疾하니 以太子幼弱으로 深忌諸弟러라 晉平王休祐剛狠數忤旨하니 宋主積不能平이러니 引其從出射雉하여 陰遣壽寂之等하여 拉殺之하여 陽言落馬라하고 贈葬如禮하다 旣又忌寂之勇健하여 亦殺之하다 建康民間이 訛言荊州當出天子라하니 刺史巴陵王休若有貴相이라 宋主召爲南徐州刺史한대 休若憂懼하고 將佐皆謂還朝에 必不免禍라하니 參軍王敬先曰 荊州帶甲十萬이요 地方數千里라 上可以匡天子除姦臣이요 下可以保境土全一身이니 孰與賜劍邸第하여 使臣妾飮泣而不敢葬乎[③]아 休若以白宋主而誅之하다

① 刳은 도륙한다는 뜻이고, 斮은 목을 벤다는 뜻이다.
刳, 屠也. 斮, 斬也.
② 靑州와 徐州를 잃은 뒤로 宋나라와 北魏는 淮水와 泗水 사이에서 고전하였다.
自失靑·徐之後, 宋·魏交兵於淮泗之間.
③ 泣은 눈물을 흘린다는 뜻이니, 눈물이 입으로 들어가는 것을 飮이라 한다.
泣, 淚也, 淚入口曰飮.

【綱】 北魏 西部勅勒이 반란을 일으켰는데, 토벌하였으나 평정하지 못했다.

魏西部勅勒叛이어늘 討之不克[①]하다

① 北魏 世祖가 柔然을 격파한 뒤로 高車와 勅勒이 모두 와서 항복하였고, 그 부락은 변방지역에 붙어 살았다. 武周로부터 변방의 서쪽을 西部라고 하고, 동쪽을 東部라고 하였으며, 漠南에 의지하여 살던 곳을 北部라고 하였다.
自魏世祖破柔然, 高車・勅勒皆來降, 其部落附塞下而居, 自武周塞外之西謂之西部, 以東謂之東部, 依漠南而居者謂之北部.

【綱】 여름 5월에 宋主(劉彧)가 그의 아우 建安王 劉休仁을 죽였다.

◑夏五月에 宋主殺其弟建安王休仁하다

【目】 晉平剌王[51]이 죽은 뒤로 劉休仁이 더욱 불안해하였는데, 宋主(劉彧)도 병이 들어 楊運長 등과 자신이 죽은 뒤의 일을 계획하였다. 양운장 등이 또 宋主가 죽은 뒤에 유휴인이 정권을 잡으면 자신들이 권력을 좌지우지할 수 없다고 생각하여 더욱 찬성하였다. 그리하여 유휴인을 궁궐로 불러들여 尙書下省에 숙박하게 하고 사람을 보내어 독약을 가지고 가서 죽음을 내리니, 유휴인이 꾸짖어 말하기를 "上께서 천하를 얻은 것이 누구 덕택입니까. 孝武帝가 형제를 죽인 뒤로 자손이 끊어졌는데, 지금 다시 그런 일을 하려고 하시니, 宋나라의 운명이 오래 가겠습니까."라고 하였다.

宋主는 변고가 있을까 염려하여 신속히 수레를 타고 端門을 나갔다가 유휴인이 죽고 나서야 들어와 조서를 내리기를 "유휴인이 모반을 일으켰다가 처벌을 받을까 두려워 자결을 하였으니, 직위를 낮추어 始安縣王으로 삼고, 그의 아들 劉伯融이 습봉하게 하노라."라고 하였다. 宋主가 유휴인과 평소 사이가 좋았으므로 비록 그를 죽였지만 늘 사람들에게 말하기를 "내가 建安王[52]과 나이가 비슷하여 어릴 때부터 친하게 지냈고, 어려움을 겪을 때[53] 공훈이 진실로 컸었는데 사태가 긴박하여 제거하지 않을 수 없었으니, 너무나 비통한 마음을 그칠 수가 없소."라고 하며 흐르는 눈물을 감당하지 못하였다.

晉平剌王旣死에 休仁益不自安①이러니 宋主亦病하여 與楊運長等爲身後之計하니 運長等又慮宋主晏駕에 休仁秉政이면 己不得專權하여 彌贊成之하니 於是에 召休仁入宿尙書下省하고 遣人齎藥賜死하니 休仁罵曰 上得天下 誰之力邪오 孝武以誅鋤兄弟로 子孫滅絶이어늘 今復爲爾하니 宋祚 其能久乎②아 宋主慮有變하여 力疾乘輿出端門하여 休仁死에 乃入下詔稱호되 休仁謀反이라가

51) 晉平剌王 : 晉平王 劉休祐로, 죽은 뒤에 諡號를 剌王이라고 하였다.
52) 建安王 : 劉休仁을 말한다.
53) 어려움을……때 : 景和(465)와 泰始(465~471) 연간을 말한다.

懼罪引決하니 降爲始安縣王하고 聽其子伯融襲封이라하다 宋主與休仁素厚라 雖殺之나 每謂人曰 我與建安으로 年時相隣하여 少便款狎[③]하고 艱難之中에 勳誠實重이러니 事計交切하여 不得不除하니 痛念之至에 不能自已라하고 因流涕不自勝이러라

① 剌는 來達의 切이니, 시호이다.
剌, 來達切, 諡也.
② "誅鋤兄弟"는 南平王 劉鑠, 竟陵王 劉誕, 海陵王 劉休茂를 죽인 일을 말한다.
誅鋤兄弟謂殺南平王鑠・竟陵王誕・海陵王休茂也.
③ "年時相隣"은 연령이 차이가 멀지 않은 것을 말한다.
年時相隣, 謂年齒不相遠也.

【綱】 宋나라가 袁粲을 尙書令으로 삼고 褚淵을 僕射로 삼았다.

宋以袁粲爲尙書令하고 褚淵爲僕射하다

【目】 예전에 宋主(劉彧)가 藩王으로 있을 때 褚淵과 사이가 좋았기에 즉위하고 나서는 많은 일을 위임하고 의지하였다. 宋主의 병세가 심해지자 저연이 吳郡의 태수로 있었는데, 속히 불러들여 알현하게 하니 宋主가 눈물을 흘리며 말하기를 "짐이 근래에 병이 위독해졌기에 경을 불러 黃糴를 입히게 하려고 했을 뿐이오."라고 하였다. 黃糴는 乳母의 옷이다. 宋主가 이로 인해 저연과 함께 유휴인을 죽이려고 모의하니 저연이 불가하다고 하자, 宋主가 화를 내며 말하기를 "卿은 어리석은 사람이니, 함께 일을 도모하기에 부족하오."라고 하니 저연이 두려워 그 명을 따랐다.

初宋主在藩에 與褚淵相善이라 旣卽位에 深委仗之러니 及寢疾에 淵守吳郡이라 急召入見하니 宋主流涕曰 吾近危篤이라 故召卿著黃糴耳라 黃糴者는 乳母服也[①]라 因與淵謀誅休仁하니 淵以爲不可라한대 宋主怒曰 卿癡人이니 不足與計事로다하니 淵懼而從命하다

① 著(입다)은 則略의 切이고, 糴(비단옷)는 力賀의 切이니, 여자의 윗도리이다. 宋主는 유모가 어린아이에게 젖을 먹이는 것처럼 褚淵을 太子의 보좌로 삼으려 했던 것이다.
著, 則略切. 糴, 力賀切, 女人上衣也. 宋主欲褚淵補佐太子, 如乳母之哺養小兒也.

【綱】 가을 7월에 宋主(劉彧)가 자신의 아우 巴陵王 劉休若을 죽이고 桂陽王 劉休範을 江州刺史로 삼았다.

秋七月에 宋主殺其弟巴陵王休若하고 以桂陽王休範으로 爲江州刺史[54)]하다

【目】 劉休若이 京口에 도착하여 建安王(劉休仁)이 죽었다는 소식을 듣고는 더욱 두려워하였다. 宋主(劉彧)가 유휴약이 온화하고 후덕하여 사람들의 인심을 얻어 장래에 어린 군주의 대권을 쟁탈할까 두려워 사신을 보내어 죽이려 하였는데, 조서를 받들지 않을까 염려하여 손수 편지를 써서 7월 7일의 연회에 참석하도록 하여 도착하자 죽음을 내렸다. 桂陽王 劉休範을 江州刺史로 삼았으니, 당시에 宋主의 여러 형제가 모두 죽고 오직 유휴범이 재주가 평범하고 졸렬한 것으로 인해 미움을 받지 않았기 때문에 온전할 수 있었다.

休若至京口하여 聞建安王死하고 益懼러니 宋主以休若和厚能得物情으로 恐其將來傾奪幼主하여 欲遣使殺之호되 慮不奉詔하여 乃手書召之하여 使赴七月七日宴하여 及至賜死하고 而以桂陽王休範으로 刺江州하니 時에 宋主諸弟俱盡하고 唯休範以人才凡劣로 不見忌라 故得全하다

【目】 沈約이 다음과 같이 평하였다.

“太祖(劉義隆)는 彭城王 劉義康에 대해 화를 내고 훈계해야 마땅한 작은 행동으로 친아우를 죽이는 큰 재앙을 저질러 실마리를 열고 틈을 만들어 후세 사람들에게 전하였다. 太宗(劉彧)이 형제간에 쉽게 벌어진 마음을 따르고 이미 행한 전거에 근거하여 洪枝를 자르는 일에 대해 다시 고려를 하지 않았다. 이윽고 어린 군주는 고립되어 神器[55)]는

---

54) 宋主殺……爲江州刺史 : “湘東王(劉彧)이 애초에 관대하고 온화함으로 명성을 얻었다. 그러나 자신이 劉子業의 재앙에 걸려서 벗어난 것이 겨우 털끝과 같았을 뿐인데 얼마 후 劉子勛의 변고를 겪었으니, 그때에 자기 조카들을 다 죽인 것은 그래도 괜찮지만, 지금 다시 여러 아우들을 죽인 것은 어째서인가. 唐・虞의 밝은 덕으로 ‘九族과 親睦하였다.’고 하지 않고 ‘九族을 돈독하게 폈다.’고 말하였고, 周나라는 안으로 九族과 화목하고 아울러 蕃屛(제후)을 세웠는데 30代를 예견하였으나 그 연수가 이를 넘어 내려갔다. 宋主 劉彧이 後嗣를 위한 계책을 세우려고 하였으나 도리어 그 枝葉을 다 잘라내었다. 그러나 蕭道成을 꺼리면서 제거하지 못해 뒷날 국가가 옮겨가게 되었으니, 진실로 형제 우애에 잘못이 있었던 것이 아니다. ≪資治通鑑綱目≫에서 이를 자세히 기록하여 劉休祐・劉休仁・劉休若의 죽음에 첫 번째에도 宋主가 그 아우를 죽였다고 하고, 두 번째에도 宋主가 그 아우를 죽였다고 하여 大書特筆하였으니, 한 번으로 충분하지 않은 것이다. 그 악행을 이루 다 폄하할 수 없으니 後嗣가 끊어지고 없어진 것이 마땅하다.〔湘東始以寬和得譽 身罹子業之禍 得脫 僅若毫芒 旣更子勛之變 於是盡殺其猶子 亦可已矣 今乃復殺諸弟 何也 唐虞明德 不曰親睦九族 則曰厚敍九族 周家內睦九族 竝建蕃屛 卜世三十 年過其歷 宋主彧欲爲後嗣計 反乃盡剪其枝葉 然而忌道成而不能去 他日移國 固非失於友于之愛也 綱目備而書之 休祐休仁休若之死 一則曰宋主殺其弟 二則曰宋主殺其弟 大書特書 不一而足 其惡不可勝貶 後嗣絶滅宜哉〕” ≪發明≫

55) 神器 : 帝位를 말한다.

기울어졌으니, 서리를 밟고 나면 두터운 얼음이 얼게 되는 것[56]이 그 유래가 멀다."

沈約曰 太祖之於義康에 以呵訓之微行으로 成滅親之大禍하여 開端樹隙하여 垂之後人①이라 太宗因易隙之情하고 據已行之典하여 翦落洪枝를 不待顧慮②하니 旣而幼主孤立하여 神器傾移하니 履霜堅冰이 所由來遠矣로다

① 呵는 화를 낸다는 뜻이다. 行(행실)은 去聲이다. "滅親"은 劉義康을 죽인 것을 말한다. 〈"以呵訓之微行 成滅親之大禍"는〉 유의강의 죄에 대해 文帝가 화를 내고 훈계해야지, 죽이는 것은 부당함을 말한 것이다.
呵, 怒也. 行, 去聲. 滅親謂誅義康也. 言義康之罪, 文帝當呵而訓之, 不當遂殺之也.

② 洪은 크다는 뜻이다. 枝는 형제이다. 嫡統이 근본이 되고, 支子와 庶子가 가지가 된다. 〈"據已行之典 翦落洪枝"는〉 文帝가 이미 시행한 일에 근거하여 형제를 제거함을 말한 것이다.
洪, 大也. 枝, 兄弟也. 嫡統爲本, 支庶爲枝. 謂據文帝已行之典而翦除兄弟也.

【目】 裴子野가 다음과 같이 평하였다.

"太宗은 螟蛉을 보호하고 사랑하면서 형제들을 죽여서 이미 어려움을 겪은 형제의 친밀한 관계를 의혹하고 부자간의 자연스러운 관계를 알지 못하였으니, 宋나라의 운명이 끝난 것은 하늘이 폐한 것이 아니다.

위기에 처하고 패망에 이른 군주 중에 친족들을 먼저 버리고 방계의 庶子를 사랑하고 돌보며, 총애하고 친한 사람에게 정성을 미루고 아버지와 형제를 미워하지 않은 사람이 없었으니, 앞서가던 수레가 전복되었는데 뒤따르던 수레가 그대로 답습한 것이다. 가령 형제들이 나라를 소유한다면 오히려 종묘에 제사하는 것을 잃지 않고 이어갈 수 있겠지만, 다른 사람이 궁궐에 들어와 옥좌를 차지할 경우 七廟[57]의 제사가 끊어질 것인데, 일찍 이런 생각을 하지 않고 마음이 후련하게 잘라냈다. 晉 武帝가 文明皇后의 부탁을 어겼으니, 中州(中原)를 전복시킨 사람은 賈后였으며, 太祖가 初寧의 맹세를 저버렸으니, 合殿에 오른 사람은 元凶이었다. 화와 복은 문이 없으니, 어찌 미리 선택할 수 있겠는가. 형제간이 우애 있게 지내는 것이 편안하지 않겠는가."

裴子野曰 太宗保字螟蛉하고 剿拉同氣하여 旣迷在原之天屬하고 未識父子之自然하니 宋德告終이 非天廢也①라 夫危亡之君이 未嘗不先棄本枝하고 嫗煦旁孽하며 推誠嬖狎하고 疾惡父兄하니

56) 서리를……것 : ≪周易≫ 坤卦 初六爻辭에 "서리를 밟게 되면 두꺼운 얼음이 곧 얼게 된다.〔履霜堅氷至〕"라는 말에서 유래하여 미세한 조짐을 보고서도 앞으로 닥칠 일을 미리 알아야 한다는 말이다.
57) 七廟 : 황제는 7명의 조상을 사당에 모시므로, 七廟는 종묘를 말한다.

前乘覆車에 **後來併轡**②라 **借使叔仲有國**이면 **猶不失配天**이나 **而它人入室**에 **將七廟絶祀**어늘 **曾是莫懷**하고 **甘心揃落**③이라 **晉武背文明之託**하니 **而覆中州者賈后**④요 **太祖棄初寧之誓**하니 **而登合殿者元凶**⑤이라 **禍福無門**하니 **奚其豫擇**이리오 **友于兄弟 不亦安乎**아

① 保는 기른다는 뜻이고, 字는 사랑한다는 뜻이다. ≪詩經≫ 〈小雅 小宛〉에 "螟蛉(뽕나무 벌레)의 새끼를 蜾蠃(나나니벌)가 업어 데리고 가서 키우니, 그대도 아들을 잘 가르쳐서, 좋은 방향으로 닮도록 하라." 하였다. 그러므로 세속에서는 데리고 와서 키우는 양자를 螟蛉이라고 한다. 太宗이 먼저 宮人을 李道兒에게 내려주고 이미 다시 돌아오게 하여 劉昱을 낳았으므로, 螟蛉이라고 한 것이다. 剿는 子小의 切이니, 끊는다는 뜻이다. "迷在原之天屬"은 형제의 친한 관계를 의혹함을 말한다. ≪詩經≫ 〈小雅 常棣〉에, "할미새 언덕에 있으니 형제가 급난을 구한다." 하였다.
保, 養. 字, 愛也. 詩曰"螟蛉有子, 蜾蠃負之. 教誨爾子, 式穀似之." 故世俗謂抱養者爲螟蛉. 太宗先以(富)〔宮〕[58] 人賜李道兒, 已復迎還而生昱, 故云螟蛉也. 剿, 子小切, 絶也. 迷在原之天屬, 謂迷失兄弟之親也. 詩曰"脊令在原, 兄弟急難."

② "旁孼"는 방계의 庶子이다.
旁孼, 旁枝之庶子也.

③ ≪孝經≫에 "郊祭祀를 지낼 때면 后稷을 함께 제사하여 하늘과 合祀한다."라고 하였다. 揃(자르다)은 翦과 통용한다.
孝經"郊祀后稷以配天." 揃, 通作翦.

④ 文明은 晉 武帝의 모친인 王皇后이다. 崩할 때에 눈물을 흘리며 황제에게 말하기를 "桃符(司馬攸)는 성격이 급하고, 너는 인자하지 못한 형이니, 내가 만약 죽으면 반드시 서로 용납하지 못할 것이니, 이 일을 너에게 부탁한다."라고 하였다. 그 후에 무제가 자손을 위한 계책을 세워 참소를 듣고는 사마유를 밖으로 내보내려고 하니 사마유가 피를 토하고 薨하였다. 桃符는 사마유의 어릴 때 字이다. 賈后는 晉 惠帝의 황후이다. 성격이 잔혹하고 포학하여 사람을 죽인 적이 있고, 皇太后 楊氏를 시해하였으며, 皇太子 司馬遹을 죽였으며, 趙王 司馬倫을 불러 궁궐로 병사를 끌고 들어오게 하여 폐하여 죽이고, 惠帝를 金墉으로 보내버렸다.
文明, 晉武帝之母王皇后也. 將崩流涕謂帝曰"桃符性急, 而汝爲兄不慈, 我若不起, 必不相容, 以是屬汝." 其後武帝爲子孫計, 聽讒欲出攸於外, 攸歐血薨. 桃符, 攸小字也. 賈后, 晉惠帝之后也. 性酷虐, 嘗手殺人, 弑皇太后楊氏, 殺皇太子遹, 致趙王倫率兵入宮, 廢殺, 遷惠帝于金墉.

⑤ 宋 太祖 文皇帝가 그의 누이 會稽公主의 연회에 나아갔는데, 공주가 일어나 재배하고 슬피 울며 말하기를 "車子(劉義康)는 나이가 들면 필시 폐하에게 용납되지 못할 것이니, 지금 특

58) (富)〔宮〕: 저본에는 '富'로 되어 있으나, ≪御批資治通鑑綱目≫에 의거하여 '宮'으로 바로잡았다.

별히 그의 목숨을 살려주기를 청합니다." 하였다. 文帝가 蔣山을 가리키며 말하기를 "만약 지금의 맹세를 저버린다면 바로 初寧陵을 저버리는 것입니다." 하였다. 初寧陵은 武帝의 능이다. 車子는 유의강의 어릴 때 자이다. 그 후에 江夏王 劉義恭이 "유의강이 원망하는 말이 있다."라고 아뢰어 유의강이 피살되었다. 元凶은 太子 劉劭를 말한다. 유소가 張超之 등을 이끌고 齋閤으로 달려 들어가 合殿에서 문제를 시해하였다.

宋太祖文皇帝就其姊會稽公主宴, 主起再拜悲泣曰 "車子歲暮, 必不爲陛下所容, 今特請其命." 文帝指蔣山曰 "若違今誓, 便是負初寧陵." 初寧陵武帝陵墓也. 車子, 義康小字也. 後江夏王義恭奏 "義康有怨言." 被殺. 元凶, 謂太子劭也. 劭引張超之等, 馳入齋閤, 弑文帝於合殿.

【綱】 宋主(劉彧)가 豫州都督 吳喜를 죽였다.

宋主殺其豫州都督吳喜[59]하다

【目】 예전에 吳喜가 會稽를 토벌할 때에 宋主(劉彧)에게 말하기를 "도적 떼의 수괴를 잡으면 모두 곧장 죽이겠습니다."라고 하였는데, 얼마 뒤에 劉子房을 생포하여 후송하고 顧琛 등을 풀어주었다. 宋主가 그가 막 공을 세웠기 때문에 그 일을 문책하지 않았지만, 마음에 유감을 품었다. 이때에 이르러 오희가 계략이 많고 인심을 얻은 것으로 인해 그가 어린 군주를 섬길 수 없을 것이라고 염려하여 불러들여 죽음을 내리고, 또 劉勔 등에게 조서를 내려 "오희가 경박하고 교활하기가 끝이 없고 구차히 인심을 얻었으니, 그의 공로를 잊은 것이 아니라, 정황상 부득이하였을 뿐이다."라고 하였다.

初에 吳喜之討會稽也에 言於宋主曰 得諸賊帥에 皆卽戮之어늘 旣而生送子房하고 釋顧琛等하니 宋主以新立功으로 不問而心銜之러니 至是하여 以其多計數得人情으로 恐其不能事幼主하여 乃召入賜死하고 又詔劉勔等曰 喜輕狡萬端하고 苟取物情하니 非忘其功이라 勢不獲已耳라하더라

59) 宋主殺其豫州都督吳喜 : "宋 明帝의 篇에 親戚을 죽이지 않으면 임금을 지적해 기록하지 않았는데(泰豫 원년(472)에 王景文을 다만 '宋殺(宋나라가 죽였다.)'이라고 기록한 것에 의거한 것이다.) 여기에서 宋主를 지적한 것은 어째서인가. 마음을 주벌한 것이다. 이보다 앞서 吳喜가 會稽를 토벌했을 적에 劉子房을 생포하여 후송하자 宋主는 마음에 유감을 품고 있다가 이때에 이르러 죽임을 당하였다. 오희를 죽이는 마음은 바로 유자방을 죽일 마음인 것이다. ≪資治通鑑綱目≫에서는 마음을 주벌하였으므로 親戚을 죽인 경우로 으레 기록하였으니, 그 뜻이 깊다.〔明帝之篇 非殺其親戚 不斥書主(據泰豫元年 王景文止書宋殺) 此其斥宋主 何 誅心也 先是喜討會稽 生送子房 宋主銜之 至是見殺 殺吳喜之心 卽殺子房之心也 綱目誅心 故以殺親戚例書之 其旨深矣〕" ≪書法≫

【綱】宋나라가 蕭道成을 散騎常侍로 삼았다.

宋以蕭道成爲散騎常侍하다

【目】蕭道成이 宋主(劉彧)의 부름을 받았을 적에 그와 친한 자들이 조정에서 大臣을 죽이려 한다고 하여 대부분 가지 말라고 권하자, 소도성이 말하기를 "여러 경들은 전혀 일을 제대로 보지 못하고 있다. 주상께서는 太子가 어리고 유약하다고 생각하여 여러 아우들을 제거한 것이니, 다른 사람에게 무슨 관계가 있겠는가. 지금 신속히 명에 응하여 출발해야 하니 그렇게 하지 않으면 의심을 받을 것이요, 게다가 골육 사이에 서로를 죽이는 일이 오래갈 국운이 아니기에 재앙과 난리가 앞으로 일어날 것이니, 지금 경들과 힘을 모을 것이다."라고 하였다. 도착하고 나자 散騎常侍에 임명되었다.

道成被徵에 所親以朝廷方誅大臣으로 多勸勿行한대 道成曰 諸卿殊不見事로다 主上自以太子稚弱으로 翦除諸弟하니 何預它人이리오 今唯應速發이니 不且見疑요 且骨肉相殘이 自非靈長之祚라 禍難將興이니 方與卿等으로 戮力耳라하더라 旣至에 拜散騎常侍하다

【綱】8월에 魏主 拓跋弘이 太子 拓跋宏에게 帝位를 물려주고 자신을 太上皇帝라 일컬었다.

八月에 魏主弘이 傳位於太子宏하고 自稱太上皇帝[60)]하다

---

60) 魏主弘……自稱太上皇帝："賀善의 贊에 이르기를 '이보다 앞서 아버지를 높여 太上皇을 삼은 것은 천하를 통치하지 않음을 밝힌 것인데, 지금 北魏에서 아들에게 傳位하고 太上皇帝라고 칭한 것은 여전히 모든 정무를 총괄한 것이다.'라고 하였다.〔賀善贊曰 前此有尊其父爲太上皇者 明不統天下也 今魏傳位於其子 稱太上皇帝者 猶總乎萬幾也〕"≪書法≫

"大位는 큰 간사함을 불러온다. 옛사람이 조심조심하며 하루에 모든 정무를 다스렸으니, 어찌 逸樂을 싫어하면서 勤勞를 좋아했겠는가. 있는 곳은 天位이고 다스리는 것은 天職인데 祖宗의 사업을 부탁받고 천하의 백성들이 떠받들어 정사에 부지런하여 일찍 일어나 옷을 입고 늦게 저녁을 먹으면서도 오히려 감당하지 못할까 두려워하는데, 어찌 사람 위에 높이 있으면서 번잡한 노고를 싫어해 버릴 것인가. 반드시 마음이 맑고 깨끗하여 편안하고 담박하기를 바란다면 또한 어진 인재를 가려 등용해서 임무를 맡기고 성공을 책임 지워 자신이 그 大綱을 총괄한다면 오히려 혹 기대할 수 있을 것이다. 더구나 후사가 한창 어린데, 마침내 맡기고서 떠나려 함은 어째서인가. ≪資治通鑑綱目≫에서는 '魏主傳位太子 自稱太上皇帝'라고 기록하여 그 결정이 자기에게서 나왔지 진실로 타인이 하게 한 것이 아님을 보였다. 뒷날 鴆毒에 은밀히 독살당하여 자기 몸을 보존하지 못하였으니, 이는 또한 大權이 손에서 떠나 힐책할 수가 없었기 때문이다. 오히려 누구를 허물하겠는가. 비록 그러나 魏主(拓跋弘)는 음악과 여색을 물리치고 속세 밖에서 초연하였으니, 사치하여 욕심을 부린 것과는 그 차이가 어찌 다만 십 배와 백 배일뿐이겠는가. 그런데도 神仙 王子喬와 赤松子의 장수를 누리지 못하고 도리어 자신을 멸망시키는 화를 끼쳤으니, 그렇다면 浮屠와 黃老의 학문이 과연 무슨 유익함

【目】魏主(拓跋弘)는 총명하고 예지가 있으며 조숙하였고, 강직하고 결단력이 있었으나 黃老와 浮屠의 학문을 좋아하여 늘 세상을 등질 마음을 지니고 있었다. 叔父인 京兆王 拓跋子推가 몹시 고아하고 인자하고 후덕하다고 여겨 帝位를 선양하고자 하여 公卿들을 모아서 크게 논의하였으나 모두 감히 말을 하지 못했다.

탁발자추의 형인 任城王 拓跋子雲이 대답하기를 "폐하께서는 융성하고 태평한 때에 四海에 군림하셨으니, 어찌 위로 宗廟를 배반하고 아래로 백성들을 버릴 수 있겠습니까. 반드시 세속의 일을 버리려고 하신다면 황태자가 마땅히 정통을 계승해야 합니다. 천하는 祖宗의 천하이니, 만약 방계의 친족에게 대신 전수하려 한다면 옛 성인들의 뜻이 아니고, 간사하고 난리를 일으키려는 자들의 마음을 열어줄까 두려우니, 신중하지 않아서는 안 됩니다."라고 하고 하였다.

太尉 源賀와 尙書 陸馛이 모두 탁발자운의 논의에 동의하자, 魏主가 화가 나서 안색이 변하였다. 中書令 高允이 말하기를 "신이 감히 많은 말을 할 수 없으니, 폐하께서는 위로는 종묘에서 부탁한 막중한 임무를 생각하시고, 周公이 成王을 안고 보살폈던 일을 생각하십시오."라고 하니, 魏主가 말하기를 "그렇다면 태자를 세우고 여러 공들이 보필하시오."라고 하고, 또 말하기를 "육발은 올곧은 신하이니, 반드시 나의 아들을 보필할 수 있을 것이오."라고 하고는 太保로 삼아 원하와 함께 符節을 가지고 옥새와 인끈을 받들어 태자 拓跋宏에게 帝位를 전하게 하였으니, 당시에 탁발굉은 다섯 살이었다.

魏高祖

태자가 지극한 성품이 있어 지난해에 魏主가 종기가 났을 적에 직접 입으로 종기를 빨아주었는데, 이때에 이르러 슬피 울며 스스로 감당하지 못하자, 魏主가 그 까닭을 물으니, 대답하기를 "아버지를 대신하는 감정이 가슴속에서 절실합니다."라고 하였다.

탁발굉이 즉위하자 여러 신하들이 아뢰기

이 있는가. 아, 슬프다.〔大位 大姦之招也 古人兢兢業業 一日萬幾 豈固厭逸樂而好勤勞哉 所居天位 所治天職 祖宗基業之付託 海宇民物之歸仰 宵衣旰食 猶懼弗勝 烏有尊居人上 而厭棄塵勞者哉 必若淸虛恬淡 毋亦擇賢而用 委任責成 總其大綱 猶或庶幾 況嗣子方穉 乃欲委而去之 何耶 綱目書魏主傳位太子 自稱太上皇帝 以見其斷出於己 固非他人使之 異時鴆毒潛行 其身不保 亦以大權去手 莫能致詰故爾 尙誰咎哉 雖然 魏主屛去聲色 超然物外 其與奢侈縱慾 相去 何止什百 然而不享喬松之壽 反貽覆身之禍 然則浮屠黃老之學 果何益哉 噫〕" ≪發明≫

를 "漢 高祖는 황제라 칭하고 자신의 아버지를 높여 太上皇으로 삼았으니, 천하를 통솔하지 않음을 밝힌 것입니다. 지금 황제께서 어리니, 萬機의 큰 정사는 폐하께서 오히려 총괄하셔야 합니다. 삼가 존호를 올려 太上皇帝라 하겠습니다."라고 하니 그대로 따르고 北苑의 崇光宮으로 거처를 옮겨 다듬지 않은 서까래와 흙 계단으로 꾸미고, 나라의 큰일을 보고 받고 또 苑 안에 鹿野浮圖를 세워 禪僧과 함께 거처하였다.

魏主聰睿夙成하고 **剛毅有斷**이나 **而好黃老浮屠之學**하여 **常有遺世之心**[①]이러니 **以叔父京兆王子推 沈雅仁厚**라하여 **欲禪以位**하여 **乃會公卿大議**하니 **皆莫敢言**이어늘 **子推兄任城王子雲對曰**[②] **陛下方隆太平**에 **臨四海**하시니 **豈得上違宗廟**하고 **下棄兆民**이리잇고 **必欲遺棄塵務**면 **則皇太子宜承正統**이라 **夫天下者**는 **祖宗之天下**니 **若更授旁支**면 **恐非先聖之意**요 **啓姦亂之心**이니 **不可不愼也**니이다 **太尉源賀尚書陸馛**이 **皆附子雲議**한대 **魏主怒變色**이어늘 **中書令高允曰 臣不敢多言**이라 **願陛下**는 **上思宗廟託付之重**하고 **追念周公抱成王之事**하소서 **魏主乃曰 然則立太子**하고 **群公輔之**하라 **又曰 陸馛**은 **直臣**이니 **必能保吾子**라하고 **以爲太保**하여 **與源賀持節奉璽綬**하여 **傳位於太子宏**하니 **時宏生五年矣**라 **有至性**하니 **前年**에 **魏主病癰**에 **親吮之**러니 **及是**하여 **悲泣不自勝**이어늘 **魏主問其故**한대 **對曰 代親之感**이 **內切於心**이로이다 **宏卽位**에 **群臣奏曰 漢高祖稱皇帝**하고 **而尊其父爲太上皇**하니 **明不統天下也**라 **今皇帝幼沖**하니 **萬機大政**은 **陛下猶宜總之**라 **謹上尊號曰太上皇帝**라한대 **從之**하고 **徙居北苑崇光宮**하여 **采椽土階**하고 **國大事**를 **乃以聞**하고 **又建鹿野浮圖於苑中**하여 **與禪僧居之**[③]하다

① 浮屠는 浮圖와 통용해 쓴다. 釋典(佛經)에 "승려를 浮圖라 하고, 불탑도 浮圖라 한다."라고 하였다.
浮屠, 通作浮圖. 釋典云 "僧曰浮圖, 塔亦曰浮圖."

② 兄이 ≪資治通鑑≫에는 弟로 되어 있다.
兄, 通鑑作弟.

③ 승려가 서로 전하기를 "尸迦國 波羅柰城 동북쪽 10리쯤에 鹿野苑이 있다. 본래 辟支佛이 이곳에 머물렀는데, 늘 野鹿이 있었기 때문에 정원의 이름을 鹿野라고 한 것이다."라고 하였다. 지금은 西國을 본떠서 浮圖를 건립하였다. 또 ≪魏書≫에 의거하면 道武帝(拓跋珪) 天興 2년(399)에 高車를 격파하고 고차의 무리들로 南臺의 북쪽에 鹿苑을 세웠으니, 북쪽으로는 長城과 떨어져 있고, 동쪽으로는 白登을 둘렀으며, 西山에 이어져 있어 넓이가 수백 리였다. 이는 代都 鹿苑의 舊名을 따서 西國 鹿野의 일에 부합시켜 이 浮圖를 건립한 것이다.
釋子相傳, 以爲"尸迦國波羅柰城東北十里許有鹿野苑, 本辟支佛住此, 常有野鹿, 故以名苑." 今倣西國而建浮圖也. 又據魏書, 道武帝天興二年, 破高車, 以其衆起鹿苑於南臺陰, 北距

長城, 東苞白登, 屬之西山, 廣輪數百里, 蓋因代都鹿苑之舊名, 附合西國鹿野之事而建此浮圖也.

【綱】 겨울 10월에 北魏 勅勒이 반란을 일으키자 토벌하여 격퇴하였다.

冬十月에 魏勅勒叛이어늘 討破之하다

【目】 北魏 沃野鎭와 統萬鎭에 살고 있던 勅勒이 반란을 일으키자, 太尉 源賀를 파견하여 토벌하니 모두 항복하였다. 잔당을 추격하여 사로잡은 자가 매우 많았는데, 조서를 내려 원하를 都督三道諸軍으로 삼아 漢南에 주둔시켰다. 이에 앞서 北魏는 매년 가을과 겨울에 군사를 파견할 적에 세 길로 나누어 함께 출동시켜 柔然의 침략에 대비하여 봄이 반쯤 지나서야 철수하였다. 원하가 왕래하는 일이 피로하여 오랫동안 지속할 수 없다고 여겨 여러 州와 鎭의 굳세고 건장한 장정 3만 명을 모집하여 세 곳의 성을 쌓아 그곳에 머물게 하여 세 계절은 농사일에 종사하게 하고 겨울이 되면 무예를 강습할 것을 청하였는데, 따르지 않았다.

魏沃野統萬二鎭勅勒叛[①]이어늘 遣太尉源賀討之하니 皆降이라 追擊餘黨하여 俘獲甚衆하니 詔賀督三道諸軍하여 屯漢南하다 先是에 每歲秋冬에 發軍三道竝出하여 以備柔然하여 春中乃罷러니 賀以爲往來疲勞하여 不可支久라 請募諸州鎭武健者三萬人하여 築三城以處之하여 使三時務農하고 冬則講武라한대 不從하다

① 沃野는 漢나라 朔方郡 沃野縣이다. 統萬은 赫連氏의 故都인데, 北魏가 鎭으로 삼아 鎭將을 두었다. 沃野鎭과 統萬과의 거리는 8백여 리이다.
沃野, 卽漢朔方郡沃野縣也. 統萬, 卽赫連故都, 魏以爲鎭, 置鎭將. 沃野鎭去統萬八百餘里.

【綱】 宋나라 사람들이 北魏를 침략하자 北魏 사람들이 격퇴하였다.

宋人侵魏어늘 魏人擊却之하다

【目】 宋主(劉彧)가 北琅邪蘭陵太守 垣崇祖에게 명을 내려 淮北 지역을 경략하도록 하니 원숭조가 郁洲에서 수백 명을 거느리고 北魏와 경계 지역에서 70리를 들어가 蒙山을 점거하자, 北魏 사람들이 격퇴하였다.

宋主命北琅邪蘭陵太守垣崇祖하여 經略淮北하니 崇祖自郁洲將數百人하여 入魏境七百里하여 據蒙山이어늘 魏人擊却之①하다

① 이는 옛 琅邪郡과 蘭陵郡을 가리켜 말한 것이니, 본래는 徐州에 속하였다. 彭城이 함락되고 나서 垣崇祖가 部曲을 거느리고 郁洲를 점거하자, 두 郡의 태수를 맡게 하였으니, 아직 그 지역을 소유한 것은 아니다. 魏收의 ≪魏書≫ 〈地形志〉에 "蒙山은 東安郡 新泰縣 동남쪽에 있다."라고 하였다.
此指言舊琅邪・蘭陵郡也, 本屬徐州. 彭城旣沒, 崇祖率部曲據郁洲, 使領二郡太守, 未能有其地也. 魏收志 "蒙山在東安郡新泰縣東南."

【綱】 宋나라가 湘宮寺를 건립하였다.

宋作湘宮寺[61)]하다

【目】 宋主(劉彧)가 옛날 집을 湘宮寺로 만들어 몹시 웅장하고 화려하게 장식하였다. 新安太守 巢尙之가 직임을 그만두고 돌아오자, 宋主가 말하기를 "卿은 湘宮寺에 가본 적이 있는가. 이는 나의 큰 공덕이오."라고 하였다.

散騎侍郞 虞愿이 곁에 있다가 말하기를 "이는 모두 백성들이 아이를 팔고 부인을 저

---

61) 宋作湘宮寺 : "앞에서 佛法 精舍를 지은 것을 기록하였고 寺(절)을 지은 것을 기록한 적은 없었다. 절을 지은 것을 기록한 것은 여기에서 시작되었다. 이로부터 北魏에는 永明寺・閑居寺를 기록하고(梁나라 己丑年(509)), 永寧寺를 기록하고(梁나라 丙申年(516)), 唐나라에는 章敬寺를 기록하고(代宗 大曆 2년(767)), 8개 절을 세움을 기록하고(武宗 會昌 6년(846)), 閩나라에는 白龍寺를 기록하여(五代 丁酉年(937)) 이루 다 기록할 수 없다. ≪資治通鑑綱目≫이 끝날 때까지 절을 지은 것을 기록한 것이 6번인데 精舍는 포함되지 않는다.〔前書立佛精舍矣 未有書作寺者 書作寺始此 自是魏書永明閑居(梁己丑年) 書永寧(梁丙申年) 唐書章敬(代宗大曆二年) 書八寺(武宗會昌六年) 閩書白龍(五代丁酉年) 不可勝書矣 終綱目書作寺六 精舍不與焉〕" ≪書法≫
"선행을 하면 백 가지 상서로움을 내려주고 不善을 행하면 백 가지 재앙을 내려주며, 선행을 쌓은 집에는 반드시 많은 경사가 있고 불선을 쌓은 집에는 반드시 남은 재앙이 있다. 宋主 劉彧은 종족을 죽이고 지나친 형벌과 살육을 하며 시기하고 잔인하게 학대하여 사람들이 스스로 보전하지 못하였다. 안으로는 음탕하고 방자하며 밖으로는 사치를 극도로 하고 嬖倖들이 횡행하여 백성을 해치며 국가를 좀먹었다. 그 불선을 쌓은 것이 이와 같으면서 한창 절을 크게 지어 스스로 福田이라고 생각하였다. 그러나 한 해를 넘기지 못하고 죽음을 맞아 멸망되어 남은 것이 없으니 예전에 이른바 '大功德은 과연 어디에 있는가.'라는 것이다. 君子가 ≪資治通鑑綱目≫에서 '宋作湘宮寺'라고 기록한 것을 본 뒤에 그가 누린 보답을 증험하면 그 시비와 득실이 명료해질 것이다.〔作善降之百祥 作不善降之百殃 積善之家 必有餘慶 積不善之家 必有餘殃 宋主彧剸拉宗支 淫刑濫殺 猜忌忍虐 人不自保 內則淫汙肆慾 外則極侈窮奢 嬖倖縱橫 殘民蠹國 其不善之積如此 方且大營梵宇 自謂福田 然不閱歲而告殂 勦滅無餘 向之所謂大功德者 果安在哉 君子觀綱目書宋作湘宮寺 然後驗其所享之報 而是非得失瞭然矣〕" ≪發明≫

당 잡힌 돈으로 만들어진 것이니, 부처가 만일 지각이 있다면 응당 자비로움으로 탄식할 것입니다. 그 죄가 탑보다도 더 높이 쌓였는데, 무슨 공덕이 있겠습니까."라고 하였다. 모시고 앉아 있던 사람들이 모두 얼굴빛이 변하니, 宋主가 화가 나서 사람을 시켜 전각 아래로 내치자, 우원은 천천히 떠나면서 얼굴색도 변하지 않았다.

宋主의 바둑 실력이 아주 형편없었는데 늘 최상의 실력을 갖춘 王抗과 대국을 벌이자, 왕항이 일부러 져주면서 말하기를 "황제의 바둑 실력이 출중하여 臣이 막지 못하겠습니다."라고 하니 宋主가 끝내 깨닫지 못하고 더욱더 좋아하였다. 그러자 우원이 또 말하기를 "堯임금이 바둑을 丹朱에게 가르쳤지만, 황제께서 즐기실 일이 아닙니다." 하였다. 宋主가 비록 매우 화가 났지만, 舊臣이라는 이유로 관대하게 용납해주었다.

宋主以故第爲湘宮寺하여 備極壯麗①러니 新安太守巢尙之罷還이어늘 宋主謂曰 卿至湘宮寺未아 此是我大功德이니라 散騎侍郎虞愿侍側曰 此皆百姓賣兒貼婦錢所爲니 佛若有知면 當慈悲嗟愍이라 罪高浮圖니 何功德之有②리오 侍坐者皆失色하니 宋主怒하여 使人驅下殿하니 愿徐去無異容이러라 宋主棋品甚拙이어늘 而每與第一品王抗對奕③하니 抗紿曰 皇帝飛棋라 臣不能斷④이라호되 宋主終不悟하고 好之愈篤하니 愿又曰 堯以此敎丹朱하시니 非人主所宜好也⑤니이다 宋主怒甚호되 以其舊臣으로 優容之⑥하다

① 처음 湘東王에 봉해졌으므로, 옛날 집을 湘宮寺로 만들었다.
始封湘東王, 故以故第爲湘宮寺.

② "貼婦"는 먼저 아내를 소유한 남편이 위의 요구에 괴로워하다가 낼 수 없으면 아내를 놓아서 밖에서 淫夫를 구하여 아내를 저당 잡혀서 내는 것을 말한다. 또 貼도 판다는 뜻이다.
貼婦, 謂夫先有婦, 苦於上之征求而不能贍, 縱之外求淫夫, 貼以贍之. 又(帖)〔貼〕[62], 亦賣也.

③ 당시에 바둑 실력은 王抗이 제일이었다.
當時圍棋之品, 抗爲第一.

④ 飛는 非와 같다. 바둑의 형세는 연속되어 끊어지지 않은 뒤에야 승리할 수 있다. 만일 상대편에 의해 끊기게 되면 상대편이 승리하게 된다.
飛, 猶非也. 圍棋之勢, 聯屬不斷, 然後可以勝, 若爲人斷之, 則爲所勝.

⑤ ≪博物志≫에 "堯임금이 바둑을 두면서 아들 丹朱를 가르쳤는데, 혹자는 '舜임금이 그의 아들 商이 어리석었기 때문에 바둑을 두어 가르쳤다.'고 한다. 그 방법은 지혜롭지 않으면 불가능하다." 하였다.

62) (帖)〔貼〕: 저본에는 '帖'으로 되어 있으나, 四庫全書本 ≪資治通鑑≫ 註에 의거하여 '貼'으로 바로잡았다.

博物志 "堯造圍棋以教子丹朱, 或云 '舜以子商均愚, 故作圍棋以敎之.' 其法非智者不能也."

⑥ 宋主가 湘東王이었을 때, 虞愿은 國常侍를 지냈다.
宋主爲湘東王, 愿爲國常侍.

壬子年(472)

宋나라 太宗 明帝 劉彧 泰豫 원년이고, 北魏 高祖 孝文帝 拓跋宏 延興 2년이다.

宋泰豫元年①이요 魏延興二年이라

① 宋主(劉彧)가 오래도록 병을 앓아 편치 못하여 연호를 고쳤다.
宋主疾久不平, 改元.

【綱】 봄 정월에 宋나라 蠻族의 추장 桓誕이 沔水 북쪽 지역을 가지고 北魏에 항복하였다.

春正月에 宋蠻酋桓誕以沔北降魏하다

【目】 大陽蠻 족의 추장 桓誕이 沔水 북쪽 8만여 부락을 거느리고 北魏에 항복하여 스스로 '桓玄의 아들'이라고 하였다. 北魏에서 東荊州刺史로 삼고, 起部郎 韋珍에게 환탄과 함께 새로 귀부한 백성들을 편안하고 화목하게 하여 여러 일을 처리하게 하니 모두 합당하게 되었다.

大陽蠻酋桓誕이 擁沔北八萬餘落하여 降魏하고 自云桓玄之子①라하니 魏以爲東荊州刺史하고 使起部郎韋珍으로 與誕安集新民하여 區處諸事하니 皆得其所②하다

① 이는 바로 五水蠻이다. 宋나라는 大陽戍를 蘄陽縣 서쪽에 설치하였으니, 이 縣은 漢나라 江夏郡 蘄春縣이다.
此卽五水蠻也. 宋置大陽戍於蘄陽縣西, 此縣卽漢江夏郡蘄春縣也.

② 東荊州는 比陽縣을 治所로 삼았다. 晉나라와 송나라 때 起部를 두었으나 항상 두지는 않았다. 起部는 工部이니, ≪書經≫ 〈虞書 益稷〉의 "百工起哉"[63]에서 뜻을 취하였다.
東荊州治比陽縣. 晉·宋有起部而不常置. 起部, 工部也, 取虞書百工起哉爲義.

---

63) 百工起哉 : ≪書經≫ 〈虞書 益稷〉에 "대신들이 즐거우면 임금이 흥성하고 백관도 화락하리라.〔股肱喜哉 元首起哉 百工熙哉〕"라고 하였다.

【綱】 2월에 柔然이 北魏를 침략하자, 北魏가 공격하여 패주시켰다.

二月에 柔然侵魏어늘 魏擊走之하다

【綱】 宋나라가 揚州刺史 江安侯 王景文을 죽였다.

◑宋殺其揚州刺史江安侯王景文[64)]하다

【目】 王景文이 늘 지위와 재산이 분수에 넘치는 것을 걱정하여 여러 차례 지위를 사양하자, 宋主(劉彧)가 허락하지 않고 조서를 내려 말하기를 "사람이 귀하고 중요한 지위에 있을 때는 다만 그 마음이 어떤지 물을 뿐이다. 大明(457~464)의 시대에 巢尙之·徐爰·戴法興·戴明寶는 지위가 창을 잡는 직급에 불과했지만, 권세는 군주를 능가했고, 지금 袁粲이 尙書令과 僕射와 領選[65)]을 맡고 있지만, 사람들이 때때로 왼찬이 있다는 것을 모르니, 이런 태도로 귀하고 중요한 지위에 있으면 당연히 근심하고 두려워하는 지경에 이르겠는가. 화를 피하려는 마음을 먹는 것은 운명에 맡기고 무심한 것만 못하니, 存亡의 요체는 큰일이든 작은 일이든 하나의 이치이다."라고 하였다.

이때에 이르러 황제는 자신이 세상을 떠난 뒤에 황후가 조정을 다스릴 때에 왕경문이 혹여 다른 마음을 품을까 염려하여 사자를 시켜 손수 쓴 칙서와 독약을 보내어 죽음을 내렸다. 왕경문은 한창 손님과 바둑을 두고 있었는데, 칙서가 든 함을 열어보고는 다시 바둑판 아래 두고 정신과 안색이 변하지 않았다. 바둑을 끝내고 바둑알을 상자에 넣고 나서는 천천히 말하기를 "칙서를 받들어 보니, 죽음을 내렸습니다."라고 하며 칙서를 손님에게 보이니, 中直兵 焦度가 성을 내며 말하기를 "대장부가 어찌 가만히 앉아서 죽을 수 있겠습니까. 州 안에 있는 文武 관료 수백 명이면 한번 싸워볼 만합니다."라고 하였다. 왕경문이 말하기를 "경들의 지극한 마음은 알지만, 만약 나를 생각한다면 우리 식구를 위하여 계책을 세우시오."라고 하고 마침내 글을 올려 답례의 말을 하고는 약을 마시고 卒하니 시호가 懿侯이다. 宋主가 또 한번은 꿈을 꾸었는데 어떤 사람이 고하기를 "豫章太守 劉愔이 반란을 일으켰습니다."라고 하니, 잠에서 깨고 나서는 그 郡으로

64) 宋殺其楊州刺史江安侯王景文 : "分注(目)를 살펴보면 王景文이 죽음에 처하여 어지럽지 않음이 이와 같았다. 어린 태자를 맡는 임무를 준 것은 어찌 蕭道成보다 낫지 않겠는가마는 도리어 의심하여 죽인 것은 어째서인가. 관직을 기록하고 작위를 기록한 것은 슬퍼한 것일 뿐이다.〔考之分注 景文處死不亂如此 若畀以託孤之任 豈不愈於道成 乃反疑而殺之何耶 書官書爵 可哀也已〕" ≪發明≫

65) 領選 : 吏部尙書를 말한다.

사람을 보내 죽였다.

景文이 常以盛滿爲憂하여 屢辭位한대 宋主不許하고 詔報曰 人居貴要에 但問心若爲耳[①]라 大明之世에 巢徐二戴位不過執戟이나 而權亢人主[②]하고 今袁粲이 爲令僕領選이로되 而人往往不知有粲하니 以此居貴要면 當有致憂兢否아 夫有心於避禍 不若無心於任運이니 存亡之要 巨細一揆耳라 至是하여 慮晏駕後皇后臨朝에 景文이 或有異圖하여 遣使齎手勑幷藥賜死하니 景文正與客棊러니 叩函看已에 復置局下하고 神色不變이라가 局竟斂子納奩畢[③]에 徐曰 奉勑見賜以死라하고 方以勑示客[④]하니 中直兵焦度怒曰[⑤] 大丈夫 安能坐受死리오 州中文武數百이라 足以一奮이라 景文曰 知卿至心이나 若見念者어든 爲我百口計하라하고 乃作墨啓致謝하고 飮藥而卒하니 諡曰懿侯라하다 宋主又嘗夢有人告曰 豫章太守劉愔反이라하니 旣寤에 遣人就郡殺之하다

① 〈"但問心若爲耳"는〉 다만 마음가짐이 어떠한지를 물을 뿐이라고 말한 것이다.
言但問其存心如何耳.

② "巢·徐·二戴"는 巢尙之, 徐爰, 戴法興, 戴明寶를 말한다.
巢·徐·二戴, 謂巢尙之·徐爰·戴法興·戴明寶.

③ 叩는 열다는 뜻이고, 函은 상자이다. 已는 마친다는 뜻이고, 子는 바둑알이다. 奩는 음이 廉으로, 바둑알을 담는 상자이다.
叩, 發也. 函, 匱也. 已, 畢也. 子, 棊子也. 奩, 音廉, 盛子之器.

④ 여기에서 句를 뗀다.
句.

⑤ 中直兵은 親兵을 맡은 장수이다.
中直兵, 典親兵將官也.

【綱】 여름 4월에 宋主 劉彧이 殂하니, 太子 劉昱이 帝位에 올랐다.

夏四月에 宋主彧殂[①]하니 太子昱立[66]하다

① 향년이 34세였다.
壽, 三十四.

---

66) 夏四月……太子昱立 : "明帝 초기에 ≪資治通鑑綱目≫에서 '宋立(宋나라가 즉위시켰다.)'이라고 기록한 것은 그 즉위를 인정해준 것이다. 卽位 이래로 '殺(죽였다)'이라고 기록한 것이 8번인데, 劉子勛 이외에 형을 죽이고 아우를 죽이고 그 형의 아들을 죽여서 宋主라고 지척해 기록한 것이 吳喜와 아울러 6번이니, 두 번 전하고 망한 것이 마땅하다.〔明帝之初 綱目書宋立 予其立也 卽位以來 書殺者八 而子勛之外 殺兄 殺弟 殺其兄之子 斥書宋主者 竝吳喜而六 再傳而亡 宜矣〕" ≪書法≫

【目】 宋主(劉彧)의 병세가 악화되자 桂陽王 劉休範을 司空으로 삼고 褚淵을 護軍將軍으로 삼았으며, 劉勔을 右僕射로 삼아 尙書令 袁粲과 荊州刺史 蔡興宗과 郢州刺史 沈攸之와 함께 顧命을 받게 하였다. 저연이 평소에 蕭道成과 친밀하게 지냈기에 그를 천거하니 조서를 내려 右衛將軍으로 삼아 함께 중요한 일을 담당하게 하고는 宋主가 드디어 殂하였다. 太子 劉昱이 즉위하니 나이가 열 살이었다. 袁粲 등이 정권을 잡고서 사치스러웠던 이전 조정의 뒤를 이어 널리 절약과 검소에 힘써서 그 폐단에서 구원하려고 하였으나 阮佃夫 등이 일을 주관하여 뇌물이 공공연히 행해지니 금지시킬 수가 없었다.

宋主病篤에 桂陽王休範爲司空하고 褚淵爲護軍將軍하고 劉勔爲右僕射하여 與尙書令袁粲과 荊州刺史蔡興宗과 郢州刺史沈攸之로 竝受顧命하니 淵素與蕭道成善이라 薦之한대 詔以爲右衛將軍하여 共掌機事하고 宋主遂殂라 太子昱이 卽位하니 生十年矣러라 粲等秉政에 承奢侈之後하여 務弘節儉하여 欲救其弊나 而阮佃夫等이 用事하여 貨賂公行하니 不能禁也라

【綱】 宋나라가 安成王 劉準을 揚州刺史로 삼았다.

宋以安成王準爲揚州刺史하다

【目】 劉準은 실제 桂陽王 劉休範의 아들이지만, 太宗(劉彧)이 자신의 아들로 삼았다.

準實桂陽王休範之子로되 而太宗以爲己子하다

【綱】 가을 7월에 宋나라가 沈攸之를 都督荊襄八州軍事로 삼았다.

秋七月에 宋以沈攸之都督荊襄八州軍事하다

【目】 宋나라 右將軍 王道隆이 蔡興宗이 강직하므로 上流에 있지 않게 하고자 하여 그를 中書監으로 삼아서 沈攸之로 그를 대신하게 하니, 채흥종이 사양하고 관직을 받지 않았다. 왕도륭이 채흥종에게 갈 때마다 신을 신고 앞으로 나아가 감히 자리에 앉지 않고 한참 있다가 물러났는데, 채흥종도 끝내 불러서 앉으라고 하지 않았다.

심유지는 스스로 재주와 지략이 남들보다 뛰어나다고 여겨 몰래 다른 뜻을 품어 郢州의 군사와 군마 및 무기 중에 예리한 것을 뽑아서 이로써 자신을 수행하게 하였다. 荊州에 부임한 뒤에 蠻族을 토벌한다는 명목으로 크게 병력을 징발하여 군기를 엄정하게

하고 세금을 많이 거두어 무기와 갑옷을 수리하였으며, 이전에 臺省에 보내던 물자를 모두 떼어서 남겨두었으며, 상인들을 억류하였고, 망명한 사람들을 숨겨주었으며, 부하 중에 도망가는 사람이 있으면 끝까지 추격하여 반드시 잡아온 뒤에야 그쳤다. 시행하는 조치는 멋대로 하여 이상 부절과 칙명을 받들지 않으니 조정에서는 그를 의심하고 꺼렸다. 정치는 각박하고 포악하여 사대부에게 채찍질을 하기도 하였으나 업무를 잘 파악하고 분명히 하여 사람들이 감히 속이지 못하니 도적이 자취를 감추었고 사람들이 바깥문도 닫지 않고 살았다.

宋右將軍王道隆이 以蔡興宗彊直으로 不欲使居上流하여 以爲中書監하여 而以沈攸之代之하니 興宗이 辭不拜하다 道隆이 每詣興宗에 躡履到前하여 不敢就席하고 良久去호되 竟不呼坐①러라 攸之自以材略過人으로 陰畜異志하여 擇郢州士馬器仗精者以自隨하고 到官에 以討蠻爲名하고 大發兵力하여 部勒嚴整하고 重賦斂以繕器甲하고 舊應供臺者를 皆割留之하고 羈留商旅하고 蔽匿亡命하며 所部逃亡에 窮追必得而後止라 擧措專恣하여 不復承用符勅하니 朝廷疑而憚之②러라 爲政刻暴하여 或鞭撻士大夫호되 然吏事精明하여 人不敢欺하니 盜賊屛息하고 外戶不閉러라

① 躡은 신는다는 뜻이다.
躡, 蹈也.

② "羈留"는 끌어와서 제어하여 머물게 하는 것을 말하니 말에 굴레를 씌운다는 뜻과 같다. 臺省에서 내려주는 것이 符이고, 命을 내릴 적에 中書門下를 거쳐 내려주는 것이 勅이다.
羈留, 言牽制而留之, 如羈馬之義. 臺省所下者爲符, 出命經中書門下者爲勅.

【綱】 8월에 宋나라 中書監 樂安公 蔡興宗이 卒하였다.

八月에 宋中書監樂安公蔡興宗卒[67)]하다

【目】 시호는 宣穆이라 하였다.

諡曰宣穆이라하다

67) 宋中書監樂安公蔡興宗卒 : "中書監에 아직 임명되지 않았는데 어찌하여 기록하였는가. 어짊을 인정해준 것이다. 그러므로 관직이 그 재주에 걸맞으면 채흥종이 아직 임명되지 않고 卒하였으나 '中書監'이라고 기록한 것이요, 罰이 罪에 맞지 않으면 楊惲이 폐해진 뒤에 살해되었어도 '故平通侯'라고 기록하였으니(漢 宣帝 五鳳 4년(B.C. 54)) 모두 ≪資治通鑑綱目≫에서 특별히 기록한 것이다. 宋·北魏에서 陳에 이르기까지 여러 신하들의 卒에 官爵을 갖추어 기록한 이는 19명이다(宋 辛酉年(421)에 자세하다.).〔中書監未拜 則何以書 予賢也 故官稱其才 則興宗以未拜而卒 書中書監 罰不當罪 則楊惲以已廢而殺 書故平通侯(漢宣帝五鳳四年) 皆綱目之特筆也 宋魏至陳 諸臣卒具官爵者十九人(詳宋辛酉年)〕" ≪書法≫

【綱】 겨울 10월에 柔然이 北魏를 침략하자, 北魏가 공격하여 패주시켰다.

冬十月에 柔然侵魏어늘 魏擊走之하다

【綱】 宋나라가 劉秉을 僕射로 삼았다.

◑宋以劉秉爲僕射하다

【目】 劉秉이 온화하고 약하여 재능이 없었으나 종실 중에 고결하고 선량한 사람이므로 袁粲과 褚淵이 그를 등용하였다.

秉이 和弱無幹能호되 以宗室淸令이라 故袁褚引之①하다

① 劉秉은 劉道憐의 손자이다. 令은 선하다는 뜻이다.
秉, 道憐之孫也. 令, 善也.

【綱】 宋나라가 阮佃夫를 給事中으로 삼았다.

宋以阮佃夫爲給事中[68]하다

【目】 阮佃夫의 권력과 책임이 점점 무거워지자 그가 친하게 지내던 사람을 등용하여 郡을 다스리게 하려고 하니 袁粲 등이 동의하지 않았다. 완전부가 조칙이라 일컬어 시행하니, 여러 사람들이 감히 고집하지 못했다.

佃夫 權任轉重하여 欲用其所親爲郡이어늘 袁粲等不同이라 佃夫 稱勅施行하니 衆不敢執이러라

【綱】 北魏가 小祀에는 희생을 사용하지 않도록 하는 禮를 제정하였다.

魏制小祀에 勿用牲하다

【目】 北魏 有司가 여러 사당 가운데 제사를 지내는 곳이 1,075곳이고, 해마다 75,500마리를 희생으로 쓴다고 아뢰자, 上皇(拓跋弘)이 많이 살생을 하는 것을 싫어하여 조칙을

68) 宋以阮佃夫爲給事中 : "두 번이나 '宋'이라고 기록한 것은 어째서인가. 阮佃夫를 劉秉과 동일시하지 못하게 한 것이니, ≪資治通鑑綱目≫에서 正邪를 구분한 것이 엄격하다.〔再書宋 何 不使佃夫同於劉秉也 綱目正邪之分嚴矣〕" ≪書法≫

내려 "지금부터 天地·宗廟·社稷의 제사가 아니면 모두 희생을 사용하지 말고 술과 포만 올리라."라고 하였다.

魏有司 奏諸祠祀一千七十五所에 歲用牲七萬五千五百이라한대 上皇惡其多殺하여 詔自今非天地宗廟社稷이어든 皆勿用牲하고 薦以酒脯하다

癸丑年(473)

宋主 劉昱 元徽 원년이고, 北魏 高祖 孝文帝 拓跋宏 延興 3년이다.

宋主昱元徽元年이요 魏延興三年이라

【綱】 봄 정월에 北魏가 守令들에게 조서를 내려 농사를 권장하고 도적을 없애라고 하였다.

春正月에 魏詔守令勸農事除盜賊하다

【目】 北魏가 수령들에게 조서를 내려 농사를 권장하도록 하였으며, 같은 部 안에서 가난한 사람과 부유한 사람이 서로 변통하도록 하여 집에 소 두 마리가 있으면 없는 사람에게 빌려주게 하였다. 그리고 縣令 중에 하나의 현에서 도적을 없앨 수 있는 사람은 두 개의 현을 겸하여 다스려 그 봉록을 받게 하고, 두 개의 현을 平靜할 수 있는 사람은 세 개의 현을 겸하여 다스려 3년이 되면 승진하여 郡守로 삼고, 군수가 또한 현령처럼 두 개의 군을 평정하고 세 개의 군까지 다스리게 하여 3년이 되면 승진시켜 刺史로 삼도록 하였다.

魏詔守令하여 勸課農事하고 同部之內에 貧富相通하여 家有兩牛면 通借無者하고 縣令能靜一縣劫盜者면 兼治二縣하여 卽食其祿하고 能靜二縣者면 兼治三縣하여 三年에 遷爲郡守하고 郡守自二郡至三郡히 亦如之하여 三年에 遷爲刺史하다

【綱】 2월에 宋나라가 晉熙王 劉燮을 郢州刺史로 삼았다.

二月에 宋以晉熙王燮爲郢州刺史하다

【目】 宋나라 桂陽王 劉休範이 평소에 평범하고 말주변이 없는데다 지식과 이해가 부족하여 세상 사람들의 인심이 그에게로 향하지 않았다. 그러므로 太宗(劉彧)의 말년에 화를 피할 수 있었다. 이때에 이르러 존귀한 황제의 친척 중에 둘도 없는 사람이니, 들어가서 재상이 되어야겠다고 스스로 생각했는데, 뜻대로 되지 않자 원망과 분통함이 제법 심했다. 典籤 許公輿가 謀主가 되어 유휴범이 下士에게 허리를 굽히도록 시키니, 원근의 사람들이 그에게 몰려들었고, 용감한 무사들을 수용하여 양성하였으며, 무기를 잘 수리하니 조정에서 그 사실을 알고 은밀히 대비를 하였다.

마침 夏口의 鎭將 자리에 결원이 생겼는데 그 땅이 尋陽의 上流에 있어 〈조정에서 황제의〉 심복을 시켜 그 자리를 맡기려 하여 晉熙王 劉燮을 刺史로 삼고, 王奐을 長史로 삼아 일을 대행하게 하였는데, 유섭은 막 네 살이니, 宋主의 아우였다. 다시 그가 심양을 지나다가 유휴범에게 억류당할까 염려하여 太洑에서부터 지름길로 가게 하였는데, 유휴범이 크게 화가 나서 몰래 허공여와 建康을 습격하기로 모의하였다. 왕환은 王景文의 형의 아들이다.

宋桂陽王休範이 素凡訥少知解하니 物情亦不向之라 故太宗之末에 得免於禍[①]러니 及是하여 自謂尊親莫二라 應入爲宰輔러니 旣不如志하니 怨憤頗甚[②]이라 典籤許公輿爲之謀主하여 令休範折節下士하니 遠近赴之하고 收養勇力하고 繕治器械하니 朝廷知之하고 陰爲之備러니 會夏口闕鎭하니 以其地居尋陽上流라 欲使腹心居之하여 乃以晉熙王燮爲刺史하고 而以王奐爲長史行事[③]하니 燮始四歲니 宋主之弟也라 復恐其過尋陽爲休範所留하여 使自太洑徑去[④]한대 休範大怒하여 密與公輿謀襲建康이러라 奐은 景文之兄子也라

① 知는 본음대로 읽는다. 解는 이해함이다.
知, 如字. 解, 曉也.

② 宋主(劉彧)의 諸父가 모두 죽어서 劉休範만이 살아있었으므로, 존귀한 황제의 친척 중에 둘도 없는 사람이라고 한 것이다.
宋主諸父皆誅死, 唯休範在, 故謂尊親莫二.

③ 奐(빛나다)은 음이 喚이다.
奐, 音喚.

④ ≪南史≫ 〈劉休範傳〉에 太子洑이라고 되어 있으니, 劉胡가 江外에서 沔口로 나아갔던 길이다.
南史休範傳作太子洑, 此蓋卽劉胡自江外趣沔口之路.

【綱】 吐谷渾이 北魏를 침략하자, 北魏가 군대를 보내 토벌하여 항복시켰다.

吐谷渾寇魏어늘 魏遣兵討降之하다

【綱】 北魏가 孔乘을 崇聖大夫로 삼았다.

◑ 魏以孔乘爲崇聖大夫①하다

① 先聖인 孔子를 존숭하는 뜻을 가지고 관명을 삼은 것이다.
以尊崇先聖名官.

【目】 孔乘은 孔子의 28세손이다.

乘은 孔子二十八世孫也라

【綱】 가을 7월에 北魏가 河南 6州에 세금을 징수하는 법을 제정하였다.

秋七月에 魏制河南六州賦法①[69]하다

① 6州는 靑州, 徐州, 兗州, 豫州, 齊州, 東徐州이다.
六州, 靑·徐·兗·豫·齊·東徐也.

【目】 戶口마다 絹 1필, 綿 10근, 租 30석을 거두었다.

戶收絹一疋하고 綿十斤하고 租三十石하다

【綱】 겨울 10월에 武都王 楊僧嗣가 卒하니 아우 楊文度가 즉위하여 北魏에 항복하였다.

冬十月에 武都王楊僧嗣卒하니 弟文度立하여 降魏하다

【綱】 宋나라 尙書令 袁粲이 모친상으로 직책에서 물러났다.

◑ 宋尙書令袁粲이 以母喪去職[70]하다

---

69) 秋七月 魏制河南六州賦法 : "무거운 조세를 나무란 것이다. 이때에 가구마다 絹 1疋, 綿 10斤, 租 30石을 거두었다.〔譏重斂也 於是戶收絹一疋 綿十斤 租三十石〕" ≪書法≫

【目】 조서를 내려 衛軍將軍으로 관직을 대리하라고 하였으나 袁粲이 사직하였다.

詔以衛軍將軍攝職한대 粲辭하다

【綱】 12월 초하루에 일식이 있었다.

十二月朔에 日食하다

【綱】 柔然이 北魏를 침략하였다. 北魏의 州와 鎭 11곳에 수해와 가뭄이 들었다.

◑柔然侵魏하다 魏州鎭十一水旱하다

---

70) 宋尙書令袁粲 以母喪去職 : "모친상으로 관직에서 물러난 이를 기록한 것이 없었는데 여기서 기록한 것은 어째서인가. 禮를 지킨 일을 아름답게 여긴 것이다. 이때에 袁粲에게 조서를 내려 衛將軍을 겸직하게 하였는데 원찬이 굳이 사양하였다. 이때에 원찬과 같은 이가 적었으므로 기록하여 아름답게 여긴 것이다. 그렇다면 劉湛(劉宋 시대 사람)이 일찍이 모친상으로 물러난 것은 어찌하여 기록하지 않았는가. 유담은 관직을 다투는 자이니, 그가 물러난 것은 어쩔 수 없이 그런 것뿐이다. ≪資治通鑑綱目≫이 끝날 때까지 모친상으로 물러난 것을 기록한 것은 2번이다(이해(473) 袁粲, 唐 德宗 貞元 21년(805) 王叔文).〔未有書母喪去職者 此其書 何 嘉守禮也 於是詔粲以衛將軍攝職 粲固辭 當時如粲者 蓋鮮矣 故書嘉之 然則劉湛嘗以母憂去 則曷爲不書 湛競者也 其去 不得已焉耳 終綱目書以母喪去二(是年袁粲 (唐憲宗元和)〔唐德宗貞元〕二十一年王叔文)〕" ≪書法≫ 저본에 '唐憲宗元和'로 되어 있는 것을 해당 연도의 記事를 살펴 바로잡았다.

"모친상으로 관직을 떠난 것은 이보다 예전에 기록한 적이 없었다. 이때 임금은 어리고 국가가 의혹에 쌓여 姦雄들이 틈을 엿보았는데, 袁粲은 자신이 태자를 부탁한 임무를 받아 관계된 것이 매우 소중하였으니, 그가 일상적인 禮를 지키는 것에 구애받을 수 있는가. 특별히 기록한 것은 아름답게 여긴 것이 아니라, 바로 일의 기미에 어두움을 나무란 것이다.〔母喪去職 前此未有書者 是時主少國疑 姦雄伺隙 粲躬受託孤之任 所繫甚重 其可拘常守禮者哉 特筆書之 非美之也 正所以譏其暗於機事爾〕" ≪發明≫

思政殿訓義 資治通鑑綱目 제27권 하

-宋主 劉昱 元徽 2년(474)~齊 武帝 永明 원년(483)-

甲寅年(474)

宋主 劉昱 元徽 2년이고, 北魏 高祖 孝文帝 拓跋宏 延興 4년이다.

宋元徽二年이요 魏延興四年이라

【綱】 여름 5월에 宋나라 江州刺史 桂陽王 劉休範이 거병하여 반란을 일으켜 建康을 공격하자, 右衛將軍 蕭道成이 맞서 싸워 목을 베었다.

夏五月에 宋江州刺史桂陽王休範擧兵反하여 攻建康하니 右衛將軍蕭道成이 擊斬之하다

【目】 劉休範이 반란을 일으켜 군사 2만과 기병 5백을 인솔하고 尋陽을 출발하여 편지를 써서 정치를 맡은 자들에게 보내어 "楊運長 등이 先帝(劉彧)를 미혹하게 하여 建安王과 巴陵王이 죄 없이 죽임을 당하게 하였으니, 주벌하기를 바란다."라고 하니 조정에서 당황하고 놀랐다.

蕭道成이 말하기를 "옛날에 상류에서 반역을 도모했을 적에 모두 습격이 지연된 것으로 인해 실패를 하였으니, 유휴범은 반드시 이전의 실패를 깊이 경계하여 경무장한 군사들로 급히 내려와 우리가 방비를 하지 못한 틈을 타서 공격할 것입니다. 지금 상황에서는 新亭과 白下에 병력을 주둔시켜 宮城, 東府, 石頭를 견고히 방비하여 적이 도착하기를 기다려야 합니다. 그렇게 하면 천 리를 달려온 외로운 군대는 후방에 쌓아놓은 곡식이 없어서 싸우려고 해도 싸울 수가 없어 자연히 와해될 것입니다. 저는 청컨대 新亭에 주둔하면서 그들의 선봉 부대와 맞서고자 하니, 그렇게 하면 필시 적들을 격파할 수 있을 것입니다."라고 하였다. 袁粲이 어려운 상황이 발생했다는 소식을 듣고는 부축을 받고 궁전으로 들어오니 조정 내외가 엄히 경계를 하였다.

소도성은 新亭에 주둔하고, 張永은 白下에 주둔하고, 沈懷明은 石頭를 지키고 있었는

데, 소도성이 군진을 수리하기도 전에 유휴범의 선봉 부대가 이미 新林에 도착하여 배를 버리고 강안으로 올라와 도보로 이동하였고 유휴범이 장수 丁文豪를 보내어 별도로 臺城으로 향하게 하였으며, 유휴범 자신은 대군을 거느리고 신정을 공격하였다. 그러자 소도성이 대항하여 전투를 치르면서 시간을 끌고 있었는데, 외부의 형세가 더욱 강성해지자, 무리들이 모두 얼굴색이 변했다. 유휴범이 흰옷을 입고 성(建康城 남쪽 臨滄觀)에 올라 수십 명을 데리고 자신을 호위하였는데, 校尉 黃回와 張敬兒가 거짓으로 항복하여 유휴범을 붙잡기를 도모하여 성을 나가 무기를 버리고 항복하겠다고 크게 소리를 지르니, 유휴범이 믿고 곁에 두었는데, 황회가 장경아에게 눈짓을 하여 유휴범의 防身刀를 빼앗아 목을 베고는 수급을 가지고 신정으로 돌아왔다. 소도성이 사람을 보내어 머리를 가지고 臺城으로 가도록 하였는데, 수급을 가지고 가던 사람이 가는 길에 유휴범의 南軍을 만나서 유휴범의 수급을 물에 버리고 몸만 빠져나와서 도착을 해서는 "이미 평정되었다."라고 소리쳤으나 증거로 삼을 만한 것이 없자, 사람들이 믿지 않았고, 유휴범의 將士들도 이를 알지 못했다.

休範이 反하여 帥衆二萬騎五百하고 發尋陽하여 以書與諸執政호되 稱楊運長等 蠱惑先帝하여 使建安巴陵으로 無罪被戮하니 請誅之라하니 朝廷恇駭라 蕭道成曰 昔上流謀逆에 皆因淹緩致敗①하니 休範必遠懲前失하여 輕兵急下하여 乘我無備니 今宜頓兵新亭白下하여 堅守宮城東府石頭하여 以待賊至②하면 千里孤軍이 後無委積하고 求戰不得하여 自然瓦解하리니 我請頓新亭하여 以當其鋒이면 破賊必矣리라 袁粲聞難하고 扶曳入殿③하니 內外戒嚴하여 道成은 出屯新亭하고 張永은 屯白下하고 沈懷明은 戍石頭러니 道成이 治壘未畢에 休範前軍이 已至新林하여 捨舟步上④하고 遣其將丁文豪하여 別趣臺城하고 而自以大衆으로 攻新亭이어늘 道成이 拒戰移時하니 外勢愈盛이라 衆皆失色하더라 休範이 白服登城하여 以數十人自衛어늘 校尉黃回張敬兒謀詐降以取之하여 乃出城放仗大呼稱降하니 休範信之하여 置於左右한대 回目敬兒하여 奪休範防身刀斬之하고 持首歸新亭하니 道成遣送詣臺할새 道逢南軍하여 送者棄首於水하고 挺身得達하여 唱云 已平而無以爲驗하니 人莫之信이요 休範將士 亦不之知러라

① 〈"昔上流謀逆 因淹緩致敗"는〉 南郡王 劉義宣과 晉安王 劉子勛 등을 말한다.
謂義宣・子勛等也.

② 宮城은 臺城이다.
宮城, 卽臺城也.

③ 袁粲이 喪中이라 파리하고 수척하였기 때문에 부축해서 끌고 들어간 것이다.
粲居喪毁瘠, 故扶曳而入.

④ 胡三省이 말하기를 "新林浦는 지금 建康城과의 거리가 20리이다." 하였다.
胡三省曰 "新林浦去今建康城二十里."

【目】 劉休範의 장수 杜黑騾가 아주 급하게 新亭을 공격하자, 蕭道成이 그를 대적하면서 晡時[1]에서 아침에 이르기까지 계속해서 활을 쏘고 돌을 던졌다. 마침 丁文豪가 臺軍(관군)을 격파하고 진격하여 朱雀桁[2]에 도착하자, 두흑나가 드디어 북쪽으로 향하였다. 王道隆이 羽林軍의 정예병을 거느리고 주작문 안에 있었는데, 劉勔을 石頭에서 불렀다. 유면이 도착하여 주작항을 철거하여 南軍의 공세를 꺾으라고 명령을 내리자, 왕도륭이 화를 내며 말하기를 "적이 도착하였으니 급히 공격해야 하는데, 어찌 주작항을 열어 스스로 나약함을 보인단 말인가."라고 하니, 유면은 감히 다시 말을 하지 못하였다. 왕도륭이 유면에게 나가서 공격하라고 재촉하니 유면이 주작항을 건너 싸우다가 패하여 전사하였다. 두흑나 등이 승기를 타고 秦淮河를 건너자 왕도륭이 도주하여 돌아가니, 두흑나가 추격하여 그를 죽였다.

黃門侍郞 王蘊이 중상을 입고 넘어졌는데, 어떤 사람이 부축해주어 화를 면했다. 이때에 궁전 안팎이 크게 떨게 되었고, 白下와 石頭의 군대가 모두 궤멸되었다. 이에 앞서 달이 右執法星을 침범하고, 太白이 上將星을 침범하자, 어떤 이가 유면에게 사직하라고 권하였다. 유면이 말하기를 "나는 심지가 굳고 행실이 바라서 천지신명에 부끄러움이 없으니, 닥쳐오는 재앙을 피한다고 어찌 면할 수 있겠는가."라고 하였다. 유면은 만년에 고상한 풍모를 몹시 좋아하여 정원과 집을 짓고서 '東山'이라 이름하고는 部曲도 풀어 보내주니, 소도성이 말하기를 "장군은 顧命을 받아 어린 군주를 보필하면서 조용히 지내는 것을 아주 좋아하고 자신을 보호할 방법을 없애시니, 하루아침에 일이 닥치면 후회한들 소용이 있겠습니까."라고 하였다. 유면이 따르지 않았다가 패하였다.

其將杜黑騾 攻新亭甚急이어늘 道成拒戰하여 自晡達旦히 矢石不息이러니 會丁文豪 破臺軍進至朱雀桁이어늘 黑騾 遂北趣之하니 王道隆이 將羽林精兵하고 在門內하여 召劉勔於石頭한대 勔至하여 命撤桁以折南軍之勢하니 道隆怒曰 賊至에 但當急擊이니 寧可開桁自弱邪아하니 勔不敢復言하더라 道隆이 趣(촉)勔進戰하니 勔이 渡戰敗死①하다 黑騾等이 乘勝渡淮하니 道隆走還이어늘 黑騾追殺之라 黃門侍郞王蘊이 重傷而踣러니 或扶之以免②하니 於是에 中外大震하여 白下石頭之衆이

1) 晡時 : 申時를 말하며 오후 3시에서 5시까지이다.
2) 朱雀桁 : 커다란 부교를 말한다. 이 다리가 주작문 밖에 있기 때문에 이렇게 이름 붙인 것이다.

皆潰하다 先是에 月犯右執法하고 太白犯上將[③]이어늘 或勸劉勔解職한대 勔曰 吾執心行己에 無愧幽明하니 災眚之來를 避何可免이리오 勔晚年에 頗慕高尙하여 立園宅하여 名東山하고 罷遣部曲이어늘 蕭道成謂曰 將軍受顧命하여 輔幼主而深尙從容하고 廢省羽翼하니 一朝事至면 悔可追乎아하니 勔不從而敗하다

① 趣(재촉하다)는 促으로 읽는다.
趣, 讀曰促.

② 王蘊은 王景文의 형의 아들이다.
蘊, 景文之兄子也.

③ 太微垣 南蕃 중의 두 星을 '端門'이라 하는데, 동쪽을 '左執法', 서쪽을 '右執法'이라 한다. 東蕃에 네 星이 있으니, 북쪽을 '上將'이라 하고, 西蕃에 네 星이 있는데, 네 星 중 남쪽 첫 번째 星도 '上將'이라 한다.
太微南蕃中二星曰端門, 東曰左執法, 西曰右執法. 東蕃四星, 其北曰上將. 西蕃四星, 南第一星亦曰上將.

【目】褚淵의 동생 褚澄이 撫軍長史가 되어 東府門[3)]을 열어 南軍을 받아들이고, 安成王 劉準을 옹립하여 동부를 점거하였는데, 中書舍人 孫千齡이 문을 열고 나가서 항복하니 궁중 사람들이 두려워하고 동요하여 군사들이 싸울 의지가 없었다. 얼마 뒤에 丁文豪의 군대가 劉休範이 죽었다는 사실을 알고 차츰 물러나 흩어지려고 하니 許公輿가 거짓으로 桂陽王(유휴범)이 新亭에 있다고 말하자, 士民들이 두려워하고 당혹스러워하여 蕭道成의 진지로 와서 명함을 내던진 사람이 천 명을 헤아렸는데, 소도성이 모두 불태우고는 성에 올라 말하기를 "유휴범이 이미 죽어 시체가 南岡 아래에 있다. 나는 蕭平南將軍이니, 여러분들은 자세히 보시오. 명함은 모두 이미 불태웠으니, 두려워 마시오."라고 하였다. 곧장 陳顯達 등을 보내어 군대를 거느리고 들어가 지키게 하였다.

袁粲이 비분강개하여 여러 장수에게 말하기를 "지금 도적이 이미 핍박하고 군대는 마음이 떠나서 기가 꺾였으니, 나는 돌아가신 황제의 부탁을 받고서 나라를 안정시킬 수가 없으니, 그대들과 사직을 위해 죽기를 바란다."라고 하고 갑옷을 입고 말에 올라 그들을 몰아내고자 하였다. 이때에 진현달 등이 군사를 이끌고 나가 전투를 벌여 杜黑騾와 丁文豪를 크게 격파하여 모두 목을 베고 진군하여 동부에서 승리하니 남은 무리들을 모두 평정하였다.

3) 東府門 : 建康城 남쪽의 宰相府 문을 말한다.

褚淵弟澄이 爲撫軍長史하여 開東府門하여 納南軍하고 擁安成王準하여 據東府러니 中書舍人孫千齡이 開門出降하니 宮省恇擾하여 衆莫有鬪志러니 俄而丁文豪之衆이 知休範已死하고 稍欲退散이어늘 許公輿 詐稱桂陽王在新亭하니 士民惶惑하여 詣壘投刺者以千數어늘 道成이 皆焚之하고 登城謂曰 劉休範이 已就戮하여 屍在南岡下①요 我乃蕭平南也로라 諸君諦視之하라 刺皆已焚하니 勿懼也②하라 卽遣陳顯達等하여 將兵入衛하니 袁粲慷慨하여 謂諸將曰 今寇賊已逼하고 而衆情離沮하니 孤子受先帝付託하여 不能綏靖國家③하니 請與諸君으로 同死社稷이라하고 被甲上馬하여 將驅之러니 於是에 顯達等이 引兵出戰하여 大破黑騾文豪하여 皆斬之하고 進克東府하니 餘黨悉平하다

① 南岡은 勞山의 산등성이이다. 新亭城 남쪽에 있기 때문에 南岡이라 한 것이다.
南岡, 卽勞山之岡也. 以在新亭城南, 故謂之南岡.
② 蕭道成이 나와서 新亭에 주둔할 때에 平南將軍의 직위를 더해주었다. 諦는 음이 帝이니, 살핀다는 뜻이다.
道成之出屯新亭也, 加平南將軍. 諦, 音帝, 審也.
③ 袁粲이 당시에 喪中이었기 때문에 자신을 孤子라고 한 것이다.
粲時居喪, 故自稱孤子.

【綱】柔然이 사신을 宋나라에 보냈다.

柔然遣使如宋하다

【綱】6월에 蕭道成을 中領軍으로 삼았다.

◑六月에 以蕭道成爲中領軍하다

【目】蕭道成이 袁粲, 褚淵, 劉秉과 함께 날을 바꾸어가며 당직을 서면서 정사를 결정하도록 하니 四貴라고 불렀다.

道成이 與袁粲褚淵劉秉으로 更日入直決事하니 號爲四貴러라

【綱】宋나라 荊州刺史 沈攸之 등이 江州를 공격하여 함락시켰다.

宋荊州刺史沈攸之等이 攻江州克之하다

【目】劉休範이 반란을 일으킬 때에 沈攸之가 속관들에게 말하기를 "桂陽王(유휴범)은 반드시 내가 자신과 함께했다는 것을 떠들어 말할 것이니, 만일 위태롭고 곤란한 시기에 勤王하지 못한다면 필시 朝野의 의혹만 증대시킬 것이다."라고 하고, 徐州, 郢州, 湘州, 雍州와 함께 尋陽을 토벌하여 劉休範의 두 아들을 죽이고 돌아왔다.

休範之反也에 沈攸之謂僚佐曰 桂陽이 必聲言我與之同이니 若不顚沛勤王이면 必增朝野之惑①이라하고 乃與徐郢湘雍으로 同討尋陽하여 殺休範二子而還②하다

① "顚沛勤王"은 위태롭고 곤란한 시기에 전복된 곳에 달려가서 왕의 일에 종사하는 것이다.
顚沛勤王者, 危難之際, 奔走顚仆以從王事也.

② "徐·郢·湘·雍"은 南徐州刺史인 建平王 劉景素, 郢州刺史인 晉熙王 劉燮, 湘州刺史인 王僧虔, 雍州刺史인 張興世를 말한다. 劉景素는 劉宏의 아들이다.
徐·郢·湘·雍, 謂南徐州刺史建平王景素·郢州刺史晉熙王燮·湘州刺史王僧虔·雍州刺史張興世. 景素, 宏之子也.

【綱】北魏가 門誅와 房誅의 형벌을 폐지하였다.

魏罷門房之誅하다

【目】北魏에서 조서를 내려 말하기를 "백성들이 흉폭하고 사나워 친척을 돌아보지 않는데, 한 사람이 악한 짓을 하면 재앙이 가문에까지 미치게 된다. 짐은 백성의 부모가 되어 깊이 우려하고 애도하니 지금부터 모반을 꾀하여 대역죄를 짓거나 외부에서 반란을 일으키지 않으면 처벌은 당사자에게만 제한한다."라고 하니, 비로소 門誅와 房誅 같은 형벌을 폐지하였다.

北魏 太上(拓跋弘)이 나라를 다스리는 데 힘을 써서 상벌을 엄격히 하고 분명하게 하고, 지방관을 신중히 선발하여 청렴한 사람을 진급시키고 탐욕스러운 사람을 물러나게 하였다. 여러 관청에서 의심스러운 일이 있으면, 옛날에는 대부분 상주하여 결정하게 하였으며, 또 입으로 전달한 조칙이 고쳐지기도 하고 제멋대로 전달되기도 하였다. 그런데 이때에 이르러 명을 내려 일의 크고 작음에 관계없이 모두 법률에 의거하여 명칭을 바르게 해서 의심이 생기는 것이 없도록 하여 상주한 것이 법률에 합치하면 制可를 해주고 어긋나면 탄핵하였는데, 모두 墨詔를 사용하였다. 이로 말미암아 일이 모두 정밀하고 상세해지고, 형벌을 더욱 중시하여 死刑은 대부분 반복해서 국문을 하게 하여

때로는 몇 년 동안 감옥에 갇혀 있기도 하였다.

여러 신하들이 제법 이 일에 대해 말을 하자, 太上이 말하기를 "옥에 가두는 것은 진실로 좋은 통치 방법이 아니지만, 오히려 별안간에 결정하여 남용하는 것보다 좋지 않은가. 사람이 갇혀서 고초를 겪으면 생각이 착해지는 법이다. 그러므로 지혜로운 사람은 감옥을 福堂으로 여기니, 짐이 특별히 고통스럽게 하여 그들이 허물을 고치고 뉘우치게 하여 가엾게 여겨 용서해주려는 것이다."라고 하였다. 이로부터 감옥에 갇힌 사람들이 비록 오래 갇혀 있더라도 형벌의 판결은 대부분 정당하게 이루어졌고, 또 사면령이 간사함을 조장한다고 하여 이 때문에 延興 연간 이후로 다시 사면하는 일이 없었다.

魏詔曰 下民兇戾하여 不顧親戚이어늘 一人爲惡에 殃及闔門하니 朕이 爲民父母하여 深所愍悼니 自今으로 非謀反大逆外叛이면 罪止其身하라 於是에 始罷門房之誅①하다 魏太上이 勤於爲治하여 賞罰嚴明하고 愼擇牧守하여 進廉退貪이라 諸曹疑事를 舊多奏決하고 又口傳詔勅이 或致矯擅이라 至是에 命事無大小히 皆據律正名하여 不得爲疑하여 奏合則制可하고 違則彈詰하여 盡用墨詔라 由是로 事皆精審②하고 尤重刑罰하여 大刑을 多令覆鞫하여 或囚繫積年하니 群臣頗以爲言③이어늘 太上曰 滯獄誠非善治어니와 不猶愈於倉猝而濫乎아 夫人幽苦則思善하나니 故智者 以囹圄爲福堂하니 朕特苦之하여 欲其改悔而矜恕爾라 由是로 囚繫雖滯나 而所刑 多得其宜하고 又以赦令長姦이라하여 故自延興[4]以後로 不復有赦④하다

① 門誅는 一門을 죽이는 것이고, 房誅는 一房을 죽이는 것이다. 당시에 河北의 崔氏, 李氏와 같은 이름난 종족은 자손이 분파하여 각자 房을 만들었다.
門誅者, 誅其一門, 房誅者, 誅其一房. 時河北大族如崔如李, 子孫分派, 各自爲房.

② 合은 법률과 합치하는 것을 말한다. "制可"는 손수 조서를 써서 상주한 문서에 可하다고 하는 것이다. 違는 법률에 어긋나는 것을 말한다. "彈詰"은 탄핵하여 따지는 것이다. "墨詔"는 입으로 전하는 명령이 아니다.
合, 謂與律合也. 制可者, 手詔可其所奏. 違, 謂悖於律也. 彈詰者, 劾問之. 墨詔, 非口傳之詔.

③ "大刑"은 사형이다.
大刑, 謂死罪.

④ 長(조장하다)은 展兩의 切이다.
長, 展兩切.

【綱】 가을 7월에 柔然이 北魏 敦煌을 침입하였다.

4) 延興 : 北魏 孝文帝 재위 시기인 471년에서 476년을 가리킨다.

秋七月에 **柔然寇魏敦煌**하다

【目】柔然이 北魏의 敦煌을 침입하자, 尉多侯가 공격하여 그들을 격파하였다. 尙書에서 상주하기를 "돈황은 한쪽에 치우쳐 멀리 있는데다 두 적들 사이에 끼어 있어 스스로 지키지 못할까 두려우니, 涼州로 옮기게 해주소서."라고 하였다. 여러 신하들이 모두 그렇다고 생각하였는데, 給事中 韓秀가 말하기를 "돈황이 비록 강한 적들에게 핍박을 받지만, 사람들이 전투에 익숙하니 충분히 스스로를 보존하고 두 오랑캐를 가로막아 내통하지 못하게 할 수 있습니다. 그런데 지금 옮겨서 涼州로 가게 하면 나라를 축소시켰다는 말이 있게 될 뿐만 아니라, 姑臧에서 돈황까지의 거리가 1천여 리나 되니 방어와 순찰이 몹시 어렵습니다. 두 오랑캐가 서로 내통을 할 것이니, 그리하여 涼州를 시끄럽게 하고 어수선하게 하면 關中의 사람들이 편안히 잠을 자지 못할 것이며, 또 관리와 백성들 중에는 옮기는 것을 어렵게 여겨 외부의 적을 끌어들이게 되면 나라의 우환거리가 될 것이니, 고려하지 않을 수 없습니다."라고 하니, 마침내 중지하였다.

柔然寇魏敦煌이어늘 **尉多侯擊破之**①하다 **尙書奏**호되 **敦煌僻遠**하고 **介居二寇之間**하니 **恐不能自固**니 **請徙之涼州**②하니이다 **群臣皆以爲然**호되 **給事中韓秀曰 敦煌雖逼强寇**나 **然人習戰鬪**하니 **足以自全而能隔閡二虜**하여 **使不得通**③하니 **今徙就涼州**면 **不唯有蹙國之名**이요 **且姑臧去敦煌千餘里**니 **防邏甚難**이요 **二虜交通**하리니 **騷動涼州**면 **則關中不得安枕**이요 **又士民重遷**하여 **或招外寇**면 **爲國深患**이니 **不可不慮也**라하니 **乃止**하다

① 尉多侯는 尉眷之의 아들이다.
多侯, 眷之子也.
② 介(끼이다)는 間과 같다. "二寇"는 吐谷渾과 柔然을 말한다.
介, 猶間也. 二寇, 謂吐谷渾·柔然也.
③ 閡(막다)는 礙의 古字이다.
閡, 古礙字.

【綱】 9월에 宋나라가 袁粲을 中書監으로 삼고 司徒를 겸하게 하고, 褚淵을 尙書令으로 삼고, 劉秉을 丹陽尹으로 삼았다.

九月에 **宋以袁粲爲中書監領司徒**하고 **褚淵爲尙書令**하고 **劉秉爲丹陽尹**[5)]하다

5) 宋以袁粲……劉秉爲丹陽尹 : "지난해에 袁粲이 모친상으로 관직을 떠난 것을 기록하고 이때에 다시

【目】 袁粲이 굳이 사양하여 돌아가서 〈三年喪을 마치기 위해〉 시묘살이하기를 청하였으나, 하락하지 않았다. 褚淵이 褚澄을 吳郡太守로 삼았는데, 司徒長史 蕭惠明이 조정에 아뢰기를 "저징이 문을 열고 적을 받아들였는데, 다시 팔다리와 같은 큰 郡을 다스리게 하고, 王蘊은 힘써 싸우다가 거의 죽을 뻔했는데 내치고 등용하지 않으니, 상벌이 이와 같아서야 어찌 천하가 어지럽지 않을까를 근심하겠습니까."라고 하니 저연이 몹시 부끄러워하였고, 마침내 왕온을 湘州刺史로 삼았다.

粲固辭하여 求反居墓所호되 不許하다 淵以褚澄爲吳郡한대 司徒長史蕭惠明言於朝①曰 褚澄이 開門納賊이어늘 更爲股肱大郡하고 王蘊은 力戰幾死호되 棄而不收하니 賞罰如此하니 何憂不亂이리오하니 淵甚慙하여 乃以蘊爲湘州刺史하다

① 蕭惠明은 蕭惠開의 아우이다.
惠明, 惠開之弟也.

【綱】 겨울 11월에 宋主(劉昱)가 冠禮를 올렸다.

冬十一月에 宋主冠[6)]하다

【目】 처음에 宋主 劉昱이 東宮 시절에 좋아하고 성을 내는 것이 일정함이 없었는데, 太宗(劉彧)가 누차 陳太妃[7)]에게 명하여 심하게 회초리를 치게 하였다. 즉위하고 나서는 안으로는 太后와 太妃를 두려워하고 밖으로는 여러 대신을 두려워하여 감히 함부로 행동하지 못했는데, 冠禮를 치르고 나서는 안팎으로 차츰 재제를 하는 사람이 없어졌다.

기용하였는데 服中에 기용한 것〔起復〕을 기록하지 않은 것은 어째서인가. 원찬을 인정해준 것이다. 원찬이 모친상을 만나 관직을 떠났다가 國難으로 조정에 들어와 부임하고 이때에 또 굳이 돌아가서 시묘살이하기를 청하였는데 허락하지 않은 뒤에 받아들였으니 進退의 임기응변을 얻었다고 말할 수 있으므로, '起復'을 기록하지 않았다. 무릇 '起復'을 기록한 것은 나무란 것이다. 이 까닭으로 袁粲에게는 國難 때문에 '起復'을 기록하지 않고(이해(474)) 杜暹은 전쟁 때문에 기록하지 않은 것이다(唐 玄宗 開元 12년(724)).〔去年書粲以母喪去職矣 於是復用 則其不書起復 何 予粲也 粲以母喪去職 以國難入赴 於是又固求反墓 不許而後受之 可謂得進退之權矣 故不書起復 凡書起復 譏也 是故袁粲以國難不書(是年) 杜暹以金革不書(唐玄宗開元十二年)〕" ≪書法≫

6) 宋主冠 : "이때에 宋主(劉昱)는 나이가 12세였는데 元服(冠禮)를 한 이후로 더욱 꺼리는 것이 없었다. ≪資治通鑑綱目≫에서 황제의 관례를 기록한 것이 13번인데(漢 惠帝 4년(B.C. 191)에 자세하다.), 漢 昭帝보다 나이가 많은 경우가 없었고 宋主 劉昱보다 나이가 적은 경우가 없어서 이 이외에 나이가 많거나 적은 경우에 황제의 관례를 기록한 것이 없다.〔於是 宋主年十有二 自加元服 益無所憚矣 綱目書帝冠十有三(詳漢惠帝四年) 莫長於漢昭帝 莫少於宋主昱 舍是無書帝冠者矣〕" ≪書法≫

7) 陳太妃 : 劉昱의 생모인 陳妙登을 말한다.

스스로 李道兒의 아들이라고 생각했기 때문에, 미행을 나갈 때마다 자신을 李將軍이라 하고,[8] 늘 짧은 바지와 적삼을 입고서 관청과 거리를 돌아다니지 않는 곳이 없었다. 밤에는 객점에서 묵기도 하고 낮에는 길가에 누워서 땔나무를 하거나 밥 짓는 사람들과 다투기도 하였고, 그들과 물건을 주고받기도 하였으며, 그들에게 모욕을 당하더라도 기뻐하고 받아들이기도 하였다.

初에 宋主昱이 在東宮時에 喜怒乖節이어늘 太宗이 屢勑陳太妃하여 痛捶之러니 及卽位에 內畏太后太妃하고 外憚諸大臣하여 未敢縱逸이러니 自加元服으로 內外稍無以制러라 自以李道兒之子故로 每微行에 自稱李將軍이라하고 常著小袴衫하고 營署巷陌을 無不貫穿하여 或夜宿客店하고 或晝臥道傍하여 排突廝養하여 與之交易하고 或遭慢辱이라도 悅而受之①하더라

① 장작을 쪼개는 것이 廝이고, 불을 때어 익히는 것이 養이다. 또 〈"廝養"은〉 노역하고 말을 기르는 자이다.
析薪爲廝, 炊烹爲養, 又廝給養馬者.

【綱】 北魏 建安王 陸馛이 卒하다.

魏建安王陸馛卒하다

【目】 諡號를 貞이라 하였다.

諡曰貞이라하다

乙卯年(475)

宋主 劉昱 元徽 3년이고, 北魏 高祖 孝文帝 拓跋宏 延興 5년이다.

宋元徽三年이요 魏延興五年이라

【綱】 봄 3월에 宋나라가 張敬兒를 都督雍梁二州軍事로 삼았다.

春三月에 宋以張敬兒都督雍梁二州軍事하다

8) 자신을……하고 : 劉昱이 본래 李道兒의 첩이었던 陳氏를 明帝가 후궁으로 삼고 얼마 되지 않아 그가 태어났으므로 유욱은 劉氏가 아니라 李氏라는 설에서 나온 말이다.(≪南史≫ 권3 〈明帝本紀〉)

【目】 張敬兒가 雍州刺史가 되기를 요청하였는데, 蕭道成은 그의 사람됨과 지위가 모두 가볍다고 여겨 허락하지 않았다. 장경아가 말하기를 "沈攸之가 荊州에 있으면서 무슨 일을 하려고 하겠습니까. 저를 보내서 제재하지 않으면 공에게 이롭지 않을까 염려됩니다."라고 하였다. 이에 소도성이 장경아에게 襄陽을 지키도록 하니 심유지는 그가 자신을 습격할까 두려워하여 몰래 대비를 하였는데, 장경아가 도착하고 나서 아주 지극하게 심유지를 받들고 섬기니, 심유지가 정말 그렇다고 여겼다. 장경아는 이로 인하여 그의 행적을 조사하여 모두 비밀리에 소도성에게 알렸다.

敬兒 請爲雍州한대 蕭道成이 以其人位俱輕이라하여 不許하니 敬兒曰 沈攸之在荊州하여 欲何所作고 不出敬兒以制之면 恐非公之利也니라 道成이 乃以敬兒로 鎭襄陽하니 攸之恐其襲己하여 陰爲之備어늘 敬兒既至하여 奉事攸之를 甚至하니 攸之以爲誠然이라 敬兒由是로 得其事迹하여 皆密白道成이러라

【綱】 여름 6월에 北魏가 처음 소와 말을 죽이는 것을 금지하였다.

夏六月에 魏初禁殺牛馬하다

【綱】 宋나라 南徐州刺史 建平王 劉景素가 죄를 지어 관직을 박탈당하였다.

◑宋南徐州刺史建平王景素有罪奪官하다

【目】 劉景素는 효성스럽고 우애가 있으며, 청렴하고 선량하며, 복장이 검소하며, 학문을 좋아하고 선비들을 예우하니 이로 말미암아 좋은 명성이 있어 太宗(劉彧)이 특별히 총애하였다. 당시에 太祖(劉義隆)의 여러 아들은 모두 없어졌고, 여러 손자들 중에 오직 유경소만 나이가 많았다. 宋主(劉昱)가 흉악하고 광폭하여 덕을 잃자, 朝野에서 모두 그에게 마음을 의탁하였다. 楊運長 등이 권력을 천단하려고 하여 나이가 많은 임금을 세우는 것을 이롭게 여기지 않아 음밀히 그를 죽이려고 하자, 그의 심복 장수와 참모들이 유경소에게 군사를 일으킬 것을 권하였는데, 參軍 江淹만이 반대하는 간언을 하니 유경소가 기뻐하지 않았다. 어떤 사람이 고발을 하자, 양운장 등이 군대를 출동하여 토벌하려고 하니 袁粲 등이 안 된다고 하였고, 유경소 역시 세자를 대궐로 보내어 정황을 아뢰게 하니 유경소의 征北將軍 開府儀同三司의 직책을 박탈하였다.

景素孝友淸令하고 服用儉素하여 好學禮士하니 由是有美譽라 太宗特愛之하더라 時에 太祖諸子俱盡하고 諸孫은 唯景素爲長이라 宋主 凶狂失德하니 朝野皆屬(촉)心焉이라 楊運長等이 欲專權勢하여 不利立長君하여 陰欲除之어늘 其腹心將佐 多勸景素擧兵호되 參軍江淹獨諫之하니 景素不悅하더라 人或告之어늘 運長等이 卽欲發兵討之호되 袁粲等이 以爲不可라하고 景素亦遣世子하여 詣闕自陳하니 乃奪景素征北將軍開府儀同三司①하다

① 征北은 鎭北이 되어야 한다.
征北當作鎭北.

丙辰年(476)

宋主 劉昱 元徽 4년이고, 北魏 高祖 孝文帝 拓跋宏 承明 원년이다.

宋元徽四年이요 魏承明元年이라

【綱】 여름 6월에 北魏 太后 馮氏가 그 임금 拓跋弘을 시해하고 다시 制를 칭하였다.

夏六月에 魏太后馮氏弑其主弘하고 復稱制①9)하다

---

9) 夏六月……復稱制："太后인데 '弑(시해했다)'라고 기록한 것은 어째서인가. 임금은 하나뿐이기 때문이다. 자신이 크게 無道한 짓을 하지 않았으나 비로 太后일지라도 '弑'라고 기록되는 것을 면하지 못하였으니 두 명의 임금이 없는 뜻을 밝히기 위함이다. ≪資治通鑑綱目≫이 끝날 때까지 婦人이 弑害를 행한 것을 기록한 것은 6번이고(晉나라 皇后 賈氏, 張貴人, 北魏 太后 馮氏, 太后 胡氏의 2번 弑害, 唐나라 皇后 韋氏), 太后가 조정을 다스리기를 '復(다시)'라고 기록한 것이 3번이다(이해(476) 北魏 馮氏, 梁나라 乙巳年(525) 北魏 胡氏, 唐나라 嗣聖 3년(686) 武氏).〔太后也 書弑 何 君一而已 自非大無道 雖太后不免書弑 所以明無二上之義也 終綱目書婦人行弑者六(晉皇后賈氏 張貴人 魏太后馮氏 太后胡氏再弑 唐皇后韋氏) 太后臨朝稱書復者三(是年魏馮氏 梁乙巳年魏胡氏 唐嗣聖三年武氏)〕" ≪書法≫

"馮后는 어머니인데 또한 '弑(시해했다)'라고 기록할 수 있는가. 임금은 ≪周易≫ 卦爻의 九五의 높은 자리에 있으면서 社稷과 人神의 주인이 되고 宗廟 大統이 연관된 사람이다. 太后가 어머니일지라도 몰래 鴆毒을 사용하였으면 이는 正統을 멸하여 祖宗과 社稷에 죄를 지은 것이다. 만일 北魏에 인물이 있었다면 魏主가 병이 든 이유를 추궁하여 크게 행동하여 宗廟에 고하고 끊어 없앤 뒤에 그 弑逆의 죄를 바로잡아 시체를 시장과 조정에 펼쳐놓았을 것이다. 이와 같이 한다면 天地의 신령과 사람의 분노를 비로소 누그러져 宗廟와 社稷의 신령이 비로소 그 위치에서 편안해할 것이다. 과거에 魯나라 哀姜이 두 임금을 시해하는 데에 관여하였는데, 聖人(孔子)이 모두 弑害의 예로 기록하여 마치 떠나가서 돌아오지 않는 것처럼 하였으니, 깊이 폄하하여 끊은 것이다. 어찌 어머니이기 때문에 그 죄를 경감할 수 있겠는가. 唐나라 武氏가 그가 낳은 아들을 폐위하자, 君子가 오히려 그 죄를 太廟에서 꾸짖어 죽음을 내리고 그 집안을 멸망시키려 하였는데 하물며 임금이 제 아들이 아닌데 또

① 顯祖(拓跋弘)는 향년이 23세였다.
顯祖, 壽二十三.

【目】 예전에 北魏의 尙書 李敷와 李訢이 젊어서 서로 친했는데, 그 후에 이흔이 相州刺史가 되어 뇌물을 받았다가 어떤 사람에게 고발을 당하자, 이부가 허물을 덮어주었다. 北魏 太上(拓跋弘)이 그 일을 듣고 檻車로 이흔을 불러들여 조사를 하여 이흔이 사형에 처해질 상황이었다. 당시에 이부의 아우 李奕이 馮太后와 사통한 사이라, 太上이 마음에 이미 그를 멀리 하였는데, 有司가 太上의 뜻을 이흔에게 은밀히 전하기를 이부 형제의 은밀한 일을 고발하면 죽음을 면할 수 있다고 하였다.

이흔이 자신의 사위 裴攸에게 말하기를 "내가 이부와 집안의 세대는 비록 멀지만, 은혜는 한 배에서 태어난 형제보다 더하니 인정상 차마 고발할 수가 없는데다 내가 어찌 그의 은밀한 일을 알 수가 있겠는가. 이 일을 어찌 한단 말인가."라고 하였다. 배유가 말하기를 "어찌 남을 위해 죽으려고 하십니까. 馮闡이라는 자가 앞서 이부에 의해 피해를 입었으니, 지금 그의 동생에게 물어보면 이부의 은밀한 일을 알 수 있을 것입니다."라고 하였다. 이흔이 그의 말을 따라 范檦를 시켜 이부의 은밀한 일을 30여 조목으로 열거하여 유사가 이를 아뢰자, 太上이 진노하여 마침내 이부와 이혁을 주살하니 이흔은 사형에서 감면이 논의되었고 얼마 뒤에 다시 尙書의 지위에 올랐다.

初에 魏尙書李敷李訢이 少相親善[①]이러니 後에 訢爲相州刺史하여 受賂라가 爲人所告어늘 敷掩蔽之[②]하니 魏太上聞之하고 檻車徵訢하여 按驗當死하니 時에 敷弟奕이 得幸於馮太后라 太上意已疏之[③]러니 有司以中旨諷訢호되 告敷兄弟陰事하면 可以得免이라하니 訢謂其壻裴攸曰 吾與敷로 族世雖遠이나 恩踰同生하니 情所不忍이요 且吾安能知其陰事리오 將若之何오하니 攸曰 何爲爲人死也[④]오 有馮闡者先爲敷所敗하니 今詢其弟면 敷陰事를 可得也라 訢從之하여 令范檦로 列敷事三十餘條[⑤]하여 有司以聞하니 太上怒하여 遂誅敷奕하니 訢得減死論하여 未幾에 復爲尙書러라

한 직접 鴆毒을 사용한 자이겠는가. 弑로 그것을 기록한 것이 어찌 지나친 것인가.〔馮后母也 亦書弑可乎 人君居九五之尊 爲社稷人神之主 宗廟大統所繫 太后雖母 然潛行鴆毒 則是絶滅正統 得罪於祖宗社稷 使魏國有人 推求大行致疾之由 告諸宗廟 絶而廢之 然後正其弑逆之罪 肆諸市朝 夫如是 則天地神人之憤始紓 而宗廟社稷之靈 始安於其位矣 昔魯哀姜預弑二君 聖人皆以弑例書之 若其去而不返 所以深加貶絶 夫豈以母故末減其罪哉 唐武氏廢其所出之子 君子猶欲數其罪於太廟 賜之死而滅其家 況君非己子 而又親行鴆毒者乎 以弑書之 夫豈過哉〕" ≪發明≫ 哀姜은 春秋時代 齊 桓公의 딸이며 魯 莊公의 夫人인데 노 장공이 죽은 뒤 장공의 아들 子般이 즉위하자 애강은 자반을 죽여 閔公을 세웠다가 다시 민공을 죽였는데, 제 환공이 僖公을 세운 뒤 애강을 불러다 독을 먹여 죽였다.

① 李敷는 李順의 아들이다.
敷, 順之子也.
② 相(보다)은 息亮의 切이다. 北魏는 鄴縣을 고쳐 相州로 하였다.
相, 息亮切. 魏改鄴縣爲相州.
③ "得幸"은 사통했다는 의미이다.
得幸, 私通也.
④ 〈"何爲爲人死也"에서〉 아래의 爲(위하다)는 去聲이다.
下爲, 去聲.
⑤ 嫖는 匹妙와 卑遙의 두 가지 切이다.
嫖, 匹妙·卑遙二切.

【目】馮太后가 이로 말미암아 太上(拓跋弘)을 원망하여 이때에 이르러 은밀히 짐독을 써서 독살하고 크게 사면령을 내리고 연호를 고치고는 다시 조정에 나와 制를 칭하였다. 馮熙를 太師 中書監으로 삼자, 풍희가 외척이라는 이유를 들어 굳이 사양하니 洛州刺史에 제수하였다. 顯祖(탁발홍)를 太廟에 합사할 때에 고사에 의거하여 執事官들에게 모두 작위를 하사하려고 하였는데, 祕書令 程駿이 말하기를 "제후를 세우고 봉토를 나누는 것은 제왕들이 중시하는 일이니, 혹은 친분과 현명함을 가지고 혹은 功伐을 가지고 행하였습니다. 皇家의 고사는 일시적인 은혜이니, 어찌 만세의 법으로 삼을 수 있겠습니까."라고 하니, 태후가 그 말을 따라 여러 신하들에게 말하기를 "일을 논의함에 마땅히 옛 법전의 바른말에 의거해야 하니 어찌 故事만을 따를 수 있겠는가."라고 하였다.

태후는 성품이 총명하여 글과 셈을 알고 정사에 밝았으며, 옷차림은 검소하고 반찬도 전례보다 열 가지 중에 일고여덟은 줄였지만, 시기심이 많고 잔인하였으며, 권모술수가 많았다. 魏主 拓跋宏이 성품이 지극히 효성스러워 태후의 안색을 살펴 뜻에 순종하여 크고 작은 일에 관계없이 모두 우러러 보며 뜻대로 따라주었다. 태후의 총애를 받던 환관 王琚와 苻承祖 등이 모두 태후의 위세에 의지하여 일을 뜻대로 하여 관직이 僕射에 이르고, 작위는 王公에 올랐으며, 상으로 巨萬을 하사받았다. 太卜令 王叡가 태후의 총애를 받아 등급을 뛰어넘어 尙書에 올랐고, 祕書令 李沖이 비록 재주로 인해 진급을 하였지만, 역시 사사로운 총애에 연유한 것이며, 또 인망을 갖춘 東陽王 拓跋丕와 游明根 등은 겉으로 예우하여 늘 왕예 등을 포상할 때마다 탁발비 등을 포상에 끼게 하였다. 자신의 잘못된 행동으로 인해 남들이 자신에 대해 논의할까 두려워하여 여러 신하들이 말에 조금이라도 의심되거나 꺼리는 점이 있으면 그때마다 그들을 죽이고, 총애하는 신하가 작은 실수를 저지르면 볼기와 채찍을 100여 대 정도 치고는 이윽고 다시 처음처럼 총애하였다.

馮太后由此怨太上하여 至是密行鴆毒하고 大赦改元하고 復臨朝稱制하여 以馮熙爲太師中書監하니 熙以外戚固辭어늘 乃除洛州刺史①하다 顯祖祔廟에 執事之官을 故事에 皆賜爵이러니 祕書令程駿言호되 建侯裂地는 帝王所重이니 或以親賢하고 或因功伐②이라 皇家故事는 蓋一時之恩이니 豈可爲長世之法乎리오 太后從之하여 謂群臣曰 凡議事에 當依古典正言이니 豈得但修故事而已③리오 太后性聰察하여 知書計曉政事하고 被服儉素하고 膳羞減於故事什七八이나 而猜忍多權數하니 魏主宏이 性至孝하여 能承顔順志하여 事無大小히 皆仰成焉하더라 太后所幸宦者王琚苻承祖等이 皆依勢用事하여 官至僕射하고 爵爲王公하여 賞賜巨萬이요 太卜令王叡 得幸於太后하여 超遷尙書하고 祕書令李沖이 雖以才進이나 亦由私寵④하고 又外禮人望東陽王丕游明根等하여 每褒賞(睿)〔叡〕[10]輩에 輒以丕等參之러라 自以失行으로 畏人議己하여 群下語言이 小涉疑忌면 輒殺之하고 寵臣小過에 笞箠或至百餘라가 尋復待之如初하더라

① 北魏 太宗이 洛陽을 취하여 晉나라의 司州를 洛州로 삼았다.
魏太宗取洛陽, 以晉司州爲洛州.

② 노고를 하여 나라를 안정시키는 것이 功이고, 功을 쌓는 것이 伐이다.
以勞定國曰功, 積功曰伐.

③ 修는 循(따르다)이 되어야 한다.
修, 當作循.

④ 李沖은 李寶之의 아들이다.
沖, 寶之子也.

【綱】 宋나라가 蕭道成에게 左僕射의 관직을 더해주고, 劉秉을 中書令으로 삼았다.

宋加蕭道成左僕射하고 劉秉中書令하다

【綱】 가을 7월에 宋나라 建平王 劉景素가 京口에서 병사를 일으켜 이기지 못하고 죽었다.

◑秋七月에 宋建平王景素 起兵京口하여 不克而死[11]하다

---

10) (睿)〔叡〕: 저본에는 '睿'로 되어 있으나, ≪資治通鑑≫에 의거하여 '叡'로 바로잡았다.
11) 宋建平王……不克而死: "劉景素는 지난해에 謀反하여 '有罪(죄가 있다.)'라고 기록하였는데 여기서 '起兵(군사를 일으켰다.)'이라고 기록한 것은 어째서인가. 劉昱을 죄준 것이다. 이때에 유욱이 즉위한

【目】 楊運長과 阮佃夫 등이 建平王 劉景素를 더욱 심하게 시기하니, 유경소가 參軍 殷瀰 등과 함께 스스로 온전히 할 수 있는 계획을 도모하였다. 사람을 파견하여 建康을 오가게 하여 재능과 힘이 있는 인사들과 교분을 맺으니, 장군 黃回 등이 모두 내통하여 모의하였다.

이때에 이르러 羽林監 垣祗祖가 수백 명을 이끌고 建康에서 京口로 달려가서 "京師가 이미 혼란스럽다."라고 하여 속히 들어가도록 권하니, 유경소가 이를 믿고 京口를 점거하고 군사를 일으켰다. 양운장과 완전부가 장군 任農夫와 황회 등을 보내어 수군을 이끌고 토벌하게 하였는데, 蕭道成이 황회가 다른 생각을 가지고 있음을 알고, 또 장군 李安民 등에게 명을 내려 황회와 함께 가게 하니 황회가 출동하지 못하였다. 드디어 京口를 함락하여 유경소를 사로잡아 목을 베었고, 그의 당여들은 모두 죽임을 당했다.

楊運長阮佃夫等이 忌建平王景素益甚하니 景素乃與參軍殷瀰等으로 謀爲自全之計[①]하여 遣人往來建康하여 要結才力之士하니 將軍黃回等이 皆與通謀러니 至是에 羽林監垣祗祖帥數百人하여 自建康犇京口하여 云 京師已亂이라하여 勸令速入한대 景素信之하여 卽據京口起兵하니 楊阮이 遣將軍任農夫及黃回等하여 將水軍以討之러니 蕭道成이 知回有異志하고 又命將軍李安民等하여 與之偕하니 回不得發이어늘 遂拔京口하여 擒景素斬之하고 黨與皆伏誅하다

① 瀰는 음이 米이고, 또 다른 음은 彌이다.
瀰音米, 又音彌.

丁巳年(477)

宋나라 順帝 劉準 昇明 원년이고, 北魏 高祖 孝文帝 拓跋宏 太和 원년이다.

宋順帝準昇明元年이요 魏太和元年이라

지 3년이 넘었는데, 혼몽한 광기가 더욱 극심하여 오직 楊運長과 阮佃夫만을 따랐다. 유경소가 社稷을 염두에 두었다면 그가 起兵한 것은 또한 부득이한 것일 뿐이다. 그러므로 한 명의 유경소에게 이전에는 '有罪'라고 기록하고 지금에는 '起兵'이라고 기록하였으니 유욱이 자신의 잘못을 고쳐 결행하지 못했기 때문이다. ≪資治通鑑綱目≫에서는 악행에 빠진 사람을 가벼이 단절하지 않아 3년 동안 고치지 않은 뒤에 단절하였으니 충후한 마음이다. 그러므로 '有罪'라고 기록한 것은 신하된 자의 의리를 보여주기 위한 것이고, '起兵'이라고 기록한 것은 임금 된 자의 경계를 보여주기 위한 것이다.〔景素往年謀反 書有罪矣 此其書起兵何 罪昱也 於是昱立踰三年矣 昏狂益甚 唯楊阮是從 景素 心存社稷 則其起兵 亦不得已耳 故一景素也 前書有罪 今書起兵 則以昱之不能改決矣 綱目不輕絶人於惡 三年無改 然後絶之 忠厚之心也 是故書有罪 所以示爲人臣者之義 書起兵 所以示爲人主者之戒〕" ≪書法≫

【綱】 봄 정월에 北魏 略陽의 氐族이 반란을 일으키자, 2월에 토벌하여 평정하였다.

春正月에 魏略陽氐作亂이어늘 二月討平之하다

【綱】 3월에 北魏가 東陽王 拓跋丕를 司徒로 삼았다.

◑ 三月에 魏以東陽王丕爲司徒하다

【綱】 가을 7월에 宋나라 中領軍 蕭道成이 그 임금 劉昱을 시해하고 安成王 劉準을 세우고 스스로 司空 錄尙書事에 올랐다.

◑ 秋七月에 宋中領軍蕭道成弑其主昱而立安成王準하고 自爲司空錄尙書事①12)하다

---

12) 宋中領軍……自爲司空錄尙書事 : "宋나라 劉昱의 죄는 桀보다 더하였으니, 여러 소인들이 틈을 엿보다가 이어서 그를 죽였는데, 도리어 蕭道成에게 죄를 돌린 것은 어째서인가. 大臣이 국가를 담당하고 어린 임금이 혼몽하여 광기를 부릴 적에 자신의 능력을 다하여 忠貞의 절개를 바쳐야 하고, 반드시 보필할 수 없으면 이어서 죽어야 한다. 만일 임금의 악행을 양성하여 이에 따라 죽음에 빠뜨리고 또 그것에 의해 이익을 추구하면 뜻이 찬탈에 있는 것뿐이니, 이를 버리고 누구를 허물하겠는가. 혹자가 말하기를 宋나라 劉昱의 악행은 劉子業과 같은데 어찌하여 저 사람에게는 '國'으로 기록해주었는가 하는데, 유자업의 흉악한 광기는 권력이 자기에게서 나오고 여러 王들이 오래도록 묶여 있어서 朝廷에 딱히 주관할 자가 없고 권력을 잡은 대신이 없는 것을 전혀 알지 못하는 것이다. 이때에 湘東王(劉彧)이 계통을 계승했는데 또한 죽음에서 벗어난 뒤에 우연한 연고 帝位를로 얻은 것이지 逆心을 품은 소도성과 같은 이에게 견줄 것은 아니었다. 그러므로 죄로 돌릴 것이 없었는데, 하물며 楊玉夫가 은밀하게 소도성의 지시를 받들었으니, 또 賈充과 앞장서서 도모하여 成濟(魏나라 太子舍人으로 임금인 高貴鄕公을 칼로 찔러 죽인 사람)가 칼을 빼어 임금을 벤 것과 다르니, 司馬昭도 오히려 죄책을 받음을 면하지 못하였는데 소도성에게 무슨 말을 하겠는가. 옛적에 趙盾이 망명하다가 국경을 넘지 않은 상태에서 되돌아와 역적을 토벌하지 않은 이유로 자신이 큰 악행을 저질렀다는 말을 들었다. 지금 소도성이 양옥부 등에게 토벌할 수 없을 뿐만 아니라, 또 따라서 상으로 작위까지 주었으니 죄가 더욱 분명하다. 만약 骲箭(뼈로 만든 화살촉을 쓰는 화살)을 쏜 일로 소도성 역시 죽을 지도 모른다는 두려움에 압박을 받았다고 한다면 鉏麑(조돈을 죽이려다가 자살한 사람)의 해침과 개를 시켜 〈조돈을 죽이려 한〉 난리에 《春秋》에서는 어찌 이것으로 조돈을 용서하지 않았는가. 이것은 《資治通鑑綱目》에서 宋나라 유욱과 유자업의 시해에 대하여 각각 그 기록을 달리한 것이니, 진실로 湘東王에게 후하게 하고 소도성에게 박하게 한 것이 아니라 또한 각각 그 실상을 추구하였을 뿐이니, 보는 이들은 이를 생각해보아야 한다.〔宋昱罪浮于桀 群小伺間 因而斃之 乃歸獄道成 何耶 大臣當國 幼主昏狂 竭股肱之力 効忠貞之節 必不可輔 則繼之以死爾 若養成其惡 從而殞之 又因以爲利 則志在簒奪而已 捨是將誰咎哉 或者謂宋昱之惡 與子業等 何爲彼以國書 殊不知子業凶狂 權出諸己 諸王久在幽縶 朝廷莫適爲主 非有用事大臣 足任其責也 于時湘東繼統 亦得於脫死之餘 偶然之故 非有異志如道成之比 是以無所歸獄 況楊玉夫密奉道成指授 又與賈充唱謀 成濟抽刀者不同 司馬昭猶不能免 道成 何詞乎 昔趙盾(돈)以亡不越境 反不討賊之故 躬受大惡之名 今道成於玉夫輩 不惟不能討 又從而爵賞之 罪益明矣 若以骲箭之事 謂道成亦迫於畏死 則鉏麑之賊 嗾犬之難 春秋何不以是而恕盾乎 此綱目於宋昱子業之弑 所以各異其書者 固非厚於湘東 而

① 劉昱은 향년이 15세였다.
昱, 壽十五.

【目】宋主 劉昱이 京口가 평정된 뒤로 더욱 교만 방자하여 하루도 나가지 않는 날이 없었는데, 시종하는 사람들이 창을 가지고 다녔기에 만나는 자들은 죽음을 면한 일이 없어 민간에서는 걱정하고 두려워하여 길에 사람이 거의 없었다. 형벌을 주는 도구인 형틀·망치·끌·톱을 곁에서 떠나지 않게 하여 하루라도 사람을 죽이지 않으면 슬픈 모습으로 즐거워하지 않으니, 궁궐에서는 걱정하고 두려워하여 먹고 숨 쉬는 것조차 보장할 수 없었다. 阮佃夫 등이 宋主가 외부로 나가는 틈을 타서 체포하여 폐위시키려고 도모하다가 일이 발각되어 죽임을 당했다. 태후가 자주 유욱을 훈계하였는데, 유욱이 짐독으로 태후를 시해하려다가 결행하지 못했다.

유욱이 한번은 불시에 領軍府로 들어갔는데, 蕭道成이 윗도리를 벗은 채로 누워 있었다. 유욱이 일어나라고 명령하여 배에 과녁을 그리고는 활시위를 당겨 쏘려고 하니 소도성이 手板을 거두고서 "老臣에게는 죄가 없습니다."라고 하였다. 다시 骲箭으로 그의 배꼽에 맞추고는 활을 던지고 크게 웃었다. 소도성이 근심하고 두려워하여 은밀히 袁粲, 褚淵과 함께 宋主의 폐위를 도모하였는데, 원찬이 말하기를 "主上은 나이가 어려 작은 과실은 고치기가 쉽고 伊尹과 霍光의 일[13]은 季世에 행한 일이 아니니, 설령 일이 성공한다고 해도 끝내 안전할 수 있는 곳은 없다."라고 하니, 저연은 잠자코 있었다.

功曹 紀僧眞이 소도성에게 말하기를 "지금의 조정(황제)은 미쳐 날뛰어 사람들은 자신의 목숨을 보전하지 못할 지경입니다. 천하 사람들의 바람은 원찬과 저연에게 있지 않으니, 明公께서는 어찌 가만히 앉아서 죽임을 당하고자 하십니까."라고 하니, 소도성이 그렇다고 생각하였다. 어떤 이가 소도성에게 권하여 廣陵으로 달아나서 군사를 일으키라고 하였는데, 青州와 冀州의 刺史인 劉善明이 말하기를 "宋氏가 멸망할 것은 어리석은 자나 지혜로운 자나 모두 알고 있습니다. 공은 신묘한 武工은 세상에 뛰어나니, 다만 조용히 기다렸다가 기회를 틈타 분발하면 공업이 절로 결정될 것이오. 근본 지역에서 멀리 떨어져서 스스로 낭패를 끼쳐서는 안 됩니다."라고 하니, 소도성이 그만두었다.

薄於道成 亦各原其實而已爾 觀者試思之〕"《發明》

13) 伊尹과……일 : 伊尹과 霍光은 각기 商나라 太甲과 前漢 昌邑王 劉賀를 제왕의 지위에서 내쫓고 권력을 잡고서 다스리다가 태갑이 자신의 잘못을 뉘우치자 이윤이 태갑을 맞이하여 복위시켰고, 곽광은 戾太子의 손자인 漢 宣帝를 즉위시켰다.

宋主昱이 自京口既平으로 驕恣尤甚하여 無日不出하니 從者竝執鋋矛라 逢無免者하니 民間擾懼하여 行人殆絶①이러라 鍼椎鑿鋸를 不離左右하여 一日不殺則慘然不樂하니 殿省憂惶하여 食息不保②하니 阮佃夫等이 謀因其出하여 執而廢之라가 事覺被殺하다 太后數訓戒昱한대 昱欲鴆之未果러라 嘗直入領軍府하니 道成이 晝臥裸袒이어늘 昱令起立하고 畫腹爲的하여 引(滿)〔滿〕[14] 將射之③하니 道成斂板曰 老臣無罪④라하니 乃更以骲箭射中其臍하고 投弓大笑⑤하더라 道成憂懼하여 密與袁粲褚淵으로 謀廢立한대 粲曰 主上幼年이라 微過易改⑥요 伊霍之事는 非季世所行이니 縱使功成이라도 亦終無全地라 淵默然하더라 功曹紀僧眞이 言於道成曰 今朝廷猖狂하여 人不自保⑦하니 天下之望이 不在袁褚하니 明公이 豈得坐受夷滅이리오 道成然之러라 或勸道成하여 犇廣陵起兵이어늘 青冀刺史劉善明曰 宋氏將亡은 愚智共知하니 公神武高世하니 唯當靜以待之하여 因機奮發이면 功業自定이니 不可遠去根本하여 自貽猖蹶이라하니 道成乃止⑧하다

① 鋋은 음이 蟬이고, 또 以前의 切이니, 작은 창이다.
鋋, 音蟬, 又以前切, 小矛也.
② 鍼(칼을 씌우다)은 其淹의 切이니, 鉗과 같은 뜻이다.
鍼, 其淹切, 與鉗同.
③ 畫(그리다)은 畫와 동일하게 읽는다.
畫, 讀與畫同.
④ 板은 手板이니, 笏이다.
板, 手(乃)〔板〕,[15] 笏也.
⑤ 骲(뼈로 만든 화살촉)는 蒲交와 蒲剝의 두 가지 切이다. 骨은 화살촉이다. 어떤 이가 말하기를 "뼈 화살촉〔骨鏃〕도 사람에게 해를 입힐 수 있는데, 더구나 그것으로 사람의 배에 쏘는 것은 말할 나위가 있겠는가." 하였으니, 당시에 이른바 骲箭은 필시 骨鏃이 아닌 듯하다.
骲, 蒲交・蒲剝二切. 骨, 鏃也. 或云 "骨鏃亦能害人, 況以之射人腹乎." 蓋當時所謂骲箭者, 必非骨鏃.
⑥ 易(쉽다)는 以豉의 切이다.
易, 以豉切.
⑦ 朝廷은 天子를 말한다.
朝廷謂天子也.
⑧ "猖蹶"은 경거망동하여 실패한다는 뜻이다.
猖蹶, 猖狂顚蹶也.

14) (滿)〔滿〕: 저본에는 '滿'로 되어 있으나, ≪資治通鑑≫에 의거하여 '滿'으로 바로잡았다.
15) (乃)〔板〕: 저본에는 '乃'로 되어 있으나, 思政殿訓義 ≪資治通鑑綱目≫(奎7512)에 의거하여 '板'으로 바로잡았다.

【目】越騎校尉 王敬則이 몰래 스스로 蕭道成과 교분을 맺었는데, 소도성이 왕경칙에게 명을 내려 劉昱의 좌우에 있는 楊玉夫, 楊萬年, 陳奉伯 등과 몰래 결탁하여 기회를 엿보도록 하였다. 이때에 이르러 유욱이 露車를 타고 주위 사람들과 臺岡에서 높이 뛰는 것으로 내기를 하고 이어서 靑園의 尼寺로 가서 저녁 늦게 新安寺에 도착하여 개를 훔쳐 술을 마시고 취해서 돌아왔다. 양옥부와 양만년이 유욱의 머리를 베니, 진봉백이 소매에 넣고는 칙명이라고 하면서 문을 열게 하여 나가서 왕경칙에게 주었다. 왕경칙이 領軍府로 달려가니, 소도성이 군복을 입고 말을 타고 나오자 왕경칙 등이 소도성을 따라 궁전으로 들어왔다. 사람들이 유욱이 죽었다는 소식을 듣고는 모두 만세를 불렀다.

소도성이 태후의 명령으로 大臣들을 불러들여 의논을 하였는데, 소도성이 劉秉에게 말하기를 "이는 그대 집안의 일이니, 어떻게 처리하면 좋겠는가?"라고 하니 유병을 대답을 하지 않았다. 소도성의 수염이 쭈뼛해지고 눈에서 빛이 나자, 유병이 말하기를 "尙書臺의 여러 일을 맡겨주시고, 군대에 관한 일을 모두 領軍에게 위임하겠다."라고 하였다.

소도성이 袁粲에게 양보를 하였는데, 원찬이 감당하지 못하자, 왕경칙이 칼을 빼들고 펄쩍펄쩍 뛰며 말하기를 "천하의 일은 모두 응당 蕭公이 관장해야 할 것이니, 감히 한마디라도 말을 하는 자가 있으면 내 칼이 피로 물들 것이오."라고 하였다. 이어서 손으로 白紗帽를 가져다가 소도성의 머리에 씌우고 즉위하게 하면서 말하기를 "일은 뜨거울 때 이루어야 합니다."라고 하니 소도성이 정색을 하며 꾸짖자, 褚淵이 말하기를 "蕭公이 아니면 이 일을 마무리하지 못할 것이오."라고 하였다.

소도성이 논의를 결정하여 安成王을 맞이하여 옹립하기로 하였다.

유병이 나가서 사촌 동생 劉韞을 만났는데, "오늘의 일은 당연히 형님의 공으로 돌아가겠지요?"라고 묻자 유병이 대답하기를 "이미 領軍에게 양보하였네."라고 하였다. 유온이 가슴을 치며 말하기를 "형님의 몸속에 어찌 피가 남아 있겠습니까. 올해에 멸족을 당할 것입니다."라고 하였다. 드디어 태후의 명령으로 유욱의 죄악을 열거하고 뒤이어 폐위하여 蒼梧王으로 삼았다. 儀衛가 東府門에 이르자, 안성왕이 문지기에게 문을 열지 말도록 하고 司徒 원찬이 올 때가지 기다렸다가 들어가서 즉위하니 당시 나이가 11세였다.

소도성을 司空 錄尙書事 驃騎大將軍으로 삼아 나가서 東府를 鎭守하게 하고, 유병을 尙書令으로 삼고, 원찬에게는 石頭를 鎭守하게 하였다. 유병이 처음에 尙書臺는 萬機의 근본이라 종실이 그 자리에 있으면 천하의 일이 변화가 없을 것이라 생각하였다. 얼마 뒤에 소도성이 軍國의 일을 겸하여 총괄하여 자신의 심복들로 배치하고 여탈의 권한을 자기 마음대로 하니 저연은 평소 서로 의지하는 사이라 붙어 있었고, 유병과 원찬은 손을 놓고 일이 이루어지는 대로 지켜보았다. 원찬은 성품이 진중하고 조용하여 조정의 명이 있을 때마다 늘 고사를 하다가 부득이하여 직분에 나아갔는데, 이때에 이르러 소도성이 황제의 자리를 찬탈할 마음이 있다는 것을 알고 은밀히 그를 도모하고자 그날 명을 받았다.

越騎校尉王敬則이 潛自結於道成하니 道成이 命敬則하여 陰結昱左右楊玉夫楊萬年陳奉伯等하여 使伺機便이러니 至是에 昱乘露車하고 與左右로 於臺岡賭跳①라가 仍往青園尼寺하여 晩至新安寺하여 偸狗飮酒醉還②이어늘 玉夫萬年이 刎其首하니 奉伯袖之하고 稱勅開門하여 出與敬則한대 敬則馳詣領軍府하니 道成이 戎服乘馬而出이어늘 敬則等이 從入宮殿中하여 聞昱已死하고 咸稱萬歲하더라 道成以太后令으로 召諸大臣入議할새 道成謂劉秉曰 此使君家事니 何以斷之③오 秉未答이어늘 道成須髥盡張하고 目光如電하니 秉曰 尙書衆事를 可以見付요 軍旅處分을 一委領軍이라 道成讓袁粲한대 粲不敢當이어늘 王敬則이 拔刃跳躍曰 天下事 皆應關蕭公이니 敢有開一言者면 血染敬則刀하리라하고 仍手取白紗帽하여 加道成首하고 令卽位曰 事須及熱이라 道成正色呵之한대 褚淵曰 非蕭公이면 無以了此라하니 道成乃下議하여 迎立安成王이러라 秉出逢從弟韞하니 問曰 事當歸兄邪아하니 曰 已讓領軍矣라 韞拊膺曰 兄肉中 詎有血邪아 今年族矣로다 遂以太后令으로 數昱罪惡하여 追廢爲蒼梧王하다 儀衛至東府門하니 安成王이 令門者로 勿開하고 以待袁司徒粲至하여 乃入卽位하니 時年十一이라 以道成爲司空錄尙書事驃騎大將軍하여 出鎭東府하고 劉秉爲尙書令하고 袁粲鎭石頭라 秉始謂尙書萬機本이니 以宗室居之면 則天下無變이라하더니 旣而道成兼總軍國하여 布置心膂하고 與奪自專하니 褚淵이 素相憑附하고 秉粲은 閤手仰成矣④러라 粲性沖靜하여 每有朝命에 常固辭어늘 不得已乃就職이러니 至是에 知蕭道成有不臣之志하고 陰欲圖之하여 卽日受命하다

① 露車는 수레 위에 덮개가 없는 수레이다. 臺岡은 臺城에서 이어진 언덕인 듯하다. "賭跳"는 뛰는 것으로 내기를 걸어 높이 뛰는 자가 이기는 것이다.
露車, 車上無覆蓋. 臺岡, 意卽臺城之來岡也. 賭跳者, 賭跳躑, 以高者爲勝也.

② 孝武帝의 寵姬였던 殷貴妃가 죽자 그를 위해 절을 세워주었다. 貴妃의 아들 劉子鸞을 新安王에 봉하였기 때문에 절의 이름을 新安이라고 한 것이다.
孝武寵姬殷貴妃死, 爲之立寺. 貴妃子子鸞封新安王, 故以新安爲寺名.

③ 使(사신)는 疏吏의 切이다. 劉秉은 劉道憐의 손자인데, 유도련은 高祖(劉裕)의 아우이다.

使, 疏吏切. 秉, 道憐之孫. 道憐, 高祖弟也.

④ "閤手"는 높이 팔짱을 낀 채 자리만 채우고 아무 일도 하지 않는 것이니, 두 손을 포개는 것처럼 한 것이다.

閤手者, 高拱充位而無所爲, 兩手若有所閤也.

【綱】 北魏가 조서를 내려 공인이나 상인, 천한 족속으로 노역을 하는 사람은 〈관직이〉 本部의 丞에서 그치게 하였다.

魏詔工商賤族有役者를 **止本部丞**①하다

① 이는 당시에 관직을 줄 때에 流品[16]을 구분하지 않았기 때문에 조서를 내려 모든 工役을 하는 집안은 관직을 本部의 丞으로 제한하여 清流에 미치지 못하게 한 것이다. 清流는 士大夫를 이른다.

此蓋以當時授官不分流品, 故詔凡工役之戶, 官止本部丞, 不使及淸流也. 淸流謂士大夫.

【綱】 9월에 北魏가 율령을 개정하였다.

◑ **九月**에 **魏更定律令**하다

【綱】 宋나라가 楊玉夫 등 25명을 봉하여 차등 있게 작위를 주었다.

◑ **宋封楊玉夫等二十五人爵有差**[17]하다

【綱】 겨울 10월에 武都王 楊文度가 北魏의 仇池를 습격하여 함락시켰다.

◑ **冬十月**에 **武都王楊文度襲魏仇池陷之**하다

【綱】 北魏가 徐州刺史 李訢을 죽였다.

16) 流品 : 벼슬에 대해 매겨놓은 품계를 말하거나 또는 門地의 높고 낮음을 이르는 말로 쓰였다. 여기서는 문지의 높낮이를 말한 것으로 신분의 구분을 말한 것이다.

17) 宋封楊玉夫等二十五人爵有差 : "楊玉夫는 어떠한 사람인가. 弑逆을 행한 사람이다. 定策(천자를 세우는 일)의 공로로 책봉된 사람 몇 명을 기록한 것은 있으나, 시역을 행하여 작위를 책봉 받은 자를 기록한 것은 아직 없었다. 시역을 행한 자를 드러내어 책봉한 것이 25인에 이르렀으니 天理가 사라진 것이다. 기록하여 슬퍼한 것이다.〔玉夫 何 行弑者也 書封定策功若干人有之矣 未有行弑而書封爵者也 行弑者而顯封之 至二十五人 天理滅矣 書悲之也〕" ≪書法≫

◑魏殺其徐州刺史李訢[18]하다

【目】李訢이 顯祖(拓跋弘)를 섬겨 尙書가 되어 范檦를 믿고 등용하였다. 이흔의 동생 李瑛이 간언하기를 "범표는 안색으로 남에게 굽신거리며 재물로 남의 마음을 사서 德義를 경시하고 권세와 이익을 중시합니다. 그의 말을 들으면 달콤하고, 그의 행동을 살피면 남을 해치니, 일찍 끊어내지 않으면 뒤에 후회해도 소용이 없을 것입니다."라고 하였는데, 그의 말을 따르지 않았다.

이흔이 상서 趙黑과 관계가 좋지 않아 그의 죄를 발고하니 조흑이 폄출되어 門士가 되었다. 조흑이 그를 원망하여 그 때문에 잠을 잘 못 자고 식사량이 줄어들었다. 해를 넘겨서 다시 조정에 들어가 인재 선발을 관장하여 馮太后에게 이흔의 전횡을 아뢰니, 馮太后가 이흔을 내쳐서 徐州刺史로 삼았다. 범표는 풍태후가 이흔을 원망하고 있다는 사실을 알고는 이흔이 외부에서 반란을 도모하였다고 고발하였다.

태후가 이흔을 불러들여 상황을 묻고 범표를 데려와 사실을 증명하게 하니, 이흔이 말하기를 "그대가 나에게 은혜를 입었는데, 어찌 차마 나를 무고할 수 있는가?"라고 하니, 범표가 말하기를 "제가 공에게 받은 은혜가 공이 李敷에게 받은 은혜와 견주어 어떻습니까. 공은 차마 이부를 배반하였으니, 제가 어찌 차마 공을 배반하지 못하겠습니까."[19]라고 하였다. 이흔이 분개하여 탄식하기를 "내가 이영을 말을 듣지 않았으니, 후회한들 무슨 소용이 있겠는가."라고 하였다. 조흑이 다시 중간에 이흔의 죄를 조작하여 그를 죽인 뒤에 잠자고 먹는 일을 예전처럼 하였다.

訢이 事顯祖爲尙書하여 信用范(摽)〔檦〕[20]러니 訢弟瑛諫曰 (摽)〔檦〕能降人以色하고 假人以財하여 輕德義而重勢利하니 聽其言也甘하고 察其行也賊이니 不早絶之면 後悔無及이리라하니 不從하다 訢與尙書趙黑有隙하여 發其罪하니 黑坐黜爲門士①라 黑恨之하여 寢食爲之衰少러니 踰年에

18) 魏殺其徐州刺史李訢 : "李訢은 남을 증명하여 자신이 화를 면했으니 小人인데, '殺(죽였다)'라고 기록한 것은 어째서인가. 죽인 것이 해당하는 죄가 아니기 때문이다. 李敷의 죽음에 太后(馮太后)가 일찍이 이 때문에 임금(太上 拓跋弘)을 시해하였는데, 이때에 또 이흔을 죽였으니 太后의 악행이라고 여겼으므로 특별히 '殺'이라고 기록한 것이다.〔訢證人以自免 小人也 其書殺 何 殺之不以其罪也 李敷之死 太后嘗以此弑其君矣 於是又殺訢焉 以爲太后之惡也 故特書殺〕" ≪書法≫

19) 제가 공에게……못하겠습니까 : 李訢이 相州刺史가 되어 뇌물을 받았다가 어떤 사람에게 고발을 당하자, 李敷가 허물을 덮어준 일이 있었는데, 이흔이 죽을 위기에 처하자 이부 형제의 陰事를 고발하여 사형을 면한 일이 丙辰年(476)에 보인다.

20) (摽)〔檦〕 : 저본에는 '摽'로 되어 있으나, ≪資治通鑑≫에 의거하여 '檦'로 바로잡았다. 아래도 같다.

復入領選하여 白馮太后하여 稱訢專恣하고 出爲徐州하니 (摽)〔檦〕知太后怨訢하고 乃告訢謀外叛이라하니 太后徵至問狀하고 引(摽)〔檦〕證之하니 訢曰 汝受我恩이니 何忍誣我오 (摽)〔檦〕曰 (摽)〔檦〕受公恩이 何如公於李敷오 公忍之於敷하니 (摽)〔檦〕何爲不忍於公이리오 訢慨然歎曰 吾不用瑛言이러니 悔之可及이리오 黑復於中에 構成其罪하여 誅之然後에 寢食如故하더라

① 北魏에는 宰士와 門士가 있었는데, 재사는 술과 음식을 담당하고, 문사는 문을 지켰다.
魏有宰士·門士, 宰士掌酒食, 門士守門戶.

【綱】 11월에 北魏 懷州에서 반란이 일어났는데, 토벌하여 평정하였다.

十一月에 魏懷州亂이어늘 討平之하다

【目】 北魏 懷州의 백성 伊祁苟가 반란을 일으켜 馮熙가 토벌하여 괴멸시키자, 馮太后가 그 성을 도륙시키려고 하니 張白澤이 간언하기를 "흉악한 괴수와 逆黨을 모두 죽이고 梟首하였으니, 성안에 어찌 충성스럽고 선량하며 인자하고 믿을 수 있는 선비들이 없겠습니까. 어찌하여 흑백을 묻지도 않고 모조리 죽이려고 하십니까."라고 하니, 마침내 중지하였다.

魏懷州民伊祁苟作亂하여 馮熙討滅之[①]러니 太后欲屠其城이어늘 張白澤諫曰 凶渠逆黨이 盡已梟夷[②]하니 城中에 豈無忠良仁信之士리오 柰何不問白黑하고 一切誅之오하니 乃止하다

① 伊祁는 姓이다.
伊祁, 姓也.
② "凶渠"는 우두머리를 말한다.
凶渠, 謂渠魁也.

【綱】 宋나라 荊州襄州都督 沈攸之가 江陵에서 군대를 일으켜 蕭道成을 토벌하다.

宋荊襄都督沈攸之擧兵江陵하여 討蕭道成하다

【目】 예전에 沈攸之는 蕭道成과 궁궐에서 함께 숙직을 하여 친하게 지냈다. 이때에 이르러, 명예와 지위가 자기보다 낮았던 소도성이 하루아침에 조정의 권세를 좌지우지 하자

마음이 편하지 않아 沈元琰에게 말하기를 "내가 차라리 王淩처럼 되어 죽을지언정 賈充처럼 살지는 않을 것이다."[21]라고 하였다. 그러나 역시 군사를 일으킬 겨를이 없었다. 張敬兒가 심유지의 司馬인 劉攘兵과 친하게 지냈는데, 심유지가 군대를 일으킬 것이라고 의심하여 몰래 유양병에게 물었다. 유양병이 장경아에게 말안장 1척을 보내니, 장경아가 이에 대비하였다.

심유지가 흰 비단에 열 줄 넘게 쓴 편지를 늘 裲襠(윗옷에 덧입는 옷) 속에 넣어두고는 이것은 明帝(劉彧)가 자신과 맹세한 것이라고 하였다. 군사를 일으키려고 할 적에 그의 첩 崔氏가 간언하기를 "官(주인)의 나이가 이미 연로하니 어찌 온 가족은 생각하지 않는 것입니까."라고 하였다. 심유지가 裲襠 속을 가리켜 보이고는 군대를 정돈하고 격문을 돌려 사신을 보내어 장경아와 여러 州鎭을 맞이하여 함께 병사를 일으키려고 하였다. 장경아는 사신의 목을 베었고, 다른 鎭도 선불리 결정을 하지 못하고 있었다.

심유지가 소도성에게 편지를 보내어 말하기를 "어린 황제는 아둔하고 사리분별을 못하니 여러 공들과 은밀히 논의하여 함께 태후에게 아뢰어 명을 내려 폐위시켜야 했는데, 어찌하여 좌우에 있는 사람들과 교분을 맺어 친히 弑逆을 행하고, 조정의 옛 신하들을 바꾸고 옮기며, 자신과 친한 무리들을 배치하고, 궁궐의 열쇠를 집안사람에게 맡긴 것입니까. 내가 子孟과 孔明이 남긴 교훈이 진실로 이와 같을 줄은 몰랐소. 足下가 이미 宋나라를 해칠 마음을 먹었으니, 내가 어찌 감히 申包胥와 같은 절개를 버리겠습니까."라고 하니 조정이 두려워하였다.

初에 沈攸之與蕭道成으로 同直殿省相善이러니 至是하여 以道成名位素出己下라가 一旦專制朝權이어늘 心不平하여 謂元琰曰 吾寧爲王陵死언정 不爲賈充生하리라 然亦未暇擧兵①이러라 張敬兒與攸之司馬劉攘兵善이러니 疑攸之將起事하여 密問攘兵한대 攘兵寄敬兒馬橙一隻하니 敬兒乃爲之備②러라 攸之有素書十數行③하여 常韜在裲襠角云 是明帝與己約誓④러니 將擧兵할새 其妾崔氏諫曰 官年已老하니 那不爲百口計⑤오 攸之指裲襠角示之하고 於是에 勒兵移檄하여 遣使邀張敬兒及諸州鎭하여 同擧兵하니 敬兒斬其使하고 它鎭亦懷兩端이어늘 攸之遺道成書하여 以爲少帝昏狂하니 宜與諸公密議하여 共白太后하여 下令廢之니 柰何交結左右하여 親行弑逆하고 移易朝舊하며 布置親黨하고 宮閤管籥을 悉關家人고 吾不知子孟孔明遺訓固如此乎⑥인저 足下旣有賊宋之心하니 吾寧敢捐包胥之節이리오하니 朝廷悩懼⑦하더라

21) 내가……것이다 : 王淩은 삼국시대 魏나라 사람으로 당시 임금인 曹芳을 폐위시키고 曹彪를 세우려다가 司馬懿에게 죽임을 당했고, 賈充 역시 魏나라 사람으로, 司馬昭에게 벼슬하였는데, 당시 임금 高貴鄕公(曹髦)이 검을 뽑아 사마소를 죽이고자 하자 가충이 成濟를 시켜 고귀향공을 죽이게 하였다.

① 沈元琰은 沈攸之의 큰 아들이다. 陵은 ≪資治通鑑≫에 淩으로 되어 있다. 王淩의 일은 蜀漢 後主 延熙 14년(251)에 보이고, 賈充의 일은 蜀漢 後主 景耀 3년(260)에 보인다.
元琰, 攸之長子. 陵, 通鑑作淩. 王淩, 事見漢後主延熙十四年. 賈充, 事見漢後主景耀三年.
② 橙(등자)은 丁鄧의 切이며, 鐙과 동일한 뜻으로, 말안장에 갖추는 것이다. 鞁(가슴걸이)는 披義의 切이다.
橙, 丁鄧切, 與鐙同, 馬鞁具也. 鞁, 披義切.
③ 行(줄)은 胡郎의 切이다. 師古는 말하기를 "十行은 詔書이다." 하였다.
行, 胡郎切. 師古曰 "十行, 詔書也."
④ 裲襠의 음은 兩當으로 의복의 명칭이다. 하나는 등에, 다른 하나는 가슴에 해당하므로, 裲襠이라 한 것이다.
裲襠, 音兩當, 衣名也. 其一當背, 其一當胸, 故名裲襠.
⑤ 宋나라와 齊나라 무렵에는 의리상 사적인 친속으로부터 노비에 이르기까지 대개 자신의 주인을 官이라고 불렀다.
宋・齊之間, 義從私屬以至婢僕, 率呼其主爲官.
⑥ "朝舊"는 조정의 옛 신하를 말한다. 子孟은 霍光의 字이고, 孔明은 諸葛亮의 字이다.
朝舊, 謂朝廷舊臣也. 子孟, 霍光字, 孔明, 諸葛亮字.
⑦ 申包胥는 秦나라에 원군을 요청하여 楚나라를 보존하였다.
申包胥乞秦師以存楚.

【目】예전에 蕭道成이 世子 蕭賾에게 郢州의 일을 대행하게 하여 무기를 잘 수리하여 沈攸之를 대비하게 하였는데, 소색을 불러 左衛將軍으로 삼으려고 하자, 소색이 司馬 柳世隆을 천거하여 자신을 대신하게 하고는 말하기를 "심유지가 하루아침에 변란을 일으켜 夏口의 함선을 불태우고 물길을 따라 동쪽으로 오면 제압하지 못할 것이니, 만약 심유지가 머물러 郢城을 공격하게 할 수 있다면 필시 별안간에 함락시킬 수는 없을 것이다. 그대가 내부에 있고 내가 외부에 있으면, 반드시 적들을 격파할 수 있을 것이다."라고 하였다.

심유지가 군사를 일으키자 소색이 尋陽에 이르니, 군사들이 빠른 속도로 建康으로 달려가고자 하였다. 소색이 말하기를 "심양은 중류에 위치하여 畿甸에 아주 가까우니, 湓口에 주둔하여 안으로 조정을 지키고 밖으로 夏首를 원조하여 유리한 지세를 보전하고 점거하여 서쪽과 남쪽을 제압한다면 오늘 이 기회는 하늘이 마련해준 것이다."라고 하였다.

어떤 자가 성이 협소하여 지키기가 어렵다고 하니 左中郎將 周山圖가 말하기를 "지금 중류를 점거하여 사방의 후원이 되고 있으니, 작은 일 때문에 그 일을 어렵게 할 수 없다. 군사들의 마음이 하나가 되면 강과 산이 모두 성과 해자가 될 것이다."라고 하였다. 소색이 이에 晉熙王 劉燮을 받들고 湓口를 鎭守하니 소도성이 그 소식을 듣고 기뻐하면서 말하기를 "정말 내 아들답구나."라고 하였다.

初에 道成以世子賾으로 行郢州事하여 修治器械以備攸之①러니 及徵賾爲左衛將軍하니 賾乃薦司馬柳世隆自代②하고 謂曰 攸之一旦爲變하여 焚夏口舟艦하고 沿流而東하면 不可制也니 若得攸之留攻郢城하면 必未能猝拔이니 君爲其內하고 我爲其外면 破之必矣리라 及攸之起兵에 賾行至尋陽하니 衆欲倍道趨建康이어늘 賾曰 尋陽이 地居中流하고 密邇畿甸하니 留屯湓口하여 內藩朝廷하고 外援夏首하여 保據形勝하여 控制西南하면 今日會此는 天所置也③라 或以城小難固라하니 左中郎將周山圖曰 今據中流하여 爲四方勢援하니 不可以小事難之니 苟衆心齊壹하면 江山皆城隍也니라 賾乃奉晉熙王燮하여 鎭湓口하니 道成聞之하고 喜曰 眞我子也라하더라

① 蕭道成이 桂陽王(劉休範)의 난리를 평정하고 나서 縣公으로 작위를 올려주었고, 蕭賾을 世子로 삼았다.
道成平桂陽之難, 進爵縣公, 以賾爲世子.
② 柳世隆은 柳元景의 아우의 아들이다.
世隆, 元景之弟子也.
③ 夏首는 夏水의 입구이다.
夏首, 夏水口也.

【綱】 宋나라 中書監 袁粲과 尙書令 劉秉이 모의하여 蕭道成을 죽이려 하다가 이기지 못하고 죽었다.

宋中書監袁粲과 尙書令劉秉이 謀誅蕭道成이라가 不克而死[22)]하다

【目】 湘州刺史 王蘊이 沈攸之와 서로 깊이 교분을 맺고 袁粲, 劉秉과 몰래 蕭道成을 죽이기를 도모하여 將師 黃回와 卜伯興 등과 모두 함께 내통하여 모의를 하였다.

---

22) 宋中書監袁粲……不克而死 : "沈攸之는 군사가 무너져 성공하지 못했고 袁粲은 모의가 누설되어 이기지 못했으니, 이들은 모두 역적을 토벌할 책임을 맡기기에 부족한 자들이다. 그러나 ≪資治通鑑綱目≫에서 '擧兵(군사를 일으켰다)'이라고 기록하고, '討(토벌했다)'라고 기록하고, '謀誅'라고 기록하고, '不克而死'라고 기록한 것은 모두 인정해준 말이니, 겨우 擧義할 수 있는 것을 다행으로 여겨서 成敗로 인해 생략하지 않은 것이다.〔沈攸之衆潰無成 袁粲謀泄不克 是皆不足任討賊之責 然綱目書擧兵 書討 書謀誅 書不克而死 皆予之之詞者 幸其僅能擧義 不以成敗之故而略之也〕" ≪發明≫

소도성이 처음에 심유지가 군사를 일으켰다는 소식을 듣고, 원찬에게 갔으나 원찬이 사양하여 만나주지 않자, 通直郎 袁達이 원찬에게 말하기를 "반대하는 태드를 보여서는 마땅치 않습니다."라고 하니, 원찬이 말하기를 "저 사람이 만약 황제가 어리고 시절이 어려운 것이 桂陽王(劉休範) 때와 다르지 않다고 하여 나를 위협하여 臺省에 들어간다면 무슨 말로 그에게 거절하겠는가. 갑자기 같은 처지에 있다가 반대를 하려고 한들 가능하겠는가."라고 하였다.

소도성이 褚淵을 불러 그와 자리를 함께하여 매사를 함께하였다. 당시에 劉韞은 領軍將軍이 되어 門下省에 들어가 숙직을 하고, 복백흥은 直閤이 되었고, 황회 등 여러 장수들은 모두 나가서 新亭에 주둔하고 있었다. 저연이 모친상을 당하여 관직을 떠나서 조정에서 재촉하였으나 관직에 나오지 않았는데, 원찬이 가서 타일러 깨우치자 저연이 그의 말을 따랐다. 원찬이 모친상을 당하여 저연이 간절하게 타일러 깨우쳤는데, 원찬이 결국 관직에 나오지 않자, 저연이 이로 말미암아 그를 원망하였다.

褚淵

이때에 이르러 저연이 소도성에게 말하기를 "西夏(荊州)의 반란은 필시 성공하지 못할 것이니, 공은 마땅히 먼저 내부를 방비하십시오."라고 하였다. 원찬은 모의가 이미 정해져서 저연에게 알리려고 하였는데, 무리들이 알려서는 안 된다고 하였다. 원찬이 말하기를 "저연이 비록 소도성과 친한 사이지만, 어찌 大事에 다른 의견이 있겠는가."라고 하였다. 마침내 모의를 저연에게 알리자, 저연이 곧장 소도성에게 고하였다.

소도성이 軍主 蘇烈과 薛淵 등을 보내어 원찬을 도와 石頭를 지키게 하니, 설연이 말하기를 "모르겠습니다만, 공께서는 袁公과 함께 한 집안이 되려고 하십니까?"라고 하니 소도성이 말하기를 "卿을 보내는 이유는 일에 임해 마땅한 처사를 다하여 나로 하여금 서쪽을 돌아보는 근심을 없애기 위함이다. 다만 노력하고 많은 말을 하지 말라."라고 하였다. 또 왕경칙을 直閤으로 삼아 복백흥과 禁兵을 총괄하게 하였다.

湘州刺史王蘊與沈攸之로 深相結하고 與袁粲劉秉으로 密謀誅道成할새 將帥黃回卜伯興等이 皆與通謀[1]러니 道成初聞攸之事起하고 往詣粲한대 粲辭不見이어늘 通直郎袁達謂粲호되 不宜

示異同[②]이라 粲曰 彼若以主幼時艱이 與桂陽時不異[③]라하여 劫我入臺면 何辭拒之리오 一朝同止라가 欲異得乎[④]아 道成乃召褚淵하여 與之連席하여 每事共之라 時에 劉韞爲領軍將軍하여 入直門下省하고 卜伯興爲直閤하고 黃回等諸將은 皆出屯新亭하다 初에 褚淵遭憂去職에 朝廷이 敦迫不起어늘 粲往譬說하니 淵乃從[⑤]이러니 及粲遭憂하여 淵譬說懇至호되 粲遂不起하니 淵由是恨之러라 至是에 淵謂道成曰 西夏事必無成이니 公當先備其內耳[⑥]라 粲謀旣定에 將以告淵이어늘 衆謂不可한대 粲曰 淵與彼雖善이나 豈容大作同異리오 乃以謀告淵한대 淵卽以告道成이라 道成遣軍主蘇烈薛淵等하여 助粲守石頭[⑦]하니 淵曰 不審公能保袁公共爲一家否아 道成曰 所以遣卿은 正爲能盡臨事之宜하여 使我無西顧之憂耳[⑧]라 但努力하고 無多言하라 又以王敬則爲直閤하여 與伯興共總禁兵하니

① 卜伯興은 卜天與의 아들이다.
伯興, 天與之子也.

② 通直郞은 通直散騎侍郞이다. 晉 武帝가 員外散騎侍郞을 두었고, 晉 元帝 泰興 2년(319)에 두 사람으로 하여금 散騎侍郞과 같은 인원수로 당직을 서게 하였다. 그러므로 通直散騎侍郞이라고 한 것이다.
通直郞, 通直散騎侍郞也. 晉武帝置員外散騎侍郞, 元帝泰興二年, 使二人與散騎侍郞同員直, 故謂之通直散騎侍郞也.

③ 〈"與桂陽時不異"는〉 桂陽王 劉休範이 반란을 일으켰을 때를 말한다.
謂桂陽休範反時也.

④ 朝(아침)는 본음대로 읽는다. "同止"는 同處(동일한 처지)라는 말과 같으니, 〈"一朝同止 欲異得乎"는〉 하루아침에 蕭道成과 동일한 처지에서 일을 하다가 뒤에 비록 달리 하고자 한들 가능하겠는가 하는 말이다.
朝, 如字. 同止猶言同處, 言一旦與道成同處行事, 後雖欲爲異, 其可得乎.

⑤ 敦은 권하는 것이고, 迫은 재촉하는 것이다. 說(달래다)은 輸芮의 切이니, "譬說"은 說諭(말하여 깨우친다)는 의미와 같다.
敦, 勸. 迫, 逼也. 說, 輸芮切. 譬說, 猶說諭也.

⑥ 西夏는 荊州이다. "備其內"는 袁粲 등을 대비하는 것을 말한다.
西夏, 荊州也. 備其內, 謂備袁粲等也.

⑦ 薛淵은 薛安都의 조카이다.
淵, 安都之從子也.

⑧ 〈"西顧之憂"는〉 石頭가 臺城 서쪽에 있기 때문에 그렇게 말한 것이다.
石頭在臺城西, 故云然.

【目】 袁粲이 태후의 명령을 위조하여 劉韞과 卜伯興으로 하여금 宿衛兵을 이끌고 朝堂에서 蕭道成을 공격할 계획을 도모하니 黃回 등이 부하들을 이끌고 호응을 하였다. 劉秉 등이 함께 石頭로 갈 적에 본래 밤에 군대를 출동시키자고 약속을 하였는데, 유병이 두렵고 어지러워 어찌할 줄을 몰라 晡時가 지나자 즉시 군장을 꾸리고는 온 가족을 데리고 석두로 달아나니, 원찬이 놀라 말하기를 "무슨 일로 급히 온 것이오? 이제 실패하고 말았소."라고 하였다. 소도성이 그 소식을 듣고 王敬則으로 하여금 유온과 복백흥을 죽이게 하고, 蘇烈 등은 倉城을 점거하여 원찬에게 대항하게 하였다. 王蘊이 유병이 달아났다는 소식을 듣고 탄식하여 말하기를 "일이 실패로 끝나겠구나."라고 하였다.

袁粲

소도성이 戴僧靜을 보내어 소열 등을 도와 원찬을 공격하게 하니 유병이 성을 넘어 도망치자 원찬이 성벽에서 내려와 그의 아들 袁最에게 말하기를 "본래 나무 하나로는 무너지는 큰 집을 지탱할 수 없는 것을 알았지만, 명분과 의리를 가지고 여기까지 왔다."라고 하였다. 대승정이 성을 넘어 홀로 진격하니 원최가 몸으로 원찬을 호위하였으나 대승정이 곧바로 전진하여 그를 베었다. 원찬이 원최에게 말하기를 "나는 충신의 직분을 잃지 않았고, 너는 효자의 직분을 잃지 않았구나."라고 하고는 마침내 부자가 함께 죽으니, 백성들이 그들을 애도하며 노래하기를 "가련하구나, 石頭城이여. 차라리 원찬처럼 죽을지언정, 褚淵처럼 살지는 않아야 하네."라고 하였다.

유병 부자도 추격하던 자에게 죽임을 당하니 황회가 결국 감히 군사들을 움직이지 못했다. 원찬은 간소하고 담박하며 평범하고 소박하여 세상을 경륜하는 재주가 없었고, 음주를 좋아하고 시를 읊조리는 것을 좋아하여 몸은 要職에 있었으나 일을 맡는 것을 즐거워하지 않았다. 主事가 매번 와서 자문을 하고 결정할 때에도 어떤 경우에는 소리 높여 읊조리며 그를 대하였고, 한가할 때는 편안히 누워 있어 집에는 잡된 손님이 없었으니, 세상 물정을 접하지 않았기에 패망에 이른 것이다.

粲謀矯太后令하여 使韞伯興으로 帥宿衛兵하여 攻道成於朝堂케니 回等帥所領爲應이라 劉秉等竝赴石頭할새 本期夜發이러니 秉恇擾不知所爲하여 晡後卽束裝하고 盡室犇石頭하니 粲驚曰 何事

遽來오 今敗矣로다 道成聞之하고 使王敬則으로 殺韞及伯興하고 蘇烈等據倉城拒粲①하니 王蘊聞粲走하고 歎曰 事不成矣로다 道成遣戴僧靜하여 助烈等攻粲하니 粲踰城走어늘 粲下城하고 謂其子最曰 本知一木不能支大廈之崩이나 但以名義至此로라 僧靜踰城獨進하니 最以身衛粲이어늘 僧靜直前斫之하니 粲謂最曰 我不失忠臣이요 汝不失孝子라하고 遂父子俱死하니 百姓哀之하여 爲之謠曰 可憐石頭城이여 寧爲袁粲死언정 不作褚淵生이라하더라 秉父子亦爲追者所殺하니 黃回遂不敢發하다 粲簡淡平素하여 無經世才하고 好飮酒(善)〔喜〕[23]吟諷하여 身居劇任호되 不肯當事하고 主事每往諮決하면 或高詠對之하고 閑居高臥하여 門無雜賓하니 物情不接이라 故及於敗②하니라

① 倉城은 石頭倉城[24]이다.
倉城, 石頭倉城也.
② 主事는 尙書省의 主事이니, 상서성의 諸曹에 각각 主事를 두었다.
主事, 尙書省主事也, 尙書諸曹各有主事.

【目】 裴子野가 다음과 같이 평하였다

"袁景倩은 백성들의 희망이자 국가의 뛰어난 인재로 중요한 부탁을 받았는데, 지혜는 간사한 자들을 제거하기에는 부족하였고, 임기응변은 변화에 대처하기에 부족하여 쓸쓸히 낙척하여 위태로워도 부지해주지 못하다가 조정의 위엄이 이미 경시되고, 三才가 바뀌려고 할 적에 보잘것없는 작은 성안에 있다가 나와서 만 번을 죽는다 해도 사양하지 않았으니, 필부의 절개를 지켰지만, 棟梁의 재주는 갖추지 못했다."

裴子野曰 袁景倩이 民望國華로 受付託之重하여 智不足以除姦이요 權不足以處變하여 蕭條散落하여 危而不扶라가 及九鼎旣輕하고 三才將換에 區區斗城之裏에 出萬死而不辭하니 蓋蹈匹夫之節而無棟梁之具矣①로다

① 景倩은 袁粲의 字이다. 三才는 天·地·人을 말한다. "斗城"은 한 말 정도 되는 작은 성을 말한다.
景倩, 粲字. 三才, 天·地·人也. 斗城, 言城如斗大也.

【綱】 沈攸之가 郢城을 공격하였으나 함락시키지 못하였다.

---

23) (善)〔喜〕: 저본에는 '善'으로 되어 있으나, ≪資治通鑑≫에 의거하여 '喜'로 바로잡았다.

24) 石頭倉城 : ≪資治通鑑新註≫(陝西人民出版社, 1998)에는 군량을 보관한 城樓라고 하였다. ≪景定建康志≫에는 石頭城 내에 있는 성으로 보았다. 또한 石頭倉의 명칭을 ≪晉書≫ 〈沈瑀傳〉 등을 통해 石頭山의 官倉에서 유래했다고 보는 견해가 있다.

沈攸之攻郢城不克하다

【目】 沈攸之가 夏口에 이르러 스스로 군대의 강성함을 믿고 교만한 기색을 지니고 있었는데, 主簿 宗儼之가 심유지에게 郢城을 공격하라고 권하자, 功曹 臧寅이 "영성은 지형이 험준하여 10일 만에 함락 시킬 수 있는 곳이 아니니, 만약 때에 닥쳐 출동하지 않으면 예기가 꺾여 위세를 잃게 될 것입니다. 지금 물길을 따라 멀리 달려 내려가면 날을 헤아려 승리할 수 있습니다. 근본(建康)이 전복되고 나면 영성을 어찌 굳게 지킬 수 있겠습니까."라고 하였다.

심유지가 일부 군사를 남겨두어 영성을 지키게 하고 자신은 大軍을 거느리고 동쪽으로 내려가려고 하였다. 柳世隆이 군대를 보내어 싸움을 걸어와 함부로 꾸짖고 더러운 말로 모욕하니 심유지가 화가 나서 계획을 바꿔 영성을 공격하였다. 유세륭이 형편에 맞게 저항하고 응전하니 심유지가 함락시키지 못하였다.

攸之至夏口하여 自恃兵彊하여 有驕色이어늘 主簿宗儼之勸攸之攻郢城한대 功曺臧寅이 以郢城地險하니 非旬日可拔이니 若不時擧면 挫銳損威하리니 今順流長驅면 計日可捷이니 旣傾根本하면 則郢城이 豈能自固[①]리오. 攸之 欲留偏師하여 守郢城하고 自將大衆하여 東下어늘 柳世隆遣人挑戰하여 肆罵穢辱之한대 攸之怒하여 改計攻城이어늘 世隆隨宜拒應하니 攸之不能克하다

① 臧寅은 臧燾의 증손이다. 擧는 출동한다는 뜻이다.
寅, 燾之曾孫也. 擧, 發也.

【綱】 宋나라가 楊運長을 宣城太守로 삼았다.

宋以楊運長爲宣城太守하다

【目】 楊運長이 나가서 宣城을 지키니, 이때에 太宗(劉彧)이 총애한 신하 중에 禁省에 있는 자가 없었다.

楊運長이 出守宣城하니 於是에 太宗嬖臣이 無在禁省者矣러라

【目】 沈約이 다음과 같이 평하였다.

"人君이 南面하여 왕 노릇 할 적에 깊숙한 구중궁궐 속에 있게 되니, 近習이 아침저녁

으로 모시고 받들어 情理上 조정의 卿士들과는 격리되고 궁궐의 사무는 有司가 담당한다. 그렇지만 얼마 뒤에 황제의 은총은 近習들과 친압한 데에서 생겨나고 믿음은 은총으로 인해 굳어져서 황제가 近習에게 두렵게 하는 태도가 없어지고 쉽게 가까이하는 기색이 있게 된다.

孝建・泰始 연간에는 군주가 위엄을 독단적으로 운용하였는데, 형벌과 정치가 어지럽게 얽혀 있어 〈군주 혼자〉 이치상 〈상황을〉 두루 정통하기 어려워 귀와 눈의 역할이 近習에게 돌아갔다. 황제의 기쁨과 노여움을 엿보고 슬픔과 즐거움을 살피는 데 이르러서는 번번이 임금의 마음에 들게 하여 행동거지가 황제의 뜻에 어긋남이 없었으니, 임금은 그들이 신분이 미천하고 지위가 낮아 권력에서 중요한 지위를 얻을 수 없다고 생각하였다. 그러나 일찍이 쥐가 존귀한 社堂에 의탁하고 여우가 호랑이의 위엄에 의지한다는 사실을 몰랐으니, 겉으로는 군주를 핍박하는 혐의가 없었으나, 안으로는 전횡하는 일을 있어서 권세가 천하를 전복시켰는데도 미처 깨닫지 못하였다.

太宗(劉彧) 만년에 이르러 국가의 盛衰를 겪으면서 권세와 총애를 받은 近習의 무리들이 宗戚을 두려워하고 꺼려서 어린 군주로 하여금 외롭게 서 있게 하여 영원히 국가의 권력을 훔쳐 분열을 조장하고 재앙의 단서를 일으켜 세워서 황제의 동생들과 종실의 제후왕들이 서로 계속해서 죽이게 하였다. 실로 宋나라의 국운이 일찍 기울어진 것은 실제 여기에서 비롯된 것이다."

沈約曰 夫人君南面에 九重奧絶하니 陪奉朝夕에 義隔卿士하고 階闥之任은 宜有司存①이로되 既而恩以狎生하고 信由恩固하여 無可憚之姿하고 有易親之色②이라 孝建泰始에 主威獨運而刑政糾雜하여 理難遍通이라 耳目所寄 事歸近習하니 及覘歡慍候慘舒하여 動中主情에 擧無謬旨③하니 人主謂其身卑位薄하여 權不得重이라하나 曾不知鼠憑社貴하며 狐藉虎威하니 外無逼主之嫌하고 內有專用之效하여 勢傾天下호되 未之或悟④라 及太宗晩運에 慮經盛衰하니 權倖之徒 慴憚宗戚⑤하여 欲使幼主孤立하여 永竊國權하고 構造同異하여 興樹禍隙하니 帝弟宗王이 相繼屠勦라 實祚夙傾이 實由於此矣라

① ≪楚辭≫ 〈九辯〉에 "군주의 궁궐 문은 아홉 겹으로 되어 있다."라고 하였는데, 그 註에 "關門, 遠郊門, 近郊門, 城門, 皐門, 庫門, 雉門, 應門, 路門이다."이라고 하였다.
楚辭 "君之門以九重." 註 "關門・遠郊門・近郊門・城門・皐門・庫門・雉門・應門・路門."

② 易(쉽다)는 以豉의 切이다.
易, 以豉切.

③ 中(들어맞다)은 去聲이다.

中, 去聲.

④ 漢나라 中山靖王 劉勝이 말하기를 "社에 사는 쥐는 불을 질러 잡을 수 없다는 것은 의탁한 곳이 그렇기 때문이다." 하였다. 藉(의지하다)는 慈夜의 切이다. 楚나라 江乙이 말하기를 "호랑이가 짐승들을 다 잡아먹고 또 여우를 잡아먹으려 하자, 여우가 말하기를, '그대는 나를 잡아먹지 못한다. 天帝가 나로 하여금 짐승들의 우두머리 노릇을 하게 하였다. 내 말을 못 믿겠으면 내가 그대를 위하여 앞서 갈 테니, 그대가 내 뒤를 따르라. 짐승들이 나를 보고 감히 달아나지 않겠는가.'라고 하였습니다. 호랑이가 그 말을 믿고 마침내 따라가보니, 과연 짐승들이 바라보고 모두 달아났는데, 호랑이는 짐승들이 자기를 두려워해서 모두 달아난 줄은 모르고 여우를 두려워한 것이라 생각하였다." 하였다.

漢中山靖王勝曰 "社鼠不熏, 所託者然也." 藉, 慈夜切. 楚江乙曰 "虎求百獸而食之, 得狐, 狐曰 '子無食我, 天帝使我長百獸. 子以我爲不信, 吾爲子先行, 子隨我後. 百獸見我而敢不走乎.' 虎以爲然, 遂與之行, 獸見之皆走, 虎不知百獸畏己而皆走也, 以爲畏狐也."

⑤ 慴은 質涉의 切이니, 두려워한다는 뜻이다.

慴, 質涉切, 懼也.

【綱】 北魏가 葭蘆를 함락하여 楊文度의 목을 베고 그의 아우 楊文弘을 武都王으로 삼았다.

魏拔葭蘆하여 **斬楊文度**하고 **以其弟文弘**으로 **爲武都王**하다

【綱】 宋나라 蕭道成이 黃鉞을 빌려 나가서 新亭에 주둔하였다.

◑宋蕭道成假黃鉞出頓新亭하다

【目】 **蕭道成**이 **參軍 江淹**에게 말하기를 "천하가 어지러우니, 그대는 어떻게 생각하는가?"라고 하니, 강엄이 말하기를 "성공과 패배는 덕에 달려 있는 것이지, 군대의 많고 적음에 달려 있는 것이 아닙니다. 공은 영웅다운 무공에다 기이한 지략을 소유하였고, 관용을 베풀고 인자하며, 현명하고 능력 있는 자들이 힘을 다하고, 백성들의 바람이 귀의하며, 천자를 받들어 역적을 정벌하니 이것이 다섯 가지 승리의 요인입니다.

저들은 뜻은 예리하나 국량이 작고, 위엄은 있으나 은혜가 없으며, 사졸들은 몸과 마음이 떠났고, 관리들은 지지하지 않으며, 외로운 군대가 적진에 깊이 들어가 수천 리 떨어져 있는데도 함께 악을 행하여 서로 돕는 일이 없으니, 이것이 다섯 가지 패배요인입니다. 비록 10만의 용맹한 군사가 있더라도 끝내는 필시 우리에게 사로잡힐 것입니

다."라고 하였다.

行南徐州事 劉善明이 소도성에게 말하기를 "沈攸之가 난리를 일으킬 마음을 품은 지 지금 십 년째입니다. 성품이 음험하고 조급하며 자질이 신중하지 못하여 반역을 일으킨 지 수십 일이 지났는데도 지체하며 전진하지 못하고 있습니다. 첫째는 군사에 관한 일에 어둡고, 둘째는 인심이 떠나고 원망하며, 셋째는 팔뚝을 잡아끄는 걱정이 있고, 넷째는 하늘이 그의 혼백을 빼앗았기 때문입니다. 본래 그의 용감하고 날랜 군사들이 신속하게 와서 미처 대비하지 못한 우리를 습격하여 한 차례 전쟁에서 승패가 결정되리라 염려했었는데, 지금은 六師가 일제히 분발하고 제후들이 함께 일어나고 있으니, 심유지는 새장 속에 갇힌 새와 같은 처지일 뿐입니다."라고 하였다.

道成이 謂參軍江淹曰 天下紛紛하니 君謂何如오 淹曰 成敗在德이요 不在衆寡니 公이 雄武有奇略하고 寬容而仁恕하며 賢能畢力하고 民望所歸하며 奉天子以伐叛逆하니 五勝也요 彼志銳而器小하고 有威而無恩하며 士卒解體하고 搢紳不懷하며 懸兵數千里而無同惡相濟하니 五敗也라 雖豺狼十萬이라도 終爲我獲이 必矣리라 行南徐州事劉善明이 言於道成曰 攸之包藏禍心이 於今十年이라 性旣險躁하고 才非持重하여 而起事累旬에 遲迴不進하니 一則暗於兵機하고 二則人情離怨하고 三則有掣肘之患하고 四則天奪其魄[①]이라 本慮其剽勇輕速에 掩襲未備하여 決於一戰이러니 今六師齊奮하고 諸侯同擧하니 此籠中之鳥耳라

① 掣는 尺制의 切이니, 끌어당김이다. 肘는 陟柳의 切이니, 팔의 관절이다. "掣肘"는 張敬兒 등이 그 후미를 습격할까 우려함을 말한 것이다.
掣, 尺制切, 挽也. 肘, 陟柳切, 臂節也. 掣肘, 謂慮張敬兒等襲其後也.

戊午年(478)

宋나라 順帝 劉準 昇明 2년이고, 北魏 高祖 孝文帝 拓跋宏 太和 2년이다.

宋昇明二年이요 魏太和二年이라

【綱】봄 정월에 宋나라 沈攸之의 군대가 궤멸하여 달아나고 죽으니, 蕭道成이 스스로 太尉 都督十六州諸軍事의 지위에 올랐다.

春正月에 宋沈攸之軍潰走死하니 蕭道成自爲太尉都督十六州諸軍事하다

【目】沈攸之가 정예 군사를 모두 출동시켜 郢城을 공격하였는데, 柳世隆이 기회를 틈타서 여러 차례 그를 격파하였다. 심유지는 평소에 인심을 잃어서 다만 위엄과 힘으로 겁을 주었는데, 성이 오랫동안 함락되지 못하여 도망치는 사람이 점차 많아지자, 심유지가 매일 저녁에 말을 타고 군영을 돌아다니면서 위무하였지만 떠나는 사람이 끊이지 않았다.

심유지가 크게 화를 내면서 군중에 명령하기를 "군대 안에 배반하는 자가 있으면 軍主들에게 죄를 물을 것이다."라고 하였다. 이에 모든 사람들이 배반할 마음을 품게 되었는데, 劉攘兵이 화살에 편지를 묶어 성안으로 쏘아 들여보내 항복을 받아줄 것을 요청하니 유세륭이 그를 맞아들이자, 유양병이 군영을 불태우고 떠나버렸다. 심유지의 군대가 드디어 크게 흩어져서 장수들이 모두 도주하니, 臧寅이 말하기를 "그가 성공하면 다행으로 여기고 그가 패배하면 버리는 일을 나는 차마 할 수 없다."라고 하고 강물에 몸을 던져 죽었다. 흩어진 군사들이 다시 모여드니, 2만 명 정도 되어 심유지를 따라 江陵으로 돌아왔다.

張敬兒가 이미 심유지가 보낸 사자의 목을 베고 즉시 군대를 정돈하여 심유지가 하류로 내려간 것을 정탐하고는 드디어 강릉을 습격하여 그의 아들과 손자를 죽였는데, 심유지가 강릉에 도착할 적에 장경아가 이미 성을 점거했다는 소식을 듣고는 사졸들이 모두 흩어지니, 심유지가 목을 매고 죽었다.

攸之 盡銳攻郢城이어늘 柳世隆이 乘間屢破之하니 攸之 素失人情이라 但劫以威力이러니 及城久不拔에 逃者稍多어늘 攸之 日夕乘馬하여 歷營撫慰로되 而去者不息이라 攸之大怒하여 令軍中曰 軍有叛者면 軍主任其罪하리라 於是에 咸有異計하니 劉攘兵이 射書入城請降한대 世隆納之어늘 攘兵이 燒營而去하니 攸之軍遂大散하여 諸將皆走러니 臧寅曰 幸其成而棄其敗는 吾不忍爲也라하고 乃投水死하다 散軍更相聚結하니 可二萬人이라 隨攸之하여 還江陵이러라 張敬兒 旣斬攸之使者하고 卽勒兵하여 偵攸之下하여 遂襲江陵하고 誅其子孫하니 攸之將至에 聞敬兒已據城하고 士卒皆散하니 乃縊而死하다

【目】예전에 荊州參軍 邊榮이 府의 錄事에게 모욕을 당하였는데, 沈攸之가 변영을 위하여 녹사를 채찍질하여 죽였다. 張敬兒가 도착할 적에 변영은 留府司馬였다. 어떤 사람이 장경아에게 항복하라고 설득하니 변영이 말하기를 "沈公의 두터운 은혜를 입은 것이 이와 같으니, 하루아침에 위급하다고 하여 곧바로 본심을 바꾸는 일은 내가 할 수가 없다."라고 하였다.

성이 함락되자 군사들이 변영을 체포하여 장경아에게 보였는데, 장경아가 말하기를 "邊公은 어찌하여 일찍 오지 않았는가?"라고 하니, 변영이 말하기를 "심공이 남아서 성을 지키라고 하였기에 차마 버리고 떠나지 못했다. 본래 살기를 바라지 않았으니, 어찌 질문을 기다리겠는가."라고 하였다. 장경아가 말하기를 "죽는 것이야 무엇이 어려울 것이 있겠는가."라고 하고, 목을 베라고 명하자 변영이 기쁨의 미소를 지으면서 나갔다. 변영의 문객인 程邕之가 변영을 껴안고 말하기를 "변공과 두루 從遊하였으니, 차마 그대의 죽음을 볼 수가 없소. 먼저 나를 죽이시오."라고 하였다. 병사가 들어가서 고하니, 장경아가 말하기를 "죽기를 바란다면 아주 쉬운 일이니, 어찌 허락하지 않겠는가."라고 하고 먼저 정옹지를 죽이고 뒤이어 변영을 죽이니, 군사들 중에 눈물을 흘리지 않는 자가 없었다.

소도성이 돌아와 東府를 鎭守하고서 그의 아들 蕭賾을 江州刺史로 삼고, 蕭嶷을 中領軍으로 삼고, 소도성 자신은 太尉의 직책을 더하고 都督南徐等十六州諸軍事가 되었으며, 褚淵을 中書監 司空으로 삼았다. 吏部郞 王儉이 정신과 모습이 고요하고 밝았으며, 학문을 좋아하고 견문이 넓어 젊어서 재상이 될 뜻을 지니고 있었는데, 소도성이 왕검을 長史로 삼아 융숭하고 친밀하게 대우하여 일을 모두 그에게 맡겼다.

初에 荊州參軍邊榮이 爲府錄事所辱이어늘 攸之爲榮하여 鞭殺錄事러니 及敬兒將至에 榮爲留府司馬라 或說之降한대 榮曰 受沈公厚恩을 如此하니 一朝緩急에 便易本心은 吾不能也라하다 城潰에 軍士執以見敬兒한대 敬兒曰 邊公何不早來오하니 榮曰 沈公이 見留守城하니 不忍委去라 本不祈生하니 何須見問[①]이리오 敬兒曰 死何難得이리오 命斬之하니 榮懽笑而去러라 榮客程邕之抱榮曰 與邊公周遊라가 不忍見其死하노니 乞先見殺하라 兵人以告한대 敬兒曰 求死甚易하니 何爲不許리오하고 乃先殺邕之而後及榮하니 軍人莫不垂泣하더라 蕭道成還鎭東府하여 以其子賾爲江州刺史하고 嶷爲中領軍하고 加道成太尉하고 都督南徐等十六州諸軍事하고 褚淵爲中書監司空[②]하다 吏部郞王儉이 神彩淵曠하고 好學博聞하여 少有宰相之志하니 道成以爲長史하여 待遇隆密하여 事皆委之[③]하다

① 祈는 요구한다는 뜻이다.
祈, 求也.

② 16州는 南徐州・南兗州・徐州・兗州・青州・冀州・司州・豫州・荊州・雍州・襄州・郢州・梁州・益州・廣州・越州이다.
十六州, 南徐・南兗・徐・兗・青・冀・司・豫・荊・雍・襄・郢・梁・益・廣・越也.

③ 王儉은 王僧綽의 아들이다.

儉, 僧綽之子也.

【綱】 여름 4월에 宋나라 蕭道成이 南兗州刺史 黃回를 죽였다.

夏四月에 **宋蕭道成殺南兗州刺史黃回**하다

【目】 黃回는 郢州에 있는 것을 좋아하지 않아 굳이 南兗을 달라고 요구하여 드디어 部曲을 이끌고 갑자기 돌아오니, 그로 인해 바꾸어 임명하였는데, 蕭道成이 황회가 끝내 禍亂이 될 것이라 생각하여 불러서 東府로 들어오게 하여 죽이고, 蕭映을 行南兗州事로 삼았다.

回不樂在郢州하여 固求南兗하여 遂帥部曲輒還이어늘 因改授之러니 蕭道成이 以回終爲禍亂이라하여 召入東府殺之하고 以蕭映行南兗州事①하다

① 蕭映은 蕭嶷의 동생이다.
映, 嶷之弟也.

【綱】 5월에 北魏가 宗戚과 士族이 동류가 아닌 사람과 혼인하는 것을 금지하여 〈어긴 사람은〉 制命을 어긴 것으로 논죄하였다.

五月에 **魏禁宗戚士族與非類昏偶**하여 **以違制論**하다

【綱】 가을 8월에 宋나라가 공적으로나 사적으로 사치를 금하였다.

◑秋八月에 **宋禁公私奢侈**하다

【目】 蕭道成이 大明 연간[25] 이래로 공적으로나 사적으로 사치가 행해진다 하여 御府를 폐지하고 두 곳 尙方[26]에서 완호품을 꾸며 만드는 것을 줄이기를 주청하고, 또 민간에서 겉치레하는 잡다한 물건을 금지시킬 것을 모두 17조목으로 주청하였다.

蕭道成이 以大明以來로 公私奢侈라하여 奏罷御府省二尙方彫飾器玩①하고 又奏禁民間華僞雜物凡十七條②하다

25) 大明 연간 : 宋 孝武帝 때의 연호(457~464)이다.
26) 尙方 : 고대에 제왕이 사용하는 기물을 제조하는 官署이다.

① 御府令은 漢나라 이후로 있었는데, 漢나라 때에는 少府에 소속되었고, 晉나라 때에는 光祿勳에 소속되었다. ≪宋書≫ 〈孝武帝本紀〉에 의거하면 宋 世祖 大明 4년(460)에 細作署令을 바꾸어 左·右御府令으로 삼았다.
御府令, 自漢以來有之, 漢屬少府, 晉屬光祿勳. 據宋紀, 世祖大明四年, 改細作署令爲左右御府令.

② 살펴보건대 蕭子顯의 ≪南齊書≫ 〈高帝本紀〉에 "표문으로 금지하기를, '금과 은으로 주렴을 만들 수 없고, 말과 수레의 장식은 금과 은으로 鍍金할 수 없으며, 織物에 비단 옷을 만들 수 없고, 도로에서는 비단 신발을 착용하지 못하며, 홍색으로 깃발과 덮개와 의복을 만들 수 없고, 채색비단을 잘라서 雜花를 만들 수 없으며, 비단으로 잡된 복식을 만들 수 없고, 鹿行錦(채색 비단의 일종), 局脚檉柏牀(다리가 굽은 상의 일종), 상아로 만든 상자와 잡된 물건, 채색 비단으로 만든 가리개, 비단을 두른 좌석을 만들 수 없으며, 사적으로 무기를 만들 수 없고, 七寶로 악기를 장식하지 못하며, 또 여러 장식품은 금과 은으로 꽃과 동물 문양을 만들 수 없고, 금과 동을 녹여 동상을 만들지 못한다.' 하였는데, 모두 문서로 된 조서로 반포하니 총 17개 조목이었다." 하였다.
按蕭子顯齊書 "表禁 '不得以金銀爲箔, 馬乘具不得金銀度, 不得織成繡裙, 道路不得著錦履, 不得用紅色爲幡蓋衣服, 不得剪綵帛爲雜花, 不得以綾作雜服飾, 不得打鹿行錦及局脚檉柏牀, 牙箱籠雜物, 綵帛作屛障, 錦緣薦席, 不得私作器仗, 不得以七寶飾樂器, 又諸雜飾物不得以金銀爲花獸, 不得輒鑄金銅爲像.' 皆頒墨敕, 凡十七條."

【綱】 宋나라가 蕭賾을 領軍將軍으로 삼고 蕭嶷을 江州刺史로 삼았다.

宋以蕭賾爲領軍將軍하고 **蕭嶷爲江州刺史**하다

【綱】 9월 초하루에 일식이 있었다.

◑ **九月朔**에 **日食**하다

【綱】 宋나라 蕭道成이 스스로 太傅 楊州牧에 오르고 殊禮를 더하였다.

◑ **宋蕭道成自爲太傅楊州牧**하고 **加殊禮**하다

【目】 **蕭道成**이 宋나라 왕실을 무너뜨리려고 밤중에 **長史 謝**朏(사비)를 불러 사람을 물리고 함께 오랫동안 이야기하였는데, 사비가 말이 없었다. 소도성이 사비가 촛불을 들고 있는 작은 아이를 어렵게 여긴다고 생각하여 촛불을 빼앗아 아이를 내보냈으나 사비가

또 말이 없자, 소도성이 마침내 좌우의 사람들을 불렀다. 사비는 謝莊의 아들이다.

王儉이 소도성의 뜻을 알아차리고 다른 날에 틈을 청하여 소도성에게 말하기를 "공로가 너무 높아서 그에 상응하는 상을 받지 못하는 것은 예나 지금이나 하나만이 아니니, 공이 지금의 지위를 가지고서 끝내 北面하려고 한들 가능하겠습니까."라고 하였다. 소도성이 정색을 하며 제지했지만, 정신과 모습은 속으로 온화하니, 왕검이 이어서 말하기를 "저는 공의 특별한 은혜를 입었으니, 이 때문에 입 밖에 내기 어려운 말을 내었는데 어찌하여 깊이 거절하는 것입니까. 宋氏는 덕을 잃었으니, 공이 아니면 어찌 다시 안정을 이룩하겠습니까. 그러나 인심은 야박하여 오래 견디지 못할 것이니, 공이 만약 조금이라도 다시 남을 밀어올린다면 사람들의 바람도 떠나갈 것이니, 어찌 大業만이 영원히 망하여 없어질 뿐이겠습니까. 일곱 척의 몸도 보존할 수 없을 것입니다."라고 하였다. 소도성이 말하기를 "그대의 말에도 일리가 없는 것은 아니다."라고 하니, 왕검이 말하기를 "공의 지금 명망과 지위가 본래 보통 재상과 같으니, 마땅히 예의를 여러 王公들과 월등하게 하여 조금씩 변화를 보이십시오. 그러나 응당 褚公(褚淵)으로 하여금 먼저 그것을 알게 해야 합니다."라고 하였다.

蕭道成이 欲傾宋室하여 夜召長史謝朏하여 屛人與語久之러니 朏無言[①]이어늘 道成이 慮朏難提燭小兒하여 取燭遣出[②]하니 朏又無言이어늘 道成乃呼左右하니 朏은 莊之子也라 王儉知其指하고 它日에 請間하여 言於道成曰 功高不賞이 古今非一이니 以公今日位地로 欲終北面可乎아 道成이 正色裁之나 而神采內和어늘 儉因曰 儉蒙公殊眄하니 所以吐所難吐어늘 何賜拒之深也오 宋氏失德하니 非公이면 豈復寧濟리오 但人情澆薄하여 不能持久하나니 公若小復推遷이면 則人望去矣니 豈唯大業永淪이리오 七尺亦不可得保[③]라한대 道成曰 卿言不無理로다 儉曰 公今名位 故是經常宰相이니 宜絶禮群后하여 微示變革이나 然當先令褚公知之[④]라하다

① 朏는 敷尾의 切이다.
朏, 敷尾切.

② 이때에 한 아이가 촛불을 들고 옆에서 모시고 있었는데, 蕭道成이 謝朏가 아이가 몰래 들을까 어려워하여 말을 하지 않는 것이라 생각하였다.
時唯有一兒秉燭侍傍, 道成慮朏難小兒之竊聽, 故不肯言.

③ "七尺"은 7척의 몸을 말한다.
七尺, 謂七尺之軀也.

④ 群后는 여러 王公이니, 〈"宜絶禮群后"는〉 여러 群后와 비교하여 儀禮를 그 부류보다 월등히 뛰어나게 한다는 말이다.

群后, 諸王公也. 謂比群后儀禮殊絶出乎其類也.

【目】 며칠이 지나서 蕭道成이 스스로 褚淵에게 가서 해가 저물 때까지 마음을 다해 이야기하다가 마침내 말하기를 "나는 꿈에 관직을 얻었소."라고 하니 저연이 말하기를 "지금 막 公께서 제수되었는데, 1, 2년 사이에 옮기기가 용이하지 않을까 걱정입니다."라고 하였다. 소도성이 돌아와서 왕검에게 말하니, 왕검이 말하기를 "저연이 이치를 모를 뿐입니다."라고 하고 곧바로 소도성에게 太傅 벼슬을 덧붙여주고 黃鉞을 하사할 것을 건의하게 하였는데, 소도성이 자신과 친한 任遐에게 말하기를 "褚公이 따르지 않으니 어찌해야겠는가?"라고 하였다. 임하가 말하기를 "彦回는 몸을 아껴서 처자를 보호할 사람이지, 기이한 재주와 남다른 절의를 갖고 있지 않으니, 제가 그를 통제할 수 있습니다."라고 하였다. 저연이 과연 반대할 생각이 없자, 조서를 내려 소도성에게 假黃鉞 大都督中外諸軍事 太傅 領揚州牧에 오르게 하고, 칼을 차고 신발을 신은 채 御殿에 오르게 하여 조정에 들어와서는 종종걸음으로 걷지 않고, 배알할 때에는 贊禮가 그 성명을 부르지 않도록 하였다.

少日에 道成自造褚淵하여 款言移晷러니 乃曰 我夢得官호라 淵曰 今授始爾니 恐一二年間에 未容便移[①]라 道成이還以告儉한대 儉曰 褚未達耳라하고 即唱議加道成太傅하고 假黃鉞하니 道成이謂所親任遐曰 褚公不從하니 柰何오 遐曰 彦回 惜身保妻子요 非有奇才異節하니 遐能制之라하다 淵果無違異[②]어늘 詔進道成假黃鉞大都督中外諸軍事太傅領揚州牧하고 劍履上殿하여 入朝不趨하고 贊拜不名하더라

① "今授始爾"는 지금 막 太尉·都督에 제수되었음을 말한다.
今授始爾, 謂方加太尉·都督也.

② 彦回는 褚淵의 字이다.
彦回, 淵字.

【綱】 겨울 10월에 宋나라가 蕭映을 南兗州刺史로 삼고 蕭晃을 豫州刺史로 삼았다.

冬十月에 宋以蕭映爲南兗州刺史하고 以蕭晃爲豫州刺史[①]하다

① 蕭晃은 蕭映의 아우이다.
晃, 映之弟也.

【綱】 12월에 北魏 馮太后가 靑州刺史 南郡王 李惠를 죽였다.

◑ 十二月에 魏太后殺其靑州刺史南郡王李惠[27]하다

【目】 李惠는 李夫人의 부친이다. 馮太后가 그를 미워하여 남쪽에서 반란을 일으키려 한다고 무고하여 죽였으니, 태후가 시기하고 혐오하여 죽인 사람이 10여 가구였으나 이혜는 역임한 관직에서 모두 善政을 베풀었으므로, 北魏 사람들이 더욱 원통하고 애석해하였다.

惠는 李夫人之父也라 馮太后忌之하여 誣以南叛殺之하니 太后以猜嫌所夷滅者十餘家로되 而惠所歷에 皆有善政하니 魏人尤冤惜之하더라

【綱】 宋나라가 音樂을 제정하였다.

宋定音樂하다

【目】 尙書令 王僧虔이 주청하기를 "조정에서 宮縣(궁중에서 음악을 연주할 때 악기를 사면에 배열하는 것)으로 鞞舞와 拂舞로 조화를 이루게 하였으니, 節數는 비록 들어맞지만 바른 형식을 어그러뜨렸다고 생각합니다. 그리고 지금의 淸商은 실제로 銅爵에서 나온 것이니, 中庸의 조화와 전아함이 이보다 가까운 것이 없으나 실정이 바뀌고 듣는 것도 달라져서 없어진 것이 거의 반입니다. 민간에서는 다투듯 새로운 소리를 만들어내어 번거롭고 음란하기가 끝이 없으니, 마땅히 有司에게 명령하여 모두 보완해야 합니다."라고 하니, 그의 말대로 하였다.

尙書令王僧虔奏호되 朝廷以宮縣合和鞞拂하니 節數雖會나 慮乖雅體①요 今之淸商이 實由銅爵하니 中庸和雅 莫近於斯나 而情變聽移하여 亡者將半이라 民間競造新聲하여 煩淫無極하니 宜命

27) 魏太后殺其靑州刺史南郡王李惠 : "李訢을 죽일 적에 다만 '魏'라고 기록했는데 여기서 太后를 지적하여 기록한 것은 어째서인가. 태후가 사욕을 부렸기 때문이다. 이흔은 실로 小人이니 다만 죽인 것이 해당하는 죄가 아니기 때문이다. 李惠의 경력에는 모두 善政이 있었으니 賢人이었다. 그런데 다만 李夫人의 아버지이기 때문에 꺼려서 죽였으니, 그 사사로움이 심하므로 지적하여 기록한 것이다.〔殺李訢 止書魏 此其斥書太后 何 太后私也 訢實小人 但殺之不以其罪耳 惠之所歷 皆有善政 則賢也 而徒以李夫人之父 忌而殺之 其私甚矣 故斥書之〕" ≪書法≫
"이전에 李訢을 죽인 것도 馮氏였는데 지금에 와서 또 李惠를 죽였으니 그 악행이 또한 방자하므로 특별히 '太后'라고 기록하여 미워한 것이다.〔前殺李訢 亦馮氏也 至是又殺李惠 則其惡亦肆矣 故特書太后以惡之〕" ≪發明≫

有司하여 悉加補綴이라하니 從之②하다

① 縣(매달다)은 懸과 통용한다. 天子의 宮懸은 4면에 모두 악기를 거는 것인데, 궁실의 4면이 담장으로 둘러싸인 것과 같다. 合(합하다)의 음은 閤이다. 和(화합하다)는 去聲이니, 소리가 서로 상응하는 것이다. 鞞(북)는 鼙와 동일하다. 鞞·拂은 모두 춤의 이름이다. ≪晉書≫ 〈樂志〉에 이르기를 "鼙舞는 언제 생겨났는지 상세하지 않지만, 漢代에 이미 연향에서 시행되었다. 拂舞는 江左(東晉)에서 시작되어 역시 殿庭에서 시행되었다." 하였다.
縣, 與懸通. 天子宮懸, 謂四面皆懸, 如宮之有墻也. 合音閤. 和, 去聲, 聲相應也. 鞞, 與鼙同. 鞞·拂, 皆舞名也. 晉志曰"(聲)〔鼙〕[28]舞未詳所起, 然漢代已施於宴享矣. 拂舞出自江左, 亦陳於殿庭.

② 魏나라 太祖(曹操)가 鄴 땅에 銅爵臺를 지었는데, 스스로 樂府를 짓고 管弦을 입혔고, 그 후에 드디어 淸商令을 두어 관장하게 하여 光祿勳에 소속시켰다.
魏太祖起銅爵臺於鄴, 自作樂府, 被於管弦, 後遂置淸商令以掌之, 屬光祿勳.

【綱】 北魏가 高允을 中書監으로 삼았다.

魏以高允爲中書監하다

【目】 高允이 늙고 병이 들어 사직하고 고향으로 돌아갔는데, 얼마 뒤에 다시 安車로 불러서 平城으로 오게 하여 鎭軍大將軍 中書監에 제수하니 굳게 사양하였으나 허락하지 않았고, 조서를 내려 수레를 타고 궁으로 들어오게 하고 朝賀할 때에는 절을 하지 않게 하였다.

高允以老疾로 告歸鄕里러니 尋復以安車徵至平城하여 拜鎭軍大將軍中書監하니 固辭不許하고 詔乘車入殿하고 朝賀不拜하다

己未年(479)

宋나라 順帝 劉準 昇明 3년이고, 齊나라 太祖 高帝 蕭道成 建元 원년이며, 北魏 高祖 孝文帝 拓跋宏 太和 3년이다. 이해에 宋나라가 멸망하고 齊나라가 대신하였다.

宋昇明三年이요 齊太祖高帝蕭道成建元元年이요 魏太和三年이라 ◑ 是歲에 宋亡齊代하다

28) (聲)〔鼙〕: 저본에는 '聲'으로 되어 있으나, ≪資治通鑑≫ 註에 의거하여 '鼙'로 바로잡았다.

【綱】 봄 정월에 宋나라가 蕭嶷을 荊州刺史로 삼고 蕭賾을 僕射로 삼았다.

春正月에 宋以蕭嶷爲荊州刺史하고 蕭賾爲僕射하다

【綱】 宋나라가 謝朏를 侍中으로 삼았다.

◑ 宋以謝朏爲侍中[29]하다

【目】 太傅 蕭道成은 謝朏가 중한 명망을 갖고 있어서 그를 이끌어 佐命에 참여시키고자 長史로 삼았다. 한번은 그와 魏나라와 晉나라의 故事를 토론하였는데, 그로 인해 말하기를 "石苞는 일찍 晉 文王(司馬昭)에게 권고하지 않았다가 그가 죽자 통곡하였으니, 이를 馮異에 비한다면 기회를 알지 못한 것이다."라고 하였다. 사비가 말하기를 "진 문왕은 대대로 魏나라 황실을 섬겼기에 반드시 자신은 끝내 北面을 해야 했고 가령 魏나라가 唐虞의 고사[30]에 의거했다고 해도 세 번 사양해야 더욱 높아지는 것입니다."라고 하였다. 소도성이 기뻐하지 않아서 사비를 侍中으로 삼고, 王儉을 바꾸어 左長史로 삼았다.

太傅道成以朏有重名으로 欲引參佐命하여 以爲左長史하고 嘗與論魏晉故事할새 因曰 石苞不早勸晉文하고 死方慟哭하니 方之馮異컨대 非知機也①로다 朏曰 晉文世事魏室하니 必將身終北面이요 借使魏行唐虞故事라도 亦當三讓彌高②라한대 道成不悅하여 以朏爲侍中하고 更以王儉爲左長史하다

① 晉 文王이 薨하자, 石苞가 揚州에서 그의 初喪에 달려가서 통곡하기를 "기업이 이와 같은데 신하로 생을 마치십니까." 하였다. 馮異는 後漢 光武帝에게 권하여 황제의 자리에 오르게 하였다. 蕭道成이 석포가 일찍 진 문왕에게 권하여 禪讓을 받아 황제의 자리에 오르게 하지

29) 宋以謝朏爲侍中 : "그 사이에 사건이 있던 것이 아닌데 두 번이나 '宋以(宋나라가 누구로)'라고 기록한 것은 어째서인가. 구별한 것이다. 謝朏를 蕭嶷·蕭賾과 구별한 것은 그가 蕭道成의 당여가 아님을 드러내기 위한 것이다. 그러므로 王龔을 梁冀와 구별해서는 두 번이나 '以'라고 기록하고(漢 順帝 永和 元年(136)), 孔融을 荀彧과 구별해서는 두 번이나 '以'라고 기록하고(漢 獻帝 建安 원년(196)), 阮佃夫를 劉秉과 구별해서는 두 번이나 '宋'이라고 기록하고(壬子年(472)), 謝朏를 蕭嶷·蕭賾과 구별해서는 두 번이나 '宋'이라고 기록하고(이해(479)), 侯瑱을 陳霸先과 구별해서는 두 번이나 '梁'이라고 기록하고(丙子年(556)), 劉仁贍을 周廷構와 구별해서는 두 번이나 '唐'이라고 기록하였으니(五代 丁巳年(957)), ≪資治通鑑綱目≫에서 正邪의 구별이 엄격하다.〔非間有事也 再書宋以 何 殊之也 殊朏於嶷賾 所以著其非黨也 是故 殊王龔於梁冀 則再書以(漢順帝永和元年) 殊孔融於荀彧 則再書以(漢獻帝建安元年) 殊佃夫於劉秉 則再書宋(壬子年) 殊謝朏於嶷賾 則再書宋(是年) 殊侯瑱於霸先 則再書梁(丙子年) 殊仁贍於廷構 則再書唐(五代丁巳年) 綱目正邪之別嚴矣〕" ≪書法≫

30) 唐虞의 고사 : 堯임금과 舜임금이 선양에 의해 왕위를 물려주고 물려받은 일을 말한다.

못한 일을 풍이가 후한 광무제를 황제의 자리에 오를 것을 권한 일에 비견하여 석포는 기회를 모르는 사람이라고 말하여, 이 말로 謝朏가 감응하여 움직이게 하려고 한 것이다.
晉文王薨, 石苞自(楊)〔揚〕[31]州奔喪, 慟哭曰 "基業如此, 而以人臣終乎?" 馮異勸漢光即尊位. 道成言石苞不能早勸晉文爲禪代之事, 比之馮異勸漢光, 苞非知機者也, 欲以此言感動謝朏耳.

② 〈"當三讓彌高"는〉 세 번 천하를 양보하면 節行이 더욱 높아짐을 말한 것이다.
言三以天下讓, 則節行彌高也.

【綱】 3월 초하루에 일식이 있었다.

三月朔에 日食하다

【綱】 宋나라 蕭道成이 스스로 相國의 지위에 오르고 齊公에 봉하여 九錫을 더하였다.

◑ 宋蕭道成自爲相國하고 封齊公加九錫하다

【目】 10군을 齊國으로 삼고 官爵과 禮儀는 모두 天朝를 모방하였다.

以十郡爲齊國하고 官爵禮儀를 竝倣天朝①하다

① 당시에 靑州의 齊郡, 徐州의 梁郡, 南徐州의 蘭陵郡·魯郡·琅邪郡·東海郡·晉陵郡·義興郡, 揚州의 吳郡·會稽郡 10개의 郡으로 봉하였다.
時以靑州之齊郡, 徐州之梁郡, 南徐州之蘭陵·魯郡·琅邪·東海·晉陵·義興, 揚州之吳郡·會稽十郡封.

【綱】 齊公 蕭道成이 宋나라 臨川王 劉綽을 죽였다.

齊公道成이 殺宋臨川王綽[32]하다

---

31) (楊)〔揚〕: 저본에는 '楊'으로 되어 있으나, ≪資治通鑑≫ 註에 의거하여 '揚'으로 바로잡았다.

32) 齊公道成 殺宋臨川王綽 : "'宋臨川王'이라고 기록한 것은 어째서인가. 齊나라의 권세가 높은 것이 이미 심하여 은연중에 하나의 敵國처럼 대한 것이다. ≪資治通鑑綱目≫에서 齊나라를 宋나라에다 소속시키지 않고 기록하기를 '齊公某殺宋臨川王某(齊公 누가 宋나라 臨川王 누구를 죽였다.)'라고 한 것은 마치 齊나라 사람이 宋나라 사람을 죽였다고 말한 것처럼 하게 하여 신하 노릇 하지 않음을 깊이 드러낸 것이다. 이로부터 齊나라의 일은 齊나라에 기록하여 다시 宋나라에 소속시키지 않았다.〔書宋臨川王 何 齊伉已甚也 隱若一敵國矣 綱目不繫齊於宋 而書曰齊公某殺宋臨川王某 使若齊人殺宋人云者 所以

【目】 당시에 楊運長이 蕭道成에 의해 죽임을 당했는데, 劉綽은 劉義慶의 손자였다. 淩源令 潘智가 양운장과 잘 지냈는데, 유작이 사람을 보내어 그를 설득하기를 "그대는 先帝의 옛날 신하이고, 이 몸은 종실의 가까운 친척이니, 이와 같은 상황에서 어찌 오래 보존할 수 있겠는가. 만약에 안팎에 있는 사람들을 불러 모은다면 따르는 많은 사람들을 얻게 될 것이다."라고 하였다. 반지가 소도성에게 알리자, 소도성이 유작을 죽였다.

時에 楊運長이 爲道成所殺하니 綽은 義慶之孫也라 以淩源令潘智與運長善①이어늘 遣人說之曰 君은 先帝舊人이요 身은 是宗室近屬이니 如此形勢 豈得久傳이리오 若招合內外면 計多有從者라하니 智以告道成한대 道成殺之하다

① 蕭子顯의 ≪南齊書≫ 〈州郡志〉에 "臨淮郡은 淩縣에 있다." 하였다. 應劭가 말하기를 "淩水는 淩縣 西南에서 나와 淮水로 들어간다." 하였다.
蕭子顯齊志 "臨淮郡有淩縣." 應劭曰 "淩水出淩縣西南入淮."

【綱】 齊나라가 王儉을 僕射로 삼았다.

齊以王儉爲僕射[33)]하다

【目】 宋나라 司空 褚淵이 何曾이 魏나라(曹魏) 司徒에서 晉나라 丞相이 되었던 고사를 인용하여 齊나라의 관원이 되기를 요구하니 蕭道成이 허락하지 않았고, 王儉을 僕射로 삼으니, 당시 나이가 28세였다.

宋司空褚淵이 引何曾自魏司徒로 爲晉丞相故事하여 求爲齊官한대 道成不許하고 以王儉爲僕射하니 時年二十八이러라

深著其不臣也 自是齊事書齊 不復繫之宋矣〕" ≪書法≫

33) 齊以王儉爲僕射 : "이때 蕭道成은 여전히 宋나라의 신하였는데 ≪資治通鑑綱目≫에서 宋나라에 소속시키지 않은 것은 그 權勢가 성대하여 이미 宋나라의 신하가 될 수 없음을 드러낸 것이다. 曹氏·司馬氏의 찬탈은 오히려 늦추어 여러 해가 지났고, 劉裕가 晉나라를 대신하는 데에는 반드시 남북을 정벌하여 공로를 세운 뒤에 차지하였으나, 지금 蕭道成이 宋나라를 대신하는 데에는 바로 때를 틈타서 훔친 것이 조석 사이에 있는 것처럼 가까워서 曹氏·司馬氏와 비교하면 더욱 미치지 못한다. ≪資治通鑑綱目≫의 기록을 살펴보고 세상 도리의 消長을 증거로 삼아 보면 역시 군자의 한탄만 나올 뿐이니, 소도성에게 무엇을 꾸짖으랴.〔是時道成猶爲宋氏之臣 而綱目不繫之宋者 著其權勢之盛 已非宋氏之所得臣也 夫以曹馬之簒 猶遲之歷年之久 至劉裕代晉 亦必南征北伐 有功而後取 今道成代宋 直以乘時攘竊 近在旦夕之間 其視曹馬輩 益不及矣 觀綱目之所書 驗世道之消長 亦徒以發君子之嘆而已 於道成何誅〕" ≪發明≫

【綱】 여름 4월에 齊公 蕭道成이 작위가 올라 왕이 되었다.

夏四月에 **齊公道成**이 **進爵爲王**하다

【目】 10개 郡을 더 봉하였다.

增封十郡하다

① 당시에 또 徐州의 南梁·陳·潁川·陳留, 南兗州의 盱眙·山陽·秦·廣陵·海陵·南沛 등 10개의 郡을 더 봉하였다.
時又增徐州之南梁·陳·潁川·陳留, 南兗州之盱眙·山陽·秦·廣陵·海陵·南沛等十郡.

【綱】 齊王 蕭道成이 武陵王 劉贊을 죽였다.

齊王道成이 **殺武陵王贊**①하다

① 劉贊은 宋 明帝(劉彧)의 아들이다.
贊, 明帝子.

【綱】 齊王 蕭道成이 皇帝라 칭하고, 宋主(劉準)를 폐위하여 汝陰王으로 삼아 丹楊으로 옮기고 褚淵을 司徒로 삼았다.

◑ **齊王道成稱皇帝**하고 **廢宋主爲汝陰王**하여 **徙之丹楊**하고 **以褚淵爲司徒**[34)]하다

---

34) 齊王道成稱皇帝……以褚淵爲司徒 : "褚淵은 宋나라 때부터 司空이었는데 이때에 齊主(蕭道成)가 司徒로 삼자 임명을 받지 않은 것은 기록하지 않고 '齊以爲司空'이라고 기록한 것은 어째서인가. 저연은 宋나라 신하인데 齊나라에 마음을 두어서 이미 그대로 옛 지위를 이었다면 비록 齊나라가 임명했다고 말해도 괜찮은 것이다. 위에서는 '齊王蕭道成稱皇帝'라고 기록하고, 아래에서는 '以褚淵爲司空'이라고 기록하였으니 저연이 齊나라를 위하여 佐命한 것을 볼 수 있다. ≪資治通鑑綱目≫에서 임명을 받지 않은 것을 기록하지 않은 것은 그가 명예를 구한 사사로움을 주벌하기 위한 것이고, '以爲司空'이라고 기록한 것은 그가 덮으려고 한 자취를 드러내기 위한 것이다.〔淵自宋爲司空矣 於是齊主以爲司徒不拜 不書 書齊以爲司空 何 淵宋臣也 而心乎齊 旣仍舊位 則雖謂齊以之可也 上書齊王道成稱皇帝 下書以淵爲司空 則淵之爲齊佐命可見矣 綱目不書不拜 所以誅其求名之私 書以爲司空 所以彰其欲蓋之迹〕" ≪書法≫
"위에서는 '齊王稱帝廢主'라고 기록하고 아래에서는 '以褚淵爲司空'이라고 기록하였으니 이는 褚淵이 佐命의 신하가 됨이 명백하다. ≪資治通鑑綱目≫을 살펴보면 曹氏·司馬氏·劉宋이 교대할 즈음에 翼贊한 인물이 없지 않았으나 모두 책에 기록하지 않았는데, 여기에 유독 저연만 기록한 것은 저들은 모두 그 本國의 무리여서 平時에 서로 함께 빼앗아 훔칠 계획을 하여, 다만 桀임금을 도울 줄만 알고 돌아보지 않고 堯임금에게 개처럼 짖는 자들이었다. 저연의 경우에는 지난 조정의 顧命大臣으로서 태자를 부탁하는 임무를 직접 받고는 도리어 남에게 나라를 팔아먹었으니 그 죄를 이루 다 주벌할 수 있겠는가. 옛날 春秋時代에 晉나라 荀息이 晉 獻公의 태자를 부탁받고 奚齊·卓子를 보

【目】 宋主(劉準)가 조서를 내려서 齊나라에게 황제의 자리를 禪讓한다고 하고서 前殿에 나오려 하지 않자, 王敬則이 군사들을 데리고 들어가 황제를 맞이하였다. 太后가 두려워 스스로 환관들을 데리고 그를 찾았는데, 왕경칙이 황제를 타일러 나오도록 하니, 宋主가 눈물을 닦으며 말하기를 "죽이려고 하는가?"라고 하니 왕경칙이 말하기를 "나가서 별궁에 계시게 될 것입니다. 官(황제)의 선조께서 司馬氏 집안을 빼앗을 때에도 이와 같이 하였습니다."라고 하였다. 宋主가 눈물을 흘리고 손가락을 튕기며 말하기를 "죽은 뒤에는 대대로 다시는 天王의 집안에 태어나지 않기를 바란다."라고 하니, 궁중의 사람들이 모두 통곡을 하였다. 宋主가 왕경칙의 손을 치면서 말하기를 "반드시 지나치게 염려할 것이 없다면 마땅히 輔國將軍에게 돈 10만 전을 내릴 것이다."라고 하였다.

이날에 백관들이 자리에 배석하였는데, 侍中 謝朏가 당직이었으므로 마땅히 璽綬를 풀어야 하였지만, 겉으로 모른 척하면서 말하기를 "무슨 공적인 일이 있는가?"라고 하니, 조서를 전하는 사람이 말하기를 "璽綬를 풀어서 齊王에게 주십시오."라고 하였다. 사비가 말하기를 "齊나라에도 응당 侍中이 있을 것이오."라고 하고 베개를 끄집어 누워

호하다가 하지 못하게 되자 죽었으므로, ≪春秋≫에서 '及其大夫(그 대부와 함께)'라고 기록하여 인정해주었다. 지금 저연은 어린 임금을 보좌하다가 임금이 시해되는 데도 죽지 못하고 게다가 나라를 가지고 남에게 주었으니, ≪資治通鑑綱目≫에서 이를 주벌하지 않고 누구를 주벌한 것인가. 저연이 宋나라에서 진실로 큰 지위에 오래 있었으니, 泰始 2년(466)부터 '褚淵爲吏部尙書(저연을 吏部尙書로 삼았다.)'라고 기록하고, 7년(471)에 '褚淵爲僕射(저연을 僕射로 삼았다.)'라고 기록하였다. 이때 宋主는 눈물을 흘리면서 저연에게 뒷일을 부탁하였다. 그 다음해에 宋主가 殂하였는데 저연이 劉勔・袁粲・蔡興宗・沈攸之와 함께 顧命을 받았다. 이윽고 蕭道成이 弑逆을 하자 심유지・원찬이 모두 역적을 토벌하다가 이기지 못하고 죽었다. 저연은 마침내 뻔뻔스레 부끄러움 없이 손수 璽綬를 가지고서 齊宮에서 즉위하기를 권하였다. 찬탈하는 일이 이루어지고 나자 몸소 上公의 총애를 입어 佩玉을 울리며 신발을 끌면서 찬탈한 임금의 앞에 엎드려 절하였으니, 만약 저연에게 조금이라도 사람의 마음이 있다면 의당 여기에서 마음이 변해야 했을 것이다. ≪자치통감강목≫에서 특별히 기록하여 의리를 세우고, 나라를 찬탈한 것 아래 '以褚淵爲司徒'로 크게 기록하였으니, 또한 저연이 사도를 굳게 사양한 것으로 이루어주지 않은 것이다. 亂臣賊子를 주벌하고 討罪하여 매우 폄하고 끊은 것은 천만 대에 절개를 잃고 역적을 섬기고 나라를 팔아 이익을 구하는 자를 위하여 경계한 것이다. 書法이 이와 같으니 어찌 우연한 것이겠는가. 그러므로 '≪자치통감강목≫이 편수되자, 난신적자가 두려워했다.' 한 것이다.〔上書齊王稱帝廢主 下書以褚淵爲司空 則是淵爲佐命之臣明矣 考之綱目 曹馬劉宋更代之際 非無翼贊之人 然皆不書于冊 而此獨書褚淵者 彼皆其本國之黨 平時相與爲簒竊之計 但知助桀 不顧吠堯者也 至褚淵 則以前朝顧命大臣 躬受託孤之任 乃反賣國於人 則其罪可勝誅哉 昔晉荀息受獻公之託 輔奚齊卓子不克而死 故春秋書及其大夫以予之 今淵輔佐幼君 君弑不能死 又挈國與人 綱目不此之誅 尙誰誅耶 淵在宋朝 固已久居大位 蓋自泰始二年 書淵爲吏部尙書 七年 書淵爲僕射 是時宋主流涕付淵後事 越明年 而宋主殂 淵與劉勔袁粲蔡興宗沈攸之竝受顧命 旣而道成弑逆 攸之粲皆以討賊 不克而死 淵乃靦然無恥 手持璽綬 勸進齊宮 簒事旣成 躬荷上公之寵 鳴玉曳履 拜伏於簒君之前 使淵稍有人心 則宜於此焉變矣 綱目特筆起義 大書以淵爲司徒於簒國之下 亦不以淵固辭司徒而遂已 所以誅亂臣 討賊子 深加貶絶 爲千萬世失節事賊 賣國求利者之戒也 書法如此 豈苟然哉 故曰 綱目修 而亂臣賊子懼〕" ≪發明≫

버렸다. 조서를 전하는 사람이 두려워서 사비로 하여금 병이 들었다고 말하게 하였는데, 사비가 말하기를 "나는 아프지 않은데 어떻게 그리 말하겠소?"라고 하고, 드디어 조복을 입고 걸어서 대궐에서 나갔다. 마침내 王儉을 侍中으로 삼아서 璽綬를 풀고 예를 마치자, 宋主가 나가서 東邸로 갔다.

光祿大夫 王琨이 晉나라 시절에 이미 郎中을 지냈는데, 이때에 이르러 宋主의 수레를 부여잡고 통곡하기를, "남들은 오래 사는 것을 즐거워하지만 이 늙은 신하는 오래 사는 것을 슬프게 생각한다. 이미 먼저 죽어 땅강아지나 개미를 쫓지 못하여(일찍 죽지 못하여) 마침내 다시 이러한 일을 자주 보게 되는구나."라고 하고 오열하여 몸을 감당하지 못하자, 백관들이 비 오듯 눈물을 흘렸다.

宋主下詔禪位于齊하고 而不肯臨軒①[35]이어늘 王敬則勒兵入迎하니 太后懼하여 自帥閹人하고 索得之어늘 敬則啓譬令出하니 宋主收淚謂曰 欲見殺乎아 敬則曰 出居別宮耳라 官先取司馬家亦如此라 宋主泣而彈指曰 願後身世世勿復生天王家라하니 宮中皆哭하더라 宋主又拍敬則手曰 必無過慮인댄 當餉輔國十萬錢②이라 是日에 百僚陪位한대 侍中謝朏在直③하여 當解璽綬하여 陽爲不知曰 有何公事④오 傳詔云 解璽綬授齊王⑤이라 朏曰 齊自應有侍中이라하고 乃引枕臥하니 傳詔懼하여 使朏稱疾한대 朏曰 我無疾하니 何所道아하고 遂朝服步出이어늘 乃以王儉爲侍中하여 解璽綬하고 禮畢에 宋主出就東邸러라 光祿大夫王琨이 在晉世에 已爲郎中⑥이라 至是에 攀車慟哭曰 人以壽爲歡이나 老臣以壽爲戚하니 旣不能先驅螻蟻하고 乃復頻見此事라하고 嗚咽不自勝하니 百官雨泣⑦하더라

① ≪資治通鑑≫에는 "帝當臨軒 不肯出 逃于佛蓋之下(황제(劉準)가 前殿에 나와야 하는데 나가려 하지 않고 佛像의 寶蓋 아래로 도망쳤다.)"로 되어 있다.
通鑑, 作帝當臨軒, 不肯出, 逃于佛蓋之下.
② 王敬則은 당시에 輔國將軍이었다.
敬則時爲輔國將軍.
③ 여기서 句를 뗀다.
句.
④ 直은 그날 숙직을 하는 것을 말한다.
直, 謂當日侍直也.
⑤ 傳詔는 관직 명칭으로, 中書舍人에 속하며, 출입하면서 詔旨를 반포하거나 전한다.
傳詔, 官名, 屬中書舍人, 出入宣傳詔旨.

35) 臨軒 : 임금이 正殿에 앉아 있지 않고 친히 前殿으로 나와서 신하를 대면하는 것을 이른다.

⑥ 王琨은 王華의 從父의 아우이다.
琨, 華之從父弟也.

⑦ "不能先驅螻蟻"는 일찍 죽지 못했음을 말한다. "雨泣"은 비 오듯 눈물을 흘리는 것을 말한다.
不能先驅螻蟻, 謂不能早死也. 雨泣, 言涕泣如雨也.

【目】 司空 褚淵 등이 璽綬를 받들고 齊宮에 이르러 齊王(蕭道成)에게 황제의 자리로 나아가기를 권하니, 저연의 사촌 동생 褚炤가 저연의 아들 褚賁에게 말하기를 "너의 집 司空께서 한 집안의 물건을 다른 한 집안에 갖다주는데 또한 무어라고 말할지 모르겠구나."라고 하였다.

齊高祖

齊王이 皇帝로 즉위하여 宋主(劉準)를 받들어 汝陰王으로 삼아 丹楊에 궁궐을 짓고 군사를 두어서 그를 지키고 보위하였으며, 저연을 司徒로 삼으니 축하하는 사람들이 자리에 가득하였다. 저소가 탄식하여 말하기를 "彦回(저연)는 젊어서 명망과 행실을 잘 세웠는데, 어찌 이렇게 까지 잘못될 줄 생각이나 했겠는가. 집안이 불행하게 되어 마침내 다시 오늘처럼 벼슬을 받았구나. 언회로 하여금 中書郎이 되어 죽게 하였더라면 마땅히 한 명의 名士가 되지 않았겠는가. 이름과 덕망은 드날리지 못하고 마침내 다시 장수만 누리는구나."라고 하니, 저연은 굳게 사양하고 拜受하지 않았다.

奉朝請 裴顗가 표문을 올려서 齊主의 허물과 악행을 조목조목 열거하고 관을 걸어놓고 지레 떠나니, 齊主가 그를 죽였다. 태자 蕭賾이 謝朏를 죽이라고 청하니, 齊主가 말하기를 "그를 죽이면 그의 명성을 이루어주는 것이니, 바로 응당 개의치 않을 뿐이다."라고 하였는데, 오랜 시일이 흘러 어떤 사건으로 인해 집으로 폐출시켰다.

齊主가 參軍 劉瓛에게 정치에 대해 물었더니 대답하기를 "정치는 ≪孝經≫에 있습니다. 宋氏가 망한 까닭과 폐하께서 얻게 된 까닭이 모두 여기에 있으니, 폐하께서 만약 앞에 간 수레가 전복된 잘못을 경계로 삼아 그 위에 너그럽고 후덕한 마음을 더하신다면 비록 위태로워도 편안하게 할 수 있습니다. 만약 전복된 수레의 바퀴 자국을 따른다면 비록 편안하더라도 반드시 위태로워질 것입니다."라고 하였다. 齊主가 감탄하여 말하기를 "儒者의 말은 만세에 보배로 여길 만하다."라고 하였다.

司空褚淵等奉璽綬詣齊宮하여 勸進하니 淵從弟炤謂淵子賁曰 不知汝家司空將一家物與一家하니 亦復何謂①오하더라 齊王卽皇帝位하여 奉宋主爲汝陰王하고 築宮丹楊하고 置兵守衛하고 以褚淵爲司徒하니 賀者滿座러라 炤歎曰 彦回少立名行이러니 何意披猖至此②오 門戶不幸하여 乃復有今日之拜하니 使彦回作中書郎而死면 不當爲一名士邪아 名德不昌하고 乃復有期頤之壽라하니 淵固辭不拜③하다 奉朝請裴顗上表數齊主過惡하고 掛冠徑去하니 齊主殺之하다 太子賾請殺謝朏한대 齊主曰 殺之遂成其名하니 正應容之度外耳라하더니 久之에 因事廢于家하다 齊主問爲政於參軍劉瓛④한대 對曰 政在孝經하니 凡宋氏以亡과 陛下所以得者 皆是也니 陛下若戒前車之失하여 加以寬厚면 雖危可安이요 循其覆轍이면 雖安必危矣라 齊主歎曰 儒者之言이 可寶萬世라하더라

① 炤(비추다)는 照와 같다. 賁의 음은 祕(비)이니, 일설에는 "賁을 蕡으로 읽는다." 하였다.
炤, 與照同. 賁音祕, 一說賁讀曰(賁)〔蕡〕.[36]

② "披猖"은 쇠락하여 멋대로 행동하는 것이다.
披猖, 言披靡而猖獗也.

③ ≪禮記≫ 〈曲禮〉에 "백 년 인생을 期頤라고 한다." 하였는데, 그 註에 "期는 바란다는 뜻이고, 頤은 봉양한다는 뜻이다. 〈너무 노쇠하여〉 의복과 음식의 좋고 나쁨을 분별하지 못하니, 효자는 봉양의 도리를 다하는 것을 바랄 뿐이다." 하였다.
曲禮, "人生百年曰期頤." 註, "期, 要也. 頤, 養也. 不知衣服食味,[37] 孝子要盡養道而已."

④ 瓛의 음은 桓이다.
瓛, 音桓.

【綱】 齊主(蕭道成)가 그의 아들 蕭嶷을 揚州刺史로 삼았다.

齊主以其子嶷로 爲揚州刺史하다

【綱】 齊主(蕭道成)가 여러 신하들에게 정사의 득실을 말하게 하였다.

◑齊主令群臣言事하다

---

36) (賁)〔蕡〕: 저본에는 '賁'으로 되어 있으나, ≪御批資治通鑑綱目≫에 의거하여 '蕡'으로 바로잡았다.
37) 不知衣服食味 : 이는 ≪禮記注疏≫ 〈曲禮〉의 注疏에 나오는 말인데, 劉熙의 ≪釋名≫에 "老昏不復知服味善惡"으로 되어 있다. 이에 의거하여 번역하였다.

【目】齊主(蕭道成)가 여러 신하들에게 득실에 대해 말하게 하였는데, 淮南·宣城太守 劉善明이 말하기를 "宋氏의 大明·泰始 연간 이후의 가혹한 정치를 제거하여 간단하고 쉬운 것을 존중해야 하고, 交州가 험하고 먼데 宋나라 말기의 정치가 가혹하여 드디어 원망하는 데 이르렀으니, 지금 마땅히 은혜와 덕으로 품어주어야 합니다. 또 그 땅에서 생산되는 것은 구슬과 보배뿐이라 실로 성스러운 조정에서는 반드시 급히 필요한 것이 아니니 토벌하는 일을 응당 중지하여야 할 것입니다."라고 하였다.

給事黃門郞 崔祖思가 아뢰기를 "사람이란 배우지 못하면 알지 못하니, 이것이 悖逆과 禍亂이 생겨나는 이유입니다. 지금 정원에 없는 관리가 헛되이 녹봉과 부리는 사람을 받으니, 마땅히 文武 두 학교를 열어서 정원 이외의 관원으로 하여금 각각 즐겨하는 것을 따라서 방도에 의거하여 익히고 공부하도록 하되, 만약에 이를 폐하거나 게으름을 피우는 자는 고향으로 돌려보내고 우수한 사람은 관등을 뛰어넘어 대우하십시오.

또 지금 폐하께서는 비록 몸소 절약하고 검소한 것을 실천하시지만 여러 아랫사람들은 오히려 사치하고 낭비하는 데 편안하고 익숙해 있습니다. 마땅히 조정의 인사들 가운데 검약하고 검소하며 행실이 깨끗한 사람을 올려서 포상하고, 교만하고 사치하며 황폐하고 음란한 사람을 물리쳐서 좌천시킨다면 풍속은 바뀔 수 있습니다."라고 하였다.

齊主命群臣各言得失한대 淮南宣城太守劉善明①請호되 除宋氏大明泰始以來苛政하여 以崇簡易하고 交州險遠이어늘 宋末政苛하여 遂至怨②하니 今宜懷以恩德이요 且彼土所出이 唯有珠寶라 實非聖朝所須之急이니 討伐之事를 謂宜且停이라 給事黃門郞崔祖思言호되 人不學則不知道하나니 此悖逆禍亂所由生也라 今無員之官이 空受祿力③하니 宜開文武二學하여 令限外官으로 各從所樂하여 依方習業호되 廢惰者는 遣還故郡하고 優殊者는 待以不次④하소서 又今陛下雖躬履節儉이나 而群下猶習侈靡하니 宜褒進朝士之約素淸修者하고 貶退其驕奢荒淫者면 則風俗可移矣니이다

① 江左(南朝)에서 宣城郡 경계에 淮南郡을 僑置했기 때문에 劉善明이 두 군을 겸하여 지켰다.
江左僑立淮南郡於宣城郡界, 故善明兼(受)〔守〕[38]二郡.

② 宋 明帝 泰始 4년(468)에 李長仁이 交州를 점거하여 반란을 일으켰다.
宋明帝泰始四年, 李長仁據交州而叛.

③ "無員之官"은 정원 외의 관원이다. 아래에 이른바 限外官이 이것이다. 祿은 받아먹는 봉록이고, 力은 부리는 사람이다.
無員之官, 員外官也. 下所謂限外官, 是也. 祿者, 所食之祿, 力者, 所役之人.

④ 方은 방도이다.

38) (受)〔守〕: 저본에는 '受'로 되어 있으나, ≪資治通鑑≫에 의거하여 '守'로 바로잡았다.

方, 道也.

【目】宋나라 元嘉 연간에 일은 모두 郡縣에 책임을 지웠는데, 世祖(劉駿)가 신속히 찾아오기를 요구하니 비로소 臺使를 파견하여 이를 감독하였다. 이후로 사자가 바삐 오가게 되어 공적으로나 사적으로나 수고롭고 소란이 있었는데, 聞喜公 蕭子良이 그 폐단을 전부 아뢰기를 "臺(조정)에 필요한 것을 요구할 일이 있을 경우 다만 분명하게 조칙을 내려 기한을 정하면 사람들은 스스로 힘을 다할 것을 생각할 것입니다. 만약에 늦어지는 일이 있으면 감찰하여 죄를 주는 규정에 의거하십시오. 지금 비록 臺使가 도로에 가득하기는 하지만, 바로 소속 부서에서 처리하는 것을 가져갈 뿐이어서 다만 서로 의심하고 격분하게 되면 도리어 다시 지체되고 헤이해집니다. 그러니 이를 마땅히 모두 중지시켜야 합니다."라고 하였다.

員外散騎 劉思效가 아뢰기를 "宋나라는 大明 연간 이후로 부세의 징수가 가중되었으나 天府는 더욱 가난해졌습니다. 백성은 살아갈 생각이 없었지만 귀족과 부유한 집안은 사치하고 화려한 것을 가지고 서로 높여서 마침내 산이나 늪에 사는 백성들은 감히 그곳에 난 물풀조차 뜯지 못하였습니다. 지금 마땅히 제왕의 법도를 새롭게 하셔서 잘못된 부분을 고쳐서 바로잡아야 합니다."라고 하였다.

齊主(蕭道成)가 모두에게 포상을 더해주었고, 어떤 경우에는 有司에게 맡겨 상주한 내용 중에 적당한 것을 선택하여 시행하게 하였으며, 얼마 뒤에 두 궁에 있는 諸王에게 조서를 내려 "모두 둔전(莊園)과 저택을 경영하여, 산과 호수를 점유하여 경계로 삼아서는 안 된다."라고 하였다.

宋元嘉之世에 事皆責成郡縣이러니 世祖徵求急速하여 始遣臺使督之하니 自是로 使者旁午하여 公私勞擾어늘 聞喜公子良이 極陳其弊①호되 以爲臺有求須어든 但明下詔勅하여 爲之期會면 則人思自竭이라 若有稽(違)〔遲〕[39]면 自依糾坐之科라 今雖臺使盈湊나 會取正屬所辦하여 徒相疑憤하여 反更淹懈하니 宜悉停之②라 員外散騎劉思效言호되 宋自大明以來로 徵賦有加而天府尤貧③하고 小民殆無生意로되 而貴族富室이 以侈麗相高하여 乃至山澤之民이 不敢采食其水草하니 今宜一新王度하여 革正其失이라하니 齊主皆加褒賞하고 或付有司하여 詳擇所宜奏行之하고 尋詔二宮諸王하여 悉不得營立屯邸하여 封略山湖④하다

① 聞喜는 고을의 이름이다. 蕭子良은 蕭賾의 둘째 아들이다. 昇明 3년(479)에 會稽太守 都督

39) (違)〔遲〕: 저본에는 '違'로 되어 있으나, ≪資治通鑑≫에 의거하여 '遲'로 바로잡았다.

五郡이 되었고, 聞喜公에 봉해졌다.
聞喜, 縣名. 子良, 隤之次子. 昇明三年, 爲會稽太守都督五郡, 封聞喜公.

② "正屬"은 正官과 屬官이다. 〈"會取正屬所辦"은〉 使者가 비록 많지만, 역시 소속 부서에서 처리한 것을 가져갈 뿐임을 말한다.
正屬, 正官・屬官也. 謂使者雖多, 亦當取辦於所屬也.

③ 天府는 천자의 창고이다.
天府, 謂天子之府藏也.

④ 二宮은 上宮과 東宮을 말한다. 上宮은 諸王皇子이고, 東宮은 諸王皇孫이다. 일설에 "二宮은 황후와 태자이다."라고 하였다. 屯은 둔전이고, 邸는 저택이다. 올바른 방법으로 취하지 않는 것을 略이라 한다. 일설에 "略은 경계를 짓는 것이다."라고 하였다.
二宮, 謂上宮及東宮. 上宮, 諸王皇子也, 東宮, 諸王皇孫也. 一說"二宮, 皇后・太子也." 屯, 屯田也. 邸, 店舍也. 不以道取曰略. 一云"略, 界也."

【綱】 北魏가 候官을 폐지하였다.

魏罷候官하다

【目】 北魏에서 조서를 내려 "候官이 천 명을 헤아리는데, 무거운 죄를 지은 사람에게는 뇌물을 받아 잡아 엮지 않고, 가벼운 죄를 지은 사람에게는 머리카락을 불어서 들추어 내듯 잡아내니, 마땅히 후관을 모두 없앤다."라고 하고, 다시 삼가며 곧은 사람 수백 명을 두어서 큰 거리와 邑 안의 도로를 순찰하게 하여 시끄럽게 떠들고 싸우는 사람을 잡게 하니 이로부터 관리와 백성들은 비로소 편안히 생업에 종사하게 되었다.

魏詔候官千數 重罪受賕不列하고 **輕罪吹毛發擧**[①]하니 **宜悉罷之**하고 **更置謹直者數百人**하여 **使防邏街術**하여 **執喧鬪者而已**라하니 **自是吏民始安其業**[②]하다

① 北魏 太祖(道武帝)가 候官을 두어 안팎의 관리를 규찰하였다.
魏太祖置候官, 以伺察內外.

② 街는 사방으로 통하는 길이다. 術은 遂(도로)로 읽고, 또 食聿의 切이니, 읍에 있는 길이다.
街, 四通道也. 術讀曰遂, 又食聿切, 邑中道也.

【綱】 齊나라 褚淵과 王儉 등이 차등 있게 작위가 올랐다.

齊褚淵王儉等이 **進爵有差**[40)]하다

【目】 處士 何點이 농담으로 사람들에게 말하였다. "내가 ≪齊書≫를 짓는 일을 끝마쳤으니, 그 贊에 '褚淵은 이미 世族이고, 王儉도 나라의 뛰어난 인물이었지만 이들이 외삼촌을 의지하지 못하였으니, 어찌 국가(宋나라)를 구휼할 겨를이 있었겠는가.'라고 하였다." 何點은 何尙之의 손자이다. 저연과 왕검의 어머니는 宋나라 공주였다. 그러므로 하점이 이렇게 말한 것이다.

處士何點이 戲謂人曰 我作齊書已竟하니 其贊曰 淵旣世族이요 儉亦國華에 不賴舅氏하니 遑恤國家아 點은 尙之之孫也라 淵儉母皆宋公主라 故點云然①하다

① 褚淵의 어머니는 宋나라 始安公主이고, 계모는 吳郡公主이다. 王儉의 어머니는 武康公主이다. 淵母宋始安公主, 繼母吳郡公主. 儉母武康公主.

【綱】 5월에 齊主 蕭道成이 汝陰王을 시해하고 그 종족을 멸하였다.

五月에 齊主道成이 弑汝陰王하고 滅其族[41)]하다

---

40) 齊褚淵王儉等 進爵有差 : "아, ≪春秋≫에서 찬탈하고 반역한 신하에 대해 반드시 그 도당까지 주벌하여 끊어버렸으니, 亂臣賊子의 도당들을 고립시키고 그들이 의지해 따르는 마음을 끊어서 대를 이어 경계를 내리기 위한 것이다. 褚淵·王儉이 모두 公主의 아들로서 宋나라 大臣이 되었는데, 나이 어린 임금과 위태로운 나라를 부지하지 못하였으니 죽음으로 잇는 것이 옳은데, 도리어 世臣의 빛나는 후손이고 王室의 아름다운 친속으로 權奸의 한 때의 길러주는 은혜를 받아 차마 외할아버지의 나라를 새로 일어난 사람에게 옮겨주어 평일에 원래 어깨를 나란히 한 자(蕭道成)에게 백 번 절해 머리를 조아리고 마음에 달가워하면서 臣僕이 되었으니, 일찍이 부끄러운 마음이 없었던 것이다. 아, 이 사람이여, 일찍이 개돼지만도 못했었구나.〔嗚呼 春秋於簒逆之臣 必誅絶其黨與 所以孤亂賊之黨而絶其依附之心 以垂世戒也 褚淵王儉皆以公主子爲宋大臣 主弱國危 不能扶持 繼之以死 可也 顧以世臣之華胄王室之懿親 受權奸一時嫗乳之恩 忍將外王父之家國 輸之崛起之人 平日素所比肩者 百拜稽首 甘心以爲之臣僕曾無愧恥之心 嗚呼斯人也 曾狗彘之不若哉〕" ≪發明≫

41) 齊主道成……滅其族 : "宋主 劉裕가 零陵王(司馬德文)을 시해하자 지적하여 '劉'라고 기록하고, 齊主蕭道成이 汝陰王(劉準)을 시해하였는데 어찌하여 '蕭'라고 기록하지 않았는가. 처음이 아니므로 생략한 것이다. 이어서 '滅其族'이라고 기록한 것은 어째서인가. 齊나라에게 크게 죄를 돌린 것이다. 廢興의 즈음에는 魏나라와 晉나라 이래로 이를 기록하였다. 山陽公(後漢 獻帝 劉協)·陳留王(曹魏 曹奐)에게는 '弑'라고 기록하지 않다가 宋나라에 이르러 零陵王에게 '弑'라고 기록하였고, 그 종족을 멸하였다라고 기록하지 않다가 齊나라에 이르러 '滅其族'이라고 기록하였으니, 宋나라는 죄가 시작되었고, 齊나라는 더욱 극심하였다. ≪資治通鑑綱目≫이 끝날 때까지 先代의 종족을 멸한 것을 기록한 것이 6번인데, 齊나라가 열어준 것이다(이해(479)에 齊나라가 劉氏를 멸하고, 己卯年(499)에 北齊가 元氏를 멸하고, 丁酉年(577)에 北周가 高氏를 멸하고, 辛丑年(581)에 隋나라가 宇文氏를 멸하고, 丙戌年(926)에 後唐이 王衍 종족을 멸하고, 丙辰年(956)에 南唐이 楊氏를 멸하였다.).〔宋主裕弑零陵斥書劉 齊主道成弑汝陰 則曷爲不書蕭 非創也 故略之 繼書滅其族何 重罪齊也 廢興之際 魏晉以來書之矣 山陽陳留未書弑也至宋而零陵書弑焉 未書滅其族也 至齊而書滅其族焉 宋罪首也 齊則又甚矣 終綱目書滅先代之族六 齊啓之也(是年 齊滅劉氏 己卯年 齊滅元氏 丁酉年 周滅高氏 辛丑年 隋滅宇文氏 丙戌年 唐滅王衍族 丙辰年 南唐滅楊氏)〕" ≪書法≫

【目】 어떤 사람이 말을 타고 汝陰王의 문 앞을 지나가자, 衛士들이 두려워하였다. 어떤 사람이 난을 일으켜 달려 들어가 여음왕을 죽였는데, 병으로 죽었다고 보고하니 齊主가 상을 내리고, 마침내 宋나라 종실을 죽였는데, 어른 아이 가리지 않고 모두 죽였다. 劉澄之가 褚淵과 잘 지냈는데, 저연이 그를 위해 굳게 청하였으므로, 劉遵考의 가족들만 죽음을 면하였다.

或走馬過汝陰王之門하니 衛士 恐이라 有爲亂者하여 奔入殺王이어늘 而以疾聞하니 齊主賞之하고 遂殺宋宗室하여 無少長히 皆死하다 劉澄之與褚淵善이러니 淵爲之固請이라 故遵考之族이 獨得免①하다

① 劉澄之는 劉遵考의 아들이다.
澄之, 遵考之子也.

【綱】 齊나라가 垣崇祖를 豫州刺史로 삼았다.

齊以垣崇祖爲豫州刺史하다

"宋나라 明帝(劉彧)가 枝葉을 제거하여 제 아들을 편안하게 하여 스스로 사직을 위한 지극한 계책이라고 여겼으나 죽은 몸이 식기도 전에 계승한 아들이 죽고 宗族이 멸망되었으니, 不善의 쌓인 것을 과연 가릴 수 있는 것인가. 그렇다면 蕭道成은 폄하할 것이 없는가. 남의 나라를 빼앗고 그 제사를 끊으니 그 악행이 어찌 폄하하여 끊은 뒤에야 드러나겠는가. '弑汝陰王滅其族'이라고 기록한 것은 晉나라 宋나라와 비교하면 더욱 각박한 것이다. 찬탈과 시해가 서로 이어져서 세태의 변화가 날로 각박해지니 애처롭다.

○아, 帝王이 된 자들이 모두 匹夫에서 일어나서 갑자기 九重宮闕의 높은 지위를 차지하고 四海의 부유함을 누리게 되어서는 누가 천만 代를 전해 무궁하게 하지 않으려 하겠는가. 그러나 공덕을 쌓은 것이 크지 못하고 계획을 남긴 것이 오래가지 못해 마침내 이어서 先世를 멸절시켰으니, 姓을 받은 이래로 천만 대에 이어온 宗祀에도 이러한 경우가 있었다. 漢나라가 쇠할 적에 魏나라가 천하를 얻었고, 魏나라가 쇠할 적에 晉나라가 천하를 얻었고, 晉나라가 쇠하자 宋나라가 천하를 얻었고, 宋나라가 쇠하자 齊나라가 천하를 얻었다. 漢나라의 山陽公과 魏나라의 陳留王은 여전히 天壽를 누리고 죽었다. 宋나라는 零陵王에 대하여 곧바로 죽였을 뿐 그래도 그 후손은 남겨두었다. 齊나라에 이르러서는 汝陰王의 종족을 가릴 것 없이 모두 죽였다. 아, 漢나라가 천하를 선행으로 얻자 사람들이 또한 선행으로 갚았으므로 後漢 獻帝가 비록 폐위되어도 여전히 수명을 잘 마칠 수 있었다. 晉나라는 임금을 시해하였으므로 그 뒤에 사람들이 역시 시해하였으나 그들은 여전히 그 禪位한 사람은 잘 대우하였다. 宋나라에 이르러서는 이미 선위를 받고 또 그 사람을 죽였으니, 이것이 멸족된 보응을 얻은 까닭일 것이다.〔宋明剪除枝葉 以安其子 自以爲社稷至計 然肉未及寒 嗣子殞殆 宗族夷滅 不善之積 果可掩哉 然則道成無貶乎 奪人之國而殄其祀 其惡尙何待於貶絶而後見耶 書弑汝陰王滅其族 方之晉宋則愈蹙矣 簒弑相尋 世變日薄 可哀也哉 ○嗚呼 爲帝爲王者 皆起自匹夫 一旦而居九重之尊 享四海之富 孰不欲傳之千萬世而無窮哉 然而積德不宏 貽謀不遠 遂因而滅其先世 自受姓以來 千萬世之宗祀者 亦有之矣 方漢之衰也 魏得之 魏之衰也 晉得之 晉衰而宋得 宋衰而齊得 漢之山陽 魏之陳留 猶得終其天年 宋於零陵 直殺之而已 然猶有遺種焉 至于齊 乃掩汝陰之族類而滅之 嗚呼 漢得天下以善 而人亦報之以善 故獻帝雖廢 猶得善終 晉則弑君矣 故其後也 人亦弑之 然彼猶善待其所禪之人也 至於宋 則旣受其禪 又弑其人 此其所以得族滅之報也歟〕" ≪發明≫

【目】 齊主(蕭道成)가 垣崇祖에게 말하기를 "내가 막 천하를 얻었는데, 索虜(北魏)가 필시 劉昶을 맞아들이라는 것을 빌미로 삼아 변방을 침략할 것이다. 壽陽은 오랑캐를 감당할 요충지이니, 卿이 아니면 제압할 수 없다. 그러므로 이렇게 명을 내리는 것이다."라고 하였다.

齊主謂崇祖曰 吾新得天下하니 索虜必以納劉昶爲辭하고 侵犯邊鄙①하니 壽陽當虜衝이라 非卿이면 無以制라 故有是命호라

① 宋나라 泰始 원년(465)에 劉昶이 北魏로 망명하였다.
宋泰始元年, 昶出奔魏.

【綱】 北魏 葭蘆鎭主 楊廣香이 齊나라에 항복하였다.

魏葭蘆鎭主楊廣香降齊①하다

① 楊廣香은 楊難當의 族弟이다.
廣香, 難當族弟也.

【綱】 齊나라가 세자 蕭賾을 太子로 삼고 여러 황자를 왕에 봉하였다.

◑ 齊立世子賾爲太子하고 諸子皆封王①42)하다

① 蕭嶷은 豫章王으로, 蕭映은 臨川王으로, 蕭晃은 長沙王으로, 蕭曄은 武陵王으로, 蕭暠는 安成王으로, 蕭鏘은 鄱陽王으로, 蕭鑠은 桂陽王으로, 蕭鑑은 廣陵王으로 봉해졌다.
嶷爲豫章王, 映爲臨(州)〔川〕43)王, 晃爲長沙王, 曄爲武陵王, 暠爲安成王, 鏘爲鄱陽王, 鑠爲桂陽王, 鑑爲廣陵王.

【綱】 가을 9월에 北魏 隴西王 源賀가 卒하였다.

---

42) 齊立世子……皆封王 : "蕭道成이 남의 나라를 빼앗아 그 종족을 멸망시키고 그 여러 아들에게는 모두 封爵을 하였으니, 어찌 자기의 마음을 미루어나가 남에게 미치지 않은 것인가. 그러나 얼마 안 되어 西昌侯 蕭鸞이 蕭道成의 종자를 멸망시켜서 다시 하나도 남지 않게 하였으니 이것이 어찌 과연 天道가 없는 것이겠는가. ≪資治通鑑綱目≫이 여기에서 폄하하는 말이 없는 것 같으나 위에서 汝陰王의 친속을 멸망시킨 것을 기록하고 아래에서 여러 아들들을 모두 왕으로 봉한 것을 기록하였으니, 그가 남을 죽이고 자기를 이롭게 하려고 한 것을 저절로 볼 수 있다.〔道成簒人之國而赤其族 於其諸子則皆封之 胡不推己之心以及人乎 然未幾西昌勦絶道成之種 亦無復孑遺者 是豈果無天道耶 綱目於此若無貶詞 然上書滅汝陰王之族 下書諸子皆封王 則其殺人利己 自可觀矣〕" ≪發明≫

43) (州)〔川〕 : 저본에는 '州'로 되어 있으나, ≪資治通鑑≫ 註에 의거하여 '川'으로 바로잡았다.

◑ **秋九月**에 **魏隴西王源賀卒**하다

【目】 시호가 宣이다.

諡曰宣하다

【綱】 겨울 11월에 齊나라가 王玄邈을 梁州刺史로 삼았다.

冬十月에 **齊以王玄邈爲梁州刺史**[44]하다

【目】 예전에 晉壽의 백성 李烏奴가 白水의 氐族과 梁州를 노략질하였는데, 梁州刺史 范柏年이 이오노를 설득하여 항복시켰다. 조정에서 王玄邈을 파견하여 범백년을 대신하게 하였는데 조서를 내려 이오노와 함께 내려오게 하니, 이오노가 범백년에게 대신하는 것을 수락하지 말라 권하였는데, 범백년이 아직 계책을 결정하지 못했다. 左衛率 胡諧之가 범백년에게 가서 말을 달라고 요구한 적이 있었는데 얻지 못하자, 齊主(蕭道成)에게 참소하기를 "범백년이 양주를 점거하려고 합니다."라고 하였다. 齊主가 南郡王 蕭長懋로 하여금 범백년을 유인하여 죽이게 하였다. 이오노가 반란을 일으켜 氐族의 군사를 이끌고 양주를 침략하니 왕현막이 유인하여 공격하여 격파하였다.

예전에 왕현막이 靑州刺史를 지냈는데, 齊主가 淮陰에 있으면서 宋 太宗(劉彧)에게 의심을 받자 북쪽으로 가서 北魏에 귀의하려고 하여 편지를 보내어 왕현막과 관계를 맺고자 하였다. 왕현막의 長史 房叔安이 말하기를 "장군께서 한 州의 중임을 맡으시면서 아무 까닭 없이 충성스럽고 효성스러운 사람들을 들어서 버리신다면 三齊에 사는 선비들은 차라리 동해에 빠져 죽을지언정 감히 장군을 따르지 않을 것입니다."라고 하였다. 왕현막이 끝내 답서를 하지 않았다. 刺史에서 파직되어 돌아와 회음에 이르자 군사를 엄하게 단속하고, 곧바로 지나쳐 建康에 이르러 태종에게 계문을 올리기를 "소도성이 다른 뜻을 가지고 있다."고 말하였다. 齊主가 驃騎將軍이 되자, 데려다 司馬로 삼으니, 왕현막이 몹시 두려워하였으나, 齊主는 처음처럼 그를 대우하였으며, 방숙안을 충성스

44) 齊以王玄邈爲梁州刺史 : "北魏 군사가 남쪽을 향한 것에 '伐'이라고 기록한 적이 없었는데 여기서 '伐'이라고 기록한 것은 어째서인가. 齊나라를 미워한 것이다. 齊나라에서 劉氏를 멸망시키고 그 지위를 찬탈하였는데 劉昶은 劉氏의 종족이다. ≪資治通鑑綱目≫에서 '奉丹陽王劉昶(丹陽王 劉昶을 받들었다.)'이라고 기록하였으니, 北魏가 의로운 출동을 한 것을 인정해준 것이다.〔魏師南向 未有書伐者 此其書伐何 惡齊也 齊滅劉氏而簒其位 昶 劉宗也 綱目書曰 奉丹陽王劉昶 其予魏以義擧矣〕" ≪書法≫

렵고 올바르다고 여겨 상을 주어 梁州刺史로 삼으려고 하였는데, 마침 병이 들어 卒하였다.

初에 晉壽民李烏奴與白水氐로 寇梁州어늘 刺史范柏年이 說降之[①]러라 及朝廷遣王玄邈代柏年할새 詔與烏奴俱下[②]어늘 烏奴勸柏年不受代한대 柏年計未決이러니 左衛(帥)〔率〕[45)]胡諧之嘗就柏年하여 求馬不得이라 譖於齊主曰 柏年欲據梁州라하니 齊主使南郡王長懋로 誘柏年殺之하니 烏奴叛하여 引氐兵爲寇어늘 玄邈誘擊破之하다 初에 玄邈爲青州刺史러니 齊主在淮陰에 爲宋太宗所疑하여 欲北附魏하여 遣書結玄邈한대 玄邈長史房叔安曰 將軍居方州之重하여 無故擧忠孝而棄之하니 三齊之士가 寧蹈東海而死耳언정 不敢隨將軍也[③]라 玄邈乃不答書러니 及罷州還하여 至淮陰하여 嚴軍直過하여 至建康하여 啓太宗호되 稱道成有異志러니 及齊主爲驃騎하여 引爲司馬하니 玄邈甚懼어늘 齊主待之如初하고 賞叔安忠正하여 欲用爲梁州러니 會病卒하다

① ≪水經註≫에 "白水는 서북쪽에 臨洮縣의 東南 西傾山에서 발원하니, 물의 색깔이 희고 흐리며, 동남쪽으로 가서 陰平의 경계로 들어간다. 白水 가에 사는 氐族을 白水氐라고 한다." 하였다.
水經註 "白水西北出臨洮縣東南西傾山, 水色白濁, 東南入陰平界. 氐居水上者號白水氐."

② 王玄邈은 王玄謨의 종제이다.
玄邈, 玄謨之從弟也.

③ 項羽가 諸侯王을 나누어 세울 적에 齊나라 땅을 나누어 세 王을 세우고 나서 그 후에 결국 齊나라 땅을 三齊라고 칭하였으니, 關中을 三秦이라고 칭하는 것과 같다.
自項羽分立諸侯王, 分齊地爲三王, 後遂稱齊地爲三齊, 猶關中稱三秦也.

【綱】 北魏가 梁郡王 拓跋嘉를 파견하여 丹楊王 劉昶을 받들어 齊나라를 공격하였다.

魏遣梁郡王嘉하여 奉丹楊王劉昶하여 以伐齊하다

【目】 北魏가 장수를 파견하여 劉昶을 받들어 齊나라를 공격하면서 유창에게 적을 이겨서 옛 기업을 회복하는 것을 허락하고, 강남에서 대대로 사직을 지키게 하면서 北魏의 藩屬이라 칭하게 하였다.

魏遣將奉昶伐齊에 許昶以克復舊業하여 世胙江南하여 稱藩于魏[①]하다

45) (帥)〔率〕: 저본에는 '帥'로 되어 있으나, ≪資治通鑑≫에 의거하여 '率'로 바로잡았다.

① 胙는 제사를 지내고 남은 고기이다. "世胙"는 항상 宋나라의 제사를 주관하는 것을 말한다.
胙, 祭餘肉也. 世胙, 言常主宋祀也.

【綱】 北魏가 高允으로 하여금 논의하여 律令을 정하게 하였다.

魏使高允議定律令하다

【目】 이해에 北魏가 中書監 高允에게 조서를 내려 율령을 논의하여 정하게 하니, 고윤은 비록 연로하였으나 뜻과 지식이 쇠하지 않았다. 조서를 내려 고윤의 집안이 가난하여 봉양하는 것이 부족하다고 하여 樂部로 하여금 10명으로 5일에 한 번씩 고윤에게 가서 그 마음을 즐겁게 하도록 하였으며, 아침저녁 식사 시간에 음식을 제공하게 하고 초하루와 보름에는 소고기와 술을 보내게 하며, 달마다 의복과 비단을 주게 하였고, 들어와서 알현하면 궤장을 준비하게 하고 정치에 대해서 질문을 하였다.

是歲에 **魏詔中書監高允議定律令**하니 **允雖篤老**나 **而志識不衰**라 **詔以允家貧養薄**이라하여 **令樂部十人**으로 **五日一詣允**하여 **以娛其志**하고 **朝晡給膳**하고 **朔望致牛酒**하고 **月給衣服綿絹**하고 **入見**에 **備几杖**하여 **問以政治**하다

【綱】 契丹이 北魏로 들어와 귀부하였다.

契丹入附于魏[46]하다

【目】 契丹의 莫賀弗勿于가 부락 사람 1만여 명을 이끌고 北魏에 귀의하여 白狼水의 동쪽에 살았다.

契丹莫賀弗勿于가 **帥部落萬餘口**하고 **入附于魏**하여 **居白狼水東**①하다

① 契丹의 추장이 莫賀弗于이다. ≪資治通鑑≫에는 干으로 되어 있다. ≪水經註≫에 "白狼水는 右北平 白狼縣 동남쪽에서 발원하여 북쪽으로 흘러 龍城 서남쪽을 지나고, 또 동남쪽으로 흘러 遼東의 房縣에 이르러 遼水로 들어간다." 하였다.
契丹酋帥曰莫賀弗于, 通鑑作干. 水經註"白狼水出右北平白狼縣東南, 北流, 逕龍城西南, 又東南流, 至遼東房縣, 入于遼水."

46) 契丹入附于魏 : "契丹이 처음으로 ≪資治通鑑綱目≫에 보인다.〔契丹始見綱目〕" ≪書法≫

庚申年(480)

齊나라 太祖 高帝 蕭道成 建元 2년이고, 北魏 高祖 孝文帝 拓跋宏 太和 4년이다.

齊建元二年이요 魏太和四年이라

【綱】 봄 2월에 北魏의 군대가 齊나라 壽陽을 공격하여 함락시키지 못하고 돌아왔다.

春二月에 魏師攻齊壽陽하여 不克而還하다

【目】 北魏 梁郡王 拓跋嘉가 劉昶과 壽陽을 공격하여 전투를 벌이려고 할 적에 유창이 사방으로 將士들을 향하여 절을 하고 눈물을 줄줄 흘리면서 말하기를 "다 함께 힘을 합쳐서 원수와 치욕을 갚아주시오."라고 하였다. 北魏의 보병과 기병은 20만 명이라고 일컬었다.

豫州刺史 垣崇祖가 外城을 수리하고 肥水를 막아서 스스로 굳게 지키고자 하니, 文武 관원이 모두 말하기를 "옛날에 佛貍(拓跋燾)가 침입하였을 때 성안의 士卒의 수가 지금보다 배나 되었는데, 오히려 성곽이 커서 지키기가 어렵다고 하여 물러나서 內城을 지켰고, 또 肥水가 있은 뒤로 아직 제방을 쌓은 일이 없었으니, 수고만 하고 이익이 되지 못할까 염려됩니다."라고 하였다.

원숭조가 말하기를 "만약 외성을 버리면 오랑캐들이 반드시 점거할 것이니, 밖에 망루와 방패를 설치하고 안으로 긴 포위망을 구축한다면 앉아서 사로잡힐 것이다. 성곽을 지키고 제방을 쌓는 일은 내가 누구의 반대에도 변하지 않을 계책이다."라고 하였다. 마침내 성의 서북쪽에서 제방을 쌓아 비수를 막았고, 제방의 북쪽에 작은 성을 쌓고 주변에는 깊은 해자를 만들어 수천 명으로 하여금 이를 지키게 하고, 말하기를 "오랑캐가 성이 작은 것을 보고 한 번에 빼앗을 수 있다고 생각해야 반드시 온 힘을 다하여 이를 공격하여 제방을 파괴하려고 도모할 것이니, 우리가 물을 터놓아 그들을 맞닥뜨리게 하면 모두가 흘러 다니는 시체가 될 것이다."라고 하였다.

北魏 군대가 과연 작은 성을 공격하니 원숭조가 白紗帽를 쓰고 어깨에 메는 가마를 타고 성에 올라 제방을 터서 물을 흘려보내자, 北魏 군대와 말 가운데 죽은 것이 천을

헤아리니, 北魏 군대가 물러나 달아났다.

魏梁郡王嘉 與劉昶으로 攻壽陽할새 將戰에 昶四向拜將士하고 流涕縱橫曰 願同戮力하여 以雪讐恥하라 魏步騎號二十萬이라 豫州刺史垣崇祖 欲治外城하고 堰肥水以自固어늘 文武皆曰 昔佛貍入寇에 城中士卒數倍호되 猶以郭大難守로 退保內城하고 且自有肥水로 未嘗堰也하니 恐勞而無益이라 崇祖曰 若棄外城이면 虜必據之하리니 外修樓櫓하고 內築長圍면 則坐成擒矣리라 守郭築堰은 是吾不諫之策也[①]라하고 乃於城西北에 堰肥水하고 堰北에 築小城하고 周爲深塹하여 使數千人守之曰 虜見城小하고 以爲一擧可取라야 必悉力攻之하여 以謀破堰이리니 吾縱水衝之하면 皆爲流屍矣[②]리라 魏人이 果攻小城이어늘 崇祖著白紗帽하고 肩輿上城하여 決堰下水하니 魏人馬溺死以千數라 魏師退走하다

① 〈"不諫之策也"는〉 계책이 이미 정해져서 충분히 적을 제압할 수 있으니, 다른 사람이 간언하는 말로 인해 그만두지 않음을 말한 것이다.
言策已先定, 足以制敵, 不爲人所諫止.

② ≪水經註≫에 의거하면 "肥水는 黎漿亭 북쪽에서 흘러나와 壽春城 동북쪽을 지난다." 하니, 서북쪽에 제방을 쌓은 것은 서북쪽이 오랑캐와 충돌하는 지역이며, 또 상류의 형세로 인해 물을 터서 오랑캐를 수장시킬 수 있어서이다.
據水經, 肥水自黎漿亭北流, 過壽春城東北. 立堰於西北者, 西北虜衝也, 又因上流之勢可決以灌虜.

【綱】 齊나라가 民籍을 檢定하였다.

齊檢定民籍하다

【目】 宋나라는 孝建 연간 이래로 정치 기강이 해이해지고 문란하여 簿籍에 오류와 속임수가 있었다. 이때에 이르러 黃門郞 虞玩之 등에게 조서를 내려 다시 검정하도록 하였다.

우완지가 표문을 올려 "元嘉 연간에 故 光祿大夫 傅隆이 나이가 일흔이 넘었는데도 오히려 자기 손으로 簿冊을 쓰고 직접 자세히 교정하였으니, 지금 치세를 바라고 올바르게 하려고 한다면 반드시 令長들을 부지런하게 하고 밝게 하는 데 달려 있습니다. 저는 마땅히 元嘉 27년(450)의 호적을 올바른 것으로 삼고 다시 분명한 법조문을 만들어서 한 번 자수하여 후회하는 사람은 받아주고, 의혹하여 돌아오지 않으면 법률에 의거하여 반드시 죽이고, 만약 허위로 보고하고 은폐하는 경우가 있으면 州縣의 책임자도

같은 법조문으로 처리하여야 한다고 생각합니다."라고 하니 그 말대로 하였다.

宋自孝建以來로 政綱弛紊하여 簿籍訛謬러니 至是에 詔黃門郎虞玩之等하여 更加檢定하니 玩之上表하여 以爲元嘉中에 故光祿大夫傅隆이 年出七十에 猶手自書籍하여 躬加隱校하니 今欲求治取正인댄 必在勤明令長①하니 愚謂宜以元嘉二十七年籍으로 爲正하고 更立明科하여 一聽首悔②호되 迷而不返이어든 依制必戮하고 若有虛昧면 州縣同科라하니 從之하다

① 隱은 실제를 철저히 조사하는 것이다.
隱者, 痛覈其實也.
② 首(자수하다)는 式又의 切이다.
首, 式又切.

【綱】 齊나라가 巴州를 설치하였다.

齊置巴州하다

【目】 齊나라가 여러 蠻族들이 자주 반란을 일으킨다고 하여 荊州와 益州를 나누어 巴州를 설치하여 이를 鎭守하게 하였다. 이때 齊나라의 영토에는 州가 23개, 郡은 390개, 현은 1,485개였다.

齊以群蠻數爲叛亂이라하여 分荊益置巴州以鎭之하니 是時에 齊境有州二十三이요 郡三百九十이요 縣千四百八十五러라

【綱】 齊나라가 蕭鸞을 郢州刺史로 삼았다.

齊以蕭鸞으로 爲郢州刺史하다

【目】 西昌侯 蕭鸞은 齊主(蕭道成)의 형인 蕭道生의 아들인데, 어려서 부친을 잃어서 齊主가 양육하여 은혜가 여러 아들보다 더 깊었다.

西昌侯鸞은 齊主兄道生之子也라 早孤하니 齊主養之하여 恩過諸子하더라

【綱】 여름 5월에 齊나라가 建康에 도성의 담장을 세웠다.

夏五月에 齊立建康都墻하다

【目】 晉나라 이후로 建康 궁궐의 外城에 오직 대나무 울타리만 설치하여 여섯 개의 문이 있었는데, 이때에 이르러 도성의 담장을 고쳐 세웠고, 齊主(蕭道成)가 또 건강에 거주하는 백성들이 어수선하고 혼잡하여 간사한 도적들이 많으니, 符伍의 제도를 세워 서로 단속하게 하려고 하자, 王儉이 간언하기를 "京師의 땅은 사방에서 사람이 모여드니, 반드시 符(신표)를 지니게 하면 일이 번거로워져서 다스림이 밝지 못할 것입니다. 謝安이 말한 '그렇지 않으면 어떻게 京師라고 하겠습니까.'라고 한 경우입니다."라고 하니 마침내 그만두었다.

自晉以來로 建康宮之外城에 唯設竹籬而有六門이러니 至是에 改立都墻하고 齊主又以建康居民이 舛雜多姦盜하니 欲立符伍하여 以相檢括①이어늘 王儉諫曰 京師之地는 四方輻湊하니 若必持符면 則事煩而理不曠이리니 謝安所謂不爾何以爲京師也니이다하니 乃止하다

① 符는 신표이니, 國門을 출입하고 관문을 출입할 때에 신표를 취하는 것이다. 伍는 5인끼리 서로 보호하는 것을 말한다.
符, 信也, 出入國門及往來於關以取信焉. 伍, 謂五五相保也.

【綱】 가을에 齊나라 角城과 汝南이 北魏에 항복하였다.

秋에 齊角城汝南降魏①47)하다

① ≪水經註≫에 "角城은 下邳 睢陵縣에 있으니, 남쪽으로 淮水와 접해 있는데, 그 지역이 濟水가 淮河로 들어가는 입구에 있다. 뒤에 梁 武帝 때에는 淮陽郡을 두고 角城을 縣으로 삼아 소속시켰다." 하였다.
水經註 "角城在下邳睢陵縣, 南臨淮水, 其地據濟水入淮之口 後梁武帝置淮陽郡, 角城爲縣屬焉."

【綱】 9월 초하루에 일식이 있었다.

◑九月朔에 日食하다

【綱】 柔然이 齊나라에 사신을 보냈다.

47) 齊角城汝南降魏 : "'叛'이라고 기록하지 않은 것은 어째서인가. 齊나라는 찬탈을 하고 北魏는 도리대로 했기 때문이다. 그러므로 角城과 汝南에 '叛'이라고 기록하지 않고, 南陽에 '叛'이라고 기록하지 않았으니, ≪資治通鑑綱目≫에서 齊나라를 몹시 미워한 것이다.〔不書叛 何 齊簒 魏道也 是故角城汝南不書叛 南陽不書叛 綱目之惡齊甚矣〕" ≪書法≫

◑ 柔然遣使如齊하다

【綱】 北魏가 朐山을 공격하니 齊나라 사람들이 北魏 군대를 격파하였다.

◑ 魏攻朐山하니 齊人擊敗之하다

【目】 北魏 梁郡王 拓跋嘉가 朐山을 포위하니 구산의 戍主 玄元度가 성곽을 둘러싸고 굳게 지켜서 北魏의 군대를 크게 격파하였다. 臺(조정)에서 崔靈建 등을 파견하여 만여 명을 거느리고 淮河에서부터 바다로 가게 하였는데, 밤에 도착하여 각자 횃불을 두 개씩 들게 하였더니, 北魏 군대가 멀리서 바라보고는 달아났다.

魏梁郡王嘉圍朐山이어늘 戍主玄元度 嬰城固守하여 大破魏師하고 臺遣崔靈建等하여 將萬餘人하여 自淮入海할새 夜至各擧兩炬하니 魏師望見遁去하다

【綱】 겨울 10월에 齊나라가 何戢을 吏部尙書로 삼았다.

冬十月에 齊以何戢으로 爲吏部尙書하다

【目】 齊主(蕭道成)가 何戢의 자질을 중하게 여겨 常侍를 더하고자 하였는데, 褚淵이 말하기를 "성상의 뜻에 늘 蟬冕의 관직[48]이 지나치게 많아서는 안 된다고 여기셨습니다. 臣과 王儉은 이미 왼쪽에 꽂고 있는데, 만약 다시 하집에게 주신다면 八座 가운데 드디어 세 개의 貂尾[49]가 있게 되니, 驍騎將軍이나 遊擊將軍의 임명장을 주셔도 충분합니다."라고 하였다. 마침내 하집에게 효기장군을 더하였다.

齊主 以戢資重이라하여 欲加常侍①한대 褚淵曰 聖旨每以蟬冕不宜過多러니 臣與儉已左珥②하니 若復加戢인댄 則八座遂有三貂니 帖以驍游足矣라 乃加戢驍騎將軍③하다

① 何戢은 何偃의 아들이다.
戢, 偃之子也.

② 儉은 王儉을 말한다. 珥는 음이 餌이니, 꽂는다는 뜻으로, 뒤에 꽂는 것을 餌라고 한다.
儉, 謂王儉也. 珥, 音餌, 揷也, 樹於後曰餌.

48) 蟬冕의 관직 : 매미의 날개와 같은 모양의 면류관으로, 侍從臣이 쓰는 관이다.
49) 貂尾 : 담비 꼬리로 장식한 貂尾冠이다. 황제를 좌우에서 모시는 侍從臣의 복장으로, 近臣을 가리킨다.

③ 沈約이 말하기를 "驍騎將軍과 遊擊將軍은 모두 漢나라 때 雜號 將軍이다. 魏나라 때에는 中軍이 되었으며, 晉나라에 이르러서는 領軍·護軍·左衛·右衛·驍騎·游擊이 6軍이 되었다." 하였다.
沈約曰 "驍騎將軍·游擊將軍, 竝漢雜號將軍也, 魏置爲中軍. 及晉, 以領·護·左右衛·驍·游爲六軍."

【綱】 北魏 徐州와 兗州의 백성들이 난을 일으키자 군대를 보내어 토벌하다.

魏徐兗州民이 **作亂**이어늘 **遣兵討之**[50)]하다

【目】 淮河의 북쪽에 있는 네 州에 사는 백성들이 北魏에 소속되는 것을 즐겁게 여기지 않아서 항상 江南에 귀의할 것을 생각하였는데, 齊主(蕭道成)가 간첩을 보내어 그들을 유인한 것이 많았다. 이때에 徐州와 兗州의 백성들이 있는 곳마다 벌 떼처럼 일어나서 무리를 모아서 五固를 지키면서 司馬朗之를 추대하여 우두머리로 삼았다. 北魏는 尉元과 薛虎子 등을 파견하여 이들을 토벌하였다.

淮北四州民이 **不樂屬魏**하여 **常思歸江南**이어늘 **齊主多遣間諜誘之**러니 **於是**에 **徐兗之民**이 **所在蠭起**하여 **聚保五固**하고 **推司馬朗之爲主**①어늘 **魏遣尉元薛虎子等**하여 **討之**하다

① 五固는 地名이다.
五固, 地名.

【綱】 11월에 齊나라가 병든 죄수를 진료하여 치료해주는 법을 제정하였다.

十一月에 **齊制病囚診治之法**[51)]하다

---

50) 魏徐袞州民……遣兵討之 : "이에 淮北 4州가 北魏에 속하기를 좋아하지 않아 江南으로 돌아가기를 생각하였으니 바름으로 돌아가는 것인데 '作亂(난을 일으켰다)'이라고 기록한 것은 어째서인가. 齊나라를 미워한 것이므로 北魏에 '討(토벌했다)'라고 기록한 것이다.〔於是淮北四州 不樂屬魏 思歸江南 則反正也 以作亂書何 惡齊也 故魏得書討〕" ≪書法≫

51) 齊制病囚診治之法 : "漢나라 宣帝의 冊篇에 '詔上繫囚掠笞瘐死者矣〔조서를 내려 수감된 죄수 중에 고문과 질병으로 죽은 자들을 보고하라.〕'라고 기록한 것이 地節 4년(B.C. 66)이었는데, 이때에 다시 '齊制病囚診治之法'이라고 기록한 것은 또한 옥사를 신중히 함을 말한 것이다. ≪資治通鑑綱目≫에서 비록 齊나라를 몹시 미워하였지만, 작은 선행이라도 반드시 기록하였다.〔漢宣之篇 書詔上繫囚掠笞瘐死者矣 地節四年 於是復書齊制病囚診治之法 亦可謂能愼獄矣 綱目雖惡齊 小善必錄焉〕" ≪書法≫

【目】丹陽尹 王僧虔이 아뢰기를 "郡縣에 있는 감옥에서 서로 이어 탕약을 올려서 죄수를 죽이는 일이 있으니, 명목상으로는 병을 구원해준다고 하지만 실제로는 원통하게 해치는 행위입니다. 저는 죄수가 병이 들면 반드시 먼저 刺史와 郡守에게 보고하게 하고, 직책을 맡은 사람이 의원과 함께 진료하도록 하며 먼 곳에 있는 縣에서는 집안사람이 살펴보게 한 뒤에 다스리도록 조치해야 한다고 생각합니다."라고 하니, 그 말대로 따랐다.

丹陽尹王僧虔上言호되 郡縣獄相承하여 有上湯殺囚하니 名爲救疾이요 實行冤暴[①]이라 愚謂囚病을 必先刺郡하여 求職司與醫對診하고 遠縣은 家人省視然後處治한대 從之하다

① 上(올리다)은 時掌의 切이다. 죄수가 때때로 전염병을 앓아 땀을 흘려야 할 경우에 결국 탕약을 올려 蒸殺하였다.
上, 時掌切. 因囚有時行瘟疫宜汗, 遂上湯以蒸殺之.

② 刺는 州의 刺史를 말하고, 郡은 郡守를 말한다. 혹자는 "병이 든 죄수의 성명을 적어서 郡에 아뢰는 것이 '刺'이다." 하였다. "職司"는 郡의 부서에서 刑獄을 맡은 자이다. "處治"는 처방하여 병을 치료하는 것이다.
刺, 謂州刺史. 郡, 謂郡守也. 或曰 "書病囚之姓名而白之於郡曰刺." 職司, 謂郡曹掌刑獄者. 處治, 謂處方治病也.

【綱】齊나라가 楊後起를 武都王으로 삼았다.

齊以楊後起로 爲武都王하다

【目】楊後起는 楊難當의 손자이다.

後起는 難當之孫也라

【綱】12월에 齊나라가 褚淵을 司徒로 삼았다.

十二月에 齊以褚淵으로 爲司徒하다

【目】褚淵이 들어와서 알현하면서 腰扇을 가지고 햇볕을 가리자, 征虜功曹 劉祥이 말하기를, "이처럼 행동을 해놓고 남들을 보기 부끄러워하니, 부채로 가린다고 무슨 도움이 되겠는가."라고 하였다. 저연이 말하기를, "寒士가 불손하구나."라고 하였다. 유상이 말

하기를, "〈내가 그대처럼〉 袁粲과 劉秉을 죽이지 못했으니,[52] 어찌 寒士를 면할 수 있겠는가."라고 하였다. 유상은 문학을 좋아하였으며, 성품이 강직하고 소탈하여 ≪宋書≫를 편찬하여 禪讓하여 대신하게 한 것[53]을 비난하였는데, 王儉이 보고하여 廣州로 귀양 갔다가 卒하였다.

태자가 조정의 신하들에게 연회를 열었는데, 右衛率 沈文季가 저연과 말을 하다가 서로 실수를 하였다. 심문계가 화가 나서 말하기를, "저연은 스스로 충신이라고 하지만 죽는 날에 무슨 면목으로 宋 明帝(劉彧)를 볼지 모르겠다."라고 하였다. 태자가 웃으며 말하기를 "沈率이 취했구려."라고 하였다.

淵入朝에 以腰扇障日①이어늘 征虜功曹劉祥曰 作如此擧止하고 羞面見人하니 扇障何益②이리오하니 淵曰 寒士不遜이로다 祥曰 不能殺袁劉하니 安得免寒士③리오 祥好文學하고 性剛疏하여 撰宋書할새 譏斥禪代어늘 王儉以聞하여 徙廣州卒하다 太子宴朝臣할새 右衛率沈文季與淵語相失④이러니 文季怒曰 淵自謂忠臣이나 不知死之日에 何面目見宋明帝⑤리오하니 太子笑曰 沈率醉矣라하다

① 胡三省이 말하기를 "腰扇은 허리에 차는 것이니, 지금 摺疊扇이라고 하는 것이다." 하였다.
 胡三省曰 "腰扇, 佩之於腰, 今謂之摺疊扇.
② 劉祥은 劉穆之의 손자이다.
 祥, 穆之之孫也.
③ 袁粲과 劉秉을 죽이는 것을 말한다.
 謂殺袁粲·劉秉也.
④ 沈文季는 沈慶之의 아들이다.
 文季, 慶之之子也.
⑤ 宋 明帝가 褚淵에게 어린 임금을 부탁하였다.
 明帝託孤於淵.

【綱】 北魏가 尙書令 王叡를 봉하여 中山王으로 삼았다.

魏封尙書令王叡爲中山王하다

【目】 王叡가 이미 작위가 올라 王府에 官屬을 22명 두었는데, 모두 당시의 명사들이었

52) 내가……못했으니 : 袁粲과 劉秉이 宋 順帝 昇明 원년(477)에 蕭道成을 죽이려고 하였는데, 褚淵이 이를 소도성에게 고하였다.
53) 禪讓하여……것 : 齊나라 蕭道成이 宋나라로부터 선양을 받아 황제가 된 일을 말한다.

다. 또 왕예의 부인을 王妃로 봉하였다.

叡既進爵하여 置王官二十二人하니 皆當時名士라 又拜叡妻爲妃하다

辛酉年(481)

齊나라 太祖 高帝 蕭道成 建元 3년이고, 北魏 高祖 孝文帝 拓跋宏 太和 5년이다.

齊建元三年이요 魏太和五年이라

【綱】봄 3월에 北魏 사람들이 角城을 포위하자 齊나라가 격퇴하였다.

春正月에 魏人圍角城이어늘 齊擊敗之하다

【目】北魏 사람들이 齊나라 淮陽을 침략하여 角城에서 軍主 成買를 포위하였는데, 齊나라에서 장군 李安民과 周盤龍 등을 보내어 구원하게 하였다. 성매는 싸우다가 전사하였고, 주반룡의 아들 周奉叔은 군사 200명을 데리고 진지를 무너뜨리고 깊이 들어갔는데, 北魏가 1만여 기병을 좌우 날개처럼 펼쳐서 포위하였다. 주반룡이 말을 달려서 창을 휘두르며 곧장 北魏 진지로 돌격하자, 지나가는 곳마다 적병들이 쓰러졌다. 주봉숙이 이미 포위를 뚫고 나왔다가 다시 적진으로 들어가서 주반룡을 찾으니, 아버지와 아들이 탄 두 마리의 말이 뒤얽혀 소란스럽게 하자, 北魏의 수만 병사들이 감히 당해내지 못하여 北魏 군사들이 패퇴하였다.

父子突圍(周盤龍 父子가 포위망에 돌격하다)

魏人侵齊淮陽하여 圍軍主成買於角城이어늘 齊遣將軍李安民周盤龍等하여 救之하니 買力戰而死하고 盤龍子奉叔이 以二百人으로 陷陳深入하니 魏以萬餘騎로 張左右翼하여 圍之한대 盤龍馳馬

奮矟하여 直突魏陳하여 所向披靡하니 奉叔已出復入하여 求盤龍할새 父子兩騎縈擾하니 魏數萬之衆이 莫敢當者라 魏師敗退①하다

① 縈은 음이 嬰이니 얽힌다는 뜻이다.
縈, 音嬰, 繞也.

【綱】 2월에 齊나라가 淮陽에서 北魏 군대를 패배시켰다.

二月에 齊敗魏師于淮陽하다

【綱】 北魏 沙門 法秀가 난을 일으켰는데, 주살되었다.

◑魏沙門法秀作亂하니 伏誅[54)]하다

【目】 法秀가 요망한 술책으로 무리들을 현혹시켜 平城에서 난을 일으키려고 모의하자 붙잡아다가 가두어 籠頭를 씌우고 쇠사슬로 묶어놓았는데, 까닭 없이 절로 풀어졌다. 北魏 사람이 그의 목뼈를 뚫고는 빌게 하며 말하기를 "만일 과연 신통력이 있다면 살을 뚫어도 들어가지 않게 해야 할 것이다."라고 하고, 드디어 뚫어서 조리를 돌렸는데, 3일 만에 죽었다. 연좌된 100여 명의 사람들이 모두 반역법에 걸려 멸족을 당할 처지가 되었다. 王叡가 극악한 우두머리만 죽이고 나머지 당여는 용서해주라고 요청하였는데, 馮太后가 그 말을 따르니, 죽음을 면한 자가 천여 명이었다.

法秀以妖術惑衆하여 謀作亂於平城이어늘 收掩擒之하여 加以籠頭鐵鎖하니 無故自解①라 魏人穿其頸骨하고 祝之曰 若果有神이면 當令穿肉不入이라하고 遂穿以徇하여 三日而死하다 所連及百餘人이 皆以反法當族이러니 王叡請誅首惡하고 宥其餘黨한대 太后從之하니 所免千餘人이러라

① 解는 벗어난다는 뜻이다.

---

54) 魏沙門法秀作亂 伏誅 : "앞에서 沙門 曇標가 난을 일으킨 것을 기록하였는데 이때에 다시 보인다. 沙門의 亂을 ≪資治通鑑綱目≫에서는 늘 삼가 기록하였으니 異端을 좋아하는 자를 경계하기 위한 것이다. ≪자치통감강목≫이 끝날 때까지 沙門에 대해 謀反하여 난을 일으킨 것을 기록한 것이 3번이다(宋나라 戊戌年(458)에 자세하다.).〔前書沙門曇標作亂矣 於是再見 沙門之亂 綱目每謹書之 所以爲好異端者之戒也 終綱目沙門書謀反作亂三(詳宋戊戌年)〕" ≪書法≫
"이때 南朝와 北朝가 모두 浮屠를 숭상하였는데 沙門이 모반하여 난을 일으킨 것을 누차 책에 기록하였다. 국가를 소유한 자가 여전히 佛法을 경건히 받들려고 하는 것이 옳겠는가.〔是時南北俱尙浮屠 而沙門謀反作亂者 屢書於冊 有國有家者 猶欲敬奉其法可乎〕" ≪發明≫

解, 脫也.

【綱】 齊나라가 南蠻校尉의 관직을 폐지하였다.

齊罷南蠻校尉官[①]하다

① 南蠻校尉는 晉 武帝가 설치하였다.
南蠻校尉, 晉武帝置.

【目】 晉나라와 宋나라 시절에 荊州刺史는 대부분 南蠻校尉를 관장하지 않고 별도로 중요한 사람을 그 자리에 두었는데, 豫章王 蕭嶷이 荊州와 湘州 두 주의 자사가 되어 비로소 그 직책을 관장하였다. 소억이 그만두자, 다시 王奐으로 그 자리를 맡게 하니 왕환이 사양하며 말하기를, "서쪽 지방은 전쟁이 끝난 뒤에 무너지고 훼손된 것을 회복시키기가 어렵습니다. 지금 또 太府(큰 州府)의 관원을 나누어 철수시켜서 한 방면을 담당하는 校尉를 설치하면 실제를 돕기에는 부족하고 서로 폐해를 끼칠 수 있습니다. 또 물자와 인력이 이미 나누어지고 맡은 관원이 늘어날 것이니, 여러 수고로운 업무가 배가 되어 문건이 많고 번잡해질 것이니, 국가를 위한 계책으로는 온당하지 않습니다."라고 하니, 드디어 폐지하였다.

晉宋之際에 **荊州刺史 多不領南蠻校尉**하고 **別以重人居之**러니 **豫章王嶷刺荊湘始領之**라가 **嶷罷**에 **更以王奐爲之**하니 **奐辭曰 西土戎燼之後**에 **痍毁難復**이어늘 **今又割撤太府**하여 **制置偏校**면 **不足助實**이요 **交能相弊**[①]하며 **且資力旣分**하고 **職司增廣**하니 **衆勞務倍**하여 **文案滋煩**하리니 **國計非允**이라한대 **遂罷之**하다

① 晉나라 永嘉의 난리 이후에 張氏가 河西의 명을 좌지우지하여 都府를 太府로 삼았다.
自晉永嘉之難, 張氏擅命河西, 以都府爲太府.

【綱】 여름 5월 鄧至羌이 北魏에 사신을 보내 조공을 바쳤다.

夏五月에 **鄧至羌入貢于魏**하다

【目】 鄧至는 羌族의 별종으로, 宕昌의 남쪽에 있는 나라이다.

鄧至者는 **羌之別種**이니 **國於宕昌之南**[①]이러라

① ≪北史≫에 "鄧至는 白水의 羌族으로, 대대로 羌族의 豪族이 되었는데, 지명으로 인해 鄧至라고 하였다. 그 지역은 街亭 이동 지역, 平武 이서 지역, 汶嶺 이북 지역, 宕昌 이남 지역이다." 하였다. 혹자는 "鄧至는 鄧艾가 이르렀던 것으로 인해 명명한 것이다."라고 한다.
北史曰"鄧至者, 白水羌也, 世爲羌豪, 因地名號曰鄧至. 其地自街亭以東, 平武以西, 汶嶺以北, 宕昌以南." 或曰"鄧至者, 因鄧艾所至, 因以爲名."

【綱】 北魏의 尙書令 王叡가 卒하였다.

魏尙書令王叡卒하다

【目】 王叡가 병이 들자 馮太后가 여러 번 그의 집으로 찾아갔는데, 왕예가 卒하자 諡號를 내리고, 사당을 세웠다. 文士들 가운데 왕예를 위하여 애도의 글을 지은 사람이 100여 명이었으며, 장사를 지낼 때에 스스로 친인척과 친구라고 하면서 상복을 입고 곡을 하며 영구를 떠나보낸 사람이 1천여 명이었다. 魏主(拓跋宏)가 왕예의 아들인 王襲을 그를 대신해 상서령으로 삼았다.

叡疾病에 **太后屢至其家**러니 **及卒**에 **贈諡立廟**하니 **文士作誄者百餘人**이요 **及葬**에 **自稱姻舊**하고 縗絰哭送者 千餘人[①]이러라 **魏主以叡子襲**으로 **代爲尙書令**[②]하다

① "姻舊"는 친인척과 옛 친구를 말한다.
姻舊, 謂親姻義舊.
② 襲은 이름이다.
襲, 名也.

【綱】 가을 7월 초하루에 일식이 있었다.

秋七月朔에 **日食**하다

【綱】 齊나라가 사신을 北魏에 보냈다.

◑**齊遣使如魏**하다

【目】 宋나라 昇明 연간에 사자인 殷靈誕과 苟昭先을 파견하여 北魏에 보냈는데, 은영탄이 齊나라가 선양을 받았다는 소식을 듣고, 北魏의 典客에게 말하기를, "宋나라와 北魏

는 우호를 맺어서 근심이나 환난을 같이 하고자 하였습니다. 宋나라가 지금 멸망하였는데, 北魏가 구원하지 않으니, 화친을 어디에 쓰겠습니까."라고 하였다.

劉昶이 남쪽으로 쳐들어갈 때, 은영탄이 유창의 司馬가 되겠다고 청하였지만 허락하지 않았다. 北魏가 여러 신하들에게 연회를 베풀었는데, 齊나라 사신 車僧朗의 자리를 은령탄의 아래에다 마련하니, 차승랑이 자리에 나가려고 하지 않자, 은영탄이 드디어 분노하여 욕을 하였다. 그러자 유창이 宋나라에서 항복해온 사람에게 뇌물을 주어 차승랑을 찔러 죽이게 하였다. 北魏 사람들이 차승랑의 靈柩를 후하게 대우하여 호송하고 은영탄 등을 남쪽으로 돌아가게 하였다. 구소선이 그 말을 전부 아뢰자, 은영탄이 이 일로 인해 하옥되었다가 죽었다.

宋昇明中에 遣使者殷靈誕(荀)〔苟〕[55]昭先如魏러니 靈誕聞齊受禪하고 謂魏典客曰[①] 宋魏通好하여 憂患是同이어늘 宋今滅亡호되 魏不相救하니 何用和親이리오 及劉昶南伐에 靈誕請爲司馬하니 不許하고 魏宴群臣할새 置齊使車僧朗於靈誕下하니 僧朗不肯就席이어늘 靈誕遂與相忿詈하니 劉昶賂宋降人하여 刺殺僧朗이어늘 魏人厚送其喪하고 幷靈誕等南歸하니 昭先白其語한대 靈誕下獄死하다

① 典客은 秦나라 관직이다. 漢 武帝 泰初 원년(104)에 명칭을 고쳐 大鴻臚라고 하였고, 晉나라에 이르러 大鴻臚의 속관으로 하였고, 또 典客令을 두었다.
典客, 秦官也, 漢武帝泰初元年, 更名大鴻臚, 至晉, 大鴻臚屬官, 又有典客令.

【綱】 9월에 北魏가 徐州와 兗州를 평정하여 薛虎子를 徐州刺史로 삼았다.

九月에 魏徐兗州平하여 以薛虎子爲徐州刺史하다

【目】 北魏의 尉元과 薛虎子가 五固를 함락시키고 司馬朗之의 목을 베니, 동남의 여러 州가 모두 평정되었다. 설호자를 徐州刺史로 삼았다. 이때 州鎭에서 수비하는 병사들이 재물과 비단을 자기가 휴대하고 公庫에 넣어 보관하지 않자, 설호자가 표문을 올려서 다음과 같이 말하였다.

"국가가 江東을 빼앗으려고 하면 먼저 반드시 彭城에 곡식을 쌓아두어야 합니다. 지금 鎭에 있는 군사들은 수만 명을 밑돌지 않고, 양곡으로 쓸 비단은 한 사람에 12필이 됩니다. 용도에 기준이 없어 미처 비단을 곡식과 바꾸지 못해 굶주림과 추위를 면하지

55) (荀)〔苟〕: 저본에는 '荀'으로 되어 있으나, ≪資治通鑑≫에 의거하여 '苟'로 바로잡았다.

못하니 공적이던 사적이던 비용에 손해를 보게 됩니다.

지금 徐州에 있는 良田은 10만여 경이 水源과 토지가 넉넉하고 비옥하며 淸水와 汴水가 흘러 통하니 충분히 물을 댈 수 있습니다. 만일 군사들의 비단으로 소를 산다면 1만 마리를 얻을 수 있을 것이니, 屯田을 일으켜 설치하여서 1년 동안에 우선 병사들에게 관부의 양식을 공급하여 한편으로 농사를 짓게 하고 또 한편으로는 수비를 하게 한다면 변방을 방어하는데 방해가 되지 않을 것입니다. 일 년의 수확이 비단에 비해 열 배 이상 많을 것이요, 잠시 농사를 지어서 몇 년 동안의 식량을 충족할 수 있습니다. 뒤에는 군사에 필요한 자원은 모두 公庫에 저축하여 5년 동안 수확한 다음에는 곡식과 비단이 모두 넘칠 것이니, 수비를 하는 병졸이 풍족하고 배부를 뿐만 아니라, 또한 적을 병탄할 기세를 갖추게 될 것입니다."

魏主가 그 말대로 따랐다. 설호자가 정치를 하면서 은혜와 사랑을 베푸니, 병사와 백성들이 그를 마음에 두었다. 마침 沛郡과 下邳의 태수가 뇌물을 받은 일로 설호자의 조사를 받게 되자, 설호자가 강남 사람들과 내통하고 있다고 고발하니 魏主가 말하기를 "설호자는 반드시 그렇지 않을 것이다."라고 하고, 조사하게 하니 과연 무고이기에 조서를 내려 두 사람에게 죽음을 내렸다.

魏尉元薛虎子克五固하고 斬司馬朗之하니 東南皆平이라 以虎子爲徐州刺史하다 時에 州鎭戍兵이 資絹自隨하여 不入公庫러니 虎子表言호되 國家欲取江東한대 先須積穀彭城이니 今在鎭之兵이 不減數萬이요 資糧之絹이 人十二匹이니 用度無準하여 未及代下에 不免飢寒하니 公私損費[①]라 今徐州良田十萬餘頃이 水陸肥沃하고 淸汴通流하여 足以漑灌이라 若以兵絹으로 市牛면 可得萬頭하니 興置屯田하여 一歲之中에 且給官食하여 且耕且守면 不妨捍邊이니 一年之收 過於十倍之絹이요 蹔時之耕이 足充數載之食이라 於後兵資를 皆貯公庫하여 五稔之後에 穀帛俱溢하리니 非直戍卒豊飽라 亦有呑敵之勢리이다 魏主從之하다 虎子爲政有惠愛하니 兵民懷之러라 會沛郡下邳太守以贓汚로 爲虎子所案하여 告虎子與江南通[②]한대 魏主曰 虎子必不然이라하고 推案果虛하니 詔二人皆賜死하다

① 代는 바꾼다는 뜻이며, 下는 교체한다는 뜻이다.
代, 更也. 下, 替也.

② 沛郡太守는 邵安이고, 下邳太守는 張攀이다.
沛郡太守, 邵安. 下邳太守, 張攀.

【綱】 吐谷渾王 慕容拾寅이 卒하니 아들 慕容度易侯가 즉위하였다.

吐谷渾王拾寅卒하니 子度易侯立하다

【綱】 北魏가 새로운 율령을 완성하였다.

◑ 魏新律成하다

【目】 모두 832장이니 門誅·房誅은 16장이고, 大辟은 235장이며, 雜刑은 377장이다.

凡八百三十二章이니 門房之誅十有六이요 大辟二百三十五요 雜刑三百七十七이라

壬戌年(482)

齊나라 太祖 高帝 蕭道成 建元 4년이고, 北魏 高祖 孝文帝 拓跋宏 太和 6년이다.

齊建元四年이요 魏太和六年이라

【綱】 봄 3월에 齊나라가 張緖를 國子祭酒로 삼았다.

春三月에 齊以張緖로 爲國子祭酒①하다

① 張緖는 張岱의 형의 아들이다.
緖, 岱之兄子也.

【目】 학생 200명을 두었다.

置學生二百人하다

【綱】 齊主(蕭道成)가 殂하니 태자 蕭賾이 즉위하였다.

齊主道成殂①하니 太子賾立[56]하다

齊武帝

56) 齊主道成殂 太子賾立 : "賀善이 贊하였다. '齊主(蕭道成)의 초기에 ≪資治通鑑綱目≫에서 관직을 임명한 것을 크게 기록하였으나 공로가 있는 것을 듣지 못하였다. 오직 劉休範을 참수한 한 가지 일에

① 향년이 56세였다.
壽, 五十六.

【目】 齊主(蕭道成)가 褚淵과 王儉을 불러서 遺詔를 받고 태자를 보필하게 하고는 殂하였다. 태자가 황제의 자리에 올랐다. 高帝는 깊이가 있고 도량이 넓었으며 박식하고 문장에 능하였다. 성품은 청렴하고 검소하여 主衣 안에 玉導가 있었는데, 황제가 말하기를, “이것을 남겨두면 병통을 조장하는 근원이 될 것이다.”라고 하고, 즉시 부숴버리도록 명하였고, 이어서 조사하여 어떤 특이한 물건이 있으면 모두 이 전례에 따라 처리하도록 하였다. 늘 말하기를, “가령 내가 천하를 10년 동안 다스린다면 황금과 흙이 같은 값이 되도록 할 것이다.”라고 하였다.

齊主召褚淵王儉하여 受遺詔輔太子而殂하니 太子卽位하다 高帝沈深有大量하여 博學能文하고 性淸儉하여 主衣中에 有玉導[①]어늘 上曰 留此正長病源이라하여 卽命擊碎[②]하고 仍檢按有何異物이어든 皆隨此例하라 每曰 使我治天下十年이면 當使黃金與土同價라하더라

① 主衣는 황제의 의복을 제공하는 일을 맡는데, 궁궐에 主衣庫가 있었다. 導는 비녀의 종류이다. 魏나라와 晉나라 이후로 冠이나 幘에는 簪과 導를 착용하였는데, 황제가 쓰는 것은 옥으로 만들었다. 導는 인도하다는 뜻이니, 머리카락을 당겨 冠이나 幘에 집어넣는 것이다.
主衣, 主供御衣服, 禁中有主衣庫. 導, 笄屬. 魏・晉以來, 冠幘有簪有導, 至尊以玉爲之. 導, 引也, 所以引髮入冠幘之內也.
② 長(조장하다)은 知兩의 切이다.
長, 知兩切.

≪자치통감강목≫에서 ‘擊(쳤다)’이라고 기록하였으나 또한 의리로 토벌한 것을 인정해준 적은 없었다. 齊나라의 초기에 이미 宋나라와 견줄 수 있는 것이 아니다. 시해하고 즉위한 후에 1번 ‘討蕭道成(蕭道成을 토벌했다.)’라고 기록하고, 1번 ‘誅蕭道成(蕭道成을 주벌했다.)’이라고 기록하고, 4번 ‘自官(스스로 관직에 올랐다.)’라고 기록하고, ‘假黃鉞(黃鉞을 주었다.)’이라고 기록하고, ‘進爵(작위를 진급시켰다.)’이라고 기록하였으나, 또한 모두 자신이 주고 자신이 진급했을 뿐이다. 소도성이 지위를 찬탈했을 적에 ‘歸(돌아갔다)’라고 기록하고, ‘廢(폐했다)’라고 기록하고, ‘徙(옮겼다)’라고 기록하고, ‘弑(시해했다)’라고 기록하고, ‘滅其族(그 종족을 멸망시켰다.)’라고 기록한 데에 이르러서는 또다시 宋나라 사람에게도 아직 없던 것이었다. 그러므로 北魏가 江左(南朝)를 침략했을 적에 ‘伐’이라고 기록한 적이 없고 齊나라에 대해 특별히 ‘伐’이라고 기록하였으니, ≪자치통감강목≫의 뜻을 알 수 있다.’
〔賀善贊曰 齊主之初 綱目大書拜官 不聞有功也 惟斬休範一事 綱目以擊書之 亦未嘗予以義討也 齊氏之初 旣非宋比矣 弑立之後 一書討蕭道成 一書誅蕭道成 四書自官 書假黃鉞 書進爵 亦皆自假自進而已 其簒位也 書歸 書廢 書徙 書弑 至書滅其族 則又宋人之所未有者 是故魏加兵江左 未嘗書伐 於齊而特書伐焉 綱目之意可見矣〕”≪書法≫

【綱】 齊나라가 褚淵을 錄尙書事로 삼고, 王儉을 尙書令으로 삼고, 王奐을 僕射로 삼고, 豫章王 蕭嶷을 太尉로 삼았다.

齊以褚淵錄尙書事하고 **王儉爲尙書令**하고 **王奐爲僕射**하고 **豫章王嶷爲太尉**하다

【綱】 北魏에서 虎圈(범 우리)을 철폐하였다.

◑ **魏罷虎圈**하다

【目】 魏主(拓跋宏)가 虎圈에 임석하여 詔令을 내리기를 "호랑이와 이리는 사납고 포학하니 붙잡으려면 많은 사람이 다치게 되어 이익은 없고 손해만 끼치니, 잡아서 공물로 바치지 말라."라고 하였다.

魏主臨虎圈詔曰 虎狼猛暴하니 捕之傷人이라 無益有損하니 其勿捕貢하라

【綱】 여름 6월에 齊나라가 皇子 蕭長懋를 세워 太子로 삼았다.

夏六月에 **齊立子長懋爲太子**하다

【綱】 가을에 齊나라 南康公 褚淵이 卒하였다.

◑ **秋**에 **齊南康公褚淵卒**[57]하다

【目】 褚淵이 卒하자 世子侍中 褚賁이 그의 아버지가 절개를 잃은 것을 수치로 생각하여 喪服을 벗고도 끝내 벼슬하지 않았으며 작위도 그의 동생 褚蓁에게 사양하고 묘소 아래

---

57) 齊南康公褚淵卒 : "살펴보건대 晁說之가 말하였다. '천지가 개벽한 이래로 아직 近臣에 나란히 하고서 하루아침에 北面하여 翊贊 佐命을 일컫고는 本朝를 남에게 준 자는 있지 않았는데, 그러함이 있는 것이 실로 褚淵으로부터 시작되었다. 아, 저연이 치욕을 참으면서 이것을 한 이유를 추적해보면 任遐가 말한 자신을 아끼며 妻子를 보전하였다고 한 것이니, 저연이 자신을 아끼며 妻子를 보전할 줄만 알고 도리를 아끼며 명예와 절개를 보전할 줄을 몰랐다. 이것이 천고의 죄인의 지경에 빠진 이유이다. 역사를 살펴보면 褚淵이 죽을 때 48세였으니, 齊主가 선위를 받은 것이 이때에 겨우 3년이 지났을 뿐이다. 겨우 구차하게 3년을 사는 동안 만년토록 구린내를 풍겼으니, 그 득실을 비교해 보면 어느 것이 많은가.'〔按晁說之曰 自開闢以來 未有比肩近臣 一旦北面稱翊贊佐命 以本朝輸人者 有之 實自淵始 嗚呼 迹淵之所以忍恥而就此者 任遐謂其惜身保妻子 淵知惜身保妻子 而不知惜理保名節 此所以陷爲千古之罪人也歟 考史 淵死時年四十有八 齊主受禪 至是纔三年爾 僅苟三年之生 乃遺萬年之臭 較其所得失 孰爲多哉〕" ≪發明≫

에서 은거하며 일생을 마쳤다.

淵卒하니 世子〔侍中〕[58]賁이 恥其父失節하여 服除에 遂不仕하고 以爵讓其弟蓁하고 屛居墓下終身하다

【綱】 齊나라가 國子學을 철폐하였다.

齊罷國子學[59]하다

【目】 이는 國哀(國喪) 때문이다.

以國哀故也러라

【綱】 北魏가 李崇을 荊州刺史로 삼았다.

魏以李崇爲荊州刺史[60]하다

【目】 北魏는 荊州의 巴族과 氐族들이 소란을 일으킨다고 여겨 李崇을 荊州刺史로 삼고 군사를 일으켜 보내려 하자, 이숭이 사양하며 말하기를, "변방 사람들이 화합을 잃은 것은 본래 刺史를 원망해서입니다. 지금 조서를 받들어 이를 자사를 바꾸면 자연스럽게 안정될 것이니, 다만 한 장의 조서만 필요할 뿐, 번거롭게 군사를 발동하여 스스로를 방비하여 그들로 하여금 두려움을 품게 할 일은 아닙니다."라고 하였다.

이숭이 드디어 가볍게 수십 기병을 거느리고 말을 달려서 上洛으로 가서 조서를 널리 알리고 위로하며 타이르니, 백성들과 蠻族들이 안정되었다. 이숭이 명을 내려 변방에서 수비를 하면서 齊나라 사람을 사로잡으면 모두 돌려보내게 하니, 이로 말미암아 齊나라 사람들도 사로잡은 北魏 사람들을 돌려보내어 두 국경 지역이 서로 평화로워져서 다시

58) 〔侍中〕: 저본에는 '侍中'이 없으나, ≪資治通鑑≫에 의거하여 보충하였다.

59) 齊罷國子學 : "이때에 祭酒를 설치한 지 몇 개월뿐인데 곧 國喪으로 폐하였으니, 애석해함을 기록한 것이다. 國子學을 기록한 것이 여기서 시작되었다.〔於是設祭酒數月耳 尋以國喪罷之 書惜之也 書國子學始此〕" ≪書法≫

60) 魏以李崇爲荊州刺史 : "宋나라와 齊나라 이래로 刺史가 한 方面을 전담하고 병권을 쥐었는데, 대부분 황제의 자제들에게 맡겼을 뿐 善政으로 일컬어진 적이 없었다. 오직 北魏의 李崇(이해(482))과 高祐(丁卯年(487))가 치적을 내는 데 가까웠다.〔宋齊以來 刺史專方面 本兵柄 大率皆任其子弟而已 未有以善政稱也 惟魏之李崇(是年) 高祐(丁卯年) 其庶幾焉〕" ≪書法≫

는 烽燧를 올려 경계를 알리는 일이 없어졌다.

이숭이 兗州刺史로 자리를 옮겼는데, 연주 지역에는 옛날부터 도적이 많았기에 이숭이 마을마다 망루를 한 곳씩 설치하고 망루에는 모두 북을 매달아놓아 도적이 나타난 곳에서 이를 마구 치게 하였는데, 이웃 마을에서 처음 듣는 사람들은 한 번 쳐서 소리를 내고, 다음으로 두 마디, 다음으로 세 마디를 치니, 잠깐 사이에 소리가 100리에 퍼져서 모두 사람을 출동시켜서 험한 요새를 지켰다. 이로 말미암아 도적을 붙잡지 못하는 경우가 없었다. 그 후에 여러 주에서는 모두 이를 본받았다.

魏以荊州巴氐擾亂이라하여 以李崇爲刺史하고 發兵送之①한대 崇辭曰 邊人失和는 本怨刺史라 今奉詔代之면 自然安靖이니 但須一詔而已요 不煩發兵自防하여 使之懷懼也니이다 遂輕將數十騎하여 馳至上洛하여 宣詔慰諭하니 民夷帖然이러라 崇命邊戍掠得齊人者를 悉還之한대 由是齊人亦還其生口하고 二境交和하여 無復烽燧之警이러라 徙兗州刺史하니 兗土舊多劫盜라 崇命村置一樓하고 樓皆懸鼓하여 盜發之處에 亂擊之하니 旁村始聞者以一擊爲節하여 次二次三하니 俄頃之間에 聲布百里하여 皆發人守險하니 由是盜無不獲이라 其後諸州皆效之러라

① 北魏 世祖(太武帝) 泰延 5년(439)에 上洛에 荊州를 설치하고, 上洛·上庸·魏興 등의 郡을 거느리게 하였다. 巴族과 氐族은 각기 일종의 종족이다. 李崇은 顯祖(拓跋弘)의 처남이다. 魏世祖泰延五年, 置荊州於上洛, 領上洛·上庸·魏興等郡. 巴與氐, 各是一種. 崇, 顯祖之舅子也.

【綱】 겨울 11월에 魏主(拓跋宏)가 비로소 七廟에 친히 제사를 지냈다.

冬十一月에 魏主始親祀七廟[61)]하다

【目】 魏主가 七廟에 친히 제사를 지내려 할 적에 有司에게 명을 내려 儀禮를 갖추고 옛날 제도에 의거하여 희생으로 올릴 牢와 그릇과 복장 및 음악을 준비하라고 하였으니, 이로부터 四時의 일정한 제사를 모두 직접 지냈다.

魏主將親祠七廟할새 命有司具儀法하고 依古制하여 備牲牢器服及樂章하니 自是로 四時常祀를 皆親之러라

61) 魏主始親祀七廟 : "'始(처음)'라고 기록한 것은 어째서인가. 이보다 앞서서는 없었기 때문이다.〔書始何 前乎此未有也〕" ≪書法≫

癸亥年(483)

齊나라 世祖 武帝 蕭賾 永明 원년이고, 北魏 高祖 孝文帝 拓跋宏 太和 7년이다.

齊世祖武帝賾永明元年이요 魏太和七年이라

【綱】 봄에 齊나라가 郡縣의 관리에게 田秩(職田·祿俸)을 회복시켜주고, 관리를 승진시키고 교체하는 것을 小滿을 기한으로 삼았다.

春에 **齊復郡縣官田秩**하고 **遷代**를 **以小滿爲限**하다

【目】 조서를 내려서 "변경이 편안해졌으니 백성을 다스리는 관리에게 널리 田秩을 회복시키라." 하였다.

宋나라 말기에 백성을 다스리는 관리가 6년을 재임하는 것은 지나치지 오랜 기간이라고 하여 마침내 3년으로 제한하여 이를 '小滿'이라고 하였는데, 관리가 승진하고 바뀌어 오고가서 또 3년 만기의 제도에 의거할 수도 없었다. 이때에 이르러 마침내 조서를 내려 "지금부터 일률적으로 小滿을 기한으로 하라."라고 하였다.

詔以邊境寧晏이라 治民之官을 普復田秩①하다 宋末에 以治民之官이 六年過久라하여 乃以三年爲斷하고 謂之小滿호되 遷換去來하여 又不能依三年之制러라 至是乃詔自今一以小滿爲限하다

① 復은 돌이키는 것이다. 田은 職田이고 秩은 祿俸이다. 宋나라 文帝 元嘉 27년(450)에 北魏의 침략이 있어서 군대를 일으킨다는 이유로 百官의 녹봉을 줄였다. 淮南太守 諸葛闡이 봉록을 줄여 중앙의 백관에 견주어 달라고 요청하자, 이에 諸州와 郡縣의 丞·尉가 모두 함께 봉록을 줄였다. 明帝 때에 이르러 전쟁이 그치지 않아 國庫가 텅 비자, 중앙과 지방의 백관들이 모두 봉록을 줄였다.
復, 還也. 田, 職田. 秩, 祿也. 宋文帝元嘉二十七年, 有魏師, 以軍興減百官奉祿. 淮南太守諸葛闡求減俸祿, 比內百官, 於是諸州郡縣丞尉竝悉同減. 至明帝時, 軍旅不息, 府藏空虛, 內外百官, 竝斷奉祿.

【綱】 여름 4월에 齊나라가 尙書 垣崇祖와 散騎常侍 荀伯玉을 죽였다.

夏四月에 **齊殺其尙書垣崇祖**와 **散騎常侍荀伯玉**하다

【目】 齊主(蕭賾)가 태자였을 때 스스로 〈황자들 중에〉 나이가 제일 많고 太祖(蕭道成)와 함께 대업을 열었다고 하여 조정의 일을 대략 모두 자기 마음대로 결정하였다. 곁에 두고 신임하던 張景眞이 교만하고 사치하였으나 안팎에서 감히 말하는 사람이 없었다. 司空部의 諮議參軍 荀伯玉은 평소 태조가 가까이하고 두텁게 여겼던 사람이이서 비밀리에 태조에게 알리자, 태조는 화가 나서 동궁을 조사하도록 명령하였고, 칙령을 선포하여 힐책하고 태자의 명령으로 장경진을 잡아들여 그를 죽이게 하였다. 齊主(소색)는 근심하고 두려워 병이 났다고 하였다.

한 달 가량이 지나도 태조의 화는 풀어지지 않았다. 王敬則이 태조에게 머리를 조아리며 말하기를 "官(황제)께서는 천하를 소유하신 지가 얼마 안 되는데, 태자가 질책을 받을 만한 일을 한 적이 없으니, 사람들이 마음속으로 두려워하고 있습니다. 官께서는 동궁에 가셔서 이를 푸시기 바랍니다."라고 하였다. 왕경칙이 그로 인해 태조가 동궁으로 갈 뜻을 알리고 태조의 복장을 치장하게 하자, 태조는 마지못해 동궁으로 가서 여러 왕들을 불러서 연회를 열어 잔뜩 취해서 돌아왔다. 순백옥이 이 일로 인해 더욱 신임을 받자, 齊主는 순백옥을 깊이 원망하였다. 豫州刺史 垣崇祖 또한 태자 편에 붙지 않았다.

태조가 임종할 때 순백옥에게 齊主를 부탁하였는데, 이때에 이르러 齊主가 원숭조가 長江 북쪽의 비루한 사람들과 결탁하여 불러들여서 순백옥과 난을 일으키려고 하였다고 무고하고 모두를 잡아들여서 죽였다.

齊主之爲太子也에 自以年長하고 與創大業하여 朝事率皆專斷하니 所信任左右張景眞이 驕侈僭擬호되 內外莫敢言이러니 司空諮議荀伯玉이 素爲太祖所親厚라 密以啓聞①한대 太祖怒하여 命檢校東宮하여 宣勅詰責하고 使以太子令으로 收景眞殺之하니 齊主憂懼稱疾이라 月餘에 太祖怒不解러니 王敬則叩頭啓曰 官有天下日淺이어늘 太子無事被責하니 人情恐懼라 願官往東宮解之하소서 因宣旨裝束한대 太祖不得已至東宮하여 召諸王宴하여 盡醉乃還하니 伯玉由是愈見親信하니 而齊主深怨之라 豫州刺史垣崇祖亦不親附太子라 太祖臨終에 指伯玉以屬齊主러니 至是齊主誣崇祖招結江北荒人하여 欲與伯玉作亂이라하고 皆收殺之하다

① 諮議는 諮議參軍이다.
諮議, 卽諮議參軍.

【綱】 윤4월에 魏主(拓跋宏)의 아들 拓跋恂이 태어났다.

閏月에 魏子恂生[62]하다

【目】魏主(拓跋宏)의 후궁 林氏가 아들 拓跋恂을 낳으니, 馮太后가 탁발순을 마땅히 태자로 삼아야 한다고 하여 임씨를 죽이고는 자신이 돌보고 길렀다.

魏主後宮林氏生子恂하니 馮太后以恂當爲太子라하여 賜林氏死하고 自撫養之하다

【綱】5월에 齊나라가 車騎將軍 張敬兒를 죽였다.

五月에 齊殺其車騎將軍張敬兒[63)]하다

【目】張敬兒는 꿈을 믿는 것을 좋아하였다. 예전에 南陽太守가 되자, 그의 처인 尙氏가 한 손이 뜨거워지는 꿈을 꾸었고, 雍州刺史가 되자 한쪽 어깨가 뜨거워지는 꿈을 꾸었으며, 開府儀同三司가 되자 몸이 반이나 뜨거워지는 꿈을 꾸었다. 장경아는 욕심이 끝이 없어서 친한 사람에게 말하기를, "내 처가 다시 몸 전체가 뜨거워지는 꿈을 꾸어야 할 터인데."라고 하니 齊主(蕭賾)가 이를 듣고 싫어하였다. 마침 어떤 사람이 장경아가 蠻族들과 물건을 교역한다고 보고하자, 그가 다른 뜻을 갖고 있다고 의심하였다.

때마침 齊主가 華林園에서 齋를 베풀었는데, 그 자리에서 장경아를 잡아들였다. 장경아가 冠貂를 벗어 땅에 던지고 말하기를, "이 물건이 나를 그르치게 하였구나!"라고 하니, 마침내 장경아를 죽였다.

장경아의 딸은 征北將軍府의 諮議參軍인 謝超宗의 며느리가 되었다. 사초종이 丹楊尹 李安民에게 말하기를 "'왕년에 韓信을 죽이고, 금년에는 彭越을 죽였구나.'라고 하였으니, 단양윤께서는 어떻게 하실 생각입니까."라고 하였다. 이안민이 이 사실을 갖추어 계문을 올리자, 그를 잡아서 廷尉에게 회부하여 죽음을 내렸다.

62) 魏子恂生 : "아들 출생은 기록하지 않는데 여기서 기록한 것은 어째서인가. 太后의 잔인함 때문이다. 北魏 故事에 太子를 세우면 그 모친을 죽였다. 이때에 林氏가 拓跋恂을 낳자 太后는 그가 太子가 될 것이므로 바로 林氏를 죽이고서 자신이 양육하였으니 또한 매우 잔인하다. ≪資治通鑑綱目≫이 끝날 때까지 아들 출생을 기록한 것이 5번이고 손자 출생을 기록한 것이 1번이니(漢 武帝 太始 3년(B.C. 94)에 자세하다.) 모두 연고가 있었다. 탁발순은 또 겸하여 아버지를 배반한 것으로 기록되었다.〔子生不書 此其書 何 太后忍也 魏故事 立爲太子 乃殺其母 於是林氏生恂 太后以其當爲太子也 卽殺林氏 自撫養之 亦大忍矣 終綱目書子生五 孫生一(詳漢武帝太始三年) 皆有故者也 恂又兼以叛父書〕" ≪書法≫

63) 齊殺其車騎將軍張敬兒 : "이에 謝超宗에게 죽음을 내렸는데 어찌하여 기록하지 않았는가. 謝超宗은 말로 선동하여 그 죄가 컸다. 張敬兒가 蠻에 가서 交易을 하였는데 逆心이 있을 것이라고 의심을 하였으나 죄가 아직 밝혀지지 않은 상태에서 갑자기 그를 죽였다. 그 官爵을 특별히 기록한 것은 齊나라를 심하게 여긴 것이다.〔於是賜超宗死 則何以不書 超宗言語扇動 其罪大張 敬兒貨易蠻中 疑有異志 則罪未白也 而遽殺之 特書其官爵 所以甚齊也〕" ≪書法≫

敬兒好信夢하니 初爲南陽守에 妻尙氏夢一手熱하고 爲雍州에 夢一胛熱하고 爲開府에 夢半身熱[①]이러니 敬兒意欲無限하여 謂所親曰 吾妻復夢擧體熱矣라하니 齊主聞而惡之러라 會有人告敬兒貨易蠻中하니 疑有異志[②]한대 會齊主於華林園設齋러니 於坐에 收敬兒하니 敬兒脫冠貂投地曰 此物誤我라하니 遂殺之[③]하다 敬兒女爲征北諮議謝超宗子婦[④]라 超宗謂丹楊尹李安民曰 往年殺韓信하고 今年殺彭越하니 尹欲何計오 安民具啓之한대 收付廷尉賜死하다

① 胛(어깨)은 古狎의 切이니, 背胛이다. 일설에는 膉이니, 가슴과 옆구리가 만나는 곳이 膉이다.
   胛, 古狎切, 背胛也. 一曰膉也, 與胸脅相會膉也.
② "貨易"는 바로 貿易이다.
   貨易, 卽貿易也.
③ "設齋"는 ≪資治通鑑≫에는 "設八關齋(八關齋를 베풀었다.)"로 되어 있다. 불교의 戒律은 첫째는 살생을 하지 않는 것이고, 둘째는 도둑질을 하지 않는 것이며, 셋째는 사벽하고 음란한 짓을 하지 않는 것이고, 넷째는 함부로 말을 하지 않는 것이며, 다섯째는 술을 마시고 고기를 먹지 않는 것이고, 여섯째는 꽃다발과 구슬로 된 목걸이로 장식하지 말고 향유를 몸에 바르지 말고 춤추고 노래하지 말며 그런 것을 가서 보고 듣지 않는 것이며, 일곱째는 높고 넓은 평상에 앉지 않는 것이며, 여덟째는 齋(小乘에서는 정오를 지나지 않은 식사)를 지난 뒤에 음식을 먹지 않는 것이다. 이상이 八戒이므로 八關이라고 한 것이다.
   設齋, 通鑑作設八關齋. 釋氏之戒, 一不殺生, 二不偸盜, 三不邪淫, 四不妄語, 五不飮酒食肉, 六不著花鬘瓔珞, 香油塗身, 歌舞倡伎故往觀聽, 七不得坐高廣大床, 八不得過齋後喫食, 已上八戒, 故爲八關.
④ 謝超宗은 謝靈運의 손자이다.
   超宗, 靈運之孫也.

【綱】 가을 7월에 齊나라가 王僧虔을 特進 光祿太夫로 삼았다.

秋七月에 齊以王僧虔으로 爲特進光祿太夫하다

【目】 예전에 齊主(蕭賾)가 侍中 王僧虔을 左光祿太夫 開府儀同三司로 삼으려 하자, 왕승건이 개부의동삼사를 굳게 사양하여 조카 王儉에게 말하기를, "너는 三公의 지위에 오를 것이니, 내가 만약 이것을 받게 된다면 한 집안에서 두 명의 台司(三公)가 있게 되는 것이니, 나는 실로 두렵구나."라고 하였다. 여러 해 동안 관직을 받지 않으니, 이때 이르러 허락하고 왕승건에게 特進을 덧붙여주었다. 왕검이 긴 대들보를 올린 齋室을 지었

는데, 제도로 보아 조금 지나쳤다. 왕승건이 이를 보고 기뻐하지 않고 끝내 문에 들어가지 않자, 왕검이 그날로 허물어버렸다.

예전에 王弘이 형제들과 모임을 가지면서 자손들에게 마음대로 즐겁게 놀게 하였다. 王僧達은 땅에 뛰어 내려가서 호랑이 흉내를 내었고, 王僧綽은 똑바로 앉아서 촛불에서 떨어지는 촛농을 가져다가 봉황을 만드니, 왕승달이 빼앗아 부수었지만 역시 다시 애석해하지 않았으며 왕승건은 12개의 바둑알을 쌓아서 이미 떨어지지 않게 되자 역시 다시 만들지 않았다. 왕홍이 감탄하며 말하기를, "왕승달은 뛰어나고 시원스러워 다른 사람보다 못하지는 않지만, 끝내 우리 집안을 위태롭게 할까 걱정이고, 왕승작은 이름과 의리로 좋은 명성을 얻을 것이며, 왕승건은 반드시 長者가 되어서 지위가 재상에 이를 것이다."라고 하였는데, 모두 그의 말처럼 되었다.

初에 齊主以侍中王僧虔爲左光祿大夫開府儀同三司한대 僧虔固辭開府하고 謂兄子儉曰 汝行登三事하니 我若受此면 是一門二台司也라 吾實懼焉이라하고 累年不拜러니 至是許之하고 加特進[①]하다 儉作長梁齋호되 制度小過하니 僧虔不悅하여 竟不入戶한대 儉卽日毁之하다 初에 王弘與兄弟集會하여 任子孫戲適[②]하니 僧達跳下地하여 作虎子하고 僧綽正坐하여 采蠟燭珠爲鳳皇하니 僧達奪取打壞호되 亦復不惜하고 僧虔累十二博棋하여 旣不墜落하고 亦不重作하니 弘歎曰 僧達은 俊爽當不減人이로되 然恐終危吾家요 僧綽은 當以名義見美요 僧虔은 必爲長者하여 位至公台라하더니 而皆如其言이러라

① 三公은 天・地・人의 일을 주관하기 때문에 "三事"라고 한 것이다. "行登"은 앞으로 이 지위에 오르게 됨을 말한 것이다.
三公, 主天・地・人之事, 故曰三事. 行登, 謂行將登此位也.

② 適은 즐긴다는 뜻이다.
適, 樂也.

【綱】 겨울 10월에 熒惑星이 역행하여 太微垣으로 들어갔다.

冬十月에 熒惑逆行入太微하다

【目】 齊나라에서 有司가 푸닥거리를 하라고 청하자 齊主(拓跋宏)가 말하기를 "하늘에 응대하는 것은 실지로 해야지 꾸밈만으로 해서는 안 되오.[64] 내가 사욕을 극복하여 잘 다

64) 하늘에……되오 : 漢나라 때 王嘉가 말하기를, "신이 듣건대, 백성을 감동시킬 때는 행동으로 해야

스리기를 구하여 어진 정치를 융성하게 할 것을 생각해야 하니 재앙이 만일 나에게 달려 있다면 푸닥거리를 한들 무슨 도움이 되겠는가."라고 하였다.

齊有司以請禳之한대 齊主曰 應天以實이요 不以文이라 我克己求治하여 思隆惠政이니 災若在我면 禳之奚益이리오

【綱】 齊나라가 장군 劉纘을 北魏에 보냈다.

齊遣將軍劉纘如魏하다

【目】 劉纘은 여러 번 北魏에 가니, 馮太后가 드디어 사사롭게 그와 사통하였다.

纘屢至魏하니 馮太后遂私幸之러라

【綱】 12월 초하루에 일식이 있었다.

十二月朔에 日食하다

【綱】 北魏가 처음으로 동성 간에 혼인을 금지하였다.

◑ 魏始禁同姓爲昏[65]하다

【綱】 北魏 秦州刺史 于洛侯가 죄를 저질러 죽임을 당했다.

◑ 魏秦州刺史于洛侯有罪伏誅하다

지 말로 하지 않으며, 하늘에 응대하는 것은 실지로 해야지 꾸밈만으로 해서는 안 된다.〔臣聞動民以行 不以言 應天以實 不以文〕"라고 하였다.(≪漢書≫ 권45 〈蒯伍江息夫傳〉)

65) 魏始禁同姓爲昏 : "夷狄이 夫婦의 한 가지 윤리에 대해서는 지저분함이 더욱 심하였다. 자기 영역 안에서는 괴상할 것이 없으나 이미 중국 지역에 들어와서 중국 사람들과 섞이고 중국의 풍속을 익히면서도 여전히 사모해 본받을 줄을 몰랐으니, 이들은 秉彝(늘 지닌 성품)의 성품과 羞惡의 마음이 없어서 사람의 도리로 대우할 수 없다. 元魏(北魏)가 華夏에 들어와 살면서 일마다 중국 聖人의 가르침을 사모하다가 이때에 이르러 또 同姓 간에 혼인 금지법을 만들었다. 蒙古의 아들이 아버지의 첩을 이어받고 형이 아우의 아내를 거두어들여 나라가 끝마칠 때까지 변할 줄 몰랐던 것에 비하면 다른 것이다. 이것이 ≪資治通鑑綱目≫에서 특별히 기록하여 인정해준 이유이다.〔夷狄於夫婦一倫 瀆亂尤甚 在其域中 無足怪者 旣入中國之地 雜中國之人 習中國之俗 猶不知所慕傚 則是無秉彝之性 羞惡之心 不可以人理待之矣 元魏入居華夏 事事慕中國聖人之敎 至是又有同姓爲昏之禁 其視蒙古之子承父妾 兄收弟婦 至於國終而不知變也異矣 此綱目所以特書而予之〕" ≪發明≫

【目】 于洛侯는 성품이 잔혹하여 사람에게 형벌을 줄 때 팔을 자르고 혀를 뽑고 사지를 나누어 걸어놓기도 하였는데, 州에 사는 백성들이 모두 배반하였다. 有司가 그를 탄핵하니 魏主(蕭賾)가 그 州로 사자를 파견하여 관리와 백성들에게 널리 알리고 나서 그의 목을 베었다.

齊州刺史 韓麒麟은 정치를 할 적에 항상 관대하였는데, 從事 劉普慶이 유세하기를 "공께서 부절을 가지고 중원 지역(齊州)을 다스리면서 사람의 목을 베는 일이 없으니, 어떻게 위엄을 보이실 것입니까?"라고 하니 한기린이 말하기를, "형벌이라는 것은 악한 일을 그치게 하는 것이니, 仁者는 부득이한 경우에 이를 쓰는 것이다. 지금 백성들이 법을 어기지 않으니, 또 무슨 목을 벨 일이 있겠는가. 만약에 반드시 목을 베는 일을 결행한 뒤에 위엄을 세울 수 있다면 마땅히 경으로 그에 응할 것이다."라고 하였다. 유보경은 부끄럽고 두려워 물러갔다.

洛侯性殘酷하여 刑人에 或斷腕拔舌하고 分懸四體하니 州民皆反이라 有司劾之한대 魏主遣使至州하여 宣告吏民하고 然後斬之하다 齊州刺史韓麒麟爲政尙寬하니 從事劉普慶說曰 公杖節方夏하고 而無所誅斬하니 何以示威오하니 麒麟曰 刑罰은 所以止惡이니 仁者不得已而用之라 今民不犯法하니 又何誅乎리오 若必斷斬然後에 可以立威면 當以卿應之라한대 普慶慙懼而退하다

思政殿訓義 資治通鑑綱目 제28권 상

-齊 武帝 永明 2년(484)~齊 武帝 永明 10년(492)-

≪資治通鑑綱目≫ 제28권은 甲子年(484) 齊나라 武帝 永明 2년과 北魏 孝文帝 太和 8년에서 시작하여 丙子年(496) 齊나라 明帝 建武 3년과 北魏 孝文帝 太和 20년까지이니, 모두 13년이다.

起甲子齊武帝永明二年과 魏孝文帝太和八年하여 盡丙子齊明帝建武三年과 魏孝文帝太和二十年이라 凡十三年이라

甲子年(484)

齊나라 世祖 武帝 蕭賾 永明 2년이며, 北魏 高祖 孝文帝 拓跋宏 太和 8년이다.

齊永明二年이요 魏太和八年이라

【綱】 봄 정월에 齊나라가 竟陵王 蕭子良을 司徒로 삼았다.

春正月에 齊以竟陵王子良爲司徒하다

【目】 蕭子良은 齊主(蕭賾)의 아들이다. 어려서부터 성품이 맑고 고상하여 손님들에게 마음을 쏟아 서쪽의 저택을 열고 옛사람이 쓰던 기물과 의복을 많이 수집하여 가득 채웠는데, 范雲, 蕭琛, 任昉, 王融, 蕭衍, 謝朓, 沈約, 陸倕 등이 모두 文學으로 가깝게 지냈으니, 이름하여 '八友'라고 하였다. 柳惲, 王僧孺, 江革, 范縝, 孔休源도 여기에 참여하였다.

소자량이 釋氏(부처)를 몹시 좋아하여 이름난 승려들을 초빙하고 강론할 적에 직접 승려들을 위해 음식을 나누어주고 물을 가져다주기도 하였는데, 세상 사람들이 너무 宰相의 체통을 잃은 것이라 생각하였다. 범진이 부처가 존재하지 않는다고 극구 말하자,

소자량이 말하기를 "그대가 因果應報를 믿지 않는다면 어찌 부귀와 빈천이 있을 수 있겠는가?"라고 하였다. 범진이 말하기를 "인생은 마치 나무에 꽃이 함께 피어 바람에 흩어지는 것과 같으니, 주렴과 장막을 스쳐 방석 위에 떨어지기도 하고, 혹은 울타리와 담장에 걸려 뒷간에 떨어지기도 합니다. 방석 위에 떨어진 것은 殿下와 같은 경우이고, 뒷간에 떨어진 것은 小官(범진)과 같은 경우라고 할 수 있습니다. 부귀와 빈천이 비록 다르지만 여기에 과연 무슨 인과가 있겠습니까."라고 하니, 소자량이 따질 수가 없었다.

범진이 또 〈神滅論〉을 지어 "형체는 神의 바탕이며, 神은 형체의 쓰임이다. 神과 형체의 관계는 마치 날카로움이 칼에 존재하는 것과 같다. 칼이 없는데 날카로움이 존재한다는 말은 들은 적이 없으니, 어찌 형체가 없는데 神이 존재할 수 있겠는가."라고 하였다.

소자량이 왕융을 시켜 말을 전하기를, "卿의 재주가 훌륭한데 어찌 中書郎에 오르지 못할까 염려하여 일부러 이런 터무니없고 그릇된 설을 만들어 내는 것인가. 참으로 애석하오. 속히 이러한 說을 버려야 할 것이다."라고 하였다. 범진이 크게 웃으며 말하기를 "만일 제가 논의를 내세워 높은 관직을 차지하려고 했다면 이미 令이나 僕射의 지위에 올랐을 것입니다."라고 하였다.

子良은 齊主之子也라 少有淸尙하여 傾意賓客하여 開西邸하고 多聚古人器服以充之①어늘 范雲蕭琛任昉王融蕭衍謝脁沈約陸倕竝以文學見親하니 號曰八友②라 柳惲王僧孺江革范縝孔休源亦預焉③이러라 子良篤好釋氏하여 招致名僧講論할새 或親爲賦食行水하니 世頗以爲失宰相體④러라 范縝盛稱無佛한대 子良曰 君不信因果면 何得有富貴貧賤⑤이리오 縝曰 人生如樹花同發하여 隨風而散하니 或拂簾幌하여 墜茵席之上하고 或關籬墻하여 落糞溷之中⑥하니 墜茵席者는 殿下是也요 落糞溷者는 下官是也라 貴賤雖殊나 因果何在오 子良이 無以難이러라 縝又著神滅論하니 以爲形者는 神之質이요 神者는 形之用也라 神之於形에 猶利之於刀라 未聞刀沒而利存하니 豈容形亡而神在哉아 子良使王融謂之曰 卿才美하니 何患不至中書郎而故乖剌爲此오 甚可惜也라 宜急毁之⑦하라 縝大笑曰 使縝賣論取官이면 已至令僕矣리라

① ≪南齊書≫ 〈蕭子良傳〉에 의거하면, 서쪽의 저택은 雞籠山에 있었다.
據子良傳, 西邸在雞籠山.

② 蕭琛은 蕭惠開의 從子이고, 王融은 王僧達의 손자이며, 蕭衍은 齊 太祖의 族弟인 蕭順之의 아들이며, 謝脁는 謝述의 손자이며, 沈約은 沈璞의 아들이다. 倕는 음이 垂이다.
琛, 惠開之從子. 融, 僧達之孫. 衍, 齊太祖族弟順之之子. 脁, 述之孫. 約, 璞之子也. 倕, 音垂.

③ 柳惲은 柳元景의 從孫이고, 王僧孺는 王雅之의 曾孫이며, 范縝은 范雲의 從兄이다.

惲, 元景之從孫. 僧孺, 雅之曾孫. 縝, 雲之從兄也.

④ 〈"爲賦"의〉 爲(위하다)는 去聲이다. 賦는 나누어준다는 뜻이다.
爲, 去聲. 賦, 分畀也.

⑤ 佛家에 因緣果報의 설이 있다.
釋氏有因緣果報之說.

⑥ 幌은 呼廣의 切이니, 장막이라는 뜻이다.
幌, 呼廣切, 帷幔也.

⑦ 剌는 來曷의 切이니, 서로 위배되는 것을 말한다.
剌, 來曷切, 謂相違背也.

【目】蕭衍이 계책과 책략을 좋아하였고 文武의 재간을 지니고 있었는데, 王儉이 그를 몹시 소중히 여겨 말하기를 "蕭郞이 서른 살을 넘으면 이루 말할 수 없이 귀해질 것이다."라고 하였다.

그 후에 蕭子良이 아뢰어 范雲을 郡守로 삼으려고 하니, 齊主(蕭賾)가 말하기를 "듣자하니 그가 늘 속임수와 농간을 종용한다고 한다. 내가 다시 끝까지 형벌을 적용하지는 않을 것이니, 용서하여 멀리 보내는 것이 좋겠다."라고 하였다. 소자량이 말하기를 "그렇지 않습니다. 범운이 늘 올바른 말로 인도하는 일을 도우니, 간언한 글에 기록되어 있습니다."라고 하고, 드디어 가져다 올리니 백 장이 넘는 종이에 적혀 있는 말이 모두 간절하고 솔직하였다. 齊主가 탄식하며 소자량에게 말하기를 "범운이 이런 줄을 생각지도 못했다. 지금 그대를 보필하게 할 것이니, 어찌 郡守로 내보낼 수 있겠는가."라고 하였다.

觀穫進規(수확하는 광경을 보면서 規諫을 올리다)

文惠太子가 한번은 東田으로 나가 수확하는 광경을 구경하고는 여러 빈객들을 돌아보며 말하기를 "곡식을 베는 광경도 제법 볼만하오."라고 하였다. 빈객들이 모두 "네네."라고 말하였는데, 范雲만은 말하기를 "봄, 여름, 가을 농사철에는 실로 오래도록 노동을 해야 하니, 삼가 바라건대 전하께서는 농사짓는 어려움을 알아 하루아침의 연회를 즐기지 마소서."라고 하였다.

蕭衍이 **好籌略有文武才幹**하니 **王儉**이 **深器異之曰 蕭郎**이 **出三十**께 **貴不可言**이니라 **後**에 **子良啓以范雲爲郡**한대 **齊主曰 聞其恒相賣弄**하니 **朕不復窮法**이라 **當宥之以遠**이니라 **子良曰 不然**하니 **雲動相規誨**하여 **諫書具存**이라하고 **遂取以奏**하니 **凡百餘紙**에 **辭皆切直**이라 **齊主嘆息謂子良曰 不謂雲能爾**라 **方使弼汝**니 **何宜出守**오 **文惠太子嘗出東田觀穫**①이러니 **顧謂衆賓曰 刈此亦殊可觀**이로다 **衆皆曰唯唯**호되 **雲獨曰 三時之務**가 **實爲長勤**하니 **伏願殿下知稼穡之艱難**하여 **無徇一朝之宴逸**②하소서

① 文惠太子는 蕭長懋이다. 당시에 태자가 東宮의 동쪽에 東田을 만들었는데, 너무 화려하여 눈앞에 보이는 것마다 웅장하고 사치스러웠다. ≪南史≫ 〈齊紀 下 廢帝郁林王紀〉에 "太子가 鍾山 아래에 누각을 만들어 東田이라 불렀다."고 한다.
文惠太子, 長懋也. 時太子作東田於東宮之東, 綿亘華遠, 壯麗極目. 又齊紀 "太子立樓館於鍾山下, 號曰東田."

② "三時之務"는 봄에 밭 갈고, 여름에 김매고, 가을에 수확하는 것을 말한다.
三時之務, 謂春耕夏耘秋穫也.

【綱】 여름 6월에 齊나라가 茹法亮을 中書舍人으로 삼았다.

夏六月에 **齊以茹法亮**으로 **爲中書舍人**①하다

① 茹는 人諸의 切이니, 성씨이다.
茹, 人諸切, 姓也.

【目】 당시에 中書舍人 4명이 각각 한 곳의 省에 머물렀는데,[1] 이를 '四戶'라고 하였다. 茹法亮과 呂文顯 등을 이 관직에 임명하니 권세가 조정을 좌지우지하여 주위에서 선물로 보내는 금품이 해마다 수백만 전이었다. 여법량이 어떤 이에게 말하기를 "어찌 외부에서 봉록을 구할 필요가 있겠는가. 이 一戶 안에서 해마다 백만 전을 마련한다."라고 하였으니, 이를 대략적으로 말한 것이다. 그 후에 天文에 나타난 변고로 인해 王儉이 여문현 등이 권력을 좌지우지하여 사욕을 채운다고 극력하게 아뢰었으나, 齊主(蕭賾)가

1) 한……머물렀는데 : 각각의 省은 尙書省, 中書省, 門下省, 集書省을 말한다.

바꿀 수 없었다.

時中書舍人四人이 各住一省하여 謂之四戶라 以法亮及呂文顯等爲之하니 權傾朝廷하여 餉遺歲數百萬이라 法亮語人曰 何須求外祿이리오 此一戶中에 年辦百萬이라하니 蓋約言之也이러라 後因天文有變하여 王儉이 極言文顯等專權徇私所致호되 齊主不能改러라

【綱】 가을에 北魏가 처음으로 등급에 따라 봉록을 나누어주었다.

秋魏始班祿하다

【目】 北魏의 옛 제도에 戶마다 비단 2필, 솜 2근, 실 1근, 곡식 20곡을 세금으로 거두고 또 비단 1필 2장을 받아 州의 창고에 위임하여 세금 이외의 비용으로 쓰도록 하였다. 세금으로 거두는 것은 각각 토지의 소출에 따라 내도록 하였는데, 이때에 이르러 처음으로 등급에 따라 봉록을 나누어주게 하여 이를 위해 戶마다 세금을 늘려서 비단 3필, 곡식 2곡 9두를 더 내도록 하고 세금 이외에 또 비단 2필을 더 부과하였으며, 봉록을 시행한 뒤에 뇌물로 받은 물품이 1필이 되는 사람은 사형에 처하였다.

옛 법률에 枉法으로 비단 10필은 받은 자와 義贓으로 비단 20필을 받은 자는 사형에 처했는데, 이때에 이르러 義贓으로 비단 1필을 받은 자와 枉法으로 수수한 자는 많고 적음에 관계없이 모두 사형시켰다.

秦益二州刺史 李洪之가 외척으로 존귀하고 현달하였는데, 마침내 뇌물을 받아 일을 그르쳐 사형에 처해졌으며, 나머지 수령들 중에 죽은 사람이 40여 명이었다. 봉록을 받는 자들이 두려움에 움츠려들어 뇌물을 받는 일이 거의 없어졌다. 그러나 관리와 백성들 중에 다른 죄를 저지른 사람에게는 魏主(拓跋宏)가 대부분 관대하게 대하였고, 죄가 의심스런 옥사에 대해 평의할 것을 아뢰면 대부분 사형에서 감형을 시켜 변방으로 귀양 보내도록 하니, 도성에서 사형에 처해진 사람이 한 해에 5, 6명에 지나지 않았으며, 州와 鎭에도 그 수가 적었다.

오랜 뒤에 淮南王 拓跋佗가 상주하여 옛날처럼 봉록을 주지 않아야 한다고 하자, 馮太后가 신하들을 불러 의논을 하였다. 中書監 高閭가 말하기를 "굶주림과 추위가 몸에 절실하면 자애로운 어머니도 자식을 보호할 수가 없습니다. 지금 봉록을 주면 청렴한 자는 넘치도록 욕심을 내지 않기에 충분하고, 탐욕스러운 자는 권면하고 사모하기에 충분합니다. 그러나 봉록을 주지 않으면 탐욕스러운 자는 간사한 마음을 제멋대로 부리

고, 청렴한 자는 자신을 보호할 수 없게 될 것입니다."라고 하니, 조서를 내려 高閭의 논의를 따르도록 하였다.

魏舊制에 戶調帛二匹絮二斤絲一斤穀二十斛[①]하고 又入帛一匹二丈委之州庫하여 以供調外之費호되 所調各隨土之所出이러니 至是始班俸祿하여 而戶增調帛三匹穀二斛九斗以給之하고 調外에 亦增二匹하고 祿行之後에 贓滿一匹者死라 舊律에 枉法十匹과 義贓二十匹을 罪死[②]어늘 至是하여 義贓一匹과 枉法無多少皆死하다 秦益刺史李洪之 以外戚貴顯이러니 遂以贓敗賜死[③]하고 餘守宰死者 四十餘人이라 受祿者가 無不跼蹐하여 賕賂殆絶[④]이러라 然吏民犯他罪者는 魏主率寬之하고 疑罪奏讞에 多減死徙邊하니 都下決大辟이 歲不過五六人이요 州鎭亦簡이러라 久之요 淮南王佗奏請依舊斷祿한대 太后召群臣議之하니 中書監高閭以爲飢寒切身하면 慈母도 不能保其子라 今給祿則廉者足以無濫이요 貪者足以勸慕어니와 不給則貪者得肆其姦하고 廉者不能自保리이다하니 詔從閭議하다

① 調는 계산해내는 것을 말한다.
調, 謂計發也.

② "枉法"은 뇌물을 받고 법을 왜곡하여 사람의 죄를 바꾸는 것이다. "義贓"은 사심을 가지고 뇌물을 주는 것으로, 비록 요구하여 받은 것이 아니라도 역시 받은 것을 계산하여 뇌물죄로 논한다.
枉法, 謂受賕枉法而出入人罪者. 義贓, 謂人私情相饋遺, 雖非乞取, 亦計所受論贓.

③ 北魏 顯祖(拓跋弘)와 高祖(拓跋宏)는 모두 李氏의 소생이다.
魏顯祖高祖皆李氏出也.

④ 跼(구부리다)은 음이 局이다. 蹐(살금살금 걷다)은 음이 脊이다.
跼, 音局. 蹐, 音脊.

【目】高閭가 또 다음과 같이 표문을 올려 말하였다.

"北狄(柔然)의 장점은 들판에서 전투를 벌이는 것이며, 단점은 성을 공격하는 것이니, 만일 북적의 단점으로 그들의 장점을 빼앗는다면 비록 무리가 많다고 하더라도 걱정거리가 못 되고, 비록 공격해온다고 하더라도 깊이 들어올 수 없을 것입니다. 또 북적이 들판과 늪지에 흩어져 살면서 水草를 따라 이동하니 전투를 하게 되면 생계를 꾸려 모두 쳐들어오고, 도망을 치게 되면 기르는 가축과 모두 도망쳐서 군량을 가져오지 않아도 먹을거리가 절로 풍부하여 역대로 변경의 근심거리가 되었던 것입니다.

六鎭의 형세가 분산되어 있어 적의 수가 배가 되어 싸울 수 없고 서로 뜨위되어 핍박

을 받으니 그들을 제압하기가 어렵습니다. 바라건대 秦나라와 漢나라의 故事에 따라 六鎭의 북쪽에 長城을 쌓고 요해처를 선택하여 〈이따금 장성의〉 문을 열어 〈그 옆에 작은〉 성을 축조하고 병력을 두어서 막아 지키게 하면 북적이 이미 성을 공격하지 못하고 들판에서 약탈을 해도 얻을 것이 없어 풀이 다 떨어지면 달아날 것이니, 결국에는 반드시 징계하여 다스리게 될 것입니다.

六鎭을 계산해보면 동서로 천 리를 넘지 않으니, 한 명의 장정이 한 달 동안 힘을 들이면 3보의 땅에 성을 쌓을 수 있으니, 힘이 센 사람과 약한 사람을 합쳐 10만 명 정도를 투입하면 한 달에 완성할 수 있습니다. 비록 잠시 동안은 힘이 들겠지만 영원히 평안할 수 있습니다.

長城에는 다섯 가지 이점이 있습니다. 쓸데없이 방비하는 괴로운 일을 할 필요가 없는 것이 하나이고, 北部에서 가축을 방목해도 노략질 당할 근심이 없는 것이 둘째이며, 성에 올라 적을 바라보면서 편안한 상태로 지친 적을 기다리는 것이 셋째이며, 수시로 전투를 대비해야 하는 긴장을 하지 않아도 되는 것이 넷째이며, 매년 식량을 운송하여 영원히 모자라지 않게 할 수 있는 것이 다섯째입니다."

魏主(拓跋宏)가 예우하는 조서로 답을 내렸다.

◑ 閭又表以爲北狄所長者野戰이요 所短者攻城①이니 若以狄以所短으로 奪其所長이면 則雖衆이나 不能成患이요 雖來나 不能深入이라 又狄散居野澤하여 隨逐水草하니 戰則與家業竝至하고 奔則與畜牧俱逃하여 不齎資糧而飮食自足하니 是以로 歷代에 能爲邊患이라 六鎭勢分하여 倍衆不鬪하고 互相圍逼하니 難以制之②라 請依秦漢故事하여 於六鎭之北築長城하고 擇要害地하여 開門造城[2)]하고 置兵捍守하면 狄旣不攻城하고 野掠無獲하여 草盡則走니 終必懲艾라 計六鎭하면 東西不過千里니 一夫一月之功이면 可城三步之地라 彊弱相兼하여 不過用十萬人에 一月可就니 雖有暫勞나 可以永逸이라 凡長城이 有五利하니 罷遊防之苦 一也요 北部放牧에 無抄掠之患이 二也요 登城觀敵하여 以逸待勞 三也요 息無時之備 四也요 歲常遊運하여 永得不匱 五也니이다하니 魏主優詔答之③하다

① 北狄은 蠕蠕(柔然)을 가리킨다.
北狄, 指蠕蠕也.

② 胡三省이 말하기를 "北魏 世祖(太武帝 拓跋燾)가 蠕蠕을 격파하고 漠南에 항복해온 사람들을 나누어 살게 하였는데, 동쪽으로는 濡源에 이르고, 서쪽으로는 五原과 陰山에 이르렀으니,

2) 開門造城 : ≪資治通鑑≫에는 "往往開門 造小城於其側"으로 되어 있다.

경계가 3천 리였다. 이곳을 나누어 六鎭으로 만들었으니, 지금의 武川, 撫冥, 懷朔, 懷荒, 柔玄, 禦夷 지역이다. 아래에서 '六鎭은 동서로 천 리에 지나지 않는다.'고 한 것은 代都의 북쪽 변방에서부터 동쪽으로 濡源에 이르는 곳에 해당할 뿐이다."라고 하였다. 杜佑가 말하기를 "後魏(北魏)의 六鎭은 아울러 馬邑, 雲中, 單于府의 경계에 있다."라고 하였다. "倍衆不鬪"는 적들의 수와 힘이 갑절이 되어 鎭에 있는 사람들이 감히 싸우지 못함을 말한 것이다.

胡三省曰 "魏世祖破蠕蠕, 列置降人於漠南, 東至濡源, 西暨五原・陰山, 竟三千里. 分爲六鎭, 今武川・撫冥・懷朔・懷荒・柔玄・禦夷也. 下云'六鎭東西不過千里.' 則當自代都北塞而東至濡源耳." 杜佑曰 "後魏六鎭竝在馬邑・雲中・單于府界." 倍衆不鬪, 謂敵人衆力加倍則鎭人不敢鬪也.

③ 遊는 옮긴다는 뜻이니, 건초와 양식을 운송하여 변방 지역에 충당하는 것이다.

遊, 行也, 行運芻糧以實塞下.

【綱】 겨울 10월에 齊나라가 長沙王 蕭晃을 中書監으로 삼았다.

冬十月에 齊以長沙王晃으로 爲中書監하다

【目】 예전에 太祖(蕭道成)가 임종하면서 蕭晃을 齊主(蕭賾)에게 부탁하여 도성이나 가까운 藩鎭에 거처하게 하여 먼 곳으로 나가지 못하게 하였다. 또 말하기를 "宋氏가 만일 형제간에 살육하는 일이 아니었다면 다른 종족이 어찌 그들이 와해된 틈을 엿볼 수 있었겠느냐. 너는 이를 깊이 경계하여라."라고 하였다.

옛날의 제도에 여러 왕들이 도성에 있을 때에는 오직 검을 휴대한 40명만을 좌우에 두도록 하였는데, 이때에 이르러 蕭晃이 南徐刺史를 그만두고 돌아올 적에 사적으로 수백 명이 쓸 무기를 싣고 오니, 齊主가 듣고서 크게 화를 내어 법으로 다스리려고 하자, 豫章王 蕭嶷이 머리를 조아리고 눈물을 흘리며 말하기를 "소황의 죄는 진실로 용서받을 수 없지만, 폐하께서는 先朝(소도성)의 유언을 기억하셔야 합니다."라고 하였다. 齊主가 눈물을 흘리며 그만두었지만, 결국 가까이 두고 총애하지 않았다.

武陵王 蕭曄이 재주와 기예가 많았으나 거칠고 강직하여 역시 총애를 받지 못했다. 한번은 모시고 연회를 열다가 취하여 땅에 엎어졌는데, 貂蟬冠의 담비 꼬리가 고기 국이 담긴 그릇에 닿았다. 황제가 웃으며 말하기를 "담비 꼬리가 고기 국물에 더럽혀졌구나."라고 하니, 대답하기를 "폐하께서는 새와 짐승의 깃털은 아끼시지만, 골육을 나눈 형제는 멀리하십니다."라고 하였다. 그러자 황제가 기뻐하지 않았다.

初에 太祖臨終에 以晃屬齊主하여 使處輦下近藩하여 勿令遠出[①]하고 且曰 宋氏若非骨肉相殘이면 他族豈得乘其弊리오 汝深誡之하라 舊制에 諸王在都에 唯得置捉刀四十人[②]이러니 至是하여 晃自南徐刺史罷還에 私載數百人仗하니 齊主聞之大怒하여 將糾以法하니 豫章王嶷叩頭流涕曰 晃罪誠不足宥이어니와 陛下當憶先朝니이다 齊主垂泣而罷호되 然終不被親寵이러라 武陵王曄이 多才藝而疏婞하여 亦無寵[③]이라 嘗侍宴醉伏地하니 貂抄肉柈[④]이라 帝笑曰 肉汚貂[⑤]로다 對曰 陛下愛羽毛而疏骨肉하노이다하니 帝不悅이러라

① "輦下"는 輦轂의 아래라는 뜻으로, 도성을 말한다. 藩은 藩鎭을 말한다.
輦下, 輦轂之下, 謂京師也. 藩, 謂藩屛也.
② "捉刀"는 검을 잡고 좌우에서 지키는 사람이다.
捉刀, 執刀以衛左右者也.
③ 婞은 올곧다는 뜻이며, 사납다는 뜻이다.
婞, 直也, 狠也.
④ 侍中과 中常侍의 冠은 담비의 꼬리로 장식한다. 抄는 平聲이니, 살짝 스친다는 뜻이다. 柈(쟁반)은 槃과 통용한다.
侍中・中常侍之冠以貂尾爲飾. 抄, 平聲, 略拂過也. 柈, 與槃通.
⑤ 汚(더럽히다)는 去聲이다.
汚, 去聲.

【綱】 高句麗의 왕 高璉(長壽王)이 北魏에 조공을 바치고 또 齊나라에도 조공을 바쳤다.

高麗王璉이 入貢於魏하고 亦入貢於齊하다

【目】 당시에 高句麗가 한창 강성하였기에 北魏가 여러 나라 사신의 숙소를 마련할 적에 齊나라 사신을 제일 우선시하였고, 고구려를 그 다음으로 하였다.

時에 高麗方彊하니 魏置諸國使邸에 齊使第一이요 高麗次之러라

【綱】 11월에 齊나라가 始興王 蕭鑑을 益州刺史로 삼았다.

十一月에 齊以始興王鑑으로 爲益州刺史하다

【目】 益州는 晉나라 이후로 모두 이름난 장군을 刺史로 삼았다. 이때에 이르러 大度水의 獠族[3])이 험준한 지형을 믿고 교만 방자하자, 刺史 陳顯達이 사신을 보내어 조세를 바쳐 속죄하기를 요구하였는데, 大度水의 獠族이 그 사신을 죽였다. 陳顯達이 將吏를 나누어 거느리고 사냥을 나간다고 말을 퍼뜨리고는 밤에 급습하여 남녀노소를 가리지 않고 모두 죽였다.

도적의 수괴 韓武方이 역시 무리들을 모아 난폭하게 굴자, 郡縣에서 제어할 수가 없었다. 그래서 蕭鑑을 刺史로 삼았는데, 소감이 上明에 이르자 韓武方이 나와서 항복하였다. 長史가 죽이라고 청하자 소감이 말하기를 "그를 죽이면 신의를 잃을 뿐이지, 善을 권면할 수 없다."라고 하고, 臺省에 아뢰어 용서하니, 이에 도적질을 하던 蠻夷들이 풍문만 듣고서도 항복하여 귀순하였다.

도로에서 사람들이 말하기를 "진현달이 부름에 나아가려 하지 않을 것이다."라고 하였는데, 진현달의 사신이 이르자, 모두 소감에게 그를 붙잡아 두라고 권하였다. 소감이 말하기를 "진현달이 우리 조정에 충절을 세웠으니, 필시 그런 일을 하지 않을 것이다." 라고 하였는데, 이틀이 지난 뒤에 진현달이 벌써 집안 식구들을 데리고 성을 나갔다는 소식을 들었다. 소감의 당시 나이가 열 넷이었다. 문학을 좋아하고 착용한 기물과 의복이 선비와 같아 蜀人들이 좋아하였다.

益州自晉以來로 皆以名將爲刺史러니 至是하여 大度獠恃險驕恣①하니 刺史陳顯達이 遣使責其租賧한대 獠殺其使②라 顯達分部將吏하여 聲言出獵하고 夜襲斬之하니 男女無少長皆死러라 而劫帥韓武方이 亦聚黨爲暴하니 郡縣不能禁③이라 乃以鑑爲刺史한대 鑑至上明하니 武方出降④이어늘 長史請殺之하니 鑑曰 殺之失信이요 無以勸善이라하고 乃啓宥之하니 於是에 蠻夷爲寇者 皆望風降附러라 道路或云 陳顯達不肯就徵이어늘 而顯達使至하니 咸勸鑑執之한대 鑑曰 顯達立節本朝하니 必自無此리라 居二日에 聞顯達已遷家出城矣러라 鑑時年十四라 喜文學하고 器服如素士하니 蜀人悅之러라

① ≪太平寰宇記≫에 "大度河는 吐蕃의 경계에서 발원하여 雅州의 여러 부락을 거쳐 黎州의 동쪽 경계에 이르러 通望의 경계에 유입된다." 하였다.
寰宇記 "大度河, 自吐蕃界經雅州諸部落, 至黎州東界, 流入通望界."

② 租는 땅에 부과하는 세금이다. 賧(속죄하다)은 吐濫의 切이니, 夷族이 재물로 속죄하는 것을 賧이라고 한다.

3) 大度水의 獠族 : 大度水는 지금의 泗川省 樂山市에서 岷江으로 유입되는 강으로, 강 연안에는 蠻族이 살고 있는데, 이들을 大度獠라고 하였다.

租, 田賦也. 賧, 吐濫切, 夷人以財贖罪曰賧.

③ 劫은 위협하는 도적을 말한다.

劫, 謂劫盜也.

④ ≪通典≫의 註에 이르기를 "上明은 지금의 江慶의 松滋縣이다." 하였다.

通典註云 "上明今江慶松滋縣."

【綱】 齊나라가 豫章王의 蕭嶷의 封邑을 4천 戶로 늘려주었다.

齊增封豫章王嶷四千戶하다

【目】 宋나라 元嘉 연간[4]에 여러 왕들이 齋閤[5]에 들어갈 때에는 白服 차림에 치마〔裙〕를 입고 오직 太極展 곁에 있는 四廟를 나가서야 朝服을 갖추었는데, 이후로는 이 제도가 드디어 폐지되었다. 齊主(蕭賾)가 蕭嶷과 우애가 돈독하여 元嘉 연간의 故事를 따르라고 허락하였는데, 소억이 극구 사양하고 오직 車駕가 그 집에 이르면 白服 차림에 烏帽를 착용하고 시중을 들며 잔치를 열었다. 기물과 의복 제도와 관련된 일은 걸핏하면 모두 아뢰어 간략하게 줄이는 데 힘썼다. 또 한번은 揚州刺史에서 해직시켜 竟陵王 蕭子良에게 이를 줄 것을 청하였는데, 齊主가 말하기를 "네가 죽을 때까지 맡길 것이니, 여러 소리 할 것 없다."라고 하였다. 소억은 키가 7척 8촌이며 용모와 법도를 잘 겸비하여 궁궐이나 관서를 드나들 때 바라보는 자들이 엄숙하게 대했다. 太祖(蕭道成)가 과거에 소억을 太子로 삼으려고 하였으나 소억이 齊主를 섬기는 데 더욱 삼갔기 때문에 우애가 변함없었다.

宋元嘉之世에 **諸王入齋閤**에 **得白服帬帽**하고 **唯出太極四廟**에 **乃備朝服**이러니 **自後此制遂絶**①이라 **齊主於嶷友愛**하여 **聽依元嘉故事**한대 **嶷固辭**하여 **唯車駕至其第**에 **乃白服烏帽侍宴**하고 **至於器服制度**를 **動皆陳啓**하여 **務從減省**이라 **又嘗求解揚州**하니 **以授竟陵王子良**한대 **齊主曰 畢汝一世**하리니 **無所多言**하라 **嶷長七尺八寸**이요 **美修容範**하니 **出入殿省**에 **見者肅然**이러라 **太祖嘗欲以爲太子**로되 **而嶷事齊主愈謹**이라 **故友愛不衰**러라

① 帬과 帽는 모두 평상시에 착용하는 것이다. 帬은 裙의 古字이니, 하의이다. 四廟는 ≪資治通鑑≫에는 四廂으로 되어 있다.

帬帽, 皆燕居所服. 帬, 古裙字, 下裳也. 四廟, 通鑑作四廂.

4) 元嘉 연간 : 宋 文帝가 통치했던 元嘉 원년(424)부터 元嘉 30년(453)까지를 말한다.

5) 齋閤 : 황제의 서재를 말한다.

乙丑年(485)

齊나라 世祖 武帝 蕭賾 永明 3년이고, 北魏 高祖 孝文帝 拓跋宏 太和 9년이다.

齊永明三年이요 魏太和九年이라

【綱】 봄 정월에 北魏가 讖緯와 巫卜을 금지하였다.

春正月에 魏禁讖緯巫卜[6)]하다

【目】 조서를 내리기를 "도참설이 三代[7)] 말기부터 출현하였는데, 이미 나라를 다스리는 법이 되지 못하였고 한갓 요망하고 사악한 자들이 그에 의지하고 있다. 지금 모두 불태우도록 하고 남겨놓은 사람은 사형에 처하라."라고 하였다. 또 여러 巫覡이나 백성들이 사는 거리에서 경전에 실려 있지 않은 내용으로 점을 치는 것은 엄하게 금지하였다.

詔曰 圖讖之興이 出於三季하니 既非經國之典이요 徒爲妖邪所憑이라 今皆焚之하고 留者는 以大辟論①하라 又嚴禁諸巫覡及委巷卜筮非經典所載者②하다

① "三季"는 三代의 말기를 말한다.
三季, 謂三代之末世也

② 곧은 곳〔直〕을 街라 하고, 굽은 곳〔曲〕을 巷이라 하니, 委는 바로 曲이다.
直曰街, 曲曰巷. 委, 卽曲也.

【綱】 齊나라가 國學을 다시 세웠다.

齊復立國學[8)]하다

---

6) 魏禁讖緯巫卜 : "晉나라 武帝로부터 '禁星氣讖緯(星氣, 讖緯를 금지하였다.)'를 기록하여 苻秦에 이르러 '禁老莊圖讖(老子, 莊子, 圖讖을 금지하였다.)'을 기록하였고, 이때에 다시 '魏禁讖緯巫卜'을 기록한 것은 모두 ≪資治通鑑綱目≫에서 인정해준 것이다. ≪자치통감강목≫이 끝날 때까지 圖讖을 금지한 것을 기록한 것이 5번이다(晉나라 丁亥年(387)에 자세하다.).〔自晉武書禁星氣讖緯 至苻秦而書禁老莊圖讖 於是復書魏禁讖緯巫卜 皆綱目所予也 終綱目書禁圖讖五(詳晉丁亥年)〕" ≪書法≫

7) 三代 : 중국 고대의 夏·殷·周를 말한다.

8) 齊復立國學 : "다시 설립했다고 기록한 것은 어째서인가. 이전에 폐기했기 때문이다. 이때가 없어진 지 3년 째였다. ≪資治通鑑綱目≫에서 國學에 '復(다시)'라고 기록한 것이 2번이다.(唐 代宗 大歷 원년(769))〔復立何 嘗罷也 於是喪三年矣 綱目國學書復二(唐代宗大歷元年)〕" ≪書法≫

【目】先師에게 釋奠을 지낼 적에 上公의 예를 사용하도록 하였다.

釋奠先師에 用上公禮①하다

① ≪禮記≫ 〈王制〉에 "太學에서 釋奠을 지낸다."라고 하였는데, 그 註에 "釋菜(입학할 때 先聖·先師에게 올리는 제례)와 奠幣(폐백을 신위 앞에 드리는 것)는 先師를 예우하는 것이다." 하였다.
禮記王制"釋奠于學." 註云"釋菜·奠幣禮先師也."

【綱】3월에 魏主(拓跋宏)가 여러 아우를 모두 王으로 봉하였다.

三月에 魏主封諸弟皆爲王①9)하다

① 拓跋禧는 咸陽王, 拓跋幹은 河南王, 拓跋羽는 廣陵王, 拓跋雍은 潁川王, 拓跋勰은 始平王, 拓跋詳은 北海王이 되었다.
禧爲咸陽王, 幹爲河南王, 羽爲廣陵王, 雍爲潁川王, 勰爲始平王, 詳爲北海王.

【目】馮太后가 學館을 설치하고 師傅를 선발하여 여러 왕들을 교육시켰는데, 始平王 拓跋勰이 형제 중에 가장 뛰어나 영민하고 학문을 좋아하였으며 문장을 잘 지었는데, 魏主가 더욱 기특하게 여겨 총애하였다. 뒤에 작위를 옮겨 彭城王으로 봉해주었다.

太后置學館選師傅하여 以教諸王하니 始平王勰이 於兄弟에 最賢하여 敏而好學하고 善屬文하니 魏主尤奇愛之러라 後徙封爲彭城王하다

【綱】여름 5월에 齊나라가 王儉으로 國子祭酒를 겸하게 하였다.

夏五月에 齊以王儉으로 領國子祭酒하다

【目】宋 世祖(劉駿)가 문장을 좋아한 뒤로 사대부 중에 經傳을 전공하는 사람이 없었다. 王儉이 어려서부터 禮學과 ≪春秋≫를 좋아하여 평상시 말할 때에도 반드시 儒學의 규범을 따랐는데, 이로 말미암아 의관을 갖춘 사람들이 기뻐하여 다시 유학을 숭상하였다.
왕검이 조정의 儀禮와 국가의 典章制度를 편찬하였고, 晉나라와 宋나라의 고사를 모두 외우고 기억하여 조정에서 일을 처리할 적에 물 흐르듯이 거침없이 결단하였는데,

9) 魏主封諸弟皆爲王 : "이를 기록한 것은 友愛를 드러낸 것이다. 諸舅를 봉하여 列侯를 삼은 것을 기록한 것과는 다르므로 '主'라고 기록한 것이다.〔書 著友愛也 與書封諸舅皆爲列侯者異矣 故書主〕" ≪書法≫

널리 논의를 하고 근거를 뒷받침하니, 다른 의견을 낼 수 있는 자가 없었다. 令史 가운데 일을 자문하는 사람이 항상 수십 명이었고 빈객들이 자리에 가득하였는데, 그들을 응대하는데 머뭇거림이 없었다. 10일에 한 번씩 학교로 돌아와서 諸生들의 시험을 감독하니, 뜰에는 두건과 굽은 관을 쓴 학생들이 있었고, 검을 찬 호위병과 令史들의 위용이 아주 볼만했다. 解散髻를 만들어 簪을 비스듬히 꽂으니, 조정과 재야에서 이를 흠모하여 흉내를 내었다.

왕검이 늘 사람들에게 말하기를 "江左(東晉 이후)에서 풍류가 있는 宰相은 오직 謝安뿐이다."라고 하였으니, 마음속으로 자신을 빗댄 것이다. 황제가 깊이 그에게 의지하고 일을 맡겨서 士流를 선발할 적에 그가 아뢰면 안 되는 일이 없었다.

自宋世祖好文章으로 士大夫無專經者러니 儉이 少好禮學及春秋하여 言論造次에 必於儒者하니 由是로 衣冠翕然하여 更尙儒術이러라 儉이 撰次朝儀國典하고 晉宋故事를 無不諳憶[①]하여 當朝理事에 斷決如流하니 博議引證에 無能異者이라 令史諮事 常數十人이요 賓客滿席에 應接無滯하고 十日一還學하여 監試諸生하니 巾卷在庭하고 劍衛令史儀容甚盛이라 作解散髻斜插簪하니 朝野 多慕效之[②]러라 儉常謂人曰 江左風流宰相이 唯有謝安이라 意以自比也이러라 上深委仗之하여 士流選用에 奏無不可러라

① 諳은 음이 庵이니, 기억한다는 뜻이다.
諳, 音庵, 記也.

② 卷(굽다)은 巨員의 切이니, 冠의 형식이다. 髻는 상투를 트는 것이다. 插은 찔러 넣는 것이다. 簪은 머리에 꽂는 비녀이다.
卷, 巨員切, 冠式也. 髻, 綰髮也. 插, 剌入也. 簪, 首笄也.

【綱】가을 7월에 北魏가 梁彌承을 宕昌王으로 삼았다.

秋七月에 魏以梁彌承으로 爲宕昌王하다

【目】처음에 宕昌王 梁彌機가 죽자 아들 梁彌博이 왕위에 올랐는데, 吐谷渾에게 압박을 받아 仇池로 도망쳤다. 北魏의 仇池鎭將 穆亮이 梁彌承이 무리들의 추종을 받는다고 생각하여 토곡혼을 공격하여 몰아내고 양미승을 왕위에 올리고 돌아왔다.

初에 宕昌王梁彌機死하니 子彌博立이러니 爲吐谷渾所逼하여 奔仇池하니 魏仇池鎭將穆亮이 以彌承爲衆所附라하여 擊走吐谷渾하고 立之而還[①]하다

① 穆亮은 穆崇의 증손이다. 梁彌承은 梁彌機의 조카이다.
亮, 崇之曾孫也. 彌承, 彌機兄子.

【綱】 겨울 10월에 北魏가 조서를 내려 均田制를 시행하였다.

冬十月에 **魏詔均田**[10)]하다

【目】北魏 초기에 백성들 대부분이 蔭附를 일삼았으니, 蔭附한 자들은 모두 관청에 부역이 없었지만, 호족과 세력 있는 자들이 징수하는 세금이 국가의 세금보다 갑절이나 많았다.

給事中 李安世가 아뢰기를 "거듭된 기근으로 백성들이 유랑하여 田業(田地)을 호족들이 대부분 점거하고 빼앗았습니다. 비록 桑井(井田)을 회복하는 일이 어려우나 다시 田地의 면적을 측정하여 균등하게 하여 人力과 田業을 서로 알맞게 하고, 또 다툼이 있는 田地는 年數를 제한하여 결단하며, 일이 오래되어 田地의 주인이 분명치 않으면 현재의 주인에게 귀속시켜 함부로 속이는 행위를 근절시켜야 합니다."라고 하니, 魏主(拓跋宏)가 좋다고 여기고 이로 말미암아 처음으로 均田制를 논의하였다.

10월에 조서를 내려 다음과 같이 하였다. 15세 이상의 모든 남자들은 露田 40畝를 받고, 부인은 20畝를 받으며, 노비는 良丁의 기준에 의거하고, 소 1頭에 田地 30畝를 받되 소로 받는 田地는 4마리로 제한하였다. 분급하는 田地는 대략 갑절로 하였는데, 3년에 1번 농사지을 수 있는 田地는 다시 갑절로 하여, 경작이나 환수에 있어 남거나 모자라는 경우에 제공하였다. 사람들이 세금을 낼 연령이 되면 田地를 받았고, 늙어서 과세를 면제받거나 죽으면 田地를 환수하였다. 노비와 소는 유무에 따라 환수하였다. 처음 田地를 받는 경우 남자에게는 20畝를 주어 뽕나무 50그루를 키우도록 부과하되, 뽕나무밭〔桑田〕은 모두 세습하여 가업으로 삼아 사람이 죽어도 국가에 돌려주지 않았다. 〈桑田은〉 늘 현재 인구를 계산하여 지급할 규정 액수를 꽉 채운 경우 받지도 돌려주지도 않았으며, 지급할 규정 액수에 부족한 경우 법대로 경작할 토지를 주었으며, 규정 액수를 초

10) 魏詔均田 : "王莽이 조서를 내려서 백성 중에 일할 수 있는 남자가 8명이 못 되는데 토지가 1井이 넘는 경우는 종족 마을에 나누어주게 하였으나, ≪資治通鑑綱目≫에서 기록하지 않고 토지를 賣買하지 못하게 한 것만 기록했을 뿐이다. 이때에 조서를 내려 均田制를 시행한 것을 기록한 것은 北魏를 인정해준 것이다. 均田을 기록한 것은 여기에서 시작되었다. ≪자치통감강목≫에서 均田을 기록한 것은 3번이다(이해(485), 隋나라 開皇 12년(592), 大業 5년(609)).〔王莽詔民男口不盈八 而田過一井者 分予族里 綱目不書 書不得賣買而已 於是魏詔均田則書之 予魏也 書均田始此 綱目書均田三(是年 隋開皇十二年 大業五年)〕" ≪書法≫

과한 桑田은 팔 수 있었다. 여러 목민관에게는 각각 가까운 곳에 있는 公田을 차등 있게 주어서, 관직을 옮기게 되면 서로 넘겨주고 매매한 사람은 법대로 처벌하였다.

魏初에 民多蔭附하니 蔭附者는 皆無官役이나 而豪彊徵斂倍於公賦[①]라 給事中李安世上言호되 歲飢民流하여 田業이 多爲豪右所占奪하니 雖桑井難復이나 宜更均量하여 使力業相稱[②]하고 又所爭之田을 宜限年斷하고 事久難明이어든 悉歸今主하여 以絶詐妄이라한대 魏主善之하여 由是始議均田[③]하다 十月에 詔諸男夫十五以上은 受露田四十畝하고 婦人은 二十畝하고 奴婢는 依良丁[④]하고 牛一頭에 受田三十畝호되 限止四牛라 所授之田을 率倍之호되 三易之田은 再倍之하여 以供耕作及還受之盈縮[⑤]하고 人年及課則受田하고 老免及身沒則還田하고 奴婢牛는 隨有無以還受라 初受田者는 男夫給二十畝하여 課種桑五十株호되 桑田은 皆爲世業하여 身終不還이라 恒計見(현)口하여 有盈者는 無受無還하고 不足者는 受種如法하고 盈者는 得賣其盈[⑥]이라 諸宰民之官은 各隨近給公田有差하여 更代相付[⑦]하고 賣者坐如律하다

① 蔭附라는 것은 스스로 호족과 세력 있는 자의 집에 투탁하여 비호를 구하는 것이다.
蔭附者, 自附於豪彊之家以求蔭庇

② 桑井은 옛날의 井田制이니, 5畝의 집에 담장을 따라 뽕나무를 심는 것이다.
桑井, 謂古者井田之制, 五畝之宅, 樹牆下以桑也.

③ 均은 균평하다는 뜻이다.
均, 平也.

④ 나무를 심지 않은 것을 露田이라고 한다. 良丁은 良人으로서 壯丁이 된 이를 말한다.
不栽樹者, 謂之露田. 良丁, 謂良人成丁者.

⑤ "倍之"는 합쳐서 40畝를 받으면, 80畝를 부과하는 것이니, 이는 한 해 걸러 경작 가능한 토지이다. "三易之田"은 3년을 농사지은 뒤에 예전처럼 회복할 수 있기 때문에 거듭 갑절로 부과한 것이다. ≪周禮≫ 〈地官〉에 "休耕하지 않는 땅은 한 집에 100묘를 주고, 1년을 휴경하는 땅은 한 집에 200묘를 주며, 2년을 휴경하는 땅은 한 집에 300묘를 준다."라고 하였는데, 그 註에 "'不易之地'는 해마다 경작할 수 있는 땅이니 上田이고, '一易之地'는 2년에 1번 경작할 수 있는 땅이니 中田이며, '再易之地'는 3년에 1번 경작할 수 있는 땅이니 下田이다." 하였다.
倍之者, 合受四十畝, 授以八十畝, 此一易之田也. 三易之田, 三年耕然後復故, 故再倍以授之. 周禮地官"不易之地家百畮, 一易之地家二百畮, 再易之地家三百畮." 註"不易之地, 歲歲可種, 是爲上田. 一易之地, 兩歲一種, 是爲中田. 再易之地, 三歲一種, 是爲下田."

⑥ 口分田과 世業田(永業田)의 법이 이와 같다.
口分・世業之法如此.

⑦ 更(다시)은 工衡의 切이다.

更, 工衡切.

【綱】 北魏가 任城王 拓跋澄을 都督梁州益州荊州軍事로 삼았다.

魏以任城王澄으로 都督梁益荊州軍事①하다

① 北魏 高祖(拓跋宏)가 처음에 梁州와 益州 두 州를 仇池에 설치하였다.
魏高祖, 始置梁·益二州於仇池.

【目】 柔然이 北魏 변방을 침략하자, 北魏 任城王 拓跋澄이 무리를 이끌고 대항하니 유연이 달아났다. 氐族과 羌族이 반란을 일으키자, 조서를 내려 탁발징을 梁州刺史로 삼았는데, 탁발징이 양주에 도착하여 반란 세력을 토벌하고 회유하여 복종시키자 氐族과 羌族이 모두 평정되었다.

柔然犯魏塞어늘 魏任城王澄帥衆拒之하니 柔然遁去①하다 氐羌反이어늘 詔以澄爲梁州刺史하니 澄至州에 討叛柔服하니 氐羌皆平하다

① 拓跋澄은 拓跋雲의 아들이다.
澄, 雲之子也.

【綱】 齊나라 富陽 사람 唐寓之가 난을 일으켰다.

齊富陽民唐寓之作亂하다

【目】 예전에 太祖(蕭道成)가 虞玩之 등에게 명을 내려 호적을 조사하여 확정하게 하였다. 齊主(蕭賾)가 즉위하자 별도로 校籍官을 세우고 令史를 두어 날마다 몇 건씩 교묘히 법을 어기는 일을 적발하도록 하였다. 外監 呂文度가 아뢰어 허위로 호적에서 빠지게 된 사람을 淮水 연변에 10년 동안 보초를 서는 군사로 충당시키자고 하자, 백성들 대부분이 죄를 피해 도망쳤다.

富陽 사람 唐寓之가 요망한 술법을 부려 백성들을 현혹시키자, 三吳 지역에 허위로 호적에서 빠져 있는 사람들이 그에게 모여들었는데, 무리가 3만 명이나 되었다. 여문도가 茹法亮, 呂文顯과 모두 간사하게 아첨하여 황제에게 총애를 받아 여문도가 병권을 전적으로 통제하니, 領軍將軍은 빈자리만 지킬 뿐이었다. 여법량의 권세가 더욱 커지

자, 王儉이 늘 말하기를 "내가 비록 높은 지위에 있으나 지닌 권력이 어찌 茹公만 하겠는가."라고 하였다.

初에 太祖命虞玩之等하여 檢定黃籍[①]이러니 齊主卽位에 別立校籍官하고 置令史하여 限日得數巧[②]하니 外監呂文度啓上籍被却者를 謫戍緣淮十年하니 民多逃亡避罪[③]라 富陽民唐寓之因以妖術惑衆하니 三吳却籍[11)]者奔之하니 衆至三萬[④]이러라 文度與茹法亮呂文顯으로 皆以姦諂有寵하여 文度專制兵權하니 領軍守虛位而已라 法亮權勢尤盛하니 王儉常曰 我雖有大位나 權寄豈及茹公耶아하다

① 籍은 簿書이다. 戶籍에 편입하는 글은 황색으로 표지를 만들므로 黃籍이라고 한 것이다.
籍, 簿書也. 編戶之文, 以黃表之, 故曰黃籍.

② ≪資治通鑑≫에는 "한 사람이 날마다 몇 건을 적발하도록 정해놓았다."라고 하였다. 巧는 간사함과 거짓이니, 〈"限日得數巧"는〉 각자 날마다 간사한 행위를 적발하는 것을 몇 건으로 한정하는 것을 말한다.
通鑑"限一人日得數巧." 巧, 謂姦僞, 言每人一日, 限其校得姦僞數事也.

③ 外監은 中領軍 소속이지만, 황제와 더 가깝고 신임이 있었다. 上(올리다)은 時掌의 切이다. 被(당하다)는 去聲이다. 却은 호적에서 퇴출되었다는 뜻이다.
外監, 屬中領軍, 而親任過之. 上, 時掌切. 被, 去聲. 却, 戶退也.

④ 富陽은 漢나라 때의 富春縣으로, 본래 會稽에 소속되었으나 뒤에 吳에 소속되었다. 晉 簡文帝의 鄭太后의 이름이 春이었기 때문에 晉 孝武帝가 富陽으로 고쳤다. "奔之"는 달아난다는 뜻이다.
富陽, 卽漢富春縣也, 本屬會稽, 後屬吳. 晉簡文鄭太后諱春, 孝武改曰富陽. 奔之, 走往也.

【綱】 柔然의 部眞可汗이 죽고 아들 伏名敦可汗 郁久閭豆崙이 즉위하였다.

柔然部眞可汗死하고 子伏名敦可汗豆崙立[①]하다

① 伏名敦은 北魏 말로 '항상'이라는 뜻이다.
伏名敦, 魏言恒也.

丙寅年(486)

齊나라 世祖 武帝 蕭賾 永明 4년이고, 北魏 高祖 孝文帝 拓跋宏 太和 10년이다.

11) 却籍 : 南朝 齊나라 때 허위로 작성된 戶籍이다. 본서 241쪽에 호적에 관한 일이 보인다.

齊永明四年이요 魏太和十年이라

【綱】 봄 정월 초하루에 魏主(拓跋宏)가 조회를 하고 비로소 곤룡포를 입고 면류관을 썼다.

春正月朔에 魏主朝會하고 始服袞冕[12)]하다

【綱】 齊나라가 唐寓之를 토벌하여 평정하였다.

◑ 齊討唐寓之하여 平之하다

【目】 唐寓之가 錢塘과 東陽을 공격하여 함락시키고 太守를 죽이자, 齊나라가 禁兵을 징발하여 당우지를 공격하여 목을 베고 勝勢를 타고서 마음대로 노략질을 하였다. 군대가 돌아오자 軍主 陳天福이 그 일에 연좌되어 목이 베여 저자에 걸렸다. 진천복은 齊主(蕭賾)가 총애하던 장군이었는데, 그가 죽임을 당하자 조정 안팎에 있는 사람들이 두려움에 떨며 삼갔다. 사신을 보내어 노고를 위로하고 賊과 마주했던 군과 현까지 두루 다니게 하였으며, 백성들 가운데 내몰려 핍박을 받은 사람에게는 모두 책임을 묻지 않았다.

唐寓之攻陷錢塘東陽하여 殺太守[①]어늘 齊發禁兵擊斬之하고 乘勝縱掠이러니 軍還에 軍主陳天福坐棄市하니 天福은 齊主寵將也라 旣伏誅에 內外震肅이러라 遣使慰勞하고 遭賊郡縣하니 百姓被驅逼者는 悉無所問하다

① 太守는 東陽太守이다.
太守, 東陽太守.

【綱】 武都王 楊後起가 卒하니, 종족인 楊集始가 그 자리에 올랐다.

武都王楊後起卒하니 種人集始立[①]하다

① 楊集始는 楊文弘의 아들이다.
集始, 文弘之子也.

---

12) 春正月朔……始服袞冕 : "北魏 시대의 禮樂의 일을 ≪資治通鑑綱目≫에서는 처음에 늘 자세하게 기록하였으니, 이는 인정해준 것이다.〔魏世禮樂之事 綱目於其始 每詳書之 予之也〕" ≪書法≫

【綱】 北魏가 三長을 설치하고 백성들의 호적을 정리하였다.

○**魏置三長**하고 **定民戶籍**하다

【目】 北魏가 鄕黨에 대한 법제가 없이 宗主를 세워 백성을 督護하게 하였는데,[13] 백성들이 대부분 蔭附(호족에게 투탁함)하여 30에서 50가구를 비토소 1戶로 삼았다. 內祕書令 李沖이 다음과 같이 아뢰었다.

"마땅히 옛날의 법을 기준으로 하여 5가구마다 隣長을 세우고, 5隣마다 里長을 세우고, 5里마다 黨長을 세우되, 鄕人 중에 힘이 세고 신중한 사람을 뽑아서 맡기고, 隣長에게는 1夫의 부역, 里長에게는 2夫의 부역, 黨長에게는 3夫의 부역을 면제해주어 3년이 지나도록 과실이 없으면 한 등급 올려줍니다. 백성들의 調는 1夫와 1婦에 비단 1匹과 곡식 2石으로 하니, 대체로 〈징수한 비단 중에〉 10필을 公調로 하고, 2필은 調 이외의 비용으로 삼으며, 3필은 백관의 봉록으로 삼으십시오. 이밖에 또 雜調가 있습니다. 백성의 나이가 80세가 되면 1명의 아들은 부역을 면제해주고, 외로운 처지로 연로하고 가난하며 병이 들어 혼자 힘으로 살 수 없는 사람은 三長이 안에서 번갈아 그들을 돌보고 먹이도록 하십시오."

조서를 내려 백관들에게 의논하도록 하니, 中書令 鄭羲 등이 모두 안 된다고 하였는데, 太尉 拓跋丕가 말하기를 "만약 이 법이 시행되면 공적으로나 사적으로나 이로움이 있을 것입니다. 다만 한창 가을이라 戶口를 따지고 비교하면 백성들이 반드시 힘들어하고 원망할 것이니, 겨울이 되고 나서 사자를 파견하는 것이 사리에 마땅합니다."라고 하였다.

이충이 말하기를 "'백성은 옳은 도리를 따라 행하게 할 수 있을 뿐이지, 그 도리의 所以然을 알게 할 수는 없다.'[14]라고 하였습니다. 만약 調를 내는 시기를 이용하지 않으면 백성들은 다만 長을 세워 호구 조사를 하는 수고로움만 알고, 요역이 고르게 되고 부세가 줄어들고 있는 것을 보지 못하여 반드시 원망을 품을 것이니, 지금 시행하여 그

---

13) 宗主를……하였는데 : 宗主督護制를 말한 것으로, 이는 北魏 초기의 지방 기층조직이다. 5호16국 시기 중국 화북 지역이 혼란해지자 호족을 중심으로 자위하는 조직인 塢와 壁 등이 형성되면서 塢主와 壁主 등이 등장했는데, 대부분 宗族, 部曲, 의탁한 농민 등으로 이루어졌다. 이들의 우두머리인 宗主와 그에 종속된 가호 사이에 사적이 지배관계가 형성되었다. 北魏가 화북 지역을 통일하고서 宗主의 세력을 견제하면서도 그들의 권리를 인정해주고 그를 통해 요역과 부세를 걷게 하였다. 이리하여 종주가 백성들을 감독하는 종주독호제가 형성되었다.

14) 백성은……없다 : ≪論語≫ 〈泰伯〉에 나오는 말로, 이 大意는 우민정책이나 비밀 내지는 독재를 의미하는 것이 아니라, 도덕과 命令政敎로써 백성을 통솔하여 따라 오게 하는 것이다.

이로움을 얻게 되면 비교적 쉽게 될 것입니다."라고 하였다.

馮太后가 그 말을 따르니, 처음에는 백성들이 모두 근심하고 고생이라 여겼고 豪彊들은 더욱 원하지 않았다. 그 후에 調를 부과하였는데, 세금이 10여 배나 줄어들자 위아래 사람들이 편안하게 생각하였다.

魏無鄕黨之法하고 唯立宗主督護하니 民多隱冒하여 三五十家始爲一戶①라 內祕書令李沖上言②호대 宜準古法하여 五家立隣長하고 五隣立里長하고 五里立黨長호되 取鄕人彊謹者爲之하여 隣長은 復(복)一夫하고 里長은 二夫하고 黨長은 三夫하여 三載無過면 則升一等③하고 其民調는 一夫一婦에 帛一匹粟二石이니 大率十匹爲公調하고 二匹爲調外費하고 三匹爲百官俸하고 此外에 復有雜調하고 八十에 一子는 不從役④하고 孤老貧病不能自存者는 三長內迭養食之⑤라하여늘 詔百官議하니 中書令鄭羲等皆以爲不可호되 太尉丕曰 此法若行이면 公私有益이어니와 但方秋校比면 民必勞怨이니 請至冬遣使 於事爲宜니이다 沖曰 民可使由之요 不可使知之니 若不因調時면 民徒知立長校戶之勤이요 未見均徭省賦之益하여 心必生怨⑥하리니 及今行之하여 令得其利면 則差易矣리이다 太后從之니 民始皆愁苦하고 豪彊者尤不願이러니 旣而課調省十餘倍하니 上下安之러라

① 冒는 덮는다는 뜻이며, "隱冒"는 바로 蔭附이다.
冒, 覆也. 隱冒, 卽蔭附也.

② 祕書省이 궁중에 있기 때문에 內祕書令이라고 한 것이니, 中祕라고도 한다.
祕書省在禁中, 故謂之內祕書令, 亦謂之中祕.

③ 復은 면제해준다는 뜻이다. "復一夫"는 남자 1명에 해당하는 부역을 면제해주는 것을 말한다.
復, 除也. 復一夫, 謂除免其一夫徭役.

④ ≪資治通鑑≫에 "나이가 80세 이상인 백성은 아들 한명이 부역에 종사하지 않게 해준다." 하였다.
通鑑 "民年八十已上, 聽一子不從役."

⑤ 食(먹이다)는 음이 嗣이다.
食, 音嗣.

⑥ "調時"는 가을이 되어 수확을 하여 세금을 징수하는 때이다.
調時, 謂秋成徵收課調之時也.

【綱】 3월에 柔然이 사자를 北魏에 보냈다.

三月에 柔然遣使如魏하다

【目】 3월에 柔然이 사자를 北魏에 보냈는데, 당시 勅勒이 유연을 배반하자, 유연의 可汗이 직접 병사를 거느리고 토벌에 나서 추격하여 大漠 서쪽까지 이르렀다. 北魏의 僕射 穆亮이 빈틈을 타서 공격하자고 청하니, 高閭가 말하기를 "秦·漢의 시기에는 천하가 통일되었기 때문에 멀리 가서 정벌할 수 있었습니다. 지금 남쪽에는 吳 지역의 오랑캐(齊나라)들이 있는데 어찌 이들을 놓아두고 오랑캐(유연) 지역으로 깊이 들어갈 수 있겠습니까."라고 하였다.

魏主(拓跋宏)가 말하기를 "兵事란 흉기와 같아 聖人은 부득이한 경우에만 사용한다고 하였다. 先帝께서 여러 차례 정벌을 나가신 것은 귀순하지 않은 오랑캐들이 있었던 까닭이다. 지금 짐은 태평한 帝業을 이어받았는데 어찌 아무런 이유 없이 군대를 움직일 수 있겠는가."라고 하고, 유연의 사자를 후하게 예우하여 돌려보냈다.

三月에 柔然遣使如魏어늘 時勅勒叛柔然하니 柔然可汗이 自將討之하여 追至西漠①이어늘 魏僕射穆亮이 請乘虛擊之한대 高閭曰 秦漢之世에 海內一統이라 故可遠征이어니 今南有吳寇하니 何可捨之하고 深入虜庭乎리오 魏主曰 兵者는 凶器라 聖人不得已而用之하니 先帝屢出征伐者는 以有未賓之虜故也라 今朕承太平之業하니 奈何無故動兵革乎아하고 厚禮其使者而歸之하다

① "西漠"은 大漠의 서쪽 모퉁이이다.
西漠者, 大漠之西偏也.

【綱】 여름 4월에 北魏가 다섯 등급의 관복을 제정하였다.

夏四月에 **魏制五等公服**①하다

① 다섯 등급은 朱色·紫色·緋色·綠色·青色이다. 公服은 조정의 복식이다.
五等, 朱·紫·緋·綠·青. 公服, 朝廷之服.

【目】 朱衣와 玉珮와 크고 작은 짜서 만든 인끈이다.

朱衣玉珮大小組綬①라

① "組綬"은 실을 짜서 인끈을 만든 것이다.
組綬者, 組織以成綬.

【綱】 가을 9월에 北魏가 明堂과 辟雍을 지었다.

秋九月에 **魏作明堂辟雍**하다

【綱】 北魏가 中書學을 國子學으로 바꾸었다.

◯ **魏改中書學**하여 **爲國子學**①하다

① 北魏에서는 앞서 中書博士와 中書學生을 두었는데, 지금 바꾸어 國子學이라고 하였으니, 晉나라의 제도를 따른 것이다.
魏先置中書博士及中書學生, 今改曰國子學, 從晉制也.

【綱】 北魏가 州와 郡을 나누어 설치하였다.

◯ **魏分置州郡**하다

【目】 모두 38州로 25州가 河南에 있고, 13州가 河北에 있었다.

凡三十八州니 二十五在河南이요 十三在河北①하다

① 河南의 25주는 靑州・南靑州・兗州・齊州・濟州・光州・豫州・洛州・徐州・東徐州・雍州・秦州・南秦州・梁州・益州・荊州・涼州・河州・沙州와 당시에 또 華州・陝州・夏州・岐州・班州・郢州를 설치하여 모두 25주이다. 河北의 13州는 司州・幷州・肆州・定州・相州・冀州・幽州・燕州・營州・平州・安州에다 당시에 또 瀛州・汾州를 설치하여 모두 13주이다.
河南二十五州, 靑・南靑・兗・齊・濟・光・豫・洛・徐・東徐・雍・秦・南秦・梁・益・荊・涼・河・沙, 時又置華・陝・夏・岐・班・郢, 凡二十五. 河北十三州, 司・幷・肆・定・相・冀・幽・燕・營・平・安, 時又置瀛・汾, 凡十三.

丁卯年(487)

齊나라 世祖 武帝 蕭賾 永明 5년이고, 北魏 高祖 孝文帝 拓跋宏 太和 11년이다.

齊永明五年이요 魏太和十一年이라

【綱】 봄 정월 초하루에 北魏가 樂章을 정하였다.

春正月에 **魏定樂章**하다

【目】 雅樂이 아닌 것은 없애버렸다.

凡非雅者除之하다

【綱】 齊나라 南陽이 北魏에 항복하였다.

齊南陽降魏하다

【目】 齊나라의 변방 사람 桓天生이 南陽의 옛 성을 점거하여 北魏에 병사를 요청하여 齊나라 국경을 침략하니, 齊나라가 장군 陳顯達을 보내어 토벌하였다.

齊荒人桓天生據南陽故城에 請兵於魏하여 以寇齊境①이어늘 齊遣將軍陳顯達討之하다

① 荒은 변방 지역이다.
荒, 荒服也.

【綱】 北魏의 光祿大夫 咸陽公 高允이 卒하였다.

魏光祿大夫咸陽公高允卒하다

【目】 高允이 다섯 황제를 섬기면서 三省에 출입한 50여 년 동안 문책을 받은 적이 없었으니, 馮太后와 魏主(蕭賾)가 그를 매우 중하게 여겼다. 고윤은 인자하고 간략하며 조용하여 비록 귀중한 지위에 있었지만 마음은 한산하고 소박한 듯이 하였고, 책을 지니고 읽고 보면서 밤낮으로 손에서 놓지 않았으며, 남을 善으로 가르치는 것을 좋아하여 정성을 다하여 게으른 적이 없었고, 친척에게 돈독하게 대하고 옛 친구를 생각하여 버린 적이 없었다.

顯祖(拓跋弘)가 青州와 徐州의 명망 있는 집안을 모두 代都로 이주시켰을 때, 그들 대부분이 고윤과 혼인으로 맺어진 인척이었는데, 그들이 떠돌고 굶주리며 추위에 떨자 고윤은 집안이 기울어질 정도로 재물을 풀고 구제하여 그들 모두가 살 방도를 얻게 해주었으며, 또 재주와 품행에 따라 조정에 천거하였다. 의논하는 자들이 대부분 그들이 막 귀부한 것을 가지고 이간질하였는데, 고윤이 말하기를 "어진 사람을 임용하고 능력 있

는 자를 등용하면서 어찌 새로운 사람과 오래된 사람을 차별하겠는가. 반드시 쓸모가 있다면 어찌 이런 이유로 억압해서야 되겠는가."라고 하였다.

이때 이르러 세상을 떠나니, 나이가 98세였다. 司空으로 추증하고 시호를 '文'이라 하였으며, 재물과 의복을 후하게 하사하였다. 北魏 초기 이래로 살아서나 죽어서나 황제의 은혜를 받은 사람들 모두가 고윤에게 미치지 못했다.

允이 歷事五帝하여 出入三省이 五十餘年에 未嘗有譴하니 馮太后及魏主甚重之①러라 允이 仁恕簡靜하여 雖處貴重이나 情同寒素하고 執書吟覽하여 晝夜不去手하고 誨人以善하여 恂恂不倦하고 篤親念故에 無所遺棄②라 顯祖徙靑徐望族於代하니 其人多允婚媾라 流離飢寒이어늘 允이 傾家賑施하여 咸得其所하고 又隨其才行하여 薦之於朝하니 議者 多以初附間之한대 允曰 任賢使能에 何有新舊리오 必若有用이면 豈可以此抑之리오 至是卒하니 年九十八이라 贈司空하고 諡曰文이요 賻襚甚厚라 魏初以來로 存亡蒙賚 皆莫及也③라

① 太武·景穆·文成·獻文·高祖가 다섯 황제이다. 三省은 尙書省·中書省·祕書省이다.
太武·景穆·文成·獻文及高祖爲五帝. 三省, 尙書省·中書省·祕書省也.

② "恂恂"은 미덥고 진실한 모양이다.
恂恂, 信實之貌.

③ 재물을 '賻'라고 하고, 의복을 '襚'라고 한다.
貨財曰賻, 衣服曰襚.

【綱】 2월에 齊나라가 北魏 군대를 격파하고 舞陽을 취하였다.

二月에 齊敗魏師하고 取舞陽하다

【目】 桓天生이 北魏의 군대를 이끌고 泚陽에 이르자, 陳顯達이 戴僧靜 등을 파견하여 深橋에서 전투를 치러 크게 격파하니, 환천생이 비양으로 물러나 수비하였는데, 대승정이 포위를 했으나 이기지 못하고 돌아왔다. 齊나라가 진현달을 雍州刺史로 삼으니, 진격하여 舞陽城을 점거하였다.

桓天生引魏兵至泚陽①이어늘 陳顯達遣戴僧靜等與戰於深橋하여 大破之②하니 天生退保泚陽이어늘 僧靜圍之라가 不克而還하니 齊以顯達爲雍州刺史하니 進據舞陽城③하다

① 泚(고을이름)는 음이 比이다. 泚陽은 縣의 명칭으로, 漢나라 때에는 南陽郡에 속하였으며, 泚水가 발원하는 곳이다.

泚, 音比. 泚陽, 縣名, 漢屬南陽郡, 泚水出焉.
② 深橋는 泚陽과의 거리가 40리이다.
深橋, 距泚陽四十里.
③ 舞陽은 潁川郡의 고을로 舞水가 발원하는 곳이다.
舞陽, 潁川郡邑, 舞水出焉.

【綱】 여름 5월에 北魏가 조서를 내려 宗戚 중에 상복을 입는 사람을 復戶로 삼아서 부역을 하지 않게 하였다.

夏五月에 **魏詔宗戚有服者**를 **復**(복)**勿事**하다

【目】 北魏가 조서를 내려 7廟의 자손과 외척으로 緦麻服을 입는 사람 이상은 復戶로 삼아서 부역에 참여하지 않게 하였다.

魏詔復(복)七廟子孫及外戚緦麻服已上하여 賦役에 無所與[①]하다

① 復(부역을 면제하다)은 方目의 切이다. 與(참여하다)는 預(예)로 읽는다.
復, 方目切. 與, 讀曰預.

【綱】 北魏가 크게 가뭄이 들자 가을 7월에 有司에게 조서를 내려 賑貸하도록(곡식을 나누어주거나 빌려줌) 하였다.

魏大旱하니 **秋七月**에 **詔有司賑貸**하다

【目】 北魏가 봄과 여름에 큰 가뭄이 들었는데, 代都가 더욱 심하였다. 소가 역질에 걸리고 백성들이 죽자 齊州刺史 韓麒麟이 표문을 올려 다음과 같이 말하였다.

"지금 京師의 백성들이 농사를 짓지 않는 사람이 많아 놀고먹는 입이 세 사람 가운데 둘이나 됩니다. 해를 거듭해 풍년이 들어 잘난 체하고 자랑하는 것이 풍속이 되어, 귀하고 부유한 집안에서는 어린아이와 첩들이 화려한 옷을 입고 工商의 집안에서는 하인들이 진귀한 음식을 먹는데, 농부들은 술지게미나 쌀겨도 모자라고 蠶婦들은 짧은 옷도 모자랍니다. 이 때문에 농사를 짓는 사람이 날마다 줄어들어 田地가 황폐해지니, 굶주림과 추위의 근본이 실제 여기에 있습니다.

제 생각으로는 사치스럽고 진귀한 물건들은 모두 마땅히 금지시키고, 吉事와 凶事의

禮에는 격식만 갖추며, 농사와 뽕나무 심기를 권하고, 상과 벌을 엄격히 하면 몇 년 안에 반드시 넉넉해질 것입니다. 지난해에 호적과 貫鄕을 조사해보니 조세와 부세가 가볍고 줄어 신이 다스리는 齊州는 세금으로 받은 곡식으로 겨우 봉록을 줄 수 있고, 대략 창고에 들일 것이 없으니, 비록 백성들에게 이익이 있더라도 오래 갈 수는 없습니다. 만일 전쟁이 일어나거나 재해라도 만나면 공급하는 지역에서 가져다 구제할 수 없을까 염려됩니다.

絹布로 받는 것을 줄이고 곡식으로 받는 세금을 더 늘려서 풍년이 드는 해에 많이 비축해놓았다가 수확이 적은 해에 풀어서 빌려주면 이른바 사사로운 백성들의 곡식을 관청에다 맡겨 쌓아두는 것이니, 관청에 오랫동안 쌓아놓게 되면 백성들에게 흉년은 없게 될 것입니다."

이에 有司에게 조서를 내려 창고를 열어 賑貸하도록 하고, 백성들이 관문을 나가 먹을 것을 찾는 것을 허락해주되, 사신을 파견하여 名簿를 만들어 떠나는 자와 남는 자를 구분하고, 지나가는 사람에게는 양식을 주고, 가는 곳마다 三長들이 이들을 넉넉히 먹여주도록 하였다.

魏春夏大旱하니 代地尤甚이라 牛疫民死어늘 齊州刺史韓麒麟上表曰 京師民庶가 不田者多하여 遊食之口 參分居二①라 豐稔積年에 矜夸成俗하여 貴富之家는 童妾袨服하고 工商之旅는 僕隷玉食이로되 而農夫闕糟糠하고 蠶婦乏短褐②이라 故令耕者日少하여 田有荒蕪하니 飢寒之本이 實在於斯라 愚謂凡侈異之物을 皆宜禁斷하고 吉凶之禮를 備爲格式하고 勸課農桑하며 嚴加賞罰이면 數年之中에 必有盈贍이라 往年校比戶貫하니 租賦輕少③하여 臣所統齊州租粟纔可給俸이요 略無入倉하니 雖於民爲利라도 而不可長久라 脫有(我)〔戎〕[15]役하고 或遭天災면 恐供給之方이 無所取濟라 可減絹布하고 增穀租하여 年豐多積하여 歲儉出賑④이면 所謂私民之穀을 寄積於官이니 官有宿積이면 則民無荒年矣⑤리라 於是에 詔有司하여 開倉賑貸하고 聽民出關就食⑥호되 遣使造籍하여 以分去留하고 所過에 給糧하고 所至에 三長贍養之하다

① 參(셋)은 음이 三이다.
參, 音三.

② 稔은 풍년이다. 袨(고운 옷)은 음이 縣이니, "袨服"은 화려한 옷이다. "玉食"은 진귀한 음식이다.
稔, 歲熟也. 袨, 音縣. 袨服, 美衣也. 玉食, 珍食也.

③ 貫은 鄕籍이다.

15) (我)〔戎〕: 저본에는 '我'로 되어 있으나, ≪魏書≫ 〈韓麒麟列傳〉에 의거하여 '戎'으로 바로잡았다.

貫, 鄕籍也.

④ 그해 수확이 적은 것을 '儉'이라 한다.
歲入約少爲儉.

⑤ 宿積의 積(저축하다)은 子智의 切이다.
宿積, 子智切.

⑥ 北魏는 平城에 도읍하였는데, 도읍 근방에는 중요한 길목에 관문을 설치하여 왕래하는 사람을 기찰하였고 세금을 징수하였다.
魏都平城, 郊畿之外, 置關於要路以譏征.

【綱】 8월에 柔然이 北魏를 침략하자, 北魏 사람들이 유연을 격파하였다. 高車의 阿伏至羅는 스스로 왕이 되었다.

八月에 柔然侵魏어늘 魏人擊敗之하니 高車阿伏至羅自立爲王하다

【目】柔然의 伏名敦可汗이 잔인하고 포악하니 부하들이 배반하려는 마음을 품었다. 8월에 유연이 北魏의 변경을 침략하자 北魏가 尙書 陸叡를 都督으로 삼아 그들을 공격하여 격파하였다.

애초에 高車의 阿伏至羅는 부락민 10여만 명을 데리고 있었는데 유연에 예속되어 부림을 받았다. 伏名敦可汗이 北魏를 침략할 때 아복지라가 간언하였으나 듣지 않자 아복지라는 화가 나서 사촌동생 阿伏窮奇와 함께 부락 사람들을 이끌고 서쪽으로 달아나서 스스로 왕이 되었다. 두 사람은 매우 친하고 화목하여 部를 나누어 세웠는데, 복명돈가한이 그들을 공격하다가 여러 차례 패배하자, 마침내 무리를 이끌고 동쪽으로 이주하였다.

柔然伏名敦可汗殘暴하니 部衆離心이러라 八月에 寇魏邊이어늘 魏以尙書陸叡爲都督하여 擊破之①하다 初에 高車阿伏至羅有部落十餘萬하여 役屬柔然이러니 伏名敦之侵魏也에 阿伏至羅諫不聽이어늘 怒與從弟窮奇로 帥部落西走하여 自立爲王이라 二人甚親睦이라 分部而立이어늘 伏名敦擊之라가 屢爲所敗하여 乃引衆東徙하다

① 陸叡는 陸麗의 아들이다.
叡, 麗之子也.

【綱】 9월에 北魏가 宮人을 내보내고 末作(무익한 일)을 폐지하였다.

九月에 魏出宮人하고 罷末作[16)]하다

【目】 北魏가 조서를 내려 起部(石工의 일을 관장하는 부서)에서 아무런 도움이 없는 직위를 폐지하고 베를 짜지 않는 사람들을 宮人을 내보냈다. 또 尙方에서 비단에 수를 놓는다든지 비단에 무늬를 넣는 장인들을 없애고, 백성들 중에 만들고자 하는 자는 그렇게 해주었다.

이때 北魏에는 오랫동안 특별한 일이 없어서 府의 창고에 곡식이 가득 차 있었기에 조서를 내려 御府에 있는 의복과 진귀한 보물과 太官에 있는 여러 가지 기물과 太僕에 있는 수레에 쓰이는 도구와 궁궐 내의 창고에 있는 활과 화살, 칼 중에 10분의 8을 모두 내보내도록 하였고, 궁궐 밖에 있는 창고의 직물과 비단, 베, 솜, 실 가운데 국가의 용도에 쓰이지 않는 것은 절반 이상을 百司를 비롯하여 아래로 공인과 상인, 노예에 이르기까지 나누어주고, 六鎭의 변경에서 수비를 서는 사람과 경기 지역 내의 외롭고 가난하고 병든 사람에게까지 차등 있게 나주어주었다. 뒤에 또 宮人을 내보내어 北鎭의 사람 중에 가난하여 아내가 없는 자에게 내려주었다.

魏詔罷起部無益之作하고 出宮人不執機杼者하고 又罷尙方錦繡綾羅之工하고 民欲造者는 任之①하다 是時에 魏久無事하니 府藏盈積이라 詔盡出御府衣服珍寶과 太官雜器와 太僕乘具와 內庫弓矢刀鈐十分之八②하고 外府衣物繒布絲纊非供國用者를 以其太半으로 班賚百司하여 下至工商皁隷하여 逮于六鎭邊戍와 畿內孤寡貧癃有差하고 後又出宮人하여 以賜北鎭人貧無妻者③하다

① ≪資治通鑑≫에는 "任之無禁(맡겨두고 금지하지 않았다.)"으로 되어 있다.
通鑑 "任之無禁."

② 鈐은 其廉의 切이니, 칼이다.

---

16) 魏出宮人 罷末作 : "魏主(拓跋宏)가 한창 왕성한 나이에 이러한 조서가 있었으니, 이때에 남보다 훨씬 뛰어났다. ≪資治通鑑綱目≫이 끝날 때까지 '出宮人'을 기록한 것은 9번이다(漢 成帝 綏和 2년(B.C. 7)에 자세하다.).〔魏主以方富之年 而有此詔 於是過人遠矣 終綱目書出宮人九(詳漢成帝綏和二年)〕" ≪書法≫ "拓跋氏가 中原을 차지한 이래로 胡族의 풍속을 아직 고치지 않았는데, 이때에 이르러 魏主가 賢明하였으므로 그 政事와 베푼 일이 모두 볼만하였으니, 예컨대 班祿(등급에 따라 녹봉을 나누어주다.), 均田, 辟雍을 짓는 일, 樂章을 결정하는 일, 賑貸하도록 조서를 내리는 일, 宮人을 내보내는 일, 末作(무익한 일)을 폐지한 일 등은 모두 南朝에서는 없던 것이다. ≪資治通鑑綱目≫이 끝날 때까지 특별히 기록하고 누차 기록하여 한 번만 기록에 그치지 않았으니, 어찌 夷狄에서 나왔다는 이유로 그 아름다움을 마침내 덮어두겠는가. 인정해주는 것이 마땅하다.〔拓跋氏自有中原以來 胡俗未改 至是魏主賢明 故其政事施設 皆有可觀 如班祿 均田 作辟雍 定樂章 詔賑貸 出宮人 罷末作等事 皆南朝之所無者 綱目特書屢書 不一書而止 豈以其出於夷狄之故 而遂掩其美哉 予之 宜也〕" ≪發明≫

鈐, 其廉切, 刃也.

③ 北鎭은 六鎭이다. 일설에 "懷朔鎭이다." 하니, 바로 平城 북쪽에 있다.
北鎭, 六鎭也. 一曰 "懷朔鎭." 直平城北.

【綱】 겨울 12월에 北魏가 高祐를 西兗州刺史로 삼았다.

冬十二月에 **魏以高祐**로 **爲西兗州刺史**하다

【目】 魏主(拓跋宏)가 祕書令 高祐에게 묻기를, "어떻게 하면 도둑질을 그치게 할 수 있겠는가?"라고 하니 대답하기를, "옛날에 宋均이 덕을 세우니, 사나운 호랑이가 황하를 건너갔고,[17] 卓茂가 교화를 시행하니 蝗蟲이 경계 안으로 들어오지 못하였습니다. 하물며 도적은 사람이라, 만일 훌륭한 守宰를 얻어 다스리고 교화하는 데 방법이 있다면 쉽게 그칠 것입니다."라고 하였다.

고우가 또 아뢰기를 "지금의 관리 선발은 견식과 치적의 우열로 뽑는 것이 아니라, 전적으로 근무한 연수와 공적의 많고 적음으로 뽑으니, 이는 사람의 재능을 다한 것이 아닙니다. 만일 얄팍한 재주를 그치게 하고 더러운 공적을 버리고 오로지 재능 있는 자를 천거하면 官路가 깨끗해질 것입니다. 또 공훈이 있는 오래된 신하 중에 백성을 어루만지는 재주가 없는 사람은 작위와 상금을 더 줄 수는 있으나 한 방면을 다스리는 임무를 맡기는 것은 마땅하지 않으니, 이른바 '왕은 다른 사람에게 사적으로 재물을 줄 수는 있지만, 사적으로 관직을 다른 사람에게 줄 수는 없다.'는 것입니다."라고 하니, 魏主가 이를 옳게 여겼다.

고우가 외직으로 나가 滑臺에 鎭守하여 명을 내려 縣에는 講學을 세우고 鄕黨에는 小學을 세우게 하였다.

魏主問祕書令高祐曰 何以止盜①오 對曰 昔에 宋均立德에 猛虎渡河하고 卓茂行化에 蝗不入境②하니 況盜賊은 人也라 苟守宰得人하여 治化有方이면 止之易矣리이다 又言今之選擧 不採識治之優劣하고 專簡年勞之多少하니 非所以盡人才也라 若停薄藝棄朽勞하고 唯才是擧면 則官方穆矣③리이다 又勳舊之臣에 才非撫民者를 可加以爵賞이로되 不宜委以方任이니 所謂王者可私人以

17) 宋均이……건너갔고 : 宋均은 後漢 光武帝 때 九江太守를 역임하였다. 태수로 있을 때 구강 지방에 범이 많은 것을 보고 "범이 산에 있는 것은 자라가 물에 있는 것과 같다. 지금 백성을 해치는 것은 잔혹한 관리이다."라고 하고는 奸吏를 물리치기에 힘썼더니, 범이 모두 동쪽으로 강을 건너가버렸다 한다.(≪後漢書≫ 권41 〈宋均列傳〉)

財요 不私人以官者也④니이다 魏主善之라 祐出鎭滑臺하여 命縣立講學하고 黨立小學하다

① 高祐는 高允의 종조 아우이다.
祐, 允之從祖弟也.
② 宋均의 일은 漢 明帝 永平 7년(64)에 보인다. 卓茂가 密令이 되어 교화가 크게 행해졌는데, 漢 平帝 때에 천하가 蝗蟲의 피해를 입었으나 密縣의 경계 지역만은 피해를 입지 않았다.
宋均, 事見漢明帝永平七年. 卓茂爲密令, 敎化大行, 漢平帝時, 天下大蝗, 獨不入密縣界.
③ 方(방향)은 道이다. 穆은 화목하다는 뜻이고, 깨끗하다는 뜻이다.
方, 道也. 穆, 和也, 淸也.
④ "王者不私人以官"은 ≪漢書≫ 〈佞幸傳〉 贊에 나오는 말이다.
王者不私人以官, 前漢書佞幸傳贊之辭.

戊辰年(488)

齊나라 世祖 武帝 蕭賾 永明 6년이고, 北魏 高祖 孝文帝 拓跋宏 太和 12년이다.

齊永明六年이요 魏太和十二年이라

【綱】 봄 정월에 北魏가 조서를 내려 사형에 해당하는 죄를 저지른 사람 가운데 부모가 늙고 다른 자식과 旁系의 친척이 없는 자를 보고하라고 하였다.

春正月에 魏詔犯死刑而親老無他子旁親者를 以聞하다

【綱】 여름 4월에 北魏가 齊나라를 침략하여 隔城을 점거하자 齊나라가 격파하였다.

◑夏四月에 魏侵齊據隔城이어늘 齊擊破之[18]하다

【目】 桓天生이 다시 北魏 군대를 이끌고 나와서 隔城을 점거하자, 齊나라가 장군 曹虎를

18) 魏侵齊……齊擊破之 : "일찍이 '伐齊(齊나라를 정벌했다.)'라고 기록했는데 여기서 '侵'이라고 기록한 것은 어째서인가. 齊나라는 이미 代가 바뀌었으므로, 일상의 말을 따른 것이다. 벌이 자손에게까지 미치지 않은 것은 ≪資治通鑑綱目≫의 온후한 뜻이다.〔嘗書伐齊矣 此其書侵 何 齊旣易世 故從其恒辭 罰不及嗣 綱目之厚也〕" ≪書法≫

보내어 여러 군대를 감독하여 토벌하도록 하였다. 장군 朱公恩이 병사를 이끌고 복병이 있는지를 정찰하다가 환천생의 유격 부대를 만나 전투를 치러 격파하고 마침내 진격하여 격성을 포위하였다. 환천생은 北魏 군대를 이끌고 나와 전투를 치렀으나 조호가 분발하여 크게 격파하여 격성을 함락시키고 태수의 목을 베니, 환천생이 성을 버리고 도주하였다.

桓天生이 復引魏兵하여 出據隔城어이늘 齊遣將軍曹虎하여 督諸軍討之하니 將軍朱公恩이 將兵蹹伏하고 遇天生遊軍하여 與戰破之하고 遂進圍隔城①하니 天生引魏兵來戰이어늘 虎奮擊大破之하여 拔隔城하고 斬其太守하니 天生棄城走하다

① 蹹(밟다)은 踏과 같다. 陳濟가 말하기를 "踏은 지금의 '踏勘', '踏逐'이라는 말과 같으니, 숨어 있는 복병의 흔적을 찾는 것을 말한다.
蹹, 與踏同. 陳濟曰 "踏猶今言踏勘踏逐, 謂蹤跡隱伏也.

【綱】 齊나라가 北魏를 침략하여 泚陽을 공격하자 北魏가 격파하여 물리쳤다.

齊侵魏攻泚陽하니 魏擊却之하다

【目】 北魏가 醴陽에 성을 쌓았는데 陳顯達이 공격하여 함락하고 진격하여 泚陽을 공격하였다. 성안의 장군과 사졸들이 모두 나가서 싸우려고 하니, 鎭將 韋珍이 말하기를, "저들이 막 도착하여 기세가 예리하니 아직 더불어 싸울 수가 없다. 저들이 힘들여 공격하다가 피로하여 지치기를 기다린 뒤에 공격해야 한다."라고 하였다. 마침내 성에 의지하여 항거하여 싸웠는데, 12일이 지나자 밤에 문을 열고 갑자기 공격하니, 진현달이 돌아왔다.

魏築城於醴陽이어늘 陳顯達攻拔之①하고 進攻泚陽하니 城中將士皆欲出戰할새 鎭將韋珍曰② 彼初至氣銳하니 未可與爭이라 待其力攻疲弊然後擊之하리라 乃憑城拒戰이어늘 旬有二日에 夜開門掩擊하니 顯達還하다

① 醴陽은 醴水의 북쪽에 있다. ≪水經註≫에 "醴水는 桐柏山에서 발원하니, 淮河와 수원이 동일하지만 별도로 흐른다. 서쪽으로 흘러 平氏縣 동북쪽을 경유하고, 또 서쪽으로 흘러 泚水로 유입된다." 하였다.
醴陽, 蓋在醴水之北. 水經註 "醴水出桐柏山, 與淮同源而別流, 西注, 逕平氏縣東北, 又西流注于泚水."

② 北魏 樂陵鎭將은 沘陽을 鎭守한다.
魏樂陵鎭將鎭沘陽.

【綱】 겨울 10월에 齊나라가 처음으로 太極殿에서 時令을 읽었다.

冬十月에 齊始讀時令於太極殿[①]하다

① 漢나라 제도에 의거하면 太史가 매년 그해의 달력을 올렸는데, 立春·立夏·大暑·立秋·立冬에 앞서 항상 이 다섯 시절의 月令을 읽었다.
漢儀, 太史每歲上其年曆, 先立春·立夏·大暑·立秋·立冬, 常讀五時令.

【綱】 齊나라가 조서를 내려 곡식과 비단을 사들이도록 하였다.

◑齊詔糴買穀帛하다

【目】 齊主(蕭賾)가 안팎에서 곡식과 비단의 값이 아주 떨어지자 右丞 李珪의 건의를 채택하여 왕실 창고와 여러 州에 있는 錢을 꺼내어 곡식을 사들이도록 하였다.

齊主以中外穀帛至賤이라 用右丞李珪議하여 出上庫及諸州錢糴買之하다

【綱】 齊나라 吳興에 기근이 들었다.

齊吳興饑하다

【目】 西陵 戍主 杜元懿가 건의하기를 "吳興은 추수할 곡식이 없고, 會稽는 풍년이 들어 오가는 장사꾼이 보통 때보다 갑절이나 많으니, 牛埭稅의 규정된 액수를 날마다 갑절로 늘릴 수 있습니다. 바라건대 국가를 위해 신이 대리하여 총괄하게 한다면 1년 동안 규정된 액수 이외에 4백여만 전을 늘릴 수 있습니다."라고 하였다.

이 일을 會稽로 내려 보내자 行事인 顧憲之가 논의하기를 "애초에 牛埭를 세운 뜻은 진실로 핍박하여 세금을 거두려던 것이 아니라, 바람과 파도가 세차고 위험하여 속히 급한 것을 구제하여 사람을 이롭게 하려고 해서입니다.

뒤에 감독하고 관장하는 사람이 근본을 모르고 각각 자신의 공을 세우는 데 힘써서 다른 길로 가지 못하게 막기도 하고, 강을 지나기만 해도 공연히 세금을 거두었습니다.

더구나 오흥은 거듭 기근이 들어 백성들이 떠돌고 흩어지고 있으니, 예전의 세금도 오히려 감면해주어야 하는데, 어찌하여 세금을 늘리려 하십니까.

두원의는 어질지 못하여 재난을 행운으로 삼아 이익을 독차지하려고 하니, 만약 일이 말과 부합하지 않으면 견책을 받는 일이 두려워 백방으로 침탈하여 힘들게 하여 이 때문에 국가가 원망을 사게 될 것입니다. 책에 이르기를 '세금을 많이 거두어들이는 신하를 두는 것보다는 차라리 내 재물을 훔치는 신하를 두겠다."[19]라고 하였으니, 이 말은 국가의 재물을 도둑질하는 것은 손해가 미미하지만 백성들에게 각박하게 거두어들이는 것은 손해가 크다는 뜻입니다.

또 제 소견으로는 〈지난번에〉 편의라 한 것은 능히 백성들의 힘 이외에 하늘의 道를 이용하거나 땅의 이로움을 나누는 것이 아닙니다. 대개 모두 그날로 백성에게는 마땅하지 않으며 장차 국가에도 편리하지 않습니다. 명분과 실제가 상반되어 정사하는 체통에 어긋나니, 이와 같은 일들은 참으로 마땅히 깊이 살펴야 합니다."라고 하였다. 齊主가 이를 받아들이고 중지하였다.

西陵戍主杜元懿言① 吳興無秋하고 會稽豐登하니 商旅往來에 倍多常歲라 牛埭稅格이 日可增倍②[20]니 乞爲領攝하면 一年格外에 可長四百許萬③이라한대 事下會稽④하니 行事顧憲之⑤가 議以爲始立牛埭之意는 非苟逼蹴以取稅也라 乃以風濤迅險하여 濟急利物耳⑥니 後之監領者 不達其本하고 各務己功하여 或禁遏他道하고 或空稅江行이라 況吳興荐饑하여 民流衆散하니 舊格尙減이어든 將何以加오 而元懿不仁하여 幸災搉利하니 若事不副言이면 懼貽譴詰하여 必百方侵苦하여 爲公買怨⑦하리라 書云 與其有聚斂之臣으론 寧有盜臣이라하니 此言盜公은 爲損蓋微하고 斂民은 所害乃大也라 愚又以便宜者가 非能於民力之外에 用天分地⑧라 率皆卽日不宜於民이며 方來不便於公이니 名與實反하여 有乖政體⑨라 凡如此等을 誠宜深察이니이다 齊主納之而止하다

① 胡三省이 말하기를 "西陵은 지금 越州 蕭山縣 서쪽 12리에 있다." 하였다.
胡三省 "西陵在今越州蕭山縣西十二里."

② 흙으로 제방을 쌓아 물을 막는 것을 埭라고 하는데, 埭는 양쪽 강안에 움직이는 축대를 만들어 배가 埭를 통과하려고 하면 끈을 배 끝에 연결하여 사람이 축대를 밀어 끈을 감아서 앞으로 배를 당겨 통과한다. 어떤 경우에는 소를 축대에 연결하여 끄는데, 이를 牛埭라고 한다. 세금을 걷는 곳에는 옛날에 일정한 규정이 있다.

19) 세금을……두겠다 : ≪禮記≫ 〈大學〉에 보인다.
20) 牛埭稅格 日可增倍 : ≪資治通鑑≫에는 "西陵牛埭稅 官格日三千五百 如臣所見 日可增倍(西陵에서 부과하는 牛埭稅가 官格(관부의 규정)에는 매일 3,500錢인데, 신이 직접 본 경우에 따르면 〈상인들의 왕래가 많아〉 날마다 세입을 배로 증대시킬 수 있습니다.)"라고 하였다.

以土築壩截河障水曰埭，埭兩岸樹轉軸，凡船欲過埭，須以綆繫船尾，用人推軸絞綆，引前跨之．或以牛繞軸輓之，名曰牛埭．蓋征稅之所，舊有程格．

③ 爲(위하다)는 去聲이고, 아래의 "爲公"의 爲도 동일하다. 長은 展兩의 切이니, 늘린다는 뜻이다.
爲，去聲，下爲公同．長，展兩切，增也．

④ 下(하달하다)는 戶嫁의 切이다.
下，戶嫁切．

⑤ 顧憲之는 顧愷之의 손자이다.
憲之，愷之之孫也．

⑥ 蹴는 다그친다는 뜻이고, 재촉한다는 뜻이다.
蹴，迫也，促也．

⑦ 賈의 음은 古로, 산다는 뜻이다.
賈，音古，買也．

⑧ ≪資治通鑑≫에는 "저는 또 편의라는 것은 공적으로 편리하고 백성에게 마땅한 것이라 생각합니다. 살펴보건대 지난번에 편의라고 말한 것은 백성들의 힘 이외에 하늘의 道를 이용하거나 땅의 이로움을 나누는 것에 능한 것이 아닙니다."라고 하였다. ≪孝經≫에 "하늘의 도를 이용하고 땅의 이익을 나눈다." 하였다.
通鑑"愚又以便宜者，蓋謂便於公，宜於民也．竊見頃之言便宜者，非能於民力之外，用天分地．" 孝經"用天之道，分地之利．"

⑨ 方(장차)은 將과 같다.
方，猶將也．

【綱】魏主(拓跋宏)가 여러 신하들에게 물어 정사에 대해 말하게 하였다.

魏主訪群臣言事하다

【目】魏主(拓跋宏)가 신하들에게 백성을 편안하게 하는 방책을 물었는데, 祕書丞 李彪가 封事를 올려 다음과 같이 말하였다.

"힘이 있고 귀한 집안은 사치와 참람한 행동이 도에 지나치니, 저택과 수레와 의복은 마땅히 등급을 정해야 합니다. 또 나라가 흥하고 망하는 것은 冢嗣(太子)의 善惡에 달려 있으며, 총사의 선악은 가르쳐 일깨우는 득실에 달려 있습니다.

高宗(拓跋濬)께서 일찍이 여러 신하들에게 '짐이 처음 배울 때에는 아주 어려서 마음을 전일하게 할 수 없었고, 온갖 정무를 보게 되어서는 온전하게 익힐 겨를이 없었으니, 지금 생각해보면 어찌 오로지 나의 허물뿐이겠는가. 역시 師傅가 부지런히 가르치지 않았던 까닭이다.'라고 하니, 상서 李訢이 관을 벗고 사죄하였습니다. 이는 근래의 일로 거울을 삼을 수 있으니, 신은 옛것을 본받아 師傅의 관원을 세워 태자를 가르치고 이끌어야 한다고 생각합니다.

지난해 京師에 흉년이 들어 백성들을 풍년이든 곳으로 옮겼는데, 이미 백성들의 살림이 황폐해지고 생계를 꾸리던 것을 그만두고 또 나라의 체통이 손상되었습니다. 어찌 미리 창고에 곡식을 저축해두어 편안하게 공급해주는 것만 하겠습니까. 마땅히 州와 郡의 경상 세금의 9분의 2와 京師의 경상 지출에서 남은 것을 떼어두어, 각각 관사를 세워 풍년이 들면 곡식을 사들여 창고에 저장하고, 모자라면 2푼의 이윤을 붙여서 사람들에게 쌀을 팔도록 해야 합니다. 풍년이 드는 해는 늘 쌓아 놓고, 흉년이 드는 해에는 곧바로 나누어주면 여러 해 동안에 곡식이 쌓이고 사람들은 풍족해져서 비록 재해가 있어도 피해가 없을 것입니다.

또 마땅히 河表에 있는 7州의 사람들 중에 그 가문의 인재를 가려 뽑아서 궁궐로 오게 하여 능력에 따라 순서를 정하여 성스러운 왕조가 예전의 백성과 새로 온 백성을 균등하게 대한다는 뜻을 널리 펼치도록 하고, 양자강과 漢水에서 귀의한 백성들을 수용하는 일정한 법도를 갖고 있다는 생각을 가질 수 있도록 해야 합니다.

魏主訪群臣以安民之術한대 祕書丞李彪上封事曰 豪貴之家이 奢僭過度하니 第宅車服을 宜爲等制니이다 又國之興亡이 在冢嗣之善惡하고 冢嗣善惡이 在教諭之得失[①]하니 高宗嘗謂群臣曰 朕始學幼沖하여 情未能專하고 既臨萬幾하여 不遑溫習하니 今日思之에 豈唯予咎리오 抑亦師傅之不勤이라한대 尚書李訢免冠謝하니 此近事之可鑑者也라 謂宜準古立師傅之官하여 以訓導太子[②]니이다 去歲京師不稔하여 移民就豐하니 既廢營生하고 又損國體라 曷若豫儲倉粟하여 安而給之리오 宜析州郡常調九分之二와 京師度支歲用之餘하여 各立官司하여 年豐糴粟하여 積之於倉하고 儉則加私之二하여 糶之於人이라 年登則常積하고 歲凶則直給이면 數年之中에 穀積而人足하여 雖災라도 不爲害矣리이다 又宜於河表七州人中에 擢其門才하여 引令赴闕하여 隨能序之하여 以廣聖朝均新舊之義하고 以懷江漢歸有道之情[③]이라

① 冢은 크다는 뜻이니, 〈冢嗣는〉 여러 아들과 크게 다름을 말한 것이다.
冢, 大也. 言其大異於諸子也.

② 이 당시에 拓跋恂이 덕을 잃은 것이 이미 드러났기 때문에 李彪가 이런 말을 한 것이다.
蓋此時恂之失德已著, 故彪有是言.

③ 河表의 七州는 荊州·兗州·豫州·洛州·青州·徐州·齊州를 말한다. 河表는 바로 大河의

바깥을 말한다. "門才"는 그 世家로 인해 그 才用을 펼치는 것이다.
河表七州, 謂荊・兗・豫・洛・靑・徐・齊也. 河表, 直謂大河之外. 門才者, 因其世家, 敍其才用.

【目】 또 부자와 형제는 몸은 다르지만 氣는 같은데 죄를 지어도 서로 미치지 않게 한 것은 곧 君上의 관대한 은혜이며, 죄가 서로 이어지는 것을 두려워하고 근심하는 것은 원래 자연스럽고 영원한 이치입니다. 정이 없는 사람은 父兄이 감옥에 갇혀 있는데도 아들과 동생은 괴로운 기색이 없고, 아들과 동생이 형벌을 피하여 도망쳐도 父兄은 부끄러운 기색이 없어 잔치를 하며 태연자약하고 의관을 바꾸지 않으니, 골육지간의 은혜가 어찌 마땅하다고 하겠습니까.

신은 부형이 죄를 저지르면 마땅히 아들과 동생이 素服을 입고 肉袒하여 궁궐에 이르러서 죄를 받도록 청해야 하며, 아들과 동생이 죄에 연루되면 부형이 露板을 올려 자기의 허물로 돌려 관직을 그만두게 해달라고 요청하도록 해야 한다고 생각합니다. 허락하지 않는 경우에는 그를 위로하고 면려하여 남아 있게 해야 합니다. 이와 같이 한다면 보통 사람들이 가볍게 여기던 것을 도탑게 하도록 권장하기에 충분하여 사람들이 부끄러움을 알게 될 것입니다.

또 조정 대신들 중에 부모상을 당한 사람은 휴가가 끝나고 나면 관직에 나가도록 하여 비단옷을 입고 가마를 타고 임금을 모시고 종묘에서 제사를 지내며 연회에 참석하게 하니, 이는 사람의 자식 된 도리를 해치는 것이며, 하늘과 땅의 변치 않는 도리를 무너뜨리는 것입니다.

신의 생각으로는 조부모와 부모의 상을 당한 사람에게는 전쟁과 같은 급한 일이 아니면 모두 상복을 입는 것을 마칠 수 있도록 허락해야 하며, 만약 그 관직에 적합한 사람이 없거나 그 관직에서 할 일이 처리되지 않는다면 우대하는 말로 위로하고 타일러 상중에서 기용하여 그로 하여금 일을 보도록 하고, 나라의 경사스러운 일에는 참여하지 않도록 해야 합니다."

魏主가 그 말을 모두 따랐다. 이로부터 공적으로나 사적으로 풍요롭고 넉넉하게 되어 비록 水災와 旱災가 발생하더라도 백성들은 고달프지 않았다.

又父子兄弟異體同氣하니 罪不相及은 乃君上厚恩어니와 至於憂懼相連은 固自然之恒理也어늘 無情之人이 父兄繫獄에 子弟無慘容하고 子弟逃刑에 父兄無愧色하여 宴安自若하고 衣冠不變하니 骨肉之恩이 豈當然也리오 臣以爲父兄有犯에 宜令子弟素服肉袒하여 詣闕請罪하고 子弟有坐에

宜令父兄露板引咎하여 乞解所司①니이다 若不許者는 慰勉留之니 如此면 足以敦厲凡薄하여 使人知恥리이다 又朝臣遭喪에 假滿赴職하여 衣錦乘軒하고 從祀陪燕하니 傷人子之道하고 虧天地之經②이라 愚謂凡遭大父母父母喪者를 非有軍旅之警이면 皆宜聽其終服하고 若無其人하고 職業有曠이면 則優旨慰諭하여 起令視事하고 國之吉慶에 無所預焉하소서 魏主皆從之하니 由是公私豐贍하여 雖有水旱이라도 而民不困이러라

① 木簡에다 글을 써서 봉함하지 않는 것을 露板이라고 한다.
以木簡爲書不封之謂之露板.
② 당시에 北魏에서는 조정의 신하가 喪禮를 마치는 것을 허락하지 않고 휴가만 줄 뿐이었다.
時魏不聽朝臣終喪, 給假而已.

己巳年(489)

齊나라 世祖 武帝 蕭賾 永明 7년이고, 北魏 高祖 孝文帝 拓跋宏 太和 13년이다.

齊永明七年이요 魏太和十三年이라

【綱】봄 정월에 魏主(拓跋宏)가 南郊에서 제사하고 처음으로 大駕를 갖추었다.

春正月에 魏主祀南郊하고 始備大駕하다

【綱】齊나라가 王晏을 吏部尙書로 삼았다.

○齊以王晏爲吏部尙書[21]하다

【目】예전에 齊主(蕭賾)가 鎭西長史로 있을 때에 主簿 王晏이 아첨하여 〈齊主에게〉 총애를 받았다. 齊主가 太子가 되었을 때 王晏을 中庶子로 삼았는데, 齊主가 太祖(蕭道成)에게 죄를 지었으므로, 왕안은 마침내 병을 핑계 대고 그를 멀리하였다. 齊主가 즉위하게 되자 〈왕안을〉 丹楊尹으로 삼고 옛날처럼 신임하니, 朝夕으로 나아가 알현하고 政事를 의논하였다. 이때에 이르러 江州刺史로 삼아 외직으로 나아가게 하였는데, 왕안이 외직

21) 齊以王晏爲吏部尙書 : "齊나라 시대에 '爲吏部尙書'라고 기록한 것이 2번인데(何戢, 王晏), 王晏같이 아첨한 자가 이부상서를 한 번을 차지하였으니, 관청에서 사람을 잘못 쓴 것이 마땅하다.〔齊世 書爲吏部尙書者二(何戢王晏) 而傾諂如晏者居一焉 官方之失人 宜矣〕" ≪書法≫

으로 나가는 것을 원하지 않자 다시 머무르게 하여 吏部尙書로 삼았다.

初에 齊主爲鎭西長史에 主簿王晏以傾諂見親①이러니 及爲太子에 晏爲中庶子한대 以齊主得罪於太祖로 遂稱疾自疏러니 及卽位에 以爲丹楊尹하고 意任如舊하니 朝夕進見(현)하고 議論政事하다 至是出爲江州刺史하니 晏不願出한대 復留爲吏部尙書하다

① 宋主 劉昱 元徽 4년(476)에 齊主가 鎭西長史 行郢州事가 되었을 적에 왕안을 임명하여 主簿로 삼았다. 왕안은 王敬弘의 從子이다.
宋主昱元徽四年, 齊主爲鎭西長史, 行郢州事, 板晏爲主簿. 晏, 敬弘之從子也

【綱】 여름 5월에 齊나라 中書監 南昌公 王儉이 卒하였다.

夏五月에 齊中書監南昌公王儉卒하다

【目】 王儉이 卒하자 禮官이 諡號를 文獻으로 하려고 하였는데, 王晏이 왕검과 사이가 좋지 않았기 때문에 齊主(蕭賾)에게 아뢰기를 "이 시호는 宋氏 이후로 異姓에게 더해주지 않았습니다."라고 하였는데, 〈궁중에서〉 나와서 사람에게 말하기를 "平頭憲의 일이 이미 시행되었다."라고 하였다. 이에 諡號를 文憲이라고 하였다.

徐湛之의 손자 徐孝嗣가 御史中丞이 되니, 풍모가 단정하고 간결하였다. 왕검이 일찍이 자신을 대신할 사람으로 서효사를 천거하였는데, 이때에 이르러 그를 불러서 五兵尙書로 삼았다.

儉卒에 禮官欲諡爲文獻한대 王晏與儉不平이라 啓齊主曰 此諡宋氏以來로 不加異姓이니이다 出謂人曰 平頭憲事已行矣라하니 乃諡文憲①이라 徐湛之孫孝嗣爲御史中丞하니 風儀端簡이라 儉嘗薦以自代어늘 至是徵爲五兵尙書하다

① 平頭는 王字를 말한다. 一說에 "憲은 獻字와 비교하면 위가 평평하다. 그러므로 이로써 뜻을 나타낸 것이다."고 하였다.
平頭, 謂王字也. 一說 "憲比獻字上平, 故以見意."

【綱】 北魏 汝陰王 拓跋天賜와 南安王 拓跋楨이 죄를 짓자, 사형에서 면제시키고 작위를 빼앗았다.

魏汝陰王天賜南安王楨有罪하니 免死奪爵하다

【目】北魏 汝陰王 拓跋天賜와 南安王 拓跋楨이 모두 뇌물죄에 연루되어 사형에 해당하였다. 馮太后와 魏主(拓跋宏)가 王公들을 引見하고 〈풍태후가〉 명령하기를 "卿들은 친족을 살려서 명령을 실추시켜야 한다고 생각하는가. 마땅히 친족을 죽여 법을 밝게 해야 한다고 생각하는가."라고 하니, 신하들이 모두 말하기를 "두 왕은 景穆皇帝(拓跋晃)의 아들이니, 의당 불쌍히 여겨 용서를 해주어야 합니다."라고 하니, 풍태후가 응답하지 않았다.

魏主가 조서를 내리기를 "두 왕의 죄는 용서하기 어려우나 太皇太后께서는 高宗(拓跋濬)께서 형제간에 몹시 그리워한 은혜를 추모하고 있다. 또 탁발정이 어머니를 섬기면서 효도하고 신중하여 안팎으로 소문이 났으니, 두 사람을 특별히 사형에서 면제시키고 작위를 빼앗아 禁錮에 처하도록 하라."라고 하였다.

예전에 北魏 조정에서 탁발정이 탐욕스럽고 포학하다는 말을 듣고 中散大夫 閭文祖를 보내 탁발정을 살피게 하였다. 여문조가 뇌물을 받고 탁발정을 위하여 실상을 숨겨주었는데 사건이 발각되자 여문조도 처벌을 받았다.

풍태후가 신하들에게 말하기를 "여문조가 전에 스스로 청렴하다고 말하였었는데 지금 마침내 법을 어겼으니, 사람 마음을 진실로 알 수가 없다."라고 하였다. 魏主가 말하기를 "卿들 가운데 스스로 탐욕스런 마음을 이기지 못한다고 여기는 사람은 사직하고 집으로 돌아가는 것을 허락해주겠다."라고 하자, 中散大夫 慕容契가 말하기를 "小人의 마음은 일정함이 없고, 帝王의 법은 일정함이 있습니다. 일정함이 없는 마음으로 일정함이 있는 법을 받드는 것은 감당할 수 있는 일이 아니니, 사직하고 물러나기를 청합니다."라고 하였다. 魏主가 말하기를 "모용계가 사람의 마음이 일정하지 않음을 알았다면 탐욕을 미워할 줄을 알 것이니, 어찌 사직을 청할 필요가 있겠는가."라고 하고, 宰官令으로 승진시켰다.

魏汝陰王天賜와 南安王楨이 皆坐贓當死라 馮太后及魏主引見王公하고 令曰① 卿等以爲當存親以毁令邪아 當滅親以明法邪아 群臣皆言호되 二王景穆皇帝之子니 宜蒙矜恕니이다 太后不應이라 魏主詔曰 二王所犯難恕나 而太皇太后追惟高宗孔懷之恩②하고 且楨事母孝謹하여 聞於中外하니 竝特免死하고 奪爵禁錮하라 初에 魏朝聞楨貪暴하고 遣中散閭文祖察之③하니 文祖受賂하고 爲之隱한대 事覺에 亦抵罪하니 太后謂群臣曰 文祖前自謂廉이러니 今竟犯法하니 人心信不可知로다 魏主曰 卿等自審不勝貪心者는 聽辭位歸第한대 中散慕容契曰④ 小人之心無常하고 而帝王之法有常하니 以無常之心으로 奉有常之法이 非所克堪이니 乞從退黜하노이다 魏主曰 契知心

不可常하면 則知貪之可惡(오)矣니 何必求退리오 遷宰官令하다

① ≪資治通鑑≫에는 令字 위에 太后 2자가 있다.
通鑑令上有太后二字.
② 惟는 생각한다는 뜻이다. 두 왕은 文成帝(拓跋濬)에게는 兄弟가 된다. ≪詩經≫〈小雅 常棣〉에 "형제간에 몹시 그리워한다." 하였다.
惟, 思也. 二王於文成帝爲兄弟. 詩曰"兄弟孔懷."
③ 中散은 中散大夫이다.
中散, 中散大夫也.
④ 慕容契는 慕容白曜의 동생의 아들이다.
契, 白曜之弟子也.

【綱】 가을 8월에 北魏가 사신을 齊나라에 보냈다.

秋八月에 魏遣使如齊하다

【目】 魏主(拓跋宏)가 신하들에게 의논하게 하면서 "오랫동안 齊나라와 國交가 단절되었기 때문에 지금 사신을 보내 왕래하려고 하니, 어떠한가."라고 하니, 尙書 游明根이 말하기를 "조정에서 齊나라로 사신을 보내지 않고 또 〈齊나라를 쳐들어가〉 醴陽城을 쌓았으니, 올바름이 저들에게 있습니다. 지금 다시 사신을 보내는 것이 또한 옳지 않겠습니까."라고 하니, 魏主가 따랐다.

魏主使群臣議호되 久與齊絶이라 今欲通使하노니 何如오 尙書游明根曰 朝廷不遣使者하고 又築醴陽하니 其直在彼라 今復遣使 不亦可乎아하니 魏主從之하다

【綱】 겨울 12월에 齊나라가 사신을 北魏에 보냈다.

冬十二月에 齊遣使如魏하다

【綱】 齊나라가 張緖로 揚州의 中正을 겸직하게 하고, 江斅(강효)를 都官尙書로 삼았다.

◑ 齊以張緖領揚州中正하고 江斅爲都官尙書[22]하다

22) 齊以張緖……爲都官尙書 : "曹魏 때에 '置州中正(州의 中正을 설치하였다.)'이라고 기록한 뒤로 기록한

【目】 長沙王 蕭晃이 張緖에게 부탁하여 吳興 사람 聞人邕을 등용하라고 하였는데 장서가 허락하지 않았다. 소황이 사람을 보내 굳이 청하였는데 장서가 正色하여 말하기를 "여기는 저의 州鄕인데, 殿下께 어찌 압박을 받을 수 있겠습니까."라고 하였다.

中書舍人 紀僧眞이 齊主(蕭賾)에게 총애를 받았는데, 용모에 사대부의 풍모가 있었다. 齊主에게 청하기를 "신은 武官 출신으로 영광스럽게도 관직이 여기에 이르렀습니다. 다시 바라는 것이 없습니다만 오직 폐하께서 저를 士大夫로 만들어주시기 바랍니다."라고 하였다. 齊主가 말하기를 "이 일은 江斅와 謝瀹의 결정을 따를 것이니, 그들을 찾아가 청하도록 하라."라고 하니, 기승진이 강효를 찾아가서 의자에 올라가 앉고 난 뒤에 강효가 左右에게 말하기를 "나의 평상을 옮겨 客에게서 멀리 떨어지게 하라."라고 하였다. 기승진이 기세를 잃고서 물러 나와 齊主에게 고하기를 "士大夫는 본래 天子가 임명한 것이 아닙니다."라고 하였다. 강효는 江湛의 손자이고, 사약은 謝朏(사비)의 동생이다.

長沙王晃屬(촉)張緖하여 用吳興聞人邕한대 緖不許①하다 晃使固請한대 緖正色曰 此是身家州鄕이어늘 殿下安得見逼②이리오 中書舍人紀僧眞得幸於齊主러니 容表有士風이라 請於齊主曰 臣出自武吏하여 階榮至此하니 無復所須라 唯就陛下乞作士大夫하노이다 齊主曰 此由江斅謝瀹이니 可自詣之③하라 僧眞詣斅하여 登榻坐定에 斅告左右曰 移吾牀遠客④하라 僧眞喪氣而退하여 告齊主曰 士大夫故非天子所命하다 斅는 湛之孫이요 瀹은 朏之弟也라

① 屬은 음이 燭이니, 부탁한다는 뜻이다. 聞人은 복성이며 邕은 이름이다.
屬, 音燭, 託也. 聞人, 複姓. 邕, 名也.

② 魏나라와 晉나라 이래로 中正은 대부분 本州의 명망 있는 사람으로 삼았다. 張緖는 吳郡 사람이며, 聞人邕도 또한 吳郡 사람이다. "身家"는 自家(자신)라는 말과 같다.
自魏晉以來, 中正率用本州人望爲之. 緖, 吳郡人. 邕, 亦吳郡人. 身家, 猶言自家也.

③ 斅(본받다)는 음이 效이다.
斅, 音效.

④ 遠(멀리하다)은 于願의 切이다.
遠, 于願切.

적이 없었는데 이때에 비로소 '張緖'를 기록하였으니 직책에 알맞음을 아름답게 여긴 것이다. ≪資治通鑑綱目≫이 끝날 때까지 한 사람뿐이다.〔自曹魏書置州中正 是後未有書考 於是始書張緖 嘉稱職也 終綱目一人而已矣〕" ≪書法≫

庚午年(490)

齊나라 世祖 武帝 蕭賾 永明 8년이고, 北魏 高祖 孝文帝 拓跋宏 太和 14년이다.

齊永明八年이요 魏太和十四年이라

【綱】봄 정월에 齊나라 사람이 隔城의 전투에서 잡았던 포로를 北魏에 돌려주었다.

春正月에 齊人歸魏隔城之俘[23)]하다

【綱】가을 7월에 齊나라가 蕭緬을 雍州刺史로 삼았다.

○秋七月에 齊以蕭緬爲雍州刺史하다

【目】蕭緬은 獄訟에 유념하여 강도를 잡아들였을 때 모두 사면하고 석방하면서 죄를 뉘우쳐 새로워질 것을 허락하고, 다시 범죄를 저지르면 마침내 사형에 처하니 백성들이 두려워하면서 그를 좋아하였다.

緬留心獄訟하여 得劫에 皆赦遣하여 許以自新하고 再犯乃加誅하니 民畏而愛之①러라

① 蕭緬은 蕭鸞의 동생이다. 劫은 강도를 말한다.
緬, 鸞之弟也. 劫, 謂劫盜也.

【綱】齊나라 荊州刺史 巴東王 蕭子響이 죄를 지어서 죽임을 당하였다.

齊荊州刺史巴東王子響有罪하니 伏誅[24)]하다

---

23) 齊人歸魏隔城之俘 : "魏主(拓跋宏)가 齊나라에 사신을 보낼 것을 논의하자, 신하가 그 아름다움을 잘 받들어 이루고 齊나라도 사신을 보내 보답하였다. 지금 齊나라가 또 포로를 北魏에 돌려보내서 거의 우호를 이어가고 전쟁을 그치게 하여 백성의 다행이 되었으므로, ≪資治通鑑綱目≫에서 모두 기록하여 인정해준 것이다.〔魏主議通齊使 其臣能將順其美 齊亦遣使報之 今齊又歸其俘于魏 庶幾繼好息兵 以爲生民之幸 故綱目皆書而予之也〕" ≪發明≫

24) 齊荊州刺史巴東王子響有罪 伏誅 : 이미 臺軍(官軍)을 패배시켰는데 '反'이라고 기록하지 않은 것은 어째서인가. 蕭子響의 반란은 尹略이 압박하였기 때문이다. ≪資治通鑑綱目≫에서는 실정을 추구하므로, 다만 '有罪(죄가 있다)'라고만 기록한 것이다.〔既敗臺軍矣 不書反 何 子響之反 尹略迫之也 綱目原情 故止書有罪〕" ≪書法≫

【目】 蕭子響이 勇力이 있어서 군사에 관한 일을 좋아하여 직접 帶仗左右 60명을 선발하였는데, 그들이 모두 담력과 才幹을 가지고 있었기 때문에 자주 소고기와 술을 주어 그들을 위로하였다. 소자향이 은밀하게 錦袍·絳襖를 만들어 蠻族에게 보내어 무기를 교역하려고 하였는데, 그의 長史 劉寅과 司馬 席恭穆 등이 은밀하게 齊主(蕭賾)에게 장계를 올려 보고하자, 소자향이 노하여 유인 등을 잡아 죽였다.

子響有勇力하여 好武事[①]하여 自選帶仗左右六十人하니 皆有膽幹이라 數(삭)以牛酒犒之이러니 私作錦袍絳襖하여 欲以餉蠻하여 交易器仗[②]이어늘 長史劉寅司馬席恭穆等密以啓聞[③]한대 子響怒執寅等殺之하다

① 蕭子響은 齊主(蕭賾)의 아들이다.
子響, 齊主子.
② 帶仗左右은 그들에게 무기를 가지고 左右에서 지키게 하여 그것으로 인하여 이름이 되었다. 襖는 烏浩의 切이니, 겹옷이다.
帶仗左右, 使之帶器仗而衛左右, 因名. 襖, 烏浩切. 夾衣也.
③ 席은 姓이다.
席, 姓也.

【目】 齊主(蕭賾)가 戴僧靜을 파견하여 蕭子響을 토벌하려고 하였는데, 대승정이 말하기를 "巴東王은 나이가 어린데 長史 劉寅 등이 너무 다급하게 그를 잡아 분노가 치밀어 환난을 생각하지 못했기 때문입니다. 天子의 아들이 과오로 사람을 죽인 것이 무슨 큰 죄입니까. 〈폐하께서〉 갑자기 군대를 파견하여 서쪽으로 올라가게 하면 사람들이 두려워할 것이니, 저는 감히 명령을 받들지 못하겠습니다."라고 하였다.

齊主가 대답하지 않고 마음속으로 대승정의 말을 좋다고 생각하고, 마침내 衛尉 胡諧之, 將軍 尹略, 中書舍人 茹法亮을 파견하여 수백 명을 거느리고 江陵으로 나아가게 하여 〈소자향의〉 여러 수하들을 조사하여 체포하게 할 적에 명령하기를 "소자향이 만약 손을 묶고 스스로 귀순하면 그의 목숨을 보전해주라."라고 하였다.

軍副 張欣泰가 호해지에게 말하기를 "이번 행동은 승리를 해도 명분이 없고 패배하면 치욕스러울 것입니다. 저 흉악하고 교활한 사람들이 서로 모여서 소자향을 위해 일을 한 것은 혹은 상을 받는 것을 이롭게 여기고 위세에 핍박을 받아서 그런 것이니, 스스로 궤멸될 까닭이 없습니다. 만약 우리들이 군대를 夏口에 주둔시키고 그들에게 禍福의 이치를 말하여 보이면 싸우지 않고도 사로잡을 수 있을 것입니다."라고 하였다. 호해지

는 따르지 않았다.

齊主欲遣戴僧靜討之러니 僧靜曰 巴東王年少어늘 長史執之太急하니 忿不思難故耳라 天子兒過誤殺人이어늘 有何大罪리오 忽遣軍西上이면 人情惶懼리니 僧靜不敢奉勅하노이다 齊主不答而心善之하고 乃遣衛尉胡諧之將軍尹略中書舍人茹法亮하여 帥數百人詣江陵하여 檢捕群小할새 勅之曰 子響若束手自歸어든 可全其命이라 軍副張欣泰曰① 今段之行이 勝既無名이요 負成奇恥②라 彼凶狡相聚하여 爲其用者는 或利賞逼威니 無由自潰하니 若頓軍夏口하고 宣示禍福이면 可不戰而擒也리라 諧之不從하다

① 張欣泰는 張興世의 아들이다.
欣泰, 興世之子也.
② "今段"은 今來一段事(지금 한 가지 일)라는 말과 같다.
今段, 猶言今來一段事也.

【目】〈胡諧之〉가 江津에 이르러서 燕尾洲에 성을 쌓았다. 蕭子響이 흰옷을 입고 江陵城에 올라가 사자를 파견하여 胡諧之에게 알리기를 "천하에 어찌 아들이 아버지에게 반란하는 일이 있겠는가. 지금 곧 내가 한 척의 배를 타고 궁궐로 돌아가서 사람을 죽인 죄를 받을 것이니, 어찌 성을 쌓아서 나를 잡으려고 하는 것인가."라고 하였다. 尹略이 단독으로 대답하기를 "누가 그대와 같이 아버지를 배반한 사람과 함께 말하겠는가."라고 하였다.

소자향이 눈물을 흘리면서 술과 음식을 갖추어 臺軍(官軍)에게 보냈는데 윤략은 그것을 강물에 버렸다. 소자향이 茹法亮을 부르자 여법량이 그의 사자를 잡았다. 소자향이 진노하여 병사를 파견하여 강 서쪽으로 건너가서 臺軍과 싸우고 자신이 백여 명과 함께 萬鈞의 쇠뇌를 가지고 강의 제방 위에서 臺軍에게 발사하였다. 臺軍이 크게 패하여 尹略이 죽고 胡諧之는 도망갔다.

齊主(蕭賾)가 또 丹楊尹 蕭順之를 파견하여 병사를 거느리고 가게 하고는 이어서 도착하였다. 蕭子響이 그날 즉시 작은 배를 타고 建康에 도착하니, 太子 蕭長懋가 평소에 소자향을 꺼렸기 때문에 은밀하게 소순지에게 타일러서 조속히 처치하게 하고 〈蕭子響이 건강에〉 돌아오지 못하게 하였다. 소자향이 소순지를 만나보고 〈황제에게〉 직접 해명하기를 원하였는데, 소순지가 허락하지 않고 그를 목매어 죽였다.

至江津하여 築城燕尾洲①하니 子響白服登城하여 遣使相聞曰 天下豈有兒反이리오 今便單舸還

闕하여 受殺人之罪호리니 何築城見捉耶아 尹略獨答曰 誰將汝反父人共語[②]오 子響灑泣하고 具酒饌하여 餉臺軍한대 略棄之江流하다 子響呼茹法亮한대 法亮執其使하니 子響怒하여 遣兵西渡하여 與臺軍戰하고 而自與百餘人操萬鈞弩하고 從江隄上射之하니 臺軍大敗하여 略死하고 諸之逃去하다 齊主又遣丹楊尹蕭順之하여 將兵繼至하니 子響卽日乘舴艋至建康[③]한대 太子長懋素忌子響이라 密諭順之하여 使早爲之所하고 勿令得還하니 子響見順之하고 欲自申明이어늘 順之不許하고 縊殺之러라

① 燕尾洲는 江津戍 서쪽에 있고, 江水가 여기에 이르러서 북쪽으로 흘러 靈溪水와 합류한다.
洲在江津戍西, 江水至此, 北合靈溪水.
② 將은 이끈다는 뜻이다.
將, 引也.
③ 舴은 陟格의 切이다. 艋은 莫幸의 切이다. "舴艋"은 작은 배이다.
舴, 陟格切. 艋, 莫幸切. 舴艋, 小船也.

【目】오랜 뒤에 齊主(蕭賾)가 華林園에서 노닐다가 원숭이 한 마리가 숲을 통과하다가 떨어져 슬피 우는 것을 보고는 左右에게 그 까닭을 물으니, 대답하기를 "원숭이 새끼가 전날 벼랑에서 떨어져 죽었습니다."라고 하였다. 齊主가 蕭子響을 생각하여 오열하며 눈물을 흘렸고, 茹法亮을 몹시 문책하니 蕭順之가 부끄러워하고 두려워하다가 卒하였다.

久之에 齊主遊華林園이라가 見一猿透擲悲鳴하고 問左右[①]한대 曰 猿子前日墜崖死로라 齊主思子響하여 因嗚咽流涕하고 頗責法亮하니 順之慙懼而卒하다

① 透는 숲속을 통과한다는 뜻이다. 擲은 아래로 떨어뜨린다는 뜻이다.
透, 穿林也. 擲, 投下也.

【目】예전에 方鎭들에서 모두 蕭子響이 반역을 하였다고 보고하였는데, 兗州刺史 垣榮祖가 말하기를 "이는 마땅히 말할 것이 아닙니다. 바로 응당 말하기를 '劉寅 등이 황제의 은혜와 포상을 저버리고, 巴東王(소자향)을 핍박하여 이 지경에 이르게 하였습니다.'라고 해야 할 것입니다."라고 하니, 齊主(蕭賾)는 도리를 아는 사람의 말이라고 생각하였다. 臺軍이 江陵府에 불을 질러 官舍가 불타자, 齊主가 樂藹(악애)를 荊州治中로 삼았다. 악애가 관사 수 백 곳을 수리하여 짧은 기간에 모두 마치고 부역으로 백성을 수고롭게 하지 않으니, 荊州의 사람들이 그를 칭찬하였다.

初에 方鎭皆啓子響爲逆호되 兗州刺史垣榮祖曰 此非所宜言이라 正應云 劉寅等이 孤負恩獎하고 逼迫巴東하여 使至於此라하니 齊主以爲知言이러라 臺軍이 焚燒江陵하여 府舍皆盡하니 齊主以樂藹爲荊州治中하다 藹繕廨舍數百區하여 頃之咸畢하고 而役不及民하니 荊部稱之러라

【綱】 9월에 北魏 太后 馮氏가 殂하였다.

九月에 魏太后馮氏殂[25)]하다

【目】 魏主(拓跋宏)는 한 되의 물도 마시지 않은 지 5일이 되었고, 슬픔으로 몸이 수척해질 정도로 지나치게 禮를 행하였다. 中部曹 華陰 사람 楊椿이 간언하기를 "聖人의 禮는 슬픔으로 몸을 상하여 목숨을 잃어서는 안 됩니다. 비록 陛下께서 스스로 萬代에 어진 군주가 되려 하시지만, 宗廟에 어찌 하려고 그러십니까."라고 하니 황제가 그의 말에 감동하여 그로 인해 한 번 粥을 올리게 하여 마셨다. 이에 王公들이 表를 올려 말하기를 "알맞은 때에 兆域(葬地)을 정하여 장사를 지내고 나서 상복을 벗기를 청합니다."라고 하였는데, 조서를 내리기를 "梓宮(馮太后의 관)을 받들어 모실 적에 오히려 어렴풋이 뵙기를 바라는데, 山陵에 재궁을 옮기는 말은 차마 듣지 못하겠다."라고 하였다. 10월에 王公들이 굳게 청하자, 마침내 永固陵에 장사 지냈다.

魏主勺飮不入口者五日이요 哀毁過禮①하니 中部曹華陰楊椿諫曰② 聖人之禮는 毁不滅性③하니 縱陛下欲自賢於萬代나 其若宗廟何오 帝感其言하여 爲之一進粥이러라 於是王公表호되 請時定兆域하여 既葬하고 公除④라한대 詔曰 奉侍梓宮에 猶希髣髴이니 山陵遷厝는 所未忍聞⑤이니라 十月에 王公固請한대 乃葬永固陵⑥하다

---

25) 魏太后馮氏殂 : "太后는 예전에 '弑其主(그 임금을 시해하였다.)'라고 기록하였는데, 여기서는 일상의 말로 기록하였으니, 어째서인가. 北魏 조정에 大臣이 없음을 나무란 것이다. 太后의 죄가 큰데 임금은 어려서 모른다고 해도 大臣도 모르는가. 생전에 올바르지 않으면 죽었을 때 끊는 것이 옳은데, 게다가 魏主(拓跋宏)는 효도를 극진하게 하였다. 魏主의 지극한 천성은 남보다 뛰어났으나 古禮를 회복해야 한다는 것만 알고 큰 원수를 잊어서는 안 된다는 사실을 몰랐으니, 이는 조정에 大臣이 없었기 때문이다. 그러므로 '謁陵(陵에 알현했다.)'이라고 기록하고, '祥禫(祥祭와 禫祭를 지냈다.)'이라고 기록하고, '遷祔(신주를 옮기고 祔祭를 지냈다.)'라고 기록하여 번잡하게 말을 하여 줄이지 않았으니, ≪資治通鑑綱目≫의 의도가 은미하다. 그렇다면 어째서 폄하하는 말이 없는 것인가. 古禮를 회복하는 것이 옳았으니 어찌 폄하하겠는가. 다만 예를 사용할 대상이 아닌 자에게 사용하였으니, ≪자치통감강목≫에서 매우 애석해한 것이다.〔太后前書弑其主矣 此其以恒辭書何 譏魏朝之無大臣也 太后之罪大矣 主幼不知 大臣其不知乎 生不能正 死而絶之可也 而魏主且致孝焉 蓋魏主之至性 有過人者 知古禮之當復 而不知大讐之不可忘 則朝無大臣故也 故書謁陵 書祥禫 書遷祔 辭繁而不殺 綱目之意微矣 然則何以無貶辭 復古禮 是也 何貶焉 獨用非所用 綱目所以深惜之〕" ≪書法≫

① 勺(구기)은 음이 酌이다. ≪周禮≫ 〈考工記〉에 "梓人이 飮器를 만들었는데, 勺은 한 되가 들어간다." 하였다.
勺, 音酌. 周禮考工記 "梓人爲飮器, 勺一升."
② ≪北史≫ 〈楊椿傳〉에 의거하면 이때에 中部法曹가 되었다.
據北史楊椿傳, 時爲中部法曹.
③ ≪孝經≫에 "3일이 지나면 죽을 먹고, 백성에게 부모의 죽음 때문에 자기의 생명까지 상하게 해서는 안 되며 몸이 수척해지더라도 자기의 생명만은 해치지 않도록 가르쳐야 하니, 이것이 성인의 정사이다." 하였다.
孝經曰 "三日而食, 教民無以死傷生, 毁不滅性, 此聖人之政也."
④ 兆는 묘소이다. 域은 境域이다. 公除는 바로 漢 文帝가 37일에 상복을 벗은 遺制인데, 말하기를 "公除는 천하를 公으로 삼고 겉으로는 비록 상복을 벗고 정사를 보지만 부모를 친애하는 생각이 마음속에서 맺혀 있으므로 오히려 3년 동안 사모함을 마치는 것이니, 공적으로는 상복을 벗어도 사적으로는 아직 상복을 벗은 것이 아니다." 하였다.
兆, 塋域也. 域, 界局也. 公除, 卽漢文帝三十七日釋服之遺制, 曰 "公除者, 以天下爲公, 外雖除服以臨政而親親之思, 結於內, 猶終三年之慕, 公則除服, 私則未之除也."
⑤ "髣髴"은 서로 비슷하다는 뜻이다. 죽은 사람을 섬기기를 산사람을 섬기듯이 하니, 오히려 그를 어렴풋이 뵙기를 바라는 것이다. 厝(두다)는 措와 같다.
髣髴, 相似也. 事死如事生, 猶冀髣髴見之也. 厝, 與措同.
⑥ 永固陵은 方山에 있다.
陵, 在方山.

【目】太尉 拓跋丕 등이 진언하기를 "臣 등은 늙은 나이에 여러 임금을 두루 받들어 국가의 옛일을 제법 알고 들었습니다. 태후를 敬慕하는 마음을 억제하시고 옛 법을 받들어 행하시기 바랍니다."라고 하니, 魏主(拓跋宏)가 말하기를 "祖宗께서는 무력으로 정벌하는 일에 전념하여 文教를 닦지 못하였지만, 朕은 지금 성인의 가르침을 받들어 古道를 익혔는데, 時事를 논의하고 비교함에 또 先世와 같지 않다."라고 하였다.

마침내 尙書 游明根·高閭 등에게 묻기를 "성인이 卒哭의 禮를 제정하고 服制의 변화를 준 것은 모두 애통한 감정을 점차적으로 제거하기 위한 것이다. 지금 열흘 사이에 바로 吉服을 입자고 말 하는 것이 천리를 해치는 것이 아니겠는가?"라고 하였다. 유명근 등이 대답하기를 "달을 넘겨 장사를 지내고, 장사를 지내고 나면 바로 길복을 입는 것이 金冊의 遺旨입니다."라고 하니, 魏主가 말하기를 "朕의 생각으로는 中古 時代에 삼년상을 행하지 않은 것은 君上이 세상을 떠나고 이어 계승한 임금이 처음 즉위하여 임금의 德이 아직 전파되지 않았고, 신하의 도리가 흡족하지 않았다. 이런 까닭으로 몸에 衰衣를 입고 冕旒冠을 쓰고서 卽位의 禮를 행하였다. 朕이 진실로 덕이 부족하지만 즉위한 지 12년이 지났으니, 백성들에게 君이 있음을 알게 하는 데는 충분하다. 이런 날에 哀慕하는 마음을 행하지 못하여 마음과 예절을 모두 그르치게 된다면 어찌 몹시 한스럽지 않겠는가."라고 하였다.

고려가 말하기를 "杜預가 논평하기를 '예로부터 天子가 삼년상을 행했던 경우는 없었고, 漢 文帝가 제정한 제도가 은연중에 옛날 제도와 합치된다.'라고 하였으니, 이 때문에 臣 등이 감히 청하는 것입니다."라고 하자, 魏主가 말하기를 "金冊의 遺旨로 여러 공들이 청하는 것을 그렇다고 한 것은 政事를 그만둘까 걱정했기 때문이다. 朕이 지금 감히 喪中에 침묵하여 말을 하지 않으면서 여러 정사를 그르칠 수는 없다. 오직 衰麻服을 입어 吉禮를 폐지하고 초하루와 보름에 슬픔과 정성을 다하고자 하니, 두예의 논평과 같은 것은 잘못된 것이다."라고 하였다.

太尉丕等進曰 臣等老朽에 歷奉累聖하여 國家舊事를 頗所知聞이니 願抑至情하여 奉行舊典하소서 魏主曰 祖宗情專武略하여 未修文教어니와 朕今仰稟聖訓하여 庶習古道하니 論時比事에 又與先世不同이니라 乃問尙書游明根高閭等曰[①] 聖人制卒哭之禮하고 授服之變은 皆奪情以漸[②]하니 今旬日之間에 言及卽吉이 得無傷於理乎아 對曰 踰月而葬하고 葬而卽吉이 此金冊遺旨也[③]니이다 魏主曰 朕惟中代所以不遂三年之喪은 蓋由君上違世하고 繼主初立하여 君德未流하고 臣義不洽이라 故身襲衰冕하여 行卽位之禮어니와 朕誠不德이나 在位過紀하니 足令億兆知有君矣[④]라 於此之日而不遂哀慕之心하여 使情禮俱失이면 豈不深可恨邪아 閭曰 杜預論古天子無行三年之喪者라하여 以爲漢文之制가 闇與古合이라하니 是以臣等敢有請耳[⑤]니이다 魏主曰 金冊之旨로 群公之請을 所以然者는 慮廢政事故爾라 朕今不敢闇默不言하여 以荒庶政이니 唯欲衰麻廢吉禮하고 朔望盡哀誠하노니 如預之論은 蓋亦誣矣[⑥]니라

① 游明根·高閭는 당시의 儒學者로 명성이 있었다. 그러므로 魏主가 별도로 그들과 함께 말한 것이다.
明根·閭, 時以儒鳴, 故魏主別與之言.

② 禮에 아버지가 처음 돌아가시면 곡하는 것은 때가 없으니, 朝夕으로 哭을 하는 것 외에 슬픔이 지극하면 곡하는 것을 말한다. 장사를 지내고 나서 虞祭를 지내고 虞祭를 지내고 나서 哭을 마친다. 이로부터 朝夕 간에 슬픔이 지극해도 哭하지 않지만, 여전히 朝夕으로는 哭을 한다. 三年喪에 斬衰服을 입는데, 1년이 지나면 小祥을 지내고 소상을 지낸 뒤에는 練服을 입으며, 2년이 지나면 大祥을 지내고 대상이 지난 뒤에는 禫服을 입고, 또 3개월이

지나면 복을 벗는다.
禮, 親始死, 哭無時, 謂朝夕哭之外, 哀至則哭也. 旣葬而虞, 旣虞而卒哭, 自此朝夕之間, 哀至不哭, 猶朝夕哭. 三年之喪, 服斬衰, 朞而小祥, 旣祥而練, 再朞而大祥, 旣祥而禫, 又三月而除服.

③ 文明太后의 遺旨를 金冊에 기록한 것이다.
蓋以文明太后遺旨書之金冊也.

④ 宋 明帝 泰始 7년(471)에 北魏의 孝文帝가 선위를 받아 지금 19년에 이르렀다. 이는 즉위해서 12년이 지난 것을 말한다. 宋主 劉昱의 元徽 4년(476)에 顯祖(拓跋弘)가 막 殂하니, 그해를 넘겨서 太和로 연호를 바꾸고, 지금 14년에 이르렀다. 그러므로 이르기를 "在位過紀"라고 하였다. 12년이 1紀이다.
宋明帝泰始七年, 魏孝文受禪, 至是十九年. 此言在位過紀, 蓋以宋主昱元徽四年顯祖方殂, 踰年改元太和, 至是十四年, 故云在位過紀. 十二年爲一紀.

⑤ 漢 文帝가 遺詔을 내려 喪禮 기간을 단축하여 하루를 한 달 상례 기간으로 바꾸었다. 闇(모르게)은 暗의 古字이다.
漢文帝遺詔短喪以日易月. 闇, 古暗字.

⑥ 闇은 음이 陰이니 諒闇을 말한다.
闇, 音陰. 謂諒闇也.

【目】 祕書丞 李彪가 말하기를 "後漢 明德皇后 馬氏(明帝의 황후)는 章帝를 보호하여 양육하였는데, 명덕황후가 崩하자 장사 지낸 지 만 열흘도 안 되어 곧 길복을 입었습니다. 그러나 漢 章帝는 비난을 받지 않았고 명덕황후는 이름이 훼손되지 않았으니, 바라건대 폐하께서는 살펴주소서."라고 하였다. 魏主(拓跋宏)가 말하기를 "朕이 태후를 그리워하여 衰絰을 〈벗으라는〉 의논을 따르지 못하는 까닭은 실로 차마 하지 못하는 마음 때문에 그런 것이니, 어찌 다만 구차하게 비웃음과 혐의를 면하려고 할 뿐이겠는가."라고 하였다. 신하들이 또다시 말하기를 "봄과 가을의 烝祭·嘗祭는 폐지하기 어려운 일입니다."라고 하자, 魏主가 말하기를 "先朝 때에는 항상 有司가 일을 행하였는데, 朕이 태후의 사랑과 가르침을 받아서 처음으로 직접 공경을 바쳤다. 지금 昊天이 罰을 내려서 사람과 귀신이 믿을 곳을 잃었기 때문에 宗廟의 신령들도 제사를 받는 것을 중지할 것이라고 생각한다. 만약 제사를 올리면 신령들의 뜻을 어길까 두렵다. 또 평상시에 公卿들은 늘 四海가 편안하고 禮樂이 날마다 새로워져서 唐·虞의 아름다움과 나란히 할 만하다고 칭찬하였다. 지금 마침내 짐의 뜻을 애써 빼앗아 魏나라·晉나라의 시대 수준을 넘지 못하게 하려는 것은 무엇 때문인가?"라고 하였다.

이표가 말하기를 "지금 비록 편안하게 다스려지지만 江南은 아직 복종하는 賓이 되지 않았고, 漢北은 신하가 되지 않았으니, 臣 등은 여전히 예상치 못한 우환을 염려하고 있습니다."라고 하였다.

魏主가 말하기를 "魯公(伯禽)은 帶絰의 차림으로 從軍하였고, 晉侯 襄公은 검은색의 상복으로 전쟁에 나가 적을 패배시켰으니, 진실로 聖賢이 허여한 것이다. 만약 예상치 못한 일이 발생한다면 비록 상여 줄을 넘는다[越紼] 해도 꺼릴 것이 없으니, 하물며 衰麻服이겠는가. 어찌 편안한 때에 미리 軍旅의 일을 생각하여 喪事를 폐기하겠는가. 옛날에 또한 王이라고 일컬은 사람 중에는 衰麻服을 벗고서도 喪中 기간의 상례를 마치는 자가 있었는데, 만약 〈경들이〉 짐의 衰麻服을 허락하지 않는다면 마땅히 衰麻服을 벗고서 팔짱을 끼고 침묵을 한 채 정사를 재상에게 맡기겠소. 두 가지 일 중에 오직 공경들이 선택하시오."라고 하였다.

游明根이 말하기를 "침묵하고 말하지 않으면 大政이 텅 비게 될 것이니, 우러러 성심을 따라서 衰麻服을 입으시기를 청합니다."라고 하였다. 太尉 拓跋丕가 말하기를 "魏나라의 故事에 尤諱(제왕이 사망함)한 후에 3개월이 지난 뒤에는 반드시 서쪽에서 神을 영접하고, 북쪽에서 惡을 물리치면서 吉禮를 갖추어 행하였습니다."라고 하였다.

魏主가 말하기를 "만약 正道로써 神을 섬길 수 있으면 영접하지 않아도 스스로 올 것이고, 만약 仁義를 잃는다면 영접하더라도 오지 않을 것이다. 이것은 곧 平日에 마땅히 행해야 할 것이 아닌데, 하물며 居喪에서야 말할 나위가 있겠는가. 朕이 말을 하지 않아야 하는 처지에 있어서 응당 이와 같이 말을 많이 해서는 안 될 것이다. 다만 公卿들이 짐의 마음을 빼앗아서 마침내 논쟁이 오가니, 생각할수록 이 때문에 비통하다."라고 하고, 마침내 곧 통곡하며 안으로 들어가니, 신하들도 곡을 하면서 나왔다.

祕書丞李彪曰 漢明德馬后保養章帝러니 及后之崩에 葬不淹旬에 尋已從吉①호되 然漢章不受譏하고 明德不損名하니 願陛下察之하소서 魏主曰 朕所以眷戀衰絰하여 不從所議者는 實情不能忍이니 豈徒苟免嗤嫌而已哉아 群臣又言호되 春秋蒸嘗은 事難廢闕②한대 魏主曰 先朝恒以有司行事러니 朕蒙慈訓하여 始親致敬하니 今昊天降罰하여 人神喪恃③라 想宗廟之靈이 亦輟歆祀니 脫行薦饗이면 恐乖冥旨하다 且平時公卿每稱四海晏安하고 禮樂日新하여 可以參美唐虞④러니 今乃欲苦奪朕志하여 使不踰於魏晉은 何邪아 李彪曰 今雖治安이나 然江南未賓하고 漢北不臣하니 臣等猶懷不虞之慮耳로이다 魏主曰 魯公帶絰從戎하고 晉侯墨衰敗敵하니 固聖賢所許⑤라 如有不虞면 雖越紼無嫌이니 而況衰麻乎아 豈可以晏安之辰에 豫念軍旅之事하여 以廢喪紀哉⑥아 古人

亦有稱王者除衰而諒闇終喪者하니 若不許朕衰服이면 則當除衰拱默하고 委政冢宰니 二事之中에 唯公卿所擇이니라 明根曰 淵默不言이면 則大政將曠이니 仰順聖心하여 請從衰服하노이다 太尉丕曰 魏家故事에 尤諱之後三月에 必迎神於西하고 禳惡於北하여 具行吉禮⑦니이다 魏主曰 若能以道事神이면 不迎自至요 苟失仁義면 雖迎不來니 此乃平日所不當行이어든 況居喪乎아 朕在不言之地하여 不應如此喋喋⑧이로다 但公卿執奪朕情하여 遂成往復하니 追用悲絶하니라 遂乃號慟而入하니 群臣亦哭而出하다

① 漢 章帝 建初 4년(77) 6월 癸丑日에 明德皇后가 崩했는데, 7월 壬戌日에 장사를 지냈다. 歷史에 公除(以日易月의 短喪) 상복을 벗는 날은 기록에 포함하지 않는다. 이는 장사를 지낸 지 만 열흘도 안 되어(癸丑에서 壬戌까지는 만 9일임) 곧 길복을 입었으니, 漢 文帝가 36일 만에 복을 벗게 한 제도를 따라서 한 것이다.
漢章帝建初四年六月癸丑, 明德皇后崩, 七月壬戌, 葬. 史不書公除之日. 此言葬不淹旬, 尋已從吉, 以漢文三十六日釋服之制推之也.

② ≪禮記≫ 〈王制〉에 "상중에는 3년 동안 제사를 지내지 않는다." 하였다. 황제가 만약 삼년상을 거행하면 宗廟의 제사를 거르게 됨을 말한 것이다.
禮曰 "喪三年不祭." 言帝若行三年之喪, 則宗廟之祭將至廢闕也.

③ ≪詩經≫ 〈小雅 蓼莪〉에 "어머니 아니면 누구를 믿을까." 하였다.
詩曰 "無母何恃."

④ 晏(편안하다)은 또한 安이라는 뜻이다.
晏, 亦安也.

⑤ ≪史記≫에 의거하면 "武王이 崩하고 난 뒤에 成王은 어렸고, 管叔·蔡叔은 반란을 일으켰으며, 淮夷·徐戎도 나란히 일어났다. 魯公 伯禽이 그들을 정벌하였는데 이때에 무왕의 喪이 있었으므로 帶絰 차림으로 從軍하였다." 하였다. 春秋 때에, 晉 文公이 卒하고 아직 장사를 지내기 전인데, 襄公이 검은색 상복으로 전쟁에 나가 秦나라 병사를 殽에서 패퇴시켰다.
據史記 "武王崩, 成王幼, 管·蔡反, 淮夷·徐戎亦竝興. 魯公伯禽征之, 時有武王之喪, 故帶絰從戎也. 春秋時, 晉文公卒, 未葬, 襄公墨衰(최)絰以敗秦師于殽."

⑥ 鄭玄이 말하기를 "越은 넘는다는 뜻과 같다. 紼은 상여 줄이다." 하였다. 孔穎達이 말하기를 "장사 지내기 전에 상여에 줄을 달아놓아서 화재에 대비하였다. 지금 〈상중에〉 天地·社稷에 제사를 지내면, 반드시 이 줄을 넘어 제사에 나아갔으므로 이르기를 '越紼'이라 하였다." 하였다.
鄭玄曰 "越, 猶躐也. 紼, 輴車索." 孔穎達曰 "未葬之前, 屬紼於輴, 以備火災. 今旣祭天地社稷, 須越躐此紼而往祭, 故云越紼."

⑦ 尤諱는 大諱(제왕의 사망)라는 말과 같다. 尤는 더욱이라는 뜻이다. 죽음은 사람들이 더욱 피하는 것이다.

尤諱, 猶云大諱也. 尤, 甚也. 死者, 人之所甚諱也.

⑧ "不言之地"는 상을 당하여 諒陰에 있을 때에 3년 동안 말하지 않는 것을 말한다.
不言之地, 謂居喪諒陰, 三年不言也.

【目】 예전에 馮太后는 魏主(拓跋宏)의 英敏함을 꺼리고 자기에게 이롭지 않을까 염려하여 한창 추울 때 그를 빈방에 가두고 3일간 먹을 것을 주지 않아 그를 폐위하고 咸陽王 拓跋禧를 세우려고 하였는데, 東陽王 拓跋丕, 僕射 穆泰, 尙書 李沖이 굳게 간언하여 마침내 멈추었다. 魏主는 애초에 서운한 마음이 없었고 오직 拓跋丕 등을 매우 덕이 있다고 생각하였다. 또다시 宦官이 太后에게 魏主를 참소하자 太后가 魏主에게 수십 대의 杖을 때리니, 魏主는 묵묵히 매를 맞았다. 太后가 殂하니, 역시 다시 追問하지 않았다.

初에 太后忌魏主英敏하고 恐不利於己하여 盛寒閉之하고 絶食三日하여 欲廢之하고 而立咸陽王禧[①]러니 東陽王丕僕射穆泰尙書李沖固諫하여 乃止[②]하니 魏主初無憾意하고 唯深德丕等이러라 又有宦者譖魏主於太后한대 太后杖之數十하니 魏主默然受之하다 及太后殂에 亦不復追問이러라

① ≪資治通鑑≫에 "한창 추울 때에 빈방에 두어 문을 잠그고 3일간 먹을 것을 주지 않았다." 하였다.
通鑑 "盛寒閉於空室, 絶其食三日."

② 穆泰는 穆崇의 玄孫이다.
泰, 崇之玄孫也.

【綱】 겨울 10월에 齊나라가 伏登之를 交州刺史로 삼았다.

冬十月에 齊以伏登之爲交州刺史하다

【目】 交州刺史 房法乘은 오로지 책 읽기를 좋아하고 항상 병을 핑계 대고 일을 다스리지 않았는데, 이로 말미암아 長史 伏登之가 권력을 독점하여 장수와 관리를 바꾸니, 방법승이 듣고는 크게 진노하여 복등지를 포박하여서 감옥에 가두었다.

복등지가 방법승의 妹夫 崔景叔에게 후하게 뇌물을 주고 감옥에서 나와서는 자기 部曲을 거느리고서 방법승을 습격하여 가두고, 〈조정에〉 장계를 올리기를 "방법승이 心疾이 있어서 정사를 맡길 수 없습니다."라고 하자, 조서를 내려서 복등지를 交州刺史로 삼았다.

交州刺史房法乘專好讀書하고 常屬疾不治事①하니 由是長史伏登之得擅權하여 改易將吏한대 法乘聞之大怒하여 繫登之於獄이러니 登之厚賂法乘妹夫崔景叔得出하여 因將部曲襲執法乘하고 囚之하고 啓法乘心疾이라 不任視事한대 詔以登之爲刺史하다

① "屬疾"은 병을 핑계 댄다는 말과 같다.
屬疾, 猶言託疾也.

【綱】 齊나라가 동전을 주조할 것을 의논했으나 끝내 시행하지 못하였다.

齊議鑄錢不果行하다

【目】 예전에 太祖(蕭道成)가 南方에는 동전이 적다고 여겨 다시 동전을 주조하려고 하였다. 奉朝請 孔覬가 다음과 같이 아뢰었다.

"곡식과 貨幣가 서로 유통되는 것은 이치와 추세로 볼 때 자연스러운 일입니다. 李悝가 이르기를 '곡식을 사들이는데 값이 너무 비싸면 백성에게 해를 끼치게 되고 너무 싸게 되면 농민에게 해를 끼칩니다.'라고 하였습니다. 三吳 지역은 해마다 수해를 입어도 곡식을 사들이는데 비싸지 않습니다. 이는 동전이 적어서이지 곡식이 저렴해서 그런 것이 아니니, 이를 살피지 않으면 안 됩니다.

동전을 주조하는 데에서 폐단이 생기는 것은 무게에 자주 변동이 있기 때문입니다. 무거운 동전은 사용하기 어려운 것이 근심이고 사용하기 어려운 동전은 여러 번 가볍게 만듭니다. 가벼운 동전의 폐단은 개인이 동전을 만드는 데 있으니, 개인이 동전을 만들면 큰 재앙이 발생합니다. 백성들이 사적으로 동전을 만드는 것을 엄격한 법으로 금지하지 못하는 이유는 상부에서 동전을 주조할 때에 銅이 낭비되는 것을 아까워하고 공력이 드는 것을 아껴서 동전은 쓸모없는 물건이라고 하여 수량을 많게 하여 쉽게 완성하는데 힘쓰고, 근심이 된다는 것을 상세히 생각하지 않기 때문입니다.

백성이 이익을 향하는 것은 마치 물이 아래로 달려가는 것과 같습니다. 지금 이익의 출입문을 열어놓고 그에 따라 무겁게 형벌을 내리면 이는 그에게 잘못을 저지르도록 인도하여 죽음에 이르게 하는 것입니다.

漢나라가 가벼운 동전을 주조하자 〈백성 중에〉 교묘하게 속이는 자가 많았습니다. 그런데 五銖錢을 주조하게 되자 백성들이 〈사적으로 동전을 주조하는〉 비용이 주조한 동전으로 보상하지 못한다고 생각하여 사사로이 주조하는 것이 더욱 줄어들었으니, 이는

銅을 아끼지 않고 공력을 아끼지 않은 효과입니다. 宋 文帝가 四銖錢을 주조하니, 景和(465) 연간에 이르러 동전이 더욱 가벼워져서 비록 周郭이 있었지만 製鍊하는 것이 정밀하지 않았던 것입니다. 이에 개인이 동전을 주조하는 일이 번잡하게 일어나서 다시 금지하지 못하였으니, 이는 銅을 아끼고 공력을 들이는 것을 아까워했기 때문입니다. 동전을 주조할 때에는 무게에 걸맞지 않기보다는 차라리 무겁게 하고 가볍게 하는 일이 없어야 합니다. 漢나라에서 宋나라까지 5백여 년의 제도는 대대로 興廢가 있었으나 五銖錢을 바꾸지 않은 것은 무게를 법으로 삼을 만하다는 것을 분명히 알아 재화의 마땅함을 얻었기 때문입니다. 四銖錢을 주조함으로부터 또다시 백성들에게 〈옛 동전을〉 깎아내는 것을 금지하지 못하고, 재앙이 이미 커져서 그 폐단이 오늘에 이르게 되었으니, 어찌 슬프지 않겠습니까.

初에 太祖以南方錢少라하여 更欲鑄錢하다 奉朝請孔覬上言 食貨相通은 理勢自然이라 李悝云호되 糴甚貴傷民하고 甚賤傷農[①]이라하니 三吳歲被水潦而糴不貴하니 是錢少라 非穀賤이니 此不可不察也니이다 鑄錢之弊 在輕重屢變하니 重錢患難用이요 而難用爲累輕이라 輕錢弊盜鑄요 而盜鑄爲禍深하니 民所以盜鑄하면 嚴法不能禁者는 由上惜銅愛工하여 謂錢爲無用之器라하여 務欲數多而易成하고 不詳慮其爲患也니이다 夫民之趣利는 如水走下하니 今開其利端하고 從以重刑이면 是導其爲非而陷之於死也라 漢鑄輕錢에 巧僞者多러니 及鑄五銖에 民計其費不能相償하여 私鑄益少하니 此不惜銅不愛工之效也니이다 宋文帝鑄四銖하니 至景和에 錢益輕하여 雖有周郭이나 而鎔冶不精[②]이라 於是盜鑄紛紜而起하여 不可復禁하니 此惜銅愛工之驗也라 凡鑄錢이 與其不衷으론 寧重無輕[③]이니 自漢至宋五百餘年에 制度世有興廢나 而不變五銖者는 明其輕重可法하여 得貨之宜故也라 自鑄四銖로 又不禁民翦鑿하고 爲禍旣博하여 鍾弊于今하니 豈不悲哉[④]아

① 民은 선비・공인・상인을 말한다.
民, 謂士・工・商.

② 周郭은 돈의 형태와 모양을 뜻한다.
周郭, 錢之形制也.

③ 衷(알맞다)은 中과 통한다. "不衷"은 무게가 알맞지 않는 것이다.
衷, 與中通. 不衷者, 不得輕重之中也.

④ 鍾은 모은다는 뜻이다.
鍾, 聚也.

【目】晉나라로부터 동전을 주조하지 않고, 후에 환란・전쟁・수재・화재를 거쳐서 잃어

버린 것이 해마다 많았으니, 士(선비)·農(농부)·工(공인)·商(상인)이 모두 그 본업을 잃었습니다. 제 생각으로는 마땅히 옛 제도와 같이 하여 제련 사업을 크게 일으키되 동전의 무게 五銖를 한결같이 漢나라 법에 의거해야 합니다. 그리고 〈옛 동전을〉 깎아내는 것을 엄히 단속하여 가볍고 작아지고 파손되어 周郭이 없는 것을 모두 유통할 수 없게 해야 합니다. 官錢 중에 작은 것을 녹여서 크게 만들어 빈궁하고 선량한 백성들을 이롭게 하고 간교한 길을 막아야 합니다. 동전이 고르게 되면 백성들이 본업을 즐겨 시장 거리에 다툼이 없고 음식과 의복이 더욱 풍부해질 것입니다."

太祖(蕭道成)가 옳다고 여겨서 州郡에 黃銅과 숯을 많이 사들이게 하였는데, 마침 태조가 세상을 떠나서 일이 중지되었다. 이해에 益州行事 劉悛(유순)[26]이 말하기를 "嚴道銅山에 옛날 돈을 주조하던 곳을 경영할 수 있습니다."라고 하자, 齊主(蕭賾)가 그의 말을 따랐는데, 얼마 뒤에 공력과 비용이 많이 들어서 중지하였다.

自晉氏不鑄錢하고 後經寇戎水火하여 所失歲多하니 士農工商이 皆喪其業이라 愚以爲宜如舊制하여 大興鎔鑄호되 錢重五銖를 一依漢法하고 嚴斷翦鑿하여 輕小破缺無周郭者를 悉不得行하노이다 官錢小者를 銷以爲大하여 利貧良之民하고 塞姦巧之路라 錢貨旣均에 百姓樂業하여 市道無爭하고 衣食滋殖矣리라 太祖然之하여 使州郡大市銅炭하다 會晏駕하여 事寢이라 是歲에 益州行事劉悛言호되 嚴道銅山舊鑄錢處를 可以經略①이라한대 齊主從之러니 頃之요 以功費多而止하다

① 劉悛은 劉勔의 아들이다. 班固의 ≪漢書≫ 〈地理志〉에 嚴道는 蜀郡에 속해 있다. ≪括地志≫에 "雅州 榮經縣 북쪽 3리에 銅山이 있는데, 바로 鄧通에게 銅山을 내려주어서 돈을 주조하게 한 곳이다." 하였다. 唐나라 榮經은 곧 漢나라 嚴道이다.
悛, 勔之子也. 班志嚴道屬蜀郡. 括地志 "雅州榮經縣北三里有銅山. 卽鄧通得賜銅山鑄錢者也." 唐榮經, 卽漢嚴道也.

【綱】 齊나라는 이전에 허위로 戶籍을 작성한 죄에 걸려 邊境을 수비하던 사람들을 사면해주었다.

齊免前坐却籍戍邊者하다

【目】 齊나라가 호적을 검열하여 〈허위로 호적에서 빠진 자를〉 변방 수비에 충당하면서

26) 劉悛(유순) : ≪資治通鑑≫ 권137 〈齊紀〉 永名 9년(491)에는 "悛, 士倫翻, 又王綠翻."이라고 하여, '순'과 '전' 두 音을 제시하였는데, 첫 번째 音을 따라 '순'으로 하였다.

부터 백성들이 원망을 하였다. 이때에 이르러 마침내 조서를 내리기를 "宋나라 昇明(477~479) 이전부터 모두 다시 호적에 기록하도록 허락하고, 허위로 호적에서 빠져 변방에 가서 노역한 자에게 각기 고향으로 돌아가는 것을 허락한다. 그리고 이후에 범죄를 저지르면 엄하게 더 징벌하여 다스리도록 하라."라고 하였다.

齊自校籍謫戍로 百姓怨望이러니 至是에 乃詔自宋昇明以前으로 皆聽復注①하고 其謫役者를 各許還本하고 此後有犯이어든 嚴加翦治하라

① 〈"皆聽復注"는〉 호적에 기록하여 회복시키는 것을 허락해준 것이다.
聽復注籍也.

【綱】 高車가 사신을 北魏에 보냈다.

高車遣使如魏하다

辛未年(491)

齊나라 世祖 武帝 蕭賾 永明 9년이고, 北魏 高祖 孝文帝 拓跋宏 太和 15년이다.

齊永明九年이요 魏太和十五年이라

【綱】 봄 정월에 魏主(拓跋宏)가 처음으로 정사를 다스렸다.

春正月에 魏主始聽政[27]하다

【綱】 齊나라는 太廟에 예법에 어긋나는 제물을 올리고, 따로 清溪의 옛집에서 제사를 지냈다.

◑ 齊太廟加薦褻味하고 別祀于清溪故宅[28]하다

27) 魏主始聽政 : "이렇게 쓴 것은 馮太后가 독단했기 때문이다.〔太后專也〕" ≪書法≫
28) 齊太廟加薦褻味 別祀于清溪故宅 : "'薦褻味 祀故宅(예법에 어긋나는 제물을 올리고 옛집에서 제사를 지냈다.)'이라고 기록한 것은 옛 법이 아님을 나무란 것이다.〔書薦褻味祀故宅 譏非古也〕" ≪書法≫
"예법에 어긋나는 제물을 올리고 別室에서 낮추어 제사를 지낸 것은 모두 올바른 예법이 아니니, 司馬溫公이 논의한 것이 옳다. 이를 기록하여 비루함을 드러낸 것이다.〔加薦褻味 降祀別室 皆非禮也 司馬公論之當矣 書之 著其陋爾〕" ≪發明≫

【目】 조서를 내려서 太廟에서 四時의 제사를 지냈는데, 宣皇帝에게 올린 제물은 起麵餅(밀가루 떡), 오리고깃국이었고, 孝皇后에게는 죽순과 오리 알을 올렸으며, 高皇帝(蕭道成)에게는 육회와 절인 채소 국을 올리고, 昭皇后는 차, 나물죽, 구운 생선을 올리니, 모두 좋아하던 음식이다. 齊主(蕭賾)의 꿈에 太祖(소도성)가 나타나 자기(소색)에게 말하기를 "宋氏의 여러 황제가 항상 太廟에 있어서 나에게 먹을 것을 구하니 따로 나를 위하여 제사를 지내라."라고 하자, 마침내 豫章王妃 庾氏에게 명하여 四時에 淸溪의 옛집에서 제사를 지내게 하였는데, 家人의 禮를 사용하였다.

詔太廟四時之祭어늘 薦宣皇帝는 起麪餠鴨臛(학)하고 孝皇后는 筍鴨卵하며 高皇帝는 肉膾菹羹하고 昭皇后는 茗粣炙魚하니 皆所嗜也①라 齊主夢太祖謂己호되 宋氏諸帝常在太廟하여 從我求食하니 可別爲吾致祠하라한대 乃命豫章王妃庾氏하여 四時祠於淸溪故宅한대 用家人禮②하다

① 宣皇帝는 高帝의 아버지이다. 起麪餠이 푸석하고 연하여 고기를 말아서 먹는데 또한 卷餠이라고 한다. 臛은 음이 郝이고, 고깃국이며, 야채가 없는 것을 臛이라고 한다. 孝皇后는 宣帝의 皇后이다. 陳氏가 말하기를 "〈생선을〉 가늘게 썬 것을 膾라고 한다. 菹는 臻魚의 切이니, 쌀알로 식초를 만들어 채소를 절인다." 하였다. 昭皇后는 高帝의 皇后 劉氏이다. 茗은 莫迥의 切이니, 차이다. 일찍 채취한 것은 茶를 만들고, 늦게 채취한 것은 茗을 만든다. 粣은 色責의 切이니, 나물죽이다. 또 側革의 切이니, 찹쌀가루를 식물의 잎에 싸서 찐 떡이다. 炙는 之石의 切이니, 燔(구운 고기)와 같다.
宣皇帝, 高帝父也. 起麪餠, 浮軟以卷肉啖之, 亦謂之卷餠. 臛音郝, 肉羹, 無菜曰臛. 孝皇后, 宣帝后. 陳氏曰"細切曰膾. 菹, 臻魚切, 以米粒和酢, 以漬菜也." 昭皇后, 高帝后劉氏也. 茗, 莫迥切, 茶也. 早採者爲茶, 晩採者爲茗. 粣, 色責切, 糝也. 又側革切, 粽也. 炙, 之石切, 猶燔也.

② ≪資治通鑑≫에 "두 황제와 두 황후를 淸溪 옛집에서 제사를 지냈다." 하였다. 杜佑가 말하기를 "蕭齊의 시대에 淸溪宮이 있었고 후에 이름을 바꾸어 華林苑이라 하였다. ≪南齊書≫ 〈卞彬傳〉에 의거하면 '淸溪는 臺城에 있고, 東宮이 또 淸溪의 동쪽에 있다.' 하였다." 하였다.
通鑑"祠二帝二后於淸溪故宅." 杜佑曰"蕭齊之世, 有淸溪宮, 後改爲華林苑. 據卞彬傳, '淸溪在臺城, 東宮又在淸溪之東.'"

【目】 司馬溫公(司馬光)이 다음과 같이 평하였다.

"옛날에 屈到가 마름을 좋아하였는데, 屈建이 '사사로운 욕심으로 국가의 법을 침범해서는 안 된다.'라고 하였으니, 하물며 天子로서 庶人의 禮로 아버지를 제사 지내는 일이야 말할 나위가 있겠는가. 衛 成公이 相에게 제사를 지내려고 했는데, 甯武子가 오히

려 그것을 비난하였으니, 하물며 조부와 아버지를 私室에서 강등하여 제사 지내게 하고 庶婦로 제사를 주관하게 한단 말인가."

司馬公曰 昔屈到嗜芰호되 屈建以爲不可以私欲干國之典이라하거늘 況天子而以庶人之禮祭其父乎①아 衛成公欲祀相이어늘 甯武子猶非之어늘 而況降祀祖考於私室하여 使庶婦尸之乎②아

① 芰는 奇寄의 切이니, 마름이다. 屈建은 屈到의 아들이다. ≪國語≫ 〈楚語 上〉에 "屈到는 마름을 좋아하였다. 병이 있자 宗老를 불러 그에게 부탁하며 말하기를, '나에게 반드시 마름으로 제사를 지내라.'라고 하였다. 祥祭가 되자 宗老가 마름을 가지고 와서 올렸다. 屈建이 명하여 그것을 버리게 하고 말하기를, '≪祭典≫에 보이니, 나라의 군주는 소를 제사에 올리고, 大夫는 羊을 올리고, 士는 돼지와 개를 올리고, 庶人은 구운 생선을 올린다. 籩과 豆에 脯와 육장〔醢〕을 올리는 것은 上下가 함께 사용한다고 하였다. 진기한 것을 올리지 않으며, 많은 물품을 사치스레 진설하지 않으니, 夫子께서는 사사로운 욕심으로 나라의 법을 침범하지 않으실 것입니다.'라고 하고는, 마침내 마름을 사용하지 않았다." 하였다.
芰, 奇寄切, 菱也. 屈建, 屈到子也. 國語"屈到嗜芰. 有疾, 召宗老而屬之曰'祭我必以芰.' 及祥, 宗老將薦芰. 屈建命去之, 曰'祭典有之, 國君有牛享, 大夫有羊饋, 士有豚犬之奠, 庶人有魚炙之薦, 籩豆脯醢, 則上下共之. 不羞珍異, 不陳庶侈, 夫子不以其私欲干國之典.' 遂不用."

② 相은 去聲이니, 姒相은 夏后 啓의 손자로 帝丘에 거주하였다. ≪春秋左氏傳≫ 僖公 31년에 "衛나라가 帝丘로 遷都하였다. 衛 成公의 꿈에 康叔이 〈나타나서〉 말하기를, '姒相이 나의 제사를 빼앗아 먹는다.'라고 하니, 성공이 사상에게 제사를 지내라고 명하였다. 甯武子가 안 된다고 하고 말하기를, '鬼神은 그 族類가 아니면 그 제사를 歆享하지 않습니다.' 하였다." 하였다. 豫章王 蕭嶷은 齊主와 어머니가 같은데, 齊主가 嫡子이므로 蕭嶷의 妃로 庶婦를 삼은 것이다. 尸는 주관함이니, 그 제사를 주관함을 말한다.
相, 去聲. 夏后啓之孫居帝丘. 左傳僖三十一年"衛遷于帝丘. 成公夢康叔曰'相奪予享.' 公命祀相. 甯武子不可, 曰'鬼神非其族類, 不歆其祀.' 豫章王嶷與齊主同母, 齊主爲嫡, 故以嶷妃爲庶婦. 尸, 主也. 謂主其祭.

【綱】 2월에 齊나라가 사신을 北魏에 보냈다.

二月에 齊遣使如魏하다

【目】 散騎常侍 裴昭明, 侍郎 謝竣이 北魏에 〈馮太后의 상으로〉 조문하러 갈 적에 朝服을 입고 禮를 행하려고 하자 〈北魏의〉 主客官이 말하기를 "弔問에는 일정한 禮節이 있는데, 붉은 옷으로 凶事 자리에 들어갈 수 있습니까."라고 하니, 裴昭明 등이 말하기를 "本朝

의 명령을 받았으니, 감히 갑자기 복장을 바꿀 수가 없습니다."라고 하고, 왕복하기를 서너 차례 하였다.

魏主(拓跋宏)가 著作郎 成淹에게 명령하여 그와 함께 말하게 하자, 배소명이 말하기를 "北魏 조정에서 사신에게 朝服으로 조문하는 것을 들어주지 않은 것이 어떤 典禮에서 나온 것입니까?"라고 하였다. 성엄이 말하기를 "羔裘를 입고 玄冠을 쓰고 조문하지 않은 것은 어린아이도 아는 일입니다."라고 하였다. 배소명이 말하기를 "齊나라 高皇帝(蕭道成)의 喪에 北魏가 李彪를 보내어 조문할 때에 처음에 흰옷을 입지 않았지만 齊나라 조정에서는 또한 의심하지 않았습니다. 어찌 지금 핍박을 받아야 합니까?"라고 하였다. 성엄이 말하기를 "齊나라가 亮陰의 禮를 행할 수 없어서 달을 넘기고는 곧 길복을 입으니, 이표가 主人의 弔問하라는 명령을 받지 않았으니, 진실로 감히 흰옷을 입고 가서 그 사이에 함께 있지 못한 것입니다. 지금 황제께서는 仁孝하여 廬幕에 사시면서 죽을 드시니, 어찌 이쪽을 가지고 저쪽을 비교할 수 있겠습니까?"라고 하자, 배소명이 말하기를 "三王은 禮가 같지 않으니, 누가 그 득실을 알 수 있겠습니까?"라고 하였다.

성엄이 말하기를 "그렇다면 虞舜·高宗이 잘못한 것입니까?"라고 하니, 배소명과 謝竣이 서로 돌아보고 웃으며 말하기를 "효행을 비난하는 것은 부모를 무시하는 것이니, 어찌 그런 일을 당할 수 있겠습니까?"라고 하고, 마침내 대답하기를 "弔服은 오직 主人이 裁制할 수 있습니다. 그러나 본국 조정의 명령을 어기는 것이니, 돌아가면 반드시 처벌을 받을 것입니다."라고 하였다. 성엄이 말하기를 "만일 그대의 나라에 군자가 있다면 卿이 조문하는 使命을 받든 것이 마땅함을 얻었으니 장차 후한 상을 내릴 것이고, 만일 군자가 없다 해도 卿이 나와서 나라를 빛나게 하였으니 처벌을 받은들 무엇이 손해가 되겠습니까. 훌륭한 史官이 있어서 이 일을 기록할 것입니다."라고 하고는 마침내 상복과 幍를 배소명에게 주었다.

魏主는 성엄의 영민함을 가상하게 여겨서 侍郎으로 승진시키고 비단 1백 필을 하사하였다.

散騎常侍裴昭明侍郎謝竣이 如魏弔할새 欲以朝服行事①한대 主客曰 弔有常禮어늘 以朱衣入凶庭可乎아 昭明等曰 受命本朝하니 不敢輒易이라하고 往返數四어늘 魏主命著作郎成淹與之言한대 昭明曰 魏朝不聽使者朝服이 出何典禮아 淹曰 羔裘玄冠不以弔[29]는 此童稚所知也니라 昭明曰 齊高皇帝之喪에 魏遣李彪來弔할새 初不素服호되 齊朝亦不以爲疑하니 何今日而見逼邪②아 淹曰

29) 羔裘玄冠不以弔 : ≪論語≫ 〈鄕黨〉에 보인다.

齊不能行亮陰(암)之禮하여 踰月卽吉하니 彪不得主人之命이니 固不敢以素服往厕其間[③]이라 今皇帝仁孝하여 居廬食粥하니 豈得以此方彼乎아 昭明曰 三王不同禮하니 孰能知其得失이리오 淹曰 然則虞舜高宗非邪아 昭明竣相顧而笑曰 非孝者無親이라 何可當也리오 乃對曰 弔服唯主人裁之어니와 然違本朝之命이니 返必獲罪矣리라 淹曰 使彼有君子면 卿將命得宜하니 且有厚賞이요 若無君子면 卿出而光國하니 得罪何傷이리오 自當有良史書之니라 乃以衣帢給之[④]하니 魏主嘉淹之敏하여 遷侍郎賜絹百匹하다

① 裴昭明은 裴駰의 아들이며, 裴松之의 손자이다.
昭明, 駰之子・松之之孫也.

② 齊主(蕭賾)가 卽位한 초기에 北魏가 李彪를 보내와 聘問하였는데 弔問이 아니었다. 裵昭明이 이것으로 成淹을 막아 중지시키려고 한 것이다.
齊主卽位之初, 魏遣彪來聘, 非弔也. 昭明欲以是抗止淹耳.

③ 厕은 사이라는 뜻이며, 섞인다는 뜻이다.
厕, 間也, 雜也.

④ 帢는 苦洽의 切이다. 弁의 네 귀퉁이가 이지러진 것을 帢라고 말한다.
帢, 苦洽切. 弁缺四隅謂之帢.

【綱】 3월에 魏主(拓跋宏)가 永固陵(馮太后의 陵)을 배알하였다.

三月에 魏主謁永固陵하다

【目】 魏主(拓跋宏)가 永固陵을 배알한 지 한 달을 넘겼을 적에 太和廟에 제물을 진설하고, 처음으로 채소를 먹었는데, 〈馮太后를〉 추모하고 슬퍼하며 哭을 하고서 하루 종일 밥을 먹지 않았다.

魏主謁陵踰月에 設薦於太和廟하고 始進蔬食호되 追感哀哭하여 終日不飯[①]이러라

① 太和廟는 ≪北史≫에 의거하면, 太和殿으로 되어 있다. ≪水經註≫에 "太和殿은 太極殿 東堂의 동쪽에 있다." 하였다.
太和廟, 據北史作太和殿. 水經註 "太和殿在太極殿東堂之東."

【綱】 北魏는 정월부터 비가 내리지 않아 여름 4월까지 지속되었다.

魏自正月不雨하여 至于夏四月하다

【目】 정월부터 비가 내리지 않아서 이달까지 지속되니, 有司가 百神에게 기도하기를 청하였는데, 魏主(拓跋宏)가 말하기를 "成湯은 가뭄을 만났을 때 지극한 정성으로 비를 오게 하셨으니, 진실로 산천에 간곡하게 기도하는 데에 있지 않다. 지금 온 천하가 의지할 분(馮太后)을 잃었으니, 이승과 저승에서 똑같이 슬퍼하기 때문이다. 어찌 갑자기 기우제를 지내겠는가. 오직 마땅히 자신을 책망하고 하늘의 견책을 기다릴 뿐이다."라고 하였다.

自正月不雨하여 至于是月하니 有司請祈百神이어늘 魏主曰 成湯遭旱에 以至誠致雨①하시니 固不在曲禱山川이라 今普天喪恃하니 幽顯同哀라 何宜遽行祀事리오 唯當(貴)〔責〕[30] 躬以待天譴이니라

① 〈"唯當責躬以待天譴"은〉 湯임금이 6가지 일로 자신을 책망한 것을 말한다.
謂湯以六事自責也.

【綱】 北魏가 사신을 齊나라에 보냈다.

魏遣使如齊하다

【目】 北魏가 員外散騎常侍 李彪 등을 파견하여 齊나라에 빙문을 보내자, 齊나라가 그를 위하여 연회를 베풀고 음악을 연주하였다. 이표가 사양하며 말하기를 "우리 主上(拓跋宏)께서는 孝를 생각함이 더없이 지극하시며 〈言行과 喪禮에서〉 법을 실추시킨 것을 일으키고 잘못된 것을 바로잡으셨습니다. 조정의 신하들이 비록 衰絰을 벗었지만 아직도 소복으로 일에 종사하고 있습니다. 이 때문에 使臣인 제가 감히 내려주신 음악 연주를 감히 받지 못합니다."라고 하니, 그의 말대로 따랐다.

이표는 모두 6차례 使命을 받들어 왔으니, 齊主(蕭賾)가 그를 매우 중시하였다. 이표가 돌아가려고 할 때 〈齊主가〉 직접 전송하여 瑯邪城까지 나갔고, 여러 신하들에게 명하여 시를 짓게 하여 그를 총애하였다.

魏遣員外散騎常侍李彪等聘于齊한대 齊爲置燕設樂①하다 彪辭曰 主上孝思罔極하고 興墜正失하시니 朝臣雖除衰絰이나 猶以素服從事라 是以使臣不敢承奏樂之賜라한대 從之②하다 彪凡六奉使하니 齊主甚重之하다 將還에 親送至瑯邪城하고 命群臣賦詩以寵之러라

30) (貴)〔責〕: 저본에는 '貴'로 되어 있으나, ≪資治通鑑≫에 의거하여 '責'으로 바로잡았다.

① 爲(위하다)는 去聲이다.
爲, 去聲.
② "興墜正失"은 言行과 喪禮에서 모든 왕이 법을 실추시킨 것을 일으키고 잘못된 것을 바로잡은 것이다.
興墜正失, 言行喪禮, 興百王之墜典而正其失也.

【綱】 北魏가 明堂·太廟를 지었다.

魏作明堂太廟하다

【綱】 5월에 魏主가 律令을 개정하고 직접 의심스런 옥사를 판결하였다.

◑ **五月**에 **魏主更**(경)**定律令**하고 **親決疑獄**하다

【目】魏主(拓跋宏)가 律令을 東明觀에서 개정하고 직접 의심스런 옥사를 결정할 적에 李沖에게 명하여 형벌의 輕重을 의논하여 결정하게 하고 文案을 潤色하도록 하였으며, 그런 뒤에 〈魏主가 붓을 잡고서〉 썼다. 이충은 충성스럽고 근면하며 밝은 지혜와 결단력이 있었고, 게다가 신중하고 치밀하여 魏主에게 의지가 되어 마음과 의리에 틈이 없었다. 舊臣과 貴戚 중에 마음으로 승복하지 않는 이가 없었고, 中外에서 그를 추앙하였다.

魏主更定律令於東明觀하고 親決疑獄할새 命李沖議定輕重하고 潤色辭旨하고 然後書之하니 沖忠勤明斷하고 加以愼密하여 爲魏主所委하여 情義無間이라 舊臣貴戚이 莫不心服하고 中外推之러라

【綱】 가을 7월에 北魏가 廟祧의 제도를 정하였다.

秋七月에 **魏定廟祧之制**하다

【目】〈魏主(拓跋宏)가〉 조서를 내리기를 "烈祖(道武帝)는 創業의 공로가 있으시고, 世祖(太武帝)는 開拓의 공덕이 있으시니, 마땅히 祖宗으로 삼아서 百世 不遷位로 제사를 지내야 한다. 平文帝의 공로는 昭成帝보다 적은데도 廟號를 太祖로 하고, 도무제의 공로는 평문제보다 높은데도 廟號를 烈祖로 하였으니, 道義에 온당하지 않다. 지금 烈祖를 높여 太祖로 삼고, 世祖·顯祖(獻文帝)에 대해 두 祧廟를 만들고 나머지는 모두 차례에 따라 遞遷하게 하라."라고 하였다.

詔曰 烈祖有創業之功하시고 世祖有開拓之德하시니 宜爲祖宗하여 百世不遷이니 平文之功少於昭成하여 而廟號太祖하고 道武之功이 高於平文하여 而廟號烈祖하니 於義未允①이라 今尊烈祖爲太祖하고 以世祖顯祖爲二祧하고 餘皆以次而遷하라

① 拓跋鬱律의 시호를 平文이라 하고, 拓跋什翼犍의 시호를 昭成이라 하였다.
鬱律謚曰平文, 什翼犍謚曰昭成.

【綱】 8월에 北魏가 祭祀 儀式을 개정하였다.

八月에 魏正祀典하다

【目】 이에 앞서 北魏는 항상 정월의 吉日에 朝廷에 帳幕을 설치하고, 중간에 잣나무를 두어서 五帝의 자리를 설치하고 제사를 지냈다. 또다시 길흉을 점치는 제사가 있었는데, 魏主(拓跋宏)가 모두 禮가 아니라고 하여 폐지하였다. 그리고 道敎 祭壇을 桑乾河의 남쪽으로 옮기고 고쳐 부르기를 '崇虛寺'라고 하였다.

조서를 내리기를 "국가가 여러 神들에게 제사를 올리는 것이 모두 1,200여 곳이다. 지금 살펴서 簡約하게 줄이려고 하니, 朝日과 夕月의 제사를 모두 春分과 秋分에 〈平城의〉 東郊·西郊에서 禮를 진행하려고 한다. 그러나 月에는 閏月이 있어서 시행하는 데 일정한 기준이 없다. 만약 모두 춘분과 추분에 의거하면 혹은 달을 동쪽에 두고 祭禮를 서쪽에서 진행하게 되니, 인정과 도리를 펴는 데에 시행할 수가 없다. 예전에 祕書監 薛謂 등이 朝日의 제사를 초하루로 하고, 夕月의 제사를 3일로 하자고 하였다. 경 들은 어떻게 생각하는가."라고 하였다. 游明根 등이 설위가 말한 것과 같이 하기를 청하자, 그대로 따랐다.

北魏의 舊制에 宗廟에서 四時의 제사를 모두 中節[31)]을 사용하였다. 이때에 이르러 조서를 내려서 孟月(매 계절의 첫째 달)을 사용하고 날을 택하여 제사를 올렸다. 舊制에 해마다 西郊에서 하늘에 제사를 올렸는데, 魏主는 公卿들과 함께 2천여 기병을 따르게 하여 戎服을 입고 제단을 에워싸게 하였는데 이를 蹋壇이라고 하였다. 다음 날에 戎服을 입고 祭壇에 올라가서 제사를 마치고, 또 제단을 에워싸게 하였는데 이를 遶天이라고 하였다. 이때에 이르러 역시 폐지하였다.

---

31) 中節 : 中氣와 節氣이다. 24節氣를 나누어 節氣와 中氣로 나눈 것을 말하는데, 예를 들면 立春은 正月節, 雨水는 正月中이 되고, 驚蟄은 2月節, 春分은 2月中이 되는 것이다.

先是에 魏常以正月吉日於朝廷設幕하고 中置柏樹하여 設五帝座而祠之하고 又有探策之祭러니 魏主皆以爲非禮하여 罷之①하고 移道壇於桑乾之陰하고 改曰崇虛寺②라하니 詔曰 國家饗祀諸神이 凡一千二百餘處라 今欲減省하여 務從簡約하노니 朝日夕月에 皆欲以二分之日於東西郊行禮③나 然月有餘閏하여 行無常準하니 若一依分日이면 或値月於東而行禮於西니 序情卽理에 不可施行이라 昔祕書監薛謂等以爲朝日以朔하고 夕月以朏(비)라 卿等以爲如何④아 游明根等請如謂說한대 從之하다 魏舊制에 宗廟四時之祭를 皆用中節이러니 至是하여 詔用孟月하고 擇日而祭⑤하다 舊制에 每歲祀天於西郊호되 魏主與公卿從二千餘騎하여 戎服遶壇한대 謂之蹋壇⑥이라 明日에 戎服登壇하여 祀畢又遶壇한대 謂之遶天이러니 至是亦罷之하다

① ≪晉書≫ 〈裵楷傳〉에 "晉 武帝가 처음 황제에 올라 점대를 뽑아 代數를 점쳤다." 하였는데, 살펴보건대 北魏가 점대를 뽑아 길흉을 점치는 제사가 곧 이것이다.
晉裵楷傳"武帝初登祚, 探策以卜世數." 按魏探策之祭卽此.

② 이는 곧 寇謙之의 道敎 祭壇이다.
此卽寇謙之道壇也.

③ ≪國語≫에 "春分에는 朝日(아침에 해에게 지내는 제사)을 하고, 秋分에는 夕月(저녁에 달에게 지내는 제사)을 한다." 하였다. 柳宗元이 논하기를 "夕〔夕拜〕이라는 명칭은 朝拜(아침 拜禮)의 짝이다." 하였다.
國語"春朝朝日, 秋夕夕月."32) 柳宗元論云"夕之名者, 朝拜之偶也."

④ 달이 1일에 처음으로 생기는 것을 朔(초하루)이라 하고, 朏는 달이 나오는 것인데, 3일에 밝음이 생겨나는 현상을 말한다.
月一日始蘇曰朔, 朏月出也, 三日明生之名.

⑤ 漢나라부터 이래로 宗廟에서는 해마다 五祀를 지내는데, 四時의 孟月과 臘月이 이것이다. 北魏 초기에는 中節을 사용했으니, 夷狄의 禮이다. 中(버금)은 陟用의 切이다.
自漢以來宗廟, 歲五祀, 四孟及臘是也. 魏初用中節, 夷禮也. 中, 陟用切.

⑥ 從(따르다)은 才用의 切이다. 踏(밟다)는 본래 蹋으로 쓴다.
從, 才用切. 踏, 本作蹋.

【綱】 9월에 魏主(拓跋宏)가 사당에서 禪祭를 지내고, 겨울 10월에 永固陵을 배알하였으며, 11월에 魏主가 禫祭를 지내고 마침내 圜丘와 明堂에 제사를 지내어 여러 신하들에게 음식을 대접하고, 神主를 새로 지은 사당으로 옮겼다.

---

32) 春朝朝日 秋夕夕月 : ≪國語≫ 〈周語 上〉 韋昭 注에 "春分朝日 秋分夕月"로 되어 있어 이에 의거하여 번역하였다.

九月에 **魏主祥祭于廟**하고 **冬十月**에 **謁永固陵**하고 **十一月**에 **魏主禫祭**하고 **遂祀圜丘明堂**하여 **饗群臣**하고 **遷神主于新廟**[33)]하다

---

33) 魏主祥祭于廟……遷神主于新廟："≪春秋≫의 法은 자세히 기록하고 반복하여 말하였는데, 그중에 반드시 큰 美惡이 담겨 있다. 哀姜(魯 莊公의 夫人)이 두 임금(魯 桓公과 閔公)을 시해하는 데에 참여하였으므로, 애강이 魯나라에 들어올 때에 '納幣'라고 기록하고, '至齊(齊나라에서 왔다.)'라고 기록하고, '會穀(穀에서 만났다.)'이라고 기록하고, '逆女(여인을 맞이하였다.)'라고 기록하고, '姜氏入(姜氏가 들어왔다.)'라고 기록하고, '宗婦用幣(宗婦가 폐백을 사용했다.)'라고 기록하고, 애강이 魯나라를 나갈 적에 '孫于邾(邾나라로 도망갔다.)'라고 기록하고, '薨于夷(夷에서 薨하였다.)'라고 기록하고, '齊人以歸(齊나라 사람이 애강의 시체를 돌려보냈다.)'라고 기록하고, '喪至自齊(애강의 상여가 齊나라에서 돌아왔다.)'라고 기록하고, '葬哀姜(애강을 장사 지냈다.)'이라고 기록하였으니, 모두 臣子의 마음을 일깨워서 일에 따라 그 올바름을 구한 것이다. 北魏 馮氏가 宮闈를 더럽히면서 친히 大逆을 행하였으나 北魏의 諸臣들은 머리를 숙이고 섬겼고, 魏主는 그 손에 제어되어 그 아버지의 禍를 밝힐 수 없었으므로 ≪資治通鑑綱目≫에서 자세히 기록하였다. 北魏 太安 2년(456)부터 '立馮氏爲后(馮氏를 세워 황후로 삼았다.)'라고 기록하고, 天安 원년(466)에 '太后稱制(太后가 稱制하였다.)'라고 기록하고, 承明 원년(476)에 이르러 '其弑逆(馮太后가 弑逆했다.)'이라고 기록하고, 마침내 다시 조정을 다스려서 이로부터 政事가 모두 풍태후의 손에서 나왔다. 또 지난 가을에 이르러 '馮氏殂(馮氏가 殂했다.)'라고 기록하고, 올 봄에 '魏主始聽政(魏主가 비로소 정사를 다스렸다.)'이라고 기록하고, 이윽고 '永固陵(永固陵을 알현했다.)'이라고 세 번 기록하고, '祥祭(祥祭를 지냈다.)'라고 한 번 기록하고, '禫祭(禫祭를 지냈다.)'라고 한 번 기록하였다. 그리고 神主를 옮긴 등의 일은 北魏 조정의 母后의 禮에는 예전에는 없던 것이고, 이후에도 없다. 北魏뿐만 아니라 비록 歷代에도 없는 것이 자세히 기록되고 반복적으로 언급되었으니 北魏 사람들이 鴆毒으로 獻文帝를 시해한 계기를 밝히지 못한 것에 대해 매우 탄식한 것이다. 魏主는 부친에게 박하게 하고 부친의 원수에게 후하게 하였다. 그렇지만 이로 인해 살펴보면 北魏 孝文帝가 辛亥年(471)에 그 부친에게서 皇位를 받았는데 그때가 5살이었으나 이미 지극한 성품이 있어서 마침내 부친을 대신하는 것을 슬퍼하는 마음에 이르렀고, 또 5년 간에 顯祖(獻文帝)가 독살을 당했는데 이때 효문제가 이미 10세가 넘었으니, 총명함이 반드시 이전에 비할 것이 아니다. 그렇지만 병을 시중들고 약사발을 받든 일을 이미 들은 것이 없었다면 이것이 魏主가 알지 못한 것이니, 마침내 부친이 죽은 이유를 그 한두 가지조차 추구할 수 없었던 것이다. 하물며 馮氏가 이미 죽고 나서 어찌 내버려두고 묻지 않았겠는가. 그리하여 魏主가 애틋한 마음으로 슬퍼 수척해져서는 祖后에게 효도를 극진히 하였으니, 이것이 진실로 ≪資治通鑑綱目≫에서 매우 폄하한 것이다. 혹자는 北魏 사람들이 이전 시대에 禮를 극진하게 하지 않다가 효문제 때에 와서 비로소 시행하였으므로 특별히 冊에 기록했다고 하였는데, 이는 또한 그렇지 않다. 만일 ≪자치통감강목≫에서 다만 禮를 행한 일만 기록하였다면 어찌 分注(目)의 아래에 부쳐 기록하지 않고 특별히 ≪자치통감강목≫ 위(綱)에 기록하였겠는가. 한 가지 일에 따르면 한 가지 의리를 일으켜서 후인들에게 살펴 고찰하게 한 뒤에 그중에 큰 善惡을 알게 하였으니, 바로 三綱을 부지하고 사람의 표준을 세워서 만대의 경계로 삼은 것이다. 보는 사람들은 일상적인 일로 살피거나 일상적인 말로 읽지 말아야 하니 그렇게 하면 뜻을 알게 될 것이다.〔春秋之法 書之詳 詞之複 其中必有大美惡存焉 哀姜預弑二君 故於其入也 書納幣 書至齊 書會穀 書逆女 書姜氏入 書宗婦用幣 於其出也 書孫于邾 書薨于夷 書齊人以歸 書喪至自齊 書葬哀姜 皆所以起臣子之心 因事而求其義者也 魏馮氏褻瀆宮闈 親行大逆 魏之諸臣 俛首事之 魏主制於其手 不能明其父之禍 故綱目詳而書之 蓋自魏太安二年 書立馮氏爲后 天安元年 書太后稱制 至承明元年 書其弑逆 遂復臨朝 自是政事一出於其手 又至去秋 書馮氏殂 今春 書魏主始聽政 既而三書謁永固陵 一書祥祭 一書禫祭 及遷神主之類 魏朝母后之禮 前此無是也 後此亦無是也 非惟魏國 雖歷代亦無之 書之詳 詞之複 所以深嗟魏人不能明鴆毒之禍機 魏主薄於其父 而厚於其父之讐爾 抑嘗因是考之 魏孝文以辛亥歲 受位於其父 時方五歲 已有至性 遂至悲泣代親之感 又五年而顯祖遇鴆 于時孝文固已十閱歲矣 聰明岐嶷 必非前日之比 侍疾嘗藥之事 既無所聞 則

【目】有司가 글을 올려 점을 쳐서 小祥의 날짜를 잡자고 말하였는데, 조서를 내리기를 "날을 점쳐서 吉日을 구하는 것은 이미 일을 공경히 하는 뜻에 어긋나고, 또 영원히 사모하는 마음에도 어긋나니, 지금 바로 그믐날로써 하라."라고 하였다. 하루 전날 밤에 사당에서 묵고, 여러 신하를 거느리고 곡을 마치자 복장을 흰 관, 혁대, 검은 신발로 바꾸고 입고, 侍臣들은 복장을 黑介幘·白絹單衣·革帶·烏履로 바꾸고, 마침내 곡을 乙夜에 마쳤다. 다음 날에 祭服을 바꾸어 입고, 가장자리를 흰 비단으로 장식한 흰 관, 흰 베로 만든 深衣·繩履로 바꾸었고, 侍臣은 머리쓰개를 버리고 帢로 바꾸었다. 제사가 끝나자 사당을 나와서 황제가 서서 哭을 오래도록 하다가 마침내 돌아왔다.

有司上言하여 求卜祥日[①]이어늘 詔曰 筮日求吉은 既乖敬事之志하고 又違永慕之心하니 今直用晦日하라 前一日에 夜宿于廟하고 帥群臣哭已[②]에 易服縞冠革帶黑屨하고 侍臣易服黑介幘白絹單衣革帶烏履하고 遂哭盡乙夜[③]하고 明日에 易祭服하고 縞冠素紕하고 白布深衣繩履하고 侍臣去幘易帢하고 既祭에 出廟하여 立哭久之乃還[④]하다

① 이는 小祥이다.
此小祥也.

② 已는 마친다는 뜻이다.
已, 畢也.

③ ≪隋書≫ 〈禮儀志〉에 "幘은 지위가 높고 낮고 귀하고 천한 사람이 모두 쓴다. 문관은 귀가 길은 데 介幘이라고 말한다. 무관이 쓰는 것은 귀가 짧은데 平上幘이라고 말한다. 각각 그 관직에 알맞게 하여 제도를 만든 것이다." 하였다.
隋志 "幘, 尊卑貴賤皆服之. 文者長耳, 謂之介幘. 武者短耳, 謂之平上幘. 各稱其官而制之."

④ 紕(가선)는 匹毗와 必二와 扶規의 세 가지 切이니, 관을 꾸민다는 뜻이고, 가장자리에 선을 두른다는 뜻이다.
紕, 匹毗·必二·扶規三切, 冠飾也, 緣也.

【目】10월에 魏主(拓跋宏)가 永固陵을 배알할 적에 몸이 아주 수척해지자, 司空 穆亮이 간언하기를 "王者는 하늘과 땅에게 아들이 되고 만민에게는 父母가 됩니다. 아들이 지나치게 슬퍼하는데 슬퍼하지 않는 부모는 없으며, 부모가 근심하는데 홀로 기뻐하는 자

是魏主所不知 乃父晏駕之由 略不能推究一二 況今馮氏既殂 烏可置而不問 而魏主則拳拳哀毁 以致孝於祖后 是固綱目之所深貶者也 或謂魏人前世不能盡禮 至孝文始能行之 故特書于冊 是又不然 使綱目止述行禮之事 胡不附載於分注之下 而特書於綱目之上哉 因一事 則起一義 使後人詳而考之 然後知其中有大美惡 正所以扶三綱 立人極 爲萬世之戒也 觀者其毋以常事視之 常詞讀之 則得矣]" ≪發明≫

식은 없습니다. 지금 온화한 기운이 응하지 않아서 바람과 가뭄이 재앙이 되었습니다. 바라건대 폐하께서는 가벼운 윗옷을 껴입으시고 정상적인 음식을 드시면 거의 하늘과 사람들이 서로 경사로 여길 것입니다."라고 하였다.

조서를 내리기를 "효도와 공경이 지극한 곳에는 통하지 않은 것이 없다. 지금 飄風·旱氣가 일어나는 것은 모두 정성과 사모함이 깊지 않아서 이승과 저승에 감응이 없어서 그런 것이다. 지나친 슬픔이 허물이라고 한 말은 참으로 적합하지 않다."라고 하였다.

十月에 謁永固陵할새 毁瘠尤甚이어늘 司空穆亮諫曰 王者爲天地所子요 爲萬民父母라 未有子過哀而父母不戚하며 父母憂而子獨悅豫者也니 今和氣不應하여 風旱爲災하나니 願陛下襲輕服하시고 御常膳이어든 庶使天人交慶[①]이니이다 詔曰 孝悌之至에 無所不通하니 今飄風旱氣는 皆誠慕未濃하여 幽顯無感也니 所言過哀之咎니 諒爲未衷[②]이로다

① 襲은 윗옷을 감싸는 것을 말한다.
襲, 謂掩上衣也.
② 衷은 선함이며, 바름이며, 적합하다는 뜻이다.
衷, 善也, 正也, 適也.

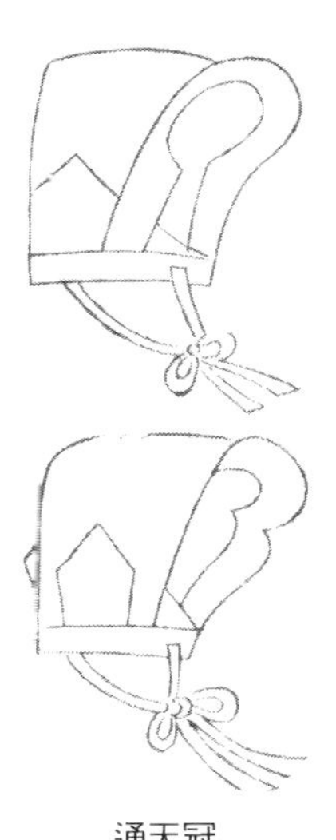
通天冠

【目】 11월에 魏主(拓跋宏)가 禫祭 때 비로소 곤룡포와 면류관을 착용하고 黑介幘으로 바꾸어 입고 흰색 깁으로 만든 深衣를 입고, 永固陵에 배알하고 돌아왔다. 冬至에 圜丘에 제사를 지내고 마침내 明堂에서 제사를 지내고는 太華殿에 올라서 通天冠과 絳紗袍를 착용하고 신하들에게 음식을 대접할 적에 악기를 대달아 놓고는 연주하지 않았다. 곤룡포와 면류관을 착용하고 太和廟에서 辭別을 하고 百官을 거느리고 神主를 받들어 새로 지은 사당으로 옮겼다.

十一月에 禫祭에 始服袞冕하고 易黑介幘하고 素紗深衣하고 拜陵而還[①]하다 冬至에 祀圜丘하고 遂祀明堂하고 臨太華殿하여 服通天冠絳紗袍하고 以饗群臣할새 樂縣而不作[②]하다 服袞冕하고 辭太和廟하고 帥百官奉神主遷于新廟하다

① 禫은 탈복하는 제사의 이름이니, 담담하게 편안해진다는 뜻이다.
禫, 除服之祭名, 澹澹然平安之意.

② 杜佑가 말하기를 "秦나라 양식의 通天冠은 그 모양이 유실되었다. 漢나라가 秦나라의 이름을 이었는데, 그 양식은 높이가 9寸이고 곧바로 수직으로 올라가서 꼭대기에서 조금 기울였다가 수직으로 내려와 鐵로 된 卷과 梁이 되게 하였다. 앞에 山이 있고 展筩은 述로 만들고[34] 駮犀簪導(물소뿔로 만든 비녀)를 꽂는데, 乘輿(天子)가 늘 착용하였다. 晉나라는 漢나라 통천관의 양식을 이어서 앞에 金博山과 述을 더하였는데, 述은 곧 鷸(물총새)이니, 鷸은 하늘에서 비가 내릴 것을 알기 때문에 冠에 그새의 모양을 본뜬 것이다. 앞에 展筩이 있다. 宋나라가 이를 이어서 또다시 黑介幘을 더하였고 東昏侯가 바꿔서 玉簪導을 사용하였다. 梁 武帝가 이를 이어서 다시 그 위에 면류관을 더하여 平天冕이라 하였다. 隋나라가 이를 이어서 金博山을 더하고 蟬(매미의 날개처럼 생긴 장식) 12首를 붙이고, 眞珠・翡翠를 장식하고 黑介幘을 더하고 玉簪導를 사용하였다. 唐나라가 이를 이어서 그 갓끈을 翠緌(비취 깃으로 만든 것으로 갓끈의 밑에 드리워진 부분)로 바꾸었다." 하였다.

杜佑曰"秦制通天冠, 其狀遺失. 漢因秦名, 制高九寸, 正豎, 頂少邪, 乃直下爲鐵卷・梁, 前有山, 展筩爲述, 駮犀簪導, 乘輿所常服. 晉因漢制, 前加金博山・述. 述, 卽鷸也. 鷸知天雨, 故冠像焉, 前有展筩. 宋因之, 又加黑介幘, 東昏侯改用玉簪導. 梁武帝因之, 復加冕於其上, 謂之平天冕. 隋因之, 加金博山, 附蟬十二首, 施珠翠, 黑介幘, 玉簪導. 唐因之, 其纓改以翠緌."

【綱】北魏가 官品을 제정하고 州牧과 太守를 고과하였다.

魏正官品하고 **考牧守**하다

【綱】12월에 高句麗 高璉(長壽王)이 卒하였다.

◑十二月에 **高麗王璉卒**하다

【目】高璉은 향년이 100여 세였다. 魏主(拓跋宏)가 그를 위하여 흰 委貌冠과 베로 深衣를 만들어 입고서 東郊에서 애도하는 禮를 거행하고 책서로 諡號를 내려주기를 '康'이라 하였다. 손자 高雲(文咨王)이 계승하여 즉위하였다.

璉壽百餘歲라 **魏主爲之制素委貌布深衣**하여 **擧哀於東郊**하고 **策謚曰康**이라하다 **孫雲嗣立**①하다

① 委貌는 冠 이름이니, 구불구불한 모양이 있다. 길이는 7寸이고, 높이는 4寸이며, 양식은

---

34) 卷과……만들고 : 卷은 笄(비녀)가 통과하는 부분이고, 梁은 冠의 상부에 있는 세로로 접힌 골이다. 山은 冠 앞면에 있는 삼각형의 장식이며, 展筩은 통모양의 장식품으로 筩은 대나무를 잘라 筒을 만든 것이다. 述은 鷸(물총새)의 깃뿌리로 장식한 것인데, 여기 ≪通典≫에서는 새의 모양으로 보았다.

술잔을 엎어놓은 것처럼 되어 있고 앞은 높고 넓으며, 뒤쪽은 낮고 뾰족하게 만드는데, 이른바 夏나라의 毋追와 殷나라의 章甫이다. 본래 검은 명주로 만들었는데 지금은 흰색으로 만든 것을 가지고 애도하는 예를 거행한다.
委貌冠名, 委曲有貌也. 長七寸, 高四寸, 制如覆盃, 前高廣, 後卑銳, 所謂夏之毋追・殷之章甫者也. 本以皁絹爲之, 今制素者以擧哀.

【綱】 魏主(拓跋宏)가 처음으로 東郊에서 봄을 맞이하는 의식을 거행하였다.

魏主始迎春于東郊하다

【綱】 北魏가 樂官을 두었다.

○魏置樂官하다

【目】 예전에 北魏 世祖(拓跋燾)가 統萬과 姑臧을 함락시키고 雅樂의 樂器・服飾・樂工을 노획하였다. 그 후에 악공들이 점점 없어지고 악보가 대부분 사라졌다. 이때에 이르러 처음으로 有司에게 명령하여 民間에서 音律에 밝은 자를 찾아서 雅樂을 정하는 것을 의논하니 당시에 잘 아는 사람이 없었다. 그러나 金・石・羽旄의 장식이 이전 시대보다 조금 성대하고 화려하였다. 이에 조서를 내려서 樂官을 두고 中書監 高閭에게 명하여 이에 참여하여 정하도록 하였다.

初에 **魏世祖克統萬及姑臧**하고 **獲雅樂器服工人**이러니 **其後樂工浸盡**하고 **音制多亡**[①]이라 **至是**에 **始命有司訪民間曉音律者**하여 **議定雅樂**하니 **當時無能知者**나 **然金石羽旄之飾**이 **稍壯麗於往時矣**러라 **乃詔置樂官**하고 **命中書監高閭參定**하다

① 宋 文帝 元嘉 4년(427)에 北魏가 〈夏나라의〉 統萬을 함락시키고, 16년(439)에 〈北涼의〉 姑臧을 함락시켰다. 晉나라 永嘉의 난리(311)에 太常의 樂工들이 대부분 河西 지역으로 피난하였고, 夏나라가 長安을 함락하고 西秦의 雅樂을 얻었다. 그러므로 두 나라(北涼과 夏나라)에는 아악의 樂器와 服飾과 樂工이 있었다.
宋文帝元嘉四年, 魏克統萬, 十六年, 克姑臧. 晉永嘉之亂, 太常樂工多避地河西, 夏克長安, 獲秦雅樂, 故二國有其器服工人.

【綱】 齊나라의 律書가 완성되었다.

齊律書成하다

【目】 예전에 晉나라 張斐・杜預가 함께 律書 30권에 주석을 달아서 泰始 이래로 사용하였는데, 律書의 문장이 簡約하여 혹은 한 조항 중에 장비・두예의 주해가 〈상반되는 곳에서는〉 살리고 죽이는 것이 갑자기 달라졌다. 그때그때 짐작하여 쓰니 관리들이 간악한 행위를 할 수 있었다. 齊主(蕭賾)는 法令에 마음을 두어서, 조서를 내려 獄官에게 옛날 律書의 注를 자세히 바로잡도록 하였다. 刪定郎 王植이 注를 모아 정하여 아뢰었는데, 조서를 내려 공경들에게 함께 의논하게 하고, 竟陵王 蕭子良이 그 일을 총괄하였는데 의견이 많아 하나로 통일할 수 없는 경우는 임금의 뜻에 따라 결정하니, 이해에 律書가 완성되었다.

廷尉 孔稚珪가 말하기를 "律文이 비록 정해졌지만 그것을 시행하는 데 공평함을 잃는다면 원혼이 오히려 풀리지 않을 것입니다. 옛날의 名流들은 대부분 법을 배웠는데, 지금의 선비들은 법률을 학업으로 삼지 않습니다. 비록 법을 배우는 자가 있으나 세상의 의논이 경시하니, 장차 이 글이 영원히 낮은 관리의 수중에 떨어질까 염려됩니다. 지금 만약 律文의 助教를 두어서 國子學의 학생 중에 읽으려고 하는 자가 있으면 시험을 쳐서 발탁하면 거의 士人들이 권장하고 사모하게 될 것입니다."라고 하였다. 조서를 내려 그대로 따랐는데, 일은 끝내 시행되지 않았다.

初에 晉張斐杜預共注律三十卷하여 自泰始以來用之①하니 律文簡約하여 或一章之中에 兩家所處는 生殺頓異하니 臨時斟酌에 吏得爲姦이라 齊主留心法令하여 詔獄官詳正舊注한대 刪定郎王植集定奏之②어늘 詔公卿參議하고 竟陵王子良總其事어늘 衆不能壹者는 制旨平法하니 是歲書成하니 廷尉孔稚珪以爲호되 律文雖定이나 苟用失其平이면 則冤魂猶結이라 古之名流는 多有法學이러니 今之士子는 莫肯爲業이라 縱有習者나 世議所輕이니 將恐此書永淪走吏之手矣라 今若置律助教하여 國子有欲讀者어든 策試擢用이면 庶幾士流勸慕니이다 詔從之러니 事竟不行하다

① 이는 晉나라 泰始(265~274) 연간이다.
此晉泰始也.

② 魏・晉 이래로 尙書와 여러 曹에 刪定郎이 없었는데, 이는 律書의 注를 산정하고자 관직을 둔 것이다.
魏・晉以來, 尙書諸曹無刪定郎, 此蓋刪定律注而置官.

【綱】 北魏가 咸陽王 拓跋禧를 司州牧으로 삼았다.

魏以咸陽王禧爲司州牧하다

【目】 北魏 冀州刺史 咸陽王 拓跋禧가 조정에 들어갈 적에 冀州 백성 3,000명이 대궐에 와서 탁발희가 은혜로운 정치를 펼친다고 말하고, 대대로 기주를 그에게 내려주기를 청하였다.

조서를 내리기를 "제후를 세워 백성을 이롭게 하는 것이 비록 옛날에 있었지만 반드시 지금 마땅한 것은 아니다. 鄕邑을 구획하는 일은 군주가 할 일이니, 이치상 신하가 청할 것이 아니다."라고 하고, 이에 탁발희를 司州牧으로 삼았다.

魏冀州刺史咸陽王禧入朝할새 **州民三千人詣闕**하여 **言禧有惠政**하고 **請世胙冀州**라하다 **詔曰 利建雖古**나 **未必今宜**요 **經野由君**이니 **理非下請**이라하고 **乃以禧爲司州牧**①하다

① "利建"은 마땅히 諸侯를 세움이 이로움을 말한 것이다. ≪周易≫ 屯卦에 "제후를 세움이 이롭다." 하였다. "經野由君 理非下請"은 鄕邑을 구획하는 일은 군주에게서 말미암으니 이치로 보아 신하가 주청할 수 없다는 말이다. ≪周禮≫ 〈天官 冢宰〉에 "오직 왕이 國都를 건설할 때에 도성과 교외의 경계를 구획한다." 하였고, 鄭玄의 註에 "經은 里數를 만듦을 말한다." 하였다.

利建, 謂宜利建立諸侯也. 易曰"利建侯." 經野由君理非下請, 謂經野之事, 由從君上, 於理臣下不得奏請也. 周禮"惟王建國, 體國經野." 鄭玄註云"經, 謂爲之里數."

【綱】 北魏가 宦官 苻承祖를 悖義將軍으로 삼고, 佞濁子에 봉하였다.

魏以宦者苻承祖爲悖義將軍하고 **封佞濁子**[35)]하다

35) 魏以宦者苻承祖爲悖義將軍 封佞濁子 : "苻承祖가 뇌물죄에 연좌되어 사형에 해당하는데 관작을 삭탈하고 禁錮하였으면 그것으로 그만이다. 그런데 나쁜 칭호를 보태서 將軍을 시키고 子爵을 주었으니 과연 무엇을 말한 것인가. 東都(後漢)의 不義侯를 기록한 뜻을 이은 것이다. 그러므로 일상적인 말을 따라 기록하여 나무란 것이다.〔承祖坐贓應死 削爵禁錮 則已矣 加以惡稱 而將軍之 而子之 果何謂哉 東都不義侯之繼也 故從恒辭書以而譏之〕" ≪書法≫ 不義侯는 子密이란 사람으로, 後漢 光武帝의 大將軍 彭寵이 배반했을 때 그의 하인 자밀이 팽총을 살해하여 그의 머리를 바치자 광무제가 자밀을 不義侯로 봉하였다.

"悖義가 어찌 將軍이 될 수 있으며, 佞濁이 어찌 5等의 子爵을 받을 수 있는가. 光武帝가 子密을 不義侯에 봉한 것과 비교하면 이것은 그래도 그가 彭寵을 죽여 항복한 것을 받아들였으니, 진실로 하찮은 宦者와 견줄 것이 아니다. 만일 죄가 있었다면 죽이는 것이 옳은데 어찌 반드시 이와 같은 칭호로 관작을 준단 말인가. 冊에 기록한 것은 나무란 것이다.〔悖義豈可爲將軍 佞濁豈可爵五等 方之光武封子密爲不義侯 彼猶受其殺彭寵之降 固非一區區宦者之比 若其有罪 則誅之可也 何必立爲如是之名哉 書之

【目】 예전에 北魏 馮太后가 환관 苻承祖를 총애하여 임명하여 侍中에 이르렀고, 그에게 죽음을 면하는 조서를 하사하였다. 태후가 殂하자 부승조가 뇌물을 받은 죄에 연루되어 죽음에 해당하자, 魏主(拓跋宏)가 그를 용서하여 관직을 삭탈하고 禁錮하면서 悖義將軍을 제수하고 佞濁子로 봉하였는데, 한 달이 지나 卒하였다.

부승조가 한창 권력을 부렸을 때에 친인척이 다투어 부승조에게 붙어서 이익을 구하였는데, 그의 從母 楊氏가 姚氏의 부인이 되어서 홀로 그렇게 하지 않고, 항상 부승조의 모친에게 말하기를 "언니가 비록 한때의 영화를 가지고 있지만 저처럼 근심 없는 즐거움을 가지고 있는 것만 못합니다."라고 하였다. 언니가 그녀에게 의복을 주었으나 대부분 받지 않았고 강제로 그녀에게 줄 경우에는 "내 남편의 집안은 대대로 가난하니 아름다운 옷은 사람을 불편하게 합니다."라고 사양하였으며, 부득이할 경우에는 혹은 받아서 땅에 묻었다. 또 노비를 내려주면 "우리 집안은 먹을 것이 없으니, 그를 먹여 살릴 수가 없습니다."라고 사양하였다. 항상 해진 옷을 입고 직접 힘든 일을 하였다.

부승조가 수레를 보내서 맞이하였으나 일어나려 하지 않았고, 억지로 사람을 시켜 안아서 수레 위에 올려놓으니, 크게 곡하며 말하기를 "너희들이 나를 죽이려고 하는구나."라고 하였다. 이로 말미암아 苻氏의 內外 사람들이 그녀를 癡姨(바보 이모)라고 불렀다. 부승조가 버림을 받자 有司가 그의 두 이모를 잡아 殿庭에 이르게 하여 그의 이모 한 사람은 법으로 참수하였는데, 魏主가 姚氏 이모의 가난하고 피폐한 정황을 보고는 특별히 그녀를 사면하였다.

初에 魏太后寵任宦者苻承祖하여 官至侍中하고 賜以不死之詔러니 太后殂에 承祖坐贓應死어늘 魏主原之하여 削職禁錮하여 除悖義將軍하고 封佞濁子러니 月餘卒하다 承祖方用事에 親姻爭趨附以求利호되 其從母楊氏爲姚氏婦하여 獨否①하고 常謂承祖之母曰 姊雖有一時之榮이나 不若妹有無憂之樂이라 與之衣服이나 多不受하고 彊與之則曰 我夫家世貧하니 美衣服使人不安이라하고 不得已하면 或受而埋之하며 與之奴婢하면 則曰 我家無食하니 不能飼也라하고 常著弊衣하고 自執勞苦하다 承祖遣車迎之로되 不肯起하고 彊使人抱置車上하니 則大哭曰 爾欲殺我아하니 由是苻氏內外號爲癡姨러니 及承祖敗에 有司執其二姨至殿庭한대 其一姨伏法하고 魏主見姚氏姨貧弊라 特赦之하다

① 母의 姊妹를 從母라고 하니 바로 이모이다.

于冊 蓋譏之也]" ≪發明≫

母之姊妹曰從母, 卽姨也.

【綱】 北魏가 李安祖 등 4명을 侯로 봉하였다.

魏封李安祖等四人爲侯하다

【目】 李惠가 죽임을 당할 적에[36] 思皇后의 형제가 모두 죽었고, 이혜의 從弟 李鳳이 또한 다른 일에 연좌되어 죽었으며, 아들 李安祖 등 4명이 도당하여 숨었다가 사면을 받아서 마침내 나왔다. 이윽고 魏主(탁발굉)가 생존한 외숙들의 소재를 수소문하여 이안조 등을 찾아서 모두 侯에 봉하고 將軍을 더해주었다. 이윽고 말하기를 "왕은 관직을 설치하여 어진 인재를 기다리니, 外戚 중에서 천거하는 것은 말세의 법이다. 卿들이 이미 특이한 재능이 없으니, 우선 집으로 돌아가는 것이 좋겠다. 지금부터 외척으로 무능한 자는 이를 보도록 하라."라고 하였다. 당시 사람들은 모두 魏主가 馮氏를 너무 후하게 대우하고, 李氏를 너무 박하게 대우한다고 생각하였다. 高閭가 일찍이 이 일을 말 한 적이 있는데, 魏主가 따르지 않았다.

李惠之誅也에 思皇后之昆弟皆死①하고 惠從弟鳳亦坐他事死하고 子安祖等四人逃匿이라가 遇赦乃出이러니 旣而魏主訪舅氏存者하여 得安祖等하여 皆封侯하고 加將軍이러니 旣而謂曰 王者設官以待賢才니 由外戚而擧者는 季世之法也라 卿等이 旣無異能하니 且可還家니 自今外戚無能者視此라하더라 時人皆以爲魏主待馮氏太厚하고 待李氏太薄하다 高閭嘗以爲言한대 不聽하다

① 魏主는 어머니 李貴人의 시호를 '思皇后'라 하였다.
魏主謚其母李貴人曰思皇后.

壬申年(492)

齊나라 世祖 武帝 蕭賾 永明 10년이고, 北魏 高祖 孝文帝 拓跋宏 太和 16년이다.

齊永明十年이요 魏太和十六年이라

36) 李惠가……적에 : 北魏 孝文帝 太和 2년(478)에 馮太后가 思皇后의 부친 李惠를 죽였다. 자세한 내용은 본서 221쪽에 보인다.

【綱】 봄에 魏主(拓跋宏)가 처음으로 明堂에 제사를 지냈다.

春에 魏主始祀明堂하다

【目】 魏主(拓跋宏)가 明堂에서 顯祖(拓跋弘)를 宗祀하여 上帝에 배향하였고, 마침내 靈臺에 올라 구름을 관찰하였으며, 내려와 靑陽左个에 머물러 정사를 베풀었고, 이로부터 매달 초하루마다 제사를 거행하였다.

魏主宗祀顯祖於明堂하여 以配上帝하고 遂登靈臺以觀雲物하며 降居靑陽左个하여 布政事하고 自是每朔行之①하다

① 明堂 4면의 곁방을 个라고 한다. 〈또 明堂의〉 좌우가 个가 되니, 太廟의 좌우에서 끼기 때문이다.[37] ≪禮記≫ 〈月令〉에 "孟春에는 天子가 靑陽左个에 머무르고, 仲春에는 靑陽太廟에 머무르고, 季春에는 靑陽右个에 머무른다." 하고, 注에 "모두 四時 기운에 따르는 것이다. 靑陽左个는 太寢 東堂의 북쪽 편에 있다." 하였다.
明堂四面旁室曰个. 左右爲个, 以其(个)〔介〕[38]於太廟左右也. 記月令"孟春, 天子居靑陽左个, 仲春, 居靑陽太廟, 季春, 居靑陽右个." 注"皆所以順時氣也. 靑陽左个, 在太寢東堂北偏."

【綱】 北魏가 五行의 차례를 정해 水德으로 삼았다.

魏定行次爲水德[39]하다

【目】 魏主(拓跋宏)가 여러 신하들에게 명하여 五行의 순서를 논의할 때에, 高閭가 논의하여 말하기를 "帝王들 가운데 中原을 正統으로 삼지 않은 이가 없었고, 세대의 수를 가지고 주거나 빼앗지 않았으며, 선악을 가지고 是非를 삼지 않았습니다. 晉나라가 魏나라를 계승하여 金德이 되었고, 趙나라(前趙·後趙)가 晉나라를 계승하여 水德이 되었고,

37) 明堂……때문이다 : '明堂四面旁室曰个'는 ≪禮記正義≫ 〈月令〉 鄭玄의 注에 '四面旁室謂之个'라 하였고, '左右爲个'는 ≪禮記註疏≫ 〈月令〉 考證에 '明堂四面各三室 其中爲堂 其左右爲个'라고 하였다. 訓義에서는 같기 다른 설의 내용을 같이 실은 것으로 보인다. 이에 의거하여 번역하였다.
38) (个)〔介〕 : 저본에는 '个'로 되어 있으나, ≪御批資治通鑑綱目≫에 의거하여 '介'로 바로잡았다.
39) 魏定行次爲水德 : "五德의 운행은 秦 始皇이 창도하여 행하였다. ≪資治通鑑綱目≫에서는 1번 기록했는데, 이때에 비로소 다시 北魏를 기록하였으니, 秦나라와 北魏 모두 水德이다. 이를 제외하고는 기록한 것이 없다.〔五德之運 秦始倡行之 綱目嘗一書矣 於是始復書魏 皆水德也 舍是無書者矣〕" ≪書法≫
"魏主(拓跋宏)가 文治를 일으켜서 그 풍속을 변화시킨 것은 진실로 가상히 여길 만하나 반드시 五德의 운수를 정한 것은 역시 지나치다. 기록한 것은 아름답게 여긴 것이 아니라 역시 나무란 것이다.〔魏主興文治以變其俗 固可嘉尙 至於必定五德之運 則亦過矣 書非美之 亦譏之耳〕" ≪發明≫

燕나라(前燕)가 趙나라를 계승하여 木德이 되었고, 秦나라(前秦)가 燕나라를 계승하여 火德이 되었습니다. 秦나라가 멸망하고 나자 北魏가 마침내 稱制를 하고, 또 北魏가 姓을 얻은 것이 軒轅에서 나왔으니, 신이 土德으로 해야 한다고 생각합니다."라고 하였다.

李彪 등이 말하기를 "神元皇帝와 晉 武帝가 왕래하며 우호를 통하여 桓帝와 穆帝에 이르렀는데 晉나라의 왕실을 돕는 데 뜻을 두었으니, 이것이 바로 司馬氏의 국운이 끝나자 拓跋氏가 천명을 받은 것입니다. 옛날에 秦나라가 천하를 병합하였는데, 漢나라는 〈秦나라를〉 오히려 共工에게 비견하고 끝내 周나라를 이어서 火德으로 삼았습니다. 하물며 劉氏(前趙)·石氏(前秦)·苻氏(後趙)는 땅이 좁고 세대도 짧았습니다. 어찌 晉나라를 버리고 土德으로 삼을 수 있겠습니까."라고 하니, 목량 등이 모두 그 의견에 동의하였다.

이에 조서를 내려 水德으로 삼아 〈年初의 첫 번째〉 申日에 선조에게 제사 지내고 〈年末의 마지막〉 辰日에 臘祭를 지냈다.

魏主命群臣議行次[①]할새 高閭議하여 以爲帝王莫不以中原正統이요 不以世數爲與奪 善惡爲是非하나니 晉承魏爲金이요 趙承晉爲水이요 燕承趙爲木이요 秦承燕爲火라 秦之旣亡에 魏乃稱制[②]하고 且魏得姓이 出於軒轅하니 臣愚以爲宜爲土德[③]이로이다 李彪等이 以爲神元與晉武往來通好하여 至于桓穆한대 志輔晉室하니 是則司馬祚終而拓跋受命[④]이니이다 昔秦倂天下한대 漢猶比之共工하고 卒繼周爲火德[⑤]하니 況劉石苻氏는 地褊世促이라 豈可捨晉而爲土邪아 穆亮等皆附其議하니 乃詔爲水德하여 祖申臘辰[⑥]하다

① "行次"는 五行의 순서이다.
行次, 五行之次也.

② 趙는 前趙 劉曜와 後趙 石勒이다. 燕은 慕容儁이다. 秦은 苻堅이다.
趙, 前趙劉曜. 後趙石勒. 燕, 慕容儁. 秦, 苻堅.

③ 살펴보건대 ≪魏書≫ 〈帝紀〉에 "道武帝 天興 원년(398)에 여러 신하들이 아뢰기를, '國家가 黃帝의 뒤를 계승하였으니 마땅히 土德을 해야 한다.' 하였다." 하였다. 高閭는 이전의 의논을 되풀이했을 뿐이다.
按魏書帝紀 "道武天興元年, 群臣奏國家承黃帝之後, 宜爲土德." 高閭蓋申前議耳.

④ 神元·桓穆은 모두 北魏의 先祖이다. 魏主 拓跋珪가 즉위하고 추후 始祖로 시호를 올리고, 拓跋力微를 神元이라고 하고, 皇帝 拓跋猗㐌를 桓帝라고 하고, 拓跋猗盧를 穆帝라고 하였다.
神元·桓穆, 皆魏之先祖也. 魏主珪卽帝位, 追謚始祖, 力微曰神元, 皇帝猗㐌曰桓帝, 猗盧曰穆帝.

⑤ ≪漢書≫ 〈律曆志〉에 "≪祭典≫에 '共工氏는 九州의 패자가 되었다.' 하였다. 비록 水德이었

으나 火德과 木德의 사이에 있으니, 그 순서가 아니다. 모략에 의지하여 형벌을 강하게 하였기 때문에 패자가 되었지만 왕 노릇을 하지 못했다. 秦나라가 水德으로 하여 周나라와 漢나라의 木德과 火德의 사이에 있게 되었는데, 周나라 사람들이 〈共工氏의〉 五行의 순서를 옮겼으므로 ≪易≫에 기록하지 않았다." 하였다.

漢律曆志曰 "祭典曰 '共工氏霸九域.' 言雖有水德, 在火・木之間, 非其序也, 任智刑以彊, 故霸而不王. 秦以水德在周・漢木・火之間, 周人遷其行序, 故易不載."

⑥ 왕이 된 자는 각각 五行으로 盛日에는 祖(길의 신) 제사를 지내고, 墓日에는 臘 제사(뭇 신에게 지내는 제사)를 지낸다. 北魏는 水德으로 王 노릇 한 것이니, 水는 申에서 생겨나고 辰에서 墓(水의 운행이 쇠하는 것)가 되므로 申日에 祖 제사를 지내고 辰日에 臘 제사를 지낸다.

王者, 各以其行, 盛日爲祖, 墓日爲臘. 魏, 水德王, 水生於申, 墓在辰, 故以申祖辰臘.

【綱】 北魏가 租課(賦稅)를 폐지하였다.

魏罷租課[40)]하다

【綱】 北魏가 조서를 내려 소원한 親屬과 異姓의 王公들은 爵位를 등급에 따라 1등급씩 강등시켰다.

○**魏詔**疏**屬異姓王公遞降一等**하다

【目】 北魏 宗室과 功臣의 子孫 가운데 왕으로 책봉된 사람이 많았다. 魏主(탁발굉)가 조서를 내리기를 "烈祖(道武帝)의 후손이 아닌 나머지 王들은 모두 강등하여 公으로 삼고, 公은 강등하여 侯로 삼고 品級은 옛날대로 하라."라고 하였다. 오직 上黨王 長孫觀은 그의 조상의 큰 공이 있다 하여 특별히 강등되지 않았다. 丹楊王 劉昶을 齊郡公에 봉하고 宋王이라고 호칭하였다.

魏宗室及功臣子孫封王者衆이라 **詔自非烈祖之胄**어든 **餘王皆降爲公**하고 **公降爲侯**하고 **而品如舊**이라하여 **唯上黨王長孫觀**은 **以其祖有大功**이라하여 **特不降**①하다 **丹楊王劉昶**은 **封齊郡公**하고 **號宋王**하다

① 長孫觀은 長孫道生의 손자이다.

---

40) 租課 : ≪資治通鑑≫ 註에는 李延壽 ≪北史≫ 〈魏紀〉에 '祖裸'로 되어 있다고 하였다. 이는 백성들이 옷을 벗는 풍습을 금지시킨 것이다. ≪魏書≫ 考證에는 ≪北史≫의 '祖裸'는 의심하면서 拓跋氏의 언어를 잘못 음역한 것일 수 있다고 보았다.

觀, 道生之孫也.

【綱】 魏主(拓跋宏)가 처음으로 東郊에서 朝日의 제사를 행하였다.

魏主初朝日于東郊하다

【目】 이로부터 〈魏主(拓跋宏)가〉 朝日과 夕月의 제사를 모두 직접 거행하였다.

自是朝日夕月皆親之하다

【綱】 北魏가 堯·舜·禹·周公·孔子의 제사를 지냈다.

魏修堯舜禹周公孔子之祀하다

【目】 北魏는 平陽에서 堯임금에게 제사를 지내도록 하고, 廣甯에서 舜임금에게 제사를 지내도록 하며, 安邑에서 禹임금에게 제사를 지내도록 하고, 洛陽에서 周公에게 제사를 지내도록 하여 모두 해당 州牧과 守令에게 의식을 주관하게 하였다. 宣尼(孔子)의 사당은 中書省에서 제사를 지내게 하고, 시호를 고쳐서 文聖尼父라고 하고, 魏主(拓跋宏)가 직접 가서 제사를 올렸다.

祀堯於平陽 舜於廣甯 禹於安邑 周公於洛陽하여 皆令牧守執事①하다 其宣尼之廟는 祀於中書省하고 改謚曰文聖尼父(보)라하고 親行拜祭②하다

① 모두 그들의 옛 도읍에 인하여 제사를 지낸 것이다. 皇甫謐이 말하기를 "舜임금이 도읍한 곳이 혹은 蒲阪이라고 말하고, 혹은 潘이라고 말한다. 潘은 지금 上谷이다. 廣寧縣은 본래 上谷에 속하였다." 하였다. 또 ≪水經註≫에 의거하면, 潘은 마땅히 漢이 되어야 한다.
皆因其故都而祀之. 皇甫謐曰 "舜所都或言蒲阪, 或言潘. 潘, 今上谷也. 廣寧縣本屬上谷." 又據水經註, 潘當作漢.

② 父(남자의 미칭)는 음이 甫이다.
父, 音甫.

【綱】 여름 4월에 北魏가 새로운 律令을 반포하였다.

夏四月에 **魏班新律**하다

【綱】齊나라 大司馬 太傅 豫章王 蕭嶷이 卒하였다.

◑ 齊大司馬太傅豫章王嶷卒[41)]하다

【目】蕭嶷은 성품이 인자하고 근면하며 청렴하고 검소하여 재물이나 뇌물에 마음을 두지 않았다. 齋內의 창고에서 불이 나서 荊州에서 가지고 돌아온 물건을 불탔는데, 가치를 평가하니 3,000여만 錢이나 되었으나 주관하는 관리에게는 杖을 수십 대를 치는데 그쳤다. 병이 위독해지자 여러 아들에게 유언으로 명하기를 "재주에는 優劣이 있고, 지위에는 通塞이 있고, 운수에는 貧富가 있다. 이는 自然의 이치이니, 서로 능멸하고 모욕할 것이 없다."라고 하였다. 卒함에 미쳐서는 소억의 집 창고에 현금이 없었다. 〈齊主가〉 조칙을 내려서 매월 백만 錢을 주도록 하고, 시호를 文獻이라고 하였다.

嶷性仁謹廉儉하여 不事財賄러니 齋庫失火하여 燒荊州還資어늘 評直(치)三千餘萬이로되 杖主局數十而已①러라 疾篤에 遺令諸子曰 才有優劣이요 位有通塞이요 運有貧富하니 此自然之理니 無足以相陵侮也②니라 及卒에 第庫無見(현)錢이라 勅月給錢百萬하고 諡曰文獻③이라하다

① 齋庫는 齋內의 창고이다. 齊나라 太祖 建元 2년(480)에 蕭嶷이 荊州에서 돌아와 揚州刺史가 되었다. "評直"는 그 마땅함을 논하여 헤아리는 것을 말한다.
齋庫, 齋內之庫. 齊太祖建元二年, 嶷自荊州還爲揚州. 評直, 論量其所宜也.
② 이는 여러 아들에게 지위와 세력으로 서로 능멸하지 않게 하려고 한 것이다.
蓋欲諸子不以位勢相陵.
③ 見(현재)은 賢遍의 切이다.
見, 賢遍切.

【綱】齊나라가 竟陵王 蕭子良을 揚州刺史로 삼았다.

齊以竟陵王子良爲揚州刺史하다

【綱】가을 7월에 吐谷渾이 아들을 보내 北魏에 들어와 조회하게 하였다.

◑ 秋七月에 吐谷渾遣子入朝于魏하다

---

41) 齊大司馬太傅豫章王嶷卒 : "宗臣에게 관직을 갖추어 卒이라고 한 것은 齊王 司馬攸 이후 듣지 못했는데(晉 武帝 太康 4년(283)) 이때에 다시 보이니, 蕭嶷을 현명하게 여긴 것이다.〔宗臣具官卒 自齊王攸後無聞焉(晉武帝太康四年) 於是復見 賢嶷也〕" ≪書法≫

【目】 예전에 魏主(拓跋宏)가 吐谷渾王 慕容伏連籌를 불러 들어와 조회를 하라고 하자 오지 않고서 洮陽城·泥和城을 수리하고 군사를 배치하였다. 北魏는 군사를 파견하여 토벌하고 두 보루를 함락하였다. 馮后의 喪이 났을 때에 北魏에서 사람을 보내 吐谷渾에게 喪事를 알리자 모용복련주가 명령을 받들면서 또다시 공손하지 않았다. 여러 신하들이 그를 토벌하기를 청하였으나 魏主가 허락하지 않았다.

또 신하들이 토욕혼의 貢物을 돌려주기를 청하자, 魏主가 말하기를 "공물은 곧 신하의 禮이니, 지금 받지 않으면 이는 그들을 버리고 단절하는 것이다. 그들이 비록 스스로 새로워지려고 하더라도 어떻게 할 방도가 없을 것이다."라고 하고, 이어서 조양성·니화성의 포로를 돌려보내라고 명하였다. 이때에 토욕혼이 世子 慕容賀虜頭를 파견하여 北魏에 들어와 조회하였다.

初에 魏主召吐谷渾王伏連籌入朝한대 不至어늘 而修洮陽泥和二戍하고 置兵焉①이러니 魏遣兵伐之하고 拔二戍하다 及馮后之喪에 使人告哀한대 伏連籌拜命又不恭이라 群臣請討之어늘 魏主不許하고 又請還其貢物이어늘 魏主曰 貢物乃人臣之禮니 今而不受면 是棄絶之니 彼雖欲自新이나 其路無由矣라하고 因命歸洮陽泥和之俘하니라 於是吐谷渾遣其世子賀虜頭入朝于魏하다

① 慕容伏連籌는 慕容度易侯의 아들이다. 後周(北周) 武帝가 吐谷渾을 내쫓아 洮陽郡에 두었고, 唐나라 洮州 및 臨潭縣의 治所가 바로 洮陽城이다. 泥和는 곧 ≪水經註≫에 말한 迷和城이니, 洮水가 그 남쪽을 지나고, 또 洮陽城의 동쪽에 있다.
伏連籌, 度易侯之子也. 後周武帝逐吐谷渾, 置洮陽郡, 唐洮州及臨潭縣所治, 卽洮陽城也. 泥和, 卽水經註所謂迷和城, 洮水逕其南, 又在洮陽城東.

【綱】 北魏가 사신을 齊나라에 보냈다.

魏遣使如齊하다

【目】 北魏의 散騎常侍 宋弁이 齊나라에 聘問을 갔는데, 본국으로 돌아온 뒤에 魏主(拓跋宏)가 묻기를 "江南은 어떠한가?"라고 하니, 宋弁이 말하기를 "蕭氏 父子는 天下에 큰 공적이 없었는데, 이미 반역을 하여 탈취하고는 순리대로 지키지 못하여 政令이 가혹하고 번잡하며, 賦役은 번거롭고 무거우며, 조정에는 股肱의 신하가 없고, 들에는 근심하고 원망하는 백성이 있습니다. 온전히 죽을 수 있으면 다행이니, 그 자손들에게 계책을 남겨주는 방도가 아닙니다."라고 하였다.

魏散騎常侍宋弁聘于齊러니 及還에 魏主問江南何如오 弁曰 蕭氏父子無大功於天下어늘 旣以逆取요 不能順守하여 政令苛碎하며 賦役繁重하고 朝無股肱之臣하며 野有愁怨之民하니 其得沒身幸矣라 非貽厥孫謀之道也니이다

【綱】 8월에 北魏가 柔然을 大磧(大漠)에서 격파하니 유연이 伏名敦可汗을 죽였다.

八月에 魏敗柔然于大磧하니 柔然殺伏名敦可汗①하다

① 예전에 柔然이 伏名敦可汗(郁久閭豆崙命)이 그 숙부 郁久閭那蓋와 길을 나누어 高車의 阿伏至羅를 공격하였는데, 복명돈가한은 자주 패하고, 욱구려나개는 자주 승리하였다. 나라 사람들이 욱구려나개가 하늘의 도움을 얻었다고 하여, 마침내 복명돈가한을 죽이고 욱구려나개를 세우고서 候其伏代庫者可汗이라고 호칭하였다.
初, 柔然伏名敦可汗與其叔父那蓋分道擊高車阿伏至羅, 伏名敦屢敗, 那蓋屢勝. 國人以那蓋爲得天助, 乃殺伏名敦而立那蓋, 號候其伏代庫者可汗.

【綱】 魏主(拓跋宏)가 明堂에서 養老禮를 거행하였다.

◑魏主養老于明堂하다

【目】 北魏 司徒 尉元과 大鴻臚卿 游明根이 누차 표문을 올려 물러나기를 청하자, 魏主(拓跋宏)가 引見하여 울원에게 玄冠·素衣를 내려주고, 유명근에게는 委貌冠·靑紗單衣를 보냈다. 이때에 이르러 魏主가 친히 明堂에서 養老禮를 할 때 울원을 三老로 삼고, 유명근을 五更으로 삼았다. 魏主가 三老에게 두 번 절하고, 직접 웃옷의 왼쪽 소매를 걷고 희생을 베어서 술잔을 잡고 올렸으며 五更에게 肅拜하였고, 또 善言을 말해주기를 청하니, 울원·유명근이 효도와 우애로 백성을 교화할 것을 권하였다. 또 계단 아래에서 國老·庶老에게 양로례를 행하였고, 三老에게 上公의 녹봉을 주었으며, 五更에게 元卿의 녹봉을 주었다.

魏司徒尉元과 大鴻臚卿游明根이 累表請老한대 魏主引見하여 賜元玄冠素衣하고 明根委貌靑紗單衣而遣之러니 至是親養老於明堂할새 以元爲三老하고 明根爲五更하다 魏主再拜三老하고 親袒割牲하여 執爵而饋하며 肅拜五更하고 且乞言焉하니 元明根이 勸以孝友化民①하다 又養國老庶老於階下하고 祿三老以上公하고 五更以元卿②하다

① "肅拜"는 몸을 곧게 펴고 엄숙한 모양을 하고서 손을 조금 아래로 내리는 것이다. "乞言"은 그에게 善言을 구하는 것이다.
肅拜, 直身肅容, 而微下手. 乞言, 從之求善言也.

② ≪禮記≫ 〈王制篇〉 疏에, "國老는 卿·大夫·士 중에 연로한 자이고, 庶老는 관직에 있는 庶人 중 연로한 자이다."라고 하였다. ≪新唐書≫ 〈禮樂志〉에 "有司가 아뢰어 5品 이상으로 사직한 자를 國老로 삼았고, 6品 이하로 사직한 자를 庶老로 삼았다." 하였다. 元卿은 곧 上卿이다.
記王制篇疏云 "國老, 卿·大夫·士之老者, 庶老, 庶人在官之老者." 唐禮樂志 "所司奏五品以上致仕者爲國老, 六品以下致仕者爲庶老." 元卿, 卽上卿.

【綱】 9월에 魏主(拓跋宏)가 永固陵을 배알하였다.

九月에 魏主謁永固陵하다

【目】 魏主(拓跋宏)는 文明太后(馮太后)의 再朞(大祥)가 되었으므로, 永固陵 왼편에서 哭을 하였는데, 종일토록 哭소리가 그치지 않았고, 2일 동안 음식을 먹지도 않았다.

魏主以太后再朞로 哭於永固陵左어늘 終日不輟聲하고 凡二日不食이러라

【綱】 겨울에 齊나라가 사신을 北魏에 보냈다.

冬에 齊遣使如魏하다

【目】 魏主(拓跋宏)가 齊나라 사람(使臣)을 매우 소중하게 여겨서 친히 함께 담론을 하고 여러 신하들을 돌아보며 말하기를 "江南에는 좋은 신하가 많구나."라고 하니, 侍臣 李元凱가 대답하기를 "江南에는 좋은 신하가 많으니 1년에 한 번씩 임금을 바꾸고, 江北에는 좋은 신하가 없으니, 백 년에 한 번씩 임금을 바꿉니다."라고 하였다. 魏主가 매우 부끄러워하였다.

魏主甚重齊人하여 親與談論하고 顧謂群臣曰 江南多好臣이로다하니 侍臣李元凱對曰 江南多好臣하니 歲一易主하고 江北無好臣하니 百年一易主니이다 魏主甚慙이러라

【綱】 齊나라가 조서를 내려 太子家令 沈約에게 ≪宋書≫를 찬술하도록 하였다.

齊詔太子家令沈約撰宋書하다

【目】 沈約이 ≪宋書≫를 찬술할 때에 〈袁粲傳〉을 편성할지 의심하였는데, 齊主(蕭賾)가 말하기를 "원찬은 이제부터 宋나라의 忠臣이다."라고 하였다. 심약이 또 宋나라의 世祖(孝武帝)・太宗(明帝)의 여러 가지 비천하고 荒淫한 일을 많이 기록하자, 齊主가 말하기를 "효무제의 사적이 이처럼 버려지는 것을 용납하지 못한다. 나는 예전에 명제를 섬겼으니, 卿은 잘못을 숨겨주는 의리를 생각해야 할 것이다."라고 하니, 이에 刪除한 것이 많았다.

約撰宋書할새 **疑立袁粲傳**한대 **齊主曰 袁粲自是宋室忠臣**이니라 **約又多載宋世祖太宗諸鄙瀆事**한대 **上曰 孝武事迹不容頓爾**라 **我昔經事明帝**하니 **卿可思諱惡之義**니라 **於是多所刪除**[①]러라

① ≪春秋≫의 대의는 높은 자를 위하여 숨겨준다.
春秋之義, 爲尊者諱.

【綱】 北魏 南陽公 鄭羲가 卒하였다.

魏南陽公鄭羲卒하다

【目】 鄭羲는 일찍이 西兗州刺史가 되어서 州에 있을 때에 탐욕스럽고 비루한 짓을 하였다. 卒하게 되자 尙書가 諡號를 宣이라 해야 한다고 상주하였다. 魏主(拓跋宏)가 조서를 내려 "정희가 비록 文學에 업적을 세웠지만 다스릴 적에 청렴결백하지 않았으니, 諡號를 文靈이라고 해야 한다."라고 하였다.

羲嘗爲西兗州刺史하여 **在州貪鄙**하니 **及卒**에 **尙書奏諡曰宣**이라한대 **詔以羲雖有文業**이나 **而治闕廉淸**하니 **可諡文靈**[①]이라하다

① 諡法에 널리 듣고 많이 본 것을 文이라 한다. 훌륭한 이름을 남기는 데 힘쓰지 않는 것을 靈이라 한다.
諡法, 博聞多見曰文. 不勤成名曰靈.

思政殿訓義 資治通鑑綱目 제28권 하

-齊 武帝 永明 11년(493)~齊 明帝 建武 3년(496)-

癸酉年(493)

齊나라 世祖 武帝 蕭頤 永明 11년이고, 北魏 高祖 孝文帝 拓跋宏 太和 17년이다.

齊永明十一年이요 魏太和十七年이라

【綱】 봄 정월에 齊나라가 陳顯達을 江州刺史로 삼고 崔慧景을 豫州刺史로 삼았다.

春正月에 齊以陳顯達爲江州刺史하고 崔慧景爲豫州刺史하다

【目】 陳顯達은 스스로 한미한 집안 출신으로 중요한 직책을 맡았다고 여겨 관직을 옮길 때마다 늘 부끄러워하고 두려운 기색이 있었다. 그리하여 아들에게 부귀를 가지고 다른 사람을 능멸하지 말라고 경계하였는데, 여러 아들이 호사스럽게 구는 일이 많았다. 진현달이 말하기를 "고라니 꼬리로 만든 먼지떨이와 파리채는 王氏·謝氏 같은 존귀한 가문의 물품이니, 너희는 이런 물건을 쓸 필요가 없다."라고 하고, 빼앗아 불태웠다.

顯達自以門寒位重이라하여 每遷官에 常有愧懼之色①하여 戒其子勿以富貴陵人이어늘 而諸子多事豪侈하니 顯達曰 麈尾蠅拂은 是王謝家物이니 汝不須捉此라하고 取而燒之②하다

① 陳顯達은 南彭城 사람으로, 병졸 출신이다.
顯達, 南彭城人, 起於卒伍.

② 東晉의 王導·王衍·謝尙·謝安 등 여러 사람들이 옥으로 된 자루에 고라니 꼬리로 만든 총채를 잡고 담화를 한 적이 있다. 그러므로 "是王謝家物"이라고 하였다.
東晉王導·王(行)〔衍〕[1]·謝尙·謝安諸人, 嘗捉玉柄麈尾而談, 故曰 "是王謝家物."

1) (行)〔衍〕: 저본에는 '行'으로 되어 있으나, ≪御批資治通鑑綱目≫에 의거하여 '衍'으로 바로잡았다.

【目】 예전에 齊主(蕭賾)가 露車 3천 乘을 만들어서 육로로 彭城을 취하려고 하였는데, 北魏 사람들이 그 사실을 알았다. 劉昶이 또한 자주 魏主(拓跋宏)에게 하소연하여 변방의 수비 지역에 머물면서 遺民을 불러 모아 자신의 치욕을 설욕하기를 청하였다. 魏主가 이에 淮河와 泗水 사이에 말이 먹을 건초를 많이 쌓아놓았다. 齊主가 그 소식을 듣고는 崔慧景을 豫州刺史로 삼았다.

◑ 初에 齊主造露車三千乘하여 欲步道取彭城이러니 魏人知之하다 而劉昶亦數訴於魏主하여 乞處邊守하여 招集遺民하여 以雪私恥①어늘 魏主乃於淮泗間大積馬芻하니 齊主聞之하고 以慧景爲豫州刺史②하다

① 蕭氏가 宋나라를 찬탈하고 劉氏를 멸망시켰기 때문이다.
以蕭氏簒宋, 夷滅劉氏故也.
② 崔慧景은 崔祖思의 族人이다.
慧景, 祖思之族人也.

【綱】 齊나라 太子 蕭長懋가 卒하였다.

齊太子長懋卒하다

【目】 齊主(蕭賾)가 말년에 놀며 연회를 베푸는 것을 좋아하여 尙書 각 曹의 일을 나누어 太子에게 보내어 살피도록 하니, 이로 말미암아 태자의 위세가 안팎에 더해졌다. 태자는 성품이 사치스럽고 화려한 것을 좋아하여 궁전과 동산을 齊主의 궁전보다 지나치게 꾸몄는데도 감히 태자의 일을 보고하는 자가 없었다. 태자가 卒하자 齊主가 마침내 태자의 의복과 장신구를 보고 크게 노하여 조서를 내려서 모두 없앴다. 태자는 평소에 西昌侯 蕭鸞을 미워하여 말하기를 "나는 이 사람을 몹시 싫어하는데, 그 이유를 모르겠으니, 응당 그가 박복하기 때문이리라."라고 하였다. 소란이 정권을 잡게 되자 태자의 자손 중에 살아남은 사람이 없었다.

齊主晩年에 好遊宴하여 尙書曹事分送太子省之하니 由是威加內外러라 太子性奢靡하여 治堂殿園囿過於上宮이어늘 而莫敢以聞者러니 及卒에 齊主乃見其服玩하고 大怒하여 勅皆毁除하다 太子素惡西昌侯鸞하여 嘗曰 我殊不喜此人호되 不解其故하니 當由其福薄故也①라하더니 及鸞得政에 太子子孫無遺焉하다

① 解는 이해한다는 뜻이다.

解, 曉也.

【綱】 2월에 魏主(拓跋宏)가 처음으로 耤田에서 親耕하였다.

二月에 魏主始耕耤田하다

【綱】 齊나라 雍州刺史 王奐이 죄를 지어 죽임을 당했다.

◑齊雍州刺史王奐有罪하여 伏誅하다

【目】 王奐은 寧蠻長史 劉興祖를 미워하여 유흥조가 山蠻을 선동하여 난을 일으키려 한다고 무고하여 그를 죽였다. 齊主(拓跋宏)가 크게 노하여 中書舍人 呂文顯과 曹道剛을 파견하여 왕환을 체포하도록 하고, 鎭西司馬 曹虎에게 명을 내려 그들과 회합하도록 하였다. 왕환의 아들 王彪가 평소 흉악하고 음흉하여 왕환이 통제할 수가 없었다. 왕표가 갑자기 州의 군사를 출동하여 성문을 닫고 방비하여 지켰는데, 왕환의 門生 鄭羽가 머리를 조아리며 왕환에게 아뢰어 臺使(조정의 사신)를 맞이하기를 청하였다. 왕환이 말하기를 "나는 도적질을 하지 않았으니, 먼저 사람을 보내 아뢰어서 스스로 해명하려고 하였는데, 바로 조도강과 여문현 등 小人들이 우리를 업신여기고 짓밟는 것이 두려웠기 때문에 우선 문을 닫고 스스로 방비했을 뿐이다."라고 하였다. 왕표가 마침내 나가서 조호와 싸우다가 군사들이 패하여 달아나자 돌아왔다. 司馬 黃瑤起와 寧蠻長史 裴叔業이 군사를 일으켜 왕환을 공격하여 목을 베고 왕표와 동생 王爽, 王弼을 잡아 모두 죽이니, 왕표의 동생 王肅만이 탈출하여 北魏로 달아났다.

奐惡(오)寧蠻長史劉興祖하여 誣其構扇山蠻이라하여 殺之①어늘 齊主大怒하여 遣中書舍人呂文顯曹道剛收奐하고 勅鎭西司馬曹虎會之라 奐子彪素凶險이라 奐不能制러니 輒發州兵하여 閉門拒守어늘 奐門生鄭羽叩頭啓奐하여 乞迎臺使한대 奐曰 我不作賊하니 欲先遣啓自申호되 正恐曹呂輩小人相陵藉라 故且閉門自守耳②로라 彪遂出하여 與虎戰이라가 兵敗走歸어늘 司馬黃瑤起寧蠻長史裴叔業起兵攻奐하여 斬之하고 執彪及弟爽弼幷誅之하니 彪弟肅獨得脫하여 奔魏하다

① 蕭子顯의 ≪齊齊書≫ 〈州郡志〉에 "寧蠻府는 雍州에 속하였다."라고 하였다.
蕭子顯齊志 "寧蠻府屬雍州."

② 陵은 업신여겨 그 위로 나가는 것이다. 藉는 짓밟아 아래에 까는 것이다. 藉(짓밟다)는 慈夜의 切이다.

陵者, 侮之而出其上, 藉者, 蹈之使薦於下. 藉, 慈夜切.

【綱】 여름 4월에 齊主(蕭賾)가 손자 蕭昭業을 세워서 太孫으로 삼았다.

夏四月에 齊主立其孫昭業爲太孫①[2]하다

① 蕭昭業은 太子 蕭長懋의 長子이다.
昭業, 太子長懋長子.

【目】 東宮의 文武 官屬을 모두 太孫의 관속으로 삼았다.

東宮文武悉起爲太孫官屬①하다

① 東宮의 官屬은 文官은 太傅, 少傅, 詹事, 率更令, 家令, 僕, 門大夫, 中庶子, 中舍人, 庶子, 洗馬, 舍人이 있고, 武官은 左右衛率, 翊軍·步兵·屯騎의 3校尉, 旅賁中郎將, 左右積弩將軍, 殿中將軍, 員外殿中將軍, 常從虎賁督이 있다.
東宮官屬, 文則太傅·少傅·詹事·率更令·家令·僕·門大夫·中庶子·中舍人·庶子·洗馬·舍人, 武則左右衛率·翊軍·步兵·屯騎三校尉·旅賁中郎將·左右積弩將軍·殿中將軍·員外殿中將軍·常從虎賁督.

【綱】 5월에 魏主(拓跋宏)가 직접 수감된 죄수들의 기록을 살펴보았다.

五月에 魏主親錄囚徒[3]하다

【目】 魏主(拓跋宏)가 司空 穆亮에게 말하기를 "지금부터 조정의 정사를 정오 이전에는 卿들이 스스로 먼저 논의하고, 정오 이후에는 朕이 경들과 함께 결정하겠다."라고 하였다.

魏主謂司空穆亮曰 自今朝廷政事를 日中以前은 卿等自先論議하고 日中以後는 朕與卿等共決之라하더라

---

2) 齊主立其孫昭業爲太孫 : "≪資治通鑑綱目≫이 끝날 때까지 '立太孫(太孫을 세운 것)'을 기록한 것은 3번인데, 晉나라 司馬臧, 唐나라 李重照는 모두 온당한 죽음을 맞지 못한 자들이고, 오직 蕭昭業만 1년 동안 즉위했을 뿐이다.〔終綱目書立太孫三 晉臧 唐重照 皆不終者也 惟昭業立一年而已〕" ≪書法≫

3) 魏主親錄囚徒 : "앞에서는 '親決疑獄(직접 의심스러운 옥사를 판결하였다.)'이라고 기록하고, 여기에서 다시 '親錄囚徒'라고 기록하였으니 魏主(拓跋宏)는 형벌의 집행을 신중히 했다는 사실을 알 수 있다.〔前書親決疑獄 於是復書親錄囚徒 魏主可謂能恤刑矣〕" ≪書法≫

【綱】 가을 7월에 魏主(拓跋宏)가 자신의 아들 拓跋恂을 太子로 삼았다.

秋七月에 魏主立其子恂爲太子[4]하다

【綱】 北魏가 조서를 내려 크게 군사를 일으켜 齊나라를 정벌하다.

○魏詔大擧伐齊[5]하다

---

4) 魏主立其子恂爲太子 : "아들 拓跋恂의 출생을 일찍이 기록하였는데 太子를 삼는 데에서는 '魏主'를 지적하여 기록한 것은 어째서인가. 탁발순은 이때에 태어난 지 11년이 지났는데, 성품이 학문을 좋아하지 않았고 태자로 세운 지 3년 만에 심지어 아버지를 어겨가며 도망을 쳐서 반란하여 恒州·朔州를 점거하려 하였다. 이처럼 그의 악행이 점차적으로 유래한 것이다. ≪資治通鑑綱目≫에서 태자로 세웠을 적에 '魏主'를 기록하고 그를 죽일 때에 '魏主'를 기록하였으니, 자상하지 않음을 허물한 것이다. ≪자치통감강목≫이 끝날 때까지 太子를 세우는 데에 '主'를 지적하여 기록한 것이 4번이니(宋나라 丙申年(456)에 자세하다.) 모두 비판한 것이다.〔子恂生嘗書矣 立爲太子 則斥書魏主 何 恂於是生十一年 性不好學 立之三載 至欲違父逃叛 跨據恒朔 其惡如是 所由來者漸矣 綱目立書魏主 殺書魏主 咎不詳也 終綱目立太子斥書主者四(詳宋丙申年) 皆譏也〕" ≪書法≫

5) 魏詔大擧伐齊 : "앞에서 '侵齊(齊나라를 침략했다.)'라고 기록하고 여기서는 다시 '伐(정벌했다)'라고 기록한 것은 어째서인가. 北魏가 조서만 내렸을 뿐, 事實이 아니기 때문에 ≪資治通鑑綱目≫에서 따라 기록하여 속임수임을 드러낸 것이다.〔前書侵齊矣 此復書伐 何 魏詔云耳 非事實也 綱目因而錄之 以著其譎焉〕" ≪書法≫

"옛날에 殷나라 盤庚이 遷都할 적에 그 백성이 윗사람에게 오만하게 굴고 안일을 따라서 〈천도하는 것을 반대하여〉 서로 함께 한탄하고 원망하였다. 반경이 그 백성들을 조정으로 나아오게 하고 올라오게 하면서 왕의 뜰에서 번거롭게 있지 말게 하고 자신의 마음을 열어서 정성껏 고한 뒤에 널리 알려서 그 뜻을 숨기지 않고 정성스럽게 고하고 타이르기를 마치 가족과 父子 간에 서로 문답하듯이 하였다. 그리하여 마침내 〈천도할 적에〉 하나의 법도 바꾸지 않고 한 명의 백성도 죽이지 않게 되자 백성들이 마음으로 기뻐하며 성심으로 감복하여 그 임금을 따르지 않음이 없었다. 그런 뒤에 백성들에게 살 곳을 정하여 편안하게 해주어서 中興의 공업을 이루었던 것이다. 이는 백성을 위세로 승복시키는 것이 백성을 도리로 승복시키는 것만 못하기 때문이다.

지금 魏主(拓跋宏)가 천도를 하려고 하면서 대중들과 널리 계책을 논의하지 않고 마침내 갑자기 뜻을 결정하여 시행하였으므로 ≪資治通鑑綱目≫(綱)에서는 '詔大擧伐齊'라 기록하고, 分注(目)에서는 아래에 '欲以脅衆(대중을 위협하려 하였다.)'는 말을 기록한 것이다. 천도의 큰 사업은 당연히 대중에게 묻고 상의하여 그 의견이 같아야 하는데, 어찌 다만 위엄으로 협박할 수 있겠는가. 이것이 魏氏가 洛陽으로 천도한 이후에 누차 반란이 일어나고 人心이 승복하지 않아 재차 전하지 못해 마침내 쇠미하게 된 까닭이다. 아! ≪자치통감강목≫에 실린 拓跋氏가 遷都한 일을 살펴보고 〈盤庚〉 3편의 훈계를 비교한 뒤에 과거의 명철한 왕들이 큰 사업을 거행하고 큰 의혹을 결정할 때에 그들이 널리 계책을 논의하여 대중의 의견을 따르고 권세로 백성에게 강요하지 않은 사실을 알 수 있으니, 어찌 후세에서 미칠 수 있는 것이겠는가. 아, 슬프다.〔昔盤庚遷都 其民傲上從康 相與咨嗟胥怨 盤庚方且登進厥民咸造 勿褻在王庭 敷其心腹腎腸 播告之修 不匿厥指 諄諄然告之諭之 若家人父子之相唯諾 遂至不變一法 不戮一民 莫不心悅誠服 以從其上 然後奠厥攸居 迄成中興之業 蓋服民以勢 不若服民以理故也 今魏主將欲遷都 不廣謀於衆 乃率然決意行之 故綱目書詔大擧伐齊 而分注載其欲以脅衆之語於下 夫遷都大事 自當詢謀僉同 烏可但脅之以威 此魏氏遷洛之後 所以屢形反叛 人心不服 不再傳而遂微者也 嗚呼 觀綱目所載拓跋遷都之事 而參之盤庚三篇之訓 然後知古先哲王 擧大事 決大疑 其廣謀從衆 不彊民以勢者 豈後世所能及哉 噫〕" ≪發明≫

【目】魏主(拓跋宏)가 平城은 땅이 추워서 6월에 눈이 내리고 늘 모래 바람이 분다고 하여 도읍을 洛陽으로 옮기려고 하였는데, 신하들이 따르지 않을까 두려워 마침내 크게 군사를 일으켜 제나라를 정벌할 것을 논의하여 무리들을 협박하려고 하였다.

太常卿 王諶에게 점을 치도록 명하여 革卦가 나왔는데, 魏主가 말하기를 "'湯王과 武王이 革命을 하여 하늘의 뜻에 따르고 사람들의 마음에 부응하였다.'라고 하니 이보다 더 큰 길조가 어디 있겠는가."라고 하였다. 任城王 拓跋澄이 말하기를 "폐하께서는 여러 대에 걸쳐 거듭 빛나 황제로 중원의 토지를 소유하였는데, 지금 군사를 출동하면서 革命의 卦象을 얻었다고 하니, 완전히 길한 조짐은 아닙니다."라고 하였다. 魏主가 엄중한 목소리로 말하기를 "社稷은 나의 社稷인데, 任城王이 무리들을 막으려 하는구나."라고 하였다. 탁발징이 말하기를 "社稷이 비록 폐하의 소유이지만, 신은 社稷의 신하이니, 어찌 위태로움을 알고 말을 하지 않을 수 있겠습니까."라고 하였다.

魏主以平城地寒하여 六月雨雪하고 風沙常起라하여 將遷都洛陽①호되 恐群臣不從하여 乃議大擧伐齊하여 欲以脅衆이라 命太常卿王諶筮之하여 遇革②이어늘 魏主曰 湯武革命하여 順乎天而應乎人라하니 吉孰大焉이리오 任城王澄曰 陛下奕葉重光하여 帝有中土③어늘 今出師而得革命之象하니 未爲全吉也니이다 魏主厲聲曰 社稷을 我之社稷이어늘 任城이 欲沮衆邪아하니 澄曰 社稷雖爲陛下之有나 臣爲社稷之臣하니 安可知危而不言邪아하다

① 雨(내리다)는 王遇의 切이다. "風沙"는 바람이 크게 불어 모래가 날리는 것이다.
雨, 王遇切. 風沙, 大風揚沙也.
② 魏主가 明堂左个에서 재개하고 점을 치게 한 것이다.
魏主齋於明堂左个, 使諶筮之,
③ "奕葉"은 奕世(여러 대)와 같은 뜻이다. "重光"은 重華(거듭 빛나다)와 같은 뜻이다.
奕葉, 猶奕世也. 重光, 猶重華也.

【目】魏主가 〈明堂左个에서〉 궁으로 돌아와 拓跋澄을 불러 다른 사람을 물리치고 말하기를 "平城은 전쟁을 해야 하는 땅이지 文治를 할 수 있는 곳이 아니다. 풍속을 옮기고 바꾸는 길은 진실로 어려우니, 朕은 이것을 이용하여 터전을 中原으로 옮기고자 하니 卿은 어떻게 생각하는가?"라고 하니, 탁발징이 말하기를 "폐하께서 터전을 中原의 땅에 두어 四海를 경략하려고 하시니, 이것은 周나라와 漢나라가 융성할 수 있었던 까닭입니다."라고 하였다.

魏主가 말하기를 "北人의 습성은 늘 옛것을 그리워하여 반드시 소란이 발생할 것이

니, 어찌해야겠는가?"라고 하니 탁발징이 말하기를 "일상적이지 않은 일은 본래 보통 사람이 헤아릴 수 있는 것이 아니니, 폐하께서 스스로 마음속으로 결정을 하셨다면 저들 역시 어찌할 수 있겠습니까."라고 하였다. 魏主가 말하기를 "任城王은 나의 子房이로구나."라고 하고, 이에 엄하게 경계를 하였다. 齊主(蕭賾)가 듣고서는 역시 揚州와 徐州의 民丁을 징발하고 널리 병사를 모집하여 대비하게 하였다.

魏主還宮[①]하여 召澄하여 屛人謂曰 平城用武之地요 非可文治라 移風易俗이 其道誠難하니 朕欲因此遷宅中原하노니 卿以爲何如오 澄曰 陛下欲卜宅中土以經略四海하시니 此周漢之所以興隆也[②]니이다 魏主曰 北人習常戀故하여 必將驚擾니 奈何오 澄曰 非常之事는 故非常人之所及이니 陛下斷自聖心이면 彼亦何所能爲리오 魏主曰 任城은 吾之子房也[③]로다 於是戒嚴하니 齊主聞之하고 亦發揚徐民丁하고 廣設召募以備之하더라

① 明堂左个에서 궁궐로 돌아온 것이다.
自明堂左个還宮.
② 周나라의 成王과 康王, 漢나라의 光武帝와 明帝에 비유한 것이다.
比之周成·康, 漢光·明也.
③ 張良이 漢高帝를 도와 도읍을 長安으로 옮겼기 때문에 비유한 것이다.
張良, 贊漢高帝遷都長安, 故以爲比.

【綱】 齊主 蕭賾이 殂하였다. 太孫 蕭昭業이 즉위하여 竟陵王 蕭子良을 太傅로 삼고, 蕭鸞을 尙書令으로 삼았다.

齊主賾殂[①]하다 太孫昭業立하여 以竟陵王子良爲太傅하고 蕭鸞爲尙書令[6)]하다

① 향년이 54세였다.
壽, 五十四.

【目】 中書郞 王融이 자신의 뛰어난 재주와 문벌을 믿고 30세가 되기 전에 公輔가 되기를 바랐다. 한번은 밤에 省中에서 숙직한 적이 있었는데, 책상을 어루만지며 탄식하기

6) 齊主賾殂……蕭鸞爲尙書令 : "이때에 遺詔를 칭하여 조세를 감면하고 관문과 시장의 세금을 줄인 몇 가지 일을 기록하지 않은 것은 어째서인가. 삭제한 것이다. 어째서 삭제하였는가. 蕭昭業이 蕭子良이 정치를 보필하는 것을 원하지 않아서 속여 遺詔라 칭하여 太傅로 삼고, 이어서 다시 이를 가탁하여 사람들에게 신임을 구하려고 하였다. 이것을 정리가 아니라고 여겼기 대문에 삭제한 것이다.〔於是稱遺詔蠲租調 減關市數事 不書 何 削之也 曷爲削之 昭業不欲子良輔政 矯稱遺詔以爲太傅 因復假此求信於人 以是爲非情也 故削之〕" ≪書法≫

를 "이처럼 쓸쓸하니 鄧禹가 사람을 비웃겠구나."라고 하였다. 왕융이 길을 가다가 朱雀桁이 열릴 때를 만났는데, 시끄럽고 좁아서 나아가지 못하자 수레의 벽을 치면서 탄식하기를 "수레 앞에 8명의 騶卒이 없으니, 어찌 丈夫라고 칭할 수 있겠는가."라고 하였다. 竟陵王 蕭子良은 왕융의 文學을 아껴서 특별히 그를 친애하고 후하게 대하였다.

王融은 齊主(蕭賾)가 北伐에 뜻이 있음을 알고 자주 上書를 올려 권면하고 그로 인해 말 타기와 활쏘기를 크게 익혔다. 北魏의 군사가 쳐들어온다는 소식을 듣고 蕭子良이 東府에서 군사를 모집할 때에 왕융을 寧朔將軍에 임명하여 그 일을 관장하도록 하였다. 왕융은 마음을 기울여 사람들을 불러 받아들여 江西에서 傖楚[7] 사람 수백 명을 얻었다.

中書郎王融自恃人地하고 **三十內望爲公輔**①러니 **嘗夜直省中**이어늘 **撫案歎曰 爲爾寂寂**하니 **鄧禹笑人**②이로다 **行逢朱雀桁開**하여 **喧湫不得進**③한대 **搥車壁歎曰 車前無八騶**하니 **何得稱丈夫**④리오 **竟陵王子良愛其文學**하여 **特親厚之**하더라 **融見齊主有北伐之志**하고 **數上書奬勸**하고 **因大習騎射**러니 **及聞有魏師**하고 **子良於東府募兵**할새 **板融寧朔將軍**하여 **使典其事**⑤하니 **融傾意招納**하여 **得江西傖楚數百人**이러라

① 王融은 뛰어난 재주가 있었기 때문에 자신이 우월하다고 생각하였다. 또 王弘의 曾孫이므로 문벌이 높다고 생각한 것이다.
融有俊才, 故以人身自高, 且王弘曾孫, 故以門地自高.

② 爾는 이와 같다는 뜻이다. "寂寂"은 쓸쓸하다는 뜻이다. 鄧禹가 24세의 나이로 漢나라 司徒가 되었다. 王融의 나이가 이미 등우의 나이보다 많았으므로 이렇게 말한 것이다.
爾, 如此也. 寂寂, 言冷寞也. 禹年二十四爲漢司徒, 融年已過之, 故云然.

③ 朱雀桁은 建康의 朱雀門에 있는데, 秦淮河의 남쪽과 북쪽 연안에 걸쳐 있어 사람들이 건너갈 수 있게 하니 大路가 경유하는 바이다. 開는 잠깐 〈배다리를〉 거두어 열어서 배가 통과하게 하는 것을 말한다. 喧은 시끄럽다는 뜻이다. 湫는 子了의 切이니, 좁다는 뜻이다. 〈"行逢朱雀桁開 喧湫不得進"은〉 朱雀桁을 연 것으로 인해 행인들이 길을 막아서 말소리가 매우 시끄럽고 도로가 좁아서 앞으로 나가지 못한다는 뜻이다.
朱雀桁當建康朱雀門, 跨秦淮南北岸以渡行人, 大路所由也. 開謂時暫撤開之以通舟過也. 喧, 譁也. 湫, 子了切, 隘也. 謂因桁開而行人壅塞, 以致語聲喧囂, 道路湫隘, 不可前進也.

④ 搥(부딪치다)는 음이 錐이니 부딪친다는 뜻이다. 수레 앞에 油壁이 있다. 晉나라 이래로 諸公 및 諸從公의 수레 앞에 8명의 騶를 두었다. 騶는 수레 앞에서 서로 외쳐서 길을 열고 行人을 정지하게 하는 사람이다.

7) 傖楚 : 傖은 강남 사람이 중원 사람을 경시하는 말이고, 楚는 荊州를 가리킨다.

搥, 音錐, 擊也. 車前有油壁. 自晉以來, 諸公·諸從公車前給騶八人. 騶者, 在車前傳呼辟開道止行人者.

⑤ 宋나라 泰始 연간 초기에 남쪽으로 義嘉를 공격하여 軍功이 있는 사람이 많았는데 板으로 임명할 수 없어서 처음으로 黃紙를 사용하였으니, 지금 왕융에게 板授로 임명한 것이 黃紙보다 중하다. 혹자가 말하기를 "칙명을 거치지 않고 등용하는 것을 板授이라고 한다."라고 하였다.
宋泰始初, 南攻義嘉, 軍功者衆, 板不能供, 始用黃紙. 今板授融, 蓋重於黃紙也. 或曰 "未經勅用者謂之板授."

【目】마침 齊主(蕭賾)가 몸이 편치 않아 조서를 내려 蕭子良에게 갑옷과 병장기를 휴대하고 입시하도록 하였고, 太孫은 하루걸러 찾아뵙고 곁에서 모셨다. 齊主가 병이 심해져서 잠시 기절을 하였는데, 태손이 아직 들어오지 않았다. 王融이 조서를 고쳐서 소자량을 세우려고 하여 이미 조서의 초안을 잡아놓은 상태였다. 때마침 태손이 오자, 왕융이 군복에 붉은 적삼 차림으로 中書省 閤門 입구에서 東宮의 호위병을 막아 들어갈 수 없게 하였다.

얼마 후에 齊主가 다시 소생하여 태손이 있는 곳을 물어서 불러 들어오게 하고 조정의 일을 僕射 西昌侯 蕭鸞에게 맡기고 殂하였다. 왕융이 소자량의 군사에게 여러 문을 차단하도록 하였는데, 소란이 그 소식을 듣고 달려가 雲龍門에 이르렀으나 들어갈 수가 없었다. 소란이 말하기를 "나를 부르는 칙명이 있었다."라고 하고, 그들을 밀치고 들어가서 태손을 받들고 宮殿에 오르게 하고 좌우의 신하들에게 명령하여 소자량을 붙들고 나가라고 하니, 왕융이 일을 이룰 수 없다는 것을 알고 군복을 벗고 中書省으로 돌아와서 탄식하기를 "公(소자량)이 나의 일을 그르치게 하였다."라고 하였다.

世祖(蕭賾)는 政事에 유념하여 大體를 총괄하는 데 힘을 쓰면서도 엄격하고 분명하며 결단력이 있어 郡縣의 관리들이 오랫동안 그 직책을 맡았고, 長吏가 법을 저촉하면 검을 싸서 보내주어 죽게 하였다. 그러므로 永明(483~489) 연간에는 백성들이 풍요롭고 즐거우며 도적들이 숨을 죽이고 있었다. 그러나 놀고 연회를 베풀며 화려하고 사치한 일을 제법 좋아하여 항상 이것이 한스럽다고 말은 하였으나, 대번에 제거하지는 못하였다.

소란은 성품이 검소하고 관직에 있을 때 엄하고 유능한 관리라고 이름이 있어 세조가 그를 중히 여겼다. 遺詔에서 소자량에게 정사를 보좌하도록 하고 소란을 知尙書事로 삼도록 하였는데, 소자량이 평소에 仁厚하여 世務를 즐기지 않았기 때문에 다시 소란을 추천하였다.

會齊主不豫라 詔子良甲仗入侍하고 太孫間日參承[①]이러니 齊主疾亟하여 蹔絶하고 太孫未入[②]하니 融欲矯詔立子良하여 詔草已立이러니 會太孫來어늘 融戎服絳衫으로 於中書省閤口에 斷其仗不得進이러라 頃之요 齊主復蘇하여 問太孫所在하여 召入하고 以朝事委僕射西昌侯鸞而殂하다 融以子良兵禁諸門이러니 鸞聞之하고 馳至雲龍門하여 不得進하니 鸞曰 有勅召我라하고 排之而入[③]하여 奉太孫登殿하고 命左右扶出子良하니 融知不遂하고 釋服還省하여 歎曰 公誤我矣[④]라하더라 世祖留心政事하여 務摠大體호되 嚴明有斷하여 郡縣久於其職이요 長吏犯法이어든 封刃行誅하니 故永明之世에 百姓豐樂하며 賊盜屛息이나 然頗好遊宴華靡之事하여 常言恨之호되 未能頓遣[⑤]이니라 鸞性儉素하고 居官名嚴能하니 世祖重之[⑥]라 遺詔子良輔政하고 鸞知尙書事어늘 子良素仁厚하여 不樂世務라 乃更推鸞하다

① "間日"은 하루를 사이에 둔다는 뜻이다. 參은 찾아뵙는다는 뜻이다. 承은 모신다는 뜻이다.
間日, 隔一日也. 參, 候也. 承, 奉也.
② "蹔絶"은 기운이 잠시 끊어져 숨을 쉬지 않는 것을 말한다.
蹔絶, 謂氣暫絶而不息也.
③ 排는 물리친다는 뜻이다.
排, 推也
④ "釋服還省"은 군복을 벗고 中書省으로 돌아온 것이다.
釋服還省, 釋戎服還中書省也.
⑤ 遣은 제거한다는 뜻이며 물리친다는 뜻이니, 놀고 잔치를 여는 잘못을 제거하여 없애지 못함을 말한 것이다.
遣, 袪也, 逐也. 言未能袪逐遊宴之失也.
⑥ 蕭鸞이 처음 安吉令이 되어서 엄격하고 능력이 있다는 명성이 있었다.
鸞初爲安吉令有嚴能之名.

【目】齊主 蕭昭業이 어렸을 때 蕭子良의 妃 袁氏에게 양육되어 원씨의 사랑이 아주 특별했는데, 王融의 모의가 있은 뒤에는 마침내 소자량을 매우 꺼려서 소자량을 中書省에 머물러 있게 하고 郎將 潘敞으로 하여금 병사를 거느리고 太極殿 서쪽 계단에 주둔하여 그를 막게 하였다. 成服을 하고 나서 여러 왕들이 모두 나가려고 할 때에 소자량이 중서성에 머물러 있다가 山陵으로 가겠다고 청하였으나 허락하지 않았다.

소소업이 武帝(蕭賾)의 遺詔라고 일컬어 蕭鸞을 尙書令으로 삼고 소자량을 太傅로 삼았다. 미납된 세금을 견감해주고 御府·池田·邸冶의 세금을 줄여주었으며, 관문과 저자에서 걷는 세금을 줄여주었다. 이에 앞서 원래 세금을 면제한다는 조서가 있었지만

대부분 그렇게 한 사실이 없어서 예전처럼 독촉을 하였는데, 이때에 이르러 은덕과 신의가 모두 행해지니 백성들이 모두 기뻐하였다.

齊主昭業少養於子良妃袁氏하여 **慈愛甚著**러니 **及王融有謀**에 **遂深忌之**하여 **以子良居中書省**하고 **使郞將潘敞領仗屯太極西階以防之**①러니 **旣成服**에 **諸王皆出**할새 **子良乞停至山陵**호되 **不許**②하다 **稱遺詔**하여 **以鸞爲尙書令**하고 **子良爲太傅**하다 **蠲逋調**하고 **省御府池田邸冶**하며 **減關市征稅**③하다 **先是**에 **蠲原之詔 多無事實**하여 **督責如故**러니 **及是恩信兩行**하니 **衆皆悅之**하더라

① 中書省은 太極殿의 서쪽에 있다. 그러므로 서쪽 계단에 주둔하게 하여 소자량을 막게 한 것이다.
中書省, 蓋在太極殿西, 故使屯於西階以防子良.
② 中書省에 머물러 있다가 梓宮(천자의 관)이 장지로 나가기를 기다린 뒤에 나가기를 바란 것이다.
乞停中書省, 俟梓宮出葬而後出也.
③ 逋는 오래되었다는 뜻이다. 調는 賦稅이다. 治는 蕭子顯의 ≪南齊書≫에 의거하면 마땅히 冶가 되어야 하니, 〈"邸冶"는〉 제련하여 鑄造하는 곳을 말한다.
逋, 久也. 調, 賦稅也. 治據蕭子顯齊書當作冶, 謂冶鑄之所也.

【綱】 北魏의 山陽公 尉元이 卒하였다.

魏山陽公尉元卒하다

【目】 謚號를 景桓이라고 하였다.

謚曰景桓이라하다

【綱】 魏主(拓跋宏)가 平城에서 출발하였다.

魏主發平城하다

【目】 魏主(拓跋宏)가 平城에서 출발하여 南伐할 때에 보병과 기병이 30여 만이었다. 太尉 拓跋丕와 廣陵王 拓跋羽에게 평성에 머물면서 지키게 하자, 탁발우가 말하기를 "太尉는 의당 節度를 전담해야 하고, 臣은 바로 부관이 되는 것이 좋겠습니다."라고 하니, 魏主가 말하기를 "나이든 사람은 지혜가 있고 젊은 사람은 결단력이 있으니, 너는 사양하

지 말라."라고 하였다.

魏主發平城南伐할새 步騎三十餘萬이러라 使太尉丕與廣陵王羽留守한대 羽曰 太尉宜專節度요 臣正可爲副니이다 魏主曰 老者之智요 少者之決이니 汝無辭也[①]어다

① 〈"老者之智 少者之決"은〉 나이든 사람은 많은 일을 겪었으므로 지혜와 생각이 깊고 원대하며, 젊은 사람은 기운이 왕성하므로 일에 임해서 결단함이 있음을 말한 것이다.
言老者經事多, 故智慮深遠, 少者氣盛, 故臨事有斷.

【綱】 齊나라 中書郎 王融이 죄를 지어 죽임을 당했다.

齊中書郎王融有罪伏誅하다

【目】 齊主 蕭昭業은 성품이 말을 잘하고 지혜가 있었으며 용모와 행동이 아름다웠는데, 감정을 거짓으로 꾸미고 몰래 비열하고 사악한 마음을 품어서 좌우에 있는 소인배들과 의복과 음식을 함께하며 누웠다 일어나기를 똑같이 하였다.

예전에 竟陵王 蕭子良을 따라 西州에 있었는데, 文惠太子(蕭長懋)가 매번 소소업의 행동을 금지하고 사용하는 것을 제한하니 소소업이 몰래 부자에게 가서 돈을 요구하여 밤에 서주의 後門을 열고 營署에서 지나칠 정도로 연회를 베풀었다. 스승인 史仁祖와 侍書 胡天翼이 서로 말하기를 "만약 이 사실을 二宮에 말한다면, 일이 쉽게 해결 되지 않을 것이다. 그러나 만약 다른 사람에게 구타를 당하거나 개 같은 동물에게 몸이 상하기라도 하면 어찌 다만 죄가 우리 한 몸에만 미치겠는가. 역시 온 가족에게 재앙이 미칠 것이다."라고 하고, 함께 자살하였는데, 二宮에서는 그 사실을 알지 못하였다. 소소업은 총애하는 좌우의 신하들에게 모두 미리 官爵을 더해주어 黃紙에 써서 주머니에 넣어 허리에 차도록 시켰으며, 황제의 지위에 오르는 날에 그에 따라 시행할 것을 허락하였다.

齊主昭業性辯慧하고 美容止어늘 而矯情飾詐하고 陰懷鄙慝하여 與左右群小共衣食하며 同臥起하더라 始從竟陵王子良在西州에 文惠太子每禁節之[①]하니 昭業密就富人求錢하니 夜開後閤하여 淫宴諸營署[②]하다 師史仁祖侍書胡天翼相謂曰[③] 若言之二宮하면 則其事未易[④]요 若爲異人所毆하고 及犬物所傷이면 豈直罪止一身이리오 亦當盡室及禍이라하고 相繼自殺이어늘 二宮不知也러라 所愛左右를 皆逆加官爵하여 疏於黃紙하여 使囊盛帶之하며 許南面之日에 依此施行[⑤]하다

① 齊主(蕭昭業)가 어려서 蕭子良의 妃 袁氏에게 양육을 받았는데, 소자량이 揚州刺史가 되었으므로 齊主는 西州에 따라간 것이다. "禁節"은 행동을 금지하고 사용하는 것을 제한함을

말한 것이다.

齊主少養於子良妃袁氏, 子良爲揚州刺史, 故齊主從在西州. 禁節, 謂禁其起居, 節其用度也.

② 軍壘를 營이라고 하고, 官舍를 署라고 한다.

軍壘曰營, 官舍曰署.

③ 王國에는 師가 있는데 교훈을 인도하는 것을 담당하였고, 侍書는 문서를 가르치는 것을 담당한다.

王國有師掌導之敎訓, 侍書掌敎之書翰.

④ 二宮은 上宮과 東宮을 말한다. 易(쉽다)는 去聲이다.

二宮, 謂上宮及東宮也. 易, 去聲.

⑤ 盛(담다)은 음이 成이다.

盛, 音成.

【目】〈文惠太子(蕭長懋)가〉 병을 앓고 있을 때는 곁에서 모시고 喪을 당해서는 근심스런 얼굴로 몸을 상할 정도로 곡을 하다가, 私室에 돌아오자마자 즉시 기뻐하고 웃으며 술을 진탕 마셨다. 항상 여자 무당에게 제사를 지내고 기도를 하게 하여 속히 황제의 자리에 오르게 해달라고 요구하였는데, 世祖(蕭賾)가 병이 나자 何妃에게 편지를 쓰면서 크게 喜字를 한 글자를 쓰고 36字의 작은 喜字를 써서 빙 둘러쌓기 하였다.

세조가 알지 못하고 반드시 그가 大業을 계승할 수 있다고 생각하여 임종 때에 그의 손을 잡고 말하기를 "네가 이 늙은이를 생각한다면 잘 해나가야 한다."라고 하고, 마침내 殂하였다. 大斂이 처음 끝났을 때에 세조의 기녀들을 모두 불러서 여러 음악을 갖추어 연주하게 하였다.

蕭昭業이 즉위하고 나서 10여 일이 지나자 곧바로 王融을 잡아 廷尉에게 내려 보내자 왕융이 蕭子良에게 구원해주기를 바라니, 소자량이 걱정하고 두려워하여 감히 구원하지 못하였다. 마침내 왕융에게 죽음을 내렸으니 당시 나이가 27세였다.

侍疾居喪에 憂容號毁하다가 裁還私室에 卽歡笑酣飮①하다 常令女巫禱祀하여 速求天位러니 世祖有疾이어늘 與何妃書에 作一大喜字하고 而三十六小喜字繞之②하다 世祖不知하고 以爲必能負荷大業이라하여 臨終에 執其手曰 若憶翁이어든 當好作이라하고 遂殂③하다 大斂始畢에 悉呼世祖諸伎하여 備奏諸樂하다 卽位十餘日에 卽收王融下廷尉한대 融求援子良이어늘 子良憂懼하여 不敢救하여 遂賜死하니 時年二十七이러라

① 裁(겨우)는 纔와 같은 뜻이다.

裁與纔同.

② 何妃는 蕭昭業의 妃이니, 何戢의 딸이다.
何妃, 昭業妃, 戢之女也.

③ 若은 너라는 뜻이다. 憶은 생각한다는 뜻이다. 翁은 世祖 자신을 말한다. 作은 將祚의 切이니, 만든다는 뜻이다.
若, 汝也. 憶, 念也. 翁, 世祖自謂. 作, 將祚切, 造也.

【目】 예전에 王融이 東海 사람 徐勉과 서로 알았는데, 서면이 어떤 사람에게 말하기를 "王君(王融)은 명성이 높으나 조급하게 성공하기를 바라니, 가벼이 함께하기가 어렵다."라고 하였다. 太學生 魏準이 왕융에게 칭찬을 받아 항상 왕융에게 蕭子良을 황제로 세우라고 권유하였는데, 太學生 虞義와 丘國賓이 몰래 서로 말하기를 "竟陵王(蕭子良)은 재주가 미약하고 王中書(왕융)는 결단력이 없으니, 그의 실패가 눈앞에 있다."라고 하였다. 왕융이 죽임을 당했을 때 위준을 불러서 심문을 하니 두려움에 떨다가 죽었는데, 온 몸이 모두 푸른 색깔로 변하자, 당시 사람들이 쓸개가 터져서 죽었다고 말하였다. 서면은 이로부터 이름이 알려지게 되었다.

初에 融欲與東海徐勉相識이어늘 勉謂人曰 王君名高望促하니 難可輕褩衣裾[①]니라 太學生魏準爲融所賞이라 常勸融立子良이러니 太學生虞羲丘國賓竊相謂曰 竟陵才弱하고 王中書無斷하니 敗在眼中矣라 及融誅에 召準詰問하니 惶懼而死어늘 擧體皆靑이라 時人以爲膽破하니 而勉由是知名이러라

① "名高望促"은 명성이 비록 높으나 경솔하고 경박하여 사람들이 그에게 반드시 재앙이 미칠 것을 알았기 때문에 "望促"이라 한 것을 말한다. 褩는 敝와 통용하니 해진 옷이다. 〈"難可輕褩"는〉 몸을 가벼이 망가뜨려서는 안 됨을 말한 것이다. "衣裾"라고 말한 것은 옷을 끌면서 따라가는 것을 말한다.
名高望促, 言名雖高而輕躁, 人知其必及禍, 故望促. 褩, 與敝通, 敗衣也, 言不可輕壞其身也. 以衣裾言者, 謂曳而從之也.

【綱】 9월에 齊主(蕭昭業)가 자신의 부친(蕭長懋)을 추존하여 文皇帝로 삼았다.

九月에 齊主追尊其父爲文皇帝하다

【目】 廟號를 世宗이라고 하였다.

廟號世宗하다

【綱】 魏主(拓跋宏)가 洛陽에 이르러서 군사를 해산하였다.

魏主至洛陽하여 **罷兵**[8)]하다

【目】 魏主(拓跋宏)가 肆州에 이르러 道路의 백성 중에 한쪽 다리를 절뚝거리고 한쪽 눈이 먼 자를 보고는 수레를 멈추어 위로하고 종신토록 옷과 음식을 주도록 하였다. 大司馬 安定王 拓跋休가 군사 중에 도둑질을 한 자를 잡아서 목을 베려고 하였다. 魏主가 우연히 이 상황을 만나서 그를 사면해주려 하자, 탁발휴가 말하기를 "폐하께서 친히 六師를 거느리고서 멀리 長江의 남쪽을 정벌하려고 하는데, 지금 비로소 행군이 여기에 이르렀는데 小人들이 이미 도적질을 하고 있으니, 이들의 목을 베지 않으면 어떻게 간악한 짓을 금지시키겠습니까."라고 하였다. 魏主가 말하기를 "진실로 卿의 말과 같다. 그러나 왕은 때로는 특별한 은택을 베풀기도 하니 특별히 그들을 사면하시오."라고 하였다. 이윽고 司馬 馮誕에게 말하기를 "大司馬가 法을 엄하게 집행하니, 諸君들은 삼가지 않으면 안 된다."라고 하니, 이에 軍中이 숙연해졌다.

魏主至肆州하여 **道路民有跛眇者**하고 **停駕慰勞**하고 **給衣食終身**①하다 **大司馬安定王休執軍士爲盜者**하여 **將斬之**②러니 **魏主遇**하여 **欲赦之**어늘 **休曰 陛下親御六師**하여 **將遠淸江表**어늘 **今始行至此**어늘 **而小人已爲攘盜**하니 **不斬之**면 **何以禁姦**이리오 **魏主曰 誠如卿言**이라 **然王者時有非常之澤**하니 **可特赦之**하라 **旣而謂司馬馮誕曰 大司馬執法嚴**하니 **諸君不可不愼**이라하니 **於是軍中肅然**③하더라

① 後魏(北魏)가 九原에 肆州를 두었으니, 옛날의 九原이 아니라 漢나라 말기에 魯公이 설치한 定襄郡 九原縣이다. 跛(절뚝거리다)는 補火의 切이다. 跛者는 한쪽 다리가 짧은 사람이고, 眇者는 한쪽 눈이 먼 사람이다.
後魏置肆州於九原, 非古九原. 漢末魯公所置定襄(君)〔郡〕[9)]之九原縣也. 跛, 補火切. 跛者, 一足偏短. 眇者, 一目偏(音)〔盲〕.[10)]

② 拓跋休는 拓跋景穆의 아들이다.
休, 景穆之子也.

---

8) 魏主至洛陽 罷兵 : "앞에서 '大擧伐齊(크게 군사를 일으켜 齊나라를 정벌했다.)'라고 기록하고 여기에서는 '至洛陽罷兵'라고 기록하고 이어 수록하였으니, 속임수를 드러내기 위한 것이다. 옛날의 遷都는 이와 같이 속이지는 않았다.〔前書大擧伐齊 此書至洛陽罷兵 因而錄之 所以著譎也 古之遷都 不若是之欺矣〕" ≪書法≫

9) (君)〔郡〕: 저본에는 '君'으로 되어 있으나, ≪資治通鑑≫ 註에 의거하여 '郡'으로 바로잡았다.

10) (音)〔盲〕: 저본에는 '音'으로 되어 있으나 ≪資治通鑑≫ 註에 의거하여 '盲'으로 바로잡았다.

③ 馮誕은 馮熙의 아들이다. 풍탄은 馮太后의 친척으로 이미 친하고 또 귀하다. 그러므로 그에게 말하여 百司를 경계하게 한 것이다.
誕, 熙之子也. 誕后戚, 旣親且貴, 故語之以儆百司.

【目】 司馬溫公(司馬光)이 다음과 같이 평하였다. "人主는 그 나라에 대하여 비유하면 한 몸과 같으니, 먼 곳을 보면서 마치 가까운 곳을 보는 것처럼 하며 변방에 있으면서 마치 조정에 있는 것처럼 해야 한다. 어진 인재를 천거하여 百官을 맡기며, 政事를 닦아서 百姓을 이롭게 하면 封域 안에서는 제자리를 얻지 못한 자가 없을 것이다. 이 때문에 先王들은 황색 귀막이 솜으로 귀를 막고, 앞쪽에는 면류관 줄로 빛을 가리게 하였으니, 눈과 귀가 가까운 곳에 쓰이는 것을 막고, 눈과 귀의 총명함을 사방 먼 곳까지 미루어보고 들으려 한 것이다. 저들 가운데 불구자를 의당 양육해야 한다면 마땅히 有司에게 명을 내려서 경내의 불구자들에게 모두 균등하게 조치를 해야 하는데, 지금 오직 도로에서 만난 사람에게만 은혜를 베푼다면 나머지 빠뜨린 사람이 많을 것이다. 하물며 罪人을 용서하여 有司가 집행하는 법을 어지럽게 하는 것은 더욱 人君의 모습이 아니니, 애석하다. 孝文帝는 北魏의 賢君이었는데도 이런 점이 있었다."

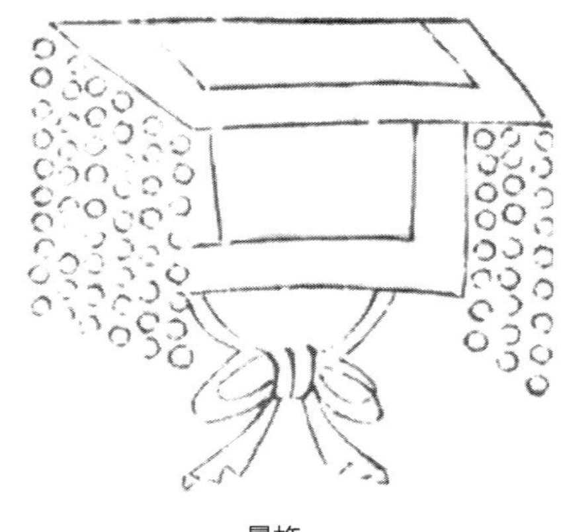
冕旒

司馬公曰 人主之於其國에 譬猶一身하니 視遠如視邇하고 在境如在庭이라 擧賢才以任百官하며 修政事以利百姓하면 則封域之內에 無不得其所矣니 是以先王黈纊塞耳하고 前旒蔽明하니 欲其廢耳目之近用하고 推聰明於四遠也①라 彼廢疾者宜養인댄 當命有司均之境(曰)〔內〕[11]어늘 今獨施於所遇면 則所遺者多矣라 況赦罪人以撓有司之法이 尤非人君之體也니 惜哉라 孝文은 魏之賢君이 而猶有是乎인저

① 黈는 他口의 切이니, 黃色이다. 纊은 새 솜이다. 황색 솜으로 丸(알)을 만들어 끈을 사용하여 드리우니, 면류관에서 두 귀의 옆에 해당한다. 옛날에 황색 솜으로 귀를 막은 것은 총명함을 막아 외부의 소리를 듣지 않음을 보이기 위한 것이다. 旒는 옥으로 꿴 술을 드리운 것이다. 陸佃이 말하기를 "왕의 五冕[12]의 旒는 모두 12줄이니, 이와 같지 않으면 빛을 가

11) (曰)〔內〕: 저본에는 '曰'로 되어 있으나, ≪資治通鑑≫에 의거하여 '內'로 바로잡았다.
12) 五冕 : 천자가 제사 지낼 때 쓰는 다섯 가지 冠으로 裘冕·袞冕·鷩冕·毳冕·絺冕이다.(≪周禮≫

리지 못한다. 여러 신하들의 면류관의 줄의 수를 이룬 것〔就〕은 비록 같지 않지만, 드리운 줄은 모두 눈앞을 지나간다. 就는 이룬다는 뜻이다."라고 하였다.
黈, 他口切, 黃色也, 纊, 新綿也. 以黃綿爲丸, 用組垂之, 於冕當兩耳旁. 古者, 黈纊充耳, 所以塞聰, 示不外聽也. 旒, 垂玉也. 陸佃云"王五冕旒, 皆十二, 不如是, 不爲蔽明. 其諸臣之就數, 雖不同, 然垂皆過目. 就, 成也."

【目】魏主(拓跋宏)가 幷州에 도착하자 幷州刺史 王襲이 다스림에 명성과 치적이 있어서 魏主가 그를 가상하게 여겼는데, 왕습이 백성에게 길옆에 돌비석을 많이 세우게 하여 자신의 미덕을 거짓으로 칭송하게 하였다. 魏主가 진노하여 왕습의 칭호를 2등급 강등시켰다.

◑ 至幷州하여 刺史王襲이 治有聲迹하여 魏主嘉之인대 襲教民多立銘道側하여 虛稱其美하다 魏主怒하여 降襲號二等①하다

① 號는 통솔하는 장군의 칭호이다.
號者, 所領將軍號也.

【目】9월에 洛陽에 이르러 魏主(拓跋宏)가 옛날 太學에 가서 石經을 관람하였는데, 장맛비가 그치지 않아 조서를 내려 諸軍에게 먼저 출발하게 하였다. 魏主가 군복을 입고 채찍을 잡고서 말을 타고 나갔는데, 群臣들이 말 앞에서 머리를 조아리며 말하기를 "이번 행차는 천하가 원하지 않는 일입니다. 臣은 폐하께서 홀로 어디로 가시려고 하시는지 모르겠습니다. 臣 등이 감히 죽음으로 청합니다."라고 하였다.

魏主가 크게 진노하여 말하기를 "나는 막 천하를 경영하여 통일을 기약하는데, 卿들이 누차 大計를 의심하는구려. 斧鉞을 늘 가지고 있으니, 卿들은 다시 말하지 마시오."라고 하였다.

말을 채찍질하여 나가려고 하니, 安定王 拓跋休 등이 아울러 간절히 울면서 간언을 하자 魏主가 마침내 群臣들을 깨우치며 말하기를 "지금 군대를 일으켜 출동하는 일은 작은 일이 아니니, 움직였다가 성취함이 없다면 후대에 무엇을 보이겠는가. 만일 南伐을 하지 않더라도 도읍은 여기에 옮겨야 하니, 王公은 어떻게 생각하는가. 천도를 원하는 자는 왼쪽으로 서고, 천도를 원하지 않는 자는 오른쪽에 서시오."라고 하였다.

〈夏官 弁師〉)

안정왕 탁발휴 등이 서로 거느리고 오른쪽으로 갔는데, 南安王 拓跋楨이 나서서 말하기를 "'大功을 이룬 자는 무리와 도모하지 않는다.'라고 하니, 지금 폐하께서 만약 南伐의 도모를 그만두신다면 洛邑으로 천도하는 것이 臣 등의 소원이고, 백성들에게 다행스런 일입니다."라고 하니, 群臣이 모두 萬歲를 불렀다. 당시에 舊人이 비록 內地로 옮기는 것을 원하지 않았으나 南伐을 두려워하여 감히 말하는 자가 없었다. 마침내 천도하는 계책을 정하였다.

九月에 至洛陽하여 詣故太學하여 觀石經①한대 霖雨不止하여 詔諸軍前發하다 魏主戎服하고 執鞭乘馬而出이어늘 群臣稽顙於馬前하고 曰 今者之擧는 天下所不願이라 臣不知陛下獨行何之②오 臣等敢以死請하노이다 魏主大怒曰 吾方經營天下하여 期於混壹이나 而卿等屢疑大計하니 斧鉞有常이라 卿勿復言하라 策馬將出이어늘 於是安定王休等竝慇勤泣諫한대 魏主乃諭群臣曰 今者興發不小하니 動而無成이면 何以示後리오 苟不南伐이라도 當遷都於此리니 王公以爲何如오 欲遷者左하고 不欲者右하라 安定王休等相帥如右어늘 南安王楨進曰 成大功者는 不謀於衆하나니 今陛下苟輟南伐之謀인대 遷都洛邑이 此臣等之願이요 蒼生之幸也로소이다 群臣皆呼萬歲하더라 時舊人雖不願內徙로되 而憚於南伐하여 無敢言者라 遂定遷都之計③하다

① 옛날 太學은 漢나라와 魏나라 때에 세운 것이다.
故太學, 漢魏所營者.

② 〈"臣不知陛下獨行何之"는〉 무리들이 南伐을 반대하니 혼자 가는 것과 다름이 없음을 말한 것이다.
言違衆南伐, 無異獨行.

③ 舊人은 北魏와 北荒에서 함께 일어난 자들의 子孫을 말하니 바로 國人을 말한 것이다.
舊人, 謂與魏同起於北荒之子孫, 卽所謂國人.

【目】李沖이 말하기를 "바라건대 폐하께서는 잠시 代都(平城)로 돌아가셔서 낙양을 건설하는 일이 끝나기를 기다리시고, 일이 준비된 뒤에 왕림하소서."라고 하니, 魏主(拓跋宏)가 말하기를 "朕이 州郡을 순시하여 鄴城에 이르러 조금 머물러 있다가 초봄에 바로 돌아올 것이니, 북쪽으로 돌아가는 것은 마땅하지 않다."라고 하였다. 이에 〈魏主가〉 任城王 拓跋澄을 보내 平城에 돌아가게 하여 평성에서 留守하고 있던 百官을 깨우치게 할 적에 〈탁발징에게〉 말하기를 "이것이 진실로 革이라고 말할 수 있소. 왕은 여기에 힘써야 할 것이오."라고 하였다. 또 將軍 于烈에게 평성을 鎭守하게 하였다.

李沖曰 願陛下暫還代都하여 俟經營畢功하고 然後臨之하소서 魏主曰 朕將巡省州郡하여 至鄴

小停이라가 春首卽還하리니 未宜歸北[①]이니라 乃遣任城王澄還平城하여 諭留司百官에 曰 此眞所謂革矣라 王其勉之[②]어다 又使將軍于烈鎭平城[③]하다

① 〈孝文帝가〉 북쪽으로 돌아가려 하지 않은 것은 北人이 代都로 돌아가면 다시 고향땅을 그리워하여 천도하는 것을 어렵게 여길 것을 생각했기 때문이다.
不肯歸北, 蓋慮北人歸代復戀土重遷也.
② 앞의 점괘에서 革을 만났으니, 지금의 천도는 진실로 北方의 옛날 풍속을 버리게 됨을 말한 것이다. ≪周易≫ 〈說卦〉에 "革은 옛것을 버리는 것이다." 하였다.
謂前筮之遇革, 今之遷都眞以革北方之俗. 易說卦曰 "革, 去故也."
③ 于烈은 于栗磾의 손자이다.
烈, 栗磾之孫也.

【綱】 北魏가 關中에서 일어난 반란을 토벌하여 평정하였다.

魏關中亂討平之하다

【目】 北地의 백성 支酉가 수천 명의 무리를 모아 長安城의 북쪽 〈石山에서〉 병사를 일으키고는 사신을 齊나라 梁州刺史 陰智伯에게 보내어 고하자, 음지백이 병사 수천 명을 보내서 호응하였다. 秦州·雍州 등 7州 백성이 모두 메아리가 울리듯 진동하여 무리가 10만에 이르렀는데, 각각 堡壁을 지키며 齊나라가 구원해주기를 기다렸다. 北魏의 河南王 拓跋幹과 穆亮이 함께 싸웠으나 모두 패배하였다. 지유 등이 장안을 향하여 진격하자 盧淵과 薛胤 등이 막고 공격하여 그들을 크게 격파하니, 항복한 자가 수만 명이었다. 노연이 오직 괴수만을 죽이고 나머지는 모두 죄를 묻지 않았으며, 지유를 잡아서 목을 베었다.

北地民(文)〔支〕[13)]酉聚衆數千하여 起兵於長安北하고 遣使告齊梁州刺史陰智伯한대 智伯遣兵數千應之하니 秦雍七州民皆響震하여 衆至十萬이라 各守堡壁하여 以待齊救[①]어늘 魏河南王幹及穆亮與戰이나 皆不利하니 酉等進向長安이어늘 盧淵薛胤等拒擊하여 大破之하니 降者數萬이라 淵唯誅首惡이요 餘悉不問하고 獲酉斬之[②]하다

① 7州는 雍州·岐州·秦州·南秦州·涇州·邠州·華州이다.
七州, 雍·岐·秦·南秦·涇·邠·華也.

13) (文)〔支〕: 저본에는 '文'으로 되어 있으나, ≪資治通鑑≫에 의거하여 '支'로 바로잡았다.

② 盧淵은 盧度世의 아들이다. 薛胤은 薛辯의 曾孫이다. 薛辯은 薛謹의 아버지이다.
淵, 度世之子. 胤, 辯之曾孫也. 辯, 謹之父.

【綱】 겨울 10월에 北魏가 洛陽에 都城을 세우다.

冬十月에 魏營洛都하다

【目】 魏主(拓跋宏)가 穆亮을 불러서 尙書 李沖・將作大匠 董爾와 함께 洛陽에 都城을 건설하도록 할 때에 滑臺城 동쪽에 제단을 설치하여 行廟에 遷都를 고하게 하였다. 任城王(拓跋澄)이 平城에 이르러 무리들이 비로소 천도한다는 것을 듣고는 놀라지 않은 자가 없었다. 탁발징이 古今의 일을 증거로 들어 천천히 깨우치니, 무리들이 마침내 복종하였다. 탁발징이 돌아와 보고를 하자 魏主가 기뻐하며 말하기를 "지난 일은 임성왕이 아니었다면 이루어지지 못했을 것이다."라고 하였다.

魏主徵穆亮하여 使與尙書李沖將作大匠董爾經營洛都할새 設壇於滑臺城東하여 以告行廟①하다 任城王澄至平城하여는 衆始聞遷都하고 莫不驚駭어늘 澄援引古今하여 徐以曉之하니 衆乃開伏②이러라 澄還報한대 魏主喜曰 向非任城이면 事不成矣러니라

① 董爾는 ≪北史≫에 董爵으로 되어 있다. 神主를 받들고 가기 때문에 行廟를 둔 것이다.
董爾, 北史作董爵. 奉神主而行, 故有行廟.

② 開는 발동한다는 뜻이다. 伏은 만족하여 굴복한다는 뜻이다. 〈"澄援引古今……衆乃開伏"은〉 北人이 살고 있는 땅을 편안히 여기고 옮기는 것을 어렵게 여겨서 천도에 대한 설에 몽매해서 자신의 마음을 굽히고 남을 따르는 것을 좋아하지 않을 것인데, 拓跋澄이 고금의 일을 증거로 들어 깨우쳐서 어리석은 생각을 일깨워주니 만족하여 굴복하지 않는 자가 없었음을 말한 것이다.
開, 發也. 伏, 厭伏也. 言北人安土重遷, 蔽於此說, 不肯降心以相從, 澄援引曉喩以發其蒙, 莫不厭伏也.

【綱】 北魏가 王肅을 輔國將軍으로 삼았다.

魏以王肅爲輔國將軍하다

【目】 王肅이 魏主(拓跋宏)를 鄴城에서 뵙고 齊나라를 토벌할 계책을 아뢰니, 魏主가 그와 함께 말을 하면서 가까이 다가앉아 해가 지는 줄도 몰랐다. 이로부터 특별한 대우가 날

로 높아져 이간질할 수 있는 사람이 없었고, 좌우 사람들을 물리치고 왕숙과 이야기를 하다가 한밤중에 이르러서는 스스로 서로 만난 것이 늦었다고 말하였다. 당시에 魏主는 한창 禮樂을 부흥시키고 華風(漢族 혹은 중원의 풍속)으로 바꿀 것을 의논하니, 모든 威儀와 文物이 대부분 왕숙이 제정한 것이었다.

王肅見魏主於鄴하여 陳伐齊之策하니 魏主與之言에 不覺促席移晷①라 自是器遇日隆하여 人莫能間이요 或屛左右하고 語至夜分하여 自謂相得之晩이러라 時魏主方議興禮樂하여 變華風하니 凡威儀文物이 多肅所定이러라

① 이해 3월에 王肅이 北魏로 도망쳐서 지금 막 魏主를 만나본 것이다. 항복한 사람들이 처음에 이르렀을 때, 君臣의 마음이 거리감이 있었는데, 말한 내용이 가슴에 와 닿았으므로 다가오게 하여 가까이 가서 그의 말을 들으면서 관계가 소원함을 깨닫지 못하였다. 그와 함께 말을 하면서 싫증이 나거나 피곤을 느끼지 않아 해가 저물도록 오랜 시간이 지나도 깨닫지 못했다.
是年三月王肅奔魏, 今方得見魏主. 降人初至, 君臣情分甚爲闊疏. 言有當心, 故促席近前以聽之, 不覺其分之疏也, 與之言而弗厭倦, 日爲之移晷, 不覺其久也.

【綱】 齊나라 益州刺史 劉悛(유순)이 뇌물죄에 걸려 禁錮를 당하였다.

齊益州刺史劉悛坐贓禁錮[14]하다

【目】 예전에 劉悛이 廣州・司州 2州의 刺史를 파면당했을 때에 모든 재산을 털어 世祖(蕭賾)에게 바치고 집안에는 쌓아둔 물건이 없었는데, 益州에 부임해서는 金浴盆을 만들고 나머지 물건도 이에 걸맞게 하였다. 齊主(蕭昭業)가 즉위함에 이르러 유순이 바치는 물건이 감소하였다고 여겨 화가 나서 그를 죽이려고 하였다. 西昌侯 蕭鸞이 그를 구원하여 죽음을 면하였지만 오히려 죽을 때까지 禁錮를 당하였다.

初에 悛罷廣司二州에 傾貲以獻世祖하고 家無留儲러니 任益州하여 作金浴盆하고 餘物稱是라 及

14) 齊益州刺史劉悛坐贓禁錮 : "劉悛이 공물을 바치는 것이 감소했다는 문제로 죄를 얻었는데 '坐贓'라고 기록한 것은 어째서인가. 유순을 추궁하여 죄준 것이다. 공물을 올릴 때에는 일정한 수효가 있는데 유순이 3州에 刺史가 되어서는 모든 재물을 쏟아부어 世祖에게 아첨하였다가 지금에 와서 계속하지 않으니 뒤를 이은 임금이 노여워한 한 것이다. ≪資治通鑑綱目≫이서 '坐贓'이라고 기록한 것은 아랫사람에게 각박하게 거두어 윗사람을 받드는 것을 경계한 것이니, 그 뜻이 깊다.〔悛以進奉減少獲罪 書坐贓 何 追罪悛也 上供有常數 而悛刺三州 皆傾貲以媚世祖 及是不繼 嗣主怒之 綱目書曰坐贓 所以爲剝下奉上之戒也 其旨深矣〕" ≪書法≫

齊主卽位에 以悛所獻減少라하여 怒하여 欲殺之①어늘 西昌侯鸞救之하여 得免호되 猶禁錮終身하다

① ≪南齊書≫ 〈劉悛傳〉에 "劉悛이 金浴盆 등을 만들어 世祖에게 바치려고 하였다. 도성에 돌아왔을 때 세조가 세상을 떠나 鬱林王(蕭昭業)이 새로 즉위하니, 마침내 유순이 바치는 물건을 줄였다." 하였다.
悛傳云 "悛作金浴盆等, 欲以獻世祖. 還都而世祖晏駕, 鬱林新立, 遂減其所獻."

甲戌年(494)

齊主 蕭昭業 隆昌 원년이고, 蕭昭文 延興 원년이고, 高宗 明帝 蕭鸞 建武 원년이고, 北魏 高祖 孝文帝 拓跋宏 太和 18년이다.

齊主昭業隆昌元이고 昭文延興元이며 高宗明帝鸞建武元年이요 魏太和十八年이라

【綱】 봄 정월에 齊나라가 隨王 蕭子隆을 撫軍將軍으로 삼았다.

春正月에 齊以隨王子隆爲撫軍將軍하다

【目】 西昌侯 蕭鸞이 황제를 폐위하고 새로 세우는 일을 도모할 때에, 蕭衍을 끌어들여 그와 함께 도모하였다. 荊州刺史 隨王 蕭子隆은 성품이 온화하고 文才가 있었다. 소란이 그를 부르려고 하였는데 그가 따르지 않을까 염려하자, 소연이 말하기를 "수왕이 비록 아름다운 명성이 있기는 하지만 실제로는 용렬합니다. 이미 智謀를 갖춘 선비가 없으니, 爪牙로 오직 의지할 사람은 司馬 垣歷生과 武陵太守 卞白龍뿐입니다. 두 사람은 오직 이익이 있으면 따르니, 만약 높은 직책을 주어서 포섭하면 반드시 올 것입니다. 隨王은 짧은 편지만으로 오게 할 수 있습니다."라고 하였다.

소란이 그의 말을 따라 두 사람을 부르니 모두 오자, 이어서 소자륭을 불러서 撫軍將軍으로 삼았다. 豫州刺史 崔慧景은 齊나라 高帝(蕭道成)와 武帝(蕭賾)의 옛 장군이었다. 소란이 그를 의심하여 소연을 寧朔將軍으로 삼아서 壽陽을 지키게 하니, 최혜경이 두려워하여 흰옷을 입고 나아가 맞이하였는데 소연이 그를 위로하여 안심시켰다.

西昌侯鸞將謀廢立할새 引蕭衍與同謀러니 荊州刺史隨王子隆性溫和하고 有文才①라 鸞欲徵之호되 恐其不從이어늘 衍曰 隨王雖有美名이나 其實庸劣이요 旣無智謀之士니 爪牙唯仗司馬垣歷

生武陵太守卞白龍耳라 二人唯利是從하니 若啗以顯職이면 無有不來하리니 隨王止須折簡耳라하다 鸞從之하여 徵二人하니 竝至어늘 續召子隆爲撫軍將軍하다 豫州刺史崔慧景은 高武舊將이라 鸞疑之하여 以衍爲寧朔將軍하여 戍壽陽하니 慧景懼하여 白服出迎이어늘 衍撫安之[②]하다

① 蕭子隆은 世祖(蕭賾)의 아들이다.
子隆, 世祖子.

② "白服"은 죄를 지은 것처럼 흰옷을 입고 직무를 수행하는 것이다.
白服, 若得罪而白衣領職者.

【綱】 魏主(拓跋宏)가 남쪽을 순행을 하여 比干의 墓에 제사를 지냈다.

魏主南巡하여 祭比干墓[15)]하다

【目】 魏主(拓跋宏)가 比干의 墓를 지날 때에 太牢로 제사를 지내고 스스로 글을 지어서 말하기를 "아! 바르고 곧은 선비여, 어찌 나의 신하가 아니었는가."라고 하였다.

魏主過比干墓할새 祭以太牢하고 自爲文曰 嗚呼介士여 胡不我臣[①]라하더라

比干

① ≪水經註≫에 "河內 朝歌縣 남쪽에 牧野가 있는데, 比干의 墓가 있다." 하였다.
水經註 "河內朝歌縣南有牧野, 有比干冢."

【綱】 齊나라 蕭鸞이 直閤將軍 周奉叔을 죽였다.

齊蕭鸞殺直閤將軍周奉叔하다

【目】 齊主 蕭昭業이 中書舍人 綦毋珍之·朱隆之와 直閤將軍 曹道剛·周奉叔과 환관 徐龍

---

15) 魏主南巡 祭比干墓 : "기록한 것은 北魏를 아름답게 여긴 것이다. ≪資治通鑑綱目≫에서 '祭臣(신하를 제사 지냈다.)'이라고 기록한 것은 6번인데, 과거 시대의 賢人을 제사한 것은 아직까지 없었다. 比干 묘에 제사를 기록한 것이 하나이고, 봉함을 기록한 것이 하나이니, 모두 인정해준 것이다(貞觀 19년(645)).〔書 嘉魏也 綱目書祭臣六 未有祭往世之賢者 比干墓 書祭一 書封一 皆予之也(貞觀十九年)〕" ≪書法≫

駒 등을 총애하니, 有司가 서로 말하기를 "차라리 至尊의 칙령을 거부하더라도 舍人의 명령은 어겨서는 안 된다."라고 하였다. 서용구는 항상 舍章殿에 거주하면서 南面하여 황제를 대신해 칙령에 서명을 하였으니, 좌우에서 모시는 侍直이 齊主와 다르지 않았다.

齊主가 山陵의 일을 마친 뒤로 곧바로 측근과 함께 미복 차림으로 저자를 돌아다니며 놀면서 진흙을 던지고 높이뛰기를 하며 여러 가지 비천한 놀이를 하였다. 世祖(蕭賾)가 모아놓은 금전과 비단은 이루 다 셀 수가 없었는데, 1년도 채 되기 전에 다 써버렸다. 西昌侯 蕭鸞이 여러 차례 간쟁을 하였으나 따르지 않고 마음속으로 소란을 꺼려서 그를 제거하려고 하였다. 衛尉 蕭諶과 征南諮議 蕭坦之가 모두 祖父(世祖)의 옛 사람이라고 하여 매우 친근하고 신의가 있게 대하였다.

齊主昭業寵幸中書舍人綦毋珍之朱隆之直閤將軍曹道剛周奉叔宦者徐龍駒等하니 有司相語云 寧拒至尊勑(칙)이언정 不可違舍人命이라하더라 龍駒常居舍章殿하여 南面畫勑하니 左右侍直이 與齊主不異[①]러라 齊主自山陵之後로 卽與左右微服遊走市里하고 擲塗賭跳하여 作諸鄙戲[②]하니 世祖聚錢及金帛不可勝計러니 未朞歲에 用垂盡이어늘 西昌侯鸞數諫호되 不從하고 心忌鸞하여 欲除之하다 以衛尉蕭諶征南諮議蕭坦之 皆祖父舊人이라하여 甚親信之[③]하다

① 畫(서명하다)는 去聲이다.
畫, 去聲.

② 塗는 진흙이니, 〈"擲塗"는〉 진흙을 서로 던지는 것으로 즐거움을 삼는다. 跳는 뛰어오른다는 뜻으로, 賭跳는 뛰어서 높이 나가는 것으로 승부를 삼는다.
塗, 泥也, 以塗泥相擲爲樂也. 跳, 躍也. 賭跳者, 以跳躍高出者爲勝.

③ 蕭諶은 世祖의 族子(同族 형제의 아들)이고, 蕭坦之는 소심의 族人이다.
諶, 世祖之族子. 坦之, 諶之族人也.

【目】何后가 역시 음란하고 방종하여 곁에서 모시던 신하 楊珉과 사통을 하였는데, 齊主는 하후가 멋대로 하도록 놓아두니, 齋閤(천자의 궁실〔后宮〕 옆문)을 밤에 열어두고 더 이상 어떤 분별도 없었다. 蕭鸞이 蕭坦之를 궁으로 들여보내 양민을 죽이라고 아뢰게 하자, 하후가 눈물을 흘리며 양민을 구원하였는데, 소탄지가 굳게 청하니 齊主가 부득이하여 허락하였다. 소란이 또 徐龍駒를 죽이라고 아뢰니, 齊主가 역시 어기지 못하였으나 마음속으로는 더욱 심하게 소란을 꺼리게 되었다.

蕭諶과 蕭坦之는 齊主의 방탕과 방종이 날로 심해지는 것을 보고 재앙이 자기에게 미칠까 두려워하여 마음을 바꾸어 소란에게 황제를 폐위하고 새로 세우는 일을 권하고 몰

래 소란의 눈과 귀가 되었는데, 齊主는 그 일을 깨닫지 못하였다. 周奉叔이 용맹을 믿고 권세를 끼고서 公卿들을 능멸하니, 소란이 주봉숙을 꺼려서 두 사람을 시켜 齊主가 주봉숙을 밖으로 보내어 外援이 되도록 유세하여 靑州刺史로 삼게 하였고 주봉숙이 靑州로 가려고 할 때에 齊主의 칙령이라고 속여서 불러 들어오게 하여 그를 때려죽였다.

何后亦淫泆하여 與左右楊珉通호되 齊主恣之하니 齋閤夜開하여 無復分別이라 鸞遣坦之入奏誅珉한대 何后流涕救之호되 坦之固請하니 齊主不得已而許之하다 鸞又啓誅徐龍駒하니 齊主亦不能違로되 而心忌鸞益甚이러니 諶坦之見齊主狂縱日甚하고 恐禍及己하여 乃更勸鸞廢立하고 陰爲耳目호되 齊主不之覺也러라 周奉叔恃勇挾勢하여 陵轢公卿하니 鸞忌之하여 使二人說齊主出奉叔爲外援하여 以爲靑州刺史하고 將之鎭에 稱勅召入하여 毆殺之하다

【目】 齊主(蕭昭業)가 南郡王이던 시절에 杜文謙이 侍讀을 역임하였는데, 이때에 이르러 항상 綦毋珍之에게 유세하기를 "天下의 일을 알 수 있으니, 일찍 계획하지 않으면 우리들의 종족이 없어질 것이다."라고 하였다. 기무진지가 말하기를 "앞으로 어떻게 계획을 세우려고 합니까?"라고 하니, 두문겸이 말하기를 "先帝의 舊人들이 많이 배척을 당하였으니, 그들을 불러서 일을 시킨다면 누가 강개한 마음을 품지 않겠는가. 만약 몰래 周奉叔에게 알려서 그에게 蕭諶을 죽이게 하면 궁궐 안의 병사들을 모두 우리가 쓸 수 있다. 군대를 지휘하여 尙書省에 들어가서 蕭令(蕭鸞)의 목을 베는 데는 두 망나니의 힘이면 충분하다."라고 하였는데, 기무진지가 그 계책을 쓰지 않았다. 소란이 주봉숙을 죽일 때에 기무진지와 두문겸을 함께 잡아 죽였다.

齊主爲南郡王時에 杜文謙爲侍讀이러니 至是하여 常說綦毋珍之曰 天下事可知니 不早爲計면 吾徒無類矣리라 珍之曰 計將安出고 文謙曰 先帝舊人이 多見擯斥하니 召而使之면 誰不慷慨리오 若密報奉叔하여 使殺蕭諶하면 則宮內之兵이 皆爲我用하리니 勒兵入尙書하여 斬蕭令이어늘 兩都伯力耳[①]라 珍之不能用이러니 及鸞殺奉叔에 幷收殺之[②]하다

① 蕭諶은 당시에 衛軍司馬로 衛尉卿을 겸하고 있어서 宿衛兵을 관장하였다. "都伯"은 형을 집행하는 사람이다.
諶時以衛軍司馬兼衛尉卿, 掌宿衛兵. 都伯, 行刑者也.

② 〈"幷收殺之"는〉 아울러 綦毋珍之와 杜文謙을 잡아 죽인 것을 말한다.
謂幷收珍之・文謙殺之.

【綱】 北魏가 韓顯宗을 中書侍郎으로 삼았다.

魏以韓顯宗爲中書侍郎하다

【目】 韓顯宗이 다음과 같이 上書하였다.

"삼가 들으니, 輿駕(황제)가 금년 여름에 三齊로 순행하지 않으시면 마땅히 中山에 행차하신다고 하니 누에치기와 보리농사가 한창 급한데 어찌 명령을 감당하겠습니까. 바라건대 일찍 北京(平城)에 돌아가셔서 여러 州에서 행차에 사용할 물품을 장만하는 고통을 줄여주시고, 洛陽의 宮殿에 있는 옛 기초는 모두 魏 明帝가 만든 것으로, 이전 시대에 이미 사치스럽다는 비난을 받았으니, 줄여서 만들어야 합니다.

北都(평성)의 부자들이 다투어 저택을 서로 자랑하니, 의당 수도를 옮기는 것을 이용하여 제도로 만들고, 도성의 길을 정비하여 넓히고, 도랑의 막힌 곳을 트이게 하여 편리하게 해야 합니다.

폐하께서 洛陽으로 돌아오실 때에 거느리고 따르는 기병들을 간소하게 하셨습니다. 王은 궁궐 안에서도 警蹕을 시행하는데, 하물며 산을 넘고 강을 건너는데 더 신중히 하지 않겠습니까.

해가 지고 나서야 식사를 하고 밤이 깊어서야 잠을 자는 것은 또 정신을 아끼고 성품을 수양하여 끝없는 복을 보존하기 위한 방법이 아닙니다. 삼가 바라건대 폐하께서는 팔짱을 낀 채 중요한 일만 주관하시면 천하가 다스려질 것입니다."

魏主(拓跋宏)가 그의 말을 제법 받아들였다. 한현종은 韓麒麟의 아들이다.

顯宗上書曰 竊聞輿駕今夏不巡三齊하면 **當幸中山**이라한대 **蠶麥方急**하니 **何以堪命**이리오 **願早還北京**하여 **以省諸州供張之苦**①하고 **洛陽宮殿故基 皆魏明帝所造**라 **前世已譏其奢**하니 **宜加裁損**이요 **北都富室**이 **競以第舍相尙**하니 **宜因遷徙**하여 **爲之制度**하고 **端廣衢路**하고 **通利溝渠**②니이다 **陛下還洛陽**에 **輕將從騎**하시니 **王者於闈闥之內**에 **猶施警蹕**이어든 **況涉履山河而不加三思乎**③아 **至於景昃而食**하고 **夜分而寢**이 **又非所以嗇神養性**하여 **保無疆之祚也**④니 **伏願陛下垂拱司契**하시면 **而天下治矣**⑤리이다 **魏主頗納之**러라 **顯宗**은 **麒麟之子也**라

① 北京은 平城을 말한다. 張(장막)은 竹亮의 切이다.
北京, 謂平城. 張, 竹亮切.

② 北都 역시 平城을 말한다. 北魏가 洛陽으로 천도를 하고 나서 平城을 北都로 삼았다.
北都, 亦謂平城. 魏旣遷洛, 以平城爲北都.

③ 從(따르다)과 騎(기병)는 모두 去聲이다. "闈闥"은 宮中의 문이다.
從·騎, 竝去聲. 闈闥, 宮中門也.

④ 景은 햇빛이다. 昃은 해가 서쪽으로 기우는 것이다. 嗇은 아낌이다.
景, 日光也. 昃, 日西也. 嗇, 愛也.

⑤ ≪老子道德經≫에 "德이 있는 자가 약속을 주관한다." 하였다. 司는 주관한다는 뜻이다. 契는 약속이라는 뜻이다.
老子曰 "有德司契." 司, 主也. 契, 要也.

【目】韓顯宗이 또 다음과 같이 말하였다.

"州郡에서 貢擧한 자들이 다만 秀才와 孝廉이란 명성만 있고 실제가 없는데도 조정에서는 다만 가문의 명망만 살필 뿐, 다시 〈천거한 사람이나 천거받은 사람을〉 탄핵하거나 죄를 묻지 않습니다. 이와 같다면 따로 가문의 명망으로 추천하게 하면 될 것인데, 어찌하여 秀才와 孝廉이란 명성을 빌려 씌우는 것입니까. 가문의 명망은 그의 父祖가 남긴 功烈이니, 지금에 무슨 이익이 되겠습니까. 지금에 이익이 되는 것은 賢才일 뿐입니다.

만일 인재가 있다면 비록 소를 잡고 낚시질하고 노예가 되었더라도 聖主는 그를 신하로 삼는데 부끄러워하지 않았습니다. 만일 인재가 아니라면 비록 三后의 맏아들이라고 해도 노예로 떨어졌습니다. 의논하는 자가 혹 말하기를, '세상에 기이한 인재가 없으니, 가문의 명망으로 취하는 것만 못합니다.'라고 하나, 이 역시 잘못입니다. 어찌 세상에 周公과 召公 같은 사람이 없다고 마침내 宰相의 자리를 폐지할 수 있겠습니까. 다만 마땅히 비교하여 1寸이라도 길고 1銖라도 무거운 사람을 먼저 등용하면 賢才가 버려지지 않게 될 것입니다."

顯宗又言 州郡貢察이 徒有秀孝之名하고 而無其實이어늘 朝廷但檢其門望하고 不復彈坐하니 如此면 則可令別貢門望이니 何假冒秀孝之名哉[①]리오 夫門望者는 乃其父祖之遺烈이라 何益於時리오 益於時者는 賢才而已라 苟有其才인대 雖屠釣奴虜라도 聖主不恥以爲臣[②]이러라 苟非其才인댄 雖三后之胤이라도 墜於皁隷矣[③]리라 議者或云 世無奇才하니 不若取以門望이라하나 此亦失矣라 豈可以世無周召로 遂廢宰相邪아 但當校其寸長銖重者先敘之하면 則賢才無遺矣[④]리이다

① "貢察"은 秀才와 孝廉을 선발하여 조정에 천거하는 것을 말한다. "彈坐"는 그가 위반한 것을 탄핵하여 죄로 연좌시키는 것이다.
貢察者, 謂察擧秀才·孝廉而貢之於朝. 彈坐者, 彈劾其違而坐之以罪.

② 太公은 朝歌에서 소를 잡았고, 渭水 가에서 물고기를 낚았다. 또 紂王 때에는 箕子가 노예가 되었는데, 周나라 文王과 武王은 모두 예우하여 그들을 등용하였다.
太公屠牛於朝歌, 釣於渭濱. 又紂時箕子爲奴, 周文王・武王皆禮而用之.

③ 三后는 夏나라・商나라・周나라의 王을 말한다. "皁隸"는 비천한 사람이라는 뜻이니, 皁는 말을 맡아 기르는 사람을 뜻하고, 隸는 소속된 사람을 뜻한다.
三后, 謂夏・商・周之王也. 皁隸, 卑賤人也. 皁, 直馬者. 隸, 附屬者.

④ 그 사람을 여러 사람과 비교하여 다소 1寸이라도 긴 것과, 1銖라도 무거운 것이 있으면 먼저 등용함을 말한다.
言其人比之衆人稍有一寸之長・一銖之重, 則先敍用之.

【目】 또 刑罰의 요점은 명백하고 합당함에 있는 것이지, 무겁게 처리하는 데 있지 않습니다. 지금 안팎의 관리들이 당시의 명성을 구하려고 하여 다투어 아주 혹독하게 하는 것이 사사로움을 없애는 것이라 여겨 번갈아 서로 독려하다 마침내 풍속이 되었습니다. 폐하께서 구중궁궐 안에 살고 계시면서 백성을 갓난아이처럼 여기시지만, 모든 관청에서는 온갖 임무를 맡아 아래 사람을 마치 원수처럼 대합니다. 이는 堯舜과 같은 사람은 한 사람에 그치지만 桀紂와 같은 사람은 수백에서 수천이니, 和氣가 이르지 못하는 것은 여기에서 말미암은 것입니다.

또 옛날에 周나라가 洛邑으로 천도하였으나 오히려 〈豐을〉 宗周로 보존하였고, 後漢은 洛陽으로 천도를 하였으나 〈長安에〉 京兆尹을 두었습니다. ≪春秋≫의 뜻에 '邑에 宗廟가 있으면 都라고 한다.'라고 하였습니다. 하물며 代京은 宗廟와 陵墓가 있는 곳이고 王業의 터전인데 郡國과 똑같이 해서야 되겠습니까. 의당 한결같이 故事에 따라 畿(平城)에 京兆尹을 두어야 합니다.

又刑罰之要 在於明當이요 不在於重[①]이라 今內外之官이 欲邀當時之名하여 爭以深酷爲無私하여 迭相敦厲하여 遂成風俗[②]하니 陛下居九重之內하여 視人如赤子어시늘 百司는 分萬務之任하여 遇下如仇讐하니 是則堯舜止一人이나 而桀紂以千百이니 和氣不至는 蓋由於此니이다 又昔周洛邑호되 猶存宗周하고 漢遷東都호되 京兆置尹[③]하니 春秋之義에 邑有宗廟曰都이라하니 況代京은 陵廟所託이요 王業所基어늘 而可同之郡國乎아 謂宜建畿置尹을 一如故事[④]라

① 當(마땅하다)은 丁浪의 切이다.
當, 丁浪切.

② 敦은 다그친다는 뜻이다. 厲는 엄하게 면려하는 것이다.
敦, 迫也. 厲, 嚴以勉之.

③ 周나라 成王이 洛邑에 살았으나 豐邑을 宗周로 삼았다. 後漢은 雒陽에 도읍을 정하고서 河南尹을 두었고, 長安에는 그대로 京兆尹을 두었으니, 모두 옛 도읍을 보존한 것이다.
周成王宅洛, 以豐爲宗周. 後漢都雒陽, 置河南尹, 而長安仍置京兆尹, 皆存故都也.

④ 北魏는 처음에 平城에 도읍을 정하고, 甸畿를 나누어 司州를 두었으며, 平城에 代尹을 두었다.
魏初都平城, 分畫甸畿置司州, 於平城置代尹.

【目】 옛날에 四民이 따로 거주하게 한 것은 그들이 생업에 전념할 수 있도록 하고 뜻을 안정시키고자 한 것입니다. 太祖(拓跋珪)는 나라를 세우고 나서 하루도 한가할 겨를이 없는데도 오히려 士族과 庶族을 구별하여 뒤섞여 살지 못하게 하고 工匠(장인)·伎人(기녀)·屠(백정)·沽(장사꾼)가 각각 거주하는 곳이 있었습니다. 그러나 금지하는 조치를 제정하지 않았기 때문에 오랜 세월이 지나면서 뒤섞이게 되었습니다.

지금 들으니 洛邑(洛陽)에 백성들을 거주하게 하는 제도는 오로지 官位를 가지고 서로 배열하고, 族類를 나누지 않는다고 합니다. 官位는 일정함이 없어서 아침에는 영화로운 지위에 올랐다가도 저녁에 잃어 쇠하게 되니, 관원과 노예의 집이 머지않아 같은 곳에 있게 될 것입니다. 가령 한 마을 안에서 노래와 춤을 익히고, ≪詩經≫과 ≪書經≫을 익힐 경우 아이들 마음대로 가고자 하는 것을 따르게 한다면, 반드시 음악과 춤을 버리고 ≪시경≫과 ≪서경≫을 따르지는 않을 것입니다. 그러므로 공장과 기인의 집안으로 하여금 士人의 예의와 습속을 익히도록 하는 것은 百年이 되어도 이루기 어려울 것이나, 사인의 자식에게 공장과 기인의 모습을 본받으라고 하면 하루아침에 이루어지리니, 이는 풍속의 근원이기 때문에 살피지 않으면 안 됩니다. 하물며 지금 도읍을 천도한 초기에 모두가 빈 땅이니, 공장과 기인을 분별하는 것은 한 마디 말씀에 달려 있는데, 어찌하여 의심할 만한 것이 있다고 하여 성대한 아름다움을 빼놓을 수 있겠습니까.

古者四民異居는 欲其業專志定也①라 太祖創基하고 日不暇給이나 然猶分別(上)〔士〕[16]庶하여 不令雜居하고 工伎屠沽 各有攸處호되 但不設科禁이라 久而混殽이러니 今聞洛邑居民之制는 專以官位相從하고 不分族類라하니 夫官位無常하여 朝榮夕悴니 則是衣冠皁隷不日同處矣리이다 借使一里之內에 或習歌舞하며 或講詩書하여 縱群兒隨其所之면 則必不棄歌舞而從詩書矣리니 故使工伎之家로 習士人風禮는 百年難成이나 士人之子로 效工伎容態면 一朝而就리니 此乃風俗之原이라 不可不察이요 況今遷徙之初에 皆是(公)〔空〕[17]地니 分別工伎在於一言이어늘 有何可疑而

16) (上)〔士〕: 저본에는 '上'으로 되어 있으나, ≪資治通鑑≫에 의거하여 '士'로 바로잡았다.

闕盛美리오

① 管仲이 齊나라 재상이 되어 士・農・工・商에게 각각 무리를 지어서 모여 거주하게 하였다. 관중이 말하기를 "四民은 섞어 살게 하지 말아야 한다. 섞어 살게 되면 그 말이 어지럽고 그 일이 뒤바뀌게 된다. 옛날 성왕께서 士를 거처하게 할 적에는 한가하며 조용한 곳에 나아가게 하고, 장인들을 거처하게 할 적에는 관청에 나아가게 하고, 상인들을 거처하게 할 적에는 시장에 나아가게 하고, 농민들을 거처하게 할 적에는 농토에 나아가게 하였다. 오래도록 편안하게 여겨 다른 일을 보고 옮겨가지 않는다."라고 하였다.
管仲相齊, 使士・農・工・商各群萃而州處. 其言曰"四民者, 勿使雜處, 雜處則其言哤, 其事易. 昔聖王之處士也, 使就閑燕, 處工就官府, 處商就市井, 處農就田野. 長而安焉, 不見異物而遷焉."

【目】 또 南人(南朝)이 옛날에 淮北을 점유했을 때 郡縣을 僑置하였는데, 지금까지 그대로 두고 고치지 않았으니, 명분과 실상을 분별하기 어렵습니다. 의당 모두 개혁하여 작은 것은 합병하고 큰 것은 나누어 설치해야 합니다.

君主는 천하를 집으로 삼아야 하니, 사사로움이 있어서는 안 되는데 근래에 하사하시는 것이 걸핏하면 천의 단위로 헤아립니다. 만약 鰥(홀아비)・寡(과부)・孤(고아)・獨(자손이 없는 사람)에게 나누어준다면 구제할 곳이 진실로 많은데, 지금은 곧바로 친근한 신하들에게만 주시니, 아마도 '급한 사람을 구해주고 여유가 있는 사람을 더 도와주지는 않는다.'라고 한 경우가 아닌 듯합니다."

魏主(拓跋宏)가 훌륭하다고 여겼다.

又南人昔有淮北에 僑置郡縣이러니 仍而不改하니 名實難辨이라 宜皆釐革하여 小者并合하고 大者分置①요 君人者以天下爲家하니 不可有所私어늘 比來頒賚 動以千計하니 若分以賜鰥寡孤獨이면 所濟實多어늘 今直以與親近之臣하니 殆非周急不繼富之謂也로소이다 魏主善之러라

① "僑置郡縣"은 예컨대 豫州의 경계가 汝陽에서 그치지만 譙・梁・陳・潁 等의 郡縣을 僑置하고, 또 靑州의 경계에 冀州의 여러 縣을 僑置한 것이 이러한 예이다.
僑置郡縣, 如豫州界止於汝陽, 而僑置譙・梁・陳・潁等郡縣, 又於靑州界僑置冀州諸縣是也.

【綱】 3월에 魏主(拓跋宏)가 平城으로 돌아왔다.

---

17) (公)〔空〕: 저본에는 '公'으로 되어 있으나, ≪資治通鑑≫에 의거하여 '空'으로 바로잡았다.

三月에 魏主還平城하다

【目】 魏主(拓跋宏)가 平城에 이르러 신하들에게 천도의 利害에 대해서 다시 논의하게 하자, 燕州刺史 穆羆가 말하기를 "지금 四方이 아직 안정되지 않았으니, 천도하는 것은 마땅하지 않습니다. 또 정벌할 적에 말이 없으면 어떻게 이길 수 있겠습니까."라고 하였다. 魏主가 말하기를 "마구간과 목장이 代(平城)에 있으니, 어찌 말이 없는 것을 근심하겠는가."라고 하였다. 尙書 于果가 말하기를 "先帝 이후로 오랫동안 여기에 살았는데 하루아침에 남쪽으로 옮기게 되니 많은 백성들이 마음으로 즐거워하지 않습니다."라고 하였다. 平陽公 拓跋丕가 말하기를 "천도는 큰일이기 때문에 卜筮로 점을 쳐서 물어야 할 것입니다."라고 하였다.

魏主가 말하기를 "옛날에 周公과 召公은 聖賢이기 때문에 살 곳을 점쳤다. 지금은 그런 사람이 없으니, 점을 친들 무슨 이익이 있겠는가. 또 점은 의심스러운 일을 결정하기 위해 치는 것이니, 의심이 없는데 무엇 때문에 점을 치겠는가. 黃帝가 점을 쳐서 거북 껍질을 태워 兆(갈라진 틈새)가 없었는데도 天老가 말하기를, '吉하다.'라고 하니, 황제가 그 말을 따랐다. 그렇다면 至人이 미연에 아는 것이 거북 껍질보다 자세한 것이다.

卜都澗瀍圖

왕이 된 사람은 四海를 집으로 삼아 남쪽에 살기도 하고 혹은 북쪽에 살기도 하니, 어찌 일정함이 있겠는가. 朕의 먼 조상은 대대로 북쪽의 황량한 곳에 살다가 平文帝(拓跋鬱律) 때 처음으로 東木根山에 도읍을 정하셨고, 昭成帝(拓跋什翼犍)이 다시 盛樂新城을 만드셨으며, 道武帝(拓跋圭)는 平城으로 옮기셨다. 朕은 다행히 잔악한 이를 이겨내는 운수를 만났으니, 무엇 때문에 홀로 옮기지 못하겠는가."라고 하니, 여러 신하들이 마침내 감히 말하지 못하였다.

魏主至平城하여 使群臣更論遷都利害한대 燕州刺史穆羆曰 今四方未定하니 未宜遷都요 且征伐에 無馬이면 將何以克①이리오 魏主曰 廐牧在代하니 何患無馬리오 尙書于果曰 先帝以來로 久居於此러니 一旦南遷하니 衆情不樂②이니이다 平陽公丕曰 遷都大事라 當訊之卜筮니이다 魏主曰 昔周召聖賢이라 乃能卜宅이어늘 今無其人하니 卜之何益이리오 且卜以決疑니 不疑何卜이리오 黃帝卜而龜焦어늘 天老曰吉이라한대 黃帝從之③하니 然則至人之知未然이 審於龜矣라 王者以四海爲家하니 或南或北이 何常之有리오 朕之遠祖는 世居北荒이러시니 平文始都東木根山하시고 昭成更營盛樂하시고 道武遷平城하시니 朕幸屬勝殘之運이라 何爲獨不得遷乎아 群臣乃不敢言④하다

① 北魏가 洛陽을 경영하여 洛陽을 司州를 삼고, 平城의 司州를 고쳐서 恒州로 삼았으며, 恒州의 東部를 나누어 燕州를 두어 昌平에 治所를 두었다. 穆羆은 穆壽의 손자이다.
魏營洛, 以洛爲司州, 改平城之司州爲恒州, 分恒州東部置燕州, 治昌平. 羆, 壽之孫也.
② 于果는 于烈의 동생이다.
果, 烈之弟也.
③ 거북 껍질을 태워 兆가 없는 것이 '焦'이다.
灼龜不兆爲焦.
④ 屬은 만난다는 뜻이다.
屬, 會也.

【綱】 여름 4월에 北魏가 西郊에서 하늘에 제사 지내는 것을 폐지하였다.

夏四月에 魏罷西郊祭天[18)]하다

【綱】 齊나라 竟陵王 蕭子良이 근심하다가 卒하였다.

---

18) 魏罷西郊祭天 : "南郊에서 하늘에 제사 지낸 것은 古禮이다. 北魏 시대에는 西郊에서 제사를 지내어 심지어 蹋壇(戎服을 입고 기병으로 제단을 에워싸는 것)과 遶天(제사를 마치고 제단을 에워싸는 것)이라는 말까지 있게 되었으니, 매우 도리에 맞지 않는다. 辛未年(491)에 祀典을 바르게 시행하였으나 西郊의 제사는 그대로 두었다가 지금에 와서 폐지하였으므로 기록한 것이다.〔祭天南郊 古也 魏世用西 至有蹋壇遶天之稱 不經甚矣 辛未雖正祀典 西郊自若也 及是罷之 故書〕" ≪書法≫

◑ 齊竟陵王子良以憂卒[19)]하다

【目】 司馬溫公(司馬光)이 다음과 같이 평하였다.

"王融이 위태로운 상황을 틈타 요행을 바라서 즉위하는 嗣君을 바꾸려고 모의하였다.[20)] 그러므로 蕭子良은 현명한 왕으로 평소에 충성과 신중함을 지켰으나 근심하다가 죽음을 맞는 일을 면하지 못했다. 그렇게 된 원인은 왕융이 급하게 富貴를 구하였기 때문이니, 경박하고 조급한 선비를 어찌 가까이할 수 있겠는가."

司馬公曰 王融乘危徼幸하여 謀易嗣君하니 故以子良之賢王으로 素守忠愼이나 而不免憂死하니 其所以然은 由融速求富貴而已니 輕躁之士를 烏可近哉아

【綱】 5월 초하루에 일식이 있었다.

五月朔에 日食하다

【綱】 北魏가 사신을 齊나라에 보냈다.

○ 魏遣使如齊하다

【目】 北魏가 散騎常侍 王淸石을 보내어 齊나라를 빙문할 적에 왕청석은 대대로 江南에서 벼슬하였기 때문에 魏主(拓跋宏)가 그에게 말하기를 "卿은 南人이라는 이유로 자신을 혐의하지 말고, 저들 중에 지식이 있는 사람이 그대를 만나려 하면 만나고 말하려 하면 말을 하시오. 모든 사신은 조화를 중시하니 번갈아가며 서로 과시하여 말과 얼굴에 드러내어 使命을 받드는 체통을 잃지 마시오."라고 하였다.

魏遣散騎常侍王淸石聘于齊할새 淸石世仕江南이라 魏主謂曰 卿勿以南人自嫌하여 彼有知識이 欲見則見하고 欲言則言하라 凡使人以和爲貴니 勿迭相矜夸하여 見於辭色하여 失將命之體也[①]하라

① 使(사신 가다)는 疏吏의 切이다. 將은 받든다는 뜻이다.

---

19) 齊竟陵王子良以憂卒 : '竟'자 위에 '齊'자가 빠졌다.〔竟上 缺齊字〕" ≪書法≫
20) 王融이……모의하였다 : 永明 11년(493)에 齊 武帝가 병들었을 때 王融이 조서를 고쳐 太孫인 蕭昭業을 바꾸어 蕭子良을 후사로 삼으려 하였다.

使, 踈吏切. 將, 奉也.

【綱】 가을 7월에 北魏가 宋王 劉昶을 都督吳越楚諸軍事로 삼아서 彭城을 鎭守하게 하였다.

秋七月에 **魏以宋王劉昶**으로 **都督吳越楚諸軍事**하여 **鎭彭城**①하다

① 江南은 모두 春秋時代에 吳나라·越나라·楚나라 3국의 땅이었다.
江南皆春秋時吳·越·楚三國之地.

【目】 北魏가 宋王 劉昶을 大將軍으로 삼아서 彭城을 진수하게 하고 王肅을 府長史로 삼았다. 유창은 의리에 달려온 사람이나 옛 친구들을 돌봐주거나 받아들이지 못하여 끝내 성공하지 못하였다.

魏以宋王劉昶爲大將軍하여 **鎭彭城**하고 **以王肅爲府長史**하니 **昶不能撫接義故**하여 **卒無成功**①하다

① 義는 의리에 나아가는 무리이고 故는 舊人(옛 친구)이라고 한다. 宋나라 蒼梧王(劉昱)의 초기에 劉昶이 彭城을 진수하다가 팽성을 버리고 北魏로 달아났기 때문에 義에 달려온 자나 옛 친구들이 그곳에 있었다.
義, 赴義之徒. 故, 謂舊人. 宋蒼梧王初, 昶鎭彭城, 棄鎭奔魏, 故義故在焉.

【綱】 北魏의 安定王 拓跋休가 卒하였다.

魏安定王休卒하다

【目】 卒하고 나서 殯을 할 때까지 魏主(拓跋宏)가 세 차례 그의 집을 방문하였고, 장사지내는 날에는 교외까지 나가서 영구를 전송하고 마침내 통곡하고 돌아왔다.

自卒至殯에 **魏主三臨其第**하고 **葬日送之出郊**하며 **乃慟哭而返**①하다

① 臨은 임금이 신하의 喪에 갔다는 뜻이다. 臨(가다)은 본음대로 읽는다.
臨, 君臨臣喪之. 臨, 讀如字.

【綱】 齊나라 蕭鸞이 그 임금 蕭昭業을 시해하고, 新安王 蕭昭文을 세우고는 스

스로 驃騎大將軍 錄尙書事가 되고 宣城公에 봉하였다.

齊蕭鸞弑其君昭業하고 而立新安王昭文하고 自爲驃騎大將軍錄尙書事하고 封宣城公①[21]하다

① 蕭昭業은 향년이 22세였다.
昭業, 壽二十二.

【目】蕭鸞이 徐龍駒와 周奉叔을 죽이고 나서 외부에서 궁으로 들어온 비구니가 꽤 이상한 말을 전하였는데, 中書令 何胤은 何皇后의 從叔으로 齊主 蕭召業에게 총애를 받았기에 하윤에게 殿省(대궐)에서 숙직을 하게 하여 소란을 죽일 것을 도모하였다. 하윤이 감당하지 못하여 망설이다가 간언하여 설득하니, 齊主가 뜻을 다시 거두고는 마침내 소란을 西州로 내보내고서 궁중에서 칙령으로 자기가 정사를 처리하여 다시 소란에게 자문하여 지시를 받지 않을 것을 꾀하였다.

鸞旣誅徐龍駒周奉叔而尼媼外入者 頗傳異語①어늘 中書令何胤은 以后之從叔으로 爲齊主昭業所親이라 使直殿省與謀誅鸞한대 胤不敢當하여 依違諫說이어늘 齊主意復止하여 乃謀出鸞於西州하고 中勅用事하여 不復關咨於鸞하다

① "異語"는 외부에서 사람들의 말이 많았음을 말한 것이니, 〈"頗傳異語"는〉 蕭鸞 등이 서로 함께 逆謀를 도모하였음을 말한 것이다.
異語, 謂外人籍籍口語. 言鸞等相與有異謀也.

【目】이때에 蕭諶과 蕭坦之가 兵權을 장악하고 僕射 王晏이 尙書의 일을 총괄하였다. 蕭鸞이 황제를 폐위시키고 새로 세울 계획을 王晏과 丹楊尹 徐孝嗣에게 알리자, 모두 소란을 따랐다. 驃騎錄事 樂豫가 서효사에게 말하기를 "밖에서 전하는 말이 자자하니 마

21) 齊蕭鸞弑其君昭業……封宣城公 : "蕭昭業이 大統을 계승했으나 大政이 모두 蕭鸞에게서 나왔다. 소소업이 비록 狂暴하다고 해도 조정의 신하를 살해한 적이 없어 宋나라 劉子業에 견줄 것이 못 된다. 소란이 逆心을 품었는데, 소소업의 어리석고 용렬함을 다행으로 여겨서 죽였으니, 이때 소란이 진실로 스스로 차지하려고 했다면 또한 〈다른 임금을 세우는 것을〉 또한 그만두어야 하였다. 그런데 또다시 蕭昭文을 세우고 정사를 보좌한 뒤에 高祖·武帝의 자손을 모두 죽이고서 스스로 황제가 되었으니, 마침내 두 번이나 弑逆을 행하는 지경에 이르러 그 악행은 더욱 방자해졌고 그 국운은 더욱 단축되었다. ≪資治通鑑綱目≫에서 자세하게 기록하였으니, 또한 세상의 도리가 더욱 낮아졌음을 볼 수 있다.〔昭業繼統 大政悉出於鸞 雖云狂暴 然未嘗殺害朝臣 如宋子業之比 鸞有異志 幸其昏庸而斃之 是時鸞苟自取 則亦已矣 又立昭文而輔之 然後盡殺高武子孫而自立 遂至再行弑逆 其惡愈肆 其祚愈促 綱目詳而書之 亦足見世道之愈降矣〕" ≪發明≫

치 伊尹과 周公의 일과 비슷한 점이 있습니다. 그대는 武帝의 특별한 은혜를 받았고 부탁을 받은 것이 무거우니 이 거사를 남들과 같이 할 수 없을 듯합니다. 사람들이 褚公(褚淵)을 비웃었던 일에 아직까지 이가 시립니다."라고 하였다. 서효사는 따를 수 없었다.

直閤將軍 曹道剛이 외부에 변고가 있으리라 의심하여 은밀하게 조사하였지만 역모의 정황을 찾아내지 못했다. 蕭鸞이 사태의 변화를 염려하여 蕭坦之에게 알리자 소탄지가 달려가서 蕭諶에게 말하기를 "천자를 폐위시키는 일은 옛날부터 큰일입니다. 듣자 하니 조도강 등이 점점 더 시기하고 의심하고 있다고 하는데, 衛尉(소심)가 내일 만약 거사를 일으키지 않으면 다시 도모할 수가 없습니다. 아우에게는 백 세의 어머니가 계시니, 어찌 가만히 앉아서 재앙과 실패를 앉아서 기다리겠습니까. 바로 응당 다른 계획을 세워야 합니다."라고 하니, 소심이 두렵고 황급하여 그의 말을 따랐다.

是時에 蕭諶蕭坦之握兵權하고 僕射王晏總尙書事라 鸞以廢立之謀로 告晏及丹楊尹徐孝嗣한대 皆從之러니 驃騎錄事樂豫謂孝嗣曰 外傳籍籍하니 似有伊周之事라하니 君蒙武帝殊常之恩하여 荷託附之重라 恐不得同人此擧하노니 人笑褚公에 至今齒冷이니라 孝嗣不能從①이러라 直閤將軍曹道剛疑外間有異하여 密有處分호되 謀未能發②이러니 鸞慮事變하여 以告坦之한대 坦之馳謂諶曰 廢天子는 古來大事라 聞道剛等이 轉已猜疑하니 衛尉明日若不就事면 無所復及이라 弟有百歲母하니 豈能坐聽禍敗리오 正應作餘計耳라 諶惶遽從之하다

① 褚公은 褚淵을 말한다. 웃으면 이가 드러났기 때문에 이가 시리다고 말한 것이다.
褚公, 謂褚淵也. 笑則啓齒, 故云齒冷.

② 曹道剛이 蕭鸞 등의 역모를 은밀히 조사하고 있었으나 아직 찾아내지 못하였음을 말한 것이다.
言道剛密有圖鸞等之謀而未能發.

【目】蕭鸞이 먼저 蕭諶을 궁에 들여보내 曹道剛과 朱隆之를 만나 모두 죽이게 하고는 소란이 병사를 이끌고 雲龍門으로 들어갔는데, 齊主(蕭昭業)가 변란이 일어났다는 소식을 듣고도 여전히 손수 칙령을 써서 소심을 불렀다. 조금 있다가 소심이 병사를 이끌고 壽昌閤으로 들어오자, 齊主가 검을 뽑아서 자신을 찔렀으나 깊이 들어가지 않았다. 그래서 수레를 타고 나가니, 西弄에 이르러 황제를 시해하였다. 시신을 수레에 싣고 나와서 徐龍駒의 집에 빈소를 마련하고 왕의 禮로 장사 지냈으며, 여러 嬖幸들은 모두 죽임을 당하였다. 太后의 명령으로 廢帝 蕭昭業을 追封하여 鬱林王으로 삼고 新安王 蕭昭文을

맞이하여 황제로 세웠다.

鸞使諶先入하여 遇道剛及朱隆之하여 皆殺之하고 鸞引兵入雲龍門한대 齊主聞變하고 猶爲手勅呼蕭諶이러니 俄而諶引兵入閤하니 齊主拔劍自刺호되 不入이어늘 輿接而出하니 行至西弄하여 弑之[①]하고 輿屍出殯徐龍駒宅하고 葬以王禮하고 諸嬖幸皆伏誅하다 以太后令으로 追廢昭業爲鬱林王하고 迎立新安王昭文[②]하다

① 이는 延德殿의 西弄이다. 弄은 큰 집이며 담이니, 또한 㟖으로 쓴다.
此延德殿之西弄也. 弄, 廈也, 屛也. 亦作㟖.
② 蕭昭文은 蕭昭業의 동생이다.
昭文, 昭業之弟也.

【目】吏部尙書 謝瀹이 손님과 바둑을 두고 있다가 변란이 일어났다는 소식을 듣고 대국을 마치고 돌아와서 누워서 끝내 밖에 일을 묻지 않았다. 大匠卿 虞悰이 몰래 탄식하기를 "王晏과 徐孝嗣가 마침내 戎服을 입고 天子를 폐위하였으니, 천하에 어찌 이런 이치가 있겠는가."라고 하였다.

조정의 신하들이 궁궐로 들어오라는 부름을 받았을 때에 國子祭酒 江斅는 雲龍門에 이르러 약기운이 퍼졌다는 핑계를 대고 수레 안에서 토하고 돌아갔다.

蕭鸞이 中散大夫 孫謙을 끌어들여 심복으로 삼아서 衛尉를 겸하도록 하고 그에게 갑옷을 입히고 甲士 1백 명을 주니, 손겸은 소란과 함께 하지 않고자 하여 곧바로 甲士를 해산하였는데, 소란 역시 손겸에게 죄를 주지 않았다.

新安王이 즉위하니 나이가 15세였다. 西昌侯 소란을 驃騎大將軍 錄尙書事 揚州刺史로 삼고 宣城郡公에 봉하였다.

吏部尙書謝瀹이 方與客棊라가 聞變하고 竟局還臥하여 竟不問外事이러라 大匠虞悰竊歎曰[①] 王徐遂縛袴廢天子하니 天下에 豈有此理耶[②]아 朝臣被召入宮할새 國子祭酒江斅至雲龍門하여 託藥發하고 吐車中而去하다 鸞欲引中散大夫孫謙爲腹心하여 使兼衛尉하고 給甲仗百人한대 謙不欲與之同하여 輒散甲士호되 鸞亦不之罪也러라 新安王卽位하니 年十五러라 以西昌侯鸞爲驃騎大將軍錄尙書事揚州刺史하고 封宣城郡公하다

① 大匠卿은 바로 漢나라 將作大匠의 관직이다. 虞悰은 虞潭의 曾孫이다.
大匠卿, 卽漢將作大匠之官. 悰, 潭之曾孫也.
② 王徐는 王晏과 徐孝嗣이다. "縛袴"는 戎服(군복)이다.

王徐, 王晏・徐孝嗣. 縛袴, 戎服也.

【綱】 齊나라가 始安王 蕭遙光을 南郡太守로 삼았다.

齊以始安王遙光爲南郡太守하다

【目】 蕭遙光은 蕭鸞의 형의 아들이다. 소란이 다른 뜻을 품었을 때에 소요광이 성공하도록 그를 도와주었다. 소란이 소요광을 親黨으로 키우려 하였기 때문에 그를 南郡太守로 삼았지만 〈建康에 남겨두고〉 南郡에 부임시키지는 않았다.

遙光은 **鸞兄子也**라 **鸞有異志**에 **遙光贊成之**하니 **鸞欲樹置親黨**이라 **故用爲南郡守而不之官**하다

【綱】 9월에 魏主(拓跋宏)가 百官의 고과를 매겨 승진시키거나 좌천시켰다.

九月에 **魏主考績黜陟百官**하다

【目】 예전에 魏主(拓跋宏)가 조서를 내려 "3년 동안의 고과를 매겨 즉시 승진과 좌천을 시행하되, 각각 해당 曹에 명을 내려 관원들의 優劣을 매겨 3등급(上・中・下)으로 나누고 그중 上等과 下等 2등급은 각기 따라서 다시 3등급으로 나누어 6품 이하의 관원은 尙書가 다시 심사하고 5품 이상의 관원은 朕이 公卿들과 논의하겠다. 上上에 해당하는 사람은 승진시키고 下下에 해당하는 사람은 좌천시키며 中에 해당하는 사람은 본래의 임무를 지키도록 한다."라고 하였다.

이에 魏主가 직접 朝堂에 임석하여 百官을 승진시키고 좌천시킬 때에 이르기를 "尙書들 중에 임금에게 옳은 것을 권장하고 나쁜 것을 바로잡은 적이 없고 무능한 자를 좌천시킨 적이 없는 자가 있고, 錄尙書事 廣陵王 拓跋羽는 정사에 부지런히 힘쓴다는 명성은 없고 아부하는 자들과 어울린다는 행적만 있고, 尙書令・僕射・左丞・右丞이 서로 〈義로써〉 인도하지 못하여 차등을 두어 罷黜하거나 녹봉을 줄였고, 任城王 拓跋澄은 마음이 교만한 것으로 少保에서 해직하였고, 尙書 于果는 일을 부지런히 하지 않은 것으로 녹봉을 깎는다."고 하였으며, 나머지는 모두 직접 대면하여 그들의 과실을 낱낱이 지적하여 처벌을 시행하였다.

또 魏主가 陸叡에게 말하기를 "사람들이 '북방 풍속이 질박하고 노둔하니, 어찌 책을

알겠는가.'라고 하지만, 지금 책을 아는 자가 매우 많으니, 다만 배움과 배우지 않음의 차이가 있을 뿐이다. 朕이 百官을 정돈하고 禮樂을 일으키는 것은 그 뜻이 진실로 풍속을 옮기고 변화시켜 卿등의 자손들이 아름다운 풍속에 점점 물들어 견문이 넓어지도록 하려는 것이다."라고 하였다.

初에 魏主詔三載考績하여 卽行黜陟호되 各令當曹考其優劣爲三等[①]하고 其上下二等仍分爲三[②]하여 六品已下는 尙書重問[③]하고 五品已上은 親與公卿論之하여 上上者遷하고 下下者黜하고 中者守本任하고 於是親臨朝堂하여 黜陟百官할새 謂諸尙書未嘗獻可替否하고 進賢退不肖하며 錄尙書事廣陵王羽 無勤恪之聲하고 有阿黨之迹하고 而令僕左右丞이 不能相導하여 罷黜削祿有差하고 任城王澄은 以神志驕傲로 解少保하고 尙書于果는 以不勤事削祿이라하고 餘皆面數其過而行之하다 又謂陸叡曰 人言北俗質魯하니 何由知書리오하나 然今知書者甚衆하니 顧學與不學耳라 朕修百官하고 興禮樂은 其志固欲移風易俗하여 使卿等子孫漸染美俗하여 聞見廣博耳라

① 當(해당하다)은 去聲이다.
當, 去聲.
② 〈"其上下二等仍分爲三"은〉 上等·下等을 각각 또 나누어 3등급을 만든다는 뜻이다.
上等·下等各又分爲三等.
③ 重(거듭)은 直用의 切이다.
重, 直用切.

【綱】 齊나라 宣城公 蕭鸞이 鄱陽王 蕭鏘 등 7명을 죽였다.

齊宣城公鸞殺鄱陽王鏘等七人하다

【目】宣城公 蕭鸞의 權勢가 더욱 무거워지자 조정 안팎에서 모두 그가 불충한 마음을 품고 있음을 알았다. 그런데 鄱陽王 蕭鏘이 소란에게 갈 때마다 소란이 말을 하다가 국가(황제)에 미치면 눈물을 흘리며 말하니, 소장은 이로 인해 그를 믿었다. 궁궐 사람들이 모두 소장에게 뜻을 두었는데, 制局監 謝粲이 소장과 隨王 蕭子隆에게 유세하기를 "두 왕께서 다만 天子를 모시고 朝堂에 나오셔서 좌우에서 천자를 보필하고 호령한다면 저희들이 성문을 닫고 무기를 들고 장강 상류로 올라갈 것이니 그렇게 하면 누가 감히 함께하지 않겠습니까. 東城 사람들이 바로 蕭令(소란)을 붙잡아 보내올 것입니다."라고 하였다.

소자륭이 계획을 결정하려고 하자 소장이 마음으로 오히려 기뻐하여 수레를 준비하라고 하여 궁으로 들어가려다가 다시 돌아와 어머니와 이별하면서 날이 저물어 출발하지 못하였다. 소장의 典籤이 이 사실을 알고 소란에게 고발하였는데 소란이 병사를 보내어 소장과 소자륭 및 사찬 등을 죽였다. 이때에 世祖(蕭賾)의 여러 아들 중에 소자륭이 가장 장대하고 재능이 있었기 때문에 소란이 더욱 그를 꺼려한 것이다.

宣城公鸞權勢益重하니 中外皆知其蓄不臣之志호되 鄱陽王鏘每詣鸞이 鸞語及家國이면 言淚俱發하니 鏘以此信之러라 宮臺之內 皆屬意於鏘①이라 制局監謝粲說鏘及隨王子隆曰② 二王但出天子置朝堂하여 夾輔號令이어든 粲等閉城上仗하면 誰敢不同이리오 東城人正共縛送蕭令耳③니라 子隆欲定計호되 鏘意猶豫하여 命駕將入이라가 復還與母別하여 日暮不成行이러니 典籤告之한대 鸞遣兵殺鏘及子隆謝粲等하니 時太祖諸子에 子隆最壯大하고 有才能이라 故鸞尤忌之④러라

① 宮臺는 宮省(궁궐)이란 말과 같다.
宮臺, 猶言宮省也.

② 李延壽의 ≪南史≫ 〈恩倖傳〉에 "武官인 制局監・外監은 모두 무기와 兵役을 관장한다."라고 하였다.
李延壽恩倖傳曰 "武官制局監・外監, 皆領器仗兵役."

③ 上(올라가다)은 時掌의 切이니, 아래의 '西上'의 上도 동일한 뜻이다. 仗은 兵器이다. 東城은 東府城을 말한다. 살펴보건대 蕭子顯의 ≪南齊書≫에 "世祖가 遺詔를 내려 蕭鸞을 侍中 尙書令으로 삼았다."고 하였는데, 이때에 이미 錄尙書事에 올랐다. 謝粲이 蕭令이라고 말한 것은 舊官을 일컬은 것이다.
上, 時掌切, 下西上同. 仗, 兵器也. 東城, 謂東府城也. 按蕭子顯齊書 "世祖遺詔以鸞爲侍中尙書令." 此時已進錄尙書事. 粲曰蕭令, 蓋以舊官稱之.

④ 太祖는 마땅히 世祖가 되어야 한다.
太祖, 當作世祖.

【目】江州刺史 晉安王 蕭子懋가 두 왕이 죽었다는 것을 듣고 군대를 일으키려고 하여 防閤 陸超之에게 말하기를 "일이 이루어지면 宗廟가 편안하게 될 것이고, 이루지 못하더라도 오히려 義鬼가 될 것이다."라고 하였다. 董僧慧가 말하기를 "이 江州가 비록 작지만, 宋 孝武帝가 과거에 이곳에서 거병하였습니다. 만약 병사를 일으켜 궁궐을 향하여 鬱林王(蕭昭業)을 시해한 罪를 청하면 누가 막을 수 있겠습니까."라고 하였다.

소자무의 모친 阮氏가 建康에 있었기 때문에 비밀리에 사람을 보내서 맞이하였는데, 완씨가 同母兄 于謠之에게 보고하여 계획을 세웠는데, 우요지가 달려가서 蕭鸞에게 고

하자 소란이 軍主 裴叔業과 우요지를 보내서 먼저 尋陽을 습격하게 하였다. 소자무의 部曲이 대부분 雍州 사람이어서 모두 용감히 떨쳐 일어나 싸우기를 바라니, 배숙업이 그들을 두려워하여 우요지를 보내어 소자무에게 말하기를 "도읍으로 돌아가면 散官은 될 것이고 富貴를 잃지 않을 것이다."라고 하였다. 소자무가 이미 출병을 하지 않자, 군사의 사기가 점차 저상되었다. 參軍 于琳之가 배숙업에게 소자무를 붙잡으라고 하니, 배숙업이 우림지를 따라 將士들을 보내어 성에 들어가게 하여 칼을 뽑아들고 재실로 들어가자, 소자무가 꾸짖기를 "소인배들아, 어찌 차마 이런 행동을 하는가."라고 하니, 우림지가 소매로 얼굴을 가리고 사람을 시켜 그를 죽이게 하였다.

王玄邈이 동승혜를 잡아 죽이려고 하자, 동승혜가 말하기를 "晉安王이 의병을 일으켰을 때에 내가 실제로 모의에 참여하였으니 죽어도 여한이 없지만, 〈진안왕의〉 大斂이 끝나고 나면 물러가서 끓는 솥에 들어가기를 원한다."라고 하니, 왕현막이 그를 의롭게 여겨서 소란에게 아뢰어 죽음을 면하였다.

江州刺史晉安王子懋聞二王死하고 欲起兵하여 謂防閤陸超之曰 事成則宗廟獲安이요 不成猶爲義鬼[①]리라 董僧慧曰 此州雖小하나 宋孝武嘗用之[②]하니 若擧兵向闕하여 以請鬱林之罪면 誰能禦之리오 子懋母阮氏在建康이라 密遣迎之러니 阮氏報其同母兄于謠之爲計[③]어늘 謠之馳告鸞한대 鸞遣軍主裴叔業與謠之先襲尋陽이러니 子懋部曲多雍州人이라 皆勇躍願奮[④]하니 叔業畏之하여 遣謠之說子懋曰 還都正當作散官이요 不失富貴也리라 子懋旣不出兵한대 衆情稍沮어늘 參軍于琳之說叔業取子懋[⑤]하니 叔業遣將隨之하여 拔白刃入齋어늘 子懋罵曰 小人아 何忍行此오 琳之以袖障面하고 使人殺之하다 王玄邈執董僧慧하여 將殺之한대 僧慧曰 晉安擧義에 僕實豫謀하니 死不恨이어니와 願大斂畢하면 退就鼎鑊하노라 玄邈義之하여 白鸞免死러니

① 蕭子懋는 世祖의 아들이다. 여러 왕들에게 防閤을 두었는데, 용감하고 지략이 뛰어난 선비를 방합으로 삼아서 齋閤(제후의 궁실〔后宮〕 옆문)을 수비하게 하였다.
子懋, 世祖子. 諸王置防閤, 以勇略之士爲之, 以防衛齋閤.
② 宋 孝武帝가 江州에서 병사를 일으켜 元凶 劉劭를 죽인 것을 말한다.
謂宋孝武帝自江州起兵誅元凶劭也.
③ "謠之"가 ≪資治通鑑≫에는 瑤之로 되어 있다.
謠之, 通鑑作瑤之.
④ 蕭子懋는 雍州에서 옮겨와 江州를 다스렸기 때문에 部曲이 대부분 雍州 사람이었다. 勇은 踴(뛰다)이 되어야 한다.
子懋自雍州徙爲江州, 故部曲多雍州人. 勇, 當作踴.
⑤ 于琳之는 于謠之의 형이다.

琳之, 謠之兄也.

【目】 蕭子懋의 아들 蕭昭基가 아홉 살이었기 때문에 2촌의 네모난 명주에 편지를 써서 자기의 소식을 나열하여 〈소자무에게 보냈는데〉 董僧慧가 그 편지를 보고 말하기를 "郎君(소소기)의 편지로구나."라고 하고, 애통해하며 卒하였다. 于琳之가 陸超之에게 도망치라고 권하자 육초지가 말하기를 "사람은 모두 죽기 마련이니, 이는 두려워할 만한 것이 못 된다. 내가 만약 도망을 치면 晉安王의 식솔들을 고독하게 할 뿐만 아니라, 또한 田橫의 門客들에게 웃음거리가 될까 두렵다."라고 하였다. 王玄邈 등이 옥에 가두고 도성으로 돌아가려고 하는데 육초지가 단정히 앉아서 명령을 기다렸다. 육초지의 門生이 육초지를 죽이면 상을 받을 것이라 생각하여 몰래 뒤에서 그의 목을 베니, 목은 떨어졌으나 몸은 엎어지지 않았다. 왕현막이 후하게 殯斂을 더해주자 문생 역시 棺을 들어서 도와주었는데, 棺이 떨어져서 그의 머리를 눌러 목이 부러져 죽었다.

子懋子昭基가 九歲라 以方二寸絹爲書하여 參其消息이어늘 僧慧視之曰 郎君書也로다하고 悲慟而卒하다 于琳之勸陸超之逃亡한대 超之曰 人皆有死하니 此不足懼라 吾若逃亡이면 非唯孤晉安之眷이라 亦恐田横客笑人[①]하노라 玄邈等欲囚以還都어늘 超之端坐俟命이러니 超之門生謂殺超之當得賞이라하여 密自後斬之하니 頭墜而身不僵이러니 玄邈厚加殯斂한대 門生亦助擧棺이러니 棺墜하여 壓其首하니 折頸而死하다

① 田橫 門客의 일은 漢 高帝 5년(B.C. 202)에 보인다. 陸超之가 죽음으로 지켰기 때문에 이 말을 가지고 于琳之를 부끄럽게 만든 것이다.
田横客事見漢高帝五年. 超之守死, 故以此言愧琳之.

【目】 蕭鸞이 將軍 王廣之를 보내서 南兗州刺史 安陸王 蕭子敬을 습격하여 목을 베었다. 또 徐玄慶에게 서쪽으로 장강 상류로 올라가서 荊州刺史 臨海王 蕭昭秀를 해치게 하였는데, 行事 何昌寓가 말하기를 "나는 조정(황제)에 부탁을 받았기에 外藩(蕭昭秀)를 보좌한 것이다. 전하께서 아직까지 잘못한 일이 없으니, 어찌 곧바로 전하는 내용을 받아들이겠는가. 만약 조정에서 반드시 전하를 필요로 한다면 마땅히 직접 보고하여 아뢰어서 다시 교지를 받은 뒤에 시행해야 할 것이다."라고 하였다. 소소수가 이로 인해 建康으로 돌아올 수 있었다.

鸞遣將軍王廣之하여 襲南兗州刺史安陸王子敬하여 斬之[①]하다 又遣徐玄慶西上하여 害荊州刺

史臨海王昭秀[②]러니 行事何昌寓曰[③] 僕受朝廷意寄하여 翼輔外藩하니 殿下未有愆失이라 何容卽以相付邪[④]아 若朝廷必須殿下인대 當自啓聞하여 更聽後旨하리라 昭秀由是得還建康하다

① 蕭子敬은 世祖(蕭賾)의 아들이다.
子敬, 世祖子.
② 蕭昭秀는 蕭昭業의 동생이다.
昭秀, 昭業之弟也.
③ 何昌寓는 何尙之의 동생의 아들이다.
昌寓, 尙之之弟子也.
④ "意寄"는 마음을 기울여 그를 부탁한 것을 말한다.
意寄, 謂屬(촉)意寄託之.

【目】 蕭鸞이 孔琇之에게 行郢州事를 삼아서 郢州刺史 晉熙王 蕭銶를 죽이게 하였는데, 공수지가 사양하여 허락하지 않고, 마침내 먹지 않다가 죽었다.

裴叔業이 湘州로 나아가 南平王 蕭銳를 죽이고자 하였다. 防閤 周伯玉이 무리들에게 크게 말하기를 "이는 天子의 뜻이 아니다. 지금 배숙업의 목을 베고 병사를 일으켜 社稷을 바로잡으면 누가 감히 따르지 않겠는가."라고 하니, 典籤이 좌우에 있는 사람을 꾸짖어 그의 목을 베었다. 마침내 소예를 죽이고 또 소구와 南豫州刺史 宜都王 蕭鏗을 죽였다.

鸞以孔琇之行郢州事하여 使殺郢州刺史晉熙王銶한대 琇之辭不許하고 遂不食而死[①]하다 裴叔業進向湘州하여 欲殺南平王銳[②]이러니 防閤周伯玉大言於衆曰 此非天子意라 今斬叔業하고 擧兵匡社稷하면 誰敢不從이리오 典籤叱左右斬之하니 遂殺銳하고 又殺銶及南豫州刺史宜都王鏗[③]하다

① 孔琇之는 孔靖의 손자이다. 蕭銶는 太祖(蕭道成)의 아들이다.
琇之, 靖之孫也. 銶, 太祖子.
② 蕭銳는 太祖의 아들이다.
銳, 太祖子.
③ 蕭鏗은 太祖의 아들이다.
鏗, 太祖子.

【綱】 겨울 10월에 齊나라 宣城公 蕭鸞이 스스로 太傅가 되어서 揚州牧이 되고, 爵位를 높여 王이 되었다.

冬十月에 **齊宣城公鸞自爲太傅**하여 **揚州牧**하고 **進爵爲王**하다

【目】 宣城公 蕭鸞이 大統을 계승하려고 도모할 적에 명사들을 많이 끌어들여서 계책을 세우는데 참여시켰다. 侍中 謝朏가 마음으로 원하지 않아 마침내 吳興太守로 나가게 해 달라고 요청을 하였고, 吳興郡에 부임해서는 술을 몇 말을 마련하여 자신의 동생 吏部尙書 謝瀹에게 보내면서 말하기를 "양껏 이것을 마시도록 하고 人事에는 관여하지 말거라."라고 하였다.

宣城公鸞謀繼大統할새 多引名士與參籌策하다 侍中謝朏心不願하여 乃求出爲吳興太守하고 至郡하여 致酒數斛하여 遺其弟吏部尙書瀹曰 可力飮此하고 勿豫人事라하다

【目】 司馬溫公(司馬光)이 다음과 같이 평하였다.

"남의 옷을 얻어 입은 사람은 그 사람의 근심을 생각하고 남의 음식을 얻어먹은 사람은 그 사람의 일에 목숨을 바친다."[22]라고 하니, 두 謝氏 형제가 임금을 가까이 모시는 고관으로 어깨를 나란히 하여 영화로운 녹봉을 편안하게 누리면서 위태로운 상황을 미리 알지 못했으니, 신하가 되어서 이와 같으면 忠이라고 말할 수 있겠는가."

司馬公曰 衣人之衣者는 懷人之憂하고 食人之食者는 死人之事하나니 二謝兄弟 比肩貴近하여 安享榮祿이라가 危不預知하니 爲臣如此면 可謂忠乎아

【目】 蕭鸞이 비록 정사를 독단하였으나 사람들이 마음으로 복종하지 않았는데 자신의 어깨뼈에 赤자가 새겨져 있다고 하여 王洪範에게 보이며 말하기를 "사람들이 말하기를 이는 임금의 상이라고 하니, 卿은 누설하지 말기를 바란다."라고 하였다. 왕홍범이 말하기를 "公의 몸에 임금의 상이 있으니, 어떻게 숨길 수 있겠습니까. 마땅히 전해서 말을 해야 합니다."라고 하였다.

○ 鸞雖專政이나 人情未服어늘 自以胛有赤誌하여 以示王洪範而謂之曰 人言此是日月相[23]이라하니 卿幸勿泄①이라하다 洪範曰 公日月在軀하니 如何可隱이리오 當轉言之호리라

---

22) 남의……바친다 : 유세가인 蒯通이 韓信에게 漢王인 劉邦을 배신하도록 설득하니, 한신이 "한왕이 나를 매우 후대하여 자신의 옷을 내게 입히고 자신의 음식을 내게 먹였다. 내가 듣기로 '남의 옷을 얻어 입은 자는 그 사람의 근심을 생각하고 남의 음식을 얻어먹은 자는 그 사람의 일에 목숨을 바친다.〔衣人之衣者 懷人之憂 食人之食者 死人之事〕'고 하였으니, 내가 어찌 이익 때문에 의리를 저버릴 수 있겠는가."라고 한 데서 유래한 말이다.(≪史記≫ 권92 〈淮陰侯列傳〉)

① 胛(어깨뼈)은 음이 甲이다. 어깨와 등의 사이를 胛이라고 한다.
胛, 音甲. 肩背之間爲胛.

【綱】 齊나라 宣城王 蕭鸞이 衡陽王 蕭鈞 등 4명을 죽였다.

齊宣城王鸞殺衡陽王鈞等四人하다

【目】 桂陽王 蕭鑠이 鄱陽王 蕭鏘과 명예를 나란히 하여 소장은 文章을 좋아하고, 소삭은 名理[24]를 좋아하니, 당시에 사람들에게 鄱·桂로 일컬어졌다. 소장이 죽고 나자 소삭이 스스로 편안하지 못해서 東府에 이르러 蕭鸞을 만나보고, 돌아와서는 左右에게 말하기를 "지난번에 錄公이 나를 접견할 적에 은근함이 그치지 않았는데, 얼굴에 부끄러운 기색이 있으니 나를 죽이려 할 것이다."라고 하였는데, 그날 저녁에 소삭이 해를 당하였다.

江夏王 蕭鋒이 재주와 행실이 있었는데, 소란이 일찍이 그와 함께 말하기를 "蕭遙光은 일을 맡길 만한 재주와 능력이 있다."라고 하자, 소봉이 말하기를 "소요광이 殿下를 대하는 행동은 마치 殿下가 高皇(高帝)를 대하던 행동과 같습니다. 宗廟를 지키고 社稷을 편안히 하는 일에 실로 맡길 일이 있을 것입니다."라고 하니, 소란이 失色을 하였다. 소란이 여러 왕을 죽일 때에 소봉이 소란에게 편지를 보내어 꾸짖으니, 소란이 깊이 꺼려하여 소봉에게 太廟의 祠宮을 겸하게 하고서 밤에 병사를 보내서 소봉을 체포하게 하였다. 소봉이 몇 사람을 맨손으로 쳐서 모두 땅에 거꾸러뜨리고 난 뒤에 죽었다.

桂陽王鑠이 與鄱陽王鏘齊名하여 鏘好文章하고 鑠好名理하니 時人稱爲鄱桂러니 鏘死에 鑠不自安하여 至東府見鸞하고 還에 謂左右曰 向錄公見接慇懃不已어늘 而面有慙色하니 欲殺我也라하더라 是夕遇害①하다 江夏王鋒有才行②이러니 鸞嘗與之言호되 遙光才力可委라한대 鋒曰 遙光之於殿下에 猶殿下之於高皇이라 衛宗廟하고 安社稷에 實有攸寄니이다 鸞失色이러니 及殺諸王에 鋒遺鸞書誚責之하니 鸞深憚之하여 使兼祠官於太廟③하고 夜에 遣兵收之한대 鋒手擊數人皆仆地하니 然後死하다

① 蕭鸞이 太傅 錄尙書事이고 太傅는 上公이기 때문에 錄公이라 일컬은 것이다.
鸞以太傅錄尙書事, 太傅上公, 故稱錄公.

---

23) 日月相 : 바로 임금의 相을 뜻한다.
24) 名理 : 魏晉時代의 淸談家들이 사물의 名과 理를 분석하며 是非와 同異를 따지던 것을 가리킨다.

② 蕭鋒은 太祖 아들이다.
鋒, 太祖子.
③ 祠官은 祭事를 행하게 함이다.
祠官, 使行祭事.

【目】 蕭鸞이 茹法亮을 보내어 巴陵王 蕭子倫을 죽이게 하였는데, 소자륜은 성품이 英明하고 과감하고 당시에 琅邪에 진무하여 수비 병사가 있었다. 소란은 소자륜이 죽으려 하지 않을까 두려워하여 典籤 華伯茂에게 묻자, 화백무이 말하기를 "지금 만약 병사로 그를 잡으면 즉시 해결하지 못할까 우려되지만, 만약 저에게 그 일을 맡기면 장부 한 명의 힘을 들이면 됩니다."라고 하였다. 이에 자신이 酖毒을 가지고 소자륜을 핍박하자 소자륜이 衣冠을 바르게 하고 나와 조서를 받고, 여법량에게 말하기를 "先帝(蕭道成)께서 옛날에 劉氏를 멸망시켰으니, 오늘날 이치도 진실로 그러한 것이다. 그대는 우리 집안의 舊人이었는데, 지금 이러한 使命을 띠고 왔으니, 마땅히 부득이 한 상황에서 나온 일이리라. 이 술잔은 주거니 받거니 하는 잔이 아니다."라고 하고, 이어서 머리를 들어 鴆毒을 마시고 죽었는데, 당시 나이가 16세였다. 여법량과 좌우에 있던 사람들이 모두 눈물을 흘렸다.

遣茹法亮하여 殺巴陵王子倫①이러니 子倫性英果하고 時鎭瑯邪하니 有守兵②이라 鸞恐不肯就死하여 以問典籤華伯茂한대 伯茂曰 今若以兵取之면 恐不可卽辦이어니와 若委伯茂면 一夫力耳라하고 乃自執酖逼之한대 子倫正衣冠하고 出受詔하고 謂法亮曰 先朝昔滅劉氏하니 今日理數固然이라 君是身家舊人③이로되 今銜此使하니 當由事不獲已④라 此酒非勸酬之爵이라하고 因仰之而死에 時年十六이라 法亮及左右皆流涕⑤하더라

① 蕭子倫은 世祖(蕭賾)의 아들이다.
子倫, 世祖子.
② 晉나라가 南琅邪郡을 江乘 蒲洲 위에 두었는데, 齊나라가 治所를 白下에 옮겨서 북쪽으로 長江 가에 접하였기에 수비병을 두었다.
晉置南琅邪郡於江乘蒲洲上, 齊徙治白下, 北臨江滸, 故有守兵.
③ 茹法亮이 世祖를 섬겼는데, 맡은 실권이 매우 중하였다.
法亮事世祖, 權寄甚重.
④ 使(사신)는 疏吏의 切이다.
使, 疏吏切.
⑤ "仰之"는 머리를 들고 鴆毒을 마신 것이다.

仰之, 仰首而飮酖也.

【目】 예전에 諸王들이 鎭에 나갈 때에는 모두 典籤을 두어서 主帥(諸王)의 한 방면의 일을 모두 전첨에게 위임하였다. 당시에 조정에 들어와 일을 아뢸 때 刺史의 선행과 악행은 오로지 그의 입에 달려있었으므로 몸을 굽혀 그를 받들지 않는 자가 없었다. 이에 전첨의 위엄이 州部에 퍼져 크게 간사한 이익을 꾀하게 되었다.

武陵王 蕭曄이 江州刺史가 되어 성품이 강하고 정직하여 청탁을 할 수 없었다. 전첨 趙渥之가 사람들에게 말하기를 "지금 京城에 가서 刺史를 바꿀 것이다."라고 말하였다. 조악지가 世祖(蕭賾)를 뵐 적에 몹시 소엽을 헐뜯자, 소엽이 마침내 면직되어 京城으로 돌아왔다.

初에 諸王出鎭에 皆置典籤하여 主帥(수)一方之事를 悉以委之하니 時入奏事에 刺史美惡이 專繫其口라 莫不折節奉之하고 於是威行州部하여 大爲姦利①라 武陵王曄爲江州하여 性烈直하여 不可干이라 典籤趙渥之謂人曰 今出都易刺史하리라 及見世祖에 盛毁之하니 曄遂免還하다

① 州部는 한 州의 部內를 말한다.
州部, 謂一州之部內也.

【目】 南海王 蕭子罕이 琅邪를 지키면서 잠시 東堂에서 놀려고 하였는데, 典籤 姜秀가 허락하지 않았다. 소자한이 눈물을 흘리면서 모친에게 말하기를 "제가 다섯 걸음을 옮기려고 해도 할 수가 없으니, 죄수와 무엇이 다르겠습니까."라고 하였다.

永明(490) 巴東의 난리 때에 世祖(蕭賾)가 신하들에게 말하기를 "蕭子響이 마침내 반란을 일으켰구나."라고 하였다. 戴僧靜이 말하기를 "여러 왕들은 본래 모두 모반을 일으키고자 하니, 어찌 巴東王뿐이겠습니까."라고 하였다. 세조가 그 까닭을 묻자, 대답하기를 "황실의 王들은 죄가 없으니, 한때 감금을 당하여 한 잔의 미음을 먹는 것도 籤帥(典籤)에게 물어서 해야 하고, 籤帥가 없으면 하루 종일 갈증을 참아야 했습니다. 여러 州에서는 籤帥가 있다는 것만 알고 刺史가 있다는 것을 알지 못합니다. 어찌 모반하지 않을 수 있겠습니까."라고 하였다.

蕭鸞이 여러 왕을 죽일 때에 모두 典籤에게 명령하여 죽이게 하니, 거부할 수 있는 자가 없었다. 孔珪가 그 소식을 듣고 눈물을 흘리며 말하기를 "만약 籤帥를 세우지 않았다면 이런 지경에는 이르지 않았을 것입니다."라고 하였다. 소란도 전첨의 폐단을 잘

알아서 조서를 내리기를 "지금부터 여러 州에 일이 있으면 은밀하게 조정에 아뢰어 보고하고 다시는 전첨을 보내 도성에 들어오게 하지 말라."라고 하였다. 이로부터 전첨의 임무가 점점 가벼워졌다.

南海王子罕戍瑯邪하여 欲暫遊東堂①이러니 典籤姜秀不許하다 子罕泣謂母曰 兒欲移五步亦不得하니 與囚何異리오 永明巴東之亂에 世祖謂群臣曰 子響遂反이로다 戴僧靜曰 諸王都自應反이니 豈唯巴東이리오 上問其故한대 對曰 天王無罪어늘 而一時被囚하여 取一杯漿도 亦諮籤帥요 籤帥不在면 則竟日忍渴②하니 諸州唯聞有籤帥요 不聞有刺史라 何得不反이리오 及鸞誅諸王에 皆令典籤殺之하니 無能拒者라 孔珪聞之하고 流涕曰 若不立籤帥면 故當不至於此리라 鸞亦深知其弊하여 乃詔自今諸州有事어든 密以奏聞하고 勿遣典籤入都하니 自是典籤之任浸輕矣러라

① 蕭子罕은 世祖의 아들이다.
子罕, 世祖子.
② "天王"은 황실의 여러 王을 말한다.
天王, 謂天家諸王也.

【目】 蕭子顯이 다음과 같이 평하였다.

"帝王의 아들들은 부유한 환경에서 태어나고 자라서 이른 나이에 안방을 나와서는 늦게는 方岳(諸侯)을 맡는다. 교만함을 막으며 방탕함을 없애는 일이 여러 대를 내려온 일정한 법이었으므로, 황제의 측근을 등용하여 主帥[25]로 삼아서 제후왕의 동정을 모두 보고하게 하였다. 처한 지위가 비록 중요하였지만 자기의 행동이 자유롭지 못하였고, 위엄이 자신에게 있지 않고, 은혜는 아랫사람에게 미치지 않다가 갑자기 조정에 艱難이 한꺼번에 닥쳐올 경우에 제후왕이 자신의 지위를 벗어놓고 조정의 위태로움을 돕기를 바란들 어찌 가능하겠는가. 이는 宋氏가 남긴 풍조가 齊나라에 이르러 더욱 폐단이 된 것이다."

蕭子顯曰① 帝王之子生長富厚하여 朝出閨閫에 暮司方岳하니 防驕翦逸이 積代常典이라 故用左右爲主帥하여 動息皆應聞啓라 處地雖重하나 行己莫由하니 威不在身이요 恩未下及이라가 一朝艱難總至어든 望其釋位扶危인들 何可得矣리오 斯宋氏之餘風이 至齊室而尤弊矣②러라

① 蕭子顯은 梁나라 吏部尙書이며, 바로 齊나라 豫章王 蕭嶷의 아들이니, ≪南齊書≫ 60권을 찬술하였다.

25) 主帥 : 典籤 등 지방관을 감시하는 사람들을 가리킨다.

子顯, 梁吏部尙書, 卽齊豫章王嶷之子, 撰齊書六十卷.

② "釋位"는 그 지위를 버려두고 가는 것이다. ≪春秋左氏傳≫ 昭公 26년에 "諸侯 자리를 버려두고 와서 王의 정치에 참여하는 것이다." 하였다. 註에 "間은 참여함과 같다. 그 지위를 버리고서 왕의 정사에 참여하여 다스리는 것이다." 하였다.
釋位, 釋去其位也. 左傳"諸侯釋位以間王室." 注"間, 猶與也. 去其位與治王之政事."

【綱】魏主(拓跋宏)가 平城에서 출발하였다.

魏主發平城하다

【目】北魏(拓跋宏)가 太尉 東陽王 拓跋丕를 太傅 錄尙書事로 삼아 平城에 留守하게 하고, 魏主가 친히 太廟에 고유하고 高陽王 拓跋雍과 于烈에게 시켜서 神主를 받들어 洛陽에 옮기도록 하고는 마침내 平城을 출발하였다.

魏以太尉東陽王丕爲太傅錄尙書事하여 留守平城하고 魏主親告於太廟하고 使高陽王雍于烈奉遷神主于洛陽하고 遂發平城하다

【綱】齊나라 宣城王 蕭鸞이 그 임금 蕭昭文을 폐하여 海陵王으로 삼고 스스로 황제에 즉위하였다.

齊宣城王鸞廢其主昭文爲海陵王而自立하다

【目】齊主 蕭昭文이 황제의 지위에 있을 적에 행동과 음식을 모두 宣城王 蕭鸞에게 물은 뒤에 거행하였다. 이때에 이르러서 소란이 皇太后의 명으로 소소문을 폐위하여 海陵王을 삼고 스스로 황제에 즉위하였다. 그리고 王敬則을 大司馬로 삼고 陳顯達로 太尉를 삼았다. 尙書 虞悰이 병을 핑계 대고 모시는 자리에 참여하지 않으니, 齊主(소란)가 그를 佐命 공신에 참여시키기 위해 王晏을 시켜 그를 깨우치게 하자, 우종이 말하기를 "主上은 성스러우며 밝고 公卿들이 힘을 다하는데, 어찌 늙은이를 데려다 나라를 새롭게 하는 일을 돕게 하려고 하십니까. 감히 명령을 듣지 못하겠습니다."라고 하고, 이어서 慟哭을 하였는데, 조정에서 의논하여 그를 규탄하려고 하였다. 徐孝嗣가 말하기를 "이것 역시 옛날부터 내려온 곧은 기풍입니다."라고 하자, 마침내 멈추었다.

齊主昭文在位에 起居飮食을 皆諮宣城王鸞而後行이러니 至是하여 鸞以皇太后令으로 廢昭文

爲海陵王而自立①하다 以王敬則爲大司馬하고 陳顯達爲太尉하다 尙書虞悰稱疾不陪位어늘 齊主鸞欲引參佐命하여 使王晏喩之한대 悰曰 主上聖明하고 公卿戮力하니 寧假朽老以贊惟新乎②아 不敢聞命하노이다 因慟哭이어늘 朝議欲糾之러니 徐孝嗣曰 此亦古之遺直이라한대 乃止하다

① 皇太后는 바로 文惠太子妃 王氏이다.
皇太后, 卽文惠太子妃王氏也.
② ≪詩經≫ 〈大雅 文王〉에 "그 명이 오직 새롭다." 하였다.
詩曰 "其命維新."

【綱】 齊나라가 州牧·守令이 공물을 올리는 것을 금지하였다.

齊禁牧守薦獻하다

【目】 조서를 내리기를 "外藩의 州牧·守令이 조정에 올리는 공물이 그 토산품이 아니면 모두 금지하라."라고 하였다.

詔藩牧守宰에 或有薦獻이 事非任土어든 悉加禁斷①하다

① ≪書經≫ 〈夏書 禹貢〉 小序에 "토양에 맞게 공물을 내게 했다." 하였다. 孔安國의 注에 "그 토양의 마땅함에 맞게 그 貢稅(賦稅)의 법을 정하였다." 하였다.
書禹貢 "任土作貢." 孔注 "任其土地之宜, 定其貢稅之法."

【綱】 北魏가 蠻人이 齊나라 국경을 침략하지 못하도록 금지시켰다.

魏禁蠻毋得侵掠齊境[26]하다

【目】 魏主(拓跋宏)가 조서를 내리기를 "변경의 蠻人이 남쪽(齊나라) 땅을 침략하는 일이 많아져 父子가 서로 떨어지고 부부가 헤어졌다. 朕이 바야흐로 적을 소탕하고 천하를 통일하여 백성들을 자식처럼 기르려 하는데, 만약 이와 같다면 南人(齊나라 사람들)이 조정(황제)의 은덕을 어찌 알겠느냐. 蠻民이 침범하여 포악하게 굴지 않도록 금지하라."라고 하였다.

詔曰 緣邊之蠻이 多掠南土하여 父子乖離하고 家室分絶하니 朕方蕩一區宇하여 子育萬姓하노니

26) 魏禁蠻毋得侵掠齊境 : "특별히 기록한 것이다. 魏主(拓跋宏)는 겸하여 양육했다고 말할 만하다.[特筆也 魏主可謂能兼育矣]" ≪書法≫

若苟如此면 南人豈知德哉①아 可禁蠻民하여 勿有侵暴라하다

① 江南 사람이 장차 北魏 朝廷의 德을 알지 못할 것을 말한 것이다.
謂江南之人將不知魏朝之德也.

【綱】11월에 齊나라가 始安王 蕭遙光을 揚州刺史로 삼고, 聞喜公 蕭遙欣을 荊州刺史로 삼았다.

十一月에 齊以始安王遙光爲揚州刺史하고 聞喜公遙欣爲荊州刺史①하다

① 蕭遙欣은 蕭遙光의 동생이다.
遙欣, 遙光之弟也.

【綱】齊나라가 皇子 蕭寶卷을 세워 太子로 삼았다.

◑ 齊立子寶卷爲太子하다

【綱】魏主(拓跋宏)가 洛陽에 이르렀다.

◑ 魏主至洛陽하다

【綱】北魏가 河陽에 牧場을 설치하였다.

◑ 魏置牧場于河陽하다

【目】魏主(拓跋宏)가 명령하여 將軍 宇文福으로 牧場을 순시하게 하였다. 우문복이 表文을 올려 牧地가 石濟의 서쪽에서 河內의 동쪽까지이고 황하와의 거리가 10리라고 하였다. 魏主가 자신이 代(평성)에서 雜畜을 옮겨와 그 땅에 두고 우문복을 시켜서 관장하도록 하니, 가축이 손실되지 않아서 그를 司衛監으로 삼았다.

예전에 世祖(太武帝)가 統萬과 秦·涼을 평정하고 河西에 물과 풀이 풍성하고 좋다고 여겨 牧地를 만들었는데, 가축이 매우 蕃息하여 말이 200여만 匹이고 낙타가 그 절반이고, 牛羊은 셀 수가 없었다. 高祖(拓跋宏) 때에 와서 河陽에 牧場을 만들어서 항상 戎馬 10만 필을 기르게 하였다. 해마다 河西에서 幷州로 옮겨 방목하고 조금씩 다시 남쪽으로 옮겨서 점차 水質과 土質에 익숙하게 하여 죽거나 상하지 않도록 하니 하서의 목

장이 더욱 번성하였다. 明帝 正光(520~524) 이후에는 모두 寇盜에게 노략질을 당하여 남은 것이 없었다.

魏主勅將軍宇文福行牧地하다 福表石濟以西로 河內以東히 距河凡十里[①]라커늘 魏主自代徙雜畜置其地하여 使福掌之하니 畜無耗失이라 以爲司衛監하다 初에 世祖平統萬及秦涼하고 以河西水草豐美라하여 用爲牧地하니 畜甚蕃息하여 馬至二百餘萬匹이요 橐駝半之하고 牛羊無數러니 及高祖置牧場於河陽하여 常畜戎馬十萬匹[②]하니라 每歲自河西徙牧幷州하고 稍復南徙하여 欲其漸習水土하여 不至死傷하니 而河西之牧愈蕃이러니 及正光以後에 皆爲寇盜所掠하여 無孑遺矣[③]러라

① 行(순시하다)은 去聲이다. 牧地는 세로는 石濟의 서쪽에서 河內의 동쪽이고, 가로는 황하와 거리가 10리이다.
行, 去聲. 牧地, 縱則石濟以西, 河內以東, 橫則距河十里.

② 河陽의 牧場은 바로 宇文福이 감독한 牧地이다.
河陽牧場, 卽宇文福所規牧地.

③ 正光은 北魏 孝文帝의 손자 明帝의 年號이다.
正光, 魏孝文之孫明帝年號.

【綱】 齊主 蕭鸞이 海陵王 蕭昭文을 시해하였다.

齊主鸞弑海陵王하다

【目】 蕭鸞은 海陵王이 질병이 있다고 거짓으로 말하고 자주 御師(황실 의원)를 보내 자세히 살피도록 하였는데, 이를 통하여 그를 죽였다.

鸞詐稱王有疾하고 數遣御師瞻視러니 因而殞之[①]하다

① 御師는 醫師이다. 황제를 공양하는 것이기 때문에 御師라고 말한다.
御師, 醫師也, 以其供御, 故謂之御師.

【綱】 北魏가 郢州刺史 韋珍에게 곡식과 비단을 내려주었다.

魏賜郢州刺史韋珍穀帛[27]하다

27) 魏賜郢州刺史韋珍穀帛 : "일상적인 下賜는 기록하지 않는데 '賜珍(韋珍에게 하사했다.)'라고 기록한 것은 어째서인가. 위진을 인정해준 것이다. ≪資治通鑑綱目≫을 마칠 때까지 곡식을 하사한 것은 2번이고(毛義 등과 韋珍) 비단을 하사한 것은 4번이니(韓福, 韋珍, 令狐熙, 于志寧) 모두 인정해준 것이고, 오직 한복에게 하사한 일은 나무란 것이다.〔常賜不書 書賜珍 何 予珍也 終綱目書賜穀二(毛義等

【目】 韋珍이 郢州에 있을 때에 명성과 공적이 있었는데 魏主(拓跋宏)가 駿馬·곡식·비단을 내려주자 위진이 境內에 고아와 가난한 자를 모아서 그들에게 나누어주고 말하기를 "天子께서 나에게 卿들을 편안하게 안무하라고 하여 이 때문에 곡식과 비단을 내려주시니, 내가 어찌 감히 홀로 이것을 소유하겠는가."라고 하였다.

珍在州有聲績이어늘 魏主賜以駿馬穀帛한대 珍集境內孤貧者하여 散與之하고 謂之曰 天子以我能撫綏卿等하여 故賜以穀帛하니 吾何敢獨有之리오

【綱】 12월에 北魏가 胡服을 금지하였다.

十二月에 魏禁胡服하다

【目】 魏主(拓跋宏)가 옛날 풍속을 바꾸고자 하여 조서를 내려서 백성들에게 胡服을 금지시키니 國人들이 기뻐하지 않았다. 散騎常侍 劉芳, 黃門侍郎 郭祚가 모두 文學으로 친근한 예우를 받으니, 大臣 貴戚들이 모두 불평하였다. 황제가 陸凱를 시켜서 사사로이 그들을 깨우치며 말하기를 "至尊은 다만 前世의 法式을 찾아 묻고자 할 뿐이니, 끝내 저들을 친하게 대하고 그대들을 멀리하는 것이 아니다."라고 하니, 여러 사람의 마음이 그제야 조금 풀어졌다.

魏主欲變易舊風하여 詔禁民胡服하니 國人不悅①하다 散騎常侍劉芳黃門侍郎郭祚 皆以文學見親禮②하니 大臣貴戚皆不平이어늘 帝使陸凱私諭之曰③ 至尊但欲詢訪前世法式耳니 終不親彼而相疏也이니라 衆意乃稍解하다

① 國人은 北魏와 함께 北荒에서 같이 일어난 子孫이다.
國人者, 與魏同起於北荒之子孫也.
② 劉芳은 劉纘의 族弟이다.
芳, 纘之族弟也.
③ 陸凱는 陸馛의 아들이다.
凱, 馛之子也.

【綱】 魏主(拓跋宏)가 직접 군대를 거느리고 齊나라를 정벌하였다.

魏主自將伐齊[28]하다

韋珍) 書賜帛四(韓福 韋珍 令狐熙 于志寧) 皆予之也 惟賜韓福爲譏辭]' ≪書法≫

【目】魏主(拓跋宏)는 齊主(蕭鸞)가 스스로 황제에 즉위한 일로 인해 크게 군사를 일으켜 齊나라를 정벌하려고 하니, 마침 邊將이 齊나라 雍州刺史 曹虎가 사자를 보내 항복을 요청하였다고 말하였다. 마침내 諸將들을 나누어 보내 병사를 출동시켜 맞이하게 하고, 尙書 盧淵으로 襄陽의 선봉 부대를 감독하게 하였는데, 노연이 사양하니 허락하지 않았다. 그러자 노연이 말하기를 "曹虎가 周魴처럼 속일까 두려울 뿐입니다."라고 하였다.

魏主가 직접 군대를 거느리고 齊나라를 정벌하려고 公卿을 불러들여 의논하였는데, 鎭南將軍 李沖이 말하기를 "臣 등은 遷都한 초창기이기에 사람들이 조금 편안해지는 것을 생각하고, 〈曹虎가〉 내응하려는 일도 아직 살피지 못하였으니, 가볍게 움직이는 것은 옳지 않습니다."라고 하였다. 魏主가 말하기를 "항복하려는 曹虎의 虛實은 진실로 알 수 없지만, 만약 거짓이라면 朕이 淮甸(淮水 유역)을 순행하여 위로하고, 백성들의 疾苦를 물어서 저들에게 君德이 있는 곳을 알게 하여 북쪽을 향하는 마음[29]이 있도록 하고, 만약 그것이 실제라면 지금 맞이하지 못하면 틈을 탈 수 있는 기회를 잃어버리고 귀의하려는 마음을 저버려서 朕의 큰 계책이 실패하게 될 것이다."라고 하였다.

魏主以齊主自立으로 謀大擧伐之러니 會邊將言호되 齊雍州刺史曹虎遣使請降이라하니 乃分遣諸將하여 出兵應接하고 以尙書盧淵督襄陽前鋒한대 淵辭어늘 不許하니 淵曰 恐曹虎爲周魴耳①라하더라 魏主欲自將伐齊하여 引公卿入議한대 鎭南將軍李沖曰 臣等正以遷都草創하여 人思少安이요 爲內應者未得審諦하니 不宜輕動이다 魏主曰 彼降(항)款虛實은 誠未可知②어니와 若其虛也인댄 朕巡撫淮甸하고 訪民疾苦하여 使彼知君德之所在하여 有北嚮之心하고 若其實也인댄 今不以時應接하면 則失乘時之機하고 孤歸義之誠하여 敗朕大略矣리라

① 周魴은 三國時代 吳나라 鄱陽太守이다. 거짓으로 郡을 가지고 魏나라에 항복하였는데, 魏나라 揚州牧 曹休가 기병을 거느리고 그에게 호응하니, 마침내 吳나라에게 패배를 당하였다.
周魴, 三國吳鄱陽太守也. 詐以郡降魏, 魏揚州牧曹休率騎應之. 遂爲吳所敗.
② 降(항복하다)은 胡江의 切이다.
降, 胡江切.

---

28) 魏主自將伐齊 : "일찍이 '侵齊(齊나라를 침략했다.)'라고 기록하고는 여기서 다시 '伐(정벌했다)'이라고 기록한 것은 어째서인가. 蕭鸞을 미워한 것이다. 소란은 이때에 두 임금을 시해하고 또 자신이 황제의 자리에 올랐다. 北魏를 정벌하는 것을 인정해준 것이니, 齊나라를 매우 미워했기 때문이다.〔嘗書侵齊矣 此其復書伐 何 惡鸞也 鸞於是弑二君 且自立矣 予魏以伐 所以深惡齊也〕" ≪書法≫
29) 북쪽을……마음 : 魏主가 백성들에게 덕을 베풀어 그들이 임금인 자신에게 복종하는 마음을 갖도록 함을 말한다. 임금은 南面하고 신하들은 北面한다.

【目】 任城王 拓跋澄이 말하기를 "曹虎가 인질을 보내지 않고, 사신도 다시 오지 않았으니, 속임수라는 것을 알 수 있습니다. 지금 새로 옮겨온 백성들이 노인을 부축하고 어린애의 손을 잡고서 거처에는 서까래 하나 걸친 방이 없고, 식량은 한 섬이나 한 석의 저축도 없습니다. 겨울이 다 끝나가고 봄 농사가 시작되려 하는데 그들을 내몰아 갑옷을 입고 무기를 잡게 해서 울면서 시퍼런 칼날에 맞서게 한다면 아마도 앞에서 노래하고 뒤에서 춤추는 仁義의 군사가 아닐 것입니다. 또 여러 군대가 이미 진군하였으니, 樊과 沔을 평정하기를 기다린 뒤에 형세에 따라 출동해도 어찌 늦은 일이겠습니까. 지금 갑자기 가볍게 출동하여 上下가 피폐해지면 天威(황제 위엄)가 꺾여 다시 적의 기세를 올려줄까 염려되니, 온당한 책략이 아닙니다."라고 하였다.

穆亮과 여러 公卿들이 모두 마땅히 南伐을 행해야 한다고 말하였는데, 탁발징이 목량에게 말하기를 "公들의 평소 논의는 南征을 바라지 않았는데 어찌 황상을 대면해서는 곧바로 이런 말을 하시오. 앞뒤가 같지 않으니, 어찌 大臣의 도리이겠소."라고 하니, 李沖이 말하기를 "임성왕은 社稷에 충성한다고 말할 만하다."라고 하였다. 그러나 魏主(拓跋宏)가 끝내 따르지 않고 마침내 洛陽을 출발하여 조서를 내려 諸將들이 포획한 男女들을 모두 놓아주어 남쪽 齊나라로 돌아가게 하였다. 조호는 과연 항복하지 않았다.

任城王澄曰 虎無質任하고 使不再來하니 詐可知也라 今新遷之民이 扶老携幼하여 居無一椽之室하고 食無甔(담)石之儲①이라 冬月垂盡이요 東作將起어늘 而驅之使擐甲執兵하여 泣當白刃하니 殆非歌舞之師也②로이다 且諸軍已進하니 待平樊(河)〔沔〕[30]하여 然後順動이 亦何晩之有리오 今率然輕擧하여 上下疲勞하면 恐挫損天威하여 更成賊氣하노니 非策之得者也라 穆亮及諸公卿皆以爲宜行이어늘 澄謂亮曰 公輩平居論議는 不願南征이러니 何得對上卽爲此語오 面背不同하니 豈大臣之義乎아 沖曰 任城可謂忠於社稷이로다 然魏主竟不從하고 遂發洛陽하여 詔諸將所獲男女皆放還南하다 曹虎果不降하니라

① 甔(섬)은 儋으로 통용하여 쓴다.
甔, 通作儋.

② 武王이 紂王을 정벌하자 앞에서 노래하고 뒤에서 춤을 추었다.
武王伐紂, 前歌後舞.

30) (河)〔沔〕: 저본에는 '河'로 되어 있으나, ≪資治通鑑≫에 의거하여 '沔'으로 바로잡았다.

乙亥年(495)

齊나라 高宗 明帝 蕭鸞 建武 2년이고, 北魏 高祖 孝文帝 拓跋宏 太和 19년이다.

齊建武二年이요 魏太和十九年이라

【綱】 봄 2월에 魏主(拓跋宏)가 鍾離를 공격하여 함락시키지 못하고 사신을 보내 강가에서 齊主(蕭鸞)의 罪를 조목조목 열거하고 돌아왔다.

春二月에 魏主攻鍾離하여 不克하고 遣使臨江하여 數齊主之罪而還[31)]하다

【目】 齊나라는 將軍 王廣之·蕭坦之·沈文季를 보내서 여러 군대를 감독시켜서 北魏를 막았다. 北魏 徐州刺史 拓跋衍이 鍾離를 공격하였는데, 齊나라 徐州刺史 蕭惠休가 막아 지키고 몰래 나가서 습격하여 격파하였다. 北魏 大將軍 劉昶과 將軍 王肅이 義陽을 공격하였는데, 齊나라 司州刺史 蕭誕이 막았다. 왕숙이 누차 소탄지의 군대를 격파하였다. 유창은 성품이 편협하고 조급해서 군대를 다스리는 데에 엄하고 포학하였지만 사람들 중에 감히 말하는 자가 없었는데, 參軍 陽固가 굳이 애써서 간언을 하였다. 유창이 怒하여 그를 참수하려 하다가 그에게 성의 도로를 공격하는 것을 맡도록 하였다. 양고의 마음이 閑雅하고 적군을 만나서는 용감하고 과감하니, 유창이 비로소 그를 기특하게 여겼다.

齊遣將軍王廣之蕭坦之沈文季督諸軍以拒魏러니 魏徐州刺史拓跋衍攻鍾離어늘 齊徐州刺史蕭惠休拒守하고 間出襲擊破之①하다 魏大將軍劉昶將軍王肅攻義陽이어늘 齊司州刺史蕭誕拒之러니 肅屢破誕兵하다 昶性褊躁하여 御軍嚴暴로되 人莫敢言②이어늘 參軍陽固苦諫하니 昶怒하여

---

31) 魏主攻鍾離……數齊主之罪而還 : "敵國이 상대의 죄를 조목조목 든 것이 많았는데 기록하지 않았다. 이때에 특별히 기록한 것은 蕭鸞을 미워했기 때문이다. 앞에서 '伐'이라고 기록하고 여기서 '罪'라고 기록하였으니 ≪資治通鑑綱目≫에서 亂臣賊子를 주벌함이 엄하다.〔敵國相數以罪多矣 不書 於是特書 惡鸞也 前書伐 此書罪 綱目之誅亂賊嚴矣〕" ≪書法≫

"南北이 서로 공격한 것이 한 차례가 아닌데 죄를 묻는 전쟁은 없었다. 지금 蕭鸞이 시해하고 황제가 즉위하자 魏主(拓跋宏)가 이를 빙자하여 군사를 출동시켰고 이윽고 성을 공격하였으나 함락시키지 못하자 비로소 그 죄를 꾸짖고 돌아갔다. ≪資治通鑑綱目≫에서 이를 들어 기록하였으니 魏主가 전쟁을 끝까지 하지 않는 아름다움을 보였을 뿐만 아니라, 또한 齊主의 죄를 지목할 수 있는 실상을 밝힌 것이다.〔南北交攻非一 未嘗有問罪之師 今蕭鸞弒立 魏主借是擧兵 旣而攻城不克 始數其罪而還 綱目揭而書之 不獨見魏主不遂窮兵之美 亦所以彰齊主有罪可名之實〕" ≪發明≫

欲斬之라가 使當攻道어늘 固志意閑雅하고 臨敵勇決하니 昶始奇之[3]하더라

① 蕭惠休는 蕭惠明의 동생이다.
惠休, 惠明之弟也.
② "褊躁"는 편협하고 조급한 것을 말한다.
褊躁, 謂褊狹急躁.
③ "攻道"는 城의 길을 공격하는 것이니, 화살과 돌 공격이 집중되는 곳이다.
攻道, 攻城之道, 矢石之所集也.

【目】2월에 魏主(拓跋宏)가 壽陽에 이르러 군대가 30萬이라고 일컬었다. 길에서 심한 비를 만나 魏主가 자신의 傘蓋를 치우라고 명령하고 군사들 중에 병든 자를 보면 직접 어루만져 위로하였다. 魏主가 사람을 보내 壽陽城 내부의 齊人을 불러오게 하자 齊나라 豫州刺史 豐城公 蕭遙昌이 參軍 崔慶遠을 시켜서 군사들이 온 이유를 따졌다. 魏主가 말하기를 "齊主는 무슨 이유로 군주를 폐위하고 스스로 즉위하였는가?"라고 하니, 崔慶遠이 말하기를 "못난 군주를 폐위하고 밝은 군주를 세우는 일은 고금에 한두 번이 아니니, 무엇을 의심하는지 모르겠습니다."라고 하였다. 魏主가 말하기를 "卿의 임금이 만약 忠義을 잊지 않았다면 어찌 이전 황제의 近親을 세우지 않고 스스로 황제의 자리를 취하였는가?"라고 하니, 최경원이 말하기를 "霍光도 漢 武帝의 近親을 버리고 宣帝를 세웠으니, 오직 현명했기 때문입니다."라고 하였다. 魏主가 말하기를 "곽광은 어찌 스스로 황제에 즉위하지 않았는가?"라고 하니, 최경원이 말하기를 "곽광은 황제의 친족이 아니기 때문입니다. 우리 主上은 바로 漢나라 宣帝에 비교할 수 있을 뿐이니, 어찌 곽광과 비교할 수 있겠습니까. 또 만약 그렇다면 武王이 紂王을 정벌하고서 〈주왕의 庶兄〉 微子를 세우지 않았으니, 또한 天下를 탐낸 것입니까."라고 하니, 魏主가 크게 웃고 최경원에게 술·안주·의복을 내려주어서 그를 보냈다.

二月에 魏主至壽陽하니 衆號三十萬이라 道遇甚雨하여 命去蓋하고 見軍士病者면 親撫慰之하다 遣使呼城中人한대 齊豫州刺史豐城公遙昌使參軍崔慶遠出問師故[1]어늘 魏主曰 齊主何故廢立고 慶遠曰 廢昏立明이 古今非一이니 未審何疑오 魏主曰 卿主若不忘忠義인댄 何以不立近親하고 而自取之乎아 慶遠曰 霍光亦捨近親而立宣帝하니 唯其賢也라 魏主曰 霍光何以不自立고 慶遠曰 非其類也이라 主上正可比宣帝耳니 安可比光이리오 且若然者면 武王伐紂而不立微子하니 亦爲貪天下乎아 魏主大笑하고 賜慶遠酒殽衣服而遣之하다

① 蕭遙昌은 蕭遙欣의 동생이다.
遙昌, 遙欣之弟也.

【目】 **魏主**(拓跋宏)가 淮河를 따라서 동쪽으로 나아가니, 백성들이 모두 안도하고 양식을 운반하여 바치는 행렬이 길에 이어졌다. 마침내 **鍾離**에 이르렀는데, **齊**나라가 將軍 崔慧景을 보내 구원하였다. 劉昶·王肅은 군사가 20萬이라 일컫고 참호와 목책을 3중으로 만들어 병력을 합해 **義陽**을 공격하니, 王廣之가 감히 나가지 못하였다. 黃門侍郎 蕭衍이 사잇길로 밤에 출발하여 곧장 賢首山을 올라가니, **北魏** 군사들이 감히 접근하지 못하였다. 동이 트는 새벽에 의양성 안에서 멀리 원군을 바라보고 長史 王伯瑜를 보내 나가서 **北魏**의 목책을 공격하여 바람을 이용하여 불을 놓고 소연 등이 직접 군대를 이끌고 밖에서 공격하자, **北魏**가 포위를 풀고 떠나니 추격하여 격파하였다.

魏主循淮而東하니 **民皆安堵**요 **租運屬路**러라 **遂至鍾離**①어늘 **齊遣將軍崔慧景救之**러니 **劉昶王肅衆號二十萬**하고 **塹柵三重**하여 **幷力攻義陽**하니 **王廣之不敢進**하다 **黃門侍郎蕭衍間道夜發**하여 **徑上賢首山**하니 **魏人不敢逼**②이러니 **黎明**에 **城中望見援軍**하고 **遣長史王伯瑜出攻魏柵**하여 **因風縱火**하고 **衍等自外擊之**하니 **魏解圍去**어늘 **追擊破之**③하다

① 民은 淮北의 백성을 말한다.
民, 謂淮北之民
② ≪水經註≫에 "溮水는 남쪽으로 가서 大潰山 북쪽에서 발원하여, 賢首山 서쪽을 경유하고, 또 북쪽으로 나와서 동남쪽으로 굽이돌아 仁順城 남쪽을 경유한다. 仁順城은 옛 義陽郡의 치소이다." 하였다.
水經(汴)〔注〕[32] "溮水南出大潰山北, 逕賢首山西, 又北出, 東南屈, (逕義陽縣郡城南)〔逕仁順城南 故義陽郡治〕[33]."
③ 黎는 梨字와 통용하니, 梨는 黑色이다. 어둠과 밝음이 서로 섞여서 환함과 어둠이 교차한다. 昧爽이라는 말과 같으니, 昧는 어둠이고, 爽은 밝음으로, 또한 밝음과 어둠이 서로 섞인 것이다. 遲明(새벽) 곧 밝기 전이고, 厥明(해돋이 전)과 質明(동틀 녘)은 이미 환하다.
黎, 梨字通. 梨, 黑色也. 黑與明相雜, 欲曉未曉之交也. 猶曰昧爽也. 昧, 暗也. 爽, 明也. 亦明暗相雜也. 遲明卽未及乎明也. 厥明·質明則已曉也.

---

32) (汴)〔注〕: 저본에는 '汴'으로 되어 있으나, ≪資治通鑑≫ 註에 의거하여 '注'로 바로잡았다.
33) (逕義陽縣郡城南)〔逕仁順城南 故義陽郡治〕: 저본에는 '逕義陽縣郡城南'으로 되어 있으나, ≪水經註≫에 의거하여 '逕仁順城南 故義陽郡治'로 바로잡았다.

【目】魏主(拓跋宏)가 남쪽으로 長江에 가려 하였는데 마침 司徒 馮誕이 卒하였다. 마침내 사람을 보내 長江으로 가게 하여 齊主(蕭鸞)의 罪惡을 꾸짖고 돌아오게 하였다.

魏主가 淮南에 城을 쌓아 수비병을 두어 지키게 하려고 相州刺史 高閭에게 璽書를 내려서 물으니, 고려가 表文을 올려 다음과 같이 대답하였다.

"옛날에 世祖(太武帝)께서는 산을 돌려놓고 바다를 뒤집을 위세로 步兵과 騎兵 수십만을 거느리고 남쪽으로 瓜步에 도착하니, 宋나라 여러 郡이 전부 항복하였는데, 작은 성 盱眙를 공격하였으나 함락시키지 못했습니다. 회군하는 날에 병사들이 하나의 성도 수비하지 못하고 땅을 1廛도 개척하지 못하였으니, 어찌 사람들이 없었기 때문이겠습니까. 大鎭이 평안하지 못하면 작은 지방을 지킬 수 없기 때문입니다. 물을 막는 자는 먼저 그 근원을 막고, 나무를 베는 자는 먼저 그 뿌리를 자르는 법이니, 뿌리와 근원이 여전히 남아 있는데, 末流를 공격하면 끝내 이익이 없기 때문입니다.

壽陽・盱眙・淮陰은 淮南의 뿌리이자 근원이니, 3鎭 중에 하나의 鎭을 함락시키지 못하여 외로운 성에 남아 지키면서 적은 수의 병사를 둔다면 스스로 굳게 지킬 수 없고, 많은 병사를 둔다면 군량을 운반하여 통과하기 어렵습니다. 大軍이 이미 돌아가고 나면 군사들의 마음이 외롭고 두려움에 떨고, 여름에 물이 크게 불어나면 구원하기 매우 어렵습니다. 齊나라의 새로운 군대로 우리의 오래된 군대를 공격하면 피로함으로 편안함을 막는 것이니 만약 이와 같이 된다면 반드시 적에게 사로잡히게 될 것입니다. 날씨는 더워지고 비도 지금 내리고 있으니, 바라건대 陛下께서는 世祖께서 만드신 규범을 따라서 御駕를 洛邑으로 돌려서 힘을 쌓고 틈을 엿보면서 德을 펴고 교화를 행하시어 中國이 화목해지고 나면 먼 곳의 사람들이 저절로 복종할 것입니다."

尙書令 陸叡가 表文을 올려서 말하기를 "長江이 넓어 저들의 큰 방어선이 되고, 남방 풍토가 찌는 듯이 더워서 여름에 疾病이 많으며, 도읍을 옮긴 초창기여서 여러 가지 일이 시작되니, 兵役과 徭役을 함께 거행하는 것은 聖王도 어려워하는 일입니다. 피폐한 병사를 내몰아 견고한 城을 지키는 오랑캐들을 토벌하면 장차 어떻게 승리를 거두겠습니까. 바라건대 일찍 洛邑으로 돌아가서 根本을 깊고 견고하게 해야 합니다. 그런 뒤에 장수에게 명령하여 군사를 움직이시면 어찌 저들이 복종하지 않을까 근심하겠습니까." 라고 하니, 魏主가 그의 말을 따랐다.

魏主欲南臨江이러니 會司徒馮誕卒이라 乃遣使臨江하여 數齊主罪惡而還하다 魏主欲築城置戍於淮南하고 賜相州刺史高閭璽書問之한대 閭表對曰 昔世祖以回山倒海之威로 步騎數十萬이 南

臨瓜步하니 諸郡盡降이어늘 而盱眙(우이)小城을 攻之不克이러니 班師之日에 兵不戍一城하고 土不闢一廛①하니 夫豈無人이리오 以爲大鎭未平하니 不可守小故也②러라 夫壅水者는 先塞其原하고 伐木者先斷其本하나니 本原尙在에 而攻其末流하면 終無益也라 壽陽盱眙淮陰은 淮南之本原也③이니 三鎭不克其一하여 而留守孤城하여 少置兵則不足以自固요 多置兵則糧運難通이라 大軍旣還하면 士心孤怯하고 夏水盛漲하면 救援甚難이라 以新擊舊하며 以勞禦逸하니 若果如此이면 必爲敵擒④하리라 天時向熱하고 雨水方降하니 願陛下踵世祖之成規하여 旋轅洛邑하여 蓄力觀釁하시고 布德行化하여 中國旣和하면 遠人自服矣리이다 尙書令陸叡上表하여 以爲長江浩蕩하니 彼之巨防이요 南土鬱蒸하여 夏多疾病하고 遷鼎草創하여 庶事甫爾하니 兵徭竝擧는 聖王所難이라 驅罷(피)弊之兵하여 討堅城之虜면 將何以取勝乎⑤아 願早還洛邑하여 使根本深固라 然後命將出師하시면 何憂不服이리오 魏主從之하다

① 廛은 1畝 半이니, 한 집이 사는 땅이다.
廛, 一畝半, 一家之居地.

② 宋나라 때에 淮河 가에 壽陽·廣陵으로 大鎭을 만들었다.
宋時淮上以壽陽·廣陵爲大鎭.

③ 壽陽·盱眙·淮陰이 모두 淮河 나루터의 요충지이고, 齊나라는 모두 막강한 군대로 그곳을 지키게 하였다. 그러므로 本原이라고 한 것이다.
壽陽·盱眙·淮陰, 皆淮津之要地, 齊皆以重兵守之, 故云本原.

④ 주둔해 수비하는 기간이 오래되어 北魏의 군사가 이미 피로해졌고, 齊나라는 生兵(처음 전쟁에 투입되는 부대)으로 공격하니, 이를 새로운 군대로 오래된 군대를 공격한다고 말한 것이다. 北魏는 외로운 군대로 외로운 성을 지켜서 방어에 피로하였고 齊나라 군사는 교대로 나와서 공격하여 군사들의 여력이 있었으니, 이를 수고로움으로 편안함을 막는다고 말한 것이다.
久於屯戍, 魏師已老, 齊以生兵攻之, 是之謂以新擊舊. 魏以孤軍守孤城, 勞於備禦, 齊師迭出而攻之, 士有餘力, 是之謂以勞禦逸.

⑤ 罷(피로하다)는 疲(피)로 읽는다.
罷讀曰疲.

【目】齊나라 사람이 淮河의 작은 섬을 점거하고 나루터 길을 차단하였는데, 北魏 軍主(一軍의 主將) 奚康生이 뗏목을 묶고 땔나무를 쌓아서 바람을 이용하여 불을 놓고 연기에 의지하여 곧장 전진하여 칼을 휘둘러 난도질을 하니 齊나라 병사들이 마침내 궤멸되었다.

魏主(拓跋宏)가 前將軍 楊播에게 步卒 3,000명과 騎兵 500명을 지휘하여 후군을 담당하도록 하였다. 당시 봄물이 한창 늘어났기 때문에 齊나라 병사들이 많이 와서 戰艦으로 하천을 막았다. 양파가 南岸에서 陣을 만들어 齊나라를 막고 여러 군대를 모두 건너게 할 때 齊나라 병사들이 사방에 모여 양파를 포위하니, 양파가 圓陳을 만들어 그들을 막고 자신이 친히 대적하여 죽인 자가 매우 많았다. 서로 대치하며 이틀 밤이 지나자, 軍中에 식량이 다 떨어졌고 포위한 병사들이 더욱 급하게 몰아치니, 魏主가 北岸에 있으면서 물이 불이나 구원하지 못하였다. 이윽고 물이 줄어들자 양파가 정예 기병을 이끌고 齊나라 戰艦을 지나가며 크게 소리 질러 말하기를 "내가 지금 건너가려고 하니 싸울 수 있는 자는 나와라."라고 하고, 마침내 병사들을 이끌고 건너갔다. 양파는 楊椿의 형이다.

齊人據渚하여 邀斷津路어늘 魏軍主奚康生이 縛筏積柴하여 因風縱火하고 依煙直進하여 飛刀亂斫하니 齊兵遂潰하다 魏主使前將軍楊播로 將步卒三千騎五百爲殿이러니 時春水方長이라 齊兵大至하여 戰艦塞川[①]이어늘 播結陳於南岸以禦之하고 諸軍盡濟에 齊兵四集圍播어늘 播爲圓陳以禦之하고 身自搏戰하여 所殺甚衆이러라 相拒再宿에 軍中食盡하고 圍兵愈急한대 魏主在北岸하여 以水盛不能救러니 旣而水減이어늘 播引精騎歷齊艦大呼曰 我今欲渡하니 能戰者來하라하고 遂擁衆而濟하다 播는 椿之兄也라

① 長(불어나다)은 知兩의 切이다.
長, 知兩切.

【目】 당시에 北魏의 사자 盧昶 등이 아직 建康에 있었는데 齊나라 사람이 〈짐승 사료인〉 찐 콩을 먹이자, 노창이 두려워 찐 콩을 먹었고 謁者 張思寧은 말투를 굽히지 않고서 관사에서 죽었다. 돌아왔을 때에 魏主(拓跋宏)가 노창을 꾸짖으며 말하기를 "사람이 누구나 죽기 마련인데, 어찌 스스로 마소와 같은 짓을 하여 몸을 굽혀 나라를 욕보였는가. 비록 먼 옛날의 蘇武에게 부끄럽지 않더라도 근래의 張思寧에게 부끄럽지 않겠는가."라고 하고, 마침내 쫓아내어 평민으로 강등시켰다.

時魏使者盧昶等이 猶在建康[①]이러니 齊人飼以蒸豆한대 昶懼食之[②]하고 謁者張思寧은 辭氣不屈하여 死於館下러니 及還에 魏主讓昶曰 人誰不死완대 何至自同牛馬하여 屈身辱國이리오 縱不遠慚蘇武나 獨不近愧思寧乎아하고 乃黜爲民하다

① 盧昶은 盧淵의 동생이다. 지난해에 齊나라에 사신을 갔다.
昶, 淵之弟也. 上年使於齊.

② 찐 콩을 먹여 마소로 그를 대우한 것이다.
飼以蒸豆, 馬牛待之.

【綱】 北魏 太師 馮熙가 卒하였다.

魏太師馮熙卒하다

【目】 馮熙가 平城에서 卒하였다. 平陽公 拓跋丕가 남쪽 洛陽으로 천도하는 것을 좋아하지 않았기 때문에 陸叡와 表文을 올려 魏主(拓跋宏)에게 平城으로 돌아와 풍희를 장사하는 데 참석할 것을 청하였다. 魏主가 말하기를 "천지가 개벽한 이래로 어찌 멀리 외삼촌의 喪에 奔喪하는 일이 있는가. 지금 洛邑을 경영하는데 어찌 경망스럽게 서로 유인하여 군주를 不義에 빠뜨리는가. 그들을 法官에게 보내어 벼슬을 깎아내리도록 하겠다." 라고 하고, 이어서 馮熙의 靈柩를 맞이하여 洛陽에 장사 지내도록 하였다.

熙卒于平城하니 平陽公丕이 不樂南遷이라 與陸叡表請魏主還臨熙葬[①]이어늘 魏主曰 開闢以來로 安有天子遠奔舅喪者乎아 今經始洛邑하니 豈宜妄相誘引하여 陷君不義리오 付法官貶之라하고 仍迎熙柩하여 葬洛陽[②]하다

① 拓跋丕・陸叡가 당시에 平城에 머물러 지키고 있었다.
丕・叡, 時留守平城.
② 法官은 御史를 말한다.
法官, 謂御史.

【綱】 여름 4월에 北魏가 齊나라 南鄭을 포위했다가 함락시키지 못하고 돌아왔다.

夏四月에 魏圍齊南鄭이라가 不克而還하다

【目】 魏主(拓跋宏)가 鍾離에 있을 때에 梁州刺史 拓跋英이 梁州의 병사를 모아 漢中을 공격하기를 청하였는데, 魏主가 허락하였다. 齊나라 梁州刺史 蕭懿가 部將 尹紹祖 등을 보내 병사를 거느리고 험한 곳을 점거하여 다섯 곳에 목책을 세우고 그들을 막았는데, 탁발영이 말하기를 "저 장수들이 미천하여 서로 의견을 통일할 수 없으니, 내가 정예 군졸을 뽑아서 1개의 군영을 아울러 공격하면 저들은 반드시 서로 구원하지 못할 것이

다. 만약 1개의 군영을 이긴다면 4개의 군영은 모두 달아날 것이다.'라고 하고, 마침내 급하게 1개의 군영을 공격하여 빼앗으니, 4개의 군영이 모두 무너졌는데 승리의 기세를 타고 멀리까지 몰아 쫓아가서 南鄭을 압박하였다.

소의가 그의 장수 姜脩를 보내어 탁발영을 공격하였는데 탁발영이 습격하여 모두 사로잡았다. 돌아가려 할 때에 齊나라 군대가 계속해서 이르자, 將士들이 이미 피로하였기 때문에 크게 두려워하여 달아나려고 하였다. 탁발영이 일부러 말고삐를 느슨하게 잡고 천천히 가며 神色이 태연자약하고 높은 곳에 올라가 적군을 바라보고서 동서를 지휘하여 상황에 맞게 처리하고, 그런 뒤에 군대를 정렬하여 앞으로 나가게 하였다. 齊나라 군대가 복병이 있을 것이라고 의심하여 망설이다가 병사를 이끌고 퇴각하였다. 탁발영이 추격하여 齊나라 군사를 격파하고 마침내 南鄭을 포위하더, 將士들에게 侵暴하지 않도록 금지하니, 遠近에서 기뻐하며 귀부하여 다투어 군량을 운반하였다. 성안에서는 두려워하였는데 參軍 庾域이 텅 빈 창고 수십 곳에 봉하고서 將士들에게 가리켜 보이며 말하기를 "여기에는 모두 곡식이 가득하니 족히 2년은 버틸 수 있다. 다만 노력하여 견고하게 지키기만 하면 된다."라고 하니, 병사들의 마음이 마침내 편안해졌다.

魏主之在鍾離也에 梁州刺史拓跋英請以州兵會擊漢中이어늘 許之①하니 齊梁州刺史蕭懿遣部將尹紹祖等將兵據險하여 立五柵以拒之②어늘 英曰 彼帥(수)賤하여 莫相統壹하니 我選精卒幷攻一營하면 彼必不相救하리니 若克一營이면 四營皆走矣리라하고 乃急攻一營하여 拔之하니 四營俱潰어늘 乘勝長驅하여 進逼南鄭한대 懿遣其將姜脩擊英이어늘 英掩擊하여 盡獲之하다 將還에 齊軍繼至하니 將士已疲라 大懼欲走하다 英故緩轡徐行하며 神色自若하고 登高望敵하여 東西指麾하여 狀若處分하고 然後整列而前하니 齊軍疑有伏하여 遷延引退어늘 英追擊破之하고 遂圍南鄭하여 禁將士毋得侵暴하니 遠近悅附하여 爭供租運하니 城中恟懼어늘 參軍庾域封題空倉數十하여 指示將士曰 此粟皆滿하니 足支二年이라 但努力堅守하라 衆心乃安이러니

① 北魏 梁州刺史는 仇池에 治所를 두었고, 齊나라 梁州刺史는 南鄭에 치소를 두었다.
魏梁州刺史治仇池, 齊梁州刺史治南鄭.

② 蕭子顯의 ≪南齊書≫에 의거하면 "당시에 角弩谷·白馬·沮水에 의지해서 5개의 목책을 세웠다." 하였다.
據蕭子顯齊書 "時據角弩谷·白馬·沮水立五柵."

【目】 마침 魏主(拓跋宏)가 拓跋英을 불러서 돌아오게 하였는데, 탁발영은 노약자를 먼저 가게하고 자신이 정예 병사를 거느리고 後軍이 되었고, 사신을 보내서 蕭懿에게 이별을

알렸다. 소의는 속임수라고 생각하다가 탁발영이 떠난 지 2일 만에 마침내 장수를 보내어 추격하였다. 탁발영이 말에서 내려 함께 싸우고자 하니, 소의의 병사들이 감히 접근하지 못하고 돌아왔다. 탁발영이 斜谷에 들어갔을 때에 마침 큰 비가 내렸다. 士卒들이 대나무를 잘라 쌀을 넣고 말 위에서 횃불을 잡고 밥을 지어 먹었다.

이에 앞서 소의가 사람을 보내서 仇池의 여러 氐族들을 감언이설로 꾀어 군사를 일으키게 하여 탁발영이 운송하는 길과 돌아가는 길을 차단하도록 하였다. 탁발영이 군대를 정돈시켜 분발해서 공격하여 한편으로는 싸우면서 한편으로는 전진하였다. 화살이 탁발영의 뺨을 맞혔지만 끝내 군대를 온전히 하여 仇池로 돌아와 반란한 氐族을 토벌하여 평정하였다. 탁발영은 拓跋楨의 아들이고 蕭懿는 蕭衍의 형이다.

會魏主召英還이어늘 英使老弱先行하고 自將精兵爲後拒하고 遣使與懿別①한대 懿以爲詐어늘 英去二日에 乃遣將追之어늘 英下馬與戰하니 懿兵不敢逼而反하다 英入斜谷에 會天大雨라 士卒截竹貯米하고 執炬火於馬上炊之러니 先是에 懿遣人誘說仇池諸氐하여 使起兵斷英運道及歸路하다 英勒兵奮擊하여 且戰且前하여 矢中英頰하되 卒全軍還仇池하여 討叛氐하여 平之하다 英은 楨之子요 懿는 衍之兄也라

① 殿軍(후미 부대)이 뒤에서 추격해오는 병사를 막는 것을 "後拒"라고 한다.
殿軍後以拒追兵曰後拒.

【目】 拓跋英이 南鄭을 공격할 때에 魏主(拓跋宏)가 조서를 내려 雍州·涇州·岐州에 명하여 병사 6,000명을 출동하여 南鄭을 지키게 하되 南鄭城을 함락하기를 기다려서 그들을 보내게 하였는데, 李沖이 다음과 같이 간언하였다.

"秦川은 지세가 험하고 좁으며 羌族·夷族과 접경 지역입니다. 서쪽의 탁발영의 군대가 정벌하러 나간 뒤에 氐族·胡族이 반란을 일으켜 양식을 운반하고 군사를 보내는 것이 지금까지 그치지 않고 이어지고 있습니다.

지금 다시 남정의 수비병을 미리 차출하여 南山 밖에 준비시켰으니, 만약 공격하다가 함락시키지 못하면 공연히 백성들의 마음만 동요시키게 되고, 胡族·夷族과 연결하게 될 것이니, 그렇게 되면 일을 예측하기가 어렵습니다. 바로 聖旨에 따라 비밀리 〈3州〉 刺史에게 명을 내려 南鄭城을 함락시키기를 기다린 뒤에 군대를 파견하여 보내야 합니다. 그러나 서쪽 길은 지세가 험준하여 좁은 외길이 천리 길이기 때문에 지금 멀리 떨어진 외부까지 깊이 들어가 지켜서 여러 적들의 가운데 외로이 웅거하려 하니, 적이 공

격해도 갑자기 구원하지 못하고 식량이 다 떨어져도 식량을 운송할 수가 없을 것입니다. 古人이 말하기를 '비록 채찍이 길어도 말의 배에는 미치지 못한다.'라고 하였으니, 남정은 우리나라에 있어서 실제로 말의 배입니다. 지금 鍾離·壽陽이 이곳에서 가까운데 아직 빼앗지 못하였고, 赭城과 新野가 반걸음 밖에 안 되는 가까운 거리인데 항복을 받지 못하고 있습니다. 東道가 가까운 데도 힘써 지키지 못하는데, 西藩을 어찌 멀리 보낸 병사들로 견고히 지킬 수 있겠습니까. 만약 남정에 지키는 병사를 두려고 한다면 臣은 끝내 적을 돕게 될까 두렵습니다."

魏主가 그의 말을 따랐다.

英之攻南鄭也에 魏主詔雍涇岐州하여 發兵六千人戍南鄭호되 俟克城則遣之[①]어늘 李沖諫曰 秦川險阨하여 地接羌夷하니 西師出後에 氐胡叛逆[②]하여 運糧擐甲이 迄茲未已라 今復豫差戍卒하여 懸擬山外[③]하니 脫攻不克이면 徒動民情이요 連結胡夷니 事或難測이라 輒依旨密下刺史하여 待克鄭城한 然後差遣[④]하다 然西道險阨하여 單徑千里[⑤]라 今欲深戍絕界之外하여 孤據群賊之中하니 敵攻不可猝援이요 食盡不可運糧이라 古人有言호되 雖鞭之長이나 不及馬腹[⑥]이라하니 南鄭於國에 實馬腹也라 今鍾離壽陽密邇未拔하고 赭城新野跬步不降[⑦]하니 東道既未可以近力守커늘 西藩寧可以遠兵固[⑧]아 若果欲置者인댄 臣恐終以資敵也일까하노라 魏主從之하다

① 北魏 雍州는 長安에 治所를 두고 京兆·馮翊·扶風·咸陽·北地 등 郡을 관할하게 하였다. 太和(477~499) 연간에는 涇州를 설치하고 臨涇城에 治所를 두고 安定·隴東·新平·平涼·平原 등 郡을 관할하게 하였다. 11년(487)에 岐州를 설치하고, 雍城鎮에 治所를 두고 平秦·武功·武都郡을 관할하게 하였다.
魏雍州治長安, 領京兆·馮翊·扶風·咸陽·北地等郡. 太和中, 置涇州, 治臨涇城, 領安定·隴東·新平·平涼·平原等郡. 十一年, 置岐州, 治雍城鎮, 領平秦·武功·武都郡.

② ≪資治通鑑≫에는 "西師" 위에 自자가 있다.
通鑑, 西師上有自字.

③ 漢中 땅이 關中 南山 남쪽에 있기 때문에 "山外"라고 한 것이다.
漢中之地在關中南山之南, 故曰山外.

④ 鄭城은 南鄭城을 말한다.
鄭城, 謂南鄭城.

⑤ 褒谷과 斜谷의 길을 말한다.
謂褒·斜之道也.

⑥ ≪春秋左氏傳≫ 宣公 15년 글의 註에 "칠 곳이 아니라는 말이다." 하였다.
左傳宣十五年文註 "言非所擊."

⑦ 赭城은 곧 赭陽城이다.
赭城, 卽赭陽城也.

⑧ 李沖은 대개 淮水・漢水 지역을 東道라고 한 것이고, 南鄭을 西藩이라고 한 것이다.
李沖, 蓋謂淮・漢之地爲東道, 謂南鄭爲西藩.

【綱】 魏主(拓跋宏)가 魯城에 가서 孔子에게 제사를 지내고, 그의 후손을 봉하여 崇聖侯로 삼았다.

魏主如魯城하여 **祠孔子**하고 **封其後爲崇聖侯**[34)]하다

【目】 魏主(拓跋宏)가 魯城에 가서 직접 孔子에게 제사를 지내고 孔氏 4명과 顔氏 2명에게 관직을 제수하고 이어서 여러 孔氏 중에 宗子(大宗의 아들) 1명을 선발하여 崇聖侯로 봉하여 孔子의 제사를 받들게 하고 명령을 내려서 공자의 墓를 수리하도록 하고 다시 碑銘을 세우도록 하였다.

碻磝로 가려할 때에 謁者僕射 成淹에게 배를 준비하라고 명령하여 泗水에서 黃河로 들어가서 물길을 거슬러 올라가 洛陽으로 돌아가려고 하였는데, 成淹이 간언하기를 "黃河의 흐름이 거세니 천자께서 타기에 적합한 것이 아닙니다."라고 하였다. 魏主가 말하기를 "내가 생각건대 平城에 漕運하는 길이 없었기 때문에 京邑의 백성들이 가난하였다. 지금 洛陽으로 천도한 것은 四方의 운송을 통하게 하려 하는 것인데, 백성들이 여

34) 魏主如魯城……封其後爲崇聖侯 : "魏主 拓跋燾에게 일찍이 '進至魯郡 祠孔子(魯郡에 나아가서 孔子를 제사했다.)'라고 기록하였는데, 이때에 다시 '如魯城 祠孔子'라고 하였는데, '如'를 기록한 것은 어째서인가. 전일하다는 말이다. ≪資治通鑑綱目≫이 끝날 때까지 孔子를 제사한 것을 기록한 것이 5번인데 北魏가 그 2번을 차지하고(漢 高帝 12년(B.C. 195)에 자세하다.) 게다가 한 번은 '進至(나아가다)'라고 기록하고 한 번은 '如(가다)'라고 기록하였으니, 모두 그 전일함을 인정해준 말이다.〔魏主燾嘗書進至魯郡 祠孔子矣 於是復書如魯城 祠孔子焉 如者何 專辭也 終綱目書祠孔子五 魏居其二(詳漢高帝十二年) 而又一書進至 一書如 皆予其專之辭也〕" ≪書法≫

"魏主는 이때에 숭상할 대상을 알았다고 이를 만하다. 聖人은 天地와 그 德을 합하는데, 시대에 盛衰는 있으나 道는 더럽혀지거나 높아짐이 없으니, 어찌 반드시 人主에게 요구할 것이 있겠는가. 人主가 스승(孔子)을 높이고 道를 중시하여 天下에 표시하는 것은 모두 스승으로 받들면서 본받을 것을 알게 한 것이니, 이것은 진실로 風化의 근본이기 때문이다. 이때 異端이 한창 번성하여 이때의 임금들은 오직 불교에 돈독하게 뜻에 두고 黃老를 숭상할 줄만 알았는데, 北魏 孝文帝는 유독 우리 儒道를 알았으니, 이것이 어찌 拓跋氏로서 그를 대할 수 있겠는가. '如魯城 祠孔子 封其後爲崇聖侯'라고 기록하였으니, 魏主는 이때에 존숭할 것을 알았다고 이를 만하다.〔魏主於是乎可謂知所尊尙矣 聖人與天地合其德 時有升降 道無汚隆 豈必有求於人主哉 人主尊師重道 所以表示天下 使皆知所師法 此固風化之本 是時異端方熾 時君惟知篤意浮屠 崇尙黃老 而魏孝文乃獨知有吾道 是烏可以拓跋氏待之 書如魯祠孔子 封其後爲崇聖侯 魏主於是乎可謂知所尊尙者矣〕" ≪發明≫

전히 黃河의 험난한 물길을 꺼리고 있다. 그러므로 朕이 이곳으로 가려고 하니, 백성들의 마음을 열기 위한 것이다."라고 하였다.

魏主如魯城하여 親祠孔子하고 拜孔氏四人顔氏二人官하고 仍選諸孔宗子一人하여 封崇聖侯하여 奉孔子祀하고 命修其墓하고 更建碑銘[①]하다 將如碻磝할새 命謁者僕射成淹具舟楫하여 欲自泗入河하여 泝流還洛이어늘 淹諫以河流悍猛하니 非萬乘所宜乘이라한대 魏主曰 我以平城無漕運之路라 故京邑民貧이라 今遷洛陽은 欲通四方之運호되 而民猶憚河流之險이라 故朕有此行하니 所以開百姓之心也니라

① 大宗의 아들이 宗子가 된다.
大宗之子爲宗子.

【綱】 北魏가 齊나라 赭陽城을 공격하였는데 齊나라가 그들을 쳐서 패퇴시켰다.

魏攻齊赭陽이어늘 齊擊敗之하다

【目】 北魏 城陽王 拓跋鸞 등이 赭陽城을 공격하여 포위하고 지킨 것이 100여 일이 되었기 때문에 여러 장수들이 피로하여 싸우지 않으려고 하였으나, 李佐만이 밤낮으로 공격하여 士卒 중에 전사한 자가 매우 많았다. 齊나라는 右衛率 垣歷生을 보내서 구원하게 하니, 여러 장수들이 철수하려고 하였는데 이좌만이 맞서 싸워 패배하였다. 이에 垣歷生이 추격하여 北魏를 크게 격파하였다. 魏主(拓跋宏)가 탁발란의 봉작을 강등하여 定襄縣王으로 삼고, 500戶를 삭감하였다. 이좌는 官爵을 삭탈하고 瀛州로 귀양 보냈다.

魏城陽王鸞等攻赭陽하여 圍守百餘日[①]이라 諸將欲不戰以疲之호되 李佐獨晝夜攻擊하여 士卒死者甚衆[②]이라 齊遣右衛率垣歷生救之[③]하니 諸將欲退호되 佐獨逆戰而敗어늘 歷生追擊하여 大破之하니 魏主降封鸞爲定襄縣王하고 削戶五百하니 佐削官爵하고 徙瀛州[④]하다

① 拓跋鸞은 拓跋景穆의 손자이다.
鸞, 景穆之孫也.
② 李佐는 李寶의 아들이다.
佐, 寶之子也.
③ 垣歷生은 垣榮祖의 從弟이다.
歷生, 榮祖之從弟也.

④ 北魏 太和 11년(487)에 定州의 河間과 高陽, 冀州의 章武와 浮陽을 나누어서, 瀛州를 설치하여 趙都軍城에 치소를 두었다.
魏太和十一年, 分定州河間・高陽, 冀州章武・浮陽, 置瀛州, 治趙都軍城.

【綱】 5월에 北魏 廣川王 拓跋諧가 卒하였다.

五月에 魏廣川王諧卒하다

【目】 拓跋諧가 卒할 때에 魏主(拓跋宏)가 말하기를 "옛날에 大臣의 喪에는 세 번 親臨하는 禮가 있었다.[35] 魏나라와 晉나라 이래로 王公의 喪에 東堂에서 哭을 하였으니, 지금부터 여러 王의 喪에는 期年服일 경우에는 세 번 친림하고, 大功의 경우에는 두 번 친림하고, 小功과 緦麻의 경우에는 한 번 친림하고, 東堂에서 곡하는 것을 폐지하라. 廣川王은 朕에게는 大功에 해당한다."라고 하였다. 大斂을 하려 할 적에는 素服에 深衣를 입고 가서 哭하였다.

諧卒에 魏主曰 古者大臣之喪에 有三臨之禮러니 魏晉以來로 王公之喪에 哭於東堂하니 自今諸王之喪에 期親三臨하고 大功再臨하고 小功緦麻一臨하고 罷東堂之哭하라 廣川王於朕에 大功也니라 將大斂에 素服深衣往哭之①하다

① 拓跋諧의 아버지는 廣川王 拓跋略이니 顯祖(拓跋弘)의 동생이다. 拓跋諧는 魏主에게 從兄弟이니, 해당하는 상복은 大功服이다.
諧父, 廣川王略, 顯祖之弟. 諧於魏主, 從兄弟也, 其服大功.

【綱】 魏主(拓跋宏)가 洛陽에 이르렀다.

魏主至洛陽하다

【綱】 北魏가 冗官(쓸데없는 관원)의 녹봉을 삭감하였다.

◑魏減冗官之祿[36]하다

---

35) 옛날에……있었다 : "옛날에는 賢君이 신하에 대해서……죽으면 가서 조문하여 哭을 하였고, 小斂과 大斂에 갔다.〔古之賢君於其臣也……死則往弔哭之 臨其小斂大斂〕"(≪漢書≫ 권51 〈賈山列傳〉)
36) 魏減冗官之祿 : "무릇 '減俸(녹봉을 삭감하였다.)'이라고 기록한 것은 나무란 것이다. 冗官을 감봉한 것은 마땅하니, ≪資治通鑑綱目≫이 끝날 때까지 '減俸'을 기록한 것은 5번인데(漢 桓帝 延熹 4년(161)에 자세하다.) 오직 여기에서만 나무라는 말이 아니다.〔凡書減俸 譏也 冗官而減之 宜矣 終綱目書

【綱】 6월에 北魏가 胡語의 사용을 금지하고 遺書(산실된 책)를 구하고 度量의 法을 제정하였다.

◑ **六月**에 **魏禁胡語**하고 **求遺書**하고 **法度量**[37]하다

【目】 魏主(拓跋宏)가 북쪽의 풍속을 바꾸려고 신하들에게 말하기를 '卿 등은 朕이 멀리 商나라와 周나라를 따르기를 바라는가? 아니면 漢나라와 晉나라에 미치지 못하기를 바라는가?"라고 하니, 咸陽王 拓跋禧가 대답하기를 "신하들이 陛下께서 前王보다 탁월하기를 바랄 뿐입니다."라고 하였다.

魏主가 말하기를 "그렇다면 마땅히 풍속을 바꿔야 하는가? 구태의연하게 옛것을 고수해야 하는가?"라고 하니, 대답하기를 "聖上의 정치가 나날이 새롭게 되기를 원합니다."라고 하였다.

魏主가 말하기를 "내 한 몸에 그치게 해야 하는가? 아니면 子孫에게 전하기를 바라는가?"라고 하니, 대답하기를 "百世에 전해지기를 원합니다."라고 하였다.

魏主가 말하기를 "그렇다면 반드시 고쳐야 하니, 卿 등은 어겨서는 안 된다."라고 하였다. 대답하기를 "폐하께서 명령하시면 아래에서는 명령을 따를 뿐이니, 누가 감히 어길 수 있겠습니까."라고 하였다. 魏主가 말하기를 "명분이 바르지 않고 말이 순조롭지 아니하면 禮樂이 일어나지 않는 법이다."[38]라고 하였다. 이에 조서를 내려서 "北語(鮮卑

減俸五(詳漢桓帝延熹四年) 惟此非譏辭)" ≪書法≫

37) 魏禁胡語……法度量 : "胡服과 胡語는 北魏의 옛 풍속이다. 孝文帝가 한 번 변화시키니 北魏가 이에 빛났다. 遺書를 구한 것은 漢나라 成帝 河平 3년(B.C. 26)에 1번 기록한 뒤로 이때에 이르러 500여 년이 지난 뒤에 다시 보이니, 기록하여 아름답게 여긴 것이다.〔胡服胡語 魏故俗也 文帝一變 魏於是彬彬矣 求遺書 自漢成河平三年一書之 至是五百餘年 然後復見 書嘉之也〕" ≪書法≫

"北魏는 본래 胡人인데 그 胡俗을 능히 바꾸었습니다. 후세에 中國 사람 중에 胡語와 胡服을 하고는 마치 그 武勇을 본받으려는 자가 있었으니 부끄러움을 모름이 매우 크다고 말할 수 있습니다. ≪資治通鑑綱目≫에서 앞에서 '北魏禁胡服(北魏가 胡服을 금지시켰다.)'이라고 기록하고 여기서는 '北魏禁胡語(北魏가 胡語를 금지시켰다.)'라고 기록하였으니, 모두 인정해준 말입니다. 아, 變夷를 中夏로 만든 것을 臣은 北魏 孝文帝에게서 보았습니다.〔魏本胡人 而能改其胡俗 後世乃有中國之人 胡語胡服 若欲效其武勇者 可謂不知愧恥之甚矣 綱目前書魏禁胡服 此書魏禁胡語 皆予之之詞也 嗚呼 用夏變夷 臣於魏文見之〕" ≪發明≫

38) 명분이……법이다 : ≪論語≫ 〈子路〉에 "이르기를 '이름이 바르지 않으면 말이 순조롭지 않고, 말이 순조롭지 않으면 일이 이루어지지 않고, 일이 이루어지지 않으면 예악이 일어나지 않고, 예악이 일어나지 않으면 형벌이 타당하지 않고, 형벌이 타당하지 않으면 백성이 손발을 둘 곳이 없게 된다. 이 때문에 군자가 이름을 붙이면 반드시 말을 할 수 있으며, 말을 하면 반드시 행할 수 있는 것이다.〔名不正則言不順 言不順則事不成 事不成則禮樂不興 禮樂不興則刑罰不中 刑罰不中則民無所措手足 故君子名之必可言也 言之必可行也〕"라고 하였다.

語)를 사용하는 것을 금지시키고 한결같이 正音을 따르도록 하되, 어기는 자는 관직을 파면하라."라고 하였다.

魏主欲變北俗하여 **謂群臣曰 卿等**이 **欲朕遠追商周**아 **爲欲不及漢晉邪**아 **咸陽王禧對曰 群臣願陛下度越前王耳**니이다 **魏主曰 然則當變風易俗**가 **當因循守故邪**아 **對曰 願聖政日新**하노이다 **魏主曰 爲止於一身**가 **爲欲傳之子孫邪**아 **對曰 願傳之百世**하노이다 **魏主曰 然則必當改作**이니 **卿等不得違也**니라 **對曰 上令下從**이니 **其誰敢違**이리잇고 **魏主曰 夫名不正**하고 **言不順**이면 **則禮樂不可興**이니라 **於是下詔**하여 **斷諸北語**하고 **一從正音**호되 **違者免官**[①]하라

① 正音은 華言(중국어)라는 뜻이다.
正音, 華言也.

【目】 또 조서를 내려 〈민간에서〉 遺書를 구하였는데 祕閣에 없는 것 중에 당시 사용하는 데 유익한 것은 넉넉하게 상을 내려주었고, 또다시 조서를 내려 長尺(길이)·大斗(용량)를 고쳐서 사용하게 하였는데 그 법을 ≪漢書≫ 〈律曆志〉에 의거하여 만들었다.

又詔求遺書한대 **祕閣所無**에 **而有益於時用者**는 **加以優賞**[①]하고 **又詔改用長尺大斗**한대 **其法依漢志爲之**[②]하다

① 漢나라 때에는 書府는 밖은 太常·太史·博士가 담당하고 안에는 延閣·廣內·石渠의 藏書가 있었다. 後漢 때에는 東觀에 책을 보관하고, 晉나라 때에는 中外에 三閣의 經書가 있었다. 陸機 〈謝平原內史表〉에 "제가 三閣에 올랐습니다." 하였으니, 祕書郎이 中外 三閣의 祕書를 관장하였음을 말한 것이니, 이것이 祕閣의 이름이 유래한 바이다.
漢時書府, 在外則有太常·太史·博士掌之, 內則有延閣·廣內·石渠之藏. 後漢則藏之東觀, 晉有中外三閣經書. 陸機謝表云 "身登三閣." 謂爲祕書郎掌中外三閣祕書也, 此祕閣之名所由始.

② ≪漢書≫ 〈律曆志〉에 "子穀 중에 검은 기장의 중간치를 가지고 한 기장의 너비가 90分인 것을 기준으로 삼으니, 黃鍾의 길이이다. 1개가 1分이 되고, 10分은 1寸이 되고, 10寸은 1尺이 된다. 또 子穀 중에 검은 기장의 중간치 1,200개를 가지고 그 竹管〔龠〕을 채우니, 10龠은 1合이 되고, 10合은 1升이 되고, 10升은 1斗가 된다." 하였다.
漢律曆志 "以子穀秬黍中者, 一黍之廣, 度之九十分, 黃鍾之長. 一爲一分, 十分爲寸, 十寸爲尺. 又以子穀秬黍中者千有二百實其龠, 十龠爲合, 十合爲升, 十升爲斗."

【綱】 齊나라가 領軍 蕭諶과 西陽王 蕭子明 등을 죽였다.

齊殺其領軍蕭諶及西陽王子明等하다

【目】 齊主(蕭鸞)가 鬱林王(蕭昭業)을 폐위할 적에 蕭諶에게 揚州刺史를 맡기겠다고 허락하였다. 얼마 후에 南徐州刺史로 임명하니, 소심이 〈화가 나서〉 공을 믿고 정사에 관여하여 선발하고 등용하려고 하는 사람을 번번이 尙書에게 명령하여 거듭 논의하게 하였다. 齊主가 이 일을 듣고 그를 꺼렸는데 그의 동생 蕭誕・蕭誄가 막 군사를 거느리고 北魏를 막고 있었기 때문에 숨기고 참으면서 말을 하지 않았다. 이때에 이르러 소심을 죽이고 아울러 그의 여러 동생들과 西陽王 蕭子明, 南海王 蕭子罕, 邵陵王 蕭子貞을 죽였다.

齊主之廢鬱林王也에 許蕭諶以揚州러니 旣而除南徐州刺史한대 諶恃功干政하여 所欲選用을 輒命尙書申論하니 齊主聞而忌之한대 以其弟誕弟誄方將兵拒魏라 隱忍不發이러니 至是殺之하고 幷其諸弟와 及西陽王子明南海王子罕邵陵王子貞①하다

① 세 왕은 모두 世祖(蕭賾)의 아들이다.
三王皆世祖子.

【綱】 가을 8월에 北魏가 羽林軍・虎賁軍을 설치하였다.

秋八月에 魏置羽林虎賁[39)]하다

【目】 모두 15만 명이었다.

凡十五萬人이러라

【綱】 北魏가 洛陽에 國子學・太學・四門小學을 세웠다.

魏立國子太學四門小學①하다

① 四門學이 여기에서 비롯되었다.
四門學始此.

39) 魏置羽林虎賁 : "羽林은 漢나라 武帝에게서 시작되었다. 기록하지 않다가 여기에 어찌 기록하였는가. 나무란 것이다. 이에 15만 명을 두었다.〔羽林自漢武始矣 不書 此何以書 譏也 於是置凡十五萬人〕" ≪書法≫

【綱】北魏가 薛聰을 直閤將軍으로 삼았다.

◑魏以薛聰爲直閤將軍하다

【目】魏主(拓跋宏)가 華林園을 유람하여 옛날 景陽山을 관람할 때 侍郎 郭祚가 다시 수리하기를 청하였는데, 魏主가 말하기를 "魏나라 明帝(曹叡)가 이미 앞에서 잘못하였으니, 朕이 어찌 뒤에서 이어받겠는가."라고 하였다.

魏主는 독서를 좋아하여 손에서 책을 놓지 않았고, 또 글짓기를 잘하여 詔令과 策文을 모두 직접 지었으며, 어진 이를 좋아하고 선행을 즐거워하는 마음이 굶주리고 목마를 때에 음식과 물을 구하는 것처럼 간절하였고, 더불어 교유하는 사람들에게 평소 평민들이 서로 친애하는 뜻으로 대하니, 李沖·李彪·高閭·王肅 같은 무리들이 모두 文雅로 친애를 받아 존귀하고 현달하여 정사를 담당하여 禮樂을 제정한 것이 매우 볼만하여 太平의 풍광이 있었다.

治書侍御史 薛聰이 탄핵을 할 때에 강한 자도 피하지 않았기 때문에 魏主가 관대하게 용서하려고 하여도 설총이 번번이 쟁론을 하였다. 魏主가 매번 말하기를 "朕이 薛聰을 볼 때에 꺼리지 않을 수 없으니, 하물며 다른 사람이겠는가."라고 하였다. 이로부터 貴戚이 모두 손을 여미고 경외하였다.

설총이 여러 차례 승진하여 直閤將軍이 되어서 魏主가 밖으로는 德行과 才器로 대우하고 안으로는 심복으로 의탁하여 자신을 지키는 禁兵을 설총에게 맡겨서 관장하도록 하니, 당시 정치의 득실을 걸핏하면 바로잡고 간언하였으나, 중후하고 침착한 성격을 지녀 겉으로는 그의 속마음을 엿볼 수 없었다. 그의 관직과 품위를 올려주려고 할 때면 번번이 굳이 사양하고 받지 않았다. 魏主도 평소에 서로의 마음을 이해했기 때문에 설총에게 말하기를 "卿의 天爵(덕행처럼 하늘이 내린 작위)은 스스로 높으니, 진실로 人爵(사람이 내려준 작위)이 영광스럽게 할 수 있는 것이 아니구려."라고 하였다.

魏主遊華林園하여 觀故景陽山①할새 侍郎郭祚請復修之어늘 魏主曰 魏明帝已失之於前하니 朕豈可襲之於後乎아 魏主好讀書하여 手不釋卷하고 又善屬文하여 詔策皆自爲之하고 好賢樂善하여 情如飢渴하고 所與遊接을 常寄以布素之意②하니 如李沖李彪高閭王肅之徒皆以文雅見親하여 貴顯用事하니 制禮作樂에 鬱然可觀하여 有太平之風焉이러라 治書侍御史薛聰이 彈劾에 不避彊禦③라 魏主或欲寬貸라도 聰輒爭之하니 魏主每曰 朕見聰에 不能不憚이어든 況諸人乎아 自是貴戚斂手러라 累遷直閤將軍하여 魏主外以德器遇之하고 內以心膂爲寄하여 親衛禁兵을 委聰管領하니

時政得失을 動輒匡諫而厚重沈密하여 外莫窺其際러라 每欲進以名位면 輒苦讓不受하니 魏主亦雅相體悉이라 謂之曰 卿天爵自高이니 固非人爵之所能榮也라하더라

① 華林園과 景陽山은 모두 魏나라 明帝가 축조한 것이다.
華林園及景陽山, 皆魏明帝所築.
② 〈"寄以布素之意"는〉 布衣(평민)가 평소에 서로 교제하는 뜻을 붙임을 말한 것이다.
言寄以布衣雅素相與之意.
③ 薛聰은 薛辯의 曾孫이다.
聰, 辯之曾孫也.

【綱】 9월에 北魏가 六宮과 文武百官을 洛陽으로 옮겼다.

九月에 魏六宮文武遷于洛陽①하다

① 六宮은 后妃·夫人·嬪御이다. 文武는 內外 文武百官이다.
六宮, 后妃·夫人·嬪御也. 文武, 內外文武百官也.

【綱】 北魏가 高陽王 拓跋雍을 相州刺史로 삼았다.

◑ 魏以高陽王雍爲相州刺史하다

【目】 魏主(拓跋弘)가 拓跋雍에게 경계하여 말하기를 "州牧이 되는 것은 쉬운 일이기도 하고 어려운 일이기도 하다. 그 몸가짐이 바르면 시키지 않아도 행해지니, 쉬운 까닭이고, 그 몸가짐이 바르지 못하면 시키더라도 행해지지 않으니,[40] 어려운 까닭이다."라고 하였다.

魏主戒雍曰 作牧亦易亦難하니 其身正이면 不令而行이니 所以易요 其身不正이면 雖令不從이니 所以難이니라

【綱】 겨울 10월에 北魏가 조서를 내려 州牧에게 官屬의 잘잘못을 고과하여 품평의 등급을 보고하도록 하였다.

冬十月에 魏詔州牧考其官屬得失하여 品第以聞하다

40) 그……않으니 : ≪論語≫ 〈子路〉에 "그 몸가짐이 바르면 시키지 않아도 행해지고, 그 몸가짐이 바르지 못하면 비록 시키더라도 따르지 않는다.〔其身正 不令而行 其身不正 雖令不從〕"라고 하였다.

【綱】 11월에 魏主(拓跋宏)가 圜丘에서 제사를 지냈다.

◑ 十一月에 魏主祀圜丘하다

【目】 魏主(拓跋宏)가 여러 유학자를 이끌어 圜丘에서 제사 지내는 禮를 토론하게 할 적에, 李彪가 건의하기를 "魯人은 上帝에게 제사를 지내는 일이 있을 때, 반드시 먼저 泮宮에서 기도를 하였으니, 하루 전에 太廟에 고하시기를 청합니다."라고 하자, 魏主가 그의 말을 따랐다.

魏主引諸儒議圜丘禮할새 李彪建言호되 魯人將有事于上帝에 必先有事于泮宮하니 請前一日告廟라한대 從之하다

【綱】 12월에 北魏가 品令(九品으로 이루어진 관리의 선발 규정)을 반포하고 冠服을 내려주었다.

十二月에 魏班品令하고 賜冠服①하다

① 冠服을 내려주어 胡服을 바꾼 것이다.
賜冠服以易胡服.

【目】 魏主(拓跋宏)가 여러 신하들을 光極堂에서 접견하여 品令을 선포하였다. 光祿勳 于烈의 아들 于登이 사례를 인용하여 관직을 올려줄 것을 요구하였는데, 우렬이 表文을 올리기를 "聖明의 조정에서는 이치상 마땅히 청렴하고 겸양해야 하는데, 우등이 다른 사람의 例를 인용하여 진급을 요구하였으니, 이는 臣이 평소에 가르침이 없었기 때문이니, 그를 강등하거나 파직해주소서."라고 하였다. 魏主가 말하기를 "이는 바로 有識한 사람의 말이니, 우렬이 이런 행동을 하리라고 생각하지 못했을 것이다."라고 하고, 우등을 引見하여 말하기를 "卿의 父親이 謙遜한 아름다움과 강직한 선비의 풍모가 있어서 卿을 진급시켜 校尉로 삼는다."라고 하였다.

魏主가 신하들에게 말하기를 "國家에는 예전부터 탄식할 만한 한 가지 일이 있으니, 신하들이 조정의 잘잘못을 공개적으로 담론하려 하지 않는 것이 이것이다. 임금은 간언을 받아들이지 못하는 것을 근심하고, 신하는 충성을 다하지 못하는 것을 근심해야 한다. 지금 朕이 1명을 천거할 때에 만약 옳지 않으면 卿들은 그 잘못을 직언하고, 만약

재능이 있는데 朕이 모르는 자가 있으면 卿들은 또한 그를 천거해야 하니, 사람을 얻으면 賞을 내릴 것이고, 말하지 않으면 벌을 내릴 것이다."라고 하였다.

魏主見群臣於光極堂하고 **宣下品令**[①]하다 **光祿勳于烈子登**이 **引例求遷官**이어늘 **烈表曰 聖明之朝**에 **理宜廉讓**하여 **而登引人求進**하니 **是臣素無敎訓**이라 **乞行黜落**[②]하노이다 **魏主曰 此乃有識之言**이니 **不謂烈能辨此**라하고 **乃引見登**하고 **謂曰 以卿父有謙遜之美直士之風**하여 **進卿校尉**라하다 **魏主謂群臣曰 國家從來有一事可歎**하니 **臣下莫肯公言得失是也**라 **夫人君**은 **患不能納諫**이요 **人臣**은 **患不能盡忠**이니 **自今朕擧一人**에 **如有不可**어든 **卿等直言其失**하고 **若有才能而朕所不識**이어든 **卿等亦當擧之**니 **得人有賞**이요 **不言有罪**리라

① 品令은 九品에 대한 令이다.
品令, 九品之令也.

② "引人"은 다른 사람의 例를 인용한 것을 말한 것이다. "黜落"은 黜官(관직을 강등함)과 落職(파직함)을 말한다.
引人, 謂引他人之例也. 黜落, 謂黜官·落職也.

【綱】 齊나라가 晉나라의 여러 陵墓를 수리하고 陵을 지키는 군사를 증치하였다.

齊修晉諸陵하고 **增置守衛**[①][41)]하다

① 여기에서 말하는 晉나라의 여러 陵墓는 江南에 있는 것을 말한다.
此晉諸陵, 謂在江南者.

【綱】 北魏가 太和五銖錢을 사용하였다.

◑ **魏行太和五銖錢**[42)]하다

太和五銖錢

【目】 이에 앞서 北魏 사람은 동전을 사용한 적이 없었는데, 魏主(拓跋宏)가 처음으로 명을 내려 동전을 주조하였다. 이

41) 齊修晉諸陵 增置守衛 : "≪資治通鑑綱目≫은 蕭鸞에게서 취한 것이 없는데 이때에 특별히 기록한 것은 작은 선행을 기록한 것이다.〔綱目於蕭鸞無取焉 於是特書 錄小善也〕" ≪書法≫

42) 魏行太和五銖錢 : "〈이를 기록한 것은〉 北魏가 비로소 처음 동전을 사용했기 때문이다. 北魏의 시대가 끝날 때까지 두 번 모두 五銖錢을 주조하였으니, 輕重의 중도를 얻었다고 말할 수 있다(己酉年(529)에 永安五銖를 주조하였다.).〔魏始用錢也 終魏之世 再鑄皆五銖 可謂得輕重之中矣(己酉年 鑄永安五銖)〕" ≪書法≫

해에 동전의 주조〔鼓鑄〕가 대략 갖추어졌기 때문에 조서를 내려서 공적으로나 사적으로 동전을 사용하도록 하였다.

先是에 魏人未嘗用錢이러니 魏主始命鑄之하니 是歲에 鼓鑄粗備라 詔公私用之①하다

① 제련하여 주조할 때를 당하여 불에 부채질하여 불길을 세게 하는 것을 "鼓鑄"라고 말한다. 當鑄冶之時, 扇熾其火, 謂之鼓鑄.

丙子年(496)

齊나라 高宗 明帝 蕭鸞 建武 3년이고, 北魏 高祖 孝文帝 元宏[43] 太和 20년이다.

齊建武三年이요 魏太和二十年이라

【綱】 봄 정월에 北魏가 姓을 고쳐 元氏라고 하고, 처음으로 姓과 族을 정하였다.[44]

春正月에 魏改姓元氏하고 初定族姓하다

【目】 魏主(元宏)가 조서를 내리기를 "北人들은 땅을 拓이라하고 임금을 跋이라 하니, 北魏 先代는 黃帝에게서 나와 土德으로 왕 노릇 하였기 때문에 拓跋氏라 한 것이다. 土는 중앙의 색깔이요 萬物의 근원이니, 마땅히 姓을 元氏로 고쳐야 한다. 여러 功臣과 舊族 중에 代(平城)에서 온 자가 姓이 혹 複姓이면 모두 單姓으로 고치도록 하라."라고 하였다.

魏主下詔하여 以爲北人謂土爲拓하고 后爲跋이라 魏之先出於黃帝하여 以土德王이라 故爲拓跋

43) 元宏 : 丙子年(496)부터 北魏의 성이 拓跋에서 元으로 바뀌게 되어 이후에 拓跋을 모두 元으로 쓴다.
44) 姓과……정하였다 : 이를 역사상 姓族詳定, 姓族分定이라고 하는데, 北朝人과 漢人의 인물에 대한 귀족적 평가를 통해 문벌을 등급화한 것으로 이를 통해 관직, 혼인 등을 결정하게 한 것이다. 이는 北魏 사람들에 대한 漢化政策으로 崔浩 때에는 좌절되었으나 孝文帝 때 이루어지게 된다. 효문제는 北魏 건국 이래 원훈인 胡族 穆·陸·賀·劉·樓·于·嵇·尉 8姓을 漢族의 귀족 성씨인 4姓(博陵 崔氏, 范陽 盧氏, 滎陽 鄭氏, 太原 王氏)에 해당하는 家格으로 정하고 함부로 濁官에 임명해서는 안 되게 하였다. 또 8성을 제외한 호족의 여러 성씨를 가계와 선조의 관직을 감안하여 좋은 경우 '姓', 그 다음에 위치하는 것 '族'으로 삼았으며, 황실의 元氏(拓跋氏)와 8姓·'姓'·'族'에 대한 규정을 정하고 이를 九品官人制와 연동시켰다.(宮崎市定, ≪九品官人法の硏究≫, 岩波書店)

氏하니 夫土者는 黃中之色이요 萬物之元也니 宜改姓元氏라 諸功臣舊族自代來者 姓或重複이면 皆改之①라하다

① 拔拔氏를 長孫氏로 고치고, 達奚氏를 奚氏로 고치고, 乙旃氏를 叔孫氏로 고치고, 丘穆陵氏를 穆氏로 고치고, 步六孤氏를 陸氏로 고치고, 賀賴氏를 賀氏로 고치고, 獨孤氏를 劉氏로 고치고, 賀樓氏를 樓氏로 고치고, 勿忸于氏를 于氏로 고치고, 尉遲氏를 尉氏로 고쳤는데, 그 나머지 고친 姓은 이루 다 기록할 수 없다.
改拔拔氏爲長孫氏, 達奚氏爲奚氏, 乙旃氏爲叔孫氏, 丘穆陵氏爲穆氏, 步六孤氏爲陸氏, 賀賴氏爲賀氏, 獨孤氏爲劉氏, 賀樓氏爲樓氏, 勿忸于氏爲于氏, 尉遲氏爲尉氏, 其餘所改, 不可勝紀.

【目】魏主(元宏)는 평소에 문벌을 중시하였기 때문에 范陽의 盧敏, 淸河의 崔宗伯, 滎陽의 鄭羲, 太原의 王瓊 등 4姓이 士大夫 중에서 가장 추중을 받는다고 하여 그들의 딸들을 모두 받아들여 後宮으로 삼았다. 또 6명의 남동생들을 위하여 새로 妻를 맞이하게 하고, 이전에 받아들인 여인들은 妾으로 삼게 하였다.

또 조서를 내려서 "代 지역 사람으로 穆·陸·賀·劉·樓·于·嵇·尉 8姓이 당세에 공훈이 드러났고 지위가 모두 王公이니, 천한 관직에 충임하지 말고 4姓을 똑같이 대우하라. 예전에 部落의 大人이지만 3대의 관직이 給事 이상과 본래 大人이 아니지만 3대의 관직이 尙書 이상인 자를 모두 '姓'으로 삼고, 大人의 후손이지만 관직이 드러나지 않은 자와 만약 본래 大人이 아니지만 관직이 드러난 사람은 모두 族으로 삼으라."라고 하였다.

魏主雅重門族이라 以范陽盧敏淸河崔宗伯滎陽鄭羲太原王瓊四姓이 衣冠所推라하여 咸納其女하여 以充後宮①하다 又更爲六弟聘室하고 而以前所納者爲妾媵②하다 又詔以代人穆陸賀劉樓于嵇尉八姓이 勳著當世하고 位盡王公이니 勿充猥官하여 一同四姓③하라 其舊爲部落大人이나 而三世官在給事已上과 若本非大人而三世官在尙書已上者를 皆爲姓하고 其大人之後而官不顯과 若本非大人而官顯者를 皆爲族④하라

① "衣冠"은 士大夫이다. 推는 권면하다는 뜻이며 받들다는 뜻이다.
衣冠, 士大夫也. 推, 奬也, 奉也.

② 咸陽王 元禧를 위하여 李輔의의 딸에게 장가들게 하고, 河南王 元幹은 穆明樂의 딸에게 장가들게 하고, 廣陵王 元羽은 鄭平城의 딸에게 장가들게 하고, 潁川王 元雍은 盧神寶의 딸에게 장가들게 하고 始平王 元勰은 李沖의 딸에게 장가들게 하고, 北海王 元詳은 鄭懿의 딸에

게 장가들게 하였다. 정의는 鄭義의 아들이다.

爲咸陽王禧, 聘李輔女. 河南王幹, 聘穆明樂女. 廣陵王羽, 聘鄭平城女. 潁川王雍, 聘盧神寶女. 始平王勰, 聘李沖女. 北海王詳, 聘鄭懿女. 懿, 義之子也.

③ 猥는 천하다는 뜻이다.

猥, 鄙也.

④ ≪說文解字≫에 "天子는 출생에 따라 姓을 내리고 氏를 명하며, 제후는 族을 명한다. 族은 氏의 다른 이름이다. 姓은 百世의 혈통을 이어서 분별하지 않게 하는 것이다. 氏는 子孫이 나온 것을 분별하는 것이다." 하였다.

說文 "天子因生以賜姓命氏, 諸侯命族. 族者, 氏之別名. 姓者, 所以繫統百世使不別, 氏者, 所以別子孫所出也."

【目】 당시 趙郡의 여러 李氏 중에 인물이 더욱 많았다. 그러므로 世人들이 훌륭한 가문을 말할 때는 5姓을 으뜸으로 삼았다. 魏主(元宏)가 여러 신하들과 인물의 선발을 논의할 적에, 李沖이 말하기를 "모르겠습니다마는 관직을 설치하고 위계를 나열한 것이 부귀한 집안의 子弟를 위한 것입니까? 치적을 이루기 위한 것입니까?"라고 하니, 魏主가 말하기를 "치적을 위하려는 것일 뿐이다."라고 하였다. 이충이 말하기를 "그렇다면 지금 어찌하여 문벌의 등급만을 따지고, 재능이 있는 자를 뽑지 않습니까?"라고 하였다. 魏主가 말하기를 "君子의 집안에 당세에 등용할 만한 재능이 없더라도 응당 덕행이 순결하고 독실하기 때문에 朕이 그들을 등용하는 것이다."라고 하니, 이충이 말하기를 "傅說・呂望이 어찌 門地(문벌)로 지위를 얻었습니까?"라고 하였다. 魏主가 말하기를 "非常한 사람은 세대를 건너뛰어 한두 명이 있을 뿐이다."라고 하니, 李彪가 말하기를 "魯나라 三卿 중에 四科만 한 자가 누가 있겠습니까?"라고 하였다. 韓顯宗이 말하기를 "陛下께서는 어찌 존귀한 사람으로 존귀한 지위를 세습하게 하고, 미천한 사람으로 미천한 지위를 세습하게 하려고 하십니까?"라고 하니, 魏主가 말하기를 "반드시 매우 고상하고 현명하거나 출중한 자가 있으면 朕 또한 이 제도에 구애받지 않을 것이다."라고 하였다.

時趙郡諸李에 人物尤多라 故世之言高華者는 以五姓爲首①하다 魏主與群臣論選調②할새 李沖曰 未審張官列位 爲膏粱子弟乎아 爲致治乎아 魏主曰 欲爲治耳니라 沖曰 然則今日에 何爲專取門品하고 不拔才能乎오 魏主曰 君子之門에 借使無當世之用이나 要自德行純篤이라 朕故用之하노라 沖曰 傅說呂望이 豈可以門地得之리오 魏主曰 非常之人은 曠世乃有一二耳니라 李彪曰 魯之三卿이 孰若四科③오 韓顯宗曰 陛下 豈可以貴襲貴하고 以賤襲賤이리오 魏主曰 必有高明卓然出類拔萃者면 朕亦不拘此制니라

① "趙郡諸李"는 北人이 그들을 趙李라고 말하였는데 李靈·李順·李孝伯의 여러 從子(조카)와 從姪(5촌 조카)이 모두 趙李이다. "高華"는 高門(훌륭한 가문)과 華族(가문이나 지위가 높은 집안)을 말한다. 盧·崔·鄭·王과 아울러 李를 5姓이라고 한 것이다.
趙郡諸李, 北人謂之趙李. 李靈·李順·李孝伯群從子姪, 皆趙李也. 高華, 謂高門·華族也. 盧崔鄭王幷李爲五姓.

② 選·調는 모두 去聲이다. 調도 역시 선발한다는 뜻이다.
選·調, 竝去聲. 調, 亦選也.

③ 四科는 德行·言語·政事·文學이다. 魯나라 孟孫·叔孫·季孫이 世卿의 귀함이 顏淵·閔子騫 등 10명의 보통 사람의 현명함만 못함을 말한 것이다[45)]
四科, 德行·言語·政事·文學也. 言魯孟孫·叔孫·季孫, 世卿之貴, 不若顏·閔等十人布衣之賢也.

【目】 司馬溫公(司馬光)이 다음과 같이 평하였다.

"인재를 선발하는 방법에 문벌을 중시하고 賢才를 경시하였으니, 이는 魏나라와 晉나라의 큰 폐단이다. 현명한 北魏의 孝文帝라 하더라도 이 폐단을 면하지 못하였다. 그러므로 시비를 밝게 분변하여 世俗에 현혹을 당하지 않는 자가 진실로 드물다."

司馬公曰 選擧之法에 先門地而後賢才하니 此魏晉之深弊라 雖魏孝文之賢으로도 而不能免斯蔽也라 故夫明辨是非하여 而不惑於世俗者가 誠鮮矣니라

【綱】 2월에 北魏가 여러 신하들에게 조서를 내려 삼년상을 마치는 것을 허락하였다.

二月에 魏詔群臣聽終三年喪[46)]하다

---

45) 四科는……것이다 : 四科十哲을 말한 것으로 孔子의 문하생인 十哲을 그 장점에 따라 분류하는 4가지 항목이다. ≪論語≫ 〈先進〉에는 "덕행에는 顏淵·閔子騫·冉伯牛·仲弓, 언어에는 宰我·子貢, 政事에는 冉有·季路, 문학에는 子遊·子夏이다."라 하여 공자 문하생 70명 중 중심을 이룬 제자 10명을 그 장점에 따라 네 가지로 분류하였다.

46) 魏詔群臣聽終三年喪 : "조서를 내려 大臣에게 삼년상을 마치는 것을 허락한 것은 漢나라 安帝와 桓帝 시대에 각각 1번씩 기록하였다. 그러나 모두 6년이었고 '復斷(다시 단절된 것)'을 기록하였다. 이때에 '魏詔群臣聽終三年喪'이라고 기록하고 北魏 시대를 마칠 때까지 바꾼 적이 없었으니 임금부터 솔선수범했기 때문이다. 일을 비교하여 살펴보면 得失을 알 수 있다.〔詔聽大臣終喪 漢安桓之世 各一書矣 然皆六年而書復斷 於是書魏詔群臣聽終三年喪 而終魏之世無改焉 自上率之故也 比事而觀 得失可見矣〕" ≪書法≫
"삼년상은 天子부터 庶人에 이르도록 三代에 함께하였다. 後世에는 신하들에게 삼년상의 예를 마치는 것을 단절하게 하였으니, 이것이 무슨 이치인가. 北魏 孝文帝가 그 폐단을 바로잡아서 冊에 기

【綱】 3월에 北魏가 華林園에서 여러 신하와 國老·庶老에게 연회를 베풀었다.

◑ 三月에 魏宴群臣及國老庶老於華林園[47)]하다

【目】 조서를 내리기를 "國老 중에 黃耇[48)] 이상은 中散大夫와 郡守의 직위를 주고, 耆年(60세) 이상은 給事中과 縣令의 직위를 주고, 庶老(庶人 중에 관직에 있다가 연로하여 은퇴한 자)는 다만 군수나 현령의 직위를 주고, 각각 비둘기가 장식된 玉杖과 衣裳을 내려주도록 하라."라고 하였다.

조서를 내리기를 "여러 州의 中正은 각각 本州의 백성 중에 덕망 있는 인물을 추천하고, 50세 이상으로 본분을 지키는 隱者에게는 縣令과 縣長의 직위를 내려주도록 하라."라고 하였다.

詔國老에 黃耇已上은 假中散大夫郡守하고 耆年已上은 假給事中縣令하고 庶老는 直假郡縣하고 各賜鳩杖衣裳①하라 詔諸州中正各擧民望하고 五十已上守素衡門者 授以令長②하라

① ≪後漢書≫ 〈禮儀志〉에 "仲秋月(8월)에 縣·道에서는 모두 호적과 인구를 정리하는데, 나이 일흔이 된 자에게 옥장을 내려주고 죽을 대접하고, 여든과 아흔이 된 자에게는 예에 따라 상을 더 주었다. 玉杖을 내려주었는데 끝에 비둘기를 장식했다. 비둘기는 목이 메지 않는 새이므로 노인들이 목이 메지 않기를 바란 것이다." 하였다. 혹자가 말하기를 "≪周禮≫ 〈夏官 羅氏〉를 살펴보면 '中春에 비둘기를 받쳐서 國老를 봉양한다.' 하였다." 하였다. 鄭玄의 註에 "이때에 매가 변하여 비둘기가 되는데 오래된 것이 변해 새로운 것이 되는 것이니, 마땅히 노인을 봉양하여 生氣를 돕는 것이다." 하였다. 노인에게 鳩杖을 주는 것은 그가 목이 메지 않는 것을 취할 뿐만이 아니라, 또한 生氣를 돕는다는 뜻이다.

後漢禮儀志 "仲秋之月, 縣道皆案戶比民, 年始七十者授之以玉杖, 餔之糜粥, 八十九十禮有加. 賜玉杖, 端以鳩鳥爲飾. 鳩者, 不噎之鳥也, 欲老人不噎." 或曰 "以周官考之 '中春, 獻鳩, 以養國老.'" 鄭註 "是時鷹化爲鳩, 變舊爲新, 宜以養老助生氣." 授老者以鳩杖, 非獨取其不噎, 亦助生氣之義.

② "守素"는 隱居하여 정해진 분수를 지켜 따르는 선비를 말한다. 衡門은 나무를 가로대어 문

록하였으니, 그것을 인정해준 것이다.〔三年之喪 自天子達於庶人 三代共之 後世乃斷其臣子終喪之禮 此何理也 魏孝文能矯其弊 書之于冊 蓋予之也〕" ≪發明≫

47) 魏宴群臣及國老庶老於華林園 : "養老라고 기록하지 않은 것은 어째서인가. 연회에 인하여 거기에 미친 것이니, 옛날에 훌륭한 말을 청한 예와는 다르므로 다만 '宴'이라고 기록한 것이다.〔不書養老何 因宴及之也 與古乞言之禮異矣 故止書宴〕" ≪書法≫

48) 黃耇 : 이는 ≪詩經≫ 〈大雅 行葦〉에 "큰 말의 술을 바쳐, 장수를 기원한다.〔酌以大斗 以祈黃耇〕" 등에 보이는데, 黃耇는 '노인'이란 뜻으로, 백발노인이 더 나이가 들면 수염과 머리가 모두 노래지고 피부색이 거무죽죽해져 마치 때가 낀 것 같다 하여 이런 뜻을 갖게 되었다.

을 만든 것이니, 비루함을 말한다.

守素, 謂隱居而循守常分之士也. 衡門, 橫木爲門, 言滅陋也.

【綱】 齊나라가 조서를 내려 수레에 金銀으로 꾸미는 것을 없애게 하였다.

齊詔去乘輿金銀飾[49]하다

【目】 齊主(蕭鸞)가 節儉을 사모하는 마음이 있었기 때문에 이런 조서를 내렸다.

太官이 일찍이 裹蒸을 바쳤는데, 齊主가 말하기를 "내가 이것을 다 먹지 못하니 네 조각으로 잘라서 남은 것을 저녁 식사에 충당하도록 하라."라고 하였다. 또 일찍이 皁莢(쥐엄나무 열매)을 사용하다가 남은 것을 左右에게 주면서 말하기를 "이것은 다시 사용할 수 있다."라고 하고, 太官이 元日(설날)에 축수를 올릴 때에 銀으로 만든 酒鎗이 있었는데, 齊主가 그것을 부수려고 하였다. 王晏 등이 모두 盛德을 칭송할 적에 衛尉 蕭穎胄가 말하기를 "조정의 성대한 禮에 三元만 한 것이 없고, 이 그릇은 옛날 물건이니 사치스럽지 않습니다."라고 하니, 齊主가 기뻐하지 않았다.

뒤에 曲宴을 할 때에, 자리에 銀 그릇이 가득하였다. 소영주가 말하기를 "폐하께서는 전에 酒鎗을 부수려고 하였으니, 마땅히 이 銀 그릇도 그렇게 해야 할 듯합니다."라고 하니, 齊主가 매우 부끄러워하였다.

齊主志慕節儉이라 故有是詔하니라 太官嘗進裹(烝)〔蒸〕[50]이어늘 齊主曰 我食此不盡하니 可四破之하여 餘充晚食①하라하고 又嘗用皁莢이라가 以餘濼授左右曰 此可更用②이라하고 太官元日上壽에 有銀酒鎗③이어늘 齊主欲壞之하다 王晏等咸稱盛德에 衛尉蕭穎胄曰④ 朝廷盛禮에 莫若三元이요 此器舊物이니 不足爲侈⑤니이다 齊主不悅이러니 後遇曲宴에 銀器滿席⑥이어늘 穎胄曰 陛下前欲壞酒鎗이러니 恐宜移在此器로이다하니 齊主甚慙이러라

① 胡三省이 이르기를 "지금의 裹蒸은 설탕에 찹쌀을 섞어 香藥·잣〔松子〕·호두씨〔胡桃仁〕 등을 넣어서 죽순 껍질로 싸서 익힌 것이니, 크기가 겨우 손가락 두 개 쯤 되어서 수고롭게 네 조각으로 나누지 않아도 된다." 하였다.

胡三省曰 "今之裹(烝)〔蒸〕, 以糖和糯米, 入香藥·松子·胡桃仁等物, 以竹籜裹而(烝)〔蒸〕

49) 齊詔去乘輿金銀飾 : "기록한 것은 속인 것을 나무란 것이다. 蕭穎胄가 '이 銀 그릇에도 그렇게 해야 한다.'는 말을 살펴보면 속인 것을 알 수 있다.〔書 譏矯也 觀穎胄移在此器之言 則矯可知矣〕" ≪書法≫

50) (烝)〔蒸〕: 저본에는 '烝'으로 되어 있으나, ≪資治通鑑≫에 의거하여 '蒸'으로 바로잡았다. 아래도 같다.

之, 大纔二指許, 不勞四破也."

② 皁莢은 때를 벗기는 것인데 목욕할 때 많이 사용한다. 濼은 音이 歷이니, 더러워진 것이다.
皁莢, 去垢膩, 洗沐多用之. 濼, 音歷, 滓也.

③ 鎗은 楚庚의 切이다. 술을 따뜻하게 데우는 세 발 달린 그릇이다.
鎗, 楚庚切. 三足溫酒器.

④ 蕭穎胄는 太祖(蕭道成)의 從子이다.
穎胄, 太祖之從子也.

⑤ 정월을 端月이라고 하고, 1일은 上日이라 한다. 또 이르기를 三元이라고 하니 해의 처음〔元〕·달의 처음·日時의 처음을 말한 것이다.
正月爲端月, 其一日爲上日, 亦云三元, 謂歲之元·月之元·時之元也.

⑥ 宮中의 안에서 연회를 하는 것을 曲宴이라고 말한다.
內宴於宮中, 謂之曲宴.

【目】 齊主(蕭鸞)는 세세한 일을 직접 처리하여 법망이 또한 엄밀하였다. 이때에 郡縣과 六署와 九府에서 평소 행하는 직무를 아뢰게 하여 결정하지 않는 것이 없었고, 文武百官과 勳臣의 선발을 모두 選部(吏部)로 귀속시키지 않으니, 이에 관리들 중에 가까운 자들이 서로간의 세력에 의지하여 자신들의 업무를 위로 올렸다.[51)]

南康侍郎 鍾嶸(종굉)이 글을 올리기를 "옛날에 明君은 신하들의 재능을 헤아려 정사를 나누어주고 능력을 헤아려 관직을 주어서 三公은 앉아서 정사의 도리를 논하고 九卿이 정사를 수행하여 이루게 되면 天子는 오직 몸을 공손히 하고 南面하여 앉아 있을 뿐이었습니다."라고 하였다.

齊主가 기뻐하지 않고 大中大夫 顧暠에게 말하기를 "종굉은 어떤 사람이기에 朕의 정사를 재단하는가?"라고 하니, 대답하기를 "종굉이 비록 지위와 명성이 낮지만 말한 내용 중에 채택할 만한 것이 있습니다. 또 번거롭고 자질구레한 직무는 각기 有司가 있는데 지금 임금께서 총괄하여 직접 처리하십니다. 이는 임금이 더욱 수고롭고 신하가 더욱 안일해지는 것이니 이른바 '庖人을 대신하여 고기를 자르고, 大匠를 대신하여 목재를 깎는다.'는 것입니다."라고 하자, 齊主가 돌아보지 않고 다른 말을 하였다.

齊主躬親細務하여 綱目亦密하니 於是에 郡縣及六署九府常行職事를 莫不啓聞取決하고 文武勳舊를 皆不歸選部하니 親近憑勢하여 互相通進①이러라 南康侍郎鍾嶸上書言② 古者에 明君揆才

51) 이에……올렸다 : ≪資治通鑑≫에는 이 뒤에 "人君之務過繁密(임금의 업무가 지나치게 번잡해졌다.)"이라고 하였다.

頒政하며 量能授職하여 三公坐而論道하고 九卿作而成務어든 天子唯恭己南面而已니이다 齊主不懌하고 謂大中大夫顧暠曰 鍾嶸何人이완대 欲斷朕機務오 對曰 嶸雖位末名卑나 而所言或有可采요 且繁碎職事가 各有司存이어늘 今人主總而親之하시니 是人主愈勞하고 而人臣愈逸이라 所謂代庖人宰而爲大匠斲也로이다 齊主不顧而言他하다

① 蕭子顯의 ≪南齊書≫ 〈百官志〉에 의거해보건대 六署는 尙書의 左僕射와 右僕射, 左丞과 右丞이 함께 다스리는 除署(관직의 임명), 功論(공훈에 대한 의논), 封爵, 貶黜(관직의 폄출), 八議(8가지 형벌에 대한 심의와 감형), 疑讞(疑獄에 대한 심의) 등의 6개 案件이다. 九府는 太常, 光祿勳, 衛尉, 廷尉, 大司農, 少府, 將作大匠, 太僕, 大鴻臚의 九卿府이다." 하였다.
按蕭子顯齊志, 六署者, 尙書左右僕射左右丞所通署除署・功論・封爵・貶黜・八議・疑讞六案也. 九府, 太常・光祿勳・衛尉・廷尉・大司農・少府・將作大匠・太僕・大鴻臚九卿府也.
② 嶸은 음이 宏이다.
嶸, 音宏.

【綱】 北魏가 조서를 내려 漢나라・魏나라・晉나라의 여러 陵墓에서 모두 땔나무와 풀 베는 것을 금지하였다.

魏詔漢魏晉諸陵皆禁樵蘇①52)하다

① 여기의 여러 능묘는 모두 河南에 있는 것을 말한다.
此諸陵皆謂在河南者.

【綱】 여름 5월에 魏主(元宏)가 方澤에서 제사를 지냈다.

◑ 夏五月에 魏主祭方澤①하다

① 方澤은 네모난 제단을 못 속에 만들어 地祇(地神)을 제사 지낸 것이다.
方澤者, 爲方丘於澤中, 以祭地祇(기).

52) 魏詔漢魏晉諸陵皆禁樵蘇 : "北魏는 앞에서 堯・舜・禹・周公・孔子의 제사를 지냈으나 湯・武에는 미치지 않았는데, 어찌 따로 의미를 두었겠는가. 지금 또 조서를 내려 漢・魏・晉의 여러 陵墓에 모두 땔나무와 풀 베는 것을 금지하였는데, 漢나라에 있어서는 진실로 이의를 달 것이 없으나 魏・晉의 경우는 曹操・曹丕・司馬懿・司馬昭가 모두 거기에 있으니, 무슨 까닭인가. 그렇지만 이것은 모두 歷代에 시행하지 못한 것인데 魏主가 시행하였으니, 우선 그 작은 것을 생략하고 그 큰 것을 취하는 것이 옳다. 이것이 ≪資治通鑑綱目≫에서 특별히 기록한 이유이다.〔魏前修堯舜禹周公孔子之祀 而不及湯武 亦豈別有意乎 今又詔漢魏晉諸陵 皆禁樵蘇 在漢氏 則固無間然者 若魏晉則操丕懿昭 皆在焉 何居 雖然此皆歷代所不能行者 而魏主能行之 姑略其小而取其大可也 此綱目之所以特書〕" ≪發明≫

【綱】 가을 7월에 魏主(元宏)가 皇后 馮氏를 폐출하였다.

○秋七月에 魏主廢其后馮氏하다

【目】 예전에 文明大后(馮太后)가 자기 집안을 貴重하게 하려고 하여 馮熙의 딸을 간택하여 掖庭에 들어오게 하여 魏主(元宏)에게 총애를 받았다. 얼마 되지 않아 병이 있어 집으로 돌아가 비구니가 되었다. 太后가 殂하자, 魏主가 풍희의 작은딸을 세워 皇后로 삼았다가 얼마 후에 황후의 언니가 병에서 회복하자, 魏主가 그를 생각하여 다시 궁궐로 맞아들여서 左昭儀에 임명하니, 皇后에 대한 황제의 총애가 점차 쇠퇴하게 되었다. 좌소의는 이를 이용하여 참소를 하여 〈皇后를〉 폐하였다. 황후는 평소에 덕망과 지조가 있었기 때문에 마침내 瑤光寺에 살면서 練行尼(戒行을 수련하는 비구니)가 되었다.

初에 文明太后 欲其家貴重①하여 簡馮熙女入掖庭하여 得幸하다 未幾에 有疾還家爲尼러니 及太后殂에 魏主立熙少女爲后이라가 旣而其姊疾愈어늘 思之하여 復迎入宮하여 拜左昭儀하니 后寵浸衰라 昭儀因譖而廢之하다 后素有德操라 遂居瑤光寺爲練行尼②하다

① 文明大后는 바로 文成帝(拓跋濬)의 皇后 馮氏이다.
文明大后, 卽文成帝皇后馮氏也.

② 瑤光寺는 洛陽宮 옆에 있다. 行(행실)은 去聲이다. 練行은 戒行을 수련함을 말한다.
瑤光寺在洛陽宮側. 行, 去聲. 練行, 謂修練戒行也.

【綱】 北魏에 가뭄이 들었다.

魏旱하다

【目】 魏主(元宏)가 오랫동안 가뭄이 들어서 3일 동안 먹지 않았는데 신하들이 뵙기를 청하자 魏主가 中書舍人을 보내서 사양하고, 또 와서 보기를 청한 이유를 물었다.

王肅이 대답하기를 "지금 사방 교외에 비가 내려서 이미 충분히 젖었는데, 다만 京城은 아주 조금 내렸습니다. 庶民이 아직 한 끼도 부족하지 않은데 陛下께서 3일 동안이나 음식을 먹지 않으시니, 신하들이 불안하여 다시 어찌할 바를 모르고 있습니다."라고 하였다.

魏主가 중서사인을 시켜서 대답하기를 "朕이 며칠 동안 먹지 않았으나 여전히 하늘의 감응한 바가 없다. 요즘 中外에 모두 사방 교외에 비가 내렸다고 말하지만, 朕은 그들

이 짐의 마음을 위로하려 한 것이고, 반드시 사실이 아닐 것이라 의심한다. 이제 사람을 시켜서 그것을 보고 오게 할 것이니, 과연 말한 대로라면 바로 음식을 올리게 할 것이고, 만약 그렇지 않다면 朕이 어찌 살려 하겠는가. 마땅히 이 몸으로 萬民을 위하여 허물을 감당할 뿐이다."라고 하니, 이날 저녁에 큰 비가 내렸다.

魏主以久旱하여 不食三日이어늘 群臣請見한대 魏主遣舍人辭焉하고 且問來故[①]하니 王肅對曰 今四郊雨已霑洽하고 獨京城微少하니이다 庶民未乏一餐이로되 而陛下輟膳三日하시니 臣下惶惶하여 無復情地로소이다 魏主使應之曰 朕不食數日이나 猶無所感이라가 比來中外皆言四郊有雨호되 朕疑其欲相寬勉이요 未必有實이라 方將遣使視之하노니 果如所言인댄 即當進膳이요 如其不然인댄 朕何以生爲리오 當以身爲萬民塞咎耳라하니 是夕大雨하다

① 舍人은 바로 中書舍人이다. "問來故"는 와서 알현을 청한 이유를 물은 것이다.
舍人, 卽中書舍人. 問來故, 問其所以來請見之故.

【綱】 8월에 北魏 太子 元恂(拓跋恂)이 罪를 짓자, 폐하여 庶人으로 삼았다.

八月에 魏太子恂有罪하여 廢爲庶人[53)]하다

【目】 元恂이 학문을 좋아하지 않고 평소에 몸이 비대했기 때문에 河南 지역의 더위를 고통스러워하여 항상 북쪽으로 돌아가려고 생각하였다. 魏主(元宏)가 그에게 衣冠을 하사하였는데 원순은 항상 사사로이 胡服을 입었다. 中庶子 高道悅이 자주 간절하게 간언을 하니, 원순이 그를 싫어하여 輕騎로 平城으로 도망칠 것을 도모하고서 고도열을 禁中에서 직접 칼로 찔렀다.

53) 魏太子……廢爲庶人 : "≪資治通鑑綱目≫에서 '廢太子(太子를 폐하였다.)'라고 기록한 것은 11번인데 모두 죄가 없고, 죄가 있어서 폐한 것을 기록한 적이 없었다. '有罪廢(죄가 있어서 폐하였다.)'를 기록한 것은 마땅히 폐해야 하는 경우이다. 오직 北魏 太子 元恂은 '有罪廢'라고 기록하였고, 唐나라 太子 李承乾은 '謀反廢(謀反하여 폐하였다.)'라고 기록하였으니, ≪資治通鑑綱目≫이 끝날 때까지 太子가 죄가 있어서 폐함을 기록한 것은 2번뿐이다.〔綱目書廢太子十有一 皆無罪也 未有書有罪廢者 書有罪廢者 宜廢者也 惟魏太子恂 書有罪廢 唐太子承乾 書謀反廢 終綱目書太子罪廢者 二而已〕" ≪書法≫

"太子를 폐한 것은 아름다운 일이 아니나, 만일 죄가 있다면 또한 어찌할 수가 없다. 위에서는 '廢后(황후를 폐하였다.)'라고 기록하였는데, 총애를 잃은 연고로 이 때문에 죄가 없다고 기록할 수 있는 것이다. 여기서는 '廢太子(太子를 폐하였다.)'라고 기록하였는데 패역을 저지른 연고로 이 때문에 특별히 그 죄를 기록한 것이다. 이와 같이 하지 않는다면 어떻게 輕重의 權衡이라 하겠는가.〔廢太子非美事也 若其有罪 則亦末如之何矣 上書廢后 以失寵故 故無罪可書 此書廢太子 以悖逆故 故特書其罪 不如是 何以爲輕重之權衡〕" ≪發明≫

魏主가 크게 놀라서 여러 신하들을 引見하고 의논하여 그를 폐위하려고 하니, 太傅 穆亮과 少保 李冲이 관을 벗고 사죄하였다. 魏主가 말하기를 "大義에 입각하여 친속의 정을 끊는 일을 옛사람들이 귀하게 여겼다. 원순이 아비의 뜻을 어기고 도망가서 반란을 일으켜 恒州・朔州를 점거하려고 하였으니, 천하의 악행 중에 무엇이 이보다 크겠는가. 만약 그를 폐하지 않으면 마침내 社稷의 憂患이 될 것이다."라고 하고, 마침내 원순을 폐하여 庶人으로 삼고 河陽 無鼻城에 안치하고 군사를 두어 지키게 하였다.

恂不好學하고 體素肥大라 苦河南地熱하여 常思北歸러니 魏主賜之衣冠한대 恂常私著胡服이어늘 中庶子高道悅數(삭)切諫하니 恂惡之하여 謀輕騎犇平城하여 手刃道悅於禁中하다 魏主大駭하여 引見群臣하고 議欲廢之한대 太傅穆亮少保李沖免冠謝하다 魏主曰 大義滅親은 古人所貴라 恂欲違父逃叛하여 跨據恒朔하니 天下之惡이 孰大焉이리오 若不去之면 乃社稷之憂也라하고 乃廢恂爲庶人하여 置於河陽無鼻城하고 以兵守之[1]하다

① ≪水經≫에 "湨水는 河內 軹縣 原山에서 발원하여 남쪽으로 흘러 河水로 들어간다. 동쪽에 無辟邑이 있는데, 無鼻城이라 한다." 하였다.
水經 "湨水出河內軹縣原山, 南流注于河水. 東有無辟邑, 謂之無鼻城."

【綱】 겨울 10월에 北魏 吐京의 胡人이 반란을 일으키자, 汾州의 군대가 그를 평정하였다.

冬十月에 魏吐京胡反이어늘 州兵討平之하다

【目】 北魏 吐京의 胡人이 반란을 일으키자, 조서를 내려 元彬에게 行汾州事로 삼아 토벌하여 격파하게 하였다. 胡人 去居 등 600여 명이 험준한 곳을 지키며 복종하지 않았기 때문에 원빈이 병사 2만 명을 청하여 토벌하려고 하였는데, 魏主(元宏)가 크게 진노하여 말하기를 "작은 도적에 어찌 병사를 출동하는 이치가 있겠는가. 만약 이기지 못하면 먼저 刺史의 목을 베고 난 뒤에 군사를 출동할 것이다."라고 하였다. 원빈이 크게 두려워하여 자신이 將士들보다 앞장서서 그들을 토벌하여 평정하였다.

魏吐京胡反이어늘 詔元彬行汾州事하여 討破之[1]하다 胡去居等六百餘人이 保險不服[2]이라 彬請兵二萬以討之한대 魏主大怒曰 小寇에 何有發兵之理리오 若不克者면 先斬刺史然後에 發兵하리라 彬大懼하여 身先將士하여 討平之하다

① 北魏 世祖(拓跋燾) 太平眞君 9년(448)에 吐京郡을 설치하였다. ≪水經註≫에 "吐京은 곧 漢나라 西河郡 上軍縣이니, 胡語로 漢語를 번역하면서 俗音이 잘못된 것이다." 하였다. 元彬은 元楨의 아들이다. 太和 12년(489)에 汾州를 설치하고, 蒲子縣에 治所를 두고서 西河·吐京·定陽·北鄕·正平의 5城과 中陽·絳郡이 모두 여기에 속하였다." 하였다.
魏世祖太平眞君九年, 置吐京郡. 水經註曰"吐京, 卽漢西河郡上軍縣, 夷夏俗音訛也." 彬, 楨之子也. 太和十二年, 置汾州, 治蒲子縣, 西河·吐京·定陽·北鄕·正平五城, 中陽·絳郡皆屬焉.

② 去居는 吐京에 사는 胡人의 이름이다.
去居, 吐京胡之人名也.

【綱】 北魏가 常平倉을 설치하였다.

魏置常平倉하다

【綱】 北魏 恒州刺史 穆泰와 定州刺史 陸叡가 모반을 일으키자, 魏主(元宏)가 任城王 元澄(拓跋澄)을 보내어 토벌하여 그들을 사로잡았다.

◑ **魏恒州刺史穆泰**와 **定州刺史陸叡謀反**이어늘 **魏主遣任城王澄討禽之**하다

【目】 예전에 北魏 文明太后(馮太后)가 魏主(元宏)를 폐위시키려 하였는데, 穆泰가 간절하게 간언을 하여 그쳤기 때문에 魏主의 총애가 있었다. 魏主가 남쪽으로 천도할 적에 그가 가까이하고 신임하는 자들은 대부분 中原의 儒士들이었다. 이에 宗室과 代人들이 往往 달가워하지 않았다. 목태가 定州刺史로 나가게 되자, 스스로 아뢰기를 오래 동안 병을 앓고 있어서 溫濕한 땅에서는 병이 심해지기 때문에 恒州로 옮겨주기를 바란다고 하였다. 魏主가 그를 위하여 恒州刺史 陸叡를 定州로 옮기게 하고 목태로 그를 대신하게 하였다. 목태가 恒州에 부임하였을 때에 육예가 아직 출발하지 않았다. 마침내 서로 함께 난을 일으킬 것을 도모하여 陽平王 元頤를 군주로 추대하였다.

원이가 거짓으로 허락하고 은밀하게 조정에 보고하였다. 任城王 元澄이 병이 있었는데, 魏主가 불러서 보고는 말하기를 "목태가 반역을 꾀하니, 지금 막 洛陽으로 천도하였으므로 北人들이 옛 땅을 그리워하여 남쪽과 북쪽이 혼란스러워지면 朕이 洛陽에서 서지 못할 것이다. 이는 큰일이기 때문에 卿이 아니면 처리할 수 없으니, 힘써 나를 위하여 북쪽으로 가시오. 만약 그들이 미약하면 직접 가서 그들을 사로잡고, 만약 강성해졌

으면 承制[54)]하여 幷州・肆州의 병사를 징발하여 그들을 공격하시오."라고 하고, 마침내 원징에게 符節을 주었다.

初에 魏文明太后欲廢魏主어늘 穆泰切諫而止라 由是有寵이러니 及魏主南遷에 所親任者多中州儒士라 宗室及代人이 往往不樂[①]이러니 泰出爲定州刺史하니 自陳久病하여 土溫則甚이라 乞爲恒州어늘 魏主爲之徙恒州刺史陸叡爲定州하고 以泰代之러니 泰至에 叡未發이라 遂相與謀作亂하여 推陽平王頤爲主[②]어늘 頤僞許之하고 而密以聞하다 任城王澄有疾이러니 魏主召見하고 謂曰 穆泰謀爲不軌하니 今遷都甫爾라 北人戀舊하여 南北紛擾하면 朕洛陽不立也니 此大事라 非卿不能辦이니 彊爲我北行하라 儻其微弱이어든 直往禽之하고 若已彊盛이어든 可承制發幷肆兵擊之라하고 遂授澄節[③]하다

① 中州는 中原・中華라는 말과 같다. 代人은 代 땅의 사람이다. 幷州・肆州・汾州・石州・雲州・朔州・恒州・定州 등은 모두 옛날 代 지역이다.
中州, 猶言中原・中華也. 代人, 代土之人也. 幷・肆・汾・石・雲・朔・恒・定等州皆古代地.
② 元頤는 拓跋新成의 아들이다.
頤, 新成之子也.
③ 幷州는 太原・上黨・樂平・鄕郡을 관할하였다. 肆州는 新興・秀容・鴈門郡을 관할하였다.
幷州, 領太原・上黨・樂平・鄕郡. 肆州, 領新興・秀容・鴈門郡.

【目】元澄이 가서 鴈門에 이르니, 鴈門太守가 밤에 와서 보고하기를 "穆泰가 이미 병사를 이끌고 서쪽으로 陽平王(元頤)에게 갔습니다."라고 하였는데, 원징이 대번에 출동할 것을 명하였다. 右丞 孟斌이 말하기를 "사태를 헤아릴 수 없으니, 마땅히 칙령에 따라 병사들을 소집한 후에 천천히 진군해야 합니다."라고 하였다. 元澄이 말하기를 "목태가 이미 반란을 꾀하였으니, 응당 견고한 城에 웅거해야 하는데 다시 陽平王을 맞이하러 갔으니, 헤아려보건대 세력이 약한 듯하다. 목태가 이미 우리를 막지 못한다면 군대를 동원하는 것은 마땅한 방법이 아니다. 다만 빨리 가서 그들을 진압한다면 백성들의 마음이 절로 안정될 것이다."라고 하고, 이에 속도를 두 배로 올려 행군하였다.

〈원징은〉 미리 御史 李煥을 파견하여 單騎로 代(平城)에 들어가서 목태의 무리들을 깨우쳐 禍福의 도리를 보여주게 하니, 목태를 따르려는 자가 없었다. 목태가 이환을 공격하였으나 이기지 못하고 달아나자 이환이 추격하여 그를 사로잡았다. 원징이 도착하여 徒黨들을 철저하게 다스리고 육예를 잡아서 감옥에 가두니, 백성들이 안정되었다.

54) 承制 : 조정의 재가를 받지 않고 편의대로 적절히 권한을 행사하는 것을 말한다.

行至鴈門하니 太守夜告호되 泰已引兵西就陽平이라커늘 澄遽令進發한대 右丞孟斌曰 事未可量이니 宜依勅召兵然後에 徐進이니이다 澄曰 泰旣謀亂하니 應據堅城이어늘 而更迎陽平하니 度似勢弱이라 旣不相拒면 發兵非宜라 但速往鎭之면 民心自定이라하고 乃倍道兼行하다 先遣御史李煥單騎入代하여 曉諭泰黨하여 示以禍福하니 皆莫爲之用이라 泰攻煥不克而走어늘 追禽之하다 澄至하여 窮治黨與하고 收陸叡繫獄하니 民間帖然이러라

【綱】 北魏가 도망자에게 연좌시키는 법을 없앴다.

魏除逋亡緣坐法하다

【目】 예전에 魏主(元宏)는 죄를 지어 邊方으로 유배를 보낸 자들이 많이 도망친다고 하여 마침내 법을 제정하여 한 명이 도망치면 온 집안사람을 勞役을 충당하도록 하였다.

光州刺史 崔挺이 간언하기를 "善人은 적고, 惡人은 많으니, 만약 한 명이 죄를 지어서 온 집안을 연좌시키면 司馬牛가 그의 형 桓魋의 벌을 받아야 하고, 柳下惠가 그의 동생 盜跖의 주벌을 받아야 하니, 어찌 슬프지 않겠습니까."라고 하니, 魏主가 그의 말을 따랐다.

初에 魏主以有罪徙邊者多逋亡이라하여 乃制一人逋亡에 闔門充役이러니 光州刺史崔挺이 諫曰 善人少하고 惡人多하니 若一人有罪에 延及闔門이면 則司馬牛受桓魋之罰이요 柳下惠嬰盜跖之誅니 豈不哀哉리잇고 魏主從之①하다

① 司馬牛는 桓魋에게, 柳下惠는 盜跖에게 모두 兄弟이다. 賢明함과 不肖함이 이미 서로 현격하면 兄弟 간에 죄가 서로 미치지 않았으니, 예전의 법이다.
司馬牛之於桓魋, 柳下惠之於盜跖, 皆兄弟. 賢不肖旣相遠, 而兄弟罪不相及, 古法也.

附錄

1. 思政殿訓義 資治通鑑綱目18 年表

年度	在位年	역문쪽수	주요 사건
456 丙申年	宋 孝武帝(劉駿) 孝建 3 北魏 文成帝(拓跋濬) 太安2	13 15 16 17 18	• 北魏가 貴人 馮氏를 세워서 황후로 삼음. • 北魏가 拓跋弘을 太子로 삼음. • 宋나라가 西陽王 劉子尙을 揚州刺史로 삼음. • 伊吾가 반란하니 北魏가 공격하여 함락시킴. • 宋나라가 江夏王 劉義恭을 太宰로 삼음. • 北魏가 源賀를 冀州刺史로 삼았는데, 원하의 상소로 죄인을 변방의 防守에 충원함. • 宋나라가 青州·冀州의 治所를 합쳐서 歷城에 둠. • 北魏가 定州刺史 許宗之를 주살함. • 宋나라 金紫光祿大夫 顔延之 사망.
457 丁酉年	宋 孝武帝 大明1 北魏 文成帝 太安3	18 20 21 22	• 北魏가 尉眷을 太尉 錄尙書事로 삼음. • 宋나라가 顔竣을 東揚州刺史로 삼음. • 雍州刺史 王玄謨의 건의로 宋나라가 土斷法을 시행하여 僑置郡縣을 정리함. • 宋나라가 竟陵王 劉誕을 南兗州刺史, 劉延孫을 南徐州刺史로 삼음.
458 戊戌年	宋 孝武帝 大明2 北魏 文成帝 太安4	23 24 29 31 32 35 36	• 北魏가 禁酒令을 시행하고, 候官을 증치하여 백관들을 감시하고, 刑律 79章을 증설함. • 北魏가 高允을 中書令으로 삼음. • 宋나라가 謝莊과 顧覬之를 吏部尙書로 삼아 이부상서를 둘로 만들어 그 권위를 낮추고 散騎常侍를 높이고자 함. • 宋나라 高闍와 승려 曇標가 모반을 꾀하다 주살되자 沙門에 禁令을 시행함. • 宋 孝武帝가 高闍의 반란을 이용하여 中書令 王僧達을 죽임. • 北魏 文成帝가 柔然을 친히 정벌함. • 北魏가 宋나라의 淸口를 침략하자 宋나라 青冀刺史 顔師伯이 이를 격파함. • 宋 孝武帝가 戴法興·戴明寶·巢尙之를 中書舍人으로 삼음.
459 己亥年	宋 孝武帝 大明3 北魏 文成帝 太安5	38	• 宋나라 竟陵王 劉誕이 廣陵에서 반란을 일으키자 沈慶之를 보내 토벌하게 함.

年度	在位年	역문쪽수	주요 사건
459 己亥年	宋 孝武帝 大明3 北魏 文成帝 太安5	41 42 44	• 宋 孝武帝가 劉誕의 반란을 이용하여 東揚州刺史 顔竣을 죽임. • 宋나라가 廣陵을 함락시키고 劉誕을 죽임. • 宋나라가 沈慶之를 司空으로 삼음. • 宋나라가 上林苑을 축조함. • 宋 孝武帝가 郊壇을 옮기고 五路를 만듦.
460 庚子年	宋 孝武帝 大明4 北魏 文成帝 和平1	46 47 48	• 吐谷渾王 慕容拾寅이 帝王의 행실을 하자 北魏가 정벌함. • 北魏가 史官을 다시 설치함. • 宋 孝武帝가 廬陵內史 周朗을 죽임. • 宋나라가 顔師伯을 侍中으로 삼음. • 柔然이 高昌을 공격하여 沮渠安周를 죽이고 闞伯周로 高昌王을 삼음.(高昌北涼 멸망)
461 辛丑年	宋 孝武帝 大明5 北魏 文成帝 和平2	49 50 52 53 54	• 宋나라가 明堂을 세움. • 宋나라 雍州刺史 海陵王 劉休茂가 襄陽에서 반란했다가 그 부하에게 죽임을 당함. • 宋나라 司空 沈慶之가 사직함. • 宋나라가 新安王 劉子鸞을 南徐州刺史로 삼음. • 宋나라가 해마다 1戶당 布 4匹을 징수함. • 宋나라가 士族들이 雜戶와 혼인하는 것을 금지함.
462 壬寅年	宋 孝武帝 大明6 北魏 文成帝 和平3	55 56 57 58 60	• 宋나라가 明堂에서 五帝를 제사 지냄. • 宋나라가 孝廉과 秀才에게 策問함. • 宋나라가 그전에 삭감했던 百官의 녹봉을 회복시킴. 孝武帝가 廣陵太守 沈懷文을 죽임. • 宋나라 淑儀 殷氏 사망. • 宋나라가 沙門들로 하여금 임금에게 공경을 표하게 함. • 宋나라 祖沖之가 何承天의 元嘉曆을 고칠 것을 건의함.
463 癸卯年	宋 孝武帝 大明7 北魏 文成帝 和平4	61 62 63 64 66	• 宋나라 吏部郞 江智淵 사망. • 宋나라가 전쟁이 아니면 사람을 함부로 죽이지 못하게 하고, 천자의 手詔가 아니면 군대를 일으킬 수 없게 함. • 宋나라가 蔡興宗과 袁粲을 吏部尙書로 삼음. • 宋나라가 劉德願을 豫州刺史로 삼음. • 宋 孝武帝가 궁궐을 크게 修築함. • 北魏가 散騎常侍 游明根을 宋나라로 보냄.
464 甲辰年	宋 孝武帝 大明8 北魏 文成帝 和平5	66	• 宋 孝武帝가 사망하자 太子 劉子業이 즉위함. 遺詔로 太宰 中書監 劉義恭과 尙書令 柳元景, 始興公 沈慶之, 尙書僕射 顔師伯 領軍 王玄謨에게 유자업을 보필하게 함.

年度	在位年	역문쪽수	주요 사건
464 甲辰年	宋 孝武帝 大明8 北魏 文成帝 和平5	68	• 柔然 處羅可汗이 사망하자 受羅部眞可汗 郁久閭予成이 즉위하고 연호를 永康으로 바꿈.
			• 宋나라 劉子業이 孝建 이래의 제도를 폐기함. 근신인 戴法興과 巢尙之가 전횡하여 蔡興宗을 新昌太守, 王玄謨를 南徐州刺史로 삼아 외방으로 보냄.
		70	• 宋나라 王太后 사망.
465 乙巳年	宋 前廢帝(劉子業) 景和1 宋 明帝(劉彧) 泰始1 北魏 文成帝 和平6	71	• 宋나라가 二銖錢(耒子)을 주조함.
		72	• 北魏 文成帝가 사망하자 太子 拓跋弘이 즉위함.
			• 北魏 車騎大將軍 乙渾이 司徒 陸麗를 죽이고 太尉 錄尙書事가 됨.
		73	• 北魏가 禁酒令을 해제함.
			• 北魏 乙渾이 丞相이 됨.
			• 宋 前廢帝가 戴法興을 죽이자 尙書令 柳元景과 僕射 顔師伯이 江夏王 劉義恭을 세울 것을 도모하였는데, 沈慶之가 이를 고발하여 유원경, 안사백, 유의공을 죽임.
		77	• 宋 前廢帝가 아우 新安王 劉子鸞과 同母弟 南海王 劉子師를 죽이고 殷淑儀의 무덤을 파헤침.
		78	• 宋나라 義陽王 劉昶이 北魏로 망명하자 北魏가 그를 公主와 혼인시키고 丹楊王으로 삼음.
		79	• 宋나라가 袁顗를 雍州刺史, 蔡興宗을 吏部尙書로 삼음.
		81	• 宋나라가 私錢의 주조를 허락하자 열악한 동전인 鵝眼錢이나 綖環錢이 유통되어 동전의 가치가 폭락함.
			• 宋 前廢帝가 會稽太守 孔靈符를 죽임.
		82	• 宋 前廢帝가 何邁의 아내 新蔡長公主를 빼앗아 謝貴嬪으로 삼자 하매가 반란을 모의하다가 죽임을 당함.
			• 宋 前廢帝가 太尉 沈慶之를 죽임.
		87	• 宋 前廢帝가 諸父인 湘東王 劉彧과 建安王 劉休仁과 山陽王 劉休祐 등을 殿內에 감금함.
		88	• 宋나라 江州刺史 晉安王 劉子勛이 尋陽에서 반란을 일으킴.
		90	• 宋 前廢帝가 南平王 劉敬猷와 廬陵王 劉敬先과 安南侯 劉敬淵을 죽임.
			• 宋나라 壽寂之 등이 前廢帝를 시해하고 湘東王 劉彧을 황제에 추대함. 유욱이 즉위하고 孝武帝의 모친 路太后를 높여 崇憲太后로 삼고, 妃 王氏를 세워 皇后로 삼음.
		94	• 宋나라가 二銖錢을 폐기하고 鵝眼錢과 綖環錢의 유통을 금지함.
			• 宋나라 郢州刺史 安陸王 劉子綏, 荊州刺史 臨海王 劉子項, 會稽太守 尋陽王 劉子房이 尋陽의 劉子勛에 호응함.

年度	在位年	역문쪽수	주요 사건
466 丙午年	宋 明帝 泰始2 北魏 獻文帝(拓跋弘) 天安1	97	• 宋나라 晉安王 劉子勛이 稱帝하고 義嘉로 改元하니 徐州刺史 薛安都, 冀州刺史 崔道固, 靑州刺史 沈文秀, 義陽內史 龐孟虯, 吳郡太守 顧琛, 吳興太守 王曇生, 義興太守 劉延熙, 晉陵太守 袁標, 益州刺史 蕭惠開, 湘州行事 何慧文, 廣州刺史 袁曇遠, 梁州刺史 柳元怙, 山陽太守 程天祚가 호응함.
		102	• 宋나라 兗州刺史 殷孝祖가 군사를 이끌고 建康으로 달려감.
		103	• 宋 明帝가 山陽王 劉休祐로 豫州刺史 殷琰을 討伐하게 하고, 巴陵王 劉休若으로 會稽의 孔顗를 토벌하게 함.
		104	• 宋나라 路太后 사망. • 宋 明帝가 殿中御史 吳喜와 督護 任農夫를 보내 義興郡을 함락시킴.
		106	• 北魏 馮太后가 반역을 도모한 丞相 太原王 乙渾을 죽임.
		107	• 宋나라 江方興과 王道隆이 晉陵・吳興・吳郡을 평정함. • 宋 明帝가 蔡興宗을 僕射, 褚淵을 吏部尙書로 삼음. • 宋나라 관군인 吳喜와 任農夫 등이 會稽를 함락시킴.
		108	• 宋나라 殷孝祖의 군대가 赭圻(자기)에서 패하여 죽으니 沈攸之가 江方興에게 군대를 대신 지휘하게 하여 劉子勛의 군대를 크게 격파함.
		112	• 宋나라가 元嘉四銖錢과 孝建四銖錢 등 새로운 동전의 유통을 금지함. • 宋나라 沈攸之가 赭圻를 함락시킴.
		113	• 宋나라 劉勔이 宛唐에서 劉順의 군대를 격파하고 殷琰이 있는 壽陽을 포위함.
		114	• 宋나라가 楊僧嗣를 武都王으로 삼음.
		115	• 宋나라 張興世가 錢溪에서 劉胡를 격파하자 袁顗가 濃湖를 버리고 도망가니, 劉休仁이 농호를 점령함. 沈攸之가 尋陽城에 들어가서 劉子勛을 죽임.
		120	• 北魏가 郡學을 세우고 博士・助敎・生員을 둠. • 宋 明帝가 孝武帝의 아들을 모두 죽임.
		121	• 宋나라 徐州刺史 薛安都와 汝南太守 常珍奇가 北魏에 투항함.
		122	• 宋 明帝가 劉昱을 太子로 삼음. • 北魏 尉元과 拓跋石이 懸瓠로 들어가니 畢衆敬과 常珍奇가 北魏에 항복함.
		124	• 壽陽의 殷琰이 항복하자 宋나라가 豫州를 평정함.
		125	• 益州의 蕭惠開가 항복하자 宋나라가 益州를 평정함.

年度	在位年	역문쪽수	주요 사건
466 丙午年	宋 明帝 泰始2 北魏 獻文帝(拓跋弘) 天安1	126	• 宋나라 兗州·徐州·青州·冀州가 모두 北魏에 항복하자 宋나라가 僑州를 설치함. • 北魏의 尉元이 彭城에 도착하니 薛安都가 北魏 군대를 맞이함.
467 丁未年	宋 明帝 泰始3 北魏 獻文帝 皇興1	127 128 130 135 137 138 139	• 彭城으로 진격한 宋나라 張永과 沈攸之가 후퇴하니 宋나라가 淮北의 4州와 豫州의 淮西 지역을 상실함. • 北魏 東平王 拓跋道符가 長安에서 반란했다가 죽임을 당함. • 沈文秀와 崔道固가 北魏에 항복하니 宋나라가 青州·冀州를 평정함. • 北魏의 慕容白曜가 宋나라 青州를 침입하여 4城을 빼앗음. • 宋나라가 袁粲을 僕射로 삼음. • 宋나라가 沈攸之를 보내어 彭城을 공격하게 하고, 蕭道成을 보내서 淮陰에 進駐하게 함. • 北魏 尉元이 沈攸之를 격파하고 下邳를 차지함. • 北魏 馮太后가 獻文帝에게 정권을 돌려줌. • 常珍奇가 北魏를 배반하고 宋나라에 귀순함.
468 戊申年	宋 明帝 泰始4 北魏 獻文帝 皇興2	140 142 143 144	• 宋나라 東徐州·兗州가 北魏에 항복함. • 宋나라 車騎大將軍 王玄謨 사망. • 宋나라가 백성에게 田租의 반을 감면함. • 北魏가 李惠를 征南大將軍, 馮熙를 太傅로 삼음. • 宋나라가 蕭道成을 南兗州刺史로 삼음. • 宋나라가 阮佃夫로 游擊將軍을 삼음.
469 己酉年	宋 明帝 泰始5 北魏 獻文帝 皇興3	144 146 147 148 149 150	• 北魏가 宋나라 青州를 함락하고 刺史 沈文秀를 사로잡음. • 北魏가 輸租法을 만들고 雜調를 제거함. • 宋나라 太尉 廬江王 劉褘가 柳欣慰 등과 모반하려다 발각됨. • 北魏가 僧祇戶와 佛圖戶를 설치함. • 北魏 獻文帝가 拓拔宏을 太子로 삼음. • 宋 明帝가 廬江王 劉褘를 죽임. • 北魏가 宋나라로 사신을 보냄. • 宋나라 建安王 劉休仁이 揚州刺史를 사직하자 桂陽王 劉休範이 대신함. • 宋나라가 三巴校尉를 설치함.
470 庚戌年	宋 明帝 泰始6 北魏 獻文帝 皇興4	151 152	• 宋나라가 南郊와 明堂에 歲祀를 지냄. • 宋나라 太子 劉昱이 태자비 江氏를 맞이함. • 宋나라가 王景文을 尙書左僕射 揚州刺史로 삼음.

年度	在位年	역문쪽수	주요 사건
470 庚戌年	宋 明帝 泰始6 北魏 獻文帝 皇興4	153 154 155	• 宋나라가 總明觀을 세움. • 柔然이 北魏를 침략하자 獻文帝가 직접 격퇴함. • 北魏 獻文帝가 慕容白曜를 죽임.
471 辛亥年	宋 明帝 泰始7 北魏 孝文帝(拓跋宏) 延興1	156 157 158 159 163 164 167 168	• 宋 明帝가 아우 晉平王 劉休祐를 죽이고, 巴陵王 劉休若을 南徐州刺史로 삼음. • 北魏 西部勅勒이 반란을 일으킴. • 宋 明帝가 아우 建安王 劉休仁을 죽임. • 宋나라가 袁粲을 尙書令, 褚淵을 僕射로 삼음. • 宋 明帝가 아우 巴陵王 劉休若을 죽이고 桂陽王 劉休範을 江州刺史로 삼음. • 宋 明帝가 豫州都督 吳喜를 죽임. • 宋나라가 蕭道成을 散騎常侍로 삼음. • 北魏 獻文帝가 太子 拓跋宏에게 帝位를 물려주고 太上皇帝가 됨. • 北魏 沃野鎭과 統萬鎭의 勅勒이 반란을 일으키자, 太尉 源賀를 파견하여 토벌함. • 宋나라가 湘宮寺를 건립함.
472 壬子年	宋 明帝 泰豫1 北魏 孝文帝 延興2	171 172 173 174 175	• 宋 明帝가 揚州刺史 江安侯 王景文을 죽임. • 宋 明帝가 劉休範, 褚淵, 劉勔, 袁粲, 蔡興宗, 沈攸之 등에게 顧命을 내리고 사망하자 太子 劉昱이 즉위함. • 宋나라가 安成王 劉準을 揚州刺史로 삼음. • 宋나라가 沈攸之를 都督荊襄八州軍事로 삼음. • 宋나라 中書監 樂安公 蔡興宗 사망. • 宋나라가 劉秉을 僕射로 삼음. • 宋나라가 阮佃夫를 給事中으로 삼음. • 北魏가 小祀에는 희생을 사용하지 않게 함.
473 癸丑年	宋 後廢帝(劉昱) 元徽1 北魏 孝文帝 延興3	176 178	• 北魏가 守令들에게 농사를 권장하게 함. • 宋나라가 晉熙王 劉燮을 郢州刺史로 삼자 劉休範이 반란을 일으킬 것을 도모함. • 北魏가 孔子의 후손인 孔乘을 崇聖大夫로 삼음. • 北魏가 靑州, 徐州, 兗州, 豫州, 齊州, 東徐州에 징수하는 법을 제정함. • 武都王 楊僧嗣가 사망하자 楊度立이 즉위하여 北魏에 항복함. • 宋나라 尙書令 袁粲이 모친상으로 사직함.
474 甲寅年	宋 後廢帝 元徽2 北魏 孝文帝 延興4	180	• 宋나라 江州刺史 桂陽王 劉休範이 반란을 일으키자 建康을 공격하니 蕭道成이 평정함. 이때 劉勔이 전사함.

年度	在位年	역문쪽수	주요 사건
474 甲寅年	宋 後廢帝 元徽2 北魏 孝文帝 延興4	184 185 187 188 189	• 柔然이 宋나라에 사신을 보냄. • 蕭道成을 中領軍으로 삼음. 이때 蕭道成, 袁粲, 褚淵, 劉秉이 정사를 결정하여 四貴라 함. • 宋나라 荊州刺史 沈攸之가 劉休範의 근거지인 江州 尋陽을 토벌함. • 北魏가 門誅와 房誅의 형벌을 폐지함. • 宋나라가 袁粲을 中書監 兼 司徒, 褚淵을 尙書令, 劉秉을 丹陽尹으로 삼음. • 宋 後廢帝가 冠禮를 올림. • 北魏 建安王 陸馛 사망.
475 乙卯年	宋 後廢帝 元徽3 北魏 孝文帝 延興5	189 190	• 宋나라가 張敬兒를 都督雍梁二州軍事로 삼아 沈攸之를 대비함. • 北魏가 소와 말을 죽이는 것을 금지함. • 宋나라 南徐州刺史 建平王 劉景素가 관직을 박탈당함.
476 丙辰年	宋 後廢帝 元徽4 北魏 孝文帝 承命1	191 194	• 北魏 馮太后가 太上皇 拓跋弘을 시해하고 稱制함. • 宋나라가 蕭道成에게 左僕射를 더하고 劉秉을 中書令으로 삼음. • 宋나라 建平王 劉景素가 京口에서 반란을 일으켰으나 패하여 죽임을 당함.
477 丁巳年	宋 順帝(劉準) 昇明1 北魏 孝文帝 太和1	196 201 203 206 210 213	• 北魏가 東陽王 拓跋丕를 司徒로 삼음. • 宋나라 蕭道成이 後廢帝를 시해하고 安成王 劉準을 세우고 司空 錄尙書事에 오름. • 北魏가 工人, 商人, 工役하는 사람은 本部의 丞으로 관직을 제한함. • 北魏가 律令을 개정함. • 宋나라가 定策의 공로로 楊玉夫 등에게 爵位를 내림. • 武都王 楊文度가 北魏의 仇池를 함락시킴. • 北魏 馮太后가 徐州刺史 李訢을 죽임. • 北魏가 懷州의 반란을 토벌함. • 宋나라 荊州襄州都督 沈攸之가 반란을 일으킴. • 宋나라 中書監 袁粲과 尙書令 劉秉이 蕭道成을 죽이려 하다가 실패하여 죽임을 당함. • 沈攸之가 宋나라 郢城을 공격하였으나 함락시키지 못함. • 宋나라 蕭道成이 新亭에 주둔함.
478 戊午年	宋 順帝 昇明2 北魏 孝文帝 太和2	214 217	• 沈攸之가 郢城에서 패하자 張敬兒가 江陵을 점령하니 심유지가 자살함. 蕭道成이 太尉 都督十六州諸軍事가 됨. • 宋나라 蕭道成이 南兗州刺史 黃回를 죽임. • 北魏가 宗戚과 士族은 同類끼리만 혼인하게 함.

年度	在位年	역문쪽수	주요 사건
478 戊午年	宋 順帝 昇明2 北魏 孝文帝 太和2	217 218 221 222	• 宋나라가 사치품을 만드는 것을 금함. • 宋나라가 蕭賾을 領軍將軍, 蕭嶷을 江州刺史로 삼음. • 宋나라 蕭道成이 太傅 楊州牧이 되고 殊禮를 받음. • 宋나라가 蕭映을 南兗州刺史, 蕭晃을 豫州刺史로 삼음. • 北魏 馮太后가 靑州刺史 南郡王 李惠를 죽임. • 宋나라가 音樂을 제정함. • 北魏가 高允을 中書監으로 삼음.
479 己未年	宋 順帝 昇明3 齊 高帝(蕭道成) 建元1 北魏 孝文帝 太和3	223 224 225 226 230 233 234 235 236 237 238 239	• 宋나라가 蕭嶷을 荊州刺史, 蕭賾을 僕射로 삼음. • 宋나라가 謝朏를 侍中으로 삼음. • 宋나라 蕭道成이 相國 齊公이 되고 九錫을 받음. • 齊公 蕭道成이 宋나라 臨川王 劉綽을 죽임. • 齊나라가 王儉을 僕射로 삼음. • 齊公 蕭道成이 왕이 됨. • 齊王 蕭道成이 武陵王 劉贊을 죽임. • 齊王 蕭道成이 稱帝하고, 宋 順帝를 폐위하여 汝陰王으로 삼아 丹楊으로 옮김. • 齊 高帝가 蕭嶷을 揚州刺史로 삼음. • 齊나라 劉善明, 崔祖思, 劉思效 등이 정사의 득실을 아룀. • 北魏가 候官을 폐지함. • 齊나라가 褚淵과 王儉 등의 작위를 올려줌. • 齊 高帝가 汝陰王(劉準)을 죽이고 그 종족을 멸함. • 齊나라가 垣崇祖를 豫州刺史로 삼음. • 北魏 葭蘆鎭主 楊廣香이 齊나라에 항복함. • 齊나라가 蕭賾을 太子로 삼고 皇子들을 왕에 봉함. • 北魏 隴西王 源賀 사망. • 齊나라가 王玄邈을 梁州刺史로 삼음. • 北魏가 拓跋嘉를 파견하여 丹楊王 劉昶을 받들어 齊나라를 공격함. • 北魏가 高允에게 律令을 정하게 함. • 契丹이 北魏에 歸附함.
480 庚申年	齊 高帝 建元2 北魏 孝文帝 太和4	240 241 242 243 244	• 北魏 拓跋嘉와 劉昶이 壽陽을 공격하였으나 垣崇祖가 막아냄. • 齊나라가 民籍을 檢定함. • 齊나라가 巴州를 설치함. • 齊나라가 蕭鸞을 郢州刺史로 삼음. • 齊나라가 建康에 성벽을 축조함. • 柔然이 齊나라에 사신을 보냄. • 齊나라가 何戢을 吏部尙書로 삼음.

年度	在位年	역문쪽수	주요 사건
480 庚申年	齊 高帝 建元2 北魏 孝文帝 太和4	245 246 247	• 齊나라가 병든 죄수를 진료하여 치료하게 함. • 齊나라가 楊後起를 武都王으로 삼음. • 齊나라가 褚淵을 司徒로 삼음. • 北魏가 尙書令 王叡를 中山王으로 삼음.
481 辛酉年	齊 高帝 建元3 北魏 孝文帝 太和5	248 249 250 251 252 254	• 北魏가 角城을 포위하였는데, 齊나라 周盤龍이 격파함. • 北魏 沙門 法秀가 난을 일으켰다가 주살됨. • 齊나라가 南蠻校尉의 관직을 폐지함. • 北魏 尙書令 王叡 사망. • 齊나라가 사신을 北魏에 보냄. • 北魏가 徐州와 兗州를 평정하고 薛虎子를 徐州刺史로 삼음. • 吐谷渾王 慕容拾寅이 사망하자 慕容度易侯가 즉위함. • 北魏가 새로운 律令을 완성함.
482 壬戌年	齊 高帝 建元4 北魏 孝文帝 太和6	254 256 257 258	• 齊 高帝가 사망하자 태자 蕭賾이 즉위함. • 齊나라가 褚淵을 錄尙書事, 王儉을 尙書令, 王奐을 僕射, 豫章王 蕭嶷을 太尉로 삼음. • 北魏에서 虎圈을 철폐함. • 齊나라가 蕭長懋를 太子로 세움. • 齊나라 南康公 褚淵 사망. • 齊나라가 國喪으로 國子學을 철폐함. • 北魏가 李崇을 荊州刺史로 삼음. • 北魏 孝文帝가 七廟에 친히 제사를 지냄.
483 癸亥年	齊 武帝(蕭賾) 永明1 北魏 孝文帝 太和7	259 260 261 262 264	• 齊나라가 郡縣의 관리에게 田秩을 회복시켜주고 3년을 기한으로 관리를 교체함. • 齊나라가 尙書 垣崇祖와 散騎常侍 荀伯玉을 죽임. • 北魏 皇子 拓跋恂이 태어나자 馮太后가 그 모친 林氏를 죽임. • 齊나라가 車騎將軍 張敬兒를 죽임. • 齊나라가 王僧虔을 特進 光祿大夫로 삼음. • 齊나라가 장군 劉纘을 北魏에 보내니 馮太后와 사통함. • 北魏가 처음으로 동성 간에 혼인을 금지시킴.
484 甲子年	齊 武帝 永明2 北魏 孝文帝 太和8	266 269 270 273 274	• 齊나라가 竟陵王 蕭子良을 司徒로 삼음. 이때 范縝이 〈神滅論〉를 지어 불교를 비판함. • 齊나라가 茹法亮을 中書舍人으로 삼음. • 北魏가 祿俸制를 실시함. • 齊나라가 長沙王 蕭晃을 中書監으로 삼음. • 高句麗 長壽王이 北魏와 齊나라에 조공함. • 齊나라가 陳顯達을 대신하여 蕭鑑을 益州刺史로 삼음.

年度	在位年	역문쪽수	주요 사건
485 乙丑年	齊 武帝 永明3 北魏 孝文帝 太和9	277 278 279 280 282 283	• 北魏가 讖緯와 巫卜을 금지함. • 齊나라가 國學을 다시 세움. • 北魏 孝文帝가 자신의 아우들을 왕으로 봉함. • 齊나라가 王儉으로 國子祭酒를 삼음. • 北魏가 吐谷渾을 몰아내고 梁彌承을 宕昌王으로 삼음. • 北魏가 均田制를 실시함. • 北魏가 拓跋澄을 都督梁州益州荊州軍事로 삼음. • 齊나라 唐寓之가 호적에 빠져 있는 사람들을 모아 三吳 지역에서 난을 일으킴. • 柔然의 部眞可汗이 죽고 伏名敦可汗 郁久閭豆崙이 즉위함.
486 丙寅年	齊 武帝 永明4 北魏 孝文帝 太和10	284 285 286 287 288	• 齊나라가 唐寓之를 토벌하여 평정함. • 武都王 楊後起가 사망하자 楊集始가 즉위함. • 北魏가 三長制를 실시함. • 柔然이 北魏에 사자를 보냄. • 北魏가 五等公服制를 제정함. • 北魏가 明堂과 辟雍을 만듦. • 北魏가 中書學을 國子學으로 고침. • 北魏가 州郡을 나누어 설치함.
487 丁卯年	齊 武帝 永明5 北魏 孝文帝 太和11	288 289 290 291 293 295	• 北魏가 樂章을 정함. • 北魏의 光祿大夫 咸陽公 高允 사망. • 齊나라가 北魏 군대를 격파하고 舞陽을 점거함. • 北魏가 緦麻服 이상을 입는 宗戚을 復戶로 삼음. • 北魏가 賑貸法을 실시함. • 柔然 伏名敦可汗이 침입하자 北魏가 격파함. 이때 高車의 阿伏至羅가 유연에서 독립하여 왕이 됨. • 北魏가 宮人을 내보내고 末作을 없앰. • 北魏가 高祐를 西兗州刺史로 삼음.
488 戊辰年	齊 武帝 永明6 北魏 孝文帝 太和12	296 297 298 300	• 北魏가 사형 죄를 저지른 사람 중 부모가 늙고 자식과 旁系의 친척이 없는 자를 보고하게 함. • 北魏가 隔城을 점거하자 齊나라가 격파함. • 齊나라가 泚陽을 공격하자 北魏가 격파함. • 齊나라가 곡식과 비단 값이 떨어지자 국가에서 매입함. • 北魏 祕書丞 李彪가 封事를 올려 정사를 논함.
489 己巳年	齊 武帝 永明7 北魏 孝文帝 太和13	303 304 305	• 齊나라가 王晏을 吏部尙書로 삼음. • 齊나라 中書監 南昌公 王儉이 사망. • 北魏가 齊나라에 사신을 보냄. • 齊나라가 北魏에 사신을 보냄.

年度	在位年	역문쪽수	주요 사건
489 己巳年	齊 武帝 永明7 北魏 孝文帝 太和13	305	• 齊나라가 張緖로 揚州의 中正을 겸하게 하고, 江斅를 都官尙書로 삼음.
490 庚午年	齊 武帝 永明8 北魏 孝文帝 太和14	308 312 318 319 321 322	• 齊나라가 蕭緬을 雍州刺史로 삼음. • 齊나라가 荊州刺史 巴東王 蕭子響을 죽임. • 北魏 馮太后 사망. • 齊나라가 伏登之를 交州刺史로 삼음. • 齊나라가 동전의 주조를 의논했으나 시행하지 못함. • 齊나라가 허위로 戶籍을 작성한 죄에 걸려 邊境을 수비하던 사람들을 사면함. • 高車가 北魏에 사신을 보냄.
491 辛未年	齊 武帝 永明9 北魏 孝文帝 太和15	322 324 326 327 328 329 334 335 337 339	• 北魏 孝文帝가 親政함. • 齊나라가 예법에 맞지 않는 제물을 太廟에 올리고, 清溪 故宅에 별도로 제사를 지냄. • 齊나라가 北魏에 사신을 보냄. • 北魏 孝文帝가 永固陵을 배알함. • 北魏가 齊나라에 사신을 보냄. • 北魏가 明堂·太廟를 지음. • 北魏 孝文帝 律令을 개정하고 疑獄을 직접 판결함. • 北魏가 廟祧의 제도를 정함. • 北魏가 祭祀 儀式을 개정함. • 北魏가 官品을 제정하고 州牧과 太守를 고과함. • 高句麗 長壽王 사망. • 北魏가 東郊에서 迎春을 거행함. • 北魏가 樂官을 두어 雅樂을 정함. • 齊나라 王植이 晉나라 張斐·杜預가 주석한 律書를 정리함. • 北魏가 咸陽王 拓跋禧를 司州牧으로 삼음. • 北魏 孝文帝가 외가인 李安祖 등 4명을 侯로 봉함.
492 壬申年	齊 武帝 永明10 北魏 孝文帝 太和16	340 342 343 344 345 346	• 北魏 孝文帝가 明堂에서 顯祖(拓跋弘)를 宗祀함. • 北魏가 水德으로 삼음. • 北魏가 소원한 親屬과 異姓 王公들의 爵位를 강등시킴. • 北魏 孝文帝가 朝日의 제사를 직접 거행함. • 北魏가 堯·舜·禹·周公·孔子에게 제사를 지냄. • 北魏가 새로운 律令을 반포함. • 齊나라 大司馬 太傅 豫章王 蕭嶷 사망. • 齊나라가 竟陵王 蕭子良을 揚州刺史로 삼음. • 吐谷渾 世子 慕容賀虜頭가 北魏에 入朝함. • 北魏가 사신을 齊나라에 보냄. • 北魏가 柔然을 격파하고 伏名敦可汗을 죽임.

年度	在位年	역문쪽수	주요 사건
492 壬申年	齊 武帝 永明10 北魏 孝文帝 太和16	346	• 北魏 孝文帝가 明堂에서 養老禮를 거행함.
		347	• 齊나라가 北魏에 사신을 보냄.
			• 齊나라가 太子家令 沈約에게 ≪宋書≫를 찬술하게 함.
		348	• 北魏 南陽公 鄭羲 사망.
493 癸酉年	齊 武帝 永明11 北魏 孝文帝 太和17	349	• 齊나라가 陳顯達을 江州刺史, 崔慧景을 豫州刺史로 삼음.
		350	• 齊나라 太子 蕭長懋 사망.
		351	• 北魏 孝文帝가 藉田에서 親耕을 행함.
			• 齊나라 雍州刺史 王奐이 죽임을 당하자 王肅이 北魏로 도망감.
		352	• 齊 武帝가 蕭昭業을 太孫으로 세움.
			• 北魏 孝文帝가 죄수들의 기록을 살핌.
		353	• 北魏가 拓跋恂을 太子로 삼음.
			• 北魏 孝文帝가 洛陽으로 천도하고자, 齊나라를 정벌할 것을 명분으로 삼아 군대를 일으킴.
		355	• 齊 武帝가 사망하자 太孫 蕭昭業이 즉위하여 竟陵王 蕭子良을 太傅, 蕭鸞을 尙書令으로 삼음. 이때 王融이 무제가 병이 든 것을 이용하여 소자량을 황제로 세우려고 하였으나 이루지 못함.
		359	• 北魏의 山陽公 尉元 사망.
			• 北魏 孝文帝가 南伐을 위해 平城에서 출발함.
		360	• 齊나라 蕭昭業이 中書郎 王融을 죽임.
		362	• 齊나라 蕭昭業이 부친 蕭長懋를 文皇帝로 추존함.
		363	• 北魏 孝文帝가 洛陽으로 천도하여 군대를 해산함.(孝文帝의 洛陽 천도)
		367	• 北魏 北地의 支酉가 반란을 일으켰으나 평정됨.
		368	• 北魏 孝文帝가 洛陽에 도성을 건설함.
			• 北魏가 王肅을 輔國將軍으로 삼아 威儀와 文物을 제정함.
		369	• 齊나라 益州刺史 劉悛이 뇌물죄에 걸려 금고 당함.
494 甲戌年	齊 鬱林王(蕭昭業) 隆昌1 齊 海陵王(蕭昭文) 延興1 齊 明帝(蕭鸞) 建武1 北魏 孝文帝 太和18	370	• 齊나라가 隨王 蕭子隆을 撫軍將軍으로 삼음.
		371	• 齊나라 蕭鸞이 蕭昭業의 측근인 直閤將軍 周奉叔, 綦毋珍之, 杜文謙을 죽임.
		374	• 北魏 孝文帝가 韓顯宗을 中書侍郎으로 삼으니, 한현종이 당시의 일에 대해 상소함.
		378	• 北魏 孝文帝가 平城으로 돌아와 천도에 반대하는 신하들을 설득함.
		380	• 齊나라 竟陵王 蕭子良 사망.
		381	• 北魏가 사신을 齊나라에 보냄.

年度	在位年	역문쪽수	주요 사건
494 甲戌年	齊 鬱林王(蕭昭業) 隆昌1 齊 海陵王(蕭昭文) 延興1 齊 明帝(蕭鸞) 建武1 北魏 孝文帝 太和18	382	• 北魏가 宋王 劉昶을 都督吳越楚諸軍事로 삼아서 彭城에 鎭守시킴. • 北魏의 安定王 拓跋休 사망. • 齊나라 蕭鸞이 蕭昭業을 시해하고, 新安王 蕭昭文을 세우고 驃騎大將軍 錄尙書事 宣城公이 됨.
		386	• 齊나라 蕭鸞이 始安王 蕭遙光을 南郡太守로 삼아 親黨으로 삼음. • 北魏 孝文帝가 百官의 고과를 매김.
		387	• 齊나라 蕭鸞이 鄱陽王 蕭鏘, 隨王 蕭子隆, 晉安王 蕭子懋, 臨海王 蕭昭秀 등을 죽임.
		391	• 齊나라 蕭鸞이 太傅 揚州牧이 되고 작위를 王으로 높임.
		393	• 齊나라 蕭鸞이 桂陽王 蕭鑠, 江夏王 蕭鋒, 衡陽王 蕭鈞 등을 죽임.
		397	• 齊나라 蕭鸞이 蕭昭文을 폐하여 海陵王으로 삼고 황제에 즉위함.
		399	• 齊나라가 始安王 蕭遙光을 揚州刺史, 聞喜公 蕭遙欣을 荊州刺史로 삼음. • 齊나라가 皇子 蕭寶卷을 太子로 삼음. • 北魏가 宇文福을 司衛監으로 삼아 河陽에 牧場을 설치함.
		400	• 齊 明帝가 海陵王 蕭昭文을 죽임.
		401	• 北魏가 胡服을 금지함. • 北魏 孝文帝가 군대를 일으켜 齊나라를 침략함.
495 乙亥年	齊 明帝 建武2 北魏 孝文帝 太和19	404	• 北魏 孝文帝가 鍾離를 공격하였으나 함락시키지 못하고, 사신을 보내 강가에서 齊 明帝의 罪를 열거하고 돌아옴.
		410	• 北魏 太師 馮熙 사망. • 北魏가 拓跋英이 齊나라 南鄭을 포위했다가 돌아옴.
		414	• 北魏 孝文帝가 魯城에 가서 孔子를 제사하고 그 후손을 崇聖侯로 삼음.
		416	• 北魏 廣川王 拓跋諧 사망. • 北魏가 冗官의 녹봉을 삭감함.
		417	• 北魏가 胡語의 사용을 금지하고 遺書를 구하고 度量衡을 제정함.
		418	• 齊 明帝가 領軍 蕭諶과 西陽王 蕭子明 등을 죽임.
		419	• 北魏가 羽林軍·虎賁軍을 설치함. • 北魏가 洛陽에 國子學·太學·四門小學을 세움.
		420	• 北魏가 薛聰을 直閤將軍으로 삼음.
		421	• 北魏가 六宮과 文武百官을 洛陽으로 옮김. • 北魏가 高陽王 拓跋雍을 相州刺史로 삼음. • 北魏가 州牧에게 官屬을 고과하여 品第를 보고하도록 함.

年度	在位年	역문쪽수	주요 사건
495 乙亥年	齊 明帝 建武2 北魏 孝文帝 太和19	422 423	• 北魏가 品令을 반포하고 冠服을 내려줌. • 北魏가 太和五銖錢을 사용함.
496 丙子年	齊 明帝 建武3 北魏 孝文帝 太和20	424 427 429 431 432 433 435 437	• 北魏가 拓跋氏을 고쳐 元氏라고 하고, 姓과 族을 정함.(姓族詳定) • 北魏가 신하들에게 삼년상을 마치는 것을 허락함. • 齊나라가 수레에 金銀으로 꾸민 것을 제거하게 함. • 北魏 孝文帝가 方澤에서 제사를 지냄. • 北魏 孝文帝가 馮后를 폐출함. • 北魏 太子 元恂(拓跋恂)이 平城으로 도망칠 것을 도모하자 폐하여 庶人으로 삼음. • 北魏가 常平倉을 설치함. • 北魏 恒州刺史 穆泰와 定州刺史 陸叡가 모반을 일으키자, 任城王 元澄(拓跋澄)을 보내어 토벌함. • 北魏가 유배에서 도망한 자를 연좌시키는 법을 없앰.

2. 思政殿訓義 資治通鑑綱目18 地圖

1) 宋 孝武帝 大明 8년(464) 宋나라 22州圖

2) 宋 明帝 泰始 2년(466) 劉子勛의 勢力圖

3) 宋 明帝 泰始 2년(466) 宋나라 徐州・兗州・淮西 지역 喪失圖

4) 宋 明帝 泰始 3년(467) 宋・北魏의 青州・冀州 爭奪圖

5) 宋 後廢帝 元徽 원년(474) 劉休範의 叛亂圖

6) 齊 太祖 建元 2년(480) 齊나라 23州圖

7) 北魏 孝武帝 太和 10년(486) 北魏 38州圖

8) 北魏 孝武帝 太和 17년(493) 洛陽 遷都圖

※ 이 지도는 ≪柏楊白話版 資治通鑑≫(北岳文藝出版社, 2006)을 참조하여 本書를 이해하는 데 도움이 되도록 수정 편집하였다.

1) 宋 孝武帝 大明 8년(464) 宋나라 22州圖(70쪽)

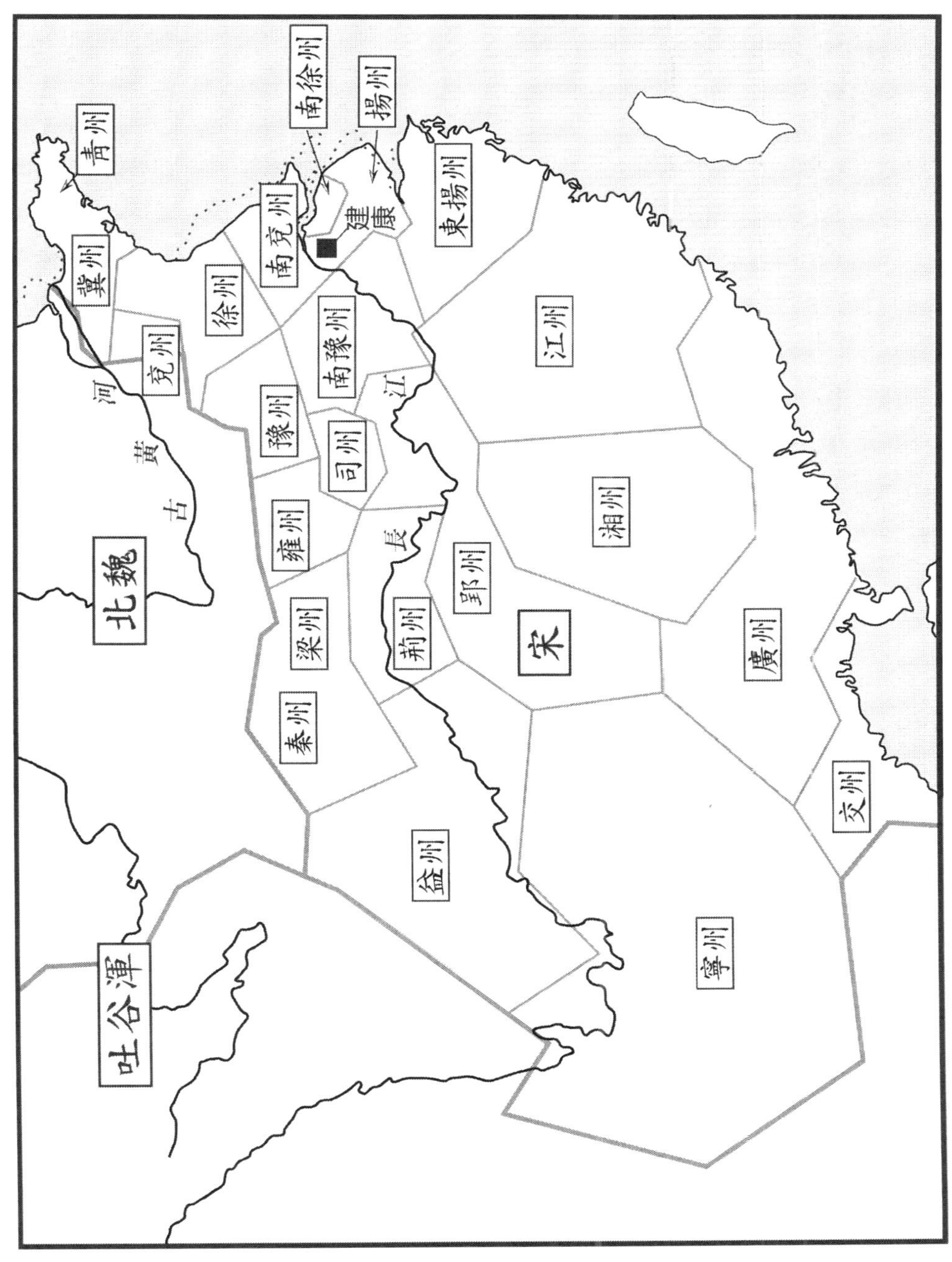

2) 宋 明帝 泰始 2년(466) 劉子勛의 勢力圖(97쪽)

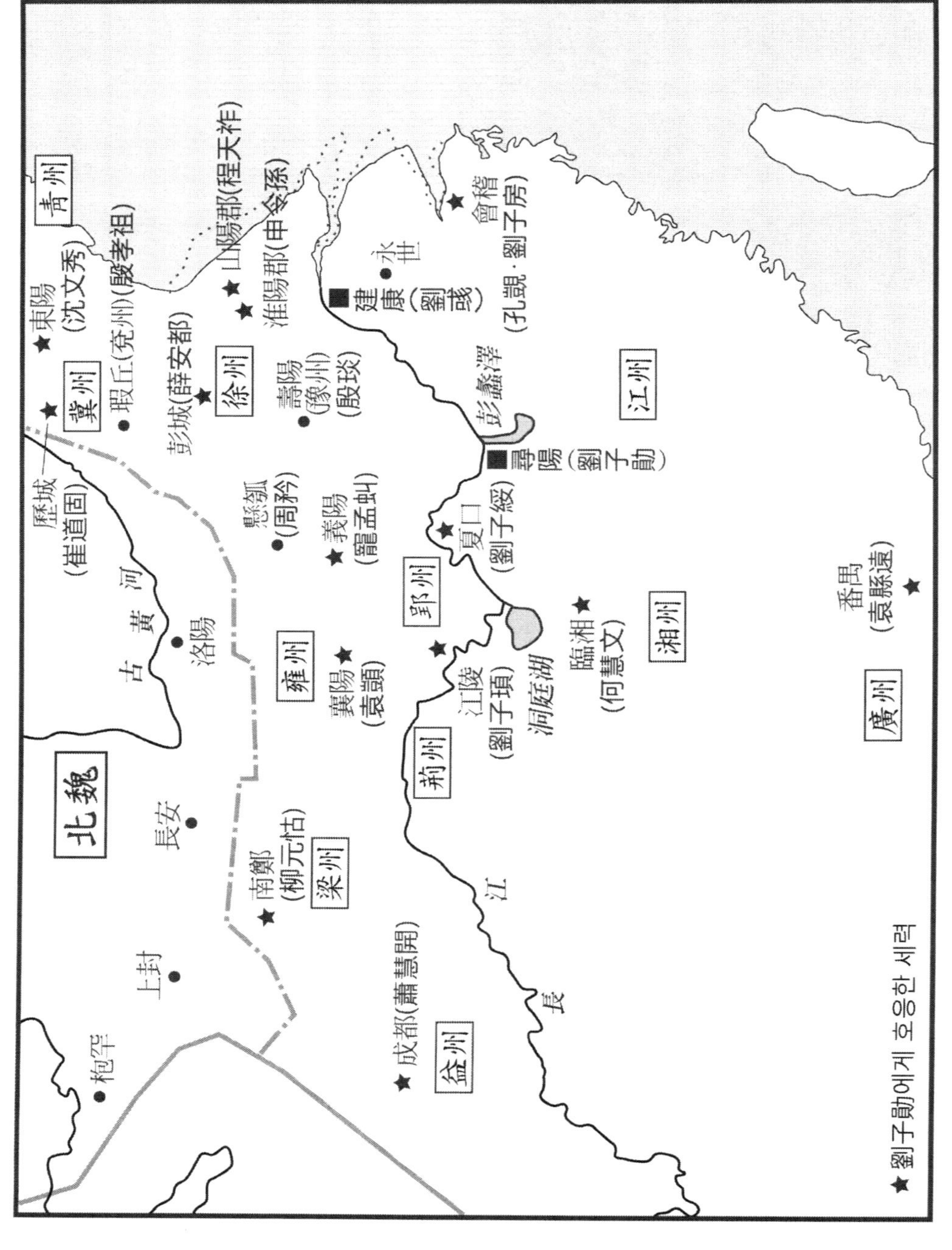

3) 宋 明帝 泰始 2년(466) 宋나라 徐州・兗州・淮西 지역 喪失圖(122~127쪽)

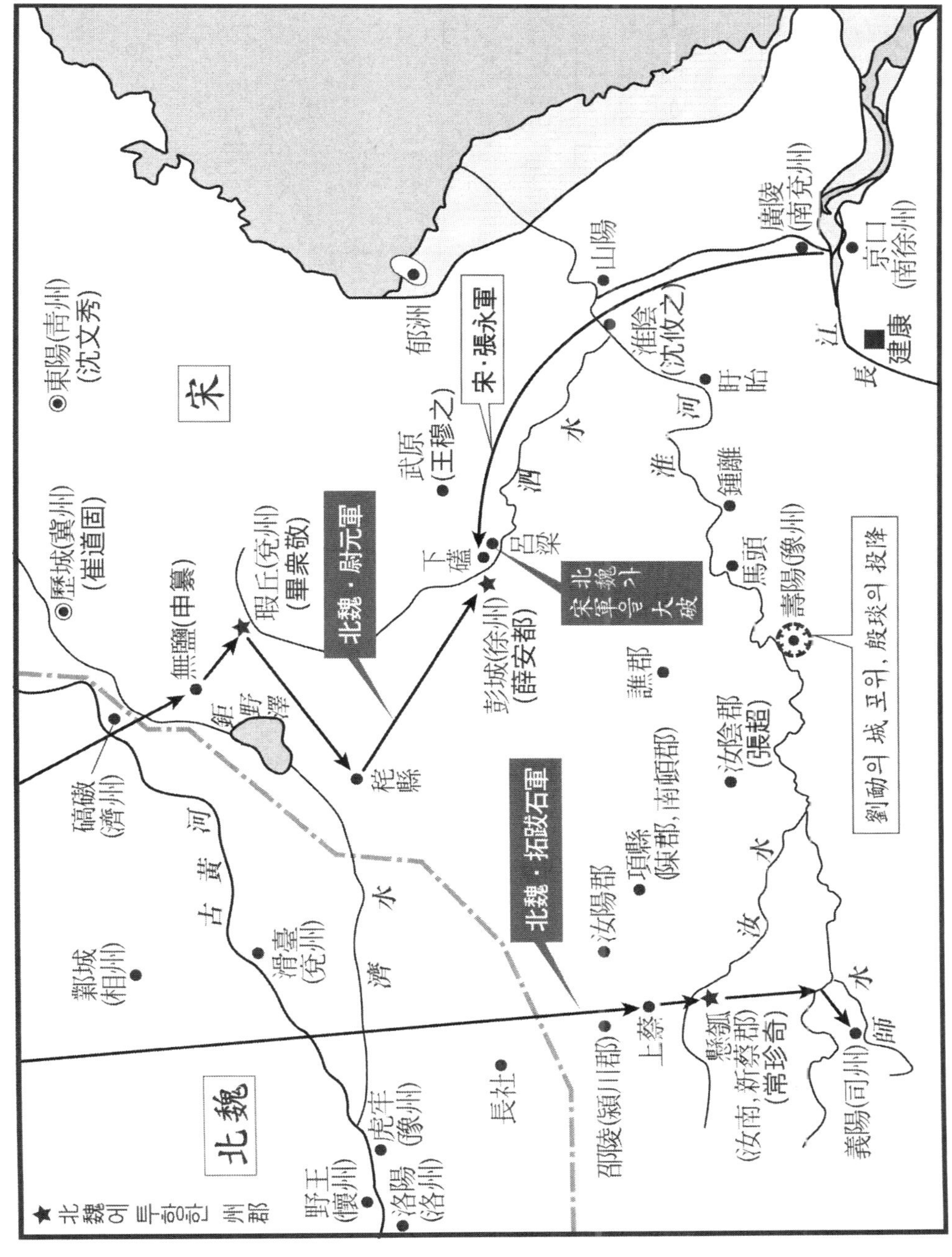

4) 宋 明帝 泰始 3년(467) 宋·北魏의 青州·冀州 爭奪圖(128~137쪽)

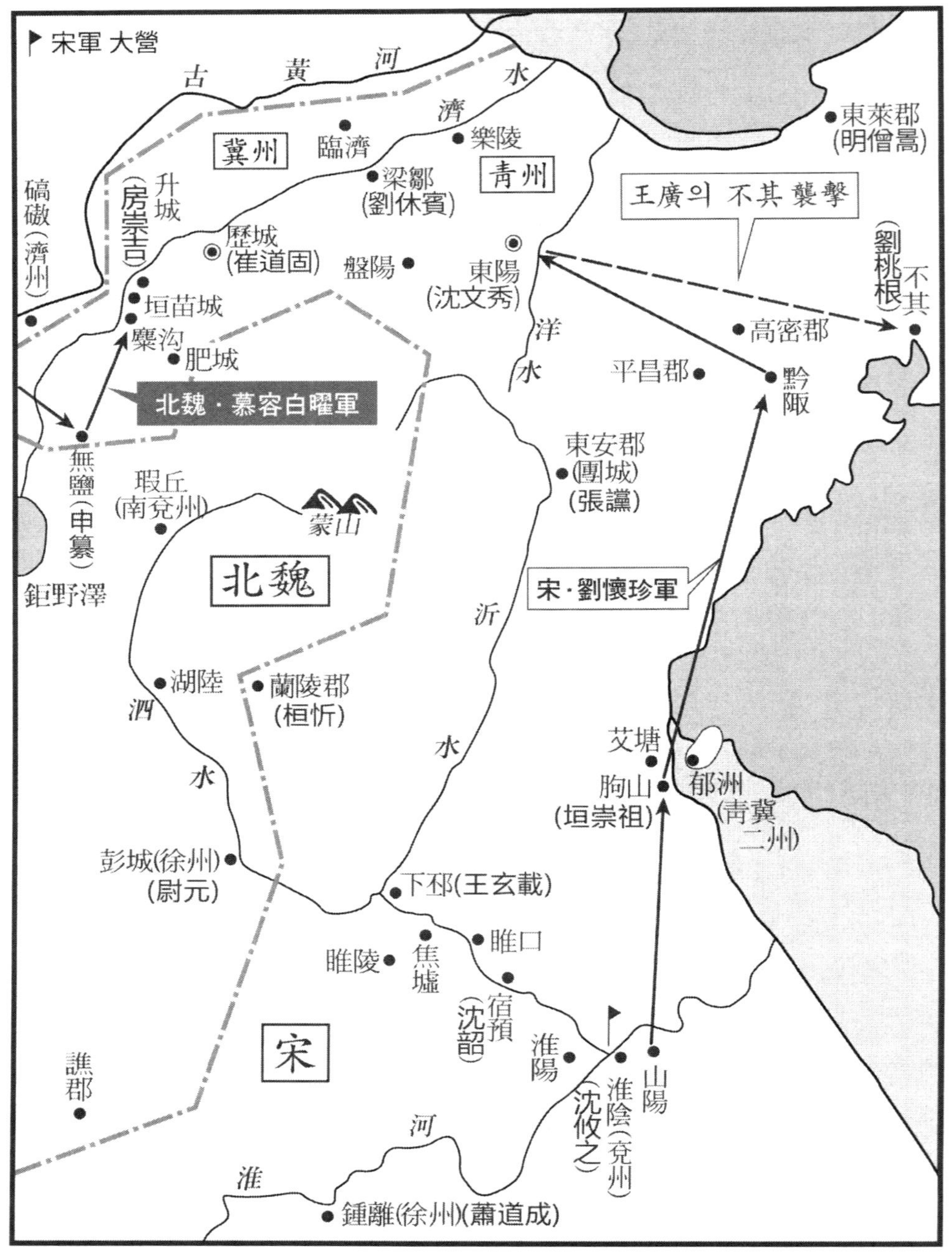

5) 宋 後廢帝 元徽 원년(474) 劉休範의 叛亂圖(180~183쪽)

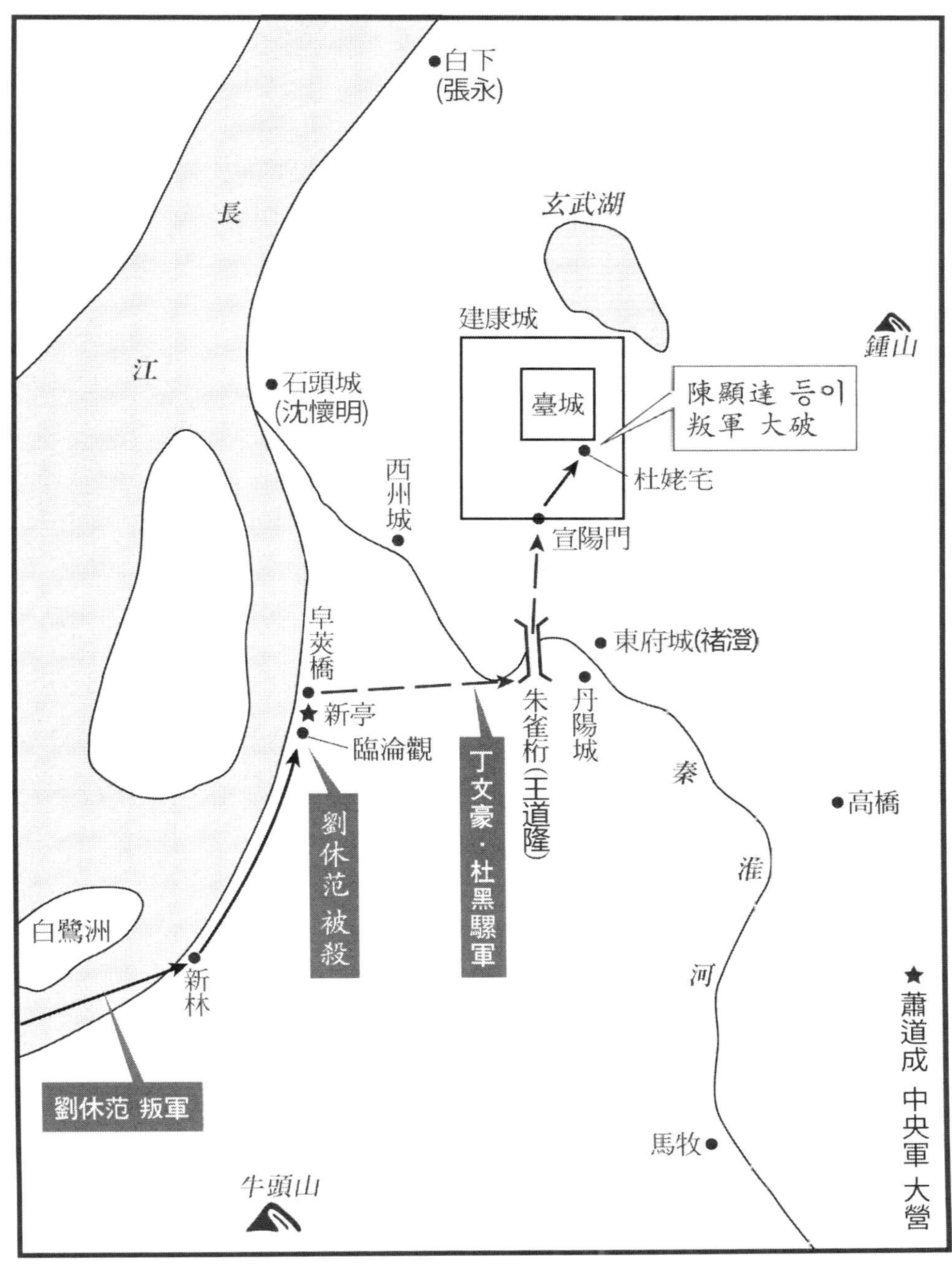

6) 齊 太祖 建元 2년(480) 齊나라 23州圖(242쪽)

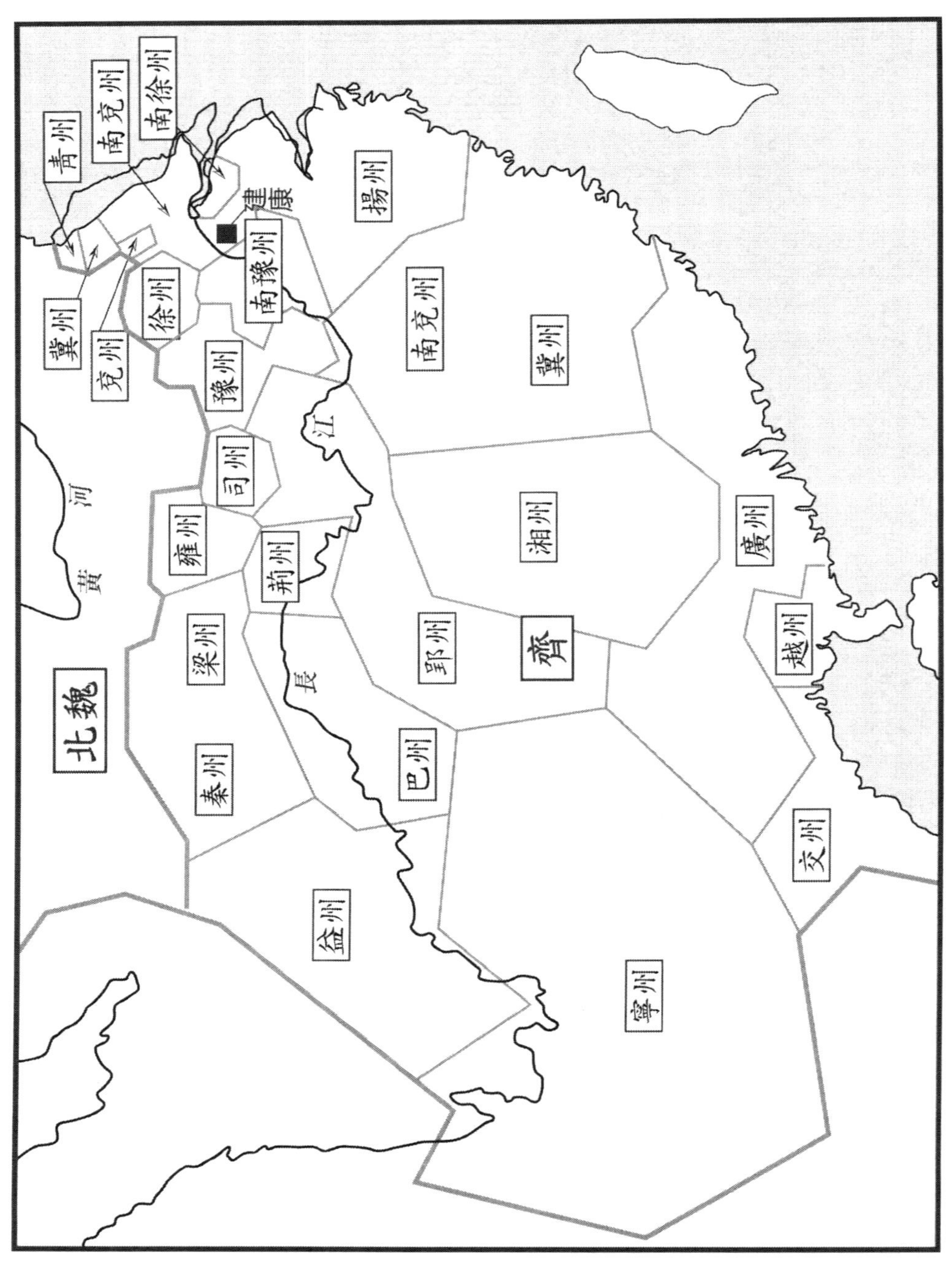

7) 北魏 孝武帝 太和 10년(486) 北魏 38州圖(288쪽)

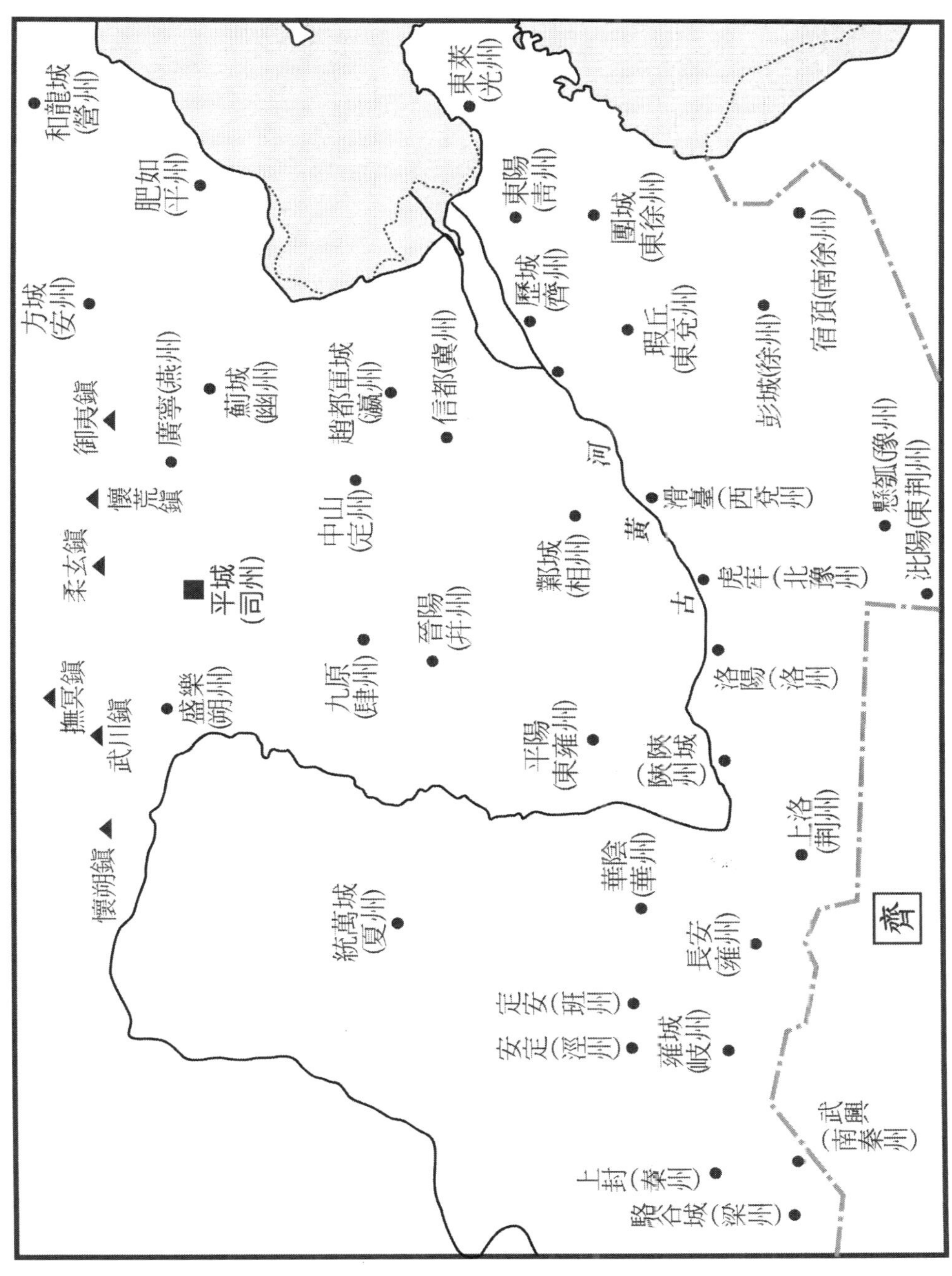

8) 北魏 孝武帝 太和 17년(493) 洛陽 遷都圖(353~363쪽)

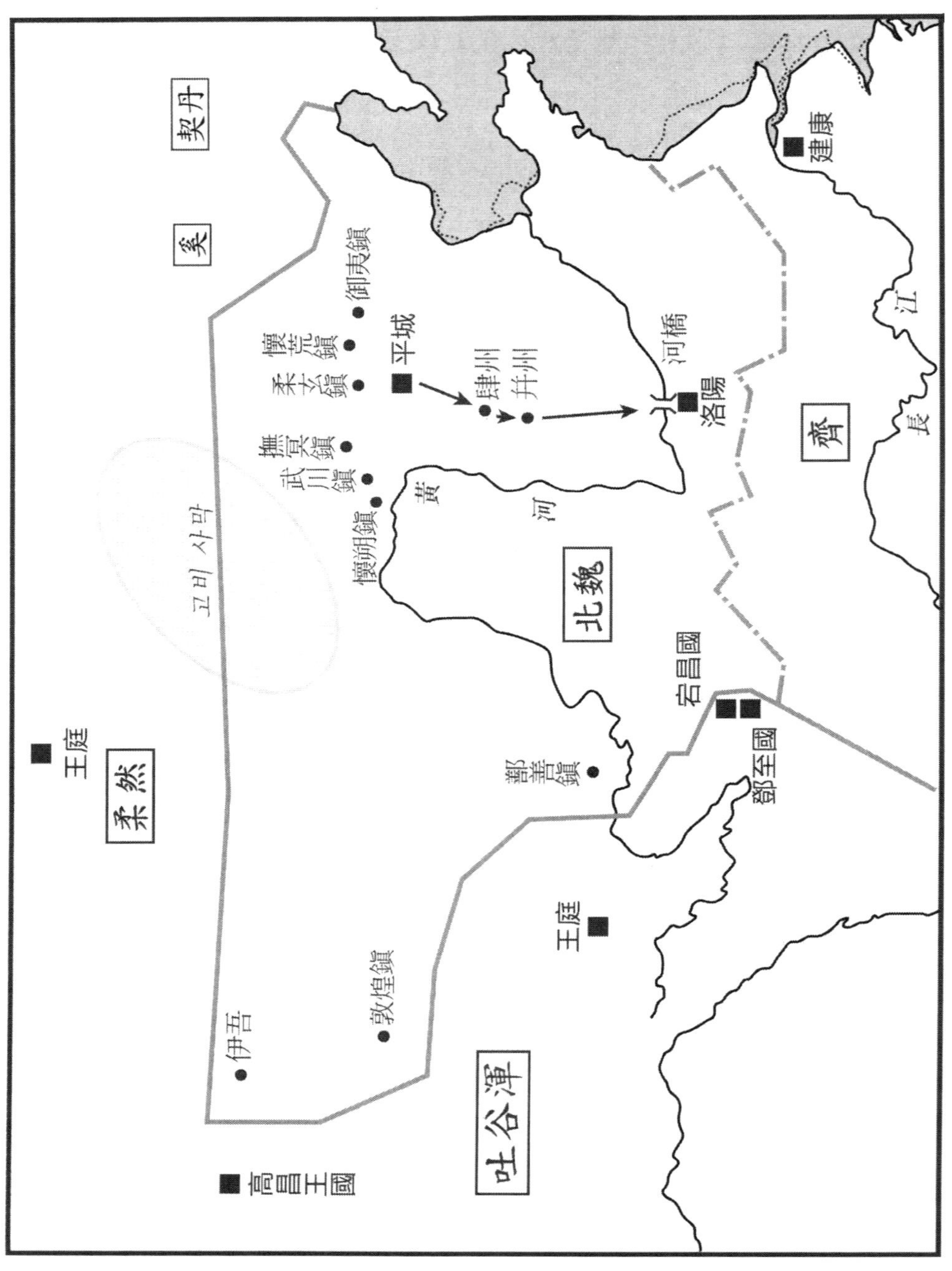

3. 宋나라 世系表

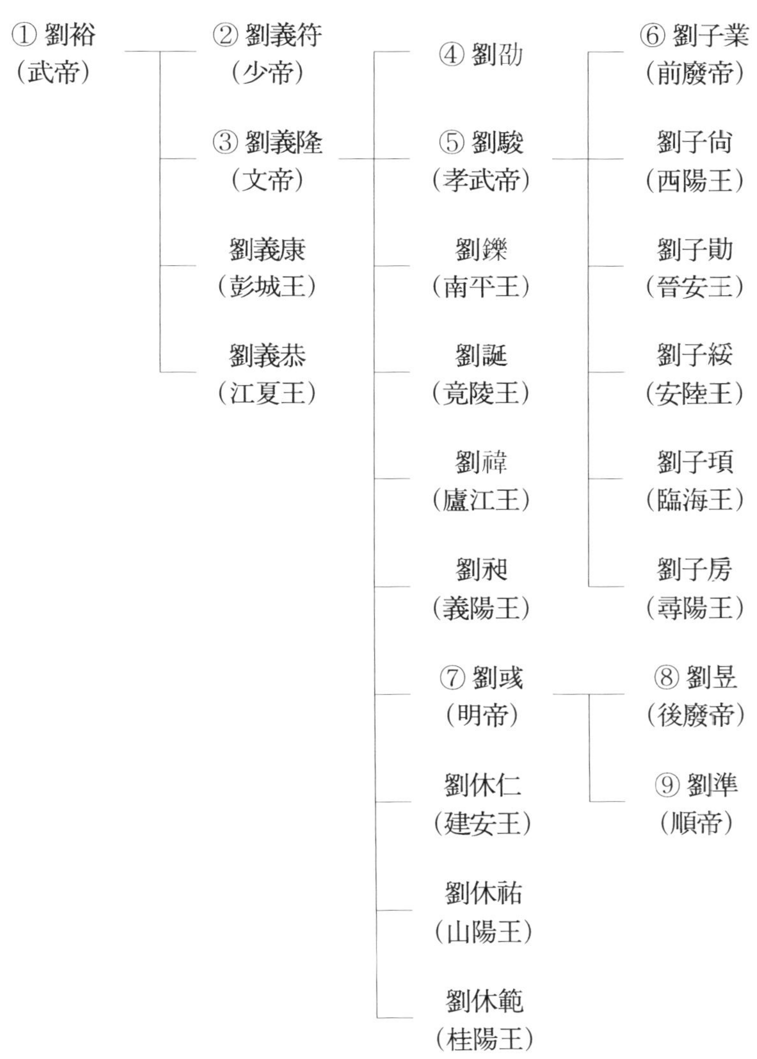

○ 帝位 順序 — 親屬 關係

4. 齊나라 世系表

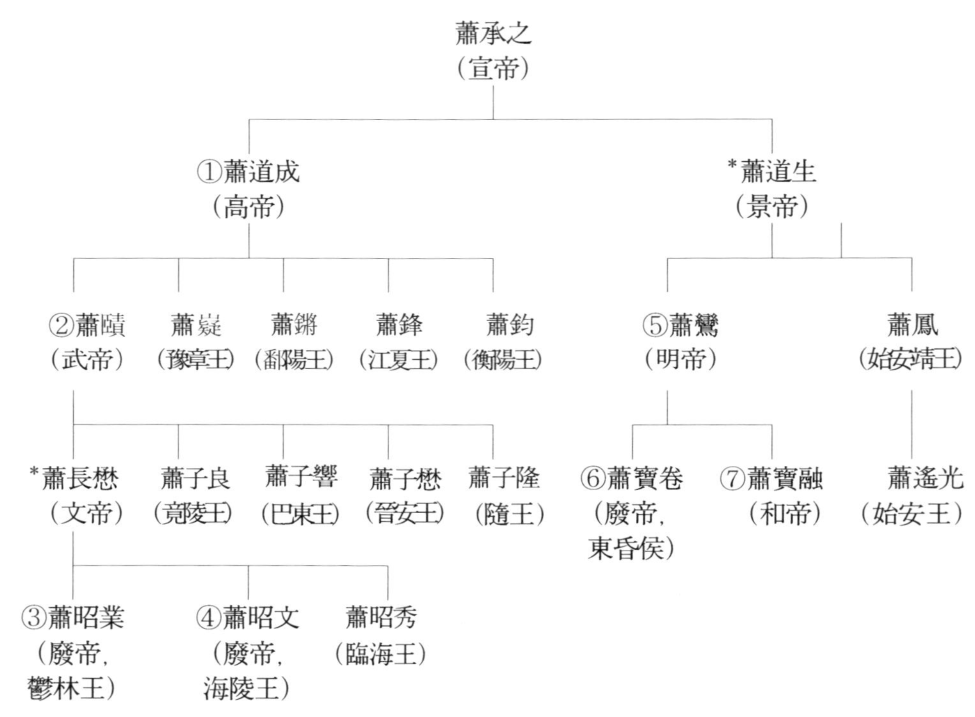

○ 帝位 順序 — 親屬 關係 * 追尊

5. 北魏 世系表

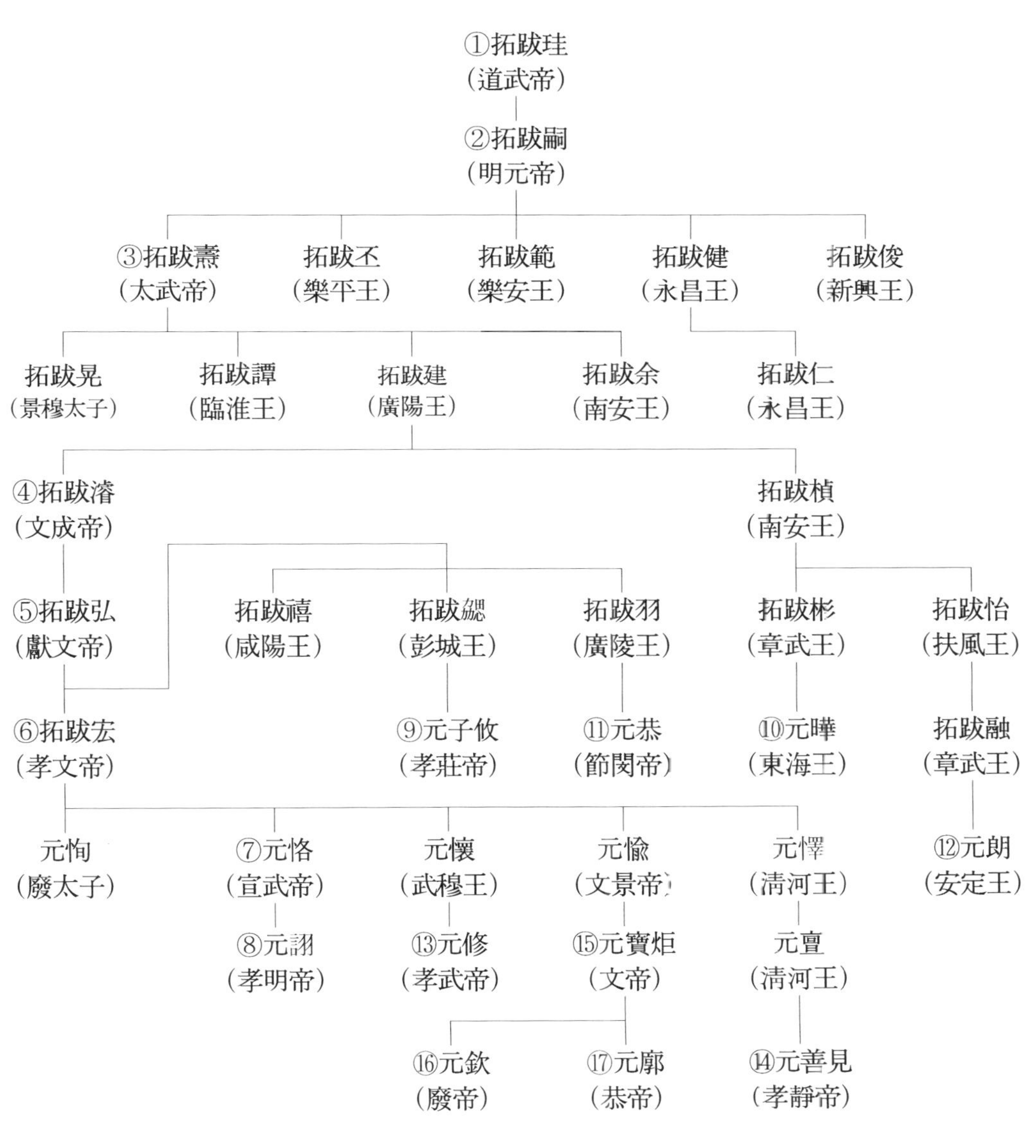

○ 帝位 順序 — 親屬 關係

6. 思政殿訓義 資治通鑑綱目 18 圖版目錄

1)〈卓茂〉, 張士保(淸) 撰, ≪雲臺三十二將圖≫ / 26
2)〈孔顗〉, 任熊(淸) 畫, 王齡(淸) 撰, ≪於越先賢像傳讚≫ / 29
3)〈五輅圖〉, 王圻(明) 撰, ≪三才圖會≫ / 45
4)〈笑祖儉德(宋 高祖의 검소한 덕을 비웃다)〉, 張居正(明) 撰, ≪帝鑑圖說≫ / 65
5)〈山陰公主〉, 顏希源(淸) 撰, ≪百美新詠≫ / 76
6)〈鉤弋夫人〉, 顏希源(淸) 撰, ≪百美新詠≫ / 77
7)〈魏高祖〉, 田琦(朝鮮) 畵, ≪萬古際會圖像≫ / 165
8)〈褚淵〉, 許寶善(淸) 批評, ≪南史演義≫ / 207
9)〈袁粲〉, 顧沅(淸) 撰, ≪古聖賢像傳略≫ / 209
10)〈齊高祖〉, 王圻(明) 撰, ≪三才圖會≫ / 229
11)〈父子突圍(周盤龍 父子가 포위망에 돌격하다)〉, 丁日昌(淸), ≪百將圖傳≫ / 248
12)〈齊武帝〉, 田琦(朝鮮) 畵, ≪萬古際會圖像≫ / 254
13)〈觀穫進規(수확하는 광경을 보면서 規諫을 올리다)〉, 焦竑(明) 撰, ≪養正圖解≫ / 268
14)〈通天冠〉 聶崇義(宋) 撰, ≪新定三禮圖≫ / 333
15)〈冕旒〉, 楊甲(宋) 撰. ≪六經圖考≫ / 364
16)〈比干〉, 顧沅(淸) 撰, ≪古聖賢像傳略≫ / 371
17)〈卜都澗瀍圖〉, 未詳(淸), ≪欽定書經圖說≫ / 379
18)〈太和五銖錢〉, 王圻(明) 撰, ≪三才圖會≫ / 423

7. 思政殿訓義 資治通鑑綱目 總目次

總目次

※ 總目次는 QR코드를 통해 스마트 기기로만 이용 가능

8. 思政殿訓義 資治通鑑綱目 解題

解題

※ 解題는 QR코드를 통해 스마트 기기로만 이용 가능

責任飜譯者 略歷

李忠九

京畿 果川 出生
龍田 金喆熙, 秀松 梁大淵 先生 師事
中央大學校 教育學科 國語國文學 副專攻
成均館大學校 大學院 國語國文學 碩士, 博士
民族文化推進會 國譯硏修院
檀國大學校 韓中關係硏究所 硏究員(現)
傳統文化硏究會 講師(現)

論文 및 譯書

〈經書諺解 硏究〉〈說文解字에 나타난 漢字字源 硏究〉 등
譯書 ≪東山先生奏議≫ ≪선비 安潚 日誌≫ ≪小學集註≫ ≪註解千字文≫ 등
共譯 ≪國譯 治平要覽≫ ≪增補四禮便覽 譯註本≫ ≪譯註 國語≫ ≪譯註 貞觀政要集論≫ ≪爾雅注疏≫ 등

共同飜譯者 略歷

金奎璇

兼山 安秉杓, 松潭 李栢淳, 龍田 金喆熙 先生 師事
韓國外國語大學校 中國語科 學士, 碩士, 博士
鮮文大學校 教養學部 教授(現)

論文 및 譯書

〈王士禎의 文學批評 연구〉 등
譯書 ≪歷代詩話≫ ≪秋史派의 글씨≫ 등
共譯 ≪譯註 貞觀政要集論≫ ≪日省錄≫ ≪毅庵集≫ ≪秋史 金正喜 硏究≫ 등

金裕鳳

忠北 堤川 出生
淸州大學校 師範大學 漢文敎育學科 學士
中國山東大學 大學院 歷史學科 碩士, 博士
永同大學校 中國語科 專任敎授
忠州商業高等學校 漢文敎師(現)

論文 및 譯書
〈三國鼎立的形成與魏吳蜀三國之間外交政策運用策略〉〈曺參과 劉邦〉 등

黃鳳德

全州大學校 漢文敎育科 卒業
成均館大學校 大學院 漢文學科 碩士, 博士

論文 및 譯書
〈李德懋 ≪士小節≫ 硏究〉
共譯 ≪譯註 貞觀政要集論≫ ≪國譯 通鑑節要增損校註Ⅰ≫ ≪文苑叢寶≫ ≪千字文字解說≫ 등

李承容

嶺南大學校 漢文敎育科 卒業
成均館大學校 大學院 漢文學科 碩士, 博士
韓國古典飜譯院 專門課程 修了
檀國大學校 東洋學硏究院 古典飜譯硏究室 先任硏究員(現)

論文 및 譯書
〈조선후기 江華學派 漢詩硏究 - 全州李氏 德泉君派 八匡을 중심으로〉
共譯 ≪譯註 貞觀政要集論≫ ≪國譯 通鑑節要增損校註Ⅰ≫ ≪自著實紀≫ ≪樂全堂集≫ ≪寒溪日記≫ ≪晝永編≫ 등

譯註 思政殿訓義 資治通鑑綱目 18 정가 37,000원

2018년 12월 20일 초판 발행
2019년 05월 15일 초판 2쇄

編　　著 朱 熹
責任飜譯 李忠九
共同飜譯 金奎璇 金裕鳳 黃鳳德 李承容
諮問委員 吳圭根
潤文校訂 南賢熙 李孝宰 田炳秀 郭成龍 咸明淑
編　　輯 東洋古典飜譯編輯委員會
發 行 人 李啓晃
發 行 處 社團法人 傳統文化硏究會

서울시 종로구 삼일대로 428 낙원빌딩 411호
전화 : (02)762-8401 전송 : (02)747-0083
전자우편 : juntong@juntong.or.kr
홈페이지 : juntong.or.kr
사이버書堂 : cyberseodang.or.kr
온라인서점 : book.cyberseodang.or.kr
등록 : 1989. 7. 3. 제1-936호

인쇄처 : 한국법령정보주식회사(02-462-3860)
총　판 : 한국출판협동조합(070-7119-1750)

ISBN 979-11-5794-188-9 94910
979-11-5794-061-5(세트)

※ 이 책은 2018년도 교육부 고전문헌 국역지원사업 지원비에 의해 초판(비매품) 간행.